공공부문의 성과측정과 관리

Performance Management in the Public Sector

서울대학교 행정대학원 공공성과관리연구센터

공공부문의
성과측정과 관리

박순애 편

Performance Management in the Public Sector

문우사
MoonWoo

서 문

필자가 공공기관을 처음 접한 것은 2003년도 정부투자기관 평가부터이다. 당시에도 5~6명의 평가위원이 한 팀으로 구성되어 10여 개의 기관을 지표별로 분담해서 평가했던 것으로 기억한다. 2000년 초반에는 대한무역투자진흥공사와 농업기반공사(현 한국농어촌공사)도 정부투자기관으로 분류되었다. 그 이후 공기업 준정부기관 등 기관의 유형도 변천을 거듭하였고, 「공공기관의 운영에 관한 법률」의 제정으로 정부투자기관과 정부산하기관을 통합적으로 평가하게 됨으로서 경영평가의 규모도 크게 확대되었다. 경영평가가 공공기관의 성과를 측정한다는 큰 틀에서 일관성을 유지하고 있지만, 글로벌 성과관리 패러다임에 부응하여 통합적 성과관리 체계로 진화·발전해 온 것도 사실이다. 특히 국가주도적 경제발전을 이룩한 우리나라의 경우 공공기관에 대한 국민의 기대는 더욱 높아지고, 공공기관의 성과관리를 위한 경영평가의 역할은 보다 막중해졌다.

정권의 이념적 성향에 상관없이 6·25 전쟁 이후부터 지금까지 공공기관에는 늘 국가적 소망이 담겨있고 그 역할을 성공적으로 수행해주기를 국민들은 기대하고 있다. 사회기반시설은커녕 국민들이 의식주조차 해결하기 힘들었던 시절, 공공기관은 농산품을 비롯한 먹거리·생필품의 생산과 제공을 담당하는 핵심 주체였다. 경제성장 시기를 거치면서 공공기관은 사회기반시설 구축부터 국민주택공급, 해외자원개발, 통일의 가교 역할까지 사업영역이 끊임없이 확장되어 왔다. 인공지능과 사물인터넷을 기반으로 하는 4차 산업혁명을 앞둔 이 시점에도 정부는 공공기관에 일자리 창출과 사회적 가치 제고라는 어려운 과제를 부여하고 있다. 경영평가는 이러한 정권의 기대 역할을 성공적으로 수행하기 위한 수단으로서 공공기관 혁신, 선진화, 합리화, 정상화 등의 기치 하에 공공기관의 성과를 증진시키려는 노력을 지속해 왔다.

이처럼 공공기관의 성과개선과 혁신을 위한 제도적인 바탕이 견고해지고, 개혁을 위해 끊임없이 달려가고 있음에도 불구하고 공공기관은 늘 개혁의 대상이 되는 역설적인 상황이 반복되고 있다. 왜 이러한 현상이 발생하는 것일까? 필자는 학자로서, 평가를 직접 담당해본 전문가로서 이에 대한 답을 찾아가는 과정에 있다. 이에 대한 첫 번째 시도는 2014년 총 16개 주제로 이루어진 「공기업 개혁」 발간으로 공기업 운영 및 성과에 대한 쟁점과 사례들을 소개하고 대안을 제시해보려는 노력이었다. 동 저서에서는 우리나라 공기업이 추구해야 하는 가치와 역할을 역사적 맥락에서 살펴보고, 공기업의 지배구조, 노사관계, 민영화정책, 부채와 공공요금, 경영평가제도 등 공기업과 관련한 대표적인 이슈들을 다양한 전문가들과 함께 두루 살펴보았다. 2014년에 집필된 「공기업 개혁」이 국민들의 세금으로 운영되는 공공기관에서 필연적으로 발생하는 방만경영 등 대리인 문제를 극복하고 공공성과 효율성이라는 양자의 목표를 균형적으로 달성할 수 있는 방안에 대한 고민에서 출발했다면 본서는 한 걸음 더 나아가 성과를 어떻게 객관적으로 측정할 것인가에 대한 각론적 성격이 강하다.

영미국가의 성과관리제도의 발전사를 살펴보면 그중 상당한 노력이 성과측정을 위한 지표설정에 집중되어 있음을 알 수 있다. 물론 평가의 주체와 평가 결과 후속조치 즉, 누가 평가에 참여할 것인지, 평가 결과 어떠한 조치를 할 것인가도 일관된 관심사였지만, 국민의 세금이 투입되는 공공기관의 특성상 성과를 무엇으로 볼 것인지에 대한 논란이 있었기 때문이다. '무엇을 어떻게 측정할 것인지'에 대한 답을 구하기 위해 최근 공공기관 경영평가에 참여해서 실무경험을 쌓은 소장학자를 중심으로 2016년 9월부터 12월에 걸쳐 "공공부문의 성과측정과 관리"라는 주제로 일련의 세미나를 개최하였다. 무엇보다도 공공기관의 현재 성과를 정확하게 파악하는 것, 그리고 우리 사회가 요구하는 가치를 반영하는 것이 중요하기 때문에 구체적으로 공공기관이 실현해 왔던 사회적 가치와 공공성의 역사적 변천과정, 공공기관의 성과를 측정하는 기준으로서의 지표 설정과 관리, 경영평가 거버넌스와 평가에 관련된 이슈 등에 대한 깊이 있는 고민을 담았다. 구체적인 내용은 다음과 같다.

먼저 제1부 「개관」은 총 4장으로 구성되어 있다. 제1장 "공공기관의 성과측정과 관리: 경영평가 패러다임의 변화와 도전 과제"는 경영평가제도의 역사적 배경과 변천과정을 글로벌 성과관리 패러다임과 연계하여 검토하고, 경영평가단 구성과 운영, 평가결과의 타당성 측면 등 평가를 둘러싼 현황과 쟁점을 실증자료 분석을 통해 파악하였다. 이러한 내용을 바탕으로 향후 공공기관 성과관리가 지향해야 할 방향을 모색하고자 하였다.

제2장 "공공기관 경영평가제도의 주요 성과: 재무적 성과와 공공가치의 실현"은 지난 20년간 경영평가편람을 검토하여 수익성과 공공성 관점에서 경영평가지표가 어떻게 발전해 왔는지 살펴보았다. 특히, 에너지 분야와 사회기반시설 공기업의 ROA, ROS 등 재무적 지표 분석을 통해 경영평가가 공기업의 재무적 성과에 얼마나 기여하였는지 분석하였다. 또한 경영관리 측면과 주요사업 측면의 공공성 관련 지표변천과정 분석을 통해 공공가치 실현에 대한 국가적 기대와 역할을 살펴보았다.

제3장 "공공부문의 성과지표설정과 관리에 대한 올바른 이해"는 성과관리에 있어 성과역량의 중요성을 강조하고 효율성과 효과성 개념 외에 반응성이라는 개념을 제시한다. 아무리 효율성이 높고 효과성이 우수하다

할지라도 대상이 되는 지표들이 국민들이 원하는 것과 차이가 있다면 의미가 없다는 점을 강조한다. 민간부문과는 달리 공공부문의 좋은 지표의 조건에는 통제가능성이 빠져야 한다는 점을 강조하고 이러한 지표들이 혁신을 유도하고 올바른 실행계획을 유도한다는 점을 언급한다.

제1부의 마지막 장인 제4장 "전략적 성과관리 관점에서의 공공기관 관리체계 및 경영평가제도 개선방안 모색"에서는 공공기관의 성과평가가 국가 및 개별 공공기관 차원에서 전략적 관리를 위한 도구임을 강조하고 있다. 이 장에서는 BearingPoint(2004)가 제시한 전략적 성과관리의 프로세스 및 운영요건에 비추어 국가경영차원의 공공기관 성과관리와 개별 공공기관 경영차원의 내부 성과관리 각각에서 나타나는 현황 및 문제점, 그리고 그 개선방안을 모색하고 있다.

제2부 「경영평가와 거버넌스」는 총 4장으로 구성되어 있으며, 기관의 주요사업과 기관장, 상임감사 등 공공기관 지배구조 및 노사관계 등 경영평가의 핵심 이해관계자에 관련된 이슈를 다루고 있다.

먼저, 제5장 "공공기관 주요사업 평가의 관점과 수단에 대한 재음미: 진화적 논리모형과 평가성 검토를 중심으로"는 기존의 성과평가에 대한 평가성 검토 차원에서 새로운 관점으로의 진화를 모색한다. 기존의 주요사업 성과평가인 단순논리모델(simple logic model)에서 새로운 관점으로의 진화를 위해 변화이론과 복합/복잡 논리모델에 기반한 성과지표의 요건을 살펴보고 기존의 성과평가가 기관의 성과를 적절하게 평가하고 있는지를 공기업 사례를 중심으로 진단해 보았다.

제6장 "공공기관 기관장 평가제도 및 지표의 현황과 쟁점"은 국민의 세금으로 운영되는 공공기관의 기관장이 공공성과 효율성이라는 목표를 동시적으로 잘 추구하고 있는가에 대해 확인하기 위한 제도로서 지표를 더 정치하게 개선해 나가려는 노력의 필요성을 강조하고 있다. 기관장 평가

의 현 지표에 대한 분석으로 현행 평가지표의 쟁점사항을 도출하고 이에 대한 개선방안을 제시하고 있다.

제7장 "상임감사 평가제도와 성과지표에 대한 분석: 전문성을 중심으로"는 상임감사의 전문성을 둘러싼 논쟁의 정책적 함의의 중요성을 강조하고 있다. 상임감사의 전문성을 필수적 전문성과 보충적 전문성으로 개념화한 후, 2011~2012년과 2014~2015년도에 직무수행실적 평가를 받은 상임감사의 주요 경력을 조사하여 전문성 보유 여부를 판단하였고, 이를 변수화하여 상임감사의 전문성이 전문성 지표 및 타 지표에 미치는 영향을 분석하였다.

제2부의 마지막 장인 제8장 "공공기관 노사관리의 성공요인과 성과지표에 대한 고찰"은 정부는 공공기관 노사당사자가 경영의 효율성을 추구하는 것과 더불어 일과 삶의 질 향상이라는 규범적 가치를 추구할 수 있도록 선량한 관리자로서 그 책임과 역할을 다해야 한다는 점을 역설하고 있다. 이러한 방향에서 현행 공공기관 경영실적평가 및 공공기관 내부의 성과평가에서 노사관리 지표의 운영현황을 살펴보고, 향후 공공기관이 추구해야 할 노사관계의 핵심성공요인(CSF) 및 핵심성과지표(KPI)를 제시하였다.

제3부 「성과측정과 지표」는 총 7장으로 구성되어 있으며, 사업단위 및 조직 차원에서 경영평가에 활용되는 성과지표를 대상으로 현황 및 문제점을 분석하고 개선 대안을 제시하고 있다.

먼저 제9장 "경영평가에서 성과목표 설정과 공공기관의 인센티브"는 공공기관 경영실적평가의 계량지표 평가에서 나타나는 다양한 현상을 분석한다. '목표설정(target-setting)과 관련하여 목표설정 시 톱니원리(ratchet principle)는 어떻게 적용되고 있는가?', '목표설정 시 톱니원리의 적용에서 발견된 공공기관의 인센티브는 무엇인가?', '계량지표 평가와 관련하여 제기되는 여러 가지 주장은 타당한가?'의 세 가지 질문을 제시하고, 관련 선행연구와 분석모형을 기초로 경영실적평가의 현황을 살펴보았다.

제10장 "공공기관 업무효율 계량 평가의 문제점과 개선방안: 공기업을 중심으로"는 모든 기관에 공통적으로 적용되는 업무효율 지표에 대한 문제점과 발전방향을 제시한다. 기관 고유의 특성을 고려하지 않는 점, 이익이 과도하게 성과목표로 활용되어 회계조작의 위험이 높다는 점, 산식이 지나치게 복잡한 점 등이 문제점으로 도출되었다. 이를 보완하기 위해 지표를 단순화하고 기관의 공공성을 강조하는 지표의 비중을 증가시키며, 경영평가와 성과급의 연계를 축소하며 평가의 빈도를 줄일 것을 제안한다.

제11장 "공공기관 경영평가 계량지표 목표부여(편차) 평가방식의 이론적 기반 탐색"에서는 계량평가방식에서 가장 빈번하게 사용되는 목표부여(편차) 평가방식의 이론적 근거를 분명히 하고자 한다. 목표부여(편차) 평가방식의 문제점을 지적하기보다는 이러한 평가방식의 정당성을 모색하는 과정에서 평가방식이 어떠한 목적을 달성할 수 있는지 사후적 평가의 관점과 사전적 인센티브의 관점으로 나누어 분석하였다.

제12장 "자료포락분석(DEA)을 이용한 공기업의 효율성 개선 실증 분석"은 국내 주요 공기업의 시계열 효율성 분석을 통해 시사점을 도출하고자 하였다. 투입방향 규모수익 가변 반지향 방사형 모형 선택, 시점 간 분석으로서 윈도우 분석과 메타 변경 분석 등을 적용하여 최종 결과를 도출한 결과, 공공기관의 비효율성에 대한 상식적인 논증과는 다르게 본 연구에서는 공공기관 간의 이질적인 효율성 추세를 제시하고 있다.

제13장 "위탁집행기관의 협업 관련 성과지표와 평가"는 협업을 중심으로 하여 위탁집행기관의 역할에 대해 검토한다. 정책집행 과정에서 협업의 주요한 행위자인 위탁집행기관의 기능적 역할이 현재 공공기관 경영평가제도에 의해 어떻게 반영되고 있는지를 계량지표들에 대한 분석을 중심

으로 살펴본다. 이를 바탕으로 협업의 관점에서 위탁집행기관의 역할을 올바르게 평가할 수 있는 몇 가지 방향에 대한 논점들을 제시한다.

제14장 "공공요금 규제 하의 공기업 성과지표"에서는 총괄원가 수준 규제(rate-of return regulation)가 공공기관의 과잉투자를 야기한다는 가설을 수자원공사의 사례를 통해 실증적으로 검증한다. 또한 요금 규제를 받는 공공기관의 성과지표가 갖추어야 할 요건들에 대해서 살펴보고 이를 수자원공사의 계량평가지표들을 통해 검토해 본다. 그 결과 현재의 공공기관 경영평가제도 하의 평가지표는 총괄원가 규제방식의 부작용을 완화하는 데 일정 수준 기여하고 있음을 보여주고 있다.

이 책의 마지막 장인 제15장 "사회적 가치 제고를 위한 전력발전 공기업의 성과관리 개선방안"은 한국 전력 산업 공공기관을 대상으로 하여 적절한 성과 지표의 개발 및 보완을 제안하였다. 전력발전 공기업 성과관리 체계를 효율화하기 위해서는 전력복지 및 수요자 입장에서 기존의 석탄 및 원자력이 아닌 신재생에너지, 환경, R&D 사업으로 전환하여 성과측정·통합·활용을 유기적으로 연계할 필요가 있으며, 글로벌 관점에서 비계획손실의 범위를 재정의하고, 성장 중심의 매출액 측정 방식에서 전력수급 기여도와 같은 결과지표로 전환할 것을 제시하고 있다.

경영평가제도는 공공기관이 사업 목표와 전략적 우선순위를 결정하고 성과를 견인하는 과정에서 핵심적인 역할을 수행해 왔다. 이러한 점에서 일각에서는 경영평가제도에 대해 국정과제 준수를 강제하는 수단이라는 비판이 제기하기도 하지만 사회경제적 환경 변화 속에서 국민들이 소망하는 것, 미래 세대를 위해 지금부터 준비해야 하는 것이 무엇인가에 대해 공공기관이 스스로 고민하고 기관의 비전을 수정할 수 있는 나침반으로서의 경영평가제도의 중요성은 아무리 강조해도 지나치지 않다. 이 책에서 다루고 있는 공공기관이 추구해야 하는 가치, 공공기관의 성과를 평가하기 위한 기준과 방법, 공공기관의 지배구조와 노사관계 등 공공부문 성과관리에 대한 논의들을 통해 공공기관이 우리 사회에서 요청되는 가치들을 적극적으로 실현할 수 있는 기반을 세우는 데 기여할 수 있기를 기대한다.

본서는 집필진 외에도 많은 분들의 격려와 노고를 통해 출간되었다. 이 책의 출간을 흔쾌히 수락해 주신 문우사 김영훈 사장님, 수많은 교정 작업에 열정으로 임해 주신 김병성 과장님과 문우사 가족들께 심심한 감사의 인사를 올린다. 그리고 세미나 운영에서부터 책 발간에 이르기까지 지원을 아끼지 않은 서울대학교 공공성과관리연구센터 최진섭 박사, 이혜연, 조아영, 황도연 연구원, 김아미, 이재선 전임 연구원께도 진심으로 감사의 마음을 전한다.

2017년 11월

대표 저자 박순애

차 례

제1부

개 관

제1장

공공기관의 성과측정과 관리:

경영평가 패러다임의 변화와 도전 과제

박순애

(서울대학교 행정대학원 교수)

I. 서론

공공기관 경영평가는 해마다 초미(焦眉)의 관심사다. 언론에서는 평가위원 구성부터 평가 결과 발표에 이르는 전 과정을 특집 시리즈로 다루는가 하면 국회와 학계에서는 평가의 타당성과 공정성에 대한 일침을 가하기도 한다. 공공부문 종사자뿐만 아니라 시민단체에서도 평가 내용의 적절성, 평가 과정의 민주성 제고와 관련한 논의를 지속적으로 이어가고 있다. 우리 사회에서 공공기관이 수행해 온 역할과 성과들을 고려해 볼 때 이러한 관심은 향후에도 지속될 것으로 보인다. 무엇보다 역대 정부의 중점추진과제는 공공기관을 통해 실현되는 특징이 있으며, 이러한 경향은 경로의존성(path dependency)에 비추어 볼 때 쉽게 변화될 수 없기 때문이다. 박정희 정부의 '조국근대화, 경제적 자립'으로부터 김대중 정부의 개성공단 사업, 노무현 정부의 혁신도시 건설, 이명박 정부의 4대강 사업과 해외자원개발에 이르기까지 정부는 핵심 국정과제 달성을 위하여 공공기관을 폭넓게 활용해 왔고, 경제성장, 사회안정, 복지, 통일, 지역개발 등 다양한 영역에 걸쳐 공공기관은 많은 역할을 수행해 왔다(박순애·이희선, 2014). 전쟁과 분단이라는 특수한 상황을 겪으면서 국가 발전과 국민들의 생활에 필요한 기반시설이 절대적으로 부족한 시기가 있었음에도 불구하고, 우리나라가 세계 무역 10위권의 경제대국으로 성장할 수 있었던 배경에는 이처럼 정부와 공공기관의 역할이 매우 컸다는 것을 부인하기 어렵다.

경제개발 시절 공공기관의 최우선 과제는 경영관리 측면보다는 교량·철도와 같은 기반 시설 건설, 주택공급 등과 같은 기관 본연의 목적을 달성하는 것이었기 때문에 공공기관 경영평가는 사실상 투입요소에 대한 관리(management) 측면에서 집행률 등을 점검하는 데 활용되었다. 그러나 경제성장을 견인하면서 비대해진 공공부문의 비효율성에 대한 문제들이 제기되었고 급기야 외환위기 극복 방안으로 김대중 정부에 등장한 작은 정부와 강한 시장이라는 정책적 슬로건을 실현하기 위해 신공공관리(new public management) 관점에 부합하는 일련의 개혁이 이루어졌다. 공공기관 경영평가제도는 바로 이러한 시대적 요청에 부응하여 공공기관의 경영관리 측면과 사업수행 측면에서 효율성 극대화를 위한 핵심적인 제도로 발전하게 되었다. 글로벌 경제로의 진입 시기에 일어난 외환위기는 일상적 예산배분을 위한 사전검토와 사업추진현황 점검 및 확인 수준의 의미를 가졌던 경영평가를 공공기관에 대한 기능점검과 경영성과 개선을 위한 관리체계로 전환하게 된 계기가 되었다. 즉, 국민들을 '고객'으로 간주하여 정책에 대한 만족도를 제고하려는 노력과 함께 비용과 효율성 측면 역시 중요하게 다루게 된 것이다.

그렇다면 경영평가제도는 그간의 시대적 요청을 반영하면서 진화해 왔는가? 결론부터 말한다면 경영평가제도는 국민들의 정책 수요와 환경변화에 대한 공공기관들의 선제적 대응을 유도하도록 변화해 왔다고 할 수 있다. 예를 들어, 현 정부에서는 저출산 현상과 높은 청년실업률 등 심각한 사회 문제를 해결하기 위해 공공기관의 역할을 강조하고 경영평가를 그 수단으로 언급하고 있다. 또한, 가시적(visible) 재화 공급에 치중된 과거 공공서비스 공급 패러다임을 넘어 복지, 노동, 교육, 주택 등 다양한 분야에서 공공성 강화에 대한 가치중심적 정책 수요에 부응하는 방향으로 공공기관의 역할을 재천명하고, 경영평가제도 또한 이러한 가치를 우선적으로 반영할 수 있도록 일자리 창출, 일-가정 양립방안 등 지표의 수정을 통해 경영평가의 방향을 전환하고자 시도하고 있다. 이 분야 연구자들의 긍정적인 시각을 일일이 언급하지 않더라도(박석희, 2009; 곽채기·이창우, 2010) 경영평가제도가 공공기관이 지닌 대리인의 행태를 효과적으로 통제하기 위한 관리수단의 하나로서 공공기관 조직구성원들에게 경영혁신을 위한 책임의식과 동기를 부여하고, 경영성과를 개선하며 경영 투명성을 제고하는 데 기여할 수 있다는 점에는 대체적으로 동의하고 있다.

이러한 관점에서 본고는 공공부문의 성과관리 패러다임 변화 과정을 개괄적으로 조망하고, 이러한 거시적 흐름 속에서 우리나라 경영평가제도, 평가모형 및 지표의 진화 과정과 특성을 체계적으로 살펴보았다. 이를 통해 향후 경영평가제도가 지향해야 할 방향과 정책적 함의를 제시하였다.

Ⅱ. 공공부문 성과관리 패러다임의 변화

공공부문 성과관리의 시대적 구분에 있어서는 학자마다 다양한 기준을 제시하고 있다. 예를 들어, Van Dooren et al.(2010)은 공공부문 성과관리의 패러다임을 제2차 세계대전이 발발하기 전인 1900~1940년대, 복지국가로의 전환에 따른 정부의 규모 및 역할이 확대된 1950~1970년대, 그리고 신공공관리론이 등장한 1980년대 이후의 시기로 구분하여 성과지향적인 사회 분위기가 형성되고 진화되어 온 과정을 설명하고 있다. 한편, Heinrich(2002)는 계획수립(planning), 사업계획 작성(programming), 예산편성(budgeting) 등의 관리기법이 공공조직에 본격적으로 활용되기 시작한 1960년대를 성과관리 역사의 시작점으로 본 반면, Verbeeten(2008)은 성과관리(performance management)라는 용어가 공공조직 관리에 직접적으로 등장한 신공공관리적 정부개혁 시기를 그 시작으로 간주하고 있다. 본고는 성과관리의 기조와 성과평가의 주안점에 따라 공공부문 성과관리의 주요 목적을 크게 네 가지 시기로 구분하여 그 발

〈표 1-1〉 공공부문 성과관리 제도의 시대적 구분

	1900~1950년대	1960~1970년대	1980~1990년대	2000~현재
공공부문 주요 관리기법	• 과학적 관리 및 과학 행정 • 원가계산	• 성과예산 • 사회지표	• 신공공관리론 • 증거기반 정책	• 뉴거버넌스론 • 신공공서비스론
성과관리 패러다임	관리 중심 성과관리	산출 중심 성과관리	고객 중심 성과관리	가치 중심 균형 성과관리
성과관리 시스템의 특징	• 전통적 회계관리 시스템 • 단기적 성과, 재무적 수익성에 초점 • 기능적 성과측정 • 일회성 성과평가 • 성과정보의 비활용	• 재정·정책관리 시스템 • 단기적 성과, 경제성과 효율성에 초점 • 개인의 성과측정 • 일회성 성과평가 • 특정 관리목적을 위한 성과정보 활용	• 전략적 기획 시스템 • 고객만족, 단기 및 중장기적 성과에 초점 • 조직의 성과측정 • 지속적 성과평가 • 성과제고를 위한 성과정보의 활용	• 전사적 관리 시스템 • 다양한 가치 및 중장기 성과에 초점 • 협업의 성과측정 • 순환적·통합적 성과평가 • 성과제고 및 학습을 위한 성과정보의 활용

자료: Pun and Whilte(2005: 53), Van Dooren et al.(2010: 45)을 참고하여 재구성

전사를 논해보고자 한다. 즉, 성과관리 변화 시기를 관리 중심 성과관리 시기(1900~1950년대), 산출 중심 성과관리 시기(1960~1970년대), 고객 중심 성과관리 시기(1980~1990년대), 가치 중심 균형 성과관리 시기(2000~현재)로 구분하여 각 시기별 성과관리 패러다임의 주요 내용과 제도적 특징을 검토해 보고자 한다(〈표 1-1〉 참고).

1. 글로벌 성과관리 패러다임

공공부문에 있어서 성과주의 패러다임이 형성되고 주목받기 시작한 것은 제2차 세계대전 발발 전인 20세기 초로 거슬러 올라간다. 이 시기에는 부패하고 제도화가 미흡한 정부기관의 투명성과 효율성 제고를 위하여 과학적 경영기법들을 도입하자는 과학적 관리론(scientific management)

및 행정 과학론(science of administration)이 등장하였다(Henry, 1975; Williams, 2003). 또한 복잡해진 공공조직들의 재정적 성과를 평가하고자 원가계산(cost accounting) 기법이 도입되기도 하였다(Rivenbark, 2005; Williams, 2002). 이러한 조직관리 기법들의 도입은 공공부문 성과주의 패러다임의 기반을 형성하고 성과관리 시스템의 발달을 촉발하였다(Van Dooren et al., 2010).

하지만 이 당시에 도입·운영되었던 성과관리 기법 및 시스템은 Bouckaert and Halligan(2007)이 성과관리의 가장 원시적인 형태로 명명한 '성과행정(performance administration)'의 수준에 머물러 있던 것으로 보인다. 즉, 행정관리적 차원에서 주로 투입(input)과 과정(process)에 관련된 객관적인 정보들을 수집하고, 그 정보 중 일부만을 조직 내부적으로만 활용하는 형태의 임시방편적이고 체계화되지 않은 시스템을 운영하였다. 이러한 초기 성과관리 시스템은 단기적이고 재무적인 성과에 초점을 맞추는 경향이 있었고, 성과관리의 주된 목표는 기능적인 성과평가에 있었으므로 평가 후 평가결과를 학습하거나 인센티브 제도로 연계하는 등의 성과정보 활용에는 크게 관심을 기울이지 않았다(Pun and White, 2005; Williams, 2004).

1960년대 중반 이후부터는 공공부문에서 성과에 대한 개념이 보다 직접적이고 빈번하게 언급되기 시작하면서 성과관리 패러다임이 더욱 보편화되었다. 정부의 예산을 체계적으로 분류하여 예산의 지출과 지출에 의한 성과의 관계를 명확히 하는 성과예산제도(Performance Budgeting)가 정착되면서 계획예산제도(Planning Programming Budgeting System), 목표관리제(Management by Objectives), 영기준예산제도(Zero-Based Budgeting) 등의 재정성과 관리수단들이 공공부문에서 널리 활용되기 시작한 것이 그 계기가 되었다(Bouckaert, 1990; Novick, 1973). 또한 경제성장의 한계에 직면한 주요 선진국들이 복지국가로의 발전을 꾀하기 위하여 보건, 범죄, 웰빙, 교육 등 사회적 지표들(social indicators)의 측정에 관심을 가지게 되었는데, 이러한 지표들이 정부가 추진한 정책적 성과를 간접적으로 나타내주는 대리지표로 인식되어 공공정책의 성과관리가 가능해졌다는 인식이 널리 퍼지게 되었다(Bulmer, 2001). 이러한 사회적 분위기를 바탕으로 성과관리 시스템은 원시적 형태에서 보다 구체화되고 체계화된 시스템으로 발전하게 되었다. 하지만 성과관리 및 평가에 있어 여전히 재정적 측면과 효율성에 초점을 맞추고 있어 개인 및 조직의 전반적인 성과관리에는 크게 도움이 되지 못하는 단기적이고 분절적인 일회성 제도라는 비판을 받았다.

1980년대 이후 등장한 신공공관리론(New Public Management)과 증거에 입각한 정책(evidence-based policy)에 대한 강조는 공공부문 성과주의 패러다임을 획기적으로 바꿔놓은 것으로 평가된다(Van Dooren et al., 2010). 신공공관리론은 공공부문의 효율성을 제고하기 위하여 민간부문의 경쟁원리와 결과지향적 가치의 도입을 강조하였으며(Hood, 1991; Kettl, 2005; Terry, 1998), 이러한 신공공관리론의 세계적인 유행은 미국의 「정부성과와 결과에 관한 법률(Government Performance and Results Act)」, 영국의 「공공서비스협약제도(Public Service Agreements)」, 프랑스의 「재정성과통합관리법(Loi Organique relatives aux Lois des Finances)」 등 성과관리 관련 법령들의 제정으로 이어져 성과관리의 법적·제도적 기반이 마련되었다(공동성 외, 2013b). 증거에 입각한 정책의 수립 및 시행에 대한 강조는 기존 정책의 결과와 성과에 대한 객관적인 정보가 차기 정책 결정에 반드시 활용되어야 한다는 논의를 바탕으로 성과평가 결과의 활용 및 환류의 중요성을 강조하였다(Nutley et al., 2000; Solesbury, 2001). 이 시기에 대두된 고객 중심의 순환적 성과관리 시스템은 지금까지 이어진 통합적 성과관리의 근간을 이루고 있다. 단편적인 재무적 성과의 달성이 아닌 보다 전략적인 관점에서 조직의 비전 및 미션 달성을 목표로 하며, 서비스 및 재화를 직접적으로 이용하는 고객(시민)의 입장에서 중장기적 성과를 측정하고자 하였다. 성과관리의 주된 목적은 성과를 평가하는 것에서 더 나아가 그에 대한 결과에 책임을 지고 학습할 수 있는 조직적 분위기를 형성하는 데 있었으며, 지속적으로 성과를 향상시키기 위해 성과정보를 적극적으로 활용하고자 하였다(Pun and White, 2005; Wilcox and Bourne, 2002).

2000년대 이후 가장 최근에 등장한 성과관리 패러다임은 이를 넘어서 보다 전사적(全社的)이고 통합적이며 학습지향적·가치지향적인 특징을 지닌다. 이러한 패러다임의 변화는 21세기 초반 신공공관리론을 보완 혹은 대체할 정부개혁안으로서 뉴거버넌스론(New Public Governance)과 신공공서비스론(New Public Service)이 대두되면서 함께 이루어졌다. 뉴거버넌스론은 공공서비스 공급에 있어서 협력적 네트워크의 중요성을 부각하였으며(Alford and Hughes, 2008; Osborne, 2006; 2010), 신공공서비스론은 효율성과 생산성 이외에 공공조직이 추구해야 할 다양한 민주적 가치들을 제시하고(Denhardt and Denhardt, 2000; Light, 2001), 공공서비스의 보편성과 공공성을 강조한다. 이 두 패러다임의 등장으로 성과관리에 있어서 협업의 성과와 함께 목표를 달성하기 위한 과정 속에서 이루어진 비가시적인 성과를 측정하고 평가할 필요성이 있다는 목소리가 커졌다.

이처럼 현재 이루어지고 있는 성과관리 시스템은 다차원적이고 다층적인 성과목표들을 종합적으로 고려하여 경영활동에서 고려되어야 하는 효율성과 효과성뿐 아니라 공공서비스의 공평성, 공정성 등과 같은 다양한 가치 실현을 추구한다. 따라서 성과 측정은 시간적으로는 단기와 중장기, 대상은 개인과 조직, 측정은 정량적-비정량적 측면에서 종합적으로 이루어지며, 국민들이 필요로 하는 공공서비스가 적시에 제공될 수 있도록 전략목표, 위기관리 등을 포괄하여 전사적 관리를 목표로 하는 종합적인 성과관리 제도 구축을 강조하고 있다. 한편, 이러한 성과평가 결과는 해당 기관에 대한 경제적 인센티브 제공 혹은 예산삭감 등과 같은 패널티 부과 등에 활용되어 공공기관들로 하여금 적극적인 성과 개선을 위해 노력하도록 하는 유인을 제공하고 있다.

2. 우리나라 공공기관 경영평가제도의 변천

우리나라 공공기관 성과관리제도는 전 세계적인 성과관리 패러다임의 변천과 맥을 같이 하며 한마디로 공공기관 경영평가제도의 역사로 요약할 수 있다. 공공기관에 대한 성과평가는 그 시초가 태동한 1962년부터 현재까지 시대적 상황을 반영하여 변화해왔다. 구체적으로는 과거의 관리 중심 성과관리, 산출 중심 성과관리 패러다임에서 외환위기 이후 고객 중심 성과관리, 결과 중심 성과관리, 공공부문의 공공성을 강조한 현 정부의 가치 중심 성과관리 패러다임까지 발전해 오면서 경영평가제도의 체계, 평가대상 기관, 평가모형 및 지표, 평가결과와 인센티브와의 연계방식 등 세부적인 면에서 고도화가 이루어져왔다고 할 수 있다. 우리나라 경영평가제도의 시기 구분에 대해서도 관점 및 기준에 따라 다양한 의견이 제시되고 있다. 예컨대 윤태범(2010)은 관련 법령의 변천에 따라 「정부투자기관관리기본법」이 제정되어 공공기관들에 적용된 1기(1983~2003년), 「정부산하기관관리기본법」이 시행된 2기(2004~2006년), 「공공기관의 운영에 관한 법률」이 시행된 3기(2007년 이후)로 변천과정을 정리하였다. 홍길표(2015)는 이를 더 세분화하여 「정부투자기관예산회계법」과 「정부투자기관관리법」이 적용된 시기(1962~1984년), 「정부투자기관관리기본법」이 적용된 시기(1984~1999년), 「정부투자기관관리기본법」과 「정부산하기관관리기본법」이 적용된 시기(1999~2007년), 「공공기관의 운영에 관한 법률」이 적용된 시기(2007~2011년), 「공공기관의 운영에 관한 법률」을 바탕으로 기관장 성과협약제 등 새로운 제도들이 도입된 시기(2011년 이후)로 분류하였다. 장지인 외(2013)는 경영평가제도의 운영특성에 따라 평가제도 도입·정착기(1983~1998년), 확대·적용기(1999~2006년), 선진화기(2007~2010년), 효율화·특성화기(2011년 이후)의 4세대로 경영평가 변천사를 구분하였다.

본고에서는 평가부문과 평가방법, 그리고 제도 운영상의 특성을 고려하여 공공기관 경영평가제도의 역사적 변천 과정을 법·제도적 측면에서 굵직한 변화가 일어났던 시대적 배경을 중심으로 크게 세 가지 시기로 구분하여 살펴본다(〈표 1-2〉 참고). 첫 번째 시기는 '경영평가제도의 태동기'로서 공공기관에 대한 정부의 경영관리 중심의 성과관리가 이루어지던

〈표 1-2〉 공공기관 경영평가제도의 변천 및 특징

	태동기	도입 및 정착기	발전 및 고도화기
시기	1962~1983년	1984~2007년	2008년~현재
법적 관리체계	정부투자기관예산회계법(1962년 제정) 정부투자기관관리법(1973년 제정)	정부투자기관관리기본법(1983년 제정) 정부산하기관관리기본법(2003년 제정)	공공기관의 운영에 관한 법률(2007년 제정)
경영평가 모형 및 제도	• 주무부처에 의한 경영평가제도 도입 • 성과상여금 최초 도입	• 실질적 경영평가제도 도입 • 정부투자기관 경영평가위원회·평가단 설치 • 사장경영계약이행실적평가와 경영평가로 이원화 • 산하기관경영실적평가 최초 실시(2005)	• 평가대상기관 축소 • 기관장 평가제도 분리 운영(2009) • 자율경영평가 도입(2010) • 기관장 성과협약제 도입(2014) • 기타공공기관 경영평가 실시(2014)

자료: 박순애(2014: 13), 윤태범(2011: 37), 홍길표(2015: 4)를 참고하여 재구성

1962년부터 1983년까지를 일컫는다. 두 번째 시기는 '경영평가제도의 도입 및 정착기'로, 근대적 의미의 경영평가제도가 「정부투자기관관리기본법」의 제정과 함께 등장하여 널리 확대된 1984년부터 2007년까지의 시기를 의미한다. 마지막 세 번째 시기는 「공공기관의 운영에 관한 법률」이 시행된 2008년부터 현재까지의 '경영평가제도의 발전 및 고도화기'이다.

1) 경영평가제도의 태동기: 1962~1983년

우리나라 현행 공공기관 경영평가제도의 초기 모형은 1984년부터 실시된 정부투자기관 경영평가제도라 할 수 있으나, 그 원형은 1968년에 최초로 시도된 경영평가제도의 운영에서 찾아볼 수 있다. 이는 당시 프랑스 정부가 공기업의 경영계약제도 이행실적을 관리하기 위하여 평가제도를 운영한 사례로부터 영향을 받은 것으로 알려져 있으며, 1962년 제정된 「정부투자기관예산회계법」의 체계 하에서 주무부처에 의한 통제 위주의 경영평가 방식으로 운영되었다(장지인 외, 2013). 하지만 당시의 경영평가제도는 그 본래의 목적과 달리 형식적으로 운영되었다는 비판을 면치 못하였다(유훈, 1997; 송대희, 1983). 무엇보다도 경영평가제도의 근본적인 목적은 정부투자기관으로 하여금 자율적 책임경영체제를 구축하게 하는 것이었음에도 불구하고 정부통제 위주의 관리방식으로 인하여 그 한계가 내재되어 있었다고 할 수 있다. 또한 종합적이고 총체적인 경영실적의 평가가 아닌 예산상의 손익을 평가하는 지엽적 수준에서 벗어나지 못했으며 별도의 인센티브 시스템을 갖추고 있지 않아 평가결과의 환류 및 학습이 제대로 이루어지지 못했다.

이러한 비판을 수렴하여 1973년 「정부투자기관관리법」의 제정과 함께 경영평가제도의 실효성을 제고하고자 하는 개선 노력이 이루어졌다. 1976년까지는 여전히 평가의 주체가 주무부처였으므로 크게 달라진 점은 없었으나, 1977년부터는 평가기관을 경제기획원으로 일원화하고 성과상여금을 최초로 도입하는 등 이전보다 체계화된 경영평가제도가 마련되었다(유훈, 1997). 하지만 1970년대에 개선된 경영평가제도 역시 평가지표의 기술적 한계 및 제도의 형식적 운영에 대한 비판에서 자유롭지 못하였다(송대희, 1983; 송대희 외, 1987). 당시의 평가지표는 단기적, 통제위주적, 재무 분석적, 중복적이라는 지적을 받았으며, 새롭게 도입된 인센티브 제도는 형식적 운영에 그쳐 사실상 거의 모든 정부투자기관이 200%의 인센티브를 지급받는 현상이 나타났다. 또한 여전히 정부투자기관에 경영의 자율성을 보장해 주지 못하는 제도로 인식되었다.

2) 경영평가제도의 도입 및 정착기: 1984~2007년

1983년에 제정된 「정부투자기관관리기본법」은 기존의 「정부투자기관예산회계법」과 「정부투자기관관리법」을 대체하는 법으로서 정부투자기관에 대한 체계적 관리와 현행 경영평가체계의 근간을 마련한 것으로 평가받고 있다(박석희, 2003; 윤태범, 2011). 이 법의 제정을 통해 정부는 경영평가제도를 주무부처 중심의 사전통제에서 사후평가 방식으로 전환하고 정부투자기관의 집행기능을 전문화하며 공공기관의 자율적 책임경영체제를 구축하고자 하였다. 이전의 제도 하에서는 정부투자기관이 주무부처로부터 조직개편과 같은 세부적인 사항까지 사전통제를 받고 경제기획원, 재무부 등 여러 중앙부처로부터 중복관리를 받았다. 하지만 「정부투자기관관리기본법」의 제정으로 경영평가단에 의한 실질적인 사후평가제도가 도입되어 주무부처의 통제가 상대적으로 완화되고 정부투자기관 내부의 자율 및 책임권이 확대될 수 있는 기회가 마련되었다(윤태범, 2010; 송대희, 2015; 한국개발연구원, 1981).

2003년에 제정된 「정부산하기관관리기본법」은 「정부투자기관관리기본법」의 적용을 받지 않던 정부산하기관이 경영 효율성 및 투명성이 결여되어 방만하게 경영되고 있다는 지적에 따라 새로운 정부산하기관 관리체계를 구축하기 위하여 제정되었다. 따라서 1984년부터 2003년까지는 「정부투자기관관리기본법」에 의거하여 20여 개 내외의 정부투자기관만이 경영평가의 대상이었으나, 「정부산하기관관리기본법」이 제정됨에 따라 2004년부터 2007년까지는 정부투자기관과 정부산하기관이 모두 경영평가의 대상이 되었다. 관련법의 제정에 따라 정부산하기관의 경영평가 방식 및 결과에 대해 심의·의결하는 '정부산하기관 운영위원회'가 기획예산처 하에 설치되었으며 경영평가의 절차 및 운영방식은 정부투자기관과 유사하게 마련되었다. 또한 이 시기에는 기관장 공개모집, 경영공시, 고객만족도 조사 등 기존에 존재하지 않던 새로운 수단들이 경영평가에 활용될 수 있는 기반이 마련되었다(송희준, 2004; 장지인 외, 2013).

경영평가제도 도입 및 확대가 이루어진 이 시기에도 여전히 경영평가제도의 내재적 한계와 공공기관 경영의 비효율성 문제가 지적되었다(조택, 2008; 한국개발연구원, 2008). 정부투자기관과 정부산하기관의 범위가 불분명하고 관리의 사각지대가 존재한다는 점, 사실상 동일한 공공기관을 대상으로 이중적인 경영평가제도가 운영된다는 비판도 제기되었다. 또한 공공기관의 경영 자율성을 보장하고자 했던 본연의 목적을 온전히 달성하지 못하고 여전히 정부의 사전 규제와 내부 경영에 대한 지나친 관여가 존재했던 것으로 나타났다. 특히 이사회, 감사 등 공공기관 내부 견제를 위해 설치한 기구들도 형식적으로 운영된다는 비판을 받았다.

3) 경영평가제도의 발전 및 고도화기: 2008년~현재

정부는 정부투자기관과 정부산하기관 경영평가제도를 통합 일원화하는 것을 주요골자로 하는 「공공기관의 운영에 관한 법률」(이하 공운법)을

2007년에 제정하여 앞서 논의한 문제점들을 해결하고 공공기관의 책임성 확보를 위하여 보다 근본적으로 공공기관의 지배구조에 대한 혁신을 모색하였다. 즉, 모호했던 공공기관의 분류를 국제기준을 참고로 하여 공기업, 준정부기관, 기타 공공기관으로 구분하고 관리 대상 공공기관의 범위를 확대하였다. 모든 관리 대상 공공기관에 경영공시를 의무화하고 통합관리함으로써 감독기능을 강화하였으며, 임원의 책임성 강화를 위하여 비상임이사와 감사 등 개별 임원에 대한 직무성과 평가제도를 신설하였다(선우석호·곽채기, 2006; 홍길표, 2015).

이 시기에 가장 주목할 만한 변화로는 경영평가제도의 체계를 근본적으로 수정하였다는 점이다. 기존의 모형과는 차별화되는 과정(Cycle)평가모형을 도입하였고, 기관장의 동기부여를 위해 기관장 평가를 독립적인 평가단으로 분리하였으며, 경영정보 공개를 위한 데이터베이스 시스템이 구축된 점도 주요한 제도적 변화로 볼 수 있다. 경영품질 평가에 대한 국제적 기준으로 널리 알려진 말콤 볼드리지(Malcolm Baldrige: MB) 모델을 경영평가제도에 접목함으로써 경영성과를 보다 정확하게 측정하고자 하였으며, 당해 연도의 좋은 결과가 기관의 장기적인 역량강화로 이어질 수 있도록 단기실적 지향(short-term focused)에서 지속적 성과창출 지향(sustainability focused)으로 관점의 변화를 꾀하였다.[1] 기존의 평가체계가 계획-집행-결과 단계 중 '집행'에 초점이 맞추어져 있었다면, MB 모형에서는 미흡부분의 '개선활동(act)'을 강조하여 학습과 혁신이 이루어질 수 있도록 유도하고자 하였다(기획예산처, 2007; 한국능률협회컨설팅, 2007). 둘째, 기관평가와는 별개로 기관장평가 제도를 도입하여 기관장으로 하여금 경영

1 기존의 평가모형은 기관의 운영을 기능별로 구성하여 '리더십·전략(계획)-경영시스템(집행)-경영성과(결과)'라는 일련의 과정으로 평가함으로써 투입-성과 혹은 과정-결과에 대한 구분이 다소 모호하고, 경영관리 측면과 사업 측면에서의 성과를 명확히 구분하기 어려운 경우가 있었다.

혁신과 리더십을 강화할 수 있도록 환경을 조성하였다.[2] 기관장평가 제도는 리더십, 경영성과, 주요사업 측면에서 종합적으로 기관장의 역량을 평가하고자 하였으며, 평가결과를 성과급 지급과 연임 등 기관장 인사에 적극적으로 활용하였다. 셋째, 공공기관의 경영평가 과정을 전산화하고 평가정보를 데이터베이스화하여 평가자료의 축적 및 관리를 체계화할 수 있도록 공공기관 경영정보 공개 시스템인 '알리오(All Public Information In-One: ALIO)'가 구축되어 본격적으로 활용되기 시작하였다. 알리오 시스템은 공공기관 경영평가와 관련된 주요정보를 인터넷을 통해 국민들에게 종합적으로 제공하여 공공기관의 투명성 제고에 크게 기여한 것으로 평가된다(곽채기, 2007). 그럼에도 불구하고 애초에 의도하였던 평가위원이 직접 경영평가결과를 입력함으로써 평가기록을 과정별로 남기고 평가의 공정성을 제고하겠다는 측면에서는 그 활용이 제한적이었고, 언제부터인지 이러한 자료의 입력도 중단되었다는 것은 아쉬운 점으로 볼 수 있다.

한편, 2013년 말 '공공기관 정상화' 정책에 의해 경영평가제도에 또 한 차례 변화가 이루어졌다. 해외자원개발 등으로 인해 급격하게 증가한 공공기관 부채를 관리하기 위해 2014년 경영평가에서는 부채감축과 보수복리후생 관련 평가가 강화되었으며, 기관장은 경영성과협약제 시행에 따른 이행실적 평가로 방식이 변화되었다(기획재정부, 2013). 그 외에도 공공기관 기능조정, 임금피크제, 성과연봉제 도입, 주요사업 2 시그마 목표치 설정[3] 등 공공기관의 경영효율성을 제고하고자 경영평가를 적극적으로 활

2 2008년부터 2010년까지는 기관평가와 기관장평가가 이원화되어 운영되다가 2011년 이후에는 다시 두 평가체계가 통합 일원화되었다. 하지만 2014년 기관평가와 기관장평가가 다시 분리되어 1년 단위의 기관장평가를 3년 임기 중 1회만 평가하는 기관장 경영성과협약 이행실적평가제도로 개편되었다.

3 2013년 편람수정에서 대국민서비스의 질을 제고하기 위하여 기관의 주요사업 지표의 목표치를 도전적으로 설정(예를 들면, 5개년 표준편차의 1배 성과달성에서 2배 성과달성으로 목표를 설정)하도록 재설계하였다.

용하였으나 조기 실각으로 제도의 정착화에는 실패하였다. 이 시기에 크게 부각되지는 못하였지만 공공기관의 사회적 책임을 강화하기 위해 사회공헌, 일자리 창출 등과 관련된 노력과 성과에 대한 평가도 지속적으로 이루어져 왔다(기획재정부, 2016).

2007년 「공공기관의 운영에 관한 법률」의 제정으로 인한 경영평가제도의 법적 근거와 평가모형 및 운영방식의 진화는 대체로 긍정적인 효과가 있는 것으로 평가되고 있지만(조택·송선하, 2010; 라영재·윤태범, 2013), 여전히 개선되어야 할 부분도 많다는 지적에 동의한다. 경영평가제도가 시행된 지 상당한 기간이 지났음에도 불구하고 공공기관의 부채규모 및 방만경영은 지속적인 사회적 화두이며 공공기관의 사회적 책임성 확보를 위한 타당한 지표설계와 후속조치 강도 등 여전히 극복해야 할 문제점들이 산재해 있는 것이 현실이다. 또한 평가대상 기관 분류방식의 모호성, 평가단의 전문성 및 공정성에 대한 논란, 평가방식의 경직성, 평가지표의 타당성, 기관장평가와 기관평가의 이원화에 따른 중복평가 등 경영평가 제도와 그 운영에 있어 내재적 한계와 문제점들이 지속적으로 언급되고 있다.

III. 우리나라 공공기관 성과평가모형 및 측정지표의 역사적 변천

공공기관 경영평가제도 및 체계의 개편과 함께 성과평가모형 및 측정지표 역시 꾸준히 개선되어 왔다. 경영평가 모형이 처음 도입되어 시행된 1962년부터 1983년 평가까지는 대체로 경영관리적 측면에서 원가와 투입재원 중심의 평가가 이루어졌기 때문에 성과평가모형이라 명명될 만

〈표 1-3〉 공공기관 성과평가모형의 역사적 변천

	태동기	도입 및 정착기		발전 및 고도화기	
		도입 단계	정착 단계	발전 단계	고도화 단계
시기	1962~1983년	1984~2000년	2001~2007년	2008~2010년	2011년~현재
평가 범주	관리효율 (재정적 손익평가)	종합경영, 경영관리, (관리효율), 주요사업	종합경영, 경영관리, 주요사업	리더십/전략, 경영시스템, 경영성과	(리더십/책임경영), 경영효율, 주요사업
가중치	-	계량: 40~70% 비계량: 30~75%	계량: 32~45% 비계량: 60~70%	계량: 45~55% 비계량: 45~60%	계량: 55~65% 비계량: 35~45%

자료: 장지인 외(2013: 374), 윤태범(2010: 312-140) 참고로 재구성

한 체계적인 모형이 구축되지 못하였다(장지인 외, 2013). 이후 1984년에 들어서야 비로소 초기 모형으로 간주할 수 있는 성과평가모형이 등장하였고 2000년대 초반에는 이러한 초기 모형의 개선 및 체계화가 이루어졌다. 2007년 「공운법」이 시행되면서 국제적으로 통용된 말콤 볼드리지의 PDCA(Plan-Do-Check-Act) 모형을 도입하여 현재까지 경영관리와 주요사업이라는 체계에서 PDCA 모형을 적용해오고 있다(〈표 1-3〉 참고). 이하에서는 성과평가모형의 틀을 갖춘 1984년도부터의 성과평가모형부터 현재 모형에 이르기까지 시기별 모형 특성을 살펴보고자 한다.

1. 도입 및 정착기 모형: 1984~2007년

1) 도입 단계: 1984~2000년

각 연도 정부투자기관 경영평가 편람을 분석해보면 1986년부터 1992년까지는 종합경영, 경영관리, 설립목적수행(주요사업)의 세 가지 부문으로 구분되던 평가모형이 1993년부터 2000년까지는 관리효율 부문이 추가된

4가지 부문으로 확대되었다.[4] 성과평가의 초기 모형이라고 명명할 수 있는 이 당시 모형은 최대 58개까지의 다수의 평가지표로 구성되었으며 비계량 및 계량지표들로 이루어졌다. 예를 들어, 종합경영 부문은 투자기관의 창의력, 환경변화 적응력, 직원의 사기 등을 측정하는 비계량지표와 경영고정자본 생산성, 수지관리 등을 측정하는 계량지표로 구성되었다. 경영관리 부문은 장기경영관리, 관리제도 개선, 내부평가제도 내재화, 연구개발 노력 정도 등을 측정할 수 있는 지표에 의해 점수화되었으며, 설립목적수행 부문은 국가정책의 수행, 기관의 설립목적 수행 등의 지표에 의해 평가되었다([그림 1-1]).

전반적으로, 초기 모형의 계량지표는 총점의 60% 내외, 비계량지표는 40% 내외의 비중을 차지하여 비계량지표에 비해 계량지표의 비중이 더

[그림 1-1] 도입기 모형의 예시(1986년 성과평가모형)

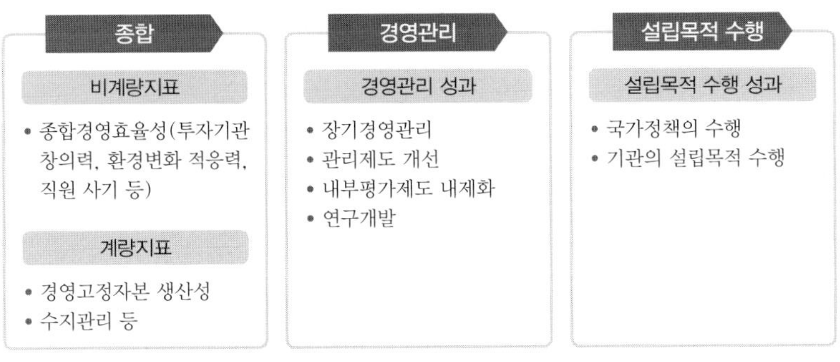

자료: 정부투자기관 경영평가위원회(1986) 참고로 구성

4 1983~1984년에는 평가부분이 존재하지 않은 채 계량 및 비계량지표로만 구분하여 평가를 실시하였고, 1985년에는 종합지표, 경영목표지표, 경영관리지표, 효율성 지표, 서비스 지표, 연구개발 지표의 총 6가지 평가부문과 해당 세부 지표들이 존재하였다. 하지만 1986년 이후 어느 정도 안정된 평가모형이 개발되어 지속적으로 활용되었으므로, 본고에서는 1986년에 활용된 성과평가모형을 초기 모형으로 간주하기로 한다.

높았다.[5] 이를 통해 평가자의 주관이 개입될 수 있는 비계량지표보다는 계량지표 비중을 높임으로써 평가의 객관성과 공정성, 기관의 수용도를 제고하고자 하였다.[6]

2) 정착 단계: 2001~2007년

이 시기의 평가모형은 종합경영, 주요사업, 경영관리(기존의 경영관리와 관리효율 부문의 통합)의 세 가지 부문으로 축소되었고 각 부문을 구성하는 지표의 수도 최대 37개로 정비되었다. [그림 1-2]에서 확인할 수 있듯이, 제2기 도입 및 정착기 모형의 종합경영 부문은 책임경영 및 공익성, 구조조정 및 경영혁신, 이사회 운영, 고객만족도 제고 등 4개 공통 비계량지표와 노동생산성, 경영고정자본생산성, 영업비용관리 등 기관별로 선택적인 2~4개 계량지표로 구성되었다. 경영관리 부문은 크게 인적자원관리, 재무 및 예산관리, 기타 경영관리로 구분되었으며, 이 중 인적자원관리는 다시 조직 및 인사관리, 보수 및 노사관리, 내부평가제도 운영 등의 지표로 이루어졌다. 주요사업 부문은 각 기관별로 설립취지에 맞게 3~5개의 주요사업을 선정하도록 하고 계량 및 비계량 지표들을 적절히 활용하여 각 사업의 성과를 평가할 수 있도록 하였다. 한편, 2001년부터 2006년까지 각 연도 정부투자기관 및 정부산하기관 경영평가 편람을 살펴

5 1990년 이전에는 예외기관(가중치 실적을 계량화하기 곤란한 기관: 무역투자진흥공사, 증권거래소, 석유개발공사, 가스공사, 관광공사 등)을 제외하고는 계량비중이 60% 내외로 높다가, 1990년부터 1997년 IMF 이전까지는 계량과 비계량이 유사한 비중을 보여주고 있다. 1998~2007년까지 비계량의 비중이 60% 내외로 높아졌으나, 2008년 공운법 이후 계량의 가중치가 점점 높아지기 시작하여 2014~2015년에 65%까지 높아졌다가 다시 하향하기 시작하였다.

6 초기 모형 개발에 주도적인 역할을 했던 송대희(2015)에 따르면, 계량지표의 비중이 높았던 이유는 회계사들이 중심이 되어 지표가 설계된 이유에도 기인하지만 평가의 객관성과 공정성을 높이기 위한 의도가 컸다고 한다.

[그림 1-2] 정착기 모형의 예시(2001년 성과평가모형)

자료: 기획재정부(2001) 참고로 구성

보면 초기 모형과 달리 총점 산정에 있어서 비계량지표의 비중이 더 커진 것을 알 수 있다.

2. 발전 및 고도화기 모형: 2008년~현재

1) 발전 단계: 2008~2010년

이 시기의 경영평가모형 및 지표체계는 2007년 말콤 볼드리지(MB)의 PDCA(Plan-Do-Check-Act) 모형을 수용함에 따라 크게 변화되었다. MB 모형은 평가부문을 크게 리더십/전략, 경영시스템, 경영성과로 범주화하면서 PDCA 관점에서 평가가 이루어지도록 하였다. 구체적으로 살펴보면, 계획(Plan) 단계에 해당하는 리더십/전략, 집행(Do) 단계에 해당하는 경영시스템, 결과(Check) 단계에 해당하는 경영성과로 각 부문을 분류하고, 각 부문들이 독립된 것이 아니라 순차적이고 연결된 과정이라는 기본 전제를 바탕으로 하였다. 또한 리더십/전략 및 경영시스템 부문은 비계량

[그림 1-3] 발전기 모형의 예시(2008년 성과평가모형)

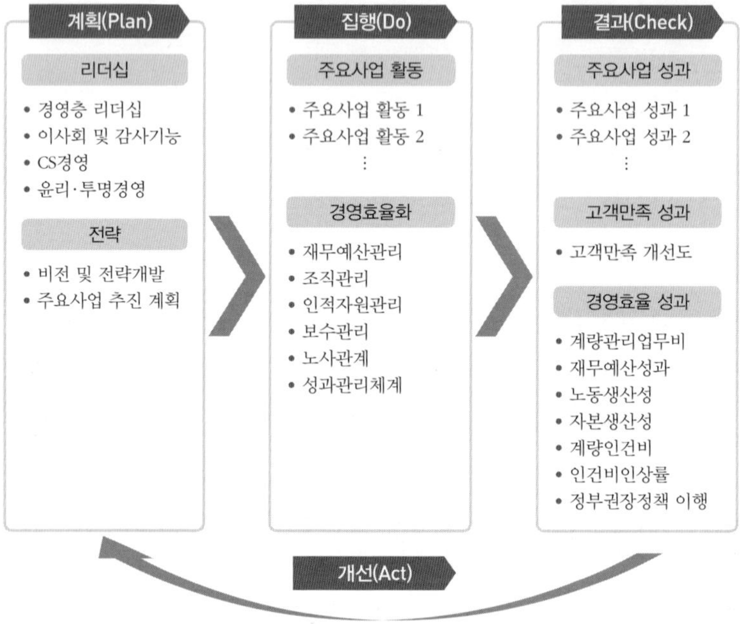

자료: 기획재정부(2008), 한국능률협회컨설팅(2007) 참고로 구성

지표들로만 구성한 반면 경영성과 부문은 계량지표들로만 구성하여, 과정적 평가(정성적 평가)와 결과적 평가(정량적 평가)를 구분하였다.

2008년도 평가모형을 중심으로 지표를 살펴보면([그림 1-3]), 리더십/전략 부문은 경영층의 리더십, 이사회 운영 및 감사, 고객만족 중심 경영, 윤리 및 투명경영, 비전 및 전략개발 등의 지표로 구성되어 있다. 경영시스템 부문은 주요사업 활동과 경영효율화로 구분되어 각 기관별 주요사업의 효율적 추진 여부가 평가되고 재무예산관리, 조직관리, 인적자원관리, 보수관리, 노사관계, 성과관리체계 등의 지표를 통해 경영관리의 효율화 정도가 측정되었다. 경영성과 부문은 주요사업 성과, 고객만족 성과, 경영

효율 성과의 3가지 세부부문으로 구분되어 각 기관별 주요사업의 성과목표 달성 정도, 고객만족 개선 정도, 경영관리 측면에서의 효율성 향상 정도가 평가되었다. 2008년부터 2010년까지 지표수는 평균 30개 내외 수준을 유지하였으며 계량지표는 45~55%, 비계량지표는 45~60%의 가중치를 유지하였다.

2) 고도화 단계: 2011년~현재

공운법 초기의 PDCA 관점은 2011년부터 보다 간소화된 모형으로 변모하였다. 특히 2014년도 평가부터는 기관장 평가팀을 분리하면서 기존의 리더십/책임경영, 경영효율, 주요사업의 3가지 범주를 경영관리, 주요사

[그림 1-4] 고도화 단계 모형의 예시(2014년 성과평가모형)

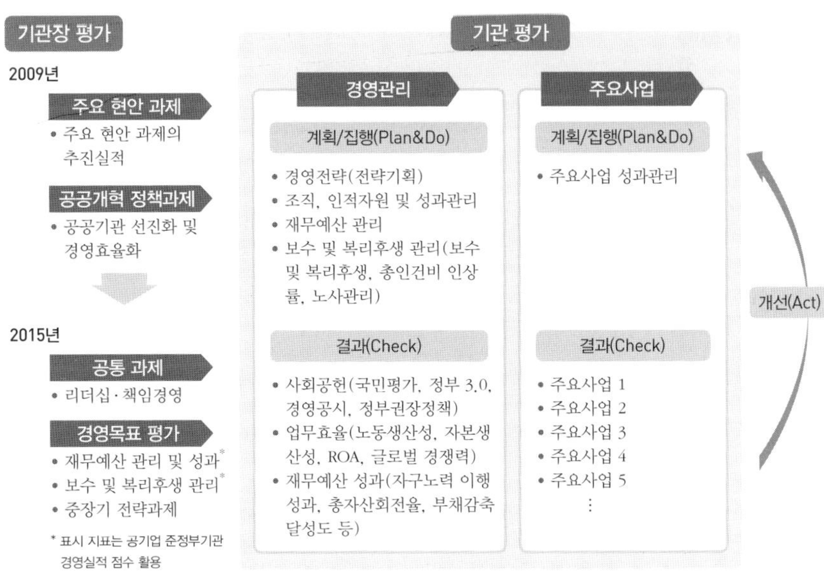

자료: 기획재정부(2014) 참고로 구성

업의 2가지 범주로 개편하고 경영평가제도가 실시된 이래 가장 적은 20개 미만의 평가지표를 구성하는 등 평가모형의 복잡한 체계를 보다 효율적으로 정비하려는 움직임이 활발히 이루어졌다.

2014년도 평가모형을 살펴보면, [그림 1-4]에서처럼 경영관리 부문은 크게 5가지 세부 부문(경영전략 및 사회공헌, 업무효율, 조직·인적자원 및 성과관리, 재무예산관리 및 성과, 보수 및 복리후생 관리)으로 분류되며 PDCA 모형에 기반하여 각 단계를 비계량 및 계량지표로 평가한다. 주요사업 부문은 각 기관별로 설립목적에 맞게 설정된 주요사업 성과목표의 계획, 집행, 결과를 종합적으로 평가하며 주로 계량지표로 구성되어 있다. 전체적으로 계량지표가 55~65%, 비계량지표가 35~45%의 비중을 차지하여 초기 모형에서와 같이 계량지표의 비중이 높아졌다.

3. 기관장평가

2009년 평가부터 기관장평가는 기관평가와 독립적으로 시행되었다.[7] 2009년 기관장평가의 경우 경영계획서 상의 주요 현안 과제의 추진실적 평가(50점)와 공공기관 선진화 및 경영효율화 과제 평가(50점)의 2가지 범주 하에 세부 지표들을 구성한 모형을 활용하였다. 주요 현안 과제 범주는 경영계획서상 정해져 있는 각 기관별 주요 현안 과제의 계획, 집행, 산출 각 단계가 25:25:50의 비중으로 평가되었으며, 선진화 및 경영효율화 범주는 민영화, 통폐합·기능조정, 정원감축, 보수조정, 노사관계 선진화,

7 1999년부터 기관평가와 별도로 사장실적평가가 시행되긴 하였으나 당시 사장실적평가 모형의 평가지표 가중치 배분 등은 기관평가 모형과 거의 유사하였다(조택, 2009). 따라서 기관평가 모형과 구분되는 개별적 기관장평가 모형이 등장한 것은 2009년 평가부터라 할 수 있다. 기관장평가의 역사와 모형에 대한 세부 내용은 제2부 공공기관 경영 거버넌스의 기관장평가 관련 장에서 자세히 다루고 있다.

출자회사 정리, 청년인턴 채용의 7가지 지표에 의거하여 평가되었다. '아주 우수, 우수, 보통, 미흡'의 4단계 등급으로 구분된 평가결과는 인사상 조치와 성과급 차등 지급에 반영되었다.

2011년 평가모형의 경우 리더십·책임경영(20점), 경영효율(40점), 주요사업(40점)의 3가지 범주로 구성되었으며, 기본적으로 기관평가 모형에 기초하되 주요사업 범주만 기관별 기관장 경영계획서에 따라 별도로 평가하는 형식을 따랐다. 리더십·책임경영 범주는 리더십, 책임경영, 국민평가, 사회공헌의 4가지 지표들로, 경영효율 범주는 조직 및 인적자원관리, 보수 및 성과관리, 노사관리의 3가지 지표들로, 주요사업 범주는 주요사업(30점), 지속발전사업(10점)의 2가지 지표들로 각각 구성되었다. 최종 종합점수는 총 6등급(탁월, 우수, 양호, 보통, 미흡, 아주미흡)으로 구분하여 공시하였다.

2015년 평가부터는 다시 기관평가와 기관장평가 모형의 분리가 이루어졌으며, 공통과제(30점)와 성과과제(70점)로 구성되는 2가지 범주 체계의 평가모형이 적용되기 시작하였다. 공통과제 범주는 기관장의 리더십 및 책임경영 노력을 평가하는 지표로 구성되었으며, 성과과제 범주는 재무예산관리 및 성과(15~20점), 보수 및 복리후생 관리(15~20점), 중장기 전략과제(30~40점) 지표로 구성되었다. 기본적으로 기관평가와 기관장평가 모형을 분리하는 입장을 취하였지만 성과과제 범주 중 재무예산관리 및 성과, 보수 및 복리후생 관리 지표는 기관평가결과에 근거하여 점수가 도출되었다. 가중치를 반영하여 산출된 최종점수는 총 3등급(우수, 보통, 미흡)으로 구분되어 각 기관장의 인사 참고자료로 활용되었다.

기관평가 모형에 비하여 기관장평가는 비교적 체계가 단순하여 2016년도 기관장 경영실적평가는 5명의 위원으로 구성된 별도의 위원회조직이 평가를 수행하였다. 기관장평가 관련 이슈로는 기관평가와의 분리·통합

문제, 평가의 주기 등이 지속적으로 제기되었지만, 보다 근본적인 문제는 평가결과가 미흡한 기관장은 조직 장악력이 떨어지고, 성과창출을 위한 리더십을 발휘하기 어렵다는 한계가 있다. 따라서 결과가 부진한 기관장도 기관장으로서 유예기간을 두고자 한다면 기관장평가 결과와 보고서는 비공개로 하는 방안을 생각해 볼 수 있다.

Ⅳ. 경영평가 추진기구 및 지표체계 현황과 과제

공공기관 경영평가제도는 평가 과정 및 결과의 타당성과 신뢰도를 제고하기 위해 지속적으로 보완·발전해왔다. 하지만 다수의 학자 및 실무가들은 여전히 성과평가제도가 내재적인 한계를 지니고 있으며 이를 개선해야 할 필요성이 있음을 지적하고 있다. 특히 주요 개선사항으로 지적되는 내용들은 경영평가단의 구성 측면, 평가의 타당성 측면, 공공기관 유형분류의 적절성 측면, 평가 결과의 활용 측면으로 정리할 수 있다. 이하에서는 경영평가제도가 안정적으로 운영된 발전 및 고도화기를 중심으로 실증자료분석을 통해 현 경영평가제도 운영상의 문제점과 개선방안에 대하여 논해보고자 한다.

1. 경영평가단 구성

「공공기관의 운영에 관한 법률」 제48조 제6항에 따르면 "경영실적 평가의 효율적인 수행과 경영실적 평가에 관한 전문적·기술적인 연구 또는 자문을 위하여" 경영평가단을 구성·운영할 수 있다. 경영평가단에 참여하는 위원의 자격조건과 관련하여 동법 시행령에서는 다음과 같이 예시하고 있다.

- 공공기관의 운영 및 경영관리에 관한 전문지식이 있는 대학의 교수
- 정부출연연구기관에 소속된 박사학위소지자 및 이에 준하는 자격이 있다고 인정되는 자
- 5년 이상의 실무경험이 있는 공인회계사·변호사 및 경영자문 업무에 관한 전문가
- 그 밖에 공공기관의 운영 및 경영관리에 관한 전문지식과 경험이 풍부하다고 인정되는 자

경영평가단은 평가결과의 타당성 및 신뢰성에 막대한 영향을 미치기 때문에 그 적정한 규모나 구성과 관련하여 끊임없이 논쟁이 이어져 왔다. 특히 경영평가단의 규모가 그 필요성과 상관없이 점차 비대해지고 있다는 지적과 평가위원들의 전문성 및 공정성 등과 관련한 자질·역량 측면에서 논의가 지속되었다.

먼저 규모의 변화를 살펴보면(〈표 1-4〉 참고), 2008년부터 2009년까지 130여 명의 평가위원으로 구성되었다가 2010년 169명으로 다소 규모가 확대되었다. 하지만 2011년 149명으로 축소된 이래 2012년부터 2015년까지는 큰 변화 없이 160여 명 수준으로 유지되었다.[8] 정부투자기관과 정부산하기관에 대한 평가를 분리하여 실시하던 2004년 129명, 2005년 159명, 2006년 155명과 비교할 때 경영평가단 규모가 눈에 띌 만큼 증대되었다고 보기는 어렵다.[9] 인당 평가대상 기관수를 계산해보면 대략 0.7개 내

8 2016년도는 주무부처인 기획재정부의 '경영평가단 효율화' 요구로 인해 평가단 수는 109명으로 급격하게 줄었다.

9 그럼에도 불구하고 100여 명 이상의 대규모 전문가그룹이 모여서 수개월간 평가를 진행

〈표 1-4〉 경영평가단의 규모 및 구성의 변화(2008~2016년)

	2008년		2009년		2010년		2011년		2012년		2013년		2014년		2015년		2016년	
	명	%	명	%	명	%	명	%	명	%	명	%	명	%	명	%	명	%
대학 교수	105	75.5	86	66.2	111	65.7	102	68.5	107	67.3	102	65.0	111	68.5	103	64.0	71	65.1
회계사·전문가	24	17.3	30	23.1	34	20.1	29	19.5	32	20.1	43	27.2	42	25.9	46	28.6	31	28.4
국책 연구원	9	6.47	11	8.46	17	10.1	11	7.38	8	5.03	12	7.6	8	4.9	10	6.2	6	5.5
기타	1	0.72	3	2.31	7	4.14	7	4.7	12	7.55	1	0.6	1	0.6	2	1.2	1	0.9
위원 합계	139	100	130	100	169	100	149	100	159	100	158	100	162	100	161	100	109	100
기관수 /인당	100	0.72	96	0.74	112	0.66	109	0.73	109	0.69	117	0.74	117	0.72	116	0.72	119	1.09

주: 각 연도는 실적평가보고서 연도 기준

외로 나타나다가 2016년도에는 평가단 규모가 109명으로 대폭 축소되어 인당 1개 기관 이상을 평가하는 것으로 조사되었다.

경영평가단에 위촉된 위원들의 직업 구성을 살펴보면(〈표 1-4〉, [그림 1-5] 참고), 2008년부터 2015년까지 꾸준히 65% 이상이 대학교수로 구성되어 있어 가장 지배적인 직업군임을 알 수 있다.[10] 20% 정도가 컨설팅 및 회계 전문가로 구성되어 있으며 연구원이 10% 정도의 비율을 차지하고 있고 변호사, 노무사 등 기타 직업에 종사하는 위원이 5% 내외를 이루고 있다.

이처럼 대학교수의 비율이 높은 것과 관련하여 피평가 기관의 실무적, 현실적 상황에 대한 고려가 부족할 수 있다는 점, 피평가 기관으로부터 연구용역 수주 등의 혜택을 받은 경험이 있는 경우 공정성 문제가 발생할 수

하는 경우가 거의 없기 때문에 일반 국민이나 외부의 시각에서는 여전히 대규모 평가단으로 비춰질 여지가 있다.

10 최근에는 은퇴한 공직자나 공공기관에서 퇴직한 자가 겸임교수 또는 초빙교수 직을 달고 경영평가단에 참여한 경우가 증가하고 있다.

[그림 1-5] 경영평가단의 직종별 구성비(2008~2016년)

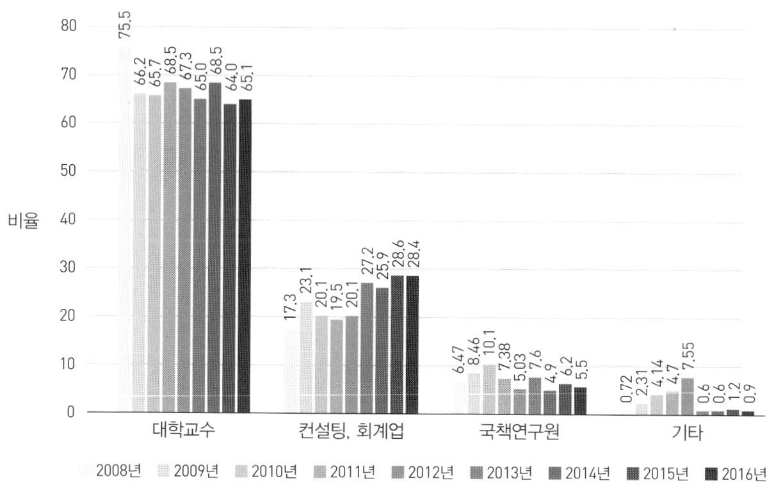

있다는 점 등이 지적되어 왔다. 그러나 이해상충의 문제는 교수보다는 공공기관이 주된 고객인 컨설팅 회사나 회계법인 출신의 전문가에게 보다 심각하게 나타나는 문제로 볼 수 있다. 최근 정부에서는 이러한 논란을 잠재우기 위해 평가위원의 윤리규정을 강화하고, 연구용역 및 자문에 대한 상피검증을 엄격하게 적용하여 평가위원을 선발하고 있다. 교수의 경우도 다양한 분야의 전공자를 균형 있게 선발하여 한 팀에 여러 직군의 전문가가 서로 시너지를 낼 수 있도록 배치하고, 신규 평가위원과 기존 평가위원 교체율을 일정 비율로 유지하여 전문성과 계속성을 확보하는 방향으로 운영된다면 전문성에 대한 논란도 다소 누그러질 수 있을 것으로 보인다. 공공기관들의 방대한 사업분야와 수십 개에 달하는 세부 평가지표에 대한 매뉴얼을 간소화하고 내부 워크숍 및 체계적인 교육을 통해서도 평가위원들의 전문성 확보가 이루어질 수 있을 것이다.

한편, 경영평가결과가 국민의 기대수준과 격차가 있다는 비판을 극복하기 위해서는 평가과정을 투명하게 공개하는 방안과 더불어 평가단의 일정 비율을 시민단체의 추천을 받은 전문가로 구성하는 방안도 고려할 수 있을 것이다.

2. 평가체계와 지표

공공기관 경영평가제도가 도입되어 시행된 이래 평가지표와 가중치 설정의 합리성에 대한 의문 역시 지속적으로 제기되어 왔다. 앞서 성과평가모형 및 측정지표의 역사적 변천에서 살펴보았듯이, 평가부문과 부문별 세부지표는 매년 조금씩 변화되어 왔으며 계량 및 비계량지표의 가중치도 변화를 거듭해 왔다.

우선 평가부문의 구성 및 가중치의 변화를 살펴보면(〈표 1-5〉, [그림 1-6] 참고), 2013년 평가까지 리더십·전략, 경영관리, 주요사업의 3가지 부문으로 구성되었다가 2014년 평가부터 리더십과 경영관리 부문을 통합

〈표 1-5〉 지표구성 및 가중치의 변화(2008~2017년) (단위: %)

구분		2008년	2009년	2010년	2011년	2012년	2013년	2014년	2015년	2016년	2017년
리더십	계량	-	-	-	10	10	10	-	-	-	-
	비계량	20	18	13	10	10	10	-	-	-	-
	소계	20	18	13	20	20	20	-	-	-	-
경영관리	계량	30	30	30	20	20	17	28	28	28	23
	비계량	20	17	17	15	15	13	22	22	22	27
	소계	50	47	47	35	35	30	50	50	50	50
주요사업	계량	15	20	25	30	30	28	37	37	37	32
	비계량	15	15	15	15	15	22	13	13	13	18
	소계	30	35	40	45	45	50	50	50	50	50
합계		100	100	100	100	100	100	100	100	100	100

[그림 1-6] 리더십·경영관리 및 주요사업 지표의 가중치 변화(2008~2017년)

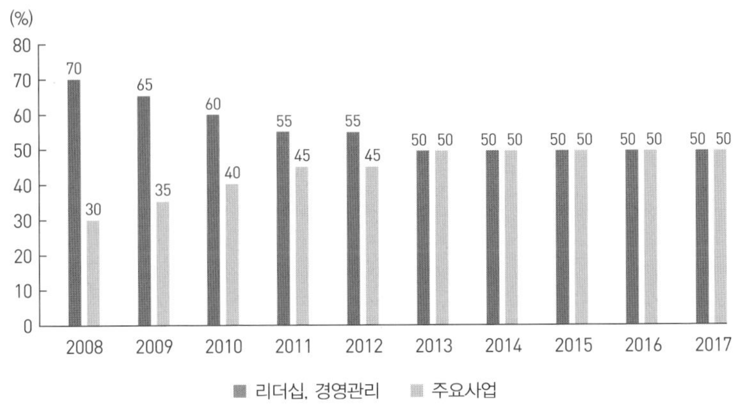

하여 경영관리, 주요사업의 2가지 부문으로 구성된 것을 확인할 수 있다. 리더십·경영관리와 주요사업 부문의 가중치 배분을 비교해 보면 2008년 30%에 불과했던 주요사업 부문의 가중치가 점차 증가하여 2013년을 기점으로 두 부문의 가중치가 동일하게 유지되고 있다.

평가부문의 구성 및 지표설정, 가중치 배분은 시대 변화에 따른 국민들의 정책 수요 및 기관의 요구를 반영하여 조정되어 왔다고 할 수 있다. 경영평가의 궁극적인 목적이 공공서비스 제공 및 서비스 품질 개선이라고 볼 때, 국민들이 필요로 하는 서비스가 적시에 충분히 제공되기 위해서는 중요한 사업이 무엇인지, 변화하는 환경 속에서 어떠한 비전과 전략을 세워야 하는지에 대해 명확히 알고 선제적으로 대응할 수 있도록 신호(signal)를 주는 것이 필요하다. 이러한 관점에서 경영평가제도가 처음 도입되었던 시기에는 평가제도의 정착과 기관의 수용도 제고를 위해 계량화가 비교적 용이한 경영관리 부문 평가에 초점을 둔 반면, 평가제도가 어느 정도 안정적으로 시행된 이후에는 공공기관의 고유 사업성과에 보다 비중

[그림 1-7] 계량 및 비계량지표의 가중치 변화(2008~2017년)

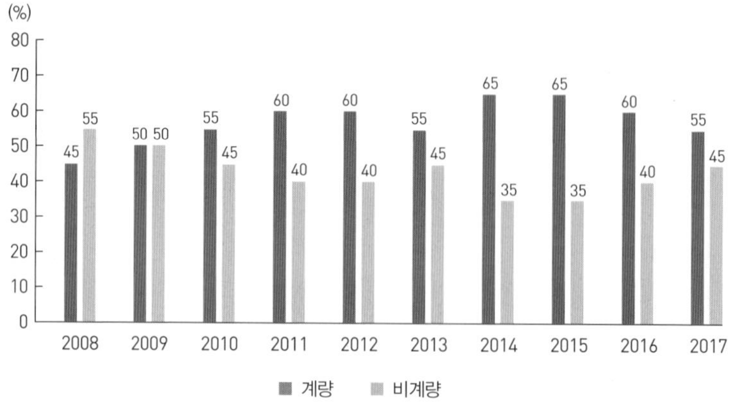

을 두는 방향, 즉 공공성 평가를 상대적으로 강화하였다고 볼 수 있다.[11]

한편 계량 및 비계량지표의 비중 변화추이를 살펴보면([그림 1-7] 참고), 2008년 평가 시 55%의 비중을 차지하던 비계량지표의 비중이 점차 감소하여 2010년 이후 45% 이하의 비중을 유지하고 있다. 특히 2014년 평가를 기점으로 비계량지표의 비중이 대폭 감소하였는데, 이는 경영관리 평가부문을 구성하던 다수의 비계량지표가 폐지 혹은 통합되었고 기관장의 성과평가 지표로 활용되던 비계량지표인 책임경영 및 사회공헌 지표 등이 기관장 경영성과협약 이행실적평가로 이전되었기 때문이다(기획재정부, 2013). 평가부문별 계량 및 비계량지표의 비중을 살펴보면([그림 1-8] 참고), 리더십·경영관리 부문에 있어서는 전반적으로 비계량지표의 비중이

11 필자는 2007년부터 지속적으로 평가지표 가중치에서 경영관리의 비중을 축소하고 주요사업 비중을 확대함으로써 양자의 균형을 맞출 것으로 주장해 왔다. 경영관리의 비중이 과도하게 높을 경우, 만약 기관장이 평가결과와 그 인센티브에만 관심이 있다면 기관의 주요사업인 대국민서비스의 질을 높이기 위한 노력보다는 경영관리부문, 즉 생산성이나 효율성 향상을 통한 이익추구에만 집중할 가능성이 높기 때문이다.

[그림 1-8] 평가부문별 계량 및 비계량지표의 가중치 변화(2008~2017년)

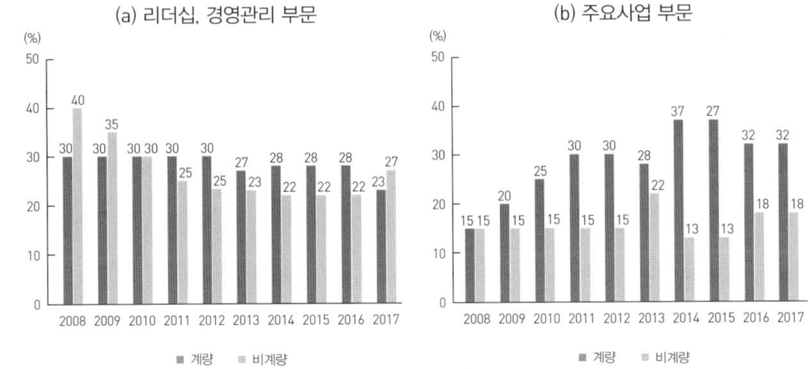

계량지표의 비중에 비해서 다소 높거나 유사하다. 반면 주요사업 부문에 있어서는 지속적으로 계량지표의 비중이 훨씬 더 큰 것을 볼 수 있다.

일반적으로 비계량지표는 평가점수 산정 시 평가자의 주관이 개입될 여지가 높아 평가의 신뢰성을 저하시킨다고 보는 시각이 주를 이루는 반면 계량지표는 평가자의 자의적 판단을 배재한 채 객관적인 기준에 근거하여 평가가 가능하다고 보는 시각이 지배적이다. 이러한 관점에서 비계량지표의 비중을 축소하고 계량지표의 비중을 확대해야 한다는 주장이 종종 제기된다. 하지만 계량지표 역시 환율이나 유가변동 등 통제불능 요인이 기관의 성과에 미치는 영향을 분리하기 어렵기 때문에 완벽하게 객관적인 평가가 가능한 것은 아니다. 또한 비계량지표 평가 시, 평가의 타당성과 신뢰도를 높이기 위해 평가착안사항과 고려사항 등을 구체적으로 명시함으로써 객관적인 평가가 이루어지도록 하는 동시에, 기관의 고유 특성과 정책환경을 고려한 유연한 평가가 가능하다는 장점 역시 적절하게 활용될 필요가 있다.

3. 평가대상 기관과 유형 분류

성과평가 대상인 공공기관들은 현재 공기업, 위탁집행형, 기금관리형, 강소형 준정부기관으로 분류되고 있는데, 동일한 유형에 속한 기관들이라 하더라도 설립 목적, 주요사업의 특성, 기관 규모에 있어 차이가 존재하므로 평가지표, 기준, 방법 등을 획일적으로 적용하여 평가하는 것은 형평성 측면에서 문제를 야기할 수 있다는 우려가 존재한다. 수익성 추구를 주요 목표로 삼는 공기업에 비하여 주로 정부 위탁사업을 수행하는 준정부기관이 공기업과 유사한 지표와 비중으로 평가를 받는 것에 대해 기관별 차이를 고려하지 않은 채 총점을 기준으로 '줄 세우기식' 평가를 하고 있는 것이 아니냐는 비판의 목소리도 일리가 없는 것은 아니다. 그렇다면 현행 평가제도는 실제로 특정 유형의 기관에 유리하게 작동하고 있는가?

〈표 1-6〉과 [그림 1-9]는 2016년도 편람의 공공기관 분류 기준[13]을 바탕으로 2008년부터 2016년까지 시장형 공기업(공기업 I군)과 준시장형 공기업(공기업 II군)의 평가점수 추이를 분석하였다. 계량 및 비계량 부문에

12 각 연도별 평가 대상 공기업 수 변화는 다음과 같다.

구분	2008년	2009년	2010년	2011년	2012년	2013년	2014년	2015년	2016년
공기업 I	14	13	10	10	10	10	10	10	10
공기업 II	10	10	11	17	18	20	20	20	20
계	24	23	21	27	28	30	30	30	30

13 공기업 I군은 자산 규모가 2조 원 이상이고 총 수입액 중 자체 수입액이 85% 이상인 공기업으로 인천국제공항공사, 한국가스공사, 한국공항공사, 한국도로공사, 한국석유공사, 한국수자원공사, 한국전력공사, 한국지역난방공사, 한국철도공사, 한국토지주택공사를 포함한다(10개 기관). 공기업 II군은 시장형 공기업이 아닌 공기업으로 대한석탄공사, 부산항만공사, 여수광양항만공사, 울산항만공사, 인천항만공사, 제주국제자유도시개발센터, 주택도시보증공사, 한국감정원, 한국관광공사, 한국광물자원공사, 한국남동발전㈜, 한국남부발전㈜, 한국동서발전㈜, 한국마사회, 한국방송광고진흥공사, 한국서부발전㈜, 한국수력원자력㈜, 한국조폐공사, 한국중부발전㈜, 해양환경관리공단을 포함한다(20개 기관).

〈표 1-6〉 공기업 I, II군의 평가결과 추이(2008~2016년)

구분			2008년	2009년	2010년	2011년	2012년	2013년	2014년	2015년	2016년
공기업 I	계량	평균(점)	81.92	85.65	88.86	87.87	86.14	86.31	78.64	77.80	78.80
		표준편차	7.37	8.24	5.67	6.84	8.68	7.03	8.25	9.37	8.37
	비계량	평균(점)	71.55	77.49	81.30	79.76	78.49	69.31	68.17	67.94	70.59
		표준편차	5.93	6.13	2.89	4.35	5.75	3.84	5.61	4.64	4.78
공기업 II	계량	평균(점)	85.91	85.28	89.80	90.33	89.69	87.61	77.63	80.09	81.69
		표준편차	8.42	9.13	4.80	3.66	8.13	5.67	9.71	9.95	9.68
	비계량	평균(점)	67.40	71.86	72.79	71.98	71.13	67.33	63.84	63.84	63.27
		표준편차	5.13	4.07	5.12	6.52	7.48	6.06	5.62	4.80	4.64

주 1: 표준편차는 100점 환산점수의 표준편차임

주 2: 공기업 I 유형에서 2010년에는 기존 평가 대상 기관이던 부산항만, 인천항만, 컨테이너부두공단이 제외되었음(부산항만, 인천항만은 공기업 II 유형). 공기업 II 유형은 2011년부터 한수원 및 발전사 포함, 2012년에는 여수항만공사 신규 포함 등 해마다 평가대상기관이 증가하였음. 각 연도별 평가대상 공기업 수 변화는 각주 참고[12]

[그림 1-9] 공기업 I, II군의 득점 평균값 추이(2008~2016년)

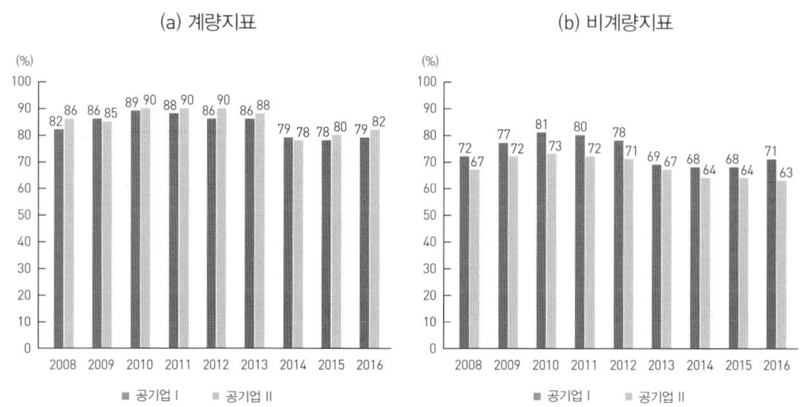

서의 득점 평균값을 비교해 보면, 근소한 차이이기는 하지만 전반적으로 계량지표는 공기업 II군이 공기업 I군에 비해 높은 득점을 보이고 있는 반면 비계량지표는 공기업 I군이 공기업 II군보다 높은 점수를 기록하고 있다.

이를 리더십·경영관리, 주요사업의 평가 부문별로 세분화하여 살펴보면 [그림 1-10]과 [그림 1-11]에서 볼 수 있듯이 보다 확연한 점수 차이가 드러난다. 공기업 I, II군의 점수 차이는 리더십·경영관리 부문에서보다는 주요사업 부문에서 주로 발생한 것임을 알 수 있다. 이러한 차이에 대해 다의적인 해석이 가능할 수 있으나, 수익성 추구라는 유사한 성과목표를 공유하는 공기업 유형 내에서도 계량과 비계량점수 간 역전현상이 발생하는 것을 볼 때, 설립 목적이나 조직규모가 현격히 차이나는 준정부기관을 공기업과 동일한 체제에서 평가하고 비교하는 것은 상당한 논란의 여지가 있을 수 있다. 물론 공기업 I, II군 간 경영평가 득점 양상에 차이가 존재한다고 해서 반드시 모든 기관 유형 간에 차이가 발생하고 있고 이는 기관별 특성을 고려하지 않았기 때문이라고 쉽게 일반화할 수는 없다. 또한 기관 유형별 차이가 경영평가제도 전체의 타당성과 공정성을 저해하고 있다고 단정 지을 수는 없을 것이다. 다만 경영평가가 수백 개의 상이한 공공기관을 대상으로 하는 만큼 획일화된 평가 잣대로 인하여 또는 대형 공기업에 유리한 평가체계로 인해 유형 간 뿐 아니라 동일 유형 내 차별이 발생하지 않도록 세부평가 지표의 구성과 그 운영에 신중을 기할 필요가 있다.[14] 또한 기관별 순위 비교보다는 절대평가의 틀 안에서 전년 대비 개선도에 보다 집중하는 등 성과평가의 본래 취지를 달성하기 위한 노력을 기울일 필요가 있다.

---

14 이러한 문제점을 개선하기 위한 노력으로 2016년도 평가부터는 공기업과 위탁·기금형 준정부기관을 한 그룹으로 하여 기관등급을 산정하던 방식을 수정하여 공기업과 준정부기관을 분리하여 등급을 산정하고 있다.

[그림 1-10] 리더십·경영관리 부문의 공기업 I, II군 득점 평균값 추이(2008~2016년)

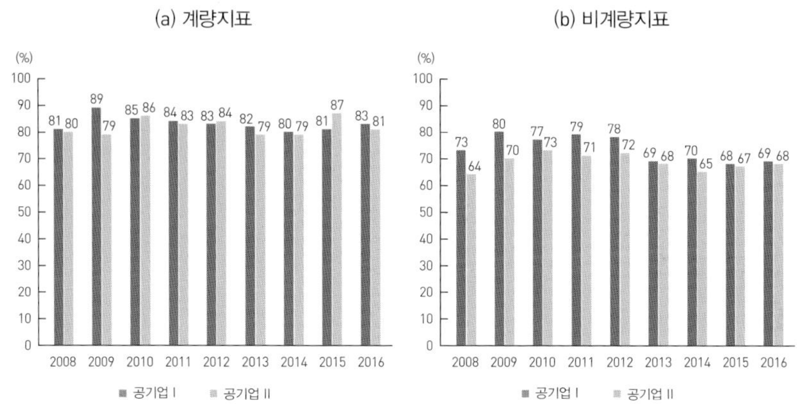

[그림 1-11] 주요사업 부문의 공기업 I, II군 득점 평균값 추이(2008~2016년)

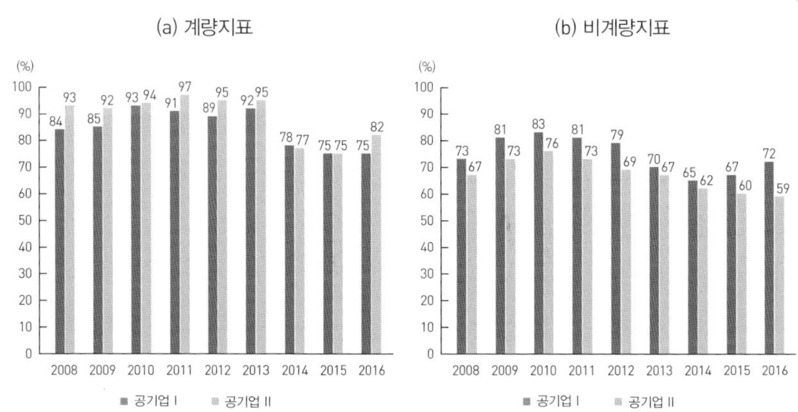

V. 공공기관 성과관리를 위한 정책적 제언

우리나라 경영평가제도는 IMF나 World Bank에서도 우수한 제도로 인정받고 있으며, 많은 개발도상국가에서도 벤치마킹 대상으로 삼을 만큼 주목받고 있다는 점에서 공공기관이 공적 기능을 선도하는 데 성공적인 역할을 수행해 온 것으로 평가할 수 있다.

이렇듯 우리나라 경영평가제도는 공공기관 성과평가에 관한 세련된 Tool로서 지속적으로 발전해 왔지만, 내부적으로는 지배구조에서부터 평가단의 전문성과 측정지표의 객관성까지 평가체제 자체에 대한 근본적인 도전에 직면해 있는 것도 사실이다. 지배구조에 대한 우려는 정부 또는 소관부처인 기재부의 영향력에서 평가단이 얼마나 독립적으로 공정하게 평가에 임하고 객관적인 결과를 도출할 수 있는가에 관한 문제이다. 이에 대해 공공기관운영위원회와 경영평가를 총리실로 이관해야 한다는 주장도 제기되었으나 현재 총리실 산하에서 운영되는 정부업무평가의 실효성을 고려할 때 이 또한 적절한 대안이라고 보기는 어렵다. 평가단의 전문성은 평가위원의 역량과 직결되는 부분으로서 피평가기관의 업무에 대한 이해와 성과측정에 대한 전문 지식을 포괄한다. 그러나 기관에 대한 전문가라고 분류되는 후보의 경우 기관과 이해상충관계에 걸리는 경우가 대부분이라 성과측정에 대한 분야별 전문가를 대상으로 상피를 고려하여 배치한 후 기관에 대한 교육을 제공하는 것으로 대체해 왔다. 마지막으로 평가제도의 가장 근간이 되는 지표설계는 차년도 측정지표의 산식과 가중치를 결정하는 작업으로서 전문성뿐만 아니라 동시에 공정성이 요구되는 부분이다.[15]

15 특히 계량지표의 경우 지표와 산식이 만들어질 때 이미 평가점수의 70% 정도가 결정되기 때문이다.

과거 편람을 살펴보면 정부투자기관의 경우 2007년까지 편람작성에 참여한 위원 명단과 각 담당분야가 적시되어 있어 지표설계에 대한 책임소재를 명확하게 파악할 수 있었으나, 산하기관과 통합된 이후 공공기관 경영평가 편람에서는 구체적인 명단을 찾아보기 어렵다. 2014년 경영평가단부터는 지표설계팀이 운영되었으나 실질적인 역할을 하지 못한 것으로 평가된다. 특히 2017년에는 경영평가단에서 지표설계팀마저 폐지되어 지표설계에 대한 실무 책임은 주무부처 공무원의 손으로 넘어가게 되었다.

정부가 공공기관의 성과창출을 위한 동력으로서 경영평가제도를 적극적으로 활용해 왔다는 점은 누구도 부인하기 어렵지만, 현재의 공공기관 거버넌스로 대한민국의 새로운 시대를 열어가기에 한계가 있는 것도 사실이다. 무엇보다 30여 년 이상 고령화된 공공기관의 조직구조는 고용친화적 경영평가를 지향하는 현 정부의 국정과제를 실현하는 데 큰 걸림돌이 될 수 있다. 집행기관으로 출발한 공공기관의 주된 업무가 외주와 사업 하청에 의해 대체되고 대부분의 인력이 공문서 작성 및 결재를 수행하는 사무직으로 이루어진 현 구조가 대국민 서비스를 적시에 제공할 수 있는 적절한 조직형태인지에 대해서는 신중한 검토가 필요하다. 또한 경영평가를 공공기관 성과창출의 만능수단으로서 간주하는 시각도 경계해야 할 부분이다. 특히, 정부의 기능 확장과 다양화에 따른 유사·중복 기능에 대한 고려나 정부가 선도해 나가야 할 사업을 적극적으로 발굴할 유인을 제공하기에는 한계가 있다. 따라서 향후 경영평가제도는 공공기관이 수행하는 유사기능 및 협업기능의 통합적인 성과관리가 이루어질 수 있도록 발전해 나가야 한다. 핵심 국정과제에 대해서는 각 기관의 성과와 기여도를 정확히 측정할 수 있도록 지표와 산출자료를 명확히 할 필요가 있다.[16] 또한 공공기

16 2016년 편람에 따르면 일자리 창출 관련 지표는 14개 기관, 21개 지표에 포함되어 있어 상당히 비중 있게 다루어지는 것처럼 보이나 기관마다 워크넷 시스템이나 고용보험 DB 실적을 중복 적용함으로써 과다계상의 오류가 발생할 가능성이 존재한다.

관이 선도해 나가야 할 차세대 성장동력 사업 발굴을 위한 노력도 배가되어야 할 것이다. 시대적 소명을 다한 공공기관의 기능은 과감히 정리하고, 국민들의 신 수요에 부합하는 서비스를 선제적으로 발굴하고 대비해야 한다. 경영평가단은 이러한 공공기관의 역할과 성과에 대해 국민들의 눈높이에서 엄정한 점검이 이루어질 수 있도록 공정한 평가기준과 전문성 확립에 각고의 노력을 기울여야 할 것이다.

참고문헌

곽채기(2007), 정보 공개의 위력,『서울신문』, 제30면, 2007. 10. 31.

곽채기 · 이창우(2010), 공공기관 경영평가제도의 발전 방안,『공공기관 동향』, 2.

공동성 외(2013),『성과관리: 외국제도 편』, 서울: 대영문화사.

기획예산처(2007), 공공기관 경영평가제도 혁신방안 공청회 개최, 2017. 11. 28. 보도자료.

기획재정부(2001),『정부투자기관 경영평가편람 2001』.

_________(2008),『공기업 · 준정부기관의 2008년도 경영실적 평가편람』.

_________(2013), "공공기관 경영평가 제도개선," 2013. 12. 보도자료.

_________(2014),『2014년도 공공기관 경영평가편람』.

_________(2016),『2015년도 공공기관 경영평가편람(수정)』.

라영재 · 윤태범(2013),『공공기관 경영평가제도 분석과 새로운 모형 개발』, 서울: 한국조세재정연구원.

박석희(2003), 정부투자기관 경영평가제도 20년의 조망과 변천과정 분석,『공기업논총』, 15(1): 11-47.

_____(2009), 공공기관 경영평가제도의 최근 쟁점과 과제,『한국행정학회 동계학술발표논문집』, 2009(단일호): 1-18.

박순애(2014), 공기업의 역사와 변천: 공공성을 중심으로,『공기업 개혁: 쟁점과 사례』, pp. 3-27, 서울: 박영사.

박순애 · 이희선(2014), 국정과제와 공기업의 역할,『공기업 개혁: 쟁점과 사례』, pp. 29-59, 서울: 박영사.

선우석호 · 곽채기(2006),『공공기관 임원직무평가제도 운영방안 연구』, 한국기업지배구조개선지원센터.

송대희(1983), 공기업 경영성과평가의 새로운 접근방법,『한국개발연구』, 3122: 106-123.

_____(2015), 한국 공기업 평가제도 도입과정과 초창기 운영경험,『공공기관 경영평가 30년, 회고와 전망』, pp. 73-90, 한국조세재정연구원.

송대희 · 이정구 · 김상기 · 유흥재(1987),『공기업 경영평가의 이론적 배경과 기법』, 서

울: 한국개발연구원.

송희준(2004), 정부산하기관 경영평가의 제도화 분석,『한국정책학회보』, 13(5): 73-93.

유훈(1997), 정부투자기관 통제제도의 변모,『행정논총』, 35(2): 205-219.

윤태범(2010),『공공기관 경영평가제도 변천과정 연구』, 한국조세연구원.

_____(2011), 공공기관 경영평가제도의 평가와 향후 발전방향,『공공기관 선진화, 과거, 현재 그리고 미래』, pp. 25-51, 한국조세연구원.

장지인·곽채기·신완선·오철호(2013),『공공기관 경영평가제도의 변천과정 연구(II)』, 한국조세연구원.

정부투자기관 경영평가위원회(1986),『정부투자기관 경영평가편람 1986』.

조택(2008), 준정부기관 경영평가제도의 변천과 개선방향에 관한 연구,『한국거버넌스학회보』, 15(3): 155-178.

___(2009), 공공기관 기관장 평가의 쟁점과 과제, 한국행정학회 2009년도 동계학술발표논문집, 1532-1546.

조택·송선하(2010), 경영평가제도가 준정부기관 경영효율성에 미치는 영향에 관한 연구,『한국거버넌스학회보』, 17(3): 85-108.

한국개발연구원(1981),『정부투자기관 관리제도 개선방안』.

____________(2008),『공공기관 관리체계 개선방안 연구』.

한국능률협회컨설팅(2007),『공공기관 경영평가제도 재설계방안 연구』, 기획재정부.

홍길표(2015),『공공기관 경영실적 평가제도 개선방안 연구』, 공공기관경영연구원.

Alford, J. and Hughes, O.(2008), Public Value Pragmatism as the Next Phase of Public Management, *The American Review of Public Administration*, 38(2): 130-148.

Bouckaert, G.(1990), The History of the Productivity Movement, *Public Productivity & Management Review*, 14: 53-89.

Bouckaert, G. and Halligan, J.(2007), *Managing Performance: International Comparisons*, New York, NY: Routledge.

Bulmer, M.(2001), Social Measurement: What Stands in Its Way?, *Social Research*, 68: 455-480.

Denhardt, R. B. and Denhardt, J. V.(2000), The New Public Service: Serving Rather

Than Steering, *Public Administration Review*, 60(6): 549-559.

Heinrich, C. J.(2002), Outcomes-based Performance Management in the Public Sector: Implications for Government Accountability and Effectiveness, *Public Administration Review*, 62(6): 712-725.

Henry, N.(1975), Paradigms of Public Administration, *Public Administration Review*, 35(4): 378-386.

Hood, C.(1991), A Public Management for All Seasons?, *Public Administration*, 69(1): 3-19.

Kettl, D. F.(2005), *The Global Revolution in Public Management*, Washington, D. C.: Brookings Institution Press.

Light, P. C.(2001), *The New Public Service*, Washington, D. C.: Brookings Institution Press.

Novick, D.(1973), Current Practice in Program Budgeting(PPBS): *Analysis and Case Studies Covering Government and Business*, London: Heinemann.

Nutley, S. M., Davies, H. T. and Smith, P. C.(2000), *What Works?: Evidence-based Policy and Practice in Public Services*, Cambridge, MA: MIT Press.

Osborne, S. P.(2006), The New Public Governance?, *Public Management Review*, 8(3): 377-387.

____________(2010), *The New Public Governance: Emerging Perspectives on the Theory and Practice of Public Governance*, London, UK: Routledge.

Pun, K. F. and White, A. S.(2005), A Performance Measurement Paradigm for Integrating Strategy Formulation: A Review of Systems and Frameworks, *International Journal of Management Reviews*, 7(1): 49-71.

Rivenbark, W. C.(2005), A Historical Overview of Cost Accounting in Local Government, *State and Local Government Review*, 37(3): 217-227.

Solesbury, W.(2001), *Evidence based Policy: Whence It Came and Where It's Going*, ESRC UK Centre for Evidence Based Policy and Practice: Working Paper 1.

Terry, L. D.(1998), Administrative Leadership, Neo-Managerialism, and the Public Management Movement, *Public Administration Review*, 58(3): 194-200.

Van Dooren, W., Bouckaert, G. and Halligan, J.(2010), *Performance Management in the Public Sector*, New York, NY: Routledge.

Verbeeten, F. H.(2008), Performance Management Practices in Public Sector Organizations: Impact on Performance, *Accounting, Auditing & Accountability Journal*, 21(3): 427-454.

Wilcox, M. and Bourne, M.(2002), Performance Measurement and Management: Research and Action, Paper presented at the Performance Management Association Conference, Centre for Business Performance, Boston, MA.

Williams, D. W.(2002), Before Performance Measurement, *Administrative Theory and Praxis*, 24(6): 457-486.

______(2003), Measuring Government in the Early Twentieth Century, *Public Administration Review*, 63(6): 643-659.

______(2004), Evolution of Performance Measurement until 1930, *Administration & Society*, 36(2): 131-165.

제2장

공공기관 경영평가제도의 주요 성과:

재무적 성과와 공공가치의 실현

박순애(서울대학교 행정대학원 교수)

손지은(지방공기업평가원 선임전문위원)

이영미(서울대학교 공공성과관리연구센터 선임연구원)

I. 서론

최근 우리 사회에서는 '사회적 가치'가 화두이다. 시민사회는 물론 입법부와 정부에서도 앞다투어 사회적 가치를 실현하기 위한 노력을 적극적으로 기울이고 있다. 2014년 '공공기관의 사회적 가치 실현에 관한 기본법(안)(이하 사회적가치법)'이 발의되었고, 2017년도부터는 공공기관의 경영성과를 평가하는 항목으로 사회적 가치를 실현하기 위한 노력과 성과가 포함된다. 학문의 영역에서 사회적 가치는 새로운 개념이라기보다 그동안 정부가 해 오던 일 그리고 '공공성', '공적 가치'라는 용어로 사용되어온 가치와 동일한 의미를 지닌 것으로 볼 수 있다. 다만 사회적가치법에서는 공공성이라는 개념이 적극 실현되도록 사회적 가치 실현의 이념과 이에 해당하는 항목을 상세하게 제시하고 있다.[1] 또한 정부가 실현해야 하는 사회적 가치로 인권보호, 재난과 사고로부터 안전한 환경 유지, 보건복지 제공, 노동권 보장, 사회적 약자에 대한 기회제공과 사회통합, 대-중소기업간 상생, 양질의 일자리 창출 등 11여 개에 이르는 항목을 열거하고 있다. 이러한 가치들을 실현하기 위해 민주화 이후 역대 정부는 지속적인 노력을 기울여 왔으며, 또한 공공성과 공적 가치 혹은 사회적 가치를 구현하는 데 있어 공공기관의 참여를 유도하기 위한 방편으로 경영평가제도를 적극 활용한 측면도 있다. 그럼에도 불구하고 일각에서는 경영평가제도 때문에 공공기관들이 효율성 위주의 경영에 주력할 수밖에 없고 공공성 실현에

1 2016년에 발의된 '공공기관의 사회적 가치 실현에 관한 기본법(안)'에서는 사회적가치법의 이념을 ① 공공기관의 정책사업 수립과 수행 과정에서 경제적 가치와 더불어 공공의 이익을 중심으로 한 사회·환경·문화적 가치를 적극적으로 고려해야 하고, ② 공공기관이 실현하는 사회적 가치에 대한 정당한 평가 및 이를 실현하는 정책의 틀을 정의해야 하며, ③ 자유와 창의를 존중하는 경제질서와 경제민주화를 지향하는 것으로 정의하고 있다.

소홀하게 된다는 비판을 제기하고 있다.

경영평가제도는 왜 이러한 오명을 쓰게 된 것일까? 본고에서는 경영평가제도의 역할과 필요성, 그리고 성과에 대한 근본적인 질문을 풀어가고자 한다. 이를 위해 우선, 공공기관에 요구되는 재무적 성과 및 공공가치의 실현과 관련한 이론적 논의를 바탕으로 공공기관 경영평가제도가 공공부문의 재무적 성과에 기여한 바를 공기업의 수익률을 포함한 재무·예산 관리 지표의 변동 추이를 분석하여 살펴보았다. 분석의 범위를 경영평가의 대상이 되는 공기업으로 한정하였기 때문에 전체 공공부문의 재무 지표 추이와는 다소 상이할 수 있지만, 경영평가제도가 공기업의 재무적 효율성에 미치는 영향을 분석하는 데 중점을 두었다는 점에서 경영평가제도의 역할과 성과에 대한 의미 있는 결과를 제시할 수 있다. 또한 경영평가제도는 정부 정책의 적극적인 준수와 공공성 실현에 관련된 다수의 지표를 포함하여 공공기관으로 하여금 공익·사회적 가치를 적극적으로 구현하도록 구성되어 있다. 따라서 경영평가제도가 공기업의 재무적 성과에 기여한 측면과 더불어 공공성 실현에는 어떠한 기여가 있었는가를 면밀히 살펴보았다.

II. 이론적 배경 및 선행연구

1. 재무적 성과와 공공성의 개념

공공기관이 본질적으로 추구해야 하는 양대 가치로 꼽히는 재무적 성과와 공공성의 개념은 공공조직이 지니는 가치의 다차원성, 목표의 모호성 등으로 인하여 매우 다양하게 정의되고 있으며 이에 대한 측정도 다양한 변수들에 의해 이루어지고 있다.

일반적으로 민간부문에서 일컫는 재무적 성과라 함은 수익성, 생산성, 재무상태 등을 포함하는 개념으로 총자산이익률(Return On Assets: ROA), 자기자본이익률(Return On Equity: ROE), 매출총이익률(Return On Sales: ROS), 투자수익률(Return On Investment: ROI) 등을 통해 측정되는 것이 일반적이다. 하지만 공공부문에 있어서 재무적 성과는 단순히 이윤극대화 추구 행위를 통한 산출만을 의미하지 않는다. Sun and Tong(2003), 박정수·홍유화(2010) 등은 공공기관의 경영성과를 생산성, 수익성, 효율성과 같은 다양한 차원에서 정의할 수 있으며, 부가가치, 노동생산성, 총자산대비매출, 노동효율성, 자본효율성 등의 지표들이 활용될 수 있다고 하였다. 조택·송선하(2010)는 공공기관의 방만경영, 과도한 사업확장 등이 사회적 이슈가 되고 있는 현 상황을 고려하여 부채비율의 절감이 공공기관의 재무관리 효율성 향상을 나타내는 지표 중 하나가 될 수 있다고 하였다. 물론 민간기업의 수익성 측정 시 널리 활용되는 대표적 지표인 ROA, ROE, ROS 등도 공공기관의 재무적 성과를 평가하는 데 적용될 수 있으며 Dewenter and Malatesta(2001), 원구환(2008), 안경섭·윤미정(2009), 유미년·박순애(2013) 등이 이러한 지표를 활용하여 공공기관의 수익성을 측정하였다. 즉, 공공기관의 재무적 성과는 금전적 수익성을 가늠하는 일반적인 지표들과 함께 부채비율과 같이 공공기관이 처해 있는 특정한 재정적 상황을 고려한 지표에 의해서도 평가될 수 있다.

공공성은 보다 다차원적이고 모호한 개념으로 아직까지 다수에 의해 합의된 개념이 존재하지 않는다.[2] 어떠한 이론적 기반과 공-사 구분 접근법

2 공공성에 대한 다양한 관점과 분류 차원에 대한 자세한 논의는 박순애 편(2014), 『공기업개혁: 쟁점과 사례』 중 박순애, "공기업의 역사와 변천: 공공성을 중심으로", pp. 3-14; 박순애·이희선, "국정과제와 공기업의 역할: 주택사업과 해외자원개발 사업을 중심으로", pp. 33-37 참조.

을 취하느냐에 따라 공공성에 대한 개념정의가 달라질 수 있는데, 이 중 주류적인 시각은 시장과 국가를 구분한 후 국가의 활동, 즉 공적 이익을 추구하는 것을 공공성으로 간주하고 있다. 이러한 관점에서는 공공재 및 공공서비스 생산에 대한 국가 개입, 공익을 위한 정부의 활동을 공공성으로 정의한다. 즉, 시장이 담당하지 못하는 공공재를 국가가 생산·제공하는 것 자체(publicness of public goods), 사회 공동체의 공익을 실현하기 위한 역할을 수행하는 것(publicness of public interest)을 공공성으로 보고 있다(Pesch, 2008: 175-177). 이러한 논의에 기초한다면 보편성(access), 공익성(public interest), 공유성(publicly shared), 공정성(fairness) 등이 공공성을 이루는 핵심적인 가치이다(박순애·이희선, 2014: 33). 본고에서는 이러한 시각을 기반으로 한 유미년·박순애(2013)의 개념정의를 차용하여 공공기관의 공공성을 '정부가 공공기관에 통제력을 발휘하여 제공하는 공공서비스의 공적 가치 달성 정도'로 정의하고자 한다.

공공조직의 공적 가치 실현과 관련한 선행연구들에서 공공성에 대한 측정은 다양한 방식을 통해 이루어지고 있는데, Bozeman(2002, 2007), Haque(2001) 등은 공공조직이 공적 가치를 얼마나 중시하는지를 표현한 정도 혹은 공적 가치를 서비스를 통해 제공한 정도를 측정해야 한다고 주장하였다. Moulton(2009)은 '실현된 공공성(realized publicness)'이라는 개념을 제시하며 공적 가치를 실현하는 사업적 목표를 달성한 정도로 공공성을 측정할 수 있다고 하였다. 한편 김정인(2014)은 Geyskens and Steenkamp(2000)가 제안한 '사회만족도(social satisfaction)' 개념을 활용하여 공공기관이 제공하는 서비스에 대한 주민들의 만족도로 공공성을 측정하였다. 종합해 보면 공공성은 공공기관 입장에서의 경영관리와 공공서비스 공급에 있어서 공익성, 공정성, 사회적 형평성 등을 얼마나 고려하였는지의 정도로 측정할 수 있을 것이며, 공공서비스를 제공받는 시민의 입장에서 공공기관으로부터 얼마나 만족스러운 서비스를 제공받았는지에 의해서도 측정할 수 있다.

2. 공공기관 경영평가제도의 성과 관련 선행연구

공공기관 경영평가제도의 성과와 기여에 관련한 국내 학술연구는 크게 규범적 차원에서 이론적 논의를 다룬 연구와 설문조사, 실증자료 등을 토대로 실증분석을 한 연구로 구분할 수 있다. 규범적 차원의 논의는 김준기(2001), 오연천(1996), 송대희(1987), 심오택(2001) 등에 의해 이루어졌다. 이들 연구는 경영평가제도가 공공기관의 경영혁신을 꾀하여 효율성, 책임성, 자율성 등을 제고할 뿐 아니라 공익성을 강화시켜 궁극적으로 국민의 신뢰도 및 만족도를 향상시킬 것이라는 긍정적인 기대를 주로 담고 있다.

일련의 실증적 연구들은 경영평가제도의 성과를 보다 체계적으로 개념화하고 객관적으로 측정하고자 시도하였으며, 경영평가제도가 관리효율성, 수익성, 공공성, 책임성, 서비스의 질 개선 등 다양한 성과의 차원에 있어서 각기 다른 기여를 하고 있음을 보고하고 있다(곽채기, 2003; 김지영, 2010; 남창우·최화식, 2011; 라영재·윤태범, 2013; 박석희, 2006; 이상철, 2011; 조택·송선하, 2010; 최성락·박민정, 2009 등). 예를 들어, 곽채기(2003)는 정부투자기관 경영평가편람 분석과 임직원 설문조사 분석을 통해 경영혁신 촉진과 경영투명성·고객만족도·경영효율성·조직생산성 제고 등에 있어서는 긍정적인 효과를 발견했지만 경영자율성 확대에 있어서는 크게 성공적이지 못하다는 평가를 내렸다. 박석희(2006)는 13개 공기업의 1965~2004년 관리업무비 비율, 인건비 비율, 인원 증감율, 금융 비용율, 부채 비율 등 장기 시계열자료를 분석하여 경영평가가 인사관리 효율성에는 긍정적인 영향을 미쳤지만 재무구조 개선에는 뚜렷한 효과를 나타내지 못했다고 하였다. 라영재·윤태범(2013)이 실시한 설문조사에서 다수의 공공기관 직원들과 관련 전문가들은 현행 제도가 경영 효율성, 책임성, 공공성 제고에 기여하는 바는 크지만 수익성과 자율성을 제고하는 데에는 취약하다고 응답했다. 반면 김지영(2010)은 1999~2009년 공기업 패널데이터 분석에서 경영평가제도 도입 이후 수익성 개선 효과가 나타났다고 하였고, 남창우·최화식(2011)도 지방공기업에 있어서 수익성, 공공성, 서비스 질 향상에 경영평가제도가 긍정적인 기여를 했다는 인식조사 결과를 제시하였다. 이러한 연구결과를 종합하면, 공공기관의 관리적 효율성 제고와 공공성 실현의 측면에서는 경영평가제도의 긍정적인 효과가 어느 정도 분명한 것으로 보이나 재무적 성과의 측면에서는 뚜렷하지 않은 것으로 볼 수 있다.

중앙행정기관 평가제도의 공헌에 대한 연구들(박재희, 2002; 이근주, 2003; 황혜신·조문석, 2016 등)에서도 재무적 성과를 뒷받침할 만한 증거는 미흡한 듯하다. 예를 들어, 이근주(2003)는 중앙행정기관 평가담당 공무원 및 전문가를 대상으로 한 설문조사를 분석하여 기관평가제도가 대민업무의 효율성과 책임성을 제고하는 데 도움이 되지만 예산집행의 효율성 제고에는 기여가 적다는 인식이 지배적임을 보고하였다. 황혜신·조문석(2016)은 중앙행정기관 공무원 설문조사를 통해 정부업무평가제도가 국정운영의 효과성, 능률성, 책임성 제고에 도움이 되는지 조사하였으며, 목표달성도를 의미하는 효과성이나 투입대비 산출을 의미하는 능률성의 향상보다는 결과에 대한 책임성 확보에 가장 큰 도움이 된다는 점을 제시하였다.

지금까지 살펴본 연구경향을 종합해 보면 첫째, 경영평가제도의 운영효과에 대한 연구는 주로 이론적 논의나 설문조사 분석에 의해 이루어지다가 최근에서야 실증자료 분석을 기반으로 한 연구가 증가하고 있는 추세이다. 경영평가제도의 성과에 대해 보다 세분화된 개념정의와 정교한 측정을 시도한다는 점에서 실증연구들의 확대는 바람직한 측면이 있지만, 아직 보편적으로 받아들여질 만한 성과관련 변수와 측정방식을 구체적으로 제시하고 있지 못하다는 점에서 보다 많은 연구가 축적되어야 할 상황이다.

둘째, 실증연구들은 경영평가제도의 운영효과에 대하여 일관된 결론을 도출하고 있지 못하며 특히 재무적 성과에 대해서는 의견이 분분한 상태이다. 공공부문의 특성 상 성과라는 개념 자체가 다차원적이고 본질적으로 상충하는 가치들을 포함하므로 분석모형 설정과 도출된 결과 해석이 어려운 측면이 있다. 그럼에도 불구하고 경영평가제도가 운영되는 한 보다 객관적인 자료를 수집하고 견고한 분석모형을 수립하여 그 성과를 가늠해 보기 위한 노력은 계속 이루어져야 할 것이다. 이에 본고는 실증연구의 저변을 확대하고 경영평가제도의 효과에 대한 함의를 도출하고자 재무성과 관련 자료 및 경영평가편람을 바탕으로 공기업의 수익성과 공공성 제고에 경영평가제도가 기여한 바를 분석하였다.

Ⅲ. 재무적 성과에 대한 기여

경영평가의 주요 목적 중 하나는 공공기관의 경영효율성을 객관적으로 측정하여 경영개선이 필요한 사항을 발굴하고 이를 시정하는 데 활용함으로써 공(公)조직으로서의 책임성과 대응성을 높이는 것이라고 볼 수 있다. 이러한 측면에서 경영평가제도는 공공기관의 효율성과 수익성 등 재무적인 측면에서의 성과를 점검할 수 있는 지표체계를 꾸준히 발전시켜 왔다. 예컨대 1999년 정부투자기관평가 편람을 살펴보면 종합경영부문에서는 경영고정자본생산성과 노동생산성으로, 관리효율부문에서는 관리업무비, 인건비관리, 자금관리, 재고자산관리 지표를 통해 경영효율성을 측정했고, 이후 보수관리 측면과 재무예산관리 및 성과 등의 부문으로 세분화된 체계로 발전하였다. 주목할 만한 점은 2006년까지 노동생산성 지표는 공공이익(公共利益)으로 측정하였으나(공공이익/평균인원), 생산성 측정 시 개념적으로 명확하지 않은 공공이익 개념을 폐지하고 부가가치 개념을 적용하는 것으로 통일한다고 2007년 편람에 명시되어 있다.[3] 계량적으로 측정하는 재무적 성과에서도 공익을 측정하고자 했던 노력을 엿볼 수 있는 대목이다.

현재 공기업의 재무성과를 측정하는 지표로는 업무효율(노동생산성, 자본생산성, 부가가치율)[4], 재무예산성과(부채비율, 이자보상비율, 부채감축달성도), 계량관리업무비, 총인건비인상률 등으로 구성되어 있다. 이러한 평가 내용에 기초해 보면 결국 공기업의 수익성을 평가할 수 있는 키워드는 자산, 이익, 매출액, 효율로 요약될 수 있으며, 경영평가에서는 동 요인들에 의해 발생하는 수익 및 효율성 수준을 ROA 등을 활용하여 반영하고 있다.[5] 인천국제공항공사의 'ROA 글로벌 경쟁력' 지표는 총자산순이

3 당시 편람에 따르면 "공공이익은 세금, 지급이자 등과 같은 이전적 비용을 차감하기 이전의 기업이익으로서 순매출액에서 재료비, 인건비, 경비(감가상각비, 제상각비 및 세금과 공과는 제외), 운전자본의 기회비용 등을 공제하여 계산하는 것을 원칙으로 하며 기관별 성격에 따라 조정한다."로 정의되어 있다(1999년 정부투자기관평가).

4 업무효율을 측정하는 세부 지표들은 분자에 모두 부가가치를 사용하고 있는데 여기에는 순이익 외에도 인건비, 순금융비용, 임차료, 세금과공과, 감가상각비 등이 포함되어 있다. 즉, 부가가치는 기관이 사업을 수행하면서 발생한 대부분의 비용을 포함하고 있다는 점에서 실제 기관이 창출하는 사회적 부가가치를 측정하고 있다고 볼 수 있다.

5 ROA는 총자산 대비 당기순이익 증가 정도를 평가할 수 있는 자료로, 자본생산성 및 총자산회전율 지표의 실적 산출 등에 활용되고 있다.

[그림 2-1] 22개 공기업의 수익성 추이(2003~2016년)

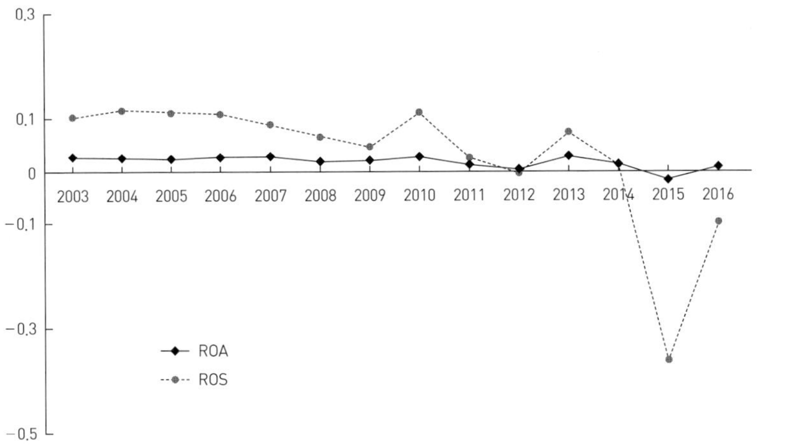

익률 활용의 좋은 사례가 될 수 있다.

[그림 2-1]은 감사원에 결산서를 제출한 22개 공기업[6]의 2003~2016년 수익성 관련 지표인 ROA와 ROS[7]의 변화양상을 보여주고 있다. 추세를 살펴보면 양 지표 모두 전반적으로 하락하는 추세를 보여주고 있는데, 2015년의 급락은 유가하락 등을 반영한 해외자원개발 관련 기관의 부채가 현실화된 데 기인한 것으로 볼 수 있다. 따라서 [그림 2-2]에서는 수익성 정체나 하락이 업종의 특성에 기인한 것인지 살펴보고자 22개 공기업 중 에너지 관련 기관과 사회기반시설 관련 기관을 분리하여 ROA와 ROS

6 공기업 I군에 해당하는 10개 기관인 인천국제공항공사, 한국전력공사, 한국가스공사, 한국공항공사, 한국석유공사, 한국지역난방공사, 한국토지주택공사, 한국도로공사, 한국수자원공사, 한국철도공사가 분석에 포함되었다. 또한 공기업 II군에 해당하는 12개 기관인 부산항만공사, 인천항만공사, 한국조폐공사, 한국관광공사, 한국방송광고진흥공사, 한국마사회, 한국광물자원공사, 대한석탄공사, 주택도시보증공사, 제주국제자유도시개발센터, 한국감정원, 여수광양항만공사도 분석에 포함되었다.

7 ROS는 매출액 대비 수익 비율로 산출된다.

[그림 2-2] 에너지 및 사회기반시설 부문 공기업의 수익성 추이(2003~2016년)

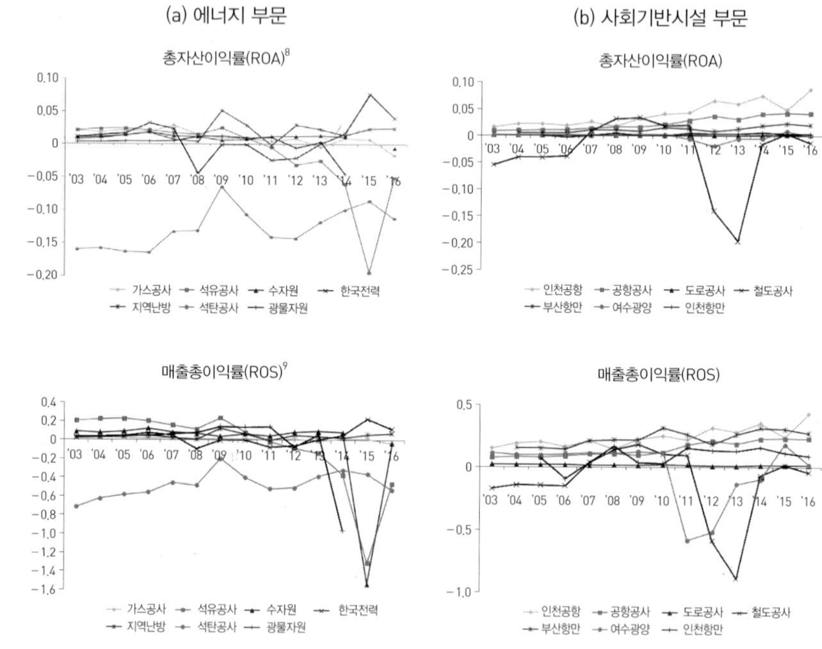

변화추이를 살펴보았다. 일반적으로 에너지 관련 사업을 수행하는 공기업은 판매가격을 원가에 기초하여 산정하는 경우가 많아 민간기업보다 매출관련 이익률은 변화가능성이 높으나, 공공재적 성격의 사회기반시설을 보유·운영함에 따라 자산 관련 이익률은 현저하게 낮은 경향이 있기 때문이다.

8 에너지공기업 ROA 중 수자원공사의 2015년, 광물자원공사의 2015, 2016년 데이터는 극단치로 그래프에는 삽입하지 않음(수자원공사와 광물자원공사를 제외한 5개 기관의 2013~2016년까지의 전체 ROA 평균값은 -0.020임. 수자원공사의 2015년 ROA값은 -0.296, 광물자원공사의 2015, 2016년도 ROA값은 각각 -0.440, -0.226임).

9 에너지공기업 ROS 중 광물자원공사의 2015년, 2016년 데이터는 극단치로 그래프에는 삽입하지 않음(광물자원공사를 제외한 6개 기관의 2013~2016년까지의 전체 ROS 평균값은 0.084, 광물자원공사 2015년 ROS: -6.93, 2016년 ROS: -2.99).

[그림 2-2]를 보면 사회기반시설 관련 기관의 경우 약한 상승추세가 있는 것은 사실이지만 양 유형 모두 몇몇 기관의 급락이 전체 추세에 영향을 미친 것으로 볼 수 있다. 사회기반시설유형에서는 철도공사가, 에너지유형에서는 석탄공사가 지속적인 자본잠식상태이며, 광물자원공사, 석유공사, 수자원공사 등도 재무적 어려움을 겪고 있는 것으로 나타났다.

한편, 공공기관의 부채규모 증가와 방만 경영이 사회적 이슈가 됨에 따라 경영평가에서도 각 기관의 재무·예산관리 측면에서 부채감축달성도 지표의 비중을 강화하여 평가해 왔다. 이러한 노력의 결과가 부채감축과 경영 효율화로 이어졌는지 알아보기 위하여 감사원에 결산서를 제출한 22개 공기업의 2003~2016년 재무·예산관리의 변동을 살펴보면 〈표 2-1〉, [그림 2-3]과 같다.

〈표 2-1〉 22개 공기업의 재무·예산 변동 추이(2003~2016년) (단위: 천억 원)

연도	부채총계(A)	자산(B)	자기자본(C)	매출액(D)	순이익(E)	부채비율 (F=A/C)
2003	646.97	1,574.35	895.81	526.11	19.02	72.22%
2004	692.65	1,687.81	962.08	521.29	23.18	71.99%
2005	741.90	1,752.11	1,028.10	563.67	26.35	72.16%
2006	684.93	1,751.05	1,064.11	584.66	35.79	64.37%
2007	714.52	1,828.78	1,117.20	645.13	36.44	63.96%
2008	941.46	2,043.36	1,134.40	781.37	−9.56	82.99%
2009	2,129.70	3,516.15	1,390.09	832.17	21.38	153.21%
2010	2,457.14	3,908.02	1,454.05	983.90	29.35	168.99%
2011	3,286.94	4,988.25	1,701.30	1,285.37	−5.69	193.20%
2012	3,531.27	5,227.61	1,696.34	1,451.59	−34.13	208.17%
2013	3,736.76	5,475.42	1,738.66	1,479.65	−24.26	214.92%
2014	3,770.07	5,584.03	1,813.95	1,533.76	39.85	207.84%
2015	3,648.09	5,523.00	1,874.79	1,469.52	42.04	194.59%
2016	3,623.96	5,593.52	1,969.56	1,410.06	85.9764	184.00%

[그림 2-3] 22개 공기업의 재무·예산 변동 추이(2003~2016년)

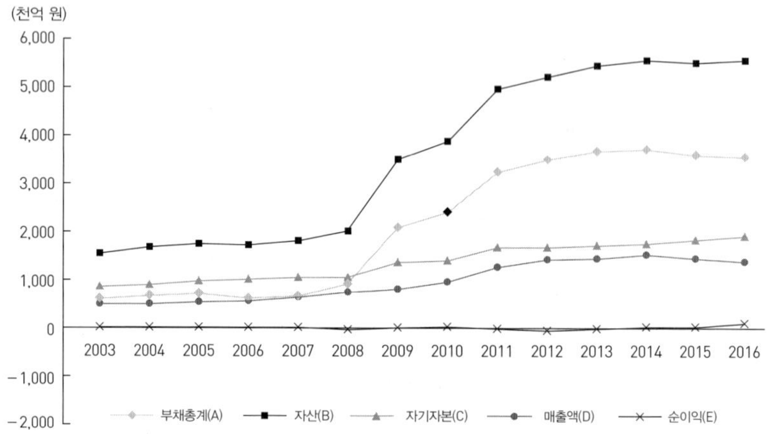

2016년 회계연도 기준 22개 공기업의 총 부채는 약 362조 원, 총 자본은 196조 원으로 부채비율은 전년 대비 약 10%p 감소하였다. 부채비율은 2008년 이후 급증하기 시작하였으나 2013년 말 공공기관 정상화 정책의 일환으로 추진한 재무관리 강화, 비핵심자산 매각 등 적극적인 부채감축 노력이 기여한 것으로 판단된다. 부채나 매출액에 비해 자기자본의 증가폭은 크지 않고, 순이익은 2016년을 제외하고는 거의 변화가 없는 것으로 나타났다. 위의 분석결과를 종합해 보면 기관 유형별로, 시기적 특성에 따라 차이가 존재하기는 하지만 공기업의 재정건전성이 다소 회복되었다고 할 수 있다. 물론 국민적 관심과 기관의 자구노력이 수반되었기에 이러한 반등이 가능했겠지만 기관노력의 동인이 상당 부분 성과급과 기관장 해임 및 경영개선조치라는 당근과 채찍을 수단으로 하는 경영평가제도에 근거함을 부인하기는 어려울 것이다.

Ⅳ. 공공가치의 실현

앞서 이론적 논의에서 살펴보았듯이, 공공성이라 함은 정부가 공기업을 통하여 제공하는 공공서비스의 공적 가치 달성 정도로 개념화할 수 있다. 경영평가제도는 재무적 성과와 함께 공기업의 공공성 실현 정도를 점검할 수 있는 지표체계를 지속적으로 구축해 왔으며, 경영평가편람에서 이와 부합하는 다양한 지표들을 찾아볼 수 있다. 이하에서는 경영평가편람에 나타나고 있는 공공성 관련 지표의 변화를 경영관리 측면과 주요사업 측면으로 구분하여 검토해 봄으로써 경영평가에 있어 공공성이 어떻게 고려되었는가를 살펴보았다.

1. 경영관리 측면에서의 공공성에 대한 기여

공기업이 수행하는 개별 사업 이외에 모든 평가대상 기관에 공통적으로 적용되는 경영관리 비계량지표들은 경영관리 전반에 있어 정부의 책임성과 대응성, 그리고 사회적 책임 구현을 평가하려는 노력을 담고 있다. 공공기관의 사회적 책임은 경제사회 환경과 정책 환경에 따라 변하기 때문에 공공성 반영이라는 큰 틀은 동일하지만 이를 평가하는 세부 내용은 시대의 흐름에 따라 다소 차이가 있다. 이하에서는 정부 조직과 제도 측면에서 공공성을 정의한 논의들을 참고하여 종합경영(리더십, 전략, 사회공헌 포함), 조직 및 인사, 재무예산, 노사관리 측면으로 구분하여 각 영역에서 지표변화 특성을 살펴본다.[10]

10 각 정권별 분석은 경영실적평가편람 연도 기준으로 구분하였다. 따라서 김대중 정부는 1999~2003년, 노무현 정부는 2004~2008년, 이명박 정부는 2009~2013년, 박근혜 정부는 2013~2016년 경영실적평가편람을 기초로 분석하였다.

김대중 정부 시기의 경영평가지표를 살펴보면, 종합경영부문에서 '책임경영 및 공익성 제고를 위한 경영진의 노력(가중치 18/32)'을 비중 있게 다루면서 정부투자기관의 공익성과 효율성을 객관적으로 측정한다는 점을 명시적으로 규정하였다. 또한 최고경영진의 경영이념 및 조직환경 변화에 대응한 경영혁신 노력을 평가하여 효율성과 공공성 측면에서 기업의 장기적·가시적 체계와 성과를 도출할 수 있도록 유도하였다. 특히 공기업의 경영혁신계획 추진 노력을 계량지표에 반영하면서 자금체계 개선과 구조조정, 근무성적 평가 등 내부 관리를 위한 평가체계의 공정성 및 합리성 제고와 비용절감 노력이 강조되었다. 또한 생산성 향상을 위한 노사 공동 노력과 실행을 평가 내용으로 포함하는 등 외환위기 상황을 타개하기 위한 공공부문의 효율화를 추구하였다. 2001년부터는 고객만족도 제고 노력, 능력과 성과 중심의 인사관리, 남녀고용평등 지표를 추가함으로써 공공기관의 국민대응성을 높이고자 노력하였다.

노무현 정부는 전 정부의 기조를 이어 책임경영구현 및 공익성 제고 등 지표의 비중을 강화하고 윤리경영 실천 노력을 추가하였다. 특히 정부정책 수용 노력과 성과를 평가하는 내용으로 '사회적 책임성'이라는 용어가 지표에 처음 반영되는 등 공공기관의 공익성과 사회적 가치 실현에 대한 측면이 크게 강조된 시기라고 볼 수 있다.[11] 2006년부터는 책임경영 관련 지표에 '중소기업 지원을 위한 노력과 성과'를 평가 내용으로 명문화하여 정부의 사회경제적 역할을 강조하고 여성 및 장애인 고용 기회 확대, 전공(이공계)에 따른 채용형평성을 평가 내용으로 포함하여 사회형평적 채용을 보다 적극적으로 실천하였다. 또한, 생산성 향상을 위한 노사의 공동노력, 노사 공동의 사회적 책임 구현, 공익성과 수익성을 감안한 예산편성기

11 사회적 책임성 지표는 2006년 폐지되었으나 평가 내용은 '책임경영구현 및 공익성 제고 노력' 지표에 포함되었다.

준 및 절차의 합리성 등 신규지표를 추가하여 공공성과 효율성을 동시에 추구하였다.

이명박 정부는 리더십·전략부문에서 기관의 경영이념과 핵심가치, 그리고 양자 간의 연계성을 중요시하였고, 특히 급변하는 환경 변화에 대한 전략을 평가함으로써 공공기관의 대응성을 높이고자 하였다. 2011년부터는 사회공헌지표가 신설되면서 공공기관의 사회적 가치 실현과 책무이행이 강조되었다. 민간부문에 대한 새로운 일자리 창출을 양(quantity)과 질(quality) 측면에서 모두 고려하였으며,[12] 공정사회 구현, 중소협력기업과의 동반성장, 공공기관의 사회봉사활동 등을 강조하였다. 특히 공공기관의 사회봉사 활동은 단순한 자원 봉사 수준의 활동이 아니라, 사회적 책임성 측면에서 지역사회 혹은 국가 전체에 대해 기관의 핵심 업무와 관련된 책임 있는 활동인지 여부를 기준으로 평가하였다. 또한 재무예산 관리 지표에서 공정한 계약체결을 위한 노력을 포함하는 한편, 공공부문 채용에 있어서도 사회형평적 채용 범위를 학력까지 확대하였다.

박근혜 정부는 기관의 비전-핵심가치-경영목표의 설정 및 연계와 국정과제 이행노력 및 성과 평가를 명문화하여 공공기관이 국정과제를 적극적으로 실행할 수 있도록 하였다. 또한 공공기관의 사회공헌, 균등한 기회 보장과 공정거래 질서 확립, 중소 협력사 경쟁력 강화 지원, 여성·사회적 기업에 대한 지원 노력을 평가하였다. 또한 조직 및 인적관리 부문에서는 비정규직의 체계적 관리와 더불어 정규직(무기계약직)으로의 전환과 간접고용 인력 활용의 적절성을 평가내용으로 새롭게 포함하였다. 2015년부

12 민간부문의 새로운 일자리 창출 노력의 범위에는 공공기관 업무의 아웃소싱 전략, 투자사업 발주, 민간부문과의 파트너십 구축 등이 포함되었고, 공기업의 직접고용(공공기관의 신입 직원 채용, 인턴사원 등)은 이에 해당하지 않는 것으로 명시하였다. 창출된 일자리의 질은 정규직 또는 비정규직인가 여부를 기준으로 판단되었다(2011년도 공공기관 경영평가 공통지표 평가 매뉴얼, pp. 12-13).

〈표 2-2〉 정권별 경영평가 비계량 부문 공공성 관련 지표의 변화·확대

	김대중 정부	노무현 정부	이명박 정부	박근혜 정부	문재인 정부
종합경영(리더십, 전략, 사회공헌 포함)	• 책임경영·공익성 제고를 위한 경영진 노력 • 비전의 구체성 및 조직 공유도, 조직 환경 변화 대응 • 고객만족도 제고 노력	• 사회적 책임성 강화, 윤리경영실천 • 정부정책수용 노력과 성과 • 사회 공헌 활동 및 실적(2005년 신설, 2006년 폐지) • 중소기업 지원	• 경영이념, 핵심가치 적절성과 상호연관성, 대응성 • 사회공헌지표, 일자리 창출 평가 • 공정사회, 동반성장 강조 • 사회봉사활동 강조(사회적 책임성 측면에서 핵심 업무 유관 활동)	• 국정과제 이행노력 및 성과 평가 • 중소협력사 경쟁력 강화 지원 • 여성·사회적 기업 지원	• 사회적 가치 실현 선도, 사회적 경제 활성화 • 4차 산업혁명 선도 • 공정한 시장 질서 확립
조직인사	• 내부 관리 평가체계의 공정성·합리성 제고 • 사회형평적 채용 노력: 남녀고용평등 제고	• 사회형평적 채용노력: 여성, 장애인, 전공(이공계), 지역	• 사회형평적 채용: 학력(고졸자까지) 확대	• 비정규직 관리 및 정규직(무기계약직)으로의 전환과 간접고용 인력활용의 적절성 평가 • 미래 대비, 신성장 동력 발굴 노력	• 공공부문의 적극적 일자리 창출 • 비정규직 문제의 종합적 해소 추진 • 능력 중심의 공정한 채용 환경 조성(블라인드 채용 등)
재무예산	• 비용절감 노력	• 공익성과 수익성을 감안한 예산편성 기준 및 절차 합리성 고려	• 공정한 계약체결 노력	• 상동	• 효율성과 공공성의 균형
노사관리	• 생산성 향상을 위한 노사 공동 노력	• 노사 공동의 사회적 책임 구현의 적정성 고려(공기업 2, 준정부)	• 상동	• 상동	• 노동존중 사회 실현

주: 문재인 정부는 청와대 홈페이지에 게시된 100대 국정과제, 국정운영 5개년 계획을 참고하여 작성 http://www1.president.go.kr/news/newsList4.php?srh%5Bview_mode%5D=detail&srh%5Bseq%5D=822(검색일: 2017. 07. 26.)

터는 미래 대비와 새로운 성장동력 발굴 노력도 평가하기 시작하였다.[13]

새롭게 출범한 문재인 정부에서는 이미 공약으로 발표된 것처럼 일자리 창출과 비정규직의 정규직화 등 사회적 책임과 공공성 추구 노력이 한층 강화될 것으로 보인다.

종합하면, 경영평가지표들은 공기업이 결국 공익을 달성하기 위한 주체라는 규범적인 정체성을 강화하는 방향으로 설정되어 왔으며, 이를 실천

13 미래성장사업은 기관별 특성에 따라 주요사업 부문에서도 평가를 받아왔다.

하는 과정에서 공기업은 사회경제적 변화에 따른 국민들의 수요에 부응하기 위해 기관의 책임성과 대응성을 강화하고 사회적 가치 실현과 사회적 책무 이행 노력을 지속해 왔음을 알 수 있다.

2. 주요사업 측면에서의 공공성에 대한 기여

모든 평가대상 기관에 공통적으로 적용되는 경영관리 부문 지표와 달리 기관의 핵심사업의 당위성과 내용을 평가하는 주요사업 부문 지표는 기관마다 상이할 수밖에 없다. 1999년 정부투자기관 평가 시부터 2016년 경영실적평가까지 기관별 주요사업 지표들을 검토해 보면 국민이 필요로 하지만 시장이 제공하기 어려운 서비스 공급의 공익성, 공정성, 사회적 형평성 등의 가치를 평가하고 있다. 이러한 가치들을 실천하기 위한 세부 사업은 기관별로 다양하지만 본고에서는 국가의 전통적인 역할로 논의되어 왔던 안전과 환경 분야를 중심으로 공익적 가치가 어떻게 고려되어 왔는지를 살펴보고자 한다. 대상은 정부투자기관으로 출발한 공기업 중 안전·환경 업무와 관련 있다고 볼 수 있는 수자원공사, 조폐공사, 석탄공사, 인천국제공항공사, 철도공사와 공공기관운영의 법 이후 공기업으로 포함된 한국수력원자력, 5개 발전사, 인천항만공사 등이다.

안전과 환경에 관한 지표는 평가범위와 중요도 측면에서 2000년대 이후 지속적으로 확대, 강화되어 왔다. 수자원공사의 경우 김대중 정부에서는 대체로 수자원 시설물의 유지보수와 수량관리, 홍수조절기능에 초점이 맞추어져 있었다. 예컨대 '수자원 시설물 유지보수 및 안전관리 노력' 지표에서는 댐의 안전진단 및 점검 정비 활동의 적정성을 평가함으로써[14] 자연재

14 2001년 편람부터는 지표명에서 안전이라는 용어가 사라지고 '댐 관리 및 운영의 적정성'이라는 세부 평가내용에서 댐의 안전관리 노력을 평가하였다.

해로 인한 피해를 예방하고 국민들의 안전과 재산을 보호하는 데 있어 공기업이 적극적인 노력을 기울이도록 하였다. 수량관리와 더불어 수질 관리를 위해서도 원수 및 정수의 수질관리 노력의 적정성과 성과를 평가하였다. 노무현 정부에서도 이러한 기조를 이어 받아 수량과 수질관리 노력을 지속하였고, 새롭게 수자원 개발 및 환경보전 노력 지표를 추가하여 개발과 보전이라는 상충되는 가치를 균형적으로 다루려는 노력을 보였다. 이명박 정부에서는 글로벌 수질기준 달성률 지표를 도입하여 '국내 먹는 물' 수질기준 검사 항목에 대해 선진국의 수질기준과 비교하여 가장 엄격한 기준을 적용하였다. 또한, 환경친화적 수자원 및 에너지 개발사업, 신재생에너지 개발 확대 등 환경친화적인 신성장산업 육성을 꾀하였다. 박근혜 정부에서는 '홍수피해 저감노력' 지표와 '먹는 물 품질 안전 제고 노력' 등 안전 관련 지표의 가중치가 상향되었다. 이와 더불어, 수변 공간 조성성과 및 건전성 제고 노력 지표가 신설되어 국민이 직접 체감할 수 있는 수변 공간의 환경을 개선하려는 노력을 평가하였다.

노무현 정부에서 평가를 받기 시작한 철도공사와 인천국제공항공사의 경우, 안전이 중요한 지표로 고려되었다. 우선 철도서비스의 경우 안전사고 지표는 운전사고와 인적사고[15]를 모두 고려하도록 설계되어 있어 기관사 등 서비스 제공자의 적극적인 행위뿐만 아니라 이용자들의 부주의 등 잠재적인 위험요인들을 선제적으로 제거하는 노력을 기울이도록 하였다. 이 외에도 선로안전점검, 차량점검 등 철도 시설물의 품질관리 및 고장을 감축하는 데 역점을 두었다. 인천국제공항공사 역시 공항 안전을 위한 시설물 관리와 항공기 안전운항을 위한 노력을 평가하였고, 보안·검색, 대

15 운전사고는 열차 운행 중 발생한 사고로, 열차사고와 건널목 사고 건수의 합계로 산출된다. 인적사고는 이용자 혹은 공중이 철도지역 내에서 본인의 부주의나 기타 원인으로 사망한 인원의 합계를 의미한다.

테러 활동 예방노력 등을 강화하였다. 이명박 정부에서는 '철도사고 글로벌 경쟁력' 지표를 도입하여 철도사고건수를 국제철도연맹에서 발표하는 글로벌 상위 5위 국가와 비교하였다. 더불어 안전관리 측면에서는 안전관리 체계와 종사자의 철도안전관리 역량 강화를 포함하였다. 공항 서비스의 경우 시설 중심의 안전뿐만 아니라 안전의 수준을 국제적인 수준까지 향상될 수 있도록 하는 데 노력을 기울였다. 박근혜 정부에서도 공항의 안전 관련 지표의 가중치를 상향하는 등 안전에 대한 중요도는 지속적으로 강화되는 추세를 유지하고 있다.

한국수력원자력(2011년 시장형 공기업으로 전환)은 이명박 정부에 들어와서 한국전력의 자회사들과 함께 공기업으로 편입되어 처음 경영평가를 받게 되었다.[16] 초기 편람에서는 원자력 안전관리(17점)가 발전사업에 비해 가중치가 낮았으나, 2012년에는 비중이 상향되었고(22점) 주요사업 중 핵심 사업이 되었다. 초기에는 설비운영의 안정성과 종사자 안전관리(종사자 방사선량 및 산업재해)를 중점적으로 평가하였고 2013년에는 기존 '원자력 안전' 지표에 '위기대응 적정성'을 추가하였다. 박근혜 정부에서는 안전사업 관련 가중치 비중을 대폭 높이고, 모든 지표명에 안전을 추가하여 원자력 안전에 대한 중요성을 강조하였다.

종합하면, 김대중 정부에서는 석탄, 도로, 수자원, 한국전력 등 한정된 기관의 일부지표에서 안전관련 지표가 발견되었으나 노무현 정부에서는 안전 관련 지표가 보다 확대되는 경향이 나타났으며, 대체로 시설 안전이 주된 관리 대상이었음을 알 수 있다. 이명박 정부는 안전지표의 질적 향상을 꾀하고, 실질적으로 국민안전 수준이 높아질 수 있도록 선진국 안전 수준과의 비교 등을 통한 선제적인 안전 대응 능력 고취 노력을 지표에 반영

16 김대중 정부에서는 한국전력의 주요사업 중 '원자력 발전의 안전 및 전력사업의 지지기반 형성'(1점/40점)이라는 지표로 평가를 받았으나 2001년부터는 편람에서 사라졌다.

하였다. 박근혜 정부에서는 세월호 사건 등의 영향으로 대국민 안전 관련 지표 가중치를 대폭 상향조정하였다. 2017년 출범한 문재인 정부는 안전 사고 및 재난에 대해 국가의 적극적인 역할을 강조하고, 탈원전 정책으로 안전한 에너지의 지속적인 공급, 국민 건강을 지키는 생활안전 강화를 주요 정책과제로 제시하였다. 이상의 논의들을 종합하여 정권별 안전지표의 주요한 특징을 요약하면 〈표 2-3〉과 같이 나타낼 수 있다.

환경과 관련된 지표는 안전 관련 지표보다는 제한적으로 발견된다. 석탄공사는 이미 김대중 정부에서부터 환경개선과 관련한 내용을 지표화하여 광산개발로 인한 환경오염 방지를 위한 노력, 자연경관 훼손방지 노력을 평가하였다. 조폐공사의 경우에는 제조과정에서 발생하는 배출수 관리를 위해 BOD(생물학적 산소요구량)와 COD(화학적 산소요구량) 수준을 지속적으로 모니터링하였다. 석탄공사의 환경개선 노력과 조폐공사의 수질관리 노력은 후반기에 가중치가 보다 상향조정되어 환경오염 방지를 위한 노력을 강화했다고 볼 수 있다. 노무현 정부의 환경관련 지표는 김대중 정부와 유사한 내용으로 구성되어 있다. 석탄공사의 경우 광산개발로 인한 환경오염 방지 노력과 환경오염 방지를 위한 기술개발 노력이 포함되어 있고, 조폐공사는 김대중 정부와 동일하게 배출수 관리 수준을 기준으로 평가되었다.

이명박 정부의 환경 관련 지표의 특징은 신재생에너지 사업 관련 내용이 추가된 점을 들 수 있다. 5개 발전사 모두 신재생에너지 사업이 평가 내용으로 포함되었으며, 한국수력원자력에도 미래성장에너지 개발과 같은 지표가 신설되어 친환경 에너지 육성에 대한 기관 참여를 적극 독려하였다. 박근혜 정부의 환경 관련 지표는 이전 정권에 비해 다소 간소화되었다. 석탄공사, 발전사, 한국수력원자력, 조폐공사에서 환경보전 관련 명문화된 지표들이 다른 지표와 통합되거나 대체되었다. 그러나 예외적으

〈표 2-3〉 정권별 안전 관련 지표 주요 특징 예시

	김대중 정부	노무현 정부	이명박 정부	박근혜 정부	문재인 정부
	시설안전 중심		안전품질 중심		국민 중심
인천국제공항	–	• 공항 보안 • 안전관리: 항공 안전운행, 공항 시설 안전성, 위기관리	• 공항 안전관리 • 공항 보안체계 고도화, 보안체계 유지 노력 • 공항 운영 글로벌 경쟁력: ACI(국제공항협회) 수준과의 비교	• 공항 안전, 보안 관리 • 안전한 공항 성과관리 적정성 평가	• 안전사고 예방 및 재난 안전관리의 국가책임 체제 구축 • 재난현장 신속 대응 역량 강화 및 통합적 체계 구축 • 탈원전 로드맵에 기반한 단계적 원천 감축 • 국민 건강을 지키는 생활안전 강화
철도공사	–	• 시설물 유지보수 및 차량검수 • 시설물 품질관리, 고장 감축 노력	• 철도사고 글로벌 경쟁력 • 철도안전관리 역량 향상 노력, 안전관리 체계 강화 • 철도안전 관련 제도 개선 • 중장기 철도안정성	• 열차 안전운행 서비스 • 편안하고 안전한 철도서비스 제고사업 성과관리의 적정성	
수자원공사	• 수자원시설물 유지보수, 안전진단, 점검정비 • 댐 관리: 홍수조절기능, 안전관리	• 수도시설 관리 및 운영의 적정성 • 댐 관리 및 운영의 적정성, 홍수조절기능	• 수질기준 글로벌 경쟁력 • 홍수조절능력 확보	• 먹는 물 품질안전 제고 노력 • 건강한 수돗물 공급사업 성과관리의 적정성 • 홍수피해 저감 노력	
한국수력원자력	–	–	• 설비운영 안정성 • 원자력안전 및 위기대응 • 종사자 안전관리: 방사선집적선량, 산업재해 예방노력	• 원자력시설 종합안전 성능지수 • 원자력안전관리사업 성과관리의 적정성 • 가동원전 안전관리지수	

로 인천항만공사의 경우는 이명박 정부에서 클린화물지표로 관리하던 친환경 항만운영에 대해 환경오염 저감지수 지표를 신설하여 비산먼지 발생 저감을 위한 노력을 강조하였다.

문재인 정부의 환경 관련 국정과제를 살펴보면 크게 국민 생활에 밀접한 영향을 미치는 대기오염 예방 및 감축과 에너지개발 및 복지를 중점적으로 다루고 있다. 2017년부터 노후 석탄발전소 일시 가동중단 등 석탄발전을 축소하고, 에너지 신산업 선도국가로의 도약과 저탄소 고효율 구조로 전환한다는 방침을 밝힌 바 있어 경영평가지표에도 반영될 것으로 보인다.

V. 결어

우리 정부는 공공기관의 성과를 평가함에 있어 경영관리 측면의 재무적 효율성뿐만 아니라 기관의 핵심 사업에 대한 평가를 병행함으로써 공공기관이 본연의 설립목적을 달성할 수 있도록 독려해 왔다. 이러한 과정에서 경영평가제도는 공공서비스에 대한 수요에 공공기관들이 적극적으로 부응할 수 있도록 경제·사회적 변화에 따라 평가 체계와 지표를 보완하고 가중치 역시 수정을 거듭해 왔다. 경영평가제도를 통한 공공부문의 성과 개선은 상당한 효과를 거둔 것으로 평가할 수 있다. 분석의 범위가 다소 제한적이기는 하나, 재무적 성과를 분석한 결과에 따르면 공기업의 재정건전성은 다소 개선된 결과를 보이고 있으며 나아가 기업의 재무상황 개선을 위해 공기업 스스로 자구책을 마련하는 등의 노력을 기울이고 있음을 확인할 수 있다. 또한 경영평가제도는 공공성 측면에서도 국민의 생활에 직결되는 가치, 예컨대 안전, 재난, 보건, 환경 등 시장실패가 발생하기 쉬운 부분에 대해 공기업의 적극적인 역할을 유도하여 궁극적으로는 사회적 가치를 실현하는 데 기여하고 있다.

이러한 경영평가제도의 순기능과 성과에도 불구하고, 경영평가제도는 또다시 대폭적인 개편을 목전에 두고 있는 상황이다. 경영평가제도는 결국 국민들이 필요로 하는 공공서비스를 얼마나 효율적으로, 그리고 얼마나 충분하게 제공하는가를 평가하는 것이기 때문에 공공부문에 대한 국민들의 기대가 변화하거나 공공부문을 둘러싼 사회적 환경이 달라지면 이에 따라 평가제도 역시 개선되어야 한다. 그러나 공기업이 재무성과와 공공성이라는 가치를 모두 달성하기 위해서는 개혁의 방향이 균형적인 시각에서 이루어져야 할 필요가 있다. 공기업의 재정적 효율성, 재무성과만을 중시한다면 공기업의 존립 자체의 정당성이 확보될 수 없다. 그렇다고 공기업의 공공성 실현 측면만을 강조하게 된다면 결국 사회적 기업과 다를 바가 없게 되어 역시 공기업이 존재할 이유가 없게 된다. 유사한 맥락에서, 공공부문의 성과를 평가하는 데 있어 산출물(output)에 초점을 둔다면 공기업 본연의 목적은 소홀해질 수 있지만, 반면에 공기업의 결과물(outcome)을 지나치게 강조하게 되면 성과가 나타나는 시점 혹은 측정이 가능해지는 시점까지 투입되는 재원과 활동은 간과될 수밖에 없게 된다. 이뿐만 아니라 기관의 성과는 조직규모나 사업 안정성, 조직 내 구축되어 있는 다양한 유형의 노하우와도 밀접한 관계가 있기 때문에 경영평가제도는 공공기관의 수익성과 공익성, 그리고 조직활동에 관한 균형적인 시각을 견지해야 할 필요가 있다. 물론 수익성과 공익이라는 상충된 가치를 동시에 추구하는 것은 쉬운 일이 아니다. 특히 공공기관을 국정 과제를 수행하기 위한 하나의 도구라는 관점에서만 바라본다면 재무적 성과와 공익 실현을 어느 정도의 무계로 다룰 것인가를 결정하는 것은 더욱 요원해질 수 있다.

경제사회적 상황에 따라 무게 중심이 달랐던 측면도 있지만, 경영평가제도는 국민들의 필요에 부응하는 공공서비스가 적시에 제공될 수 있도록 종합적인 비전을 수립하고 수익성과 공익성을 두루 점검할 수 있는 핵심적인 잣대라는 점은 명확하다. 필자는 지난 30여 년간 진화해 온 우리나라의 경영평가제도가 완벽하지는 못하더라도 글로벌 기준에서도 가장 정교한 제도 중의 하나라는 데 자부심을 가지고 있다. 그러나 경영평가제도가 실제 운영과정에서 그 취지를 온전히 달성했는지는 또 다른 차원의 문제이다. 제도를 개선하는 노력도 필요하지만 제도를 설립목적에 맞게 운영하려는 정부의 의지가 더 중요하다고 본다. 우행호시(牛行虎視)라는 말과 같이 신중하게 나아가되, 그 정신과 목적은 매섭게 깨어 있는 경영평가제도로 거듭나기를 기대해 본다.

참고문헌

공공기관 경영정보시스템(http://www.alio.go.kr/)

곽채기(2003), 정부투자기관의 비효율성 통제를 위한 경영평가제도의 역할 및 운영성과, 『공기업논총』, 15(1): 49-91.

기획재정부(2013), "공공기관 경영평가 제도개선," 2013. 12. 보고자료.

김준기(2001), 공기업 경영평가제도의 성과와 향후 과제, 『한국행정연구』, 10(1): 97-123.

김정인(2014), 지방공기업 공공성과 수익성 영향 요인 분석-환경요인을 중심으로, 『한국거버넌스학회보』, 21(1): 189-215.

김지영(2010), 경영평가제도와 공기업의 수익성, 한국조세연구원 『월간 재정포럼』, 10: 26-47.

남창우·최화식(2011), 지방공기업의 경영평가제도와 경영성과 간 관계에 관한 실증분석: 전국 지하철공사 직원의 인식을 중심으로, 『한국행정논집』, 23(1): 1-23.

라영재·윤태범(2013), 『공공기관 경영평가제도의 분석과 새로운 모형개발』, 한국조세재정연구원.

박석희(2006), 공공부문의 성과관리와 조직역량: 차단된 시계열설계를 통한 13개 공기업의 실증분석, 『한국행정학보』, 40(3): 219-244.

박순애(2014), 공기업의 역사와 변천: 공공성을 중심으로, 『공기업 개혁: 쟁점과 사례』, pp. 3-27, 서울: 박영사.

박순애·이희선(2014), 국정과제와 공기업의 역할, 『공기업 개혁: 쟁점과 사례』, pp. 29-59, 서울: 박영사.

박재희(2002), 『기관평가제도의 효과적 운영방안』, 한국행정연구원.

박정수·홍유화(2010), 공기업 상장과 다양한 정부지분율에 따른 경영성과 비교연구, 『공공기관과 국가정책』, 121-142.

송대희 외(1987), 『공기업 경영평가의 이론적 배경과 기법』, 한국개발연구원.

심오택(2001), [정부업무등의평가에관한기본법] 제정 필요성 및 기대효과, 『한국행정연구』, 10(1): 5-18.

안경섭·윤미정(2009), 공공기관의 혁신활동의 방향성과 조직성과와의 관계, 『한국정책과학학회보』, 13(1): 51-74.

오연천(1996), 경영평가제도의 회고와 방향, 『행정논총』, 34(1): 1217-1239.
유미년·박순애(2013), 공기업 성과 관리의 딜레마: 공공성과 수익성, 『한국행정학회 하계 학술발표논문집』, 1106-1138.
이근주(2003), 『기관평가 개선방안 연구』, 한국행정연구원.
이상철(2011), 지방공기업 성과관리 강화를 위한 제도변화의 정책효과에 관한 연구, 『정책분석평가학회보』, 21: 27-50.
조택·송선하(2010), 경영평가제도가 준정부기관 경영효율성에 미치는 영향에 관한 연구, 『한국거버넌스학회보』, 17(3): 85-106.
청와대 100대 국정과제 보도자료(http://www1.president.go.kr/)
최성락·박민정(2009), 공기업 경영평가제도의 성과 분석, 『행정논총』, 47(1): 183-208.
황혜신·조문석(2016), 『정부업무평가제도의 운영효과에 관한 연구』, 한국행정연구원.

Bozeman, Barry.(2002), Public Value Failure: When Efficient Markets May Not Do, *Public Administration Review*, 62(2): 145-61.
______________(2007), *Public Values and Public Interest: Counterbalancing Economic Individualism*, Washington, DC: Georgetown University Press.
Dewenter, K. L. and Malatesta, P. H.(2001), State-owned and Privately Owned Firms: An Empirical Analysis of Profitability, Leverage, and Labor Intensity, *The American Economic Review*, 91(1): 320-334.
Geyskens, I. and Steenkamp, J.(2000), Economic and Social Satisfaction: Measurement and Relevance to Marketing Channel Relationships, *Journal of Retailing*, 76(1): 11-32.
Haque, M. S.(2001), The Diminishing Publicness of Public Service under the Current Mode of Governance, *Public Administration Review*, 61(1): 65-82.
Megginson, W. L. and Netter, J. M.(2001), From State to Market: A Survey of Empirical Studies on Privatization, *Journal of Economic Literature*, 39(2): 321-389.
Moulton, S.(2009), Putting Together the Publicness Puzzle: A Framework for Realized Publicness, *Public Administration Review*, 69(5): 889-900.
Pesch, U.(2008), The Publicness of Public Administration, *Administration & Society*, 40(2): 140-193.
Sun, Q. and Tong, W. H.(2003), China Share Issue Privatization: The Extent of Its Success, *Journal of Financial Economics*, 70(2): 183-222.

제3장

공공부문의 성과지표설정과 관리에 대한 올바른 이해

이석환

(국민대학교 행정정책학부 교수)

* 이 장의 내용은 「이석환(2008), UOFO: 신뢰받는 정부와 기업을 위한 전략적 성과관리, 법문사」와 「이석환(2017, 출간예정), UOFO II: 지속가능한 성과관리와 지속가능한 사회」 내용을 중심으로 재편성되었음을 밝힙니다.

I. 공공부문 성과역량(performance capacity)과 성과관리(performance management)

1. 성과역량의 구성요소

최근 공공부문에서 성과향상에 관한 제반 이슈들이 학자들과 실무자들 간에 주목을 받기 시작하면서 성과관리(performance management)에 대한 중요성 또한 새롭게 부각되고 있다. 공공부문에서의 성과향상은 정치적 차원(political aspect)과 관리적 차원(managerial aspect)의 두 가지의 관점에서 다루어져야 한다는 것이 민간부문과 대립되는 주요한 특징이다. Holzer and Lee(2004)는 성과향상은 상당히 종합적이면서도 복잡한 개념이라 주장한다.

많은 기존의 연구들은 성과향상은 최고 관리층의 지원, 전 계층에 걸친 조직구성원들의 몰입도, 성과측정제도, 조직구성원의 교육, 보상체계, 성과에 기초한 예산관리, 시민 참여 등에 의해 다양하게 영향을 받는다는 사실을 지지한다(Holzer and Lee, 2004; Lee, 2000; Greiner, 1986; Holzer and Callahan, 1998; Halachmi and Holzer, 1986; Werther, Ruch and Mc-Clure, 1986). 그중에서도 가장 중요한 것은 조직의 성과를 향상시키겠다고 하는 구성원들의 의지이며, 이것은 곧 사람이 성과향상의 핵심이라는 것을 의미한다. 이러한 관점에서 효율적인 성과관리체계를 구축하기 위해서는 성과 및 성과에 관한 개념을 보다 명확하게 이해하고, 조직구성원들이 체감하고 느낄 수 있는 구체적인 심리적 지표개발을 통해 이를 정기적으로 측정하며 개선해나가는 지속적 개선(continuous improvement)이 필수적인 것이다.

성과역량(performance capacity)은 무엇으로 구성되어 있으며 어떻게 측정할 수 있는가에 대한 질문에 한가지로 대답하기는 쉽지 않다. 그러나 중요한 것은 성과를 창출하고 향상시키기 위한 인프라 내지는 선행되는 단계에서 얼마나 충실하게 움직일 수 있는가가 핵심요인이 되어야 한다. 이러한 성과역량을 선행단계에서 설명하기 위해 Holzer(1995)의 10단계 모델(10 Step Model)을 살펴볼 필요가 있다. 어떠한 조직이든지 성과를 내기 위해서는 다음과 같은 10단계를 거치게 되어 있다는 것이다.

① 최고 관리층의 지원 확보(obtaining top-management support), ② 모델탐색(locating models), ③ 실현가능한 영역 설정(identifying promising areas), ④ 팀의 구축(building a team), ⑤ 사업의 기획(planning the project), ⑥ 자료수집(collecting program data), ⑦ 기획의 수정(modifying project plans), ⑧ 문제의 예측(expecting problems), ⑨ 개선조치의 시행(implementing improvement actions), 그리고 ⑩ 결과의 평가 및 공개(evaluating and publicizing results)

조직의 상황과 규모에 따라 어떤 단계는 건너뛰거나 줄어들 수 있겠지만 대개는 이러한 과정을 통해 성과향상이 이루어진다는 것이다.

McGowan(1984)은 환경영역(environmental domain, 공공부문/민간부문 파트너십, 공공서비스의 마케팅 등), 조직영역(organizational domain, 구조적 변화, 노사관계, 컴퓨터 정보기술 등), 개인의 영역(individual domain, 성과 인센티브, 직업전문의식, 관리기술개발 및 교육 등)이 갖추어져야 성과향상이 일어난다고 보고 있다.

한편 Buntz(1981)는 성과향상을 위하여 환경영역에 더 강조를 두고 있는데 이는 기술(technology)과 관리자들의 능력(staff ability), 구성원의 사기(motivation), 정책변동(policy shift), 그리고 정부에 대한 국민의 인식 등을 포함한다. 또한 Holzer and Callahan(1998)은 성과향상은 크게 5

가지의 차원이 유기적인 관계를 맺으며 이루어진다고 보고 그 5가지 차원을 질을 위한 관리(managing for quality), 인적 자원의 개발(developing human resources), 기술의 적용(adapting technologies), 파트너십의 구축(building partnerships), 그리고 성과측정(measuring performance)으로 구분하고 이들 간의 연계를 강조하고 있다.

2. 성과관리에 대한 개념 정의

성과관리를 한마디로 정의하기는 매우 어렵지만 그것의 실체는 "공공조직이건, 민간조직이건 조직이 불확실한 환경 속에서 미래의 의사결정을 위한 정확한 정보를 제공받을 수 있도록 조직의 목표를 정해 놓고 이를 달성하기 위하여 다양한 인과적 수단들을 설계한 후 이들 간의 관계를 정기적으로 측정하여 정확한 정보를 생산해 내는 일련의 종합적 과정"이라고 정의할 수 있을 것이다. 여기의 핵심에는 성과관리의 궁극적 목적이 의사결정이라고 하는 것과 정확한 의사결정은 구성원과 시민의 가치가 반영된 올바른 목표설정에 기초한다는 중요한 논리들이 숨어 있다(이석환, 2008: 25-26).

결국 올바른 성과관리체계는 조직의 미션을 정확히 정의하고 설정된 비전을 달성하기 위해 전략을 수립하며 이를 기반으로 의미 있는 정보를 제공받아 올바른 의사결정을 내릴 수 있도록 도와주는 것을 목적으로 한다고 할 수 있다.

Ⅱ. 공공부문 성과에 대한 정의: 효율성과 효과성 그리고 반응성

효율성과 효과성은 너무나 오래된 개념이지만 아직까지도 정확한 개념정의와 관련하여서는 학자들과 실무자들 간에 완전한 합의가 되어있지 못하다. 많은 학자들이 효과성을 '목표달성정도'로 정의하고 효율성을 능률성의 또 다른 이름으로 사용하며 '투입대비 산출의 비율'로 정의하기도 한다(Bennewitz, 1980; Keane, 1980; Hatry and Fisk, 1994). 한편 Drucker(1967)는 "옳은 일을 하는 것"을 효과성이라 하였고 "일을 옳게 하는 것"을 효율성이라 하면서 전자는 리더십에 해당하고 후자는 관리에 해당한다고 하였다. 이렇듯 학자들마다 효과성과 효율성에 대한 개념정의의 차원이 약간씩 다르고 개념이 정확하지 않다보니 현실에서도 이를 이해하는 데 어려움을 겪고 있다.

우선 효과성을 단순히 목표달성정도라고 정의하면 이것이 투입지표이든 과정지표이든, 산출지표이든 간에 달성 여부만을 가지고 효과성으로 정의해 버리기 쉽다. 더욱이 이것이 산출지표인지 결과지표인지를 가리는 문제로 들어가면 목표달성정도는 어느 지표이든 같은 개념이 되어 버린다.

Usilaner and Soniet(1980)는 효과성이란 중앙 및 지방정부와 지역사회가 추구해야 할 목적(goal)이 달성되고 있는가에 관한 정도를 의미하며 이는 서비스의 질(반응성, 우선순위, 형평성, 만족도, 예상치 못한 효과, 서비스 이용자 수 등)과 서비스의 최종결과 및 영향을 포함한다고 주장한다. 즉 정부의 활동과 서비스들의 양이 숫자로 표현되어 나타난 것을 산출지표로 보고 있으며, 이러한 산출지표를 중심으로 서비스의 질과 최종결과를 평가하는 것이 효과성의 차원이고 이것이 결과지표라는 것이다. 또한 산출지표는 효율성 평가의 대상이기도 한 것인데 이러한 산출지표는 조직의 미션이 직접적으로 반영되며 시간이 흘러도 동일한 형태를 유지하며 관리될 수 있는 유형의 지표를 말한다. 따라서 특정한 정책이나 서비스 자체가 산출지표가 아니라 이러한 서비스가 산출해 내야 할 대상이 산출지표가 된다는 것이다.

이러한 이유로 효과성을 평가하는 지표는 단순히 계량적으로만 평가하거나 하나의 지표로 평가하기 어려우며 다차원적인 기준을 설정하고 지역사회의 목적을 고려하여 서비스의 질과 최종결과를 고려하여 결정하여야 한다는 것이다.

현실에서는 이러한 구분이 애매하거나 무시되다 보니 산출지표와 결과지표들이 혼재되어 사용되어 무엇을 달성했고 무엇이 개선되었는지를 알기 어려울 뿐만 아니라, 계량지표 위주로만 가져가다 보니 실질적인 중요한 가치인 민주주의적 가치들이 효과성 평가에 포함되지 못하여 시민들도 만족하지 못하고 공무원들도 체감하지 못하는 성과관리가 되었던 것이다.

공공부문의 성과관리에 대해 부정적인 측면을 바라보는 시각이 적지 않지만 효과성의 의미를 제대로 이해하고 적용하면 성과관리의 시각 자체가 문제가 있는 것이 아니라 효과성의 차원에 정치적 차원을 포함시키는 것을 인식하지 못한 문제가 더 큰 것이다. 생산적인 정부는 시민에 대한 반응성 없이는 존재하지 않으며(Schachter, 1996) 비생산적인 가치도 중요한 가치라는 점(Waldo, 1980)을 고려할 때 효과성 차원에서 이러한 정치적인 가치를 담고 성과를 평가해야 한다(Yang and Holzer, 2006).[1]

1 이러한 관점에서 Fischer(1997)의 정책평가 종합모형은 좋은 틀을 제시한다. Fischer는 4단계 평가모형을 제시하고 있는데 이는 효율성 관점에서 계량지표를 측정하고 분석하는 것 외에 해당 정책과 프로그램에 대하여 목표의 상황적합성, 사회적 수용성, 사회가치와의 부합성 등에 대한 담론과 평가가 이루어져야 한다고 주장한다. 이는 효과성의 차원에서 다루어야 하는 중요한 가치를 언급하고 있는 것이다.

한편 효율성은 주어진 자원을 가지고 어떻게 효율적으로 서비스를 생산해 낼 수 있을까를 보는 척도이다. 이를 위해서는 투입, 과정, 산출지표를 개별적으로 다루는 것이 아니라 서로 간의 연계 속에서 효율성 지표(예를 들면 투입대비 산출의 비율로)를 측정해 볼 수 있어야 한다.

그러나 현실에서는 효과성과 효율성의 개념을 구분한다 할지라도 효율성지표 내에서 투입, 과정, 산출지표 간의 관계를 복합적으로 고려하지 못하고 개별적인 지표로 사용하거나 평가해 오고 있다. 실제에서는 이러한 투입 대비 산출비율의 지표, 즉 노동시간 또는 인건비, 또는 사업비용 당 달성되어져야 하는 목표들이 측정되고 있지 못하다. 이른바 자본 및 노동의 투입으로 인한 목표의 달성정도가 측정되어져야 하는데 (비록 어려움이 많지만) 효율성 지표를 측정한다고 하면서 투입지표와 과정지표, 산출지표들을 별개의 독립적인 것으로 활용하고 있어 어떤 정보로도 사용할

[그림 3-1] 공공성과에 대한 정의

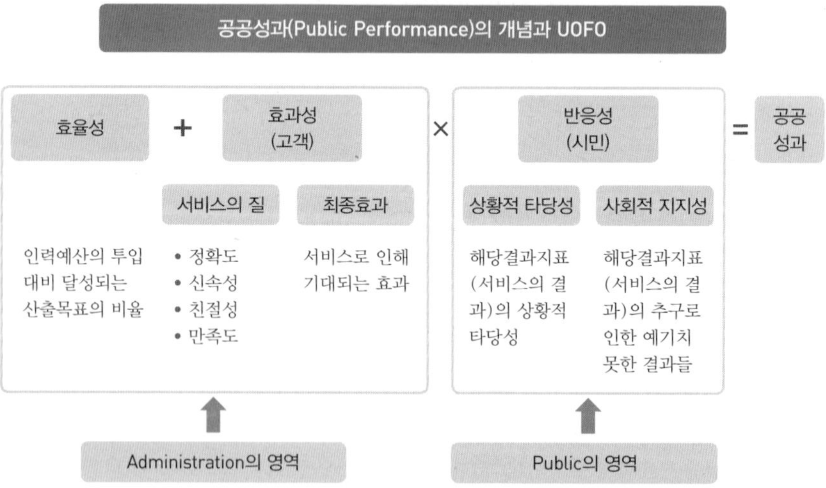

자료: 이석환(2017, 출간예정), UOFO II: 지속가능한 정부와 사회를 위한 전략적 성과관리

수 없다(Epstein, 1994).

이러한 논의를 종합하면 공공부문의 성과를 [그림 3-1]과 같이 정의할 수 있다.

[그림 3-1]에서 효율성과 효과성은 50:50의 비율로 점수를 합산할 수 있는데 반응성이라는 차원은 0에서 1 사이의 계수 값을 갖는다. 다시 말해 효율성과 효과성의 합이 100점이라 할지라도 반응성 계수가 0.5이면 전체 점수는 50점밖에 되지 않는다는 말이 된다. 이는 효율성과 효과성을 달성함에 있어 그 과정에 public의 가치를 끌어들이지 못하면 실질적인 지속가능한 성과를 내기가 어렵다는 말이 된다. 이것이 공공부문의 성과평가가 민간부문의 성과평가모델을 그대로 따를 수 없는 이유가 된다.

Ⅲ. 공공부문의 특수성("ε"에 대한 관리)

성과관리의 핵심은 궁극적으로 의사결정을 위한 목표(지표) 간의 인과관계의 명확화이며 이것을 도와주기 위해 성과관리시스템이 탄생하였다 해도 과언이 아니다. 그런데 이러한 인과관계가 지금까지의 민간부문에서는 그나마 별다른 방해요인 없이 수월하게 설정될 수 있었고 기업들은 이에 따른 성과관리를 통해서 경영활동을 전략적으로 수행할 수 있었다. 이러한 인과관계에 핵심을 둔 다양한 성과관리도구(BSC 등)가 공공부문에 여과 없이 전달되면서 문제가 발생하기 시작했던 것이다.

민간에서 고안된 성과관리시스템 구축방법론이나 운영 및 평가체계는 민간에 맞게 고안된 시청각 시스템이었기 때문에 공공부문에 적용될 때에는 대폭 수정될 필요가 있었다.

공공부문에서의 인과관계는 근본적으로 통제하기 어려운 관계가 대부분이며 민간부문에서 생각하는 인과관계에 대한 통제가능성을 가지고는 비교할 것이 못 된다는 점을 간과했던 것이다. 공공부문이 인과관계 통제가 어렵다는 것은 너무나도 당연한 것이다. 이것이 결국 시장이 실패하고 공공부문이 존재해야 했던 이유이며, 어렵지만 이러한 인과관계를 조금이나마 더 인간의 힘으로 통제해 보고자 공공부문이 탄생하게 되었던 것이다.[2]

필자는 이러한 공공부문의 속성을 무시하고 민간에서 고안된 기법들을 동일한 방법론과 운영방식으로 정부와 공공기관에 적용해 왔기 때문에 번번이 실패하는 사례가 발생하였던 것이라고 판단한다.

공공조직과 민간조직이 차이가 없다고 주장하는 학자들도 있지만 더 중요한 것은 이러한 조직들이 활동하는 무대가 다르다는 것이다. 공공부문이라고 하는 분야는 그만큼 민간부문보다 더 종합적이고, 복잡하고, 불확실성이 높고 고객(customer)이 아닌 주인(owner)으로서의 국민의 반응 또는 대응에 따라 그 성패가 좌우되기 때문이다.

공공부문 성과관리의 핵심은 회귀분석의 함수식에서 "ε"에 대한 관리에서 찾아야 한다. 즉 "ε"라는 것은 "$aX+b$"가 "Y"를 설명하는 것을 방해하는 요소들의 집합이며, 따라서 공공부문에서 "$aX+b$"가 작동하기 위해서는 "ε"의 구성요소를 파악하고 이를 정기적으로 측정해서 "Y"를 달성하기 위한 좋은 X_1, X_2를 고안해 내기 위한 정보로 사용해야 한다는 것이다. 이것은 곧 민간부문과 공공부문이 인과관계에 대한 가정이 다르다는 것을 암시하는 것이다.

---

2 시장실패(market failure) 이론에서 주장하는 사람과 사람 사이의 "give and take relationship"이 작동하지 않는 영역은 이러한 시장기능에서의 인과관계가 실패하는 영역을 의미하며 이를 공공부문이 맡아야 한다고 주장한다.

필자는 많은 경우에 민간부문에서 고안되어 공공부문에 적용되는 경우 실패하는 가장 중요한 이유는 민간부문과 공공부문이 인과관계에 대한 가정이 다르다는 점을 인정하지 못한 데서 연유한다고 믿는다. 두 부문 모두 불확실한 환경 속에서 목표를 설정하고 이를 달성하기 위한 수단을 강구하는 과정에서 인과관계를 설정하고 이를 현실화 시키게 되는데 민간부문의 경우 이 논리가 상대적으로 명쾌하고 목표를 달성하는 과정에서 외생변수의 개입 여지가 상대적으로 적다는 특성을 갖는다.

즉 불확실성과 복잡성은 두 부문 모두 존재하지만 그 정도가 공공부문이 훨씬 더 강하다고 보아야 한다.[3]

이하에서는 이러한 민간부문과 비교하여 공공부문을 특징짓는 속성들이 어떤 것들이 있는지를 살펴본다. 이것은 곧 공공부문의 "ε"를 구성하는 주요한 구성요소가 되며 이러한 "ε"의 영역에서 발생하는 문제를 해결해 나가기 위해서는 특정한 기관의 고유사업을 통해서는 한계가 있고 사회구성원과 타 기관 간의 협업 내지는 협치가 일어나야 한다는 것을 의미한다.

1. 통제가능성: 목표달성과정에서의 외생 변수 개입가능성과 인과관계

민간부문과는 달리 공공부문을 들여다보면 목표와 수단 간의 인과관계가 훨씬 더 복잡하고 외생변수의 개입의 여지가 훨씬 더 많아진다.

예를 들면 환경을 깨끗하게 한다고 하면서 "대기 중의 미세먼지의 환경기준치 이하 유지율"이라는 Y, 즉 결과지표(목표)를 만들어 놓고 이를 달

3 공공부문이 민간부문에 비하여 불확실성과 복잡성이 더 하다는 점은 다차원적으로 설명될 수 있는데 목표의 명확성(Dahl and Lindblom, 1953; Lan and Rainey, 1992), 목표의 다차원성(Banfield, 1975; Rainey, Backoff and Levine, 1976), 의사결정의 자유재량의 제한성(Rainey, Backoff and Levine, 1976; Pugh, Hickson and Hinings, 1969), 동기부여의 봉사성과 희생성(Banfield, 1975; Cacioppe and Mock, 1984) 등이 그것들이다.

성하기 위해서 "천연가스버스를 1,000대 도입"하는 것과 "매연저감장치 부착을 10,000대까지 의무화"하는 과제들이 지표(수단)로 채택되어 목표달성을 위해 노력하는 경우 실제 환경을 담당하는 부서에서 이 결과지표를 통제할 수 있는 가능성은 그리 많지 않다. 중국에서 황사가 몇 번 분다거나 대규모 신도시 개발공사가 이어진다면 달성하지 못할 경우가 더 많다.

그러나 대기먼지 관련 지표를 정부가 통제할 수 있는 부분이 5%밖에 안 된다고 하고 중국에서 황사 몇 번 불어 닥치면 지표달성은 불가능하다고 하는 논리로 밀어붙이면 공공부문의 존재의 이유를 망각하는 것이다. 공공부문은 현재 통제할 수 있는 5%를 어떻게 하면 6%로 늘릴 수 있을까를 고민하여야 한다.

더 나아가 지표라는 것은 통제 가능해야 하니 굳이 결과지표를 사용하라고 하면 "매연저감장치 부착차량에서 나오는 매연의 양"을 지표로 삼을 수 있다고 한다면 이것은 민간기업인 버스회사에서 사회적 책임으로 관리해야 할 결과지표에 지나지 않게 된다. 또한 편리한 교통체계를 만들기 위해 "대중교통의 이용객의 증가율"이라는 결과지표를 본다고 해도 버스회사에서 보는 증가율과 정부에서 보는 증가율은 과제들이 다르며 지표의 성격이 다를 수밖에 없다. 즉 공공부문에서 보는 "대중교통의 이용객의 증가율"은 훨씬 더 복잡하고 외생변수의 개입이 큰 인과관계의 틀 속에서 이해되어져야 한다는 것이다. 공공부문은 이렇듯 인과관계의 설정이 간단하지 않다.

이러한 부분을 해결하기 위하여 공공부문에서는 결과지표를 내세우고 이를 달성하는 과정에서 인간이 통제할 수 없는 사건들과 상황들을 분석해서 이를 정성적으로 평가하여 도전성을 증가시키는 방향으로 성과관리 및 평가시스템이 작동하여야 한다. 그래야 공무원들이 자신 있게 제대로 된 결과지표를 내고 의미 있는 일들을 확인하면서 해 나갈 수 있다.

민간부문의 경영전략에서 이야기하는 성과지표를 도출할 때 가장 중요시되어야 할 양대 기준은 측정가능성과 통제가능성이었다. 측정가능성은 당연히 지켜질 수밖에 없는 기준이지만 후자인 통제가능성의 논리를 공공부문에서 너무 충실히 따르다 보니 공공부문이 존재해야 하는 근본이유를 점검해 보지 못한 채 업무 위주의 행동지표들에만 집착해 왔었고 결국 국민들은 정부가 무엇을 하는지 체감할 방법이 없었던 것이고 공무원들 자신조차도 자신들이 하는 일들로 인해 도대체 사회가 어떻게 좋아지고 있는지를 증명할 방법도, 체감할 방법도 없었던 것이다.[4]

결론은 인과관계를 바라보는 시각을 바꾸어야 한다는 것이다. 즉 공공부문의 성과관리는 통제 가능한 인과관계에만 중점을 두기보다는 이제는 공공부문에서는 통제가 가능하지 않은 영역에 대한 관리를 해야 한다는 것이다. $Y=aX+b$라고 하는 단순화된 함수에 입각하여 성과관리를 해왔던 것이 민간부문의 방식이고 공공부문이 이를 여과 없이 따라서 해왔던 것이 과거라면 이제는 $Y=aX+b+\varepsilon$라고 하는 함수에서 ε를 더 중요한 비중으로 관리해야 한다는 것이다. 사회과학에서 종속변수 Y에 대한 독립변수 X의 설명력은 20~30%를 넘기 힘들다. 그러나 70~80%의 부분을 관리하지 않고 20~30%만을 가지고 성과를 냈다고 한다는 것은 그만큼 무의미한 일이다.

따라서 우리가 통제할 수 없는 70~80%의 부분을 성과관리에 담아내지

4 즉 과거에는 "대기 중의 미세먼지의 환경기준치 이하 유지율"은 통제가능성이 없으므로 성과지표에 선정되지 않고 통제하기 쉬운 업무 또는 과제 지표인 "천연가스버스를 1,000대 도입"하는 것과 "매연저감장치 부착을 10,000대까지 의무화"라는 지표들이 선정되고 관리되었다. 그러다 보니 조직 구성원들이 이러한 과제지표로부터 얻는 정보를 어떻게 의사결정에 적용해야 할지를 몰랐고 적용한다 할지라도 별 의미가 없었다. 예를 들어 천연가스 버스를 1,000대 도입하지 못했다면 다음번에 꼭 목표치를 채워야 하겠다는 것이 의사결정인가? 우리가 이야기하는 의사결정은 목표를 위한(결과지표 달성을 위한) 의사결정인 것이다. 결과지표가 측정되지 않고서는 어떠한 의미 있는 의사결정도 내릴 수 없다.

않으면 안 된다. 공공부문의 역량에 대한 논의는 앞으로 이 70~80% 부분을 어떻게 하면 조금이라도 줄여나갈 수 있을까에 집중되어야 한다.

통제불가능성에 대한 또 다른 오해는 조직이 본래의 미션을 수행하는 과정에서 당연히 관리하고 대처해야 할 환경적 위협요인과 혼돈하는 것이다. 이는 사실상 통제불가능한 요인이 아니라 조직이 적극적으로 고민하고 헤쳐 나가야 할 장애요인이 될 것이다.[5]

이를 위해서는 앞서 언급했던 것처럼 단순한 통제 가능한 업무지표달성도의 측정 외에 결과지표를 달성하는 과정에서 우리가 통제할 수 없었던 요인을 밝혀내고 공무원들이 설정한 목표가 옳은 방향으로 설정되었는지에 대한 정보와 결과지표를 달성하기 위한 수단으로서 과제 및 정책을 집행하고 설정하는 데 있어 시민이 그 인과관계에 동의하는지에 대한 정보 등이 동시에 관리되어야 한다는 것이다.

이렇게 되어야만 공무원들이 제대로 된 결과지표를 내고 마음껏 도전하게 되고 문제가 생기면 그 원인을 합리적으로 찾아나가게 된다.

2. 정책이 지향하는 결과(목표)의 정당성: 결과 간의 충돌성, 사회적 바람직성

때로는 공공부문에서는 우리가 미래에 도달해야 할 바람직한 상태로 정의한 목표라는 것 자체가 사회적으로 "옳은 것"인가에 관한 문제로 상황

5 최근 메르스 사태로 인하여 공공기관들의 경영평가의 명암이 엇갈렸는데 KORAIL의 경우는 승객이 줄어들고 관광공사에서는 관광객 수가 급감한 반면 도로공사에서는 도로를 이용하는 자가용의 수가 늘어 이용률 지표가 혜택을 보았다. 그러나 이러한 통제하기 어려운 환경적 변수는 거의 매년 발생한다고 보아야 한다. 2015년 기재부 경영평가단에서는 이러한 상황을 인정하지 않기로 하였는데 이는 그만큼 통제불가능성에 대한 해석을 엄격하게 하고 있음을 의미한다. 다만 이러한 상황을 비계량적으로 참작해 주는 주요사업 성과관리의 적정성 분야에서 보정해 주면 합리적으로 평가가 이루어진다고 할 수 있다.

이 복잡해지기도 한다. 적어도 민간부문에는 이러한 고민은 없다고 보아야 한다. 즉 목표가 옳은 것이냐(correctness)에 대한 고민이 없다는 것이다(Lindblom, 1959). 기본적으로 전략목표를 설정하는 단계에서 이미 최고관리자의 가치관과 세계관이 반영이 되는 것이며 급변하는 환경 하에서 미래를 바라볼 때 오늘의 이러한 전략목표설정이 맞는 것이냐에 대해서 명확한 기준을 설정하기 어렵다. 공공조직과 민간조직이 뭐가 다르냐고 반문하는 주장들이 있을지 모르지만 분명한 것은 이러한 조직들이 활동하는 무대와 환경이 다르다는 점을 인정하지 않으면 안 된다.[6]

이것은 정책목표 간의 충돌에서 자주 나타나게 되며 그 시대의 특정한 사회적 분위기와 가치체계에 의해서도 영향을 받는다. 예를 들면 환경규제를 강화하겠다는 목표는 경제개발을 위한 기업의 투자심리를 위축시키며, 부동산 가격을 안정화시키겠다고 하는 목표가 결국 건설경기를 위축시켜 경제성장을 둔화시키는 경우가 바로 그것이다. 이러한 딜레마적 상황 속에서 어떤 목표가 옳은 목표인가? 한마디로 결정하기가 쉽지 않다. 그러나 이러한 어려운 상황 속에서 공공부문은 항상 균형을 유지하려고 애써야 한다. 공익적 가치의 차원에서 두 목표는 모두 옳은 것이라고 보아야 하며 모두 달성할 수 있도록 노력해야 한다. 모든 정책은 그 정책으로 인해 이익을 보는 집단과 손해를 보는 집단이 동시에 존재하기 때문에 이들 간의 갈등과 불협화음을 최소화하는 방향으로 시민들을 설득하고, 참여시키고, 세밀한 집행전략을 설계하지 않으면 안 된다. 불확실성 속에서 정책의 정당성은 이러한 과정을 통해 만들어지는 것이다.

6 반복적으로 이 책에서 주장하지만 이제 점점 공공부문과 민간부문이 활동하는 무대마저도 비슷해져 가고 있고 앞으로 이러한 경향이 심화될 것으로 보인다.

3. 정책 자체의 정당성: 정책 간의 충돌성, 정책 자체에 대한 시민의 대응성

목표를 달성하기 위한 정책들은 그 자체가 다른 정책의 집행을 방해하는 경우가 있다. 예를 들어 건축 관련 민원을 해결해주려는 노력들이 오히려 건축절차를 방해하고 기업활동을 방해하는 경우이다. 이럴 경우 하나의 정책(과제) 자체에 대한 정당성의 문제가 발생하게 되며 이를 해결하기 위한 노력이 뒤따라야 한다. 동시에 이러한 정책들은 민간기업에서 만들어내는 유형의 상품과는 달라서 만들어진 정책에 대해 수혜자인 시민들이 반응(reaction)을 보이지 않으면 정책 자체가 실현되어도 그 정책이 지향하는 결과는 달성하지 못하게 되는 경우가 많다. 수많은 사전평가가 시행되어도 많은 정책들이 번번이 실패로 끝나는 현실을 보면 쉽게 이해가 간다.

4. 정책의 무형성: 서비스 품질확인의 어려움(의사소통의 어려움)

민간기업들의 상품과는 달리 정책이라는 것은 무형의 서비스이므로 시민들은 정책의 가치를 유형화된 상품만큼 쉽게 체감하기는 어렵다. 따라서 정부가 어떤 노력을 해서 어떤 결과를 내놓았다 할지라도 이를 증명할 길이 거의 없다는 것이다. 이것을 유일하게 가능하게 하는 것이 지표를 공개하는 것이다. 그중에서도 결과지표와 과제지표(또는 선행지표)의 동시 공개이다. 이러한 지표들은 민간기업의 성과지표와는 달리 시민이 이해할 수 있는 언어로 잘 정의되어 공개되어야 한다. 지표 산출식을 본 다음에야 이해가 되어서는 안 되며 지표제목을 읽는 순간 그 지표가 어떤 내용을 담고 있는지가 이해가 되어야 한다. 따라서 정부는 올바른 지표를 찾는 동시에 이를 쉽게 작명하는 일에도 많은 노력을 기울여야 한다. 이러한 지표만

이 시민과 정부가 대화하는 유일한 의사소통 수단이기 때문이다. 이러한 과정을 통하여 시민들은 정부가 무엇을 목표로 하고 있는지, 무슨 일을 하고 있는지를 이해하게 되고 궁극적으로 정부에 대한 신뢰를 쌓아 나가게 된다.

IV. 좋은 공공성과지표의 조건과 목표에 대한 조작적 정의

1. 비합리적인 목표(Unreasonable Objectives: UO)의 의미와 중요성

좋은 공공성과지표를 찾기 위해서는 공공부문에 맞는 체크리스트를 사용해야 한다. 〈표 3-1〉에서 보는 바와 같이 성과지표는 결과지표 중심으로 도출되는 것이 바람직하며 이를 달성하기 위한 선행지표로 산출지표 등이 사용된다. 다시 말해 결과지표(전략)와 과제지표(전술)를 구분하여 도출하여야 한다. 또한 결과지표의 경우 좋은 지표의 조건에 통제가능성이 들어가면 안 된다는 점이 강조되어야 한다. 공공부문은 그 존재의 이유 때문에 통제가능한 것보다 통제가능하지 않은 지표가 더 많고 이것이 더 중요하다. 이른바 '$Y=aX+b+\varepsilon$'에서 'ε'에 대한 관리가 공공부문에서 특히 중요하며 이 영역에서 나오는 지표가 결국 UO(Unreasonable Objectives)가 된다는 것이며 여기서 기관 간 협업이 나오게 된다. 그렇기 때문에 민간부문과 동일한 잣대로 통제가능한 지표만을 도출하게 하면 결국 공공조직의 성과지표 pool에는 의미 없는 단순 업무지표들로만 가득 차게 된다는 점을 명심해야 한다(〈표 3-2〉 참조).

〈표 3-1〉 성과지표의 분류

Driver Measures			Outcome Measures
Inputs	Processes	Outputs	Outcomes
목적을 달성하기 위해 투자된 자원 내지는 자산들	목적을 달성하기 위해 하고 있는(해야 할) 활동들	목적달성을 위해 뛴 결과 나온 산출물	목적달성을 위해 뛴 결과 나온 산출물이 사회적으로 초래한 영향 내지는 최종효과들
• 투입 인력 수 • 투입원가 • 사용 재료량 등 • 버스운전기사의 수 • 버스의 수	• 효과적인 계획수립 • 효율적인 실행 • Lead-time, 1인당 성과 등 • 대중교통체계 개편안 수립	• 보고건수 • 상담건수 • 지원건수 • 조직기금규모 • 버스전용차로 확보	• 교통수단 이용 증가율 • 주민만족도 조사에서 "안전하고 편안하다"에 응답한 시민들의 비율

자료: 이석환(2008), UOFO: 신뢰받는 정부와 기업을 위한 전략적 성과관리

〈표 3-2〉 성과지표 도출시 Checklist

번호	좋은 지표의 조건
1	지표가 측정가능한가?
2	지표가 공공부문의 시민(고객)에 대한 책임성 향상에 도움이 되는가?
3	지표가 공무원의 조직에 대한 책임성을 향상시키는가?
4	지표가 공무원 직급 간의 책임성을 향상시키는가?
5	지표가 물적 자원 배분의 효율성을 향상시키는가?
6	지표가 분석, 계획, 운영의 효율성을 향상시키는가?
7	지표가 공무원들에게 긍정적 동기부여가 되어 성과를 개선하게 하는가?
8	지표가 조직에게 새로운 개선 전략을 가져다 줄 수 있을만한 정보를 제공하는가?

주 1: 성과지표를 개발 후 다음의 각각의 질문에 모두 Yes라는 답을 얻어야 좋은 성과지표라고 할 수 있음

2: 지표가 통제가능하며 충돌하지 않는가에 관한 조건은 공공부문에서는 맞는 조건이 아님

3: 공공부문의 특성상 지표는 통제가 불가능할수록 중요하고 의미 있는 지표일 수 있으며 충돌하는 것은 당연한 것임

4: 오히려 충돌하는 지표를 잡아내어 이를 동시에 달성하는 것이 기회임

자료: 이석환(2008), UOFO: 신뢰받는 정부와 기업을 위한 전략적 성과관리

성과목표를 정의해 나간다는 것은 문제를 해결하는 것(problem solving)이 아니라 문제를 정의하는(problem defining) 과정이라는 말에 기초

하고 있는 것이다. 해당부서들과 외부전문가, 이해당사자를 포함한 시민들이 모여 문제를 정의해 나가야 한다.

아래의 그림에서 보듯이 공공부문의 성과개념에 기초하여 성과지표를 찾는 절차를 따라가다 보면 좋은 지표가 도출될 수 있고 이러한 지표들을 통하여 해당 성과목표를 정의하게 된다.

여기서 우리는 이른바 성과목표에 대한 조작적 정의(operational definition)를 잘 내리는 방법을 배울 필요가 있다. Peter Drucker가 MBO를 설명하면서 예시로 든 '법과 질서의 유지(Maintenance of Law and Order)'라는 말을 살펴보자. 이 말이 얼마나 구체적이고 세부적인 것처럼 보이는가? 대단히 추상적이고 모호한 말이다. 다시 이 말을 더 구체화하여 '범죄의 예방(prevention of crime)'으로 범위를 좁혔다고 가정하자. 그렇다면 이 말은 구체적이고 명확한 의미를 갖고 있는가? 겉보기에는 명확해 보이

[그림 3-2] 공공부문의 성과지표를 도출하는 방법

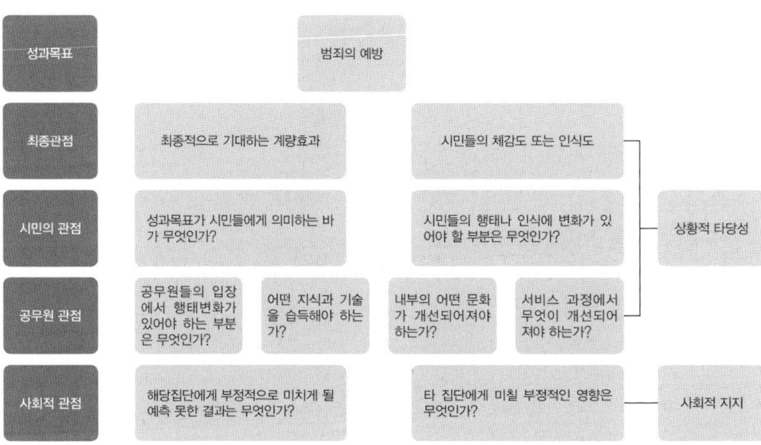

자료: 이석환(2017, 출간예정), UOFO II: 지속가능한 정부와 사회를 위한 전략적 성과관리

지만 아직 이 말 또한 여전히 구체적이거나 명확하지 않다. 범죄의 예방이 시민들에게 의미하는 바가 무엇인가를 살펴보지 않으면 정확한 의미를 찾기 어렵다는 것이다.

범죄의 예방이 밤거리를 다니는 일반 시민들이 안전하게 귀가하는 것을 의미하는 것인가? 저녁에 집에 머무는 시민들이 강도가 찾아들지 않고 안전하게 쉴 수 있는 상황을 의미하는 것인가? 저녁에 음침한 거리에서 경찰차가 한 대도 보이지 않는 상황의 개선을 의미하는 것인가? 아니면 거주지역에 외국인 노동자들이 어슬렁대는 모습과 무질서한 지역환경이 문제인가? 어찌 보면 다소 지엽적인 것처럼 보이지만 경찰관들이 범죄집단과 손잡고 부패하고 있는 상황이 문제인가? Drucker에 의하면 경찰관들의 내부 설문조사 결과 가장 시급한 이슈는 경찰관들의 부패를 막는 것이라고 나타났으며 '범죄의 예방'이라는 성과목표를 실현하기 위해 구체적인 전략성과지표로 경찰관의 부정부패건수를 줄이는 것이 1순위 지표가 되는 것이다. 물론 '범죄의 예방'이라는 성과목표 하에서 최종적으로 봐야 할 최종결과지표는 '범죄율의 하락'과 '안전에 대한 인식확산'이 될 것이다. 그러나 이러한 지표들이 함께 좋아지려면 조작적 정의를 하는 과정에 시민과 공무원, 관련 당사자들이 같이 모여 문제를 찾아내는 과정이 필요한 것이다. 실제로 범죄율과 범죄에 대한 두려움은 별개의 독립된 사회적 실재라고 한다(김지선, 2014). 안전에 대한 체감도 역시 범죄율 외에 경찰의 역량, 언론의 메시지, 인구학적 특성 등에 의해 영향을 받는 함수로 정의된다(김태영, 2014). 따라서 이러한 요인들을 찾아내어 성과지표화하려는 노력이 필요하며 이렇게 해야 비로소 궁극적 목적인 범죄율도 떨어지고 안전에 대한 인식도 또한 개선될 수 있는 것이다. 이러한 진짜 문제를 도출해내는 과정이 필요하다. 진짜 문제의 발견은 여기서 끝나지 않는다. 서두에서도 언급했듯이 범죄의 예방을 하는 과정에서 또는 범죄율을 낮추어 가는 과정에서 당사자 집단 또는 타 집단에게 미칠 부정적 영향들을 고려해야 한다. 이러한 예상치 못한 부정적 영향들을 고려하지 못하면 규제나 단속의 대상자들이 다시 어디에선가 돌아와 새로운 범죄를 일으키고 안전인식이 떨어지고 범죄율이 올라가는 악순환이 반복될 것이기 때문이다.

이렇게 '범죄의 예방'이라는 말을 세부적으로 정의하다보면 복수의 조작적 정의가 내려지고 우리가 찾는 진짜 문제(real problem)가 정의된다. [그림 3-2]는 성과목표를 어떻게 조작적으로 정의하고 이를 지표화할 수 있는지에 대한 템플릿을 제공한다. 이렇게 발견된 진짜 문제들은 조직의 입장에서는 비합리적인 목표 즉, UO로 설정될 가능성이 대단히 높다. 왜냐하면 조직의 입장에서 자신들의 고유미션에 기초하여 할 수 있는 일들이 아니고 대부분 외부 기관이나 타 부서와 협업을 해야 달성되는 지표들이기 때문이다. 이렇게 UO들이 집중적으로 관리되는 조직을 UOFO(Unreasonable Objectives-focused Organization)라고 부른다.

이는 효율성의 가치를 달성하기 위하여 진짜 문제를 public의 영역에서 함께 찾는 조직이며 이때에 비로소 진짜 문제가 찾아질 수 있고 지속가능한 성장과 함께하는 사회를 이룰 수 있다. [그림 3-2]의 9가지 영역의 질문에 따라 대답을 하다 보면 기존의 미션을 넘어서는 지표와 충돌하는 지표들이 자연스럽게 도출된다. 이를 통하여 조직은 혁신을 하게 되고 기존의 자기영역을 넘어선 경계선 없는 기능횡단적인 행정을 펼쳐나가게 되는 것이다. 이러한 UO 도출이 궁극적으로 지속가능한 사회를 만드는 방향을 설정하는 데 결정적인 방향타가 될 것임에 분명하다.

한편 UO는 위의 템플릿에서 사회적 관점의 적용을 통하여 다양하게 충돌하는 지표를 의도적으로 생성시켜 조직혁신을 유도할 수도 있는데 기업의 경우 혁신이 일어나는 과정은 기본적으로 시장이라고 하는 제약조건이 상시적인 충돌지표로 자동적으로 작동하고 있기 때문에 내부에서 특정

지표의 목표치를 비합리적으로(unreasonable) 높게 요구하면 자동적으로 지표 간의 충돌이 나타나는 효과를 보게 된다.

공공조직의 경우 혁신이 일어나려면 기업과 같은 시장(market)이 작동하지 않기 때문에 더더욱 의도적으로 충돌지표를 설정해 주어야 한다. 예를 들어 '기업하기 좋은 환경 조성'이라는 성과목표의 경우 "관내 기업유치율" 지표가 도출된 반면 사회적 수용성 관점에서 "환경개발부담금증가에 대한 부담률 감소"가 지표로 설정된다면 이 두 지표는 충돌하게 되는 것이고 이를 묶어 주어 해당부서들과 공동으로 협력하게 하여 두 가지 지표를 모두 달성하게 할 수 있다. 이런 과정을 통하여 환경기술을 개발하는 등의 혁신이 일어나게 된다. 이것이 바로 UO(Unreasonable Objectives)이다. UO는 결코 달성하기가 쉽지 않으며 한 가지 목표의 목표치만 높게 잡아서 탄생하는 것이 아닌 것이다. 이러한 UO는 조직 전체에 걸쳐 구성원들의 존재의 가치를 일깨워 주는 역할을 한다. 하나의 성과목표하에서 UO를 도출하다 보면 이질적이고 다양하게 충돌하는 상황을 찾아내게 된다. 실제 혁신에 성공하는 공공조직들은 암묵적으로 이러한 UO의 개념을 의도적으로 배치함으로서 성공한 사례가 많았다.

지금부터는 모든 조직이(공공조직이건 민간조직이건) 자신들이 가지고 있는 UO를 찾기 위해 노력해야 한다. UO를 해결한다는 것은 조직이 한 단계 도약한다는 것을 의미하며 강하고 생산적인 조직이 되는 지름길이다.

이러한 UO는 서두에서도 언급되었듯이 기관장의 영감이나 직관에 의해 우연적으로 발견되기보다는 체계적으로 잘 설계된 성과관리시스템을 통하여 자동적으로 발견된다.

변화된 환경에서 살아남은 조직들은 모두 한결같이 UO를 발견하는 데 성공했으며 UO 위주로 조직을 운영하는 UOFO(Unreasonable Objectives-focused Organization)가 되었다는 점을 주목할 필요가 있다.

2. 성과지표달성을 위한 실행계획의 도출

이러한 과정을 거쳐 UO에 해당하는 성과지표들이 도출되면 이를 달성하기 위한 구체적인 실행계획 또는 이행과제들이 도출되어져야 한다. 충돌하는 지표를 묶어주면 이러한 과제는 혁신이라는 결과물이 나오게 되고 개별 UO를 도출하다 보면 다른 부서 내지는 타 기관과 협업해야 하는 상황이 발생하게 된다.

UO가 도출되면 여기서 끝나는 것이 아니라 이른바 자원배분이 직접적으로 이루어지는 실행계획을 도출하는 단계로 접어들어야 한다. 이 경우 실행계획은 UO(실질적 의미의 KPI)와의 관계에 있어서 수단적 인과관계에 있어야 한다. 즉 실행계획이 선행되어야 하고 그 결과 UO가 달성되는 논리적 인과관계의 구조를 형성하고 있어야 한다는 것이다([그림 3-3], [그림 3-4], [그림 3-5] 참조).

이것은 전략과 전술에 대한 이중구조를 의미하는 것이며 전략집중형 조직 구현의 2대 요소를 갖춘 모양을 보여주는 것이다. 이 과정에서 조직의 혁신이 유도되며 서로 충돌하거나 범위를 넘어선 목표를 함께 달성하기 위해 구성원들이 모여서 논의하게 되고 업무분장표상에 나타난 루틴한 업무에 얽매이지 않고 능동적으로 업무를 창출하며 나가게 되는 것이다. 또한 이 부분은 사업별 예산제도와 밀접한 관련을 맺고 있다. 전략적 성과관리시스템 하에서 조직의 최상위 목표체계인 비전을 설정하고 비전을 관리해 나가기 위해 사업 내지는 과제가 관리되어져야 하고, 이는 조직의 구조중심이 아닌 목표 및 단위사업 중심으로 조직의 전략단위가 재정비되어져야 함을 의미한다.

다음의 그림들에서 살펴보듯이 기존의 성과관리는 실행계획이 먼저 나오고 이를 중심으로 복수의 성과지표를 나열하는 방식으로 이루어져 왔으

[그림 3-3] UOFO를 통한 협업의 형성과 성과책임제의 예시

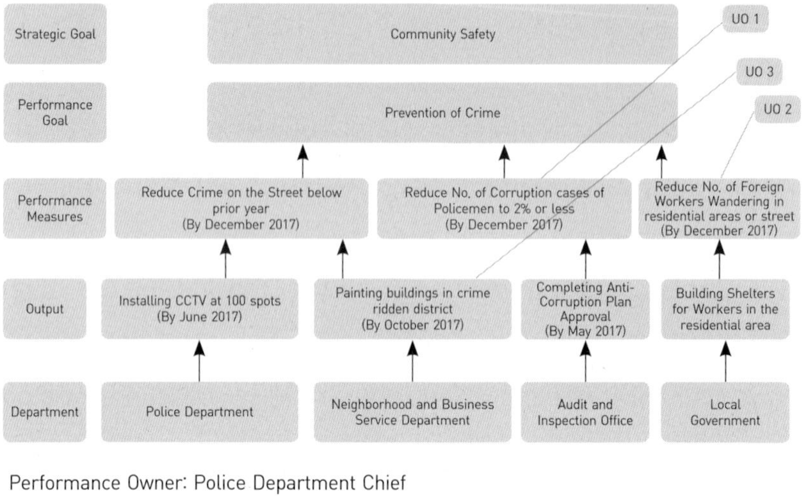

자료: 이석환(2017, 출간예정), UOFO II: 지속가능한 정부와 사회를 위한 전략적 성과관리

[그림 3-4] 올바른 전략적 성과관리시스템의 구조

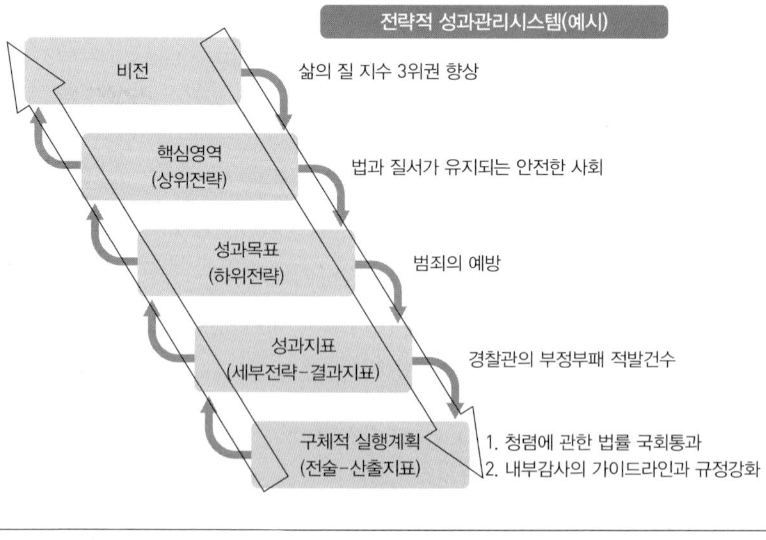

[그림 3-5] 올바른 지표와 실행계획 간의 관계

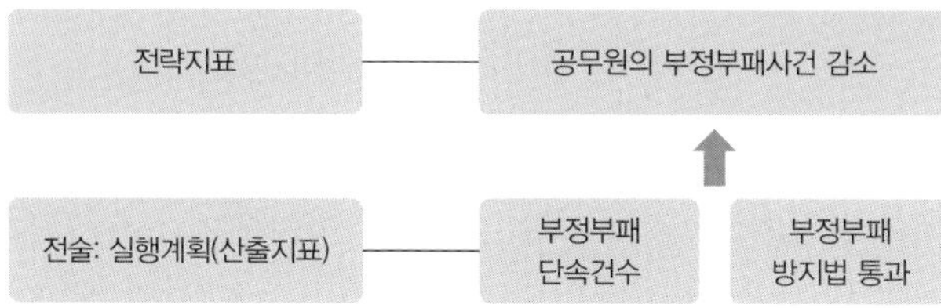

자료: 이석환(2017, 출간예정), UOFO II: 지속가능한 정부와 사회를 위한 전략적 성과관리

나 이는 조직이 전략중심으로 집중하지 못하게 하여 자원배분의 효율성을 떨어뜨리고 어느 하나도 제대로 하지 못하는 결과를 가져왔다. 올바른 전략적 성과관리시스템은 하나의 결과지표를 중심으로 복수의 실행계획과 과제들이 도출되어야 하는 구조를 갖고 있어야 한다.

V. 수평적 협업을 유도하는 성과지표와 성과관리정착의 필요성: Towards UOFO(Unreasonable Objectives-focused Organization)

이상에서 살펴본 바와 같이 성과관리는 사실상 조직도에서의 여백을 관리하는 목적이 더 강한 것이다. 기존의 조직도의 개념에 충실한 관리로는 전문성이 가지고 있는 기능중심적인 사고방식을 탈피하지 못하며 결국 부분만 보고 전체를 보지 못하는 결과를 가져오게 된다. 조직도의 Box 내에 갇혀 일하는 사람들을 Box 바깥으로 끌어내는 관리를 하여야 하고 여기에 조직의 진짜 목표가 숨겨져 있다. 조직의 상위목표달성을 위해 수평적

(horizontal)으로 또는 기능횡단적(cross-functional)으로 일할 수 있는 조직을 설계하고 운영하는 것은 올바른 성과관리체계가 갖추어질 때에만 가능한 일이다. 전략적 성과관리에서 가장 상위에 위치하는 비전(vision)이라는 중장기적 목표에서부터 핵심전략목표, 성과목표, 성과지표에 이르기까지 모든 목표들은 우리의 예측과 상식과는 달리 비합리적(unreasonable)이어야 한다. 비전은 꿈(dream)이며 꿈은 달성가능할 것 같은 합리적 목표설정으로 대체될 수 없는 것이다. 비전은 크고(big), 달성하기 어렵고(hairy), 대담한(audacious) 목표여야 한다. 이에 따라 도출되는 최종의 성과지표가 이러한 특성을 벗어나서는 안 된다. 따라서 성과관리를 잘하는 가장 바람직한 조직의 모습은「비합리적 목표집중형 조직(UOFO)」이 되어야 한다. 이것은 중앙정부, 공공기관, 지방자치단체 모두가 마찬가지이다.

참고문헌

김지선(2014), 체감도에 영향을 미치는 요인들, 4대악 근절을 주축으로 한 민생치안 활동-체감안전도 연계에 관한 학술 대심포지엄, 3-26.

김태영(2014), 언론보도가 체감안전도에 미치는 영향, 4대악 근절을 주축으로 한 민생치안활동-체감안전도 연계에 관한 학술 대심포지엄, 27-52.

이석환(2008), 『UOFO: 신뢰받는 정부와 기업을 위한 전략적 성과관리』, 파주: 법문사.

______(2017, 출간예정), 『UOFO II: 지속가능한 정부와 사회를 위한 전략적 성과관리』.

Banfield, E.(1975), Corruption as a feature of governmental organization, *Journal of Law and Economics*, 20: 587-605.

Bennewitz, E.(1980), Evolution of budgeting and control systems, In G. Washnis(ed.), *Productivity Improvement Handbook for State & Local Government*, 115-132, NY: A Wiley-Interscience Publication.

Buntz, C. G.(1981), Problems and issues in human service productivity improvement, *Public productivity & Management Review*, 5: 299-320.

Cacioppe, R. and Mock, P.(1984), A comparison of the quality of work experience in government and private organizations, *Human Relations*, 37(11): 923-940.

Dahl, R. A. and Lindblom, C. E.(1953), *Politics, economics and welfare: planning and politico-economic systems, resolved into basic processes*, New York: Harper & Brothers.

Drucker, P.(1967), *The effective executive*, NY: HarperCollins.

Epstein(1992), Measuring the performance of public services, In M. Holzer(ed.), *Public Productivity Handbook*, 161-193, New York: Marcel Dekker.

Fischer(1997), *Evaluating public policy*, Chicago, IL: Nelson-Hall Publishers.

Greiner, J. M.(1986), Motivational programs and productivity improvement in times of limited resources, *Public Productivity Review*, 81-101.

Hatry and Fisk(1994), Measuring productivity in the public sector, In M.

Holzer(ed.), *Public Productivity Handbook*, 139-160, New York: Marcel Dekker.

Halachmi, A. and Holzer, M.(1986), Introduction: Toward strategic perspectives on public productivity, In A. Halachmi and M. Holzer(ed.), *Strategic issues in public sector productivity: The best of public productivity review*, 5-16, 1975-1985, San Francisco, CA: Jossey-Bass.

Holzer, M. and Lee, S-H.(2004), Mastering public productivity and performance from a productive management perspective, In M. Holzer and S-H Lee(eds.), *Public Productivity Handbook*, 1-16, New York: Marcel Dekker.

Holzer, M. and Callahan, K.(1998), *Government at work*, Thousand Oaks, CA: Sage.

Keane, M. E.(1980), Why productivity improvement?, In G. Washnis(ed.), *Productivity Improvement Handbook for State & Local Government*, 7-15, NY: A Wiley-Interscience Publication.

Epstein(1992), Measuring the Performance of Public Services, In M. Holzer(ed.), *Public Productivity Handbook*, 161-193, New York: Marcel Dekker.

Lan, Z. and Rainey, H. G.(1992), Goals, rules, and effectiveness in public, private, and hybrid organizations: More evidence on frequent assertions about differences, *Journal of Public Administration Research and Theory*, 2(1): 5-28.

Lee, S. H.(2000), Understanding productivity improvement in a turbulent environment: A symposium introduction, *Public Productivity & Management Review*, 423-427.

Lindblom, C. E.(1959), The science of muddling through, *Public Administration Review*, 79-88.

McGowan, R. P.(1984), Improving efficiency in public management: The torment of sisyphus, *Public Productivity Review*, 162-178.

Pugh, D. S., Hickson, D. J. and Hinings, C. R.(1969), An empirical taxonomy of structures of work organizations, *Administrative Science Quarterly*, 115-126.

Rainey, H. G., Backoff, R. W. and Levine, C. H.(1976), Comparing public and private organizations, *Public Administration Review*, 36(2): 233-244.

Schachter, H. L.(1997), *Reinventing government or reinventing ourselves: The role of citizen owners in making a better government*, NY: SUNY press.

Usilaner, B. and Soniat, E.(1980), Productivity Measurement, In G. Washnis(ed.), *Productivity Improvement Handbook for State & Local Government*, 91-114, NY: A Wiley-Interscience Publication.

Waldo, D.(1980), *The Enterprise of Public Administration*, Novato, CA: Chandler & Sharp Publishers.

Werther, W. B., Ruch, W. A. and McClure, L.(1986), *Productivity through People*, New York: West Publishing Co.

Yang, K. and Holzer, M.(2006), The performance trust link: Implications for performance measurement, *Public Administration Review*, 66(1): 114-126.

제4장

전략적 성과관리 관점에서의 공공기관 관리체계 및 경영평가제도 개선방안 모색

홍길표

(백석대학교 경상학부 교수)

I. 문제의식 및 연구목표 설정

일반적으로 성과관리(performance management)는 조직의 목표 달성을 위해 개인이나 조직이 성과계획, 성과측정, 성과보상, 성과보고 및 활용 등의 일련의 관리과정 및 체계를 지칭한다(윤수재·임동진, 2009). 이러한 성과관리는 오늘날 민간부문은 물론 정부 및 공공부문에서도 적극적으로 활용되고 있다. 특히 공공부문에서의 성과관리체제는 기본적으로 행정기관들로 하여금 기관의 임무와 관련하여 기관이 추구하는 목표를 포함한 전략적 계획을 마련하고, 이러한 전략적 계획 하에서 연도별 운영상 목표 및 목적을 수립하고, 목표의 실현에 입각한 성과수준을 측정하기 위해 성과지표를 마련하여 이들 지표를 통해 성과를 측정하고 성과정보를 보고 및 공개를 하는 체계로 구성된다(GAO, 1996; 박중훈·한현주, 2004).

한편 성과관리를 성공적으로 운영하기 위해 성과측정치로서의 핵심성과지표(KPI: Key Performance Index)의 적극적이며 올바른 활용을 강조한다. KPI는 조직의 목표 달성의 정도를 계량하는 지표 중 핵심이 되는 중요한 성과지표를 지칭하는 것이다. 조직이 활용해야 할 성과측정치는 첫째, 성과측정지표는 조직의 전략과 연계될 필요가 있으며, 둘째, 하위 단위의 개별성과측정지표는 조직 전체의 성과측정지표와 통합되어야 하며, 셋째, 측정은 성과측정시스템에 따라 시스템적으로 이루어져야 하며, 넷째, 측정은 성과에 영향을 미쳐야 하며, 다섯째, 측정지표는 신뢰할 수 있어야 한다는 요건을 갖추어야 한다(Parker, 2000). KPI 역시 대표적인 성과측정치라는 점에서 이러한 요건을 갖추어야 함은 당연하다.

공공기관과 관련된 성과관리제도 및 KPI 활용과 관련해 무엇이 핵심적 문제일까? 기존 연구들을 통해 다양한 문제점이 제기된다. 예를 들어 이석환(2012)은 기존의 선행연구들을 종합하면서, 성과관리의 성공적인 정착요건으로 조직 최고관리층의 올바른 이해와 강력한 지지, 전체 차원에서 추구하는 상위목표의 설정과 이를 측정하기 위한 결과 중심의 지표 설정, 조직의 목표달성을 위한 개인 성과지표와 조직성과지표에 연계, 조직 전체 목표달성을 위한 조직 내의 서로 다른 부서들 간의 협력과 조정 또는 조직정렬, 측정된 성과정보의 자원배분과 관련된 의사결정에의 활용 등을 제시하고, 현실에서는 이러한 성공요건이 제대로 작동되지 않고 있음을 지적한다. 대체적으로 옳은 지적이며, 본 연구에서도 성과관리 운영과정에서의 이러한 문제점을 성과관리 과정 측면에서 좀 더 자세히 논의할 것이다. 다만 성과관리 과정에만 주목하기보다, 성과관리 체계를 둘러싸고 있는 한국의 특수한 제도적 환경을 이해할 필요가 있다. 라영재(2011)는

[그림 4-1] 한국 공공기관 성과관리의 전체적 체계

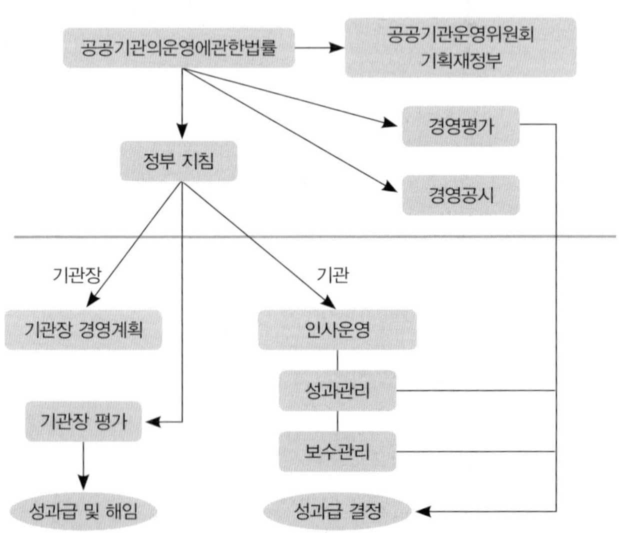

자료: 라영재(2011)

이러한 한국 공공기관 성과관리의 전체적 체계를 [그림 4-1]과 같이 제시한 바 있다.

[그림 4-1]을 통해 볼 수 있듯이 한국 공공기관의 성과관리제도 특성을 이해하기 위해서는 다양한 공공기관을 대상으로 시행하는 국가경영 차원의 성과관리와 개별 공공기관 차원의 성과관리라는 중층적 구조를 전제로 해야 한다. 즉 한국 상황에서는 개별 공공기관의 성과관리를 넘어서, 공운법을 전제로 한 공공기관(공기업, 준정부기관, 기타공공기관) 관리 차원에서의 성과관리체계를 동시에 연구해야 한다. 이 점에서 본 연구는 다음과 같이 국가경영 차원의 공공기관 성과관리와 개별 공공기관 경영 차원의 내부 성과관리를 동시에 연구하고자 한다.

[그림 4-2] 본 연구의 관점

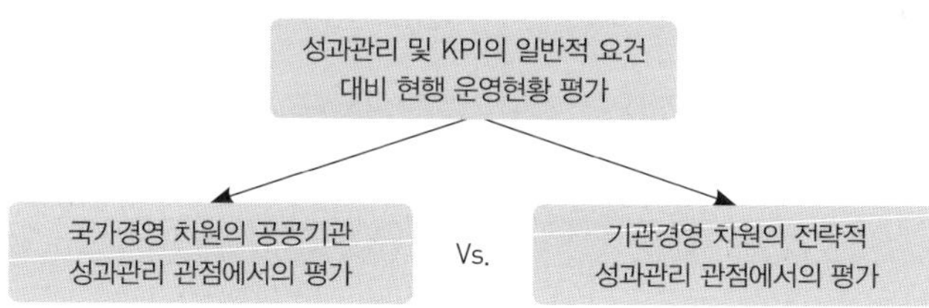

이러한 관점에서 본 연구는 ① 국가경영 차원에서 공공기관 단위 성과평가를 넘어선 체계적 성과관리가 필요한가? ② 국가경영 차원 공공기관 성과관리와 기관경영 차원 전략적 성과관리 간 어떤 차이가 나타나며, 바람직한 상호관련성은 무엇인가? ③ 전략적 성과관리 프로세스 및 KPI 요건에 비추어 국가경영 차원 공공기관 성과관리 및 기관경영 차원 내부 성과관리에서 어떤 특성과 문제점이 나타나며, 향후 바람직한 개선방안은 무엇일까?라는 문제의식에 대한 답을 구하고자 한다.

Ⅱ. 공공기관의 중층적 성과관리 구조와 현황

1. 전략적 성과관리와 공공부문 활용

KPI를 중시하는 성과관리와 기업의 전략과는 어떤 관련성이 있을까? 민간부문의 성과관리는 일찍부터 전략과의 상호연계성을 중시하는 전략적 성과관리(strategic performance management)로 발전해 왔고, 이러한 발전추세는 공공부문으로 확산되고 있다. 전략적 성과관리란 전략수립 과정과의 연계 속에서 성과지표의 선정에서 결과에 대한 평가 및 보상으로 이어지는 일련의 과정으로 성과관리를 행하는 체계를 지칭한다(BearingPoint, 2004). 즉 다음의 그림처럼 전략적 계획과정과 성과관리과정이 상호 연동되어 움직이는 모습을 보인다.

[그림 4-3] 전략적 성과관리의 체계

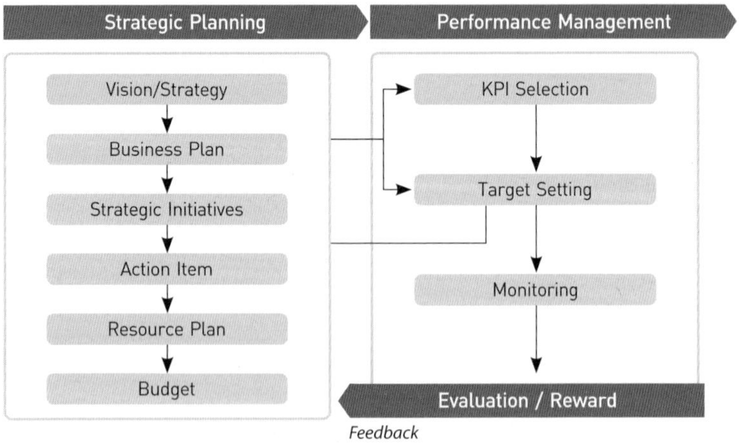

자료: BearingPoint(2004)

최근 부각되고 있는 전략적 성과관리 관점에서는 무엇보다도 전략적 계획과 연계되는 핵심성과지표(KPI)의 선정과 이에 근거한 목표설정을 강조하고 있다. 물론 KPI에 입각한 평가 및 보상을 중시하기는 하지만, 이는 전략적 계획과 연계된 목표의 달성을 강화하기 위한 환류(feedback) 관점에서 그 의의를 지닌다.

개별 공공기관 경영 차원에 적용되는 전략적 성과관리는 균형성과표(BSC: Balanced Scorecard)를 통한 비영리부문에서의 전략과 성과평가 연계성을 강조한 Kaplan(2001)의 주장 이후 일반적으로 수용되고 있으며, 한국의 많은 공공기관들도 이러한 체계를 보여주고 있다. 이에 비해 국가경영 차원에서 일종의 총괄관리기구(소유권 행사기관)가 공공기관을 대상으로 전략적 성과관리를 행할 필요성 및 실효성이 있는지는 한국의 상황에서 재점검할 필요가 있다. 왜냐하면 현재 한국의 정부는 공공기관을 총괄 관리할 수 있는 공운법(공공기관 운영에 관한 법률) 체계를 지니고 있지만, 이들 공공기관을 대상으로 한 전략적 성과관리 체계는 아직 확립되지 않았기 때문이다. 경영평가를 통해 매년 실적을 평가하고 실적에 따른 보상을 부여하고 있지만, 국가경영 차원의 전략과 성과평가와의 연계성은 미약한 것으로 나타난다.[1]

공공기관 대상 전략 연계-평가 및 보상-자원배분 기능을 지닌 전략적 성과관리를 적용할 필요성은 미국의 GPRA(2010년 이후 GPRAMA)와 같은 선진국의 성과관리제도를 통해 확인할 수 있다. GPRA는 크게 전략계획, 성과계획, 성과보고의 세 부문으로 구성되는데, 전략계획은 장기적인

1 성과관리의 핵심이 성과측정이나 보상이 아닌 전략관리에 있음에도 불구하고, 정부부문에 도입된 성과관리제도가 성과측정과 보상에만 초점을 맞추어 장기적인 성과향상이라는 소기의 목적을 달성하지 못한 채 피평가자들 간의 점수관리만을 부추기고 있다는 비판이 제기되고 있다(유승현·윤기웅, 2009).

[그림 4-4] 미국의 GPRA 제도와 전략적 성과관리 체계

미국 GPRA의 기본 구조

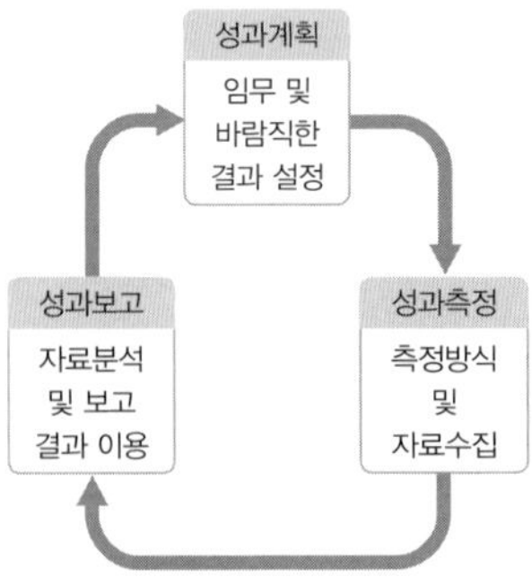

성과평가보다는 성과계획 및
성과보고에 중점을 둔 성과관리

미국 GPRA와 GPRAMA 비교

		GPRA(1993)	GPRAMA(2010)
전략계획	절차	• 최소 3년마다 갱신 • 최소 5년마다 의회 및 이해관계자의 자문 • OMB와 의회에 제출	• 4년마다 갱신 • 최소 2년마다 의회 위원회의 자문 • 온라인정보제공 및 대통령과 의회에 보고
	내용	• 구체적인 임무 및 전략적 목표, 전략 및 자원 • 성과목표와 전략계획상의 목표 간의 관계 • 목표달성에 결정적인 영향을 미치는 것으로 예상되는 외부 요인 프로그램 평가	• 연방정부 우선순위 목표와의 관계 • 부처 간 조율과 협조 • 부처 우선순위 목표의 특정 • 의회 요청 사항의 반영에 대한 설명
성과계획	절차	• 차기연도 포함 일정계획 설정 • OMB에 제출	• 2개 연도 포함, 정무 예산과 일정 일치 • 온라인정보제공 및 대통령과 의회에 보고
	내용	• 객관적·정량적·측정가능 형태의 성과 목표 • 모든 프로그램 활동 포괄 • 계획과 자원, 성과측정 • 성과목표의 실질적 결과에 대한 비교 • 기반 데이터 검증 및 입증을 위한 수단	• 부처의 전략 및 중점 목표 • 연방정부 목표에 대한 관련성 조율 및 협력 • 프로그램 및 활동에 대한 기여의 중간 점검 • 데이터 정확성 및 신뢰성, 주요 관리 과제 • 낮은 순위의 프로그램
성과보고	절차	• 회계연도 종료 후 150일 이내 • 대통령과 의회에 제출	• 회계연도 종료 후 150일 이내 • 온라인으로만 정보 제공
	내용	• 계획된 성과와 실현된 성과의 비교 • 3년간 추세 정보 • 전년성과대비 당해연도 성과목표 평가 • 미달성 목표에 대한 설명 및 달성 계획 • 프로그램 평가의 주요 결론	• 5년간 추세 정보 • 데이터의 정확성 및 신뢰성
기타사항		범정부 차원의 집행 및 회계 가능성, 부처의 집행 및 회계 가능성	

자료: 김종운·하규수(2013), 주요국의 정부 연구개발(R&D) 평가제도에 관한 비교 연구, 「디지털정책 연구」, 11(4): 82, 한국디지털정책학회

목표와 기관의 임무를 확인하고 구조화하기 위한 활동이고, 성과계획은 구체적인 목표를 설정하고 달성하기 위한 활동계획을 수립하는 과정이며, 성과보고는 활동의 결과를 평가하고 보고하는 과정이다(이광희·이근주, 2012; 김종운·하규수, 2013).

한편 OECD 공기업 가이드라인(OECD, 2015)에서도 전략적 성과관리의 기초가 되는 목표부여와 모니터링 및 평가의 필요성을 제시한다. 국가의 책임과 관련해 "3항 재정목표, 자본구성 목표 및 위험감수 수준과 같은 공기업의 전반적인 의무조항과 목표를 설정하고 이행상황을 모니터링한

[그림 4-5] 책임성과 투명성을 위한 지속적 선순환구조

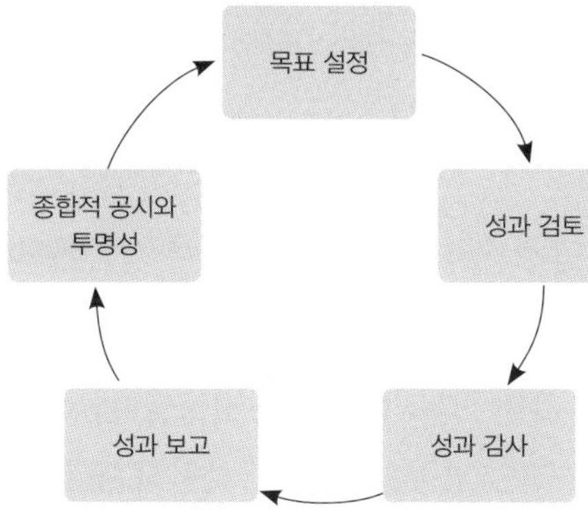

자료: OECD(2010)

다."와 "4항 소유권 행사주체가 공기업의 성과를 정기적으로 모니터링, 감사 및 평가할 수 있는 보고체계를 구축하고, 공기업에 적용되는 기업 지배구조 규범 준수 여부를 감독 및 모니터링한다."가 여기에 해당한다. 또 다른 OECD 가이드라인(OECD, 2010)에서는 목표부여와 평가 프로세스 외에도 공기업의 책임성과 투명성 제고를 위한 성과보고 및 종합적 공시 프로세스를 추가로 강조하고 있다.

선진국 사례 및 OECD 권고안에 비추어볼 때, 국가경영차원에서의 공공기관에 대한 성과관리는 성과평가-보상 연계성과 함께 전략-성과관리 연계성을 동시에 강조하는 전략적 성과관리 모습을 갖추고 있다. 이에 비해 한국의 경우는 현행 공운법 체계 속에서 평가-보상 기능은 경영평가제도를 통해 크게 활성화(일부 부작용 발생)되어 있지만, 상위 전략과의 연계성 및 자원배분 기능은 크게 미흡한 것으로 나타난다. 이로 인해 국가경영차원의 성과관리와 공공기관 경영차원의 성과관리의 전략적 연계성이나 정렬성도 다소 미흡한 문제점이 파생된다.

2. 한국의 중층적 성과관리 구조 특성과 그 개선과제

한국의 국가경영 차원의 공공기관 성과관리와 개별 공공기관 경영 차원의 내부 성과관리의 현황 및 특징을 성과관리의 주요 구성요소별로 정리하면 다음과 같다.

외면적으로 개별 공공기관 경영 차원의 내부 성과관리관행은 물론 국가경영 차원의 공공기관 성과관리제도도 필요한 구성요소를 갖추고 있는 것으로 보인다. 실제로 연구자도 참여해 시행된 2015년도 경영실적 평가과정을 통해 살펴보면, 개별 공공기관 경영 차원의 내부 성과관리제도는 경

〈표 4-1〉 성과관리 관점에서의 공공기관 운영제도와 기관 자체 성과관리제도 현황

<table>
<tr><th>구 분</th><th colspan="2">국가경영 차원 공공기관 성과관리
(공공기관 운영 및 경영평가제도)</th><th>기관경영 차원
기관 자체 성과관리</th></tr>
<tr><td>운영 근거</td><td colspan="2">공운법</td><td>자체 정관 및 성과관리 규정,
공운법 관련규정 등</td></tr>
<tr><td>성과관리
목표</td><td colspan="2">공공기관의 효율성과 책임성 강화</td><td>기관 사명 및 전략목표 달성</td></tr>
<tr><td>성과관리
참여기구</td><td colspan="2">공운위, 기재부 공공정책국(담당부서),
경영평가단, 별도 특별점검단 등</td><td>이사회, 경영평가단(공운위),
기관장, 성과관리부서 등</td></tr>
<tr><td rowspan="3">상위
전략과의
연계 제도</td><td>기관 단위</td><td>기관장 단위</td><td rowspan="3">중장기전략을 통해 외부요구
선별적 수용
내부 전략경영체계 운영</td></tr>
<tr><td>기재부(공운위) 공공기관
정책 & 운영지침
(경영관리 중심 일률적)</td><td>주무부처-기관장 성과
계약(3년 단위)
암묵적 관리관행</td></tr>
<tr><td colspan="2">중장기 재무계획 기재부 보고-승인제도 운영</td></tr>
<tr><td>평가 기능</td><td>기관 경영평가제도
1년 단위/경평단(기관)</td><td>기관장 이행실적평가
3년 단위/경평단(기관장)</td><td>이사회(형식적), 내부 성과평가</td></tr>
<tr><td>KPI
활용도</td><td>정성지표+계량지표
(KPI 성격 일부 보유)</td><td>정성지표 위주+일부 계량 성과목표 부여</td><td>경평지표를 기관 KPI로 반영
우수기관 자체 위계적 KPI 체계</td></tr>
<tr><td>보상
기능</td><td>평가결과 직원 금전적
보상비율 연계</td><td>평가결과 기관장 임기
및 금전적 보상 연계</td><td>경평결과에 따른 보상재원 결정
경평결과와 내부평가결과를 결합해 부서별/개인별 보상배분</td></tr>
<tr><td>자원배분
기능</td><td>암묵적 관리관행
(예산/정원 조정 등)</td><td>암묵적 관리관행
(부처사업 참여 등)</td><td>성과평가결과보다는 주무부처
사업정책에 따른 자원배분 관행</td></tr>
</table>

영평가 지표 및 세부평가내용의 요건에 맞추어 전략적 성과관리의 요건을 갖추려는 노력을 기울이고 있다. 문제는 국가경영 차원의 공공기관 성과관리 측면에서 발생한다. 현행 공운법 체계 속에서 공공기관 관리 및 평가와 관련된 다소 복잡하고 중첩적인 절차와 경로를 보여주고 있지만, 실제 운영과정에서 나타나는 모습은 평가-보상 기능은 경영평가제도를 통해 크게 활성화(일부 부작용 발생)되어 있지만, 상위 전략과의 연계성 및 자원배분 기능은 크게 미흡한 것으로 나타난다.

국가경영 차원에서 이러한 현상이 발생한 원인은 공공기관 단위 성과관리와 관련된 분절적 기능관리체계, 즉 원론적으로는 공운위가 담당하지만, 실제로는 기재부, 소관부처, 경평단, 이사회 등이 각 기능을 분절적으로 관리하는 체계를 지니고 있기 때문이다. 특히 현실에서는 주요사업에 대한 공공기관 상위전략의 수립은 소관부처에서 주로 수행되고 있음에 비해, 경영평가 주요사업의 계량성과지표 및 목표수준은 경영평가단(지표개선반)에서 결정하는 문제점이 나타나고 있다. 한편 국가를 대신해 소유권 행사를 담당한 기획재정부는 주로 재정이나 인사·노사 측면의 국정과제를 경영관리 부문에 투영시키는 한계를 보인다. 공공기관에 대한 상위전략의 분절화 현상과 이를 반영한 경영평가의 뒤틀림 현상에도 불구하고, 개별 공공기관 입장에서는 다음의 그림처럼 이들 외부의 정책요구를 중장기 전략수립에 반영하고, 이를 내부 성과관리 및 KPI에 반영하려는 노력을 기울이고 있다. 일견 개별기관 차원에서는 합리적인 대응인 것처럼 보이지만, 외부정책의 분절적 요청을 중장기전략에 그대로 반영시킨다는 점에서 외적 비합리성이 내부 성과관리에 투영·관통되는 한계를 보인다.

국가경영 차원 공공기관 대상 전략적 성과관리를 본격적으로 시행하기 위해서는 현행 평가-보상 기능을 기형적으로 강화한 경영평가제도의 근본적 개혁이 필요하며, 동시에 전략연계를 위한 성과계획서 리뷰 및 주기

[그림 4-6] 공공기관 대상 상위전략의 분절화 현상과 경영평가의 뒤틀림 현상

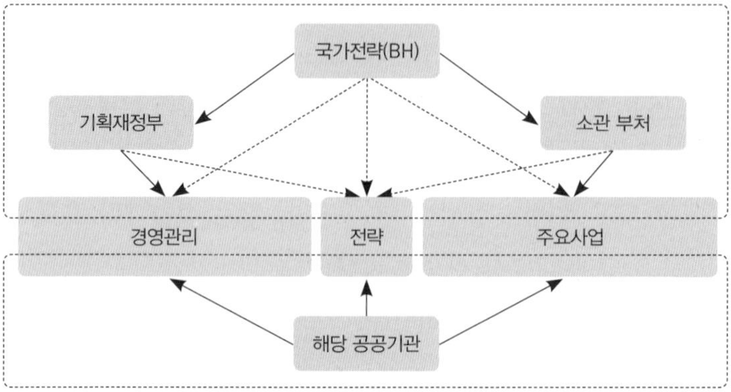

기관 단위 전략수립과 자체 성과관리를 통한 전략목표의 관철

적 갱신, 모니터링 및 평가결과를 반영한 자원배분조정 등의 기능을 활성화할 총괄관리기구의 지정 등 현행 공운법 거버넌스체계의 근본적 혁신이 필요하다.

3. 국가경영 차원 성과관리와 기관경영 차원 성과관리 연계성 문제

국가경영 차원에서 시행되는 공공기관 대상 성과관리와 기관 자체적인 성과관리의 연계성은 어떤 문제점을 보이며, 어떤 방식으로 이를 개선해 나갈 것인가? 앞선 국가경영 차원 성과관리의 문제점(분절적 상위전략, 상위전략과 성과목표 연계성 미흡, 평가·보상기능의 기형적 강조 등)으로 인해 국가경영 차원의 성과관리와 공공기관 경영 차원의 성과관리의 전략적 연계성이나 정렬성도 다소 미흡한 문제점이 파생된다.

현행 공운법 체계 속에서 기관 자체적인 전략목표 설정 및 성과관리에 절대적 영향을 미치고 있는 것은 외부평가(경영평가 등)에서 요구하는 세

부적인 평가지표 및 목표수준이다. 현실적으로 각 공공기관들은 임직원의 보상과 직접적으로 연결된 외부평가에서 우수한 성적을 얻기 위해, 외부평가 요구의 합리성·타당성 여부와 상관없이 이를 내부 전략목표 및 성과지표에 거의 그대로 반영하고 있다. 합리성 및 타당성을 갖추지 못한 외부평가의 요구를 거의 그대로 기관의 전략목표 및 성과지표에 반영할 경우, 목표 및 지표에 내재한 비합리성 및 현실 부적합성이 경영 및 사업관리 전반에 영향을 미칠 위험성을 지니고 있다.

이 점에서 경영평가의 순기능과 역기능 문제에 대한 추가적인 고민이 필요하다. 공급자(부처) 관점, 특히 국가를 대행해 소유권을 행사하고 있는 기획재정부 입장에서 경영평가 제도의 순기능·역기능 효과를 평가하기에 앞서, 수용자(기관) 관점에서의 경영평가 제도의 역기능 최소화방안을 우선적으로 모색할 필요성이 있다. 특히 경영평가 제도로 인한 발생할 수 있는 전략목표 및 성과지표의 왜곡현상을 막을 수 있는 방안을 마련해야 한다. 이러한 방향에서 경영평가단(기재부와 협의)에서 일괄적으로 수행하던 평가지표 및 목표수준 설정방식을 주무부처(주요사업 부문) 및 기관 이사회(경영관리 부문)와의 협업을 통해 공동으로 설정하는 방식을 심각하게 고심할 필요가 있다. 이와 함께 주요사업의 경우 계량지표의 선정 및 목표수준 결정방식의 변경과 함께, 경영관리의 경우 매년 평가지표의 개선 및 수정을 하던 주기를 최소 3년 단위 이상으로 확장해 적용할 필요가 있다.[2]

2 경평의 평가지표는 부문별로 다른 논리에 따라 수정·보완되고 있다. 주요사업 계량지표의 경우는 원칙적으로 3년을 주기로 신설 및 수정을 허용하되, 필요시 매년 부분 수정을 허용하고 있다. 특히 주요사업 계량지표의 문제점은 상위전략의 목표에 따른 성과목표 수준 조정이 아닌, 표준화된 목표설정방법에 의한 기계적인 목표 수준 조정이 이루어지고 있는 문제점이 나타나고 있다. 경영관리 평가지표의 경우에는 정기적인 수정·보완 주기가 없는 반면, 필요에 따라 부분수정 또는 대폭수정을 임의적으로 시행하고 있다.

III. 전략적 성과관리 프로세스별 운영현황 분석 및 평가

컨설팅그룹인 BearingPoint(2004)는 많은 기업들이 성과관리를 시행하고 있지만, 이들 기업들이 흔히 빠지기 쉬운 성과관리의 함정 및 문제점을 다음과 같이 제시한다. 첫째, 많은 경우 성과관리의 전제가 되는 전략이 없거나 또는 전략이 불명확한 경우가 많았다. 그 이유 중의 하나는 사업계획을 전략으로 잘못 이해하고 있음으로 인해 발생하거나, 또는 전략수립과 성과관리를 별개의 프로세스로 이해함으로 인해 발생하는 오류라 할 수 있다. 둘째, 성과를 측정할 수 있는 측정지표가 없거나 또는 관리하고 있는 지표가 전략과 무관한 경우가 많았다. 셋째, 성과관리를 제대로 할 수 있는 기반구조가 제대로 갖추어져 있지 않은 경우도 자주 발생하고 있다. 통상 체계적인 성과관리를 행하기 위해서는 이를 시행할 수 있는 제도적 근거를 갖추어야 하며, 필요시 이를 지원할 정보시스템 등의 기반을 갖추어야 한다. 넷째, 성과관리와 관련된 담당 및 조직들이 성과관리 과정에서 스스로의 역할을 정확하게 이해하지 못하고 있기 때문이다. 다섯째, 성과관리의 목적을 결과에 대한 평가수단으로만 인식하고 있다. 성과관리의 첫 단추는 전략적 계획과 연계된 성과계획의 수립으로 시작되며, 그 마무리는 성과평가의 결과를 환류시켜 차년도 계획 및 목표에 반영하는 것이다.

BearingPoint(2004)가 지적했던 민간기업들이 흔히 빠지기 쉬운 성과관리의 함정 및 문제점들은 현 단계 한국의 공공기관 성과관리에서도 유사한 양태로 발견되고 있다. 이석환(2012)이 지적했던 성과관리의 핵심 성공요건이 한국의 공공부문에서는 잘 작동되지 않는다던 지적과도 일맥상통한다. 본 연구에서는 공공기관 성과관리, 즉 국가경영 차원에서의 성과관리 및 기관경영 차원에서의 성과관리 문제점을 전략적 성과관

[그림 4-7] KPI 중심 전략적 성과관리의 설계-운영 과정

자료: BearingPoint(2004)

리의 프로세스 및 운영요건 각도에서 조명해보고자 한다. 전략적 성과관리 프로세스가 KPI 선정(selection)에서 평가(evaluation)에 이르는 일련의 과정에서 요구되는 각 단계별 요건을 수행함으로써 완성한다고 제안한 BearingPoint(2004)의 모형에 기초해 한국 공공기관 성과관리의 현황 및 문제점을 살펴본다.

1. 전략적 성과관리의 1단계: KPI 선정

민간기업의 경우 전략과제와 KPI의 적합성이 높은 기업이 상대적으로 높은 경영성과를 보인다는 점(박상국, 2006)을 근거로 전략적 계획에 입각한 KPI의 선정을 중시한다. 전략적 성과관리의 첫 단계는 KPI의 선정과 관련된 활동에 주목하게 되는데, 이 단계에서는 전략수립과 KPI 연계성, 전략 및 KPI 위계성 관리, KPI의 체계적 선정, 그리고 KPI 실행성 점검 등

이 중요하다.

첫 단계인 KPI 선정 단계의 4가지 요건에 비추어 본다면, 다음의 표를 통해 보듯 양 차원 모두에서 한국 공공기관 성과관리 관행의 다양한 문제점이 나타난다. 특히 국가경영 차원 성과관리 측면에서의 KPI 선정 활동은 전반적으로 비체계적이며 산발적·임의적인 속성을 벗어나지 못한 문제점이 나타난다. 기관경영 차원의 KPI 선정의 합리성을 결과적으로 지배하는 국가경영 차원 KPI 선정의 비합리성은 시급히 개선해야 할 과제이다.

〈표 4-2〉 KPI 선정 단계의 현황 평가 및 이슈

구 분	국가경영 차원 공공기관 성과관리	기관경영 차원 기관 자체 성과관리
전략 수립과 KPI 연계성	• 부처별 중기 전략 수립(단, 5년 단위 큰 변동, 비체계적 변동 발생) • 기재부 공공기관 관리전략-경평 지표 연계성(단, 예측성 미흡) • 타 부처의 경우 관련 부문전략-기관 사업지표 연계성 미흡	• 기관 차원의 중장기 전략 수립(단, 정부 변동, 기관장 변동 등 영향) • 중장기 전략과 KPI 연계 시도(단, CSF보다 최종결과에 치중) • 대외적 요구반영 KPI와 기관 사업전략 요구반영 KPI 간 정합성 부족
전략 및 KPI 위계성 관리	• KPI에 해당하는 기관단위 지표만 관리 • 기관단위 지표의 영역별 결합을 통한 상위 지표(KPI) 부재 ▶ 정책목표에 따른 지표 및 목표 수준 할당을 존재하지만, 상향적인 지표 성과의 결합논리는 부재	• 기관별로 위계성 관리 수준 차이 • 이 분야 우수기관의 경우, 전사 KPI-부문/사업 KPI-부서 KPI 등의 위계적 체계 구축 • 일부 기관 부서 KPI-개인 KPI 연계 시도(단, 목표수준 정렬성 미흡)
KPI의 체계적 선정	• 주요사업의 경우, 기관별 사업특성에 따른 맞춤형 지표 설정 노력(단, CSF가 아닌 최종결과 치중) • 경영관리의 경우, 기관별 특성을 고려하지 않은 일률적 지표설정(단, 유형별 특성 반영 미세조정)	• 대외적 경평 요구에 따른 피동적인 KPI 및 목표수준 수용(주요사업 지표 설정 및 개선 단계에서 기관제안을 일부 받아주지만, 평가단에서 최종 결정권 보유) • 경평 지표 외 내부 필요 KPI 설정
KPI 실행성 점검	• 경영관리 부문의 경우, 평가단의 정성적 판단에 의존한 지표설계, 표준화 체계로 별도 점검 없음 • 주요사업 부문의 경우 평가단-기관 협의를 통해 지표설계, 평가단 리뷰 과정에서 체계성을 갖추지 못한 선별적 점검활동	• 대외적 경평 요구에 따른 피동적인 KPI 및 목표 수준 수용(평가결과-보상문제가 결부되어 있어 거의 대부분 기관이 KPI로 채택) • 자체 KPI의 경우에는 일부기관 SMART 등 기준에 따른 채택(단, 형식적 요건을 중시하는 한계)

공공기관 성과관리의 첫 단계인 KPI의 선정단계의 효과성을 제고하기 위해서는 다양한 개선활동이 전개되어야 한다. 개선방안 모색과 관련해 검토해야 할 핵심 쟁점 중의 하나가 바로 'KPI는 최종적인 결과물에 중점을 두어야 하는가? 최종 성과향상을 위한 핵심성공요인(CSF: Critical Success Factor)에 중점을 두어야 하는가?'의 문제이다. 왜냐하면 경영평가 계량평가지표는 물론 기관 자체적으로 채택하고 있는 KPI의 경우, 거의 대부분이 CSF가 아닌 최종 결과 중심으로 설정되고 있다. CSF가 통제가능한 요인에 중점을 두는 반면, 최종 결과는 통상 통제불가능한 요인의 영향을 반영하고 있다. 보상결정이 성과관리의 목표라면 최종 결과에 중점을 두는 것이 불가피하다. 그러나 보상결정 외에 성과향상 모니터링이 목표라면 CSF에 중점을 두는 것도 요구된다. 따라서 전략적 성과관리 관점에서는 주요사업을 중심으로 최종 결과와 함께 CSF를 동시에 중시할 필요가 있다.

한편 경영평가 정성평가지표의 경우, 기관의 입장에서는 이것의 판정등급을 KPI로 설정해 관리하는 비정상적 관행이 자리를 잡고 있다. 경영평가의 현실상, 정성평가의 등급은 해당 부문의 개선노력이나 수준 외에 다른 정책적 요인에 의해 결정되는 경우가 자주 발생한다. 평가위원의 정성적 평가를 반영해 등급으로 발표되는 정성평가지표는 현실적으로 KPI의 역할을 수행하지 못한다. 정성평가지표가 실질적인 성과지표로 작동하기 위해서는 차년도 측정가능한 세부 개선목표를 부여하는 방식으로 변경할 필요성이 있으며, 이것이 비현실적이라면 각종 인증제도에서 활용하는 평가방법으로 전환하는 것이 유용할 것이다. 홍길표 외(2015)는 경영관리부문에 인증제도를 도입하는 방안을 다음과 같이 제안하고 있다.

인증제도 도입의 필요성은 경영관리영역(조직/인사, 재무/예산, 보수/노사 등)의 경우, 일정한 단계에 도달하면 일정기간 시스템 및 역량 수준이 유지되는 경향을 보이기 때문이다. 기관 입장에서는 매년 평가에 따른

[그림 4-8] 경영관리 인증제도 도입 및 운영(안)

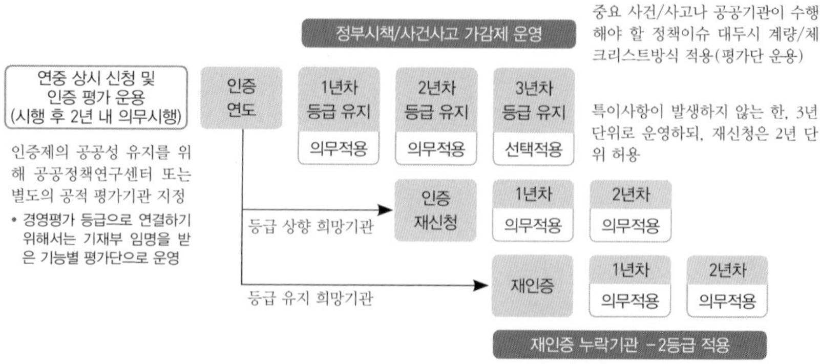

자료: 홍길표 외(2015)

실익이 적은 반면, 매년 평가에 따른 평가부담 및 일부 부작용(매년 개선실적 창출)이 발생한다. 여기에 관리영역의 경우도 업종별·규모별 기관특성에 따른 차별성이 요구되지만, 현행 평가제도는 획일적 기준을 적용하고 있으며, 평가위원의 전문성 및 전공영역에 따른 평가자 간 평가오차도 크게 발생하는 문제점이 발생한다. 따라서 현행 일률적 기준에 의한 평가방식보다는 영역별·규모별 차별화된 등급수준 표준화를 전제로 한 인증제도를 구상해 볼 수 있으며, 이 경우 인증등급은 현행 평가등급을 대체하는 정성적 KPI로 작동할 수 있다.

KPI 선정 단계에서 나타나는 기관경영 차원의 성과관리 관행은 국가경영 차원의 그것에 비해 상대적으로 양호한 것으로 보인다. 다만 KPI의 체계적 선정 및 KPI 실행성 점검 측면에서 충실성은 다소 미흡한 것으로 판단된다. KPI benefit evaluation 기법(BearingPoint, 2004)과 같은 투입노력 대비 기대효과 매트릭스 등을 통해 체계적으로 KPI 지표를 선정하는 노력을 강화해야 한다.

2. 전략적 성과관리의 2단계: KPI 목표 수준 설정

전략적 성과관리의 두 번째 단계는 KPI의 목표 수준 설정과 관련된 활동에 주목하게 되는데, 이 단계에서는 장기 KPI와 단기 KPI 구분, 단기 KPI 목표 수준 설정, 환경변화에 따른 KPI 수정계획, 목표 수준 합의방식 등이 중요하다. 한국 공공기관 성과관리의 가장 취약한 단계로 그 전반적 현황 및 문제점은 〈표 4-3〉과 같다.

공공기관 성과관리의 두 번째 단계인 KPI의 목표 수준 설정 단계의 효과성을 제고하기 위해서는 앞선 KPI 선정에 비해 보다 더 많은 개선활동이 전개되어야 한다. 개선방안 모색과 관련해 검토해야 할 핵심 쟁점 중의 하나가 바로 '경영평가 주요사업의 경우 2년 전에 선정한 지표 및 목표 수준 설정방식을 그대로 유지할 것인가?'의 문제이다. 오늘날과 같이 글로벌

〈표 4-3〉 KPI 목표 수준 설정 단계의 현황 평가 및 이슈

구 분	국가경영 차원 공공기관 성과관리	기관경영 차원 기관 자체 성과관리
장기 KPI와 단기 KPI 구분	• (경영평가) 장기/단기 전략(성과)지표 및 목표는 정성평가 대상 • (계량) 선정된 지표의 과거 데이터분석에 기초한 단기목표에 관심 * 중기 재무계획(부채 등) 제출	• (경평지표) 평가단의 요구사항을 그대로 수용하는 관행 • (내부지표) 우수기관의 경우 장기 KPI와 단기 KPI 구분해 관리, 상당수 기관은 장/단기 구분 미흡
단기 KPI 목표 수준 설정	• (정성) 일반 지적사항 제시 수준 • (계량) 과거 데이터에 의존한 표준화된 목표설정+2시그마 도전성	• (경평지표) 평가단의 요구사항을 그대로 수용하는 관행 * 우수기관의 경우 목표상향 관리 • (내부지표) 추세분석, 전년 대비 등 다양한 설정근거 제시
환경변화에 따른 KPI 수정계획	• 원칙적으로 2년 전에 선정한 지표 및 목표설정 방식의 일률적 유지 * 중기 재무계획은 매년 일부 수정(정책 변경 사유로 비체계적 수정)	• (경평지표) 평가단의 요구사항을 그대로 수용하는 관행 • (내부지표) 일부 기관의 경우 반기점검을 통한 목표수정 가능, 대다수 기관은 사전 수정지침 부재
목표 수준 합의방식	• 기관 의견을 듣지만, 경평단의 정성적 결정사항 우선 강조	• (내부지표) 목표 수준에 대한 체계적인 점검-보정기능 미흡

경제환경 및 국내 상황이 급변하는 상황에서 2년 전에 선정한 지표 및 목표 수준이 실적산출 시점에서 상황 적합성을 지닐 수 있을까라는 근본적 질문과 함께 목표달성에의 외생변인 영향 문제를 고려해야 한다. 현재 일부 공기업 성과의 과도한 편차는 기관 자체의 노력보다 외부 경제(유가, 환율 등) 및 정책(요금결정 등) 요인에 의해 발생하는 경우가 나타나고 있다. 여기에 목표 수준 설정에 일률적인 2시그마 편차방법 적용에 따른 부작용도 크게 나타나고 있다. 여기에 외부 경영평가 요구에 순응하는 체질을 지닌 대다수 공공기관들은 내부 평가에 있어서도 경영평가 스타일의 KPI를 선정하고 있으며, 외부 환경변화에 따른 목표 수준 조정에 다소 무관심한 문제점을 보인다.

이와 같이 외부 경제(유가, 환율 등) 및 정책(요금결정, 정책사업 확대 또는 축소 등) 요인에 의해 영향을 많이 받는 일부 계량지표의 경우, 새로운 목표설정 및 성과측정 방법을 적용하는 문제를 진지하게 검토할 필요성이 있다. 그 방안의 하나로 외생변인에 의해 영향을 많이 받는 성과지표의 목표 수준 설정 및 성과측정과 관련해 조정성과지표(adjusted performance measures)[3]를 적용하는 방안을 검토할 필요가 있다. 만약 조정성과지표(측정) 방법론을 적용할 수 있다면, 비계량평가를 통해 성과수준을 조정하는 부담을 크게 줄일 수 있을 것이다. 또한 기관의 입장에서도 조정성과지표(측정) Simulation Model을 갖고 있다면, 예측성을 지닌 체계적인 대응노력을 유발할 수 있을 것이다.

3 조정성과지표(APM)는 통제 불가능한 요인들의 영향을 회귀식을 사용한 통계적 조정을 통해 제거하여 타당한 성과지표를 산출하려는 방법 중의 하나이다. 이석원(2005)은 2003년도 정부투자기관경영평가 결과를 APM기법을 적용해 분석한 결과 원점수로 집계한 결과와는 상당한 차이가 있음을 발견하였다. 연구자는 이 결과를 성과지표의 측정에서 피평가자가 통제할 수 없는 요인들이 성과평가에 상당 부분 반영된다는 사실을 암시한다고 해석하고 있다.

[그림 4-9] 대외적 평가 요구와 기관의 내부적 경영 요구의 상황 유형

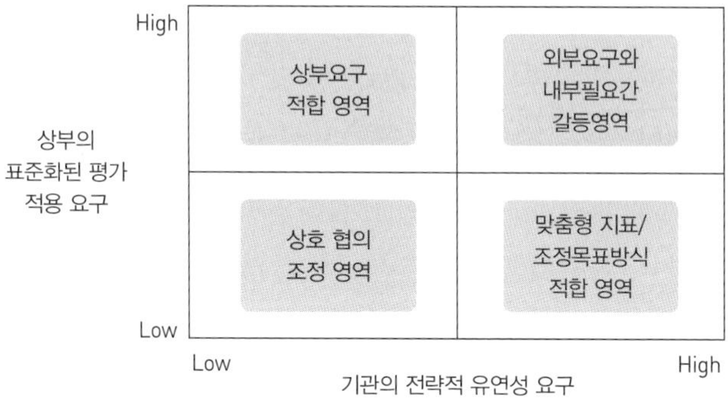

또 다른 쟁점 중의 하나는 '경영평가 포함 대외적 평가(평가지표 및 목표수준) 요구와 기관 자체적인 경영 요구가 상이할 경우, 어느 쪽을 따라가는 것이 바람직할 것인가?'의 문제이다. 이 문제와 관련해 공공기관이 당면할 상황유형을 다음과 같이 모형화할 수 있다. 각각의 상황에 따라 적합한 조정방식이 존재할 수 있음에도 불구하고, 현실에서는 상부로부터 제기된 표준화된 평가적용 요구에 순응하는 비합리적 관행이 자리를 잡고 있다.

일률적인 지표 선정 및 목표 수준 설정을 강조하기보다는, 대내외 요구사항 매트릭스 등을 활용한 지표군별로 차별화된 지표 선정 및 목표 수준 설정방식을 적용하는 방안을 강구해야 한다. 상당수 기관(주로 공기업) 주요사업의 경우는 맞춤형 지표 및 조정목표방식을 채택할 것을 권고, 인건비 상승율과 같은 상부요구 적합영역 지표는 현행방식 유지, 부채비율과 같이 상호 갈등영역의 경우는 심의회 방식을 통해 기관별 조정방식 등이 바람직할 것으로 판단된다.

3. 전략적 성과관리의 3단계: KPI 모니터링 설계 및 실행

전략적 성과관리의 세 번째 단계는 KPI 모니터링 설계 및 실행과 관련된 활동에 주목하게 되는데, 이 단계에서는 모니터링 기능(존재 유무와 활성화 수준), Early Warning 기능(존재 및 실제 활용 여부), 모니터링 & 개선 피드백 등이 중요하다. 세 번째 단계인 KPI 모니터링 설계 및 실행 단계의 3가지 요건에 비추어 본다면, 〈표 4-4〉를 통해 보듯 양 차원 모두에서 한국 공공기관 성과관리 관행의 다양한 문제점이 나타난다. 특히 국가경영 차원 성과관리 측면에서의 KPI 모니터링 설계 및 실행 활동은 거의 부재한 것으로 나타나 시급한 개선이 요구되고 있다.

현재 국가경영 차원의 성과관리 활동 중 그 기능 자체가 부재한 곳이 바로 이 단계이다. 그나마 경영평가제도를 통해 목표설정 및 평가단계에 개입하고 있지만, 과정 중 모니터링 기능, 이에 기초한 Early Warning 기능, 모니터링 결과를 반영한 개선 피드백 기능은 거의 존재하지 않고 있다. 국가경영 차원에서의 공공기관 대상 전략적 성과관리가 실행되기 위해서는

〈표 4-4〉 KPI 모니터링 설계 및 실행 단계의 현황 평가 및 이슈

구 분	국가경영 차원 공공기관 성과관리	기관경영 차원 기관 자체 성과관리
모니터링 기능	• (경평) 결과평가만 강조하고, 과정 중 모니터링 기능은 부재 • (기재부/공운위) 특정 정책지침(지표)과 관련해 진행상황 체크(단, 체계적인 모니터링으로 평가 어려움)	• (경평 지표) 별도위원회 또는 분기별 보고 등을 통해 모니터링 활발 • (내부 지표) 경평 지표만큼은 아니지만 지표별 모니터링 기능 설계(단, 실제 운영하는지는 다소 불투명)
Early Warning 기능	• (경평) 과정 중 모니터링 자체 부재 • (기재부/공운위) 특정 정책지침(지표)과 관련한 선별적 점검/개입	• 모니터링 활동은 상대적으로 활발한 반면, 체계적인 Early Warning 기능은 재무분야, 핵심사업분야 등에 한정해 선별적 활용
모니터링 & 개선 피드백	• (경평) 과정 중 모니터링 자체 부재 • (기재부/공운위) 특정 정책지침(지표)과 관련한 선별적 점검/개입	• 모니터링 결과를 반영한 진행 중 피드백 개선활동은 지표 중요도를 반영해 선별적으로 적용

공공기관 주요성과에 대한 체계적인 모니터링 및 개선 피드백 기능이 반드시 보강될 필요가 있다.

이 문제의 해결방안과 관련해 상대적으로 활성화되어 있는 공공기관 자체적인 모니터링 활동을 활용하는 방안을 강구할 수 있다. 즉 공공기관 자체 모니터링이 가능하다면, 이를 활용한 상부 차원에서의 주기적인 모니터링 또한 가능할 것이다. 이 점에서 알리오 성과공시시스템을 활용한 모니터링 강화방안(홍길표 외, 2015)을 참고할만하다. 현재 경영평가 지원정보시스템이 있지만, 평가자료 및 결과를 축적하는 수준에 그치고 있으며, 실제 평가단에서의 활용도는 매우 낮은 상태이다. 또한 현재의 경영평가 지원정보시스템은 모니터링 기능을 보유하고 있지도 않다. 따라서 이를 전면개편해 활용하는 방안보다는 알리오 성과공시시스템과의 연계를 통해 모니터링 기능을 강화하는 방안이 유용할 것이다.

알리오 성과공시시스템을 통해 정부정책 이행실적 및 사업성과를 주기적으로 공개하는 것은 공공기관의 투명성 강화를 위해 바람직한 방향이다. 따라서 알리오에 공시된 실적자료를 경영평가에서 활용하는 방안, 즉

[그림 4-10] 알리오 성과공시시스템 개선 및 활용방안

알리오 연계 공시시스템을 통한 정부정책부문 사전평가 강화

- 알리오 성과공시시스템 정부정책 및 공공정책 이행실적 공시제도 확대 및 의무화
- 알리오 성과공시시스템을 통한 정부정책부문 사전체크리스트 평가+기관 확인(단, 공시하기 어려운 항목에 대해서만 실적 보고서를 통한 체크리스트 평가 시행)

※ 부실공시에 대한 경평 불이익 강화

\+

알리오 연계 성과공시시스템을 통한 핵심 사업성과 모니터링 강화

- 핵심 사업성과 및 관련 사업예산 집행율 분기별 성과공시제도 도입
- 공공기관연구센터 및 임기제 지표개선반을 통한 사업성과 연중 모니터링(단, 모니터링을 위한 시스템 개발 필요)
- 사업성과 추이상 특이사항 발생시 원인규명 및 성과평가에 체계적 반영

자료: 홍길표 외(2015)

알리오 성과공시시스템을 경영평가 지원정보시스템과 연계해서 활용하는 방안은 투명성 강화 차원과도 연결된다. 알리오를 통해 공시된 정부정책 이행실적 및 사업성과를 활용해 중간과정 모니터링 및 경영실적 이행실적 평가에 반영함으로써 평가의 효율성과 공공기관 투명성을 동시에 강화할 수 있을 것이다. 다만 모니터링 과정에서 활용된 정보 전부를 외부에 전면 공개하는 방안은 긍정적 효과보다는 그 부작용이 더 클 것으로 예상됨에 따라 신중을 기해야 할 것이다.

4. 전략적 성과관리의 4단계: KPI 평가 및 피드백

전략적 성과관리의 네 번째 단계는 KPI 평가 및 피드백과 관련된 활동에 주목하게 되는데, 이 단계에서는 평기기준 수립 및 평가 수행, 조정목표(adjusted target) 적용, 평가결과 피드백 및 보상연계 등이 중요하다.

〈표 4-5〉 KPI 평가 및 피드백 단계의 현황 평가 및 이슈

구 분	국가경영 차원 공공기관 성과관리	기관경영 차원 기관 자체 성과관리
평기기준 수립 및 평가 수행	• (경평) 체계적인 평가기준 수립 및 평가 시행 ▶ 평가 고도화 단계 • (기재부/공운위) 특정 정책지침(지표)과 관련한 선별적 평가(점검)	• (경영평가) 외부 경영평가단에 의존한 평가와 평가결과 수용(단, 이사회 평가 기능은 매우 미흡) • (내부평가) 주기적 성과평가 시행
Adjusted Target 적용	• (경평) 계량지표 미적용, 정성평가를 통한 비공식적 결과점수 조정 • (기재부/공운위) Adjusted Target 개념 부재	• (경영평가) 경평 결과 그대로 수용 • (내부평가) Adjusted Target 적용사례 찾기 어려움, 내부 정성적 평가방식을 통해 비공식적 조정
평가결과 피드백 및 보상연계	• (경평) 체계적인 피드백 및 기준에 따른 금전적 보상 허용(단, 늦은 피드백 시기 및 획일성 문제 발생) • (기재부/공운위) 기관에 대한 선별적 피드백 및 경평에의 반영을 통한 간접적 보상경로 활용	• (경영평가) 통상 내부평가에 직접 반영 및 경평성과급 형식 보상 시행(단, 늦은 결과발표로 인해 후행적 반영) • (내부평가) 경평점수는 연계하지만, 운영단계에서 구분되는 내부평가제도 운영 → 피드백 및 보상 반영

네 번째 단계인 KPI 평가 및 피드백 단계의 3가지 요건에 비추어 본다면, 양 차원 모두 조정목표 적용 활동을 제외하고 대체적으로 활성화되어 있는 것으로 평가된다. 이 단계의 국가경영 차원의 성과관리, 특히 평가결과 피드백 및 보상연계 활동은 경영평가제도를 통해 과잉화된 모습을 보이고 있다.

성과관리의 마지막 단계인 평가 및 피드백은 다른 성과관리 단계(과정)와 달리 국가경영 차원은 물론 기관경영 차원 모두에서 가장 고도화되어 발달한 단계로 판단된다. 다만 경직적 평가기준 설계 및 적용에 따라 평가결과 피드백 및 보상의 상황적합성은 다소 미흡한 것으로 판단된다. 특히 경영평가 결과로 발표되는 최종 평가등급에 따라 기관 및 구성원이 희망하는 인센티브가 결정됨에 따라, 성과관리 본연의 전략적 기능보다는 평가등급에 집착하는 부작용을 해소해야 할 것이다.

이 단계의 성과관리 활동 중 양 차원 모두에서 부족한 활동은 바로 조정목표의 적용문제라 할 수 있다. 이 문제는 앞서 살펴보았던 성과지표의 목표수준 설정 및 성과측정과 관련된 조정성과지표(adjusted performance measures)와 직결되어 있다. 만약 목표수준 설정 단계에서 조정성과지표 방법을 활용하지 않았다면, 평가 및 피드백 단계에서 조정목표(adjusted target) 또한 활용할 수 없는 것이다. 그렇다면 조정목표는 사후에 실시하는 것인가? 아니면 과정 중에 실시하는 것인가? 주요 조정목표에의 영향요인은 목표 수립단계에서 평가기준에 같이 포함시키되, 실제 목표 조정은 모니터링 단계(특히 반기 점검 등)에서 적용하는 것이 바람직할 것으로 보인다. 최종 평가단계에서 이를 적용한다면, 목표치 조정에 따른 평가결과 조정조치의 사후적 합리화 수단으로 전락할 위험성을 지니기 때문이다.

참고문헌

김종운·하규수(2013), 주요국의 정부 연구개발(R&D) 평가제도에 관한 비교 연구, 「디지털정책 연구」, 11(4): 77-90.

라영재(2011), 공공기관의 성과관리 현황과 쟁점, 서울행정학회 학술대회 발표논문집: 77-91.

박상국·김봉기·임태종(2006), BSC 적용시 전략과제와 핵심성과지표의 적합성이 경영성과에 미치는 영향, 회계연구, 11(3): 247-275.

박중훈·한현주(2004), 성과평가제도 및 운영실태에 대한 분석과 개선방안: 통합성과관리의 모색, 한국행정연구원.

유승현·윤기웅(2009), 공공부문 성과관리제도의 성공요인에 관한 실증연구, 한국행정연구, 18(4): 117-143.

윤수재·임동진(2009), 중앙행정기관 성과관리시스템의 실태분석 및 개선방안 연구, 한국행정연구원, KIPA 연구보고서 2009-05.

이광희·이근주(2012), 중앙행정기관 성과에 대한 중장기 관리체계 구축방안 연구, KIPA 연구보고서 2012-18.

이석원(2005), 조정성과지표를 사용한 공공기관의 성과측정: 정부투자기관 경영평가에의 적용, 한국행정학보, 39(4): 81-104.

이석환(2012), 공공부문 성과관리의 7가지 치명적인 도덕적 죄: 이론과 실제간 연계를 위한 함의, 지방정부연구, 16(1): 353-380.

홍길표·김완희·이근주·이삼열·정도진·이립(2015), 공공기관 경영평가제도 개선방안 연구, 기획재정부 연구용역보고서.

BearingPoint(2004), 전략적 성과관리(Strategic Performance Management), 강연자료.

GAO(1996), Executive Guide Effectively Implementing the Government Performance Results Act, GAO/GGD-96-118.

Kaplan, R. S.(2001), Strategic Performance Measurement and Management in Non-profit Organizations, *Nonprofit Management & Leadership*, 11(3): 353-370.

OECD(2010), Policy Brief on Corporate Governance of State-Owned Enterprises in Asia: Recommendations for Reform, Network on Corporate Governance of State-Owned Enterprises in Asia, OECD.

_____(2015), OECD Guidelines on Corporate Governance of State-Owned Enterprises: 2015 Edition, OECD.

Parker, C.(2000), Performance measurement, Work Study, 49(2): 64-66.

제 2 부

경영평가와 거버넌스

제5장

공공기관 주요사업 평가의 관점과 수단에 대한 재음미:

진화적 논리모형과 평가성 검토를 중심으로

우윤석

(숭실대학교 행정학부 교수)

I. 들어가는 말: 평가성 검토의 필요성

공공기관의 주요사업에 대한 경영평가는 해당 기관들이 평가대상 기간 동안 진행한 사업들이 기대했던 성과를 제대로 거두었는가를 점검하는 것을 목적으로 하고 있다. 그러나 공공부문의 성과(performance)라는 것은 파악하기도 어려울 뿐 아니라 그 개념과 측정대상, 측정방법을 정의하기에 따라 서로 다른 결과로 해석되기 쉽다. Talbot(2010)이 지적한 것처럼 공공부문의 성과는 분석단위, 개념, 기술, 정치와 가치의 4가지 차원에서 성과를 측정하는데 여러 가지 문제점(problematics)을 갖고 있기 때문이다. 주요사업에 대한 성과평가에 있어서 경영평가 제도가 채택하고 있는 것은 비계량 범주의 경우 전형적인 논리모델(logic model)에 해당하는 계획-집행-확인-환류(Plan-Do-See-Act)라는 사이클을 중심으로 한 질적 평가이고, 계량 범주의 경우 사전에 정의된 성과지표(performance indicator)를 대상으로 한 양적 평가이다. 그러나 비계량 범주의 경우에도 PDCA가 평가기준으로 작용하고 있고 비계량적 성과를 별도의 계량 및 비계량 지표를 활용하여 평가하고 있으므로 사실상 성과지표에 의한 평가에 해당한다. 성과지표에 의한 평가는 객관성 확보와 평가의 용이성이라는 장점을 갖는 한편, 대리변수가 갖는 대표성 부족, 단순화된 논리에 따른 왜곡된 판단 가능성, 목표수준 설정의 적정성과 한계효과(threshold effects)라는 단점을 동시에 갖고 있다. 따라서 평가기준이 되는 성과지표를 어떻게 정의하고 구성하여 측정할 것인가에 따라 그 결과가 상이하게 나타날 수 있으므로 성과지표의 설계 자체가 성과평가에 있어서 가장 중요한 전제요건으로 작용한다.

기존의 주요사업 성과평가는 전형적인 프로그램 이론과 논리모델에 따른 것으로 복합적(complicated)이고 복잡한(complex) 환경에서 단순화의 오류를 범할 가능성이 클뿐 아니라 성과평가를 계기로 역량을 강화할 수 있는 변화관리에 활용되지 못할 가능성이 크다. 결과적으로 경영평가 결과가 일반 국민들의 인식이나 기대감과 상이하게 전개되는 상황이 발생하고 '그들만의 성과급' 지급을 위한 단순한 등급부여 수단으로 전락하기 쉽다는 한계를 갖는다. 본 연구는 이러한 문제의식 하에 기존의 성과평가가 과연 공공기관이 이룬 성과를 제대로 평가하고 있는지에 대한 평가성 검토(Evaluability Assessment)[1]를 시도하고자 한다. 이를 위해 우선 이론적 차원에서 공공부문 성과평가의 가능성과 한계를 검토하고 새로운 관점으로의 진화를 위해 변화이론과 복합/복잡 논리모델에 대해 간략히 살펴본 후 이어 성과평가의 수단적 차원에서 바람직한 성과지표의 요건에 관해 소개한다. 이어 관점과 수단 차원에서 기존의 성과평가가 기관의 성과를 적절하게 평가하고 있는지를 2016년도에 실시한 공기업 1군의 '2015년 경영성과 평가' 사례를 중심으로 진단해 보고자 한다. 객관적인 진단을 위해서는 적절한 데이터의 확보와 분석이 요구되지만 자료구득의 제약에 따라 엄밀한 계량분석을 시도할 수 없는 관계로 주요사업 경영평가를 3년 동안 담당했던 저자의 개인적 학습경험을 최대한 활용하는 차선책을 취할 예정이다.

1 평가의 기준이 되는 성과지표의 지표성을 증거기반(evidence-based)을 통해 검토하는 점에서 탐색적 메타평가에 해당하는 것으로도 볼 수 있다.

Ⅱ. 관점 변화의 필요성과 방향

1. 공공부문 성과평가의 가능성과 한계

1) 사업평가의 기본논리

성과평가의 근거가 되는 사업평가는 '특정 사업의 중요한 제반측면과 그 가치를 체계적이고 분석적으로 평가하고 평가결과의 신뢰성과 유용성을 추구하는 일'로 정의된다(OECD, 1999). 사업평가의 개념은 평가의 대상을 달리할 뿐 일반적인 정책평가[2]의 개념과 유사하다. 사업평가란 정책의 내용, 집행 및 그 영향 등을 추정하거나 사정 또는 평정하기 위하여 체계적인 방법들을 응용하는 것으로 어떤 정책의 과정이나 결과를 이해하고 그 값어치를 판단하는 사회적 과정이라고 정의된다(노화준, 1986). EC(1997)는 평가의 단일개념을 한마디로 정의하기 어려운 점을 지적하면서 평가가 갖추어야할 주요 요소를 다음과 같이 제시하고 있다. 우선, 평가는 인식된 연구방법론에 따라 분석적(analytic)으로 이루어져야 한다. 그리고 사전에 수립된 계획과 분석적 연구방법론에 따라 일관성을 갖도록 체계적(systematic)이어야 한다. 평가결과는 다른 평가자가 동일한 자료와 동일한 분석방법을 이용하여 재적용할 수 있도록 신뢰성을 갖추어야 하며(reliable), 사업의 적실성, 효율성, 효과성과 관련된 주요 이슈를 다루는 이슈지향적(issue-oriented)이어야 한다. 마지막으로 주어진 정치적 환경과 사업의 제약요인, 가용자원의 범위 안에서 정책결정자에게 유용한

2 사업은 집행을 위해 구체화된 수단인 경우가 대부분으로 하위수준의 정책과 거의 동일하게 사용되고 정책평가와 사업평가가 사실상 혼용되고 있으므로(정정길 외, 2004) 특별한 구분은 하지 않기로 한다.

[그림 5-1] 사업평가의 대상과 개입논리

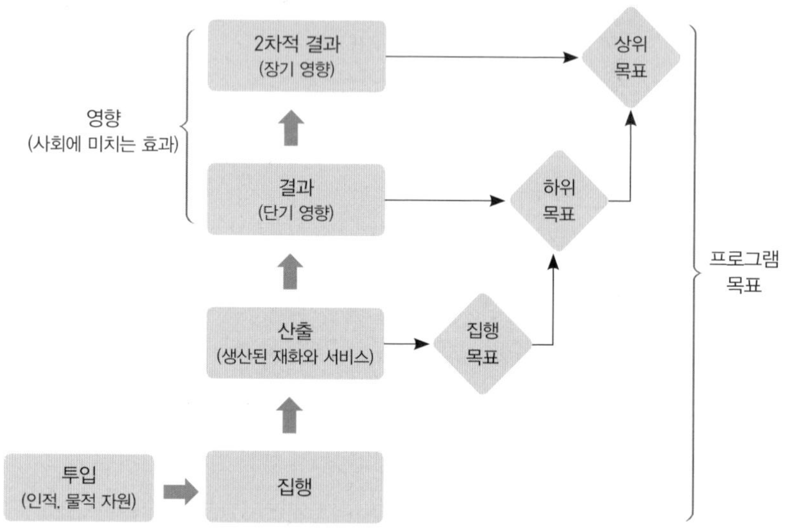

자료: EC(1997: 20)

정보를 제공하는 이용자 중심적(user-driven)이어야 한다.

사업평가의 대상은 관련된 정책 또는 사업의 산출과 결과가 된다. 이러한 결과물은 정책이나 사업의 목표(objective)와 함께 고려되어야 하며, 사업평가자의 핵심적인 역할은 정책이나 사업을 통해 그 목표를 달성하였는가에 대한 개입논리(intervention logic)의 정당성(validity)을 검증하는 데 있다(EC, 1997). 사업평가의 대상을 도식화하면 [그림 5-1]과 같다.

산출(outputs)은 가장 계량화가 용이하고 단기간에 나타나는 효과 즉, 정책집행의 일차적 결과를 말하는 것으로 징수된 세금, 건설된 고속도로, 배분된 복지연금, 복지 프로그램의 수혜자 수, 검거된 범법자 수 등을 들 수 있다. 산출이 정책이나 사업이 직접 생산한 재화와 영향을 의미하는 반면, 영향(impacts)은 정책이나 사업이 초래한 사회경제적 변화를 의미하는 것으로 1차적 결과(results)와 2차적 결과[3](outcomes)로 나누어진다. 1차적 결과(results)는 정부 정책의 영향으로 인해 사회에 나타난 효과를 말한다. 정책결과는 정책의 결과로 나타나는 긍정적 효과뿐만 아니라, 부수적 효과(side effect), 부작용, 정책실현을 위한 사회적 희생(정책비용)까지를 포함한다. 2차적 결과(outcomes)는 사업시행을 통해 궁극적으로 나타나게 되는 최종적 영향을 의미한다. 도로건설을 예로 들 경우 산출(output)은 도로건설사업 완료로서 완공된 거리와 공정 등이 평가지표가 되고, 1차적 결과(result)는 접근성 향상 정도는 통행시간·비용의 절감 정도가 평가지표가 되며, 2차적 결과(outcome)는 장기적 차원에서 지역생산(GRDP)의 증가나 신규직업 창출, 교통안전도 향상, 물자와 사람의 수송흐름 원활화 등이 평가지표가 될 수 있다. 공공 정책의 경우에는 직접적인 산출보다 결과와 같은 영향의 평가가 더욱 중요한 경우가 많은데, 일반적으로 정책의 집행과 효과의 발생 간의 시차가 클수록 그 인과관계의 규명이 어렵고 평가가 어렵게 된다. 그러므로 사업평가가 측정과 인과관계의 규명이 용이한 직접적 산출에 치중하기 쉬운데, 올바른 평가를 위해서는 장기적이고 간접적인 영향에 대한 평가도 반드시 이루어져야 한다.

2) 공공부문 성과평가의 한계와 문제점

Talbot(2010)은 공공부문의 성과와 관련된 문제점(problematics)을 분석단위, 개념, 기술, 정치와 가치의 4가지 차원에서 지적한 바 있는데 기존의 경영평가와 관련하여 많은 시사점을 제공하고 있다. 우선 분석단위

3 Result와 outcome을 번역함에 있어서 통일된 방식은 없고 산출인 output과 구별하여 outcome을 결과로 번역하기도 하나 result를 함께 사용하는 경우 일종의 intermediate outcome으로 볼 수 있다. Performance를 성과로 번역하므로 outcome을 성과로 해석하는 것이 혼란을 가져올 수 있으므로 performance는 전체적인 차원의 성과로, result를 1차적 결과로, outcome을 2차적 결과로 설명하고자 한다.

의 문제(unit of analysis problem)는 공공부문(public domain)의 범위를 어디까지로 정하는지 자체가 어렵다는 것이다. Bozeman(1987)이 지적한 것처럼 모든 조직은 국가에 의해 일정한 제재(sanction)를 받는다는 점에서 어느 정도 공공적(to some extent public)일 수밖에 없기 때문이다. 거버넌스 시대를 맞아 다양한 행위주체들이 정책과 프로그램에 관여하기 때문에 어떤 대상을 측정하고 분석할지 그 경계가 애매(fuzzy boundaries)해지는 것도 어려움을 더하는 요인이 된다. 경영평가의 경우 인천공사나 공항공사의 여객수송량 증가가 기관의 성과가 아니라 한류 관련 기관(관광공사나 엔터테인먼트 기업 등)의 노력에 더 큰 영향을 받았을 수 있으나 이들을 포함하는 것은 불가능하다. 이를 감안한다면 기관의 성과는 늘어난 승객을 제대로 처리했는지에 한정되어야 하나 실제로는 승객수의 증가 자체가 중요한 성과지표로 간주되고 있다. 개념의 문제(conceptual problem)는 성과에 포함되어야 할 것이 할 것이 무엇이고 제외되어야 할 것이 무엇인가에 관한 문제와 투입(input), 산출(output) 그리고 결과(outcome)의 정의에 대한 합의가 어렵다는 문제를 의미한다. 특히 투입과 산출, 결과는 각각 양과 질, 만족(quantity, quality and satisfaction)이라는 요소로 분리될 수 있기 때문에 평가대상이 9가지 차원으로 구성되는 어려움이 생긴다고 한다. 도로공사가 수행하는 고속도로 건설이나 포장율 개선은 대표적인 산출지표에 해당함에도 불구하고 이를 통해 발생한 지역발전 효과나 교통안전 향상과 같은 중장기적인 결과를 파악하기 어렵기 때문에 해당 실적을 성과로 간주할 수밖에 없는 것이 그러한 예에 해당한다.

기술적 문제(technical problem)는 모든 성과를 완전히 평가하는 것이 많은 비용을 유발(practical problem)하고 피할 수 없는 오차로 인해 측정의 정확성도 담보할 수 없기 때문(theoretical problem)에 사실상 불가능하다는 것을 의미한다. 측정효과(measurement effect)의 문제도 존재하는데 성과가 측정 당시 성과에 한정된다는 것과 성과를 측정하는 데 자원의 소비가 필요하다는 것이다. 저자는 전자의 경우 차량의 속도계를 예로 들고 있는데 속도계가 측정한 것은 실제 속도가 아니라 측정과정에서 발생하는 미세한 마찰에 따라 저하된 속도를 측정한 것이라고 한다. 일종의 시차효과가 발생한다는 것을 의미하는데 공공기관의 성과발생 시점과 측정 시점 간에 간격이 클 경우 이러한 효과가 더 커지는 문제가 생길 수 있을 것이다. 후자의 경우 측정과정에서 많은 자원(자료확보 및 증빙비용 등)을 소비하는 경우 핵심업무의 성과가 좋은 기관이 그렇지 않은 기관보다 더 나쁜 평가를 받는 역설적 상황이 발생(paradoxical possibility)할 수 있다는 것인데 공공기관 중에도 수치적 성과제시가 유리한 기관은 다른 기관에 비해 더 나은 평가를 받을 가능성이 있다는 시사점을 제공한다. 측정의 주관성과 객관성도 기술적 문제에 포함되는데 예컨대 실제 범죄발생율과 범죄발생에 대한 일반인의 두려움 정도가 다를 경우 평가에 오류가 발생할 수밖에 없다는 것이다. 범죄 발생 정도에 관해 객관적(objective)이라고 간주되는 설문조사를 실시할 경우에도 답변을 주관적(subjective)인 인식(perception)이 좌우할 것이기 때문이다. 공공기관 경영평가 결과 부여된 등급이 일반 국민들의 인식과 괴리되기 쉬운 것도 이러한 사례에 해당하지만 평가자들이 언론에 의해 형성된 틀(frame)에 갇히거나 개인적 편견(bias)에 따라 주관적인 평가점수를 부여할 경우에도 같은 결과를 초래할 수 있다. 만일 경영평가 실시 시점에서 언론에 부정적인 보도가 날 경우 평가대상 기간에 해당하지 않더라도 기관에 대한 평가자의 인식이 부정적으로 형성되는 단초를 제공할 우려가 있다. 歸因문제(attribution problem)는 산출(output)의 원인이 되는 투입(input)을 정확히 측정할 수 없기 때문에 정책대상에게 나타난 변화(changes)만 측정한 채 그 변화가 평가대상 기관의 활동에 의한 것으로 간주한다는 것인데 다른 외부변수들이 영향을 미친 경우 그 신뢰성이 크게 저하될 수밖에 없다는 것을 의미한다.

마지막으로 정치와 가치의 문제(political and values problem)는 다원화된 가치와 정치가 성과평가의 목적을 모호(fuzzy objectives)하게 한다는 것이다. 공기업 1군에 해당하는 공공기관의 경우 공공성과 기업성을 동시에 추구하는 이중적인 지위를 갖는 관계로 상반되는 가치충돌 문제가 더욱 커지기 쉽다. 경영평가가 기재부와 경영평가단에 의해 주도되고 있어서 기관이 속한 소관부처와의 이중적 관계도 문제가 될 수 있다. Waterman and Meier(1998)는 다음 그림에서 보듯이 주인과 대리인 간에 이해관계가 일치하지 않는 기존의 주인-대리인 이론을 발전시켜 양자 간 이해관계가 일치하는 경우로 그 범위를 확대한 바 있다.

그들에 의하면 2분면에 속하는 전통적인 주인-대리인 이론 상황 외에 양자의 목표가 일치하는 5~8의 상황이 가능하다고 한다. 경영평가의 경우 기재부와 경영평가단이 평가를 진행함에 따라 각 기관이 속한 주무부

[그림 5-2] 주인-대리인 확장 모형(이해관계와 정보비대칭의 통합)

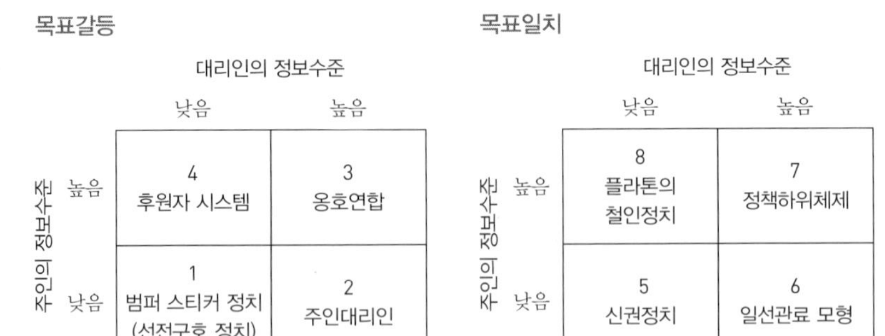

자료: Waterman and Meier(1998: 188)

처가 소외되는 현상이 발생한다. 아울러 기재부/경영평가단과 공공기관의 관계에 있어서도 평가시스템에 대해서는 전자가 일방적인 정보를 갖고 있는 반면, 실제 성과나 지표를 제시하는 단계에서는 각 기관이 더 많은 정보를 갖는 상황이 전개된다. 따라서 평가단계에서는 기재부/경영평가단과 각 기관이 4분면에 속하는 후원자 시스템에 해당하여 전자가 후자에 대해 상대적으로 우월적인 지위를 갖게 되는 반면, 성과와 지표제시 단계에서는 2분면에 해당하는 전통적인 주인-대리인 관계에 속하게 된다. 한편 각 기관과 그들이 속한 주무부처의 경우 서로 이해관계가 일치하는 입장에 처하게 되는데, 업무 추진 과정에서는 주무부처의 정보가 상대적으로 부족한 6분면의 일선관료 모형에 해당되고 평가에 임하는 단계에서는 서로 간에 많은 정보를 공유하는 7분면의 정책하위시스템 모형에 해당하게 된다. 이러한 상황에 처할 때마다 개별주체가 추구하는 가치와 정치동학이 모두 상이하게 진행될 것이므로 성과평가의 목표가 모호해지고 다양한 갈등상황이 전개되는 결과가 초래된다.

2. 사업평가를 위한 논리모델의 진화 필요성: 프로그램 이론적 단순 논리모델에서 변화이론적 복합/복잡논리모델로

기존의 주요사업 평가는 프로그램 이론과 논리모델에 기반한 사업평가(program evaluation)를 기본적인 접근방법으로 채택하고 있다. 문제는 주요사업 평가 결과가 평가대상 기관의 등급을 매기거나 서열을 정하기 위한 수단에 활용됨으로써 객관적이고 계량화된 측정 자체에만 관심을 두기 쉽다는 것이다. 물론 평가(assessment)를 측정(measurement)과 동일시하여 사업평가를 사업목표가 달성된 정도에 대한 측정으로 규정(Suvedi, 1998)하기도 하지만, Wotthen and Sanders(1987)가 지적한 것처럼 사업평가는 어떤 사업의 가치(value)를 결정하는 정치적 행위에 해당하므로 단순한 기계적 적용방법이 아니라 평가가 지향해야 할 근본적인 가치가 무엇인지를 고민할 필요가 있다. 국민에게 필요한 공공서비스는 중단 없는 제공이 중요하므로 공기업에 대한 사업평가도 그러한 공공서비스가 적절하게 제공될 수 있도록 서비스 공급주체의 역량을 강화하고 변화시킬 수 있는 수단적 가치를 지향하는 것으로 바뀔 필요가 있다. 이런 점에서 변화관리 이론에 대한 고려와 복합적이고 복잡한(complicated and complex) 상황에 대한 재인식이 요구된다. 이하에서는 사업평가의 기본논리와 프로그램 이론적 논리모델, 변화이론(적 논리모델) 그리고 복합/복잡논리모델에 대해 차례로 살펴보고자 한다.

1) 프로그램 이론적 논리모델과 변화이론[4]적 논리모델

프로그램 이론(Program Theory)은 '사회적 문제를 해결하기 위해 무슨 활동들이 요구되는지에 대한 규범적 가정과 그러한 활동에 의해 문제가 해결될지에 관한 서술적 가정의 체계적 배열'을 의미한다. 논리모델은 프로그램 이론에 기초하여 프로그램의 요소들과 해결해야 할 문제들 간의 핵심적인 논리적 관계들을 기술하는 도식이자 텍스트로서 프로그램의 자원, 활동, 산출, 결과 간의 인과적 관계를 식별하는 데 도움을 준다(노화준, 2015). 논리모델(Logic Model)은 이렇듯 프로그램 이론을 시각적으로 제시해주는 모형으로 사업활동을 특정 목표를 달성하기 위한 투입, 전환,

4 Theory of Change를 변화이론으로 번역할 경우 별도의 학설이나 이론체계로 오해할 소지가 있어서 '변화분석'으로 번역하는 사례(박수영·김수진, 2015)도 있다. 그러나 Rogers(2014: 3)에 따르면 변화이론에서 중요한 단계가 어떻게 그런 변화가 발생하는지와 정책개입이 어떻게 변화를 유발하는가에 대한 이론(theory)을 개발하는 것이고, 아직 학계에 일관된 입장이 없는 만큼 본고에서는 원어에 충실하게 변화이론으로 번역하여 사용하고자 한다.

[그림 5-3] 논리모델의 수직적 논리관계

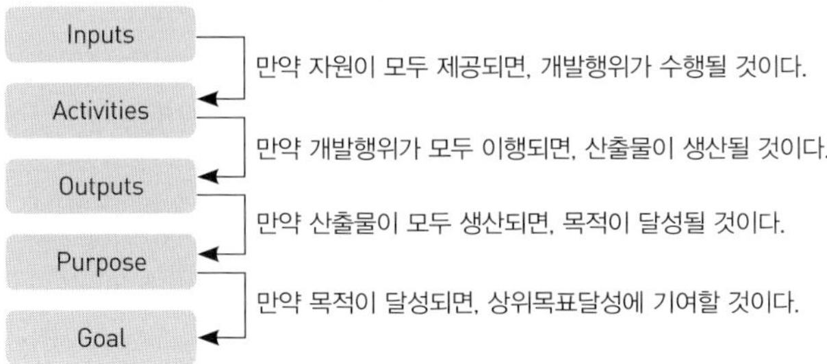

자료: 박수영(2009: 28)

산출 및 결과의 단계로 파악하고 이들 간의 논리적 인과관계를 설명하려는 관점(김흥률, 2005: 101)이라고 할 수 있다. 이런 점에서 논리모델이 프로그램 이론으로 불리기도 하고 프로그램 활동이론(Program's Theory of Action)으로 불리기도 한다.[5]

논리모델은 투입자원과 사업활동, 산출물, 사업의 개별목적, 장기목표 간에 수직적 논리체계를 갖고 있다고 가정한다. 박수영(2009)에 의하면 개발사업을 예로 들 경우 각 단계별로 [그림 5-3]과 같은 일련의 가정들이 차례로 충족되는데, 이러한 수직적인 논리체계가 서로 인과관계를 갖는다고 한다.

논리모델은 평가와 관련된 쟁점들을 파악하는 데 도움을 주고 프로그램 목표 달성에 중요한 연계를 갖는 프로젝트를 식별케 함으로써 프로그램의 설계와 개선에 도움을 줄 수 있다. 아울러 프로그램 기획, 관리 및 평가기능

5 Rogers(2008: 30)는 논리모델과 프로그램 이론이 프로그램의 투입과 활동이 의도된 결과로 이어지는 연쇄적 과정을 연결하는 인과모델의 다른 이름이라고 전제하면서, 논리모델을 주로 도식적 방법에 의해 어떻게 개입(intervention)이 작동하는지를 설명하는 요약된 이론(summarized theory)이라고 하고, 프로그램 이론은 논리모델을 개발하는 절차 내지 이를 평가에 적용하는 것이라고 구별한다.

을 체계화하고 여러 활동과 그에 따른 예상결과를 연결시킴으로써 이해관계인들이 가치를 공유할 수 있게 한다(국회예산정책처, 2016). 반면 논리모델은 환경변화와 그에 따른 복잡한 인과관계, 이해관계자들의 다양한 상호작용을 단순한 문구와 일방향적 인과관계로 표현함으로써 현실을 지나치게 단순화하여 해석한다는 한계를 갖는다. 아울러 실제 활동과정에서 변화하는 환경에 적응하기 보다는 계획단계에서 설정된 성과지표를 측정하고 달성하는 데만 집중하는 경우가 많아 사업추진이 경직되고 적응성을 잃게 될 가능성도 존재한다. 정성분석보다는 정량분석에 치중하기 때문에 계량화된 성과지표 달성을 사업목적 달성과 동일시하는 우를 범하기도 쉽다(박수영 · 김수진, 2015).

변화이론은 1970년대부터 시작된 논리모델과 달리 1990년대 미국에서 지역공동체 프로그램에 대한 평가에 적용되면서 시작되었고 이후 국제개발 원조 프로그램에 널리 적용되었는데 논리모델에 의한 사업평가의 한계를 개선하려는 노력의 일환에 해당한다(Stein and Valters, 2012). 변화이론은 지역사회 개발이나 개도국 원조 프로그램이 엄청난 비용을 투자하여 추진되었지만 그 효과가 지속되지 못한 데 주목한다. 예를 들어 아프리카 지역의 물부족 문제를 해소하고자 물펌프를 보급하였지만 주민들의 위생관념이 나아지지 않았고 펌프가 고장 나도 고칠 수 있는 기술을 가진 주민이 없었던 관계로 몇 년 만에 대부분의 펌프가 제 기능을 하지 못하는 상황이 발생하게 되었다는 것이다. 이는 펌프 공급으로 물부족 문제는 우선적으로 해소되었지만 지역사회가 그 변화를 지속시킬 수 있는 능력을 갖추도록 하는 데는 실패했기 때문이다(IBR, 2014). 따라서 목표지향적 사업을 위한 재정투자에 집중하는 기존의 프로그램 사업모델을 벗어나 정책대상 집단의 역량강화와 지속가능한 변화를 추구하는 보다 광범위한 시각(holistic perspective)을 강조한다.

〈표 5-1〉 논리모델과 변화이론의 비교

	논리모델(Logic Model)	변화이론(Theory of Change)
역사	30년의 역사	1990년대부터 사용되기 시작
용도	• 프로그램의 구성요소를 파악하고 이를 한눈에 표현하기 위해 사용되기 시작 • 복잡한 이론을 단순화시킴	• 인과모형(causal model) 사용을 통한 복합적인 이니셔티브(initiative) 기획/평가 • 프로그램에 대한 비판적 통찰(엄격한 평가, 개입 실패 원인 파악)
구성 방식	프로그램 구성요소의 나열(List of components)	변화의 과정 표현(Pathway of change)
성격	프로그램의 구성요소를 시각적으로 정리(descriptive)	활동과 결과의 연결, 어떻게, 왜 변화가 나타날 것인지 설명(explanatory)
출발점	해당 프로그램(what you are doing)	변화 목표(what you want to achieve)
고려 사항	• 프로그램 구성요소의 파악 • 지표(항상 사용되는 것은 아님)	• 매 단계 개입의 정당화 과정 필수적(인과모형) • 지표(항상 필요함) → 개입의 의미 파악
한계점	결과가 나타난 이유에 대한 설명이 부재	사용 시 많은 노력과 시간이 필요함

자료: IBR(2014, http://ibr.kr/2976)

Weiss(1995)는 변화이론은 '사업이 어떻게 그리고 왜 작동하는지 알려주는 이론'이라고 하면서 프로그램의 장기적 목표달성으로 이어지는 작은 변화 및 활동과 결과 간의 관계를 설명하기 위한 일련의 가정(assumptions)을 묘사하는 방식이라고 한다. 이는 프로그램들이 어떻게 작동할 것인가에 대해 설명하는 암묵적 또는 명시적 이론들이 있다는 전제 하에 활동과 결과의 연결고리를 규명하는 데 중점을 두게 된다. 변화이론은 큰 범주의 프로그램 이론이나 논리모델에 속한다는 의견(Stein and Valters, 2012)도 있고 프로그램 이론, 개입논리, 영향평가, 이론기반 평가, 변화이론 등이 사실상 동일한 이론이라는 의견(Rogers, 2008)도 존재하는 등 아직까지 통일된 개념정리는 이루어져 있지 않지만 기존의 논리모델과는 다음과 같은 점에서 차이점[6]을 보이고 있다.

6 본고에서는 변화이론도 넓은 의미의 논리모델에 속한다고 보되, 기존의 논리모델은 전통

Clark and Anderson(2004)에 따르면 로직모델은 프로그램 요소를 도식화함으로써 투입과 활동, 산출과 결과를 분명히 하는 반면, 변화이론은 의도된 변화가 왜 그리고 어떻게 발생하는지를 설명하기 위해 결과와 활동을 연계시키고자 한다. 따라서 전자가 프로그램과 그 요소를 도식화하는 데서 출발하고 활동들이 왜 결과로 이어지는지 설명하지 않는 데 비해, 변화이론은 어떤 프로그램이 필요한지 결정하기 전에 변화목표가 무엇인지를 분명히 하는 것에서 출발하여 각 단계별로 어떤 원인이 어떤 결과로 이어지는지 그 이유를 검증하게 되므로 인과모델(causal model)을 구성한다.

방과 후 학습프로그램을 예로 들면 논리모델은 방과 후 프로그램이 활동(activity), 읽기 점수의 향상이 결과(outcome), 프로그램의 출석률이 중간결과(intermediate outcome)라는 것을 알려줄 수 있지만 점수를 올리기 위해서는 일주일에 3일 이상, 최소 60일 이상 참여해야 하고 교육내용은 읽기에 집중되어야 한다는 사실을 알려주기는 어렵다. 논리모델은 어떤 프로그램을 투입, 활동, 산출, 결과로 나누어 제시함으로써 한눈에 알아보게 하는 데는 유리하지만 어떤 활동이 어떤 결과를 왜 초래했는지는 설명하지 않기 때문이다. 또한 논리모델은 결과가 달성되었는지를 측정하기 위한 지표를 반드시 활용할 필요는 없는 반면, 변화이론은 다음 목표로 넘어가기 위해서는 선결조건이 얼마나 충족되었는지 확인할 필요가 있으므로 이를 위한 지표(indicator)를 식별할 것이 요구된다.

프로그램을 투입-활동-산출-결과에 이르는 구성요소로 나누어 해당 항목별로 정리한 것이 논리모델이라면, 달성하고자 하는 변화 목표로부터 출발하여 그 목표를 이루기 위해 충족되어야 할 조건들이 무엇인지 순차

적인 프로그램 이론에 기반한 것으로, 변화이론은 프로그램 이론을 넘어서려는 새로운 시도로서의 논리모델인 것으로 파악하고자 한다. 박수영·김수진(2015)도 변화이론이 실제 활용될 때 논리모델의 변종으로 사용된다고 한 바 있다.

[그림 5-4] 논리모델과 변화이론의 구조 비교

투입	활동	산출	중간결과	장기적 결과

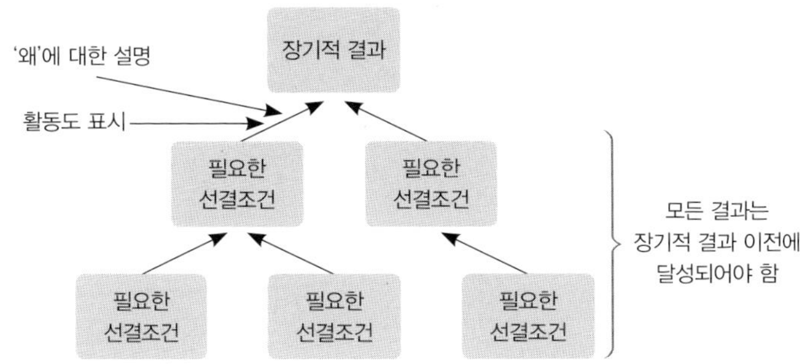

자료: Clark and Anderson(2004: 8, 10)

적으로 나타낸 것이 변화이론이라고 할 수 있다. 변화이론은 문제를 해결하는 데 필요한 과정 및 절차, 조건들을 피라미드형태(pyramid form)로 구조화하는 일종의 알고리즘(algorithm)에 해당하는 것이다(IBR, 2014). 따라서 논리모델은 요소목록(list of components)을 기술하는 묘사(descriptive representation)인 반면 변화이론은 창의적 사고(critical thinking)를 바탕으로 변화의 경로(pathway of change)를 설명(explanatory)하는 방법이라고 할 수 있다(Clark and Anderson, 2004).

기존의 논리모델이 개입-산출-목적-장기목표 간의 단일한 인과관계만을 가정한다면 변화이론은 다음 그림과 같이 다양하고 복잡한 인과관계를 인정하기 때문에 개별사업의 즉각적인 결과가 다른 차원의 결과에 어

[그림 5-5] 변화이론과 논리모델 경로비교

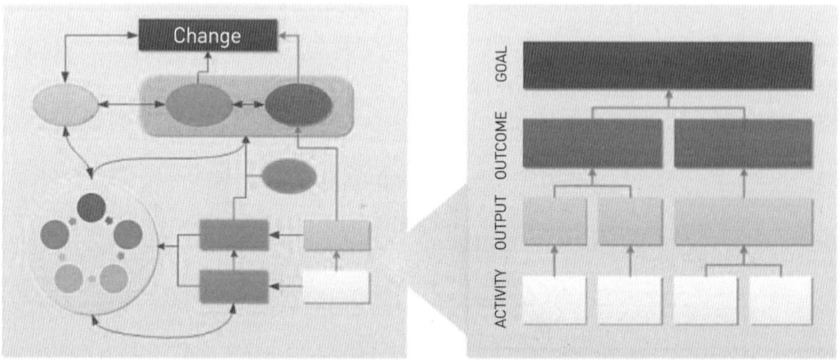

자료: 박수영·김수진(2015: 106)에서 재인용

떤 영향을 미치는가를 설명하는 중간고리(missing middle)와 인과관계의 이면(behind the arrow)에 숨겨진 상황이 무엇인지 파악하는 데 도움을 준다(박수영·김수진, 2015).

Anderson(2009)은 가정폭력을 당한 여성들과 안정적인 직장을 가지지 못한 여성들을 돕기 위한 지역사회 기반의 Superwoman 프로젝트를 사례로 변화이론을 설명하고 있다. 프로젝트는 여성들이 대부분 미혼모이면서 폭력적인 상황에 노출된 적이 있기 때문에 자존감도 낮고 상황 대처 능력에도 문제가 있을 것이라는 가정(assumption)을 바탕으로 훈련을 제공하는 동시에 이들이 안정적인 직업을 가지는 데 필요한 지지수단을 개발코자 하였다. 이때 여성들이 거주하고 있는 지역사회를 기반으로 그 변화가 지속될 수 있는 조건들을 형성하는 데 많은 노력을 기울였는데 그 과정을 변화이론 모델의 틀에 맞추어 보면 다음과 같이 기존 논리모델과 다른 다양한 인과관계를 구체화하고 있음을 알 수 있다.

[그림 5-6] Superwoman 프로젝트: 변화이론 관점

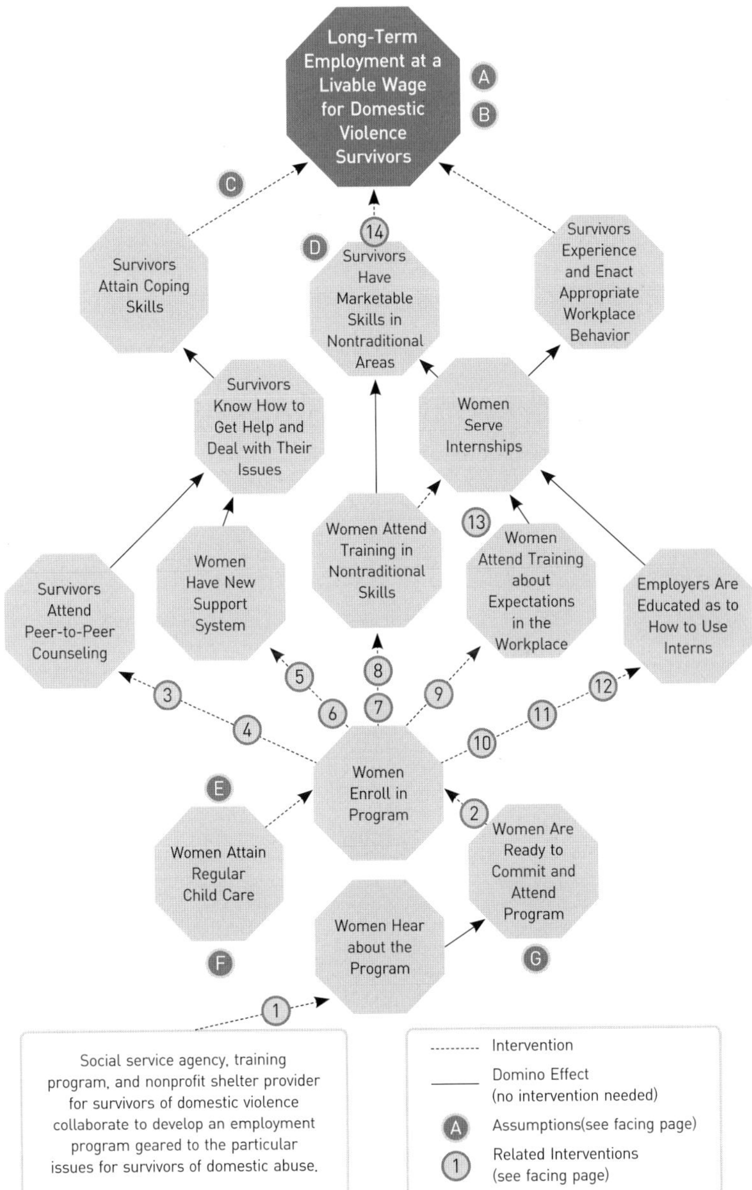

자료: Anderson(2009: 32)

2) 단순논리모델과 복합/복잡 논리모델

논리모델은 그 유용성에도 불구하고 복합적이고 혼돈스러운 상황에서 진행되는 사업의 복잡한 변수와 상호작용들이 문제없이 작동한다는 가정에 기초하고 있다는 점이 한계로 지적되어 왔다(Pinnegar, 2006; Stufflebeam, 2004). 대부분의 논리모델은 [그림 5-7]에서 보듯이 단일한 선형적인 인과경로만을 보여주기 때문이다.

이러한 구조가 정책의 전반적인 과정과 의도를 보여주기에는 좋은 반면 집행이 이루어지는 환경, 이해관계자의 특성, 동시에 이루어지는 다른 사업 등을 고려하지 않기 때문에 정책의 인과적 기여를 과대평가하기 쉽고, 통제불가능한 상황이 벌어지는 복잡한 환경이 아니라 안정적인 환경(stable environment)을 가정한다는 문제가 있다(Eoyang et al., 1998; Perrin, 2003). 그러나 사업이 이루어지는 환경은 다양한 주체가 참여하고 불확실성이 크므로 복합적(complicated)이고 복잡(complex)한 특징

[그림 5-7] 단순 논리모델의 구조

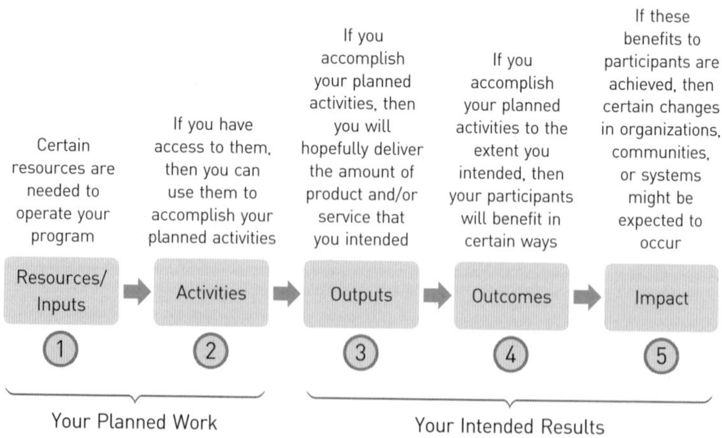

자료: W. K. Kellogg Foundation(2004: 3)

〈표 5-2〉 단순/복합/복잡한 문제

단순(simple)	복합(complicated)	복잡(complex)
• 예: 조리법(recipe)을 따르는 작업 • 조리법이 필수적 • 조리법은 손쉽게 반복이 가능 • 전문성이 요구되지는 않지만 요리실력이 성공확률을 높여줌 • 조리법은 표준화 가능 • 좋은 조리법은 매번 좋은 결과를 도출	• 예: 달에 로켓을 보내는 작업 • 공식들이 중요 • 한번 성공하면 다음번 성공확률을 높일 수 있음 • 높은 수준의 전문성이 필수적으로 요구됨 • 로켓들은 중요한 부분에서 유사 • 성과도출의 확실성이 높은 수준	• 예: 아이를 키우는 작업 • 공식을 적용하기에 한계 • 육아경험이 다음번 육아의 성공을 보장하지 못함 • 전문성이 도움은 되나 필수적인 것은 아니고 성공보장에 충분하지도 않음 • 모든 아이는 유일한 존재 • 성과도출의 불확실성

자료: Glouberman and Zimmerman(2002: 2)

을 갖는다. Glouberman and Zimmerman(2002)은 단순(simple)한 문제와 복합적 문제, 복잡한 문제의 차이점을 〈표 5-2〉와 같이 구분하고 있는데, 단순한 문제와 달리 복합적 문제는 고려할 요소가 많고(lots of parts) 복잡한 문제는 불확실하고 창발적(uncertain and emergent)이라는 특징을 갖는다고 한다.

Rogers(2008)는 위의 분류를 반영하여 기존의 논리모델을 단순논리모

〈표 5-3〉 복합적이고 복잡한 개입상황의 유형

유형	양상	단순 형태	비단순 형태	평가 위협요소
복합	복수의 공간과 조직	단일조직	다수의 기관, 학제적, 혼합적 관할	평가지표 선정과 효과적인 자료 수집/분석을 위한 협상노력 필요
	동시적 인과흐름	단일한 인과흐름	다수의 동시적 인과흐름	다양한 인과흐름의 최적화 필요
	대안적 인과흐름	범용적 구조	상이한 상황별로 상이한 인과구조	상황에 대한 이해 필요
복잡	비선형적·불균형적 결과	선형적·균형적 영향	순환고리의 영향과 티핑 포인트	커다란 영향을 미칠 수 있는 초기 영향의 식별 필요
	창발적 결과	사전파악된 결과	창발성	평가수단의 사전 개발 불가로 전후 비교가 곤란

자료: Rogers(2008: 32)

델(simple Logic Model)이라고 하면서 복합적이고 복잡한 개입을 위한 별도의 논리모델이 필요하다고 한다. 이어 복합적인 개입상황과 복잡한 개입상황 사례를 단순한 개입상황과 비교하여 〈표 5-3〉과 같이 구분하고 단순논리모델의 보완방안을 제시하고 있다.

복수의 공간에서 복수의 조직에 의해 사업이 추진될 경우 하나의 논리모델이 아니라 개별 사업별로 구성된 논리모델을 통합하여 전반적인 개입효과를 평가하는 보완이 필요하다. 원인변화에 따른 결과변화가 동시에 여러 가지 발생하는 경우 각 인과흐름을 논리모델에 빠짐없이 반영하려는 노력이 요구된다. 대안적 인과흐름의 경우 원인변화가 유발하는 결과변화의 양상이 동시에 나타나는 것이 아니라 여건에 따라 선별적으로 나타나는 상황의존성(context dependency)을 갖게 되므로 환경적 요인을 고려한 시계열적 분석이나 다양한 사례에 대한 비교검토가 필요하다. 순환고리에 의한 인과관계가 있는 경우 일방향이 아닌 선순환(virtuous circle)이 나타나므로 특정 결과가 나타나는 임계점(tipping point)을 정확히 파악하는 것이 필요하다. 마지막으로 창발적 결과가 나타나는 경우 파악하기 어렵고 해결하기도 어려운 사악한 문제(wicked problem)[7]가 대두할 수 있으므로 초기 논리모델을 지속적으로 보완하고 진화시키는 탄력적 변화이론을 적용할 필요가 있다. 저자가 기존의 단순논리모델과 비교될 수 있는 복합적이고 복잡한 논리모델의 사례로 제시한 모형은 해결책이 알려지지 않은 아프리카의 기생충 퇴치를 위해 복수의 마을에서 다양한 주체에 의해 추진된 사업을 대상으로 구조화된 [그림 5-8]의 논리모델이다.

7 사악한 문제(wicked problem)는 순한 문제(tame problems)와 달리 문제가 해결되기 전까지는 정확하게 문제를 정의하고 이해하는 것 자체가 불가능하거나 곤란하고 전례와 대안이 없어 문제의 완전 해결도 불가능하며 해결책은 맞고-틀림의 문제가 아니라 좋고-나쁨의 문제로 귀결되는 것을 말한다(Rittel and Weber, 1973).

[그림 5-8] 복합적이고 복잡한 개입을 위한 논리모델

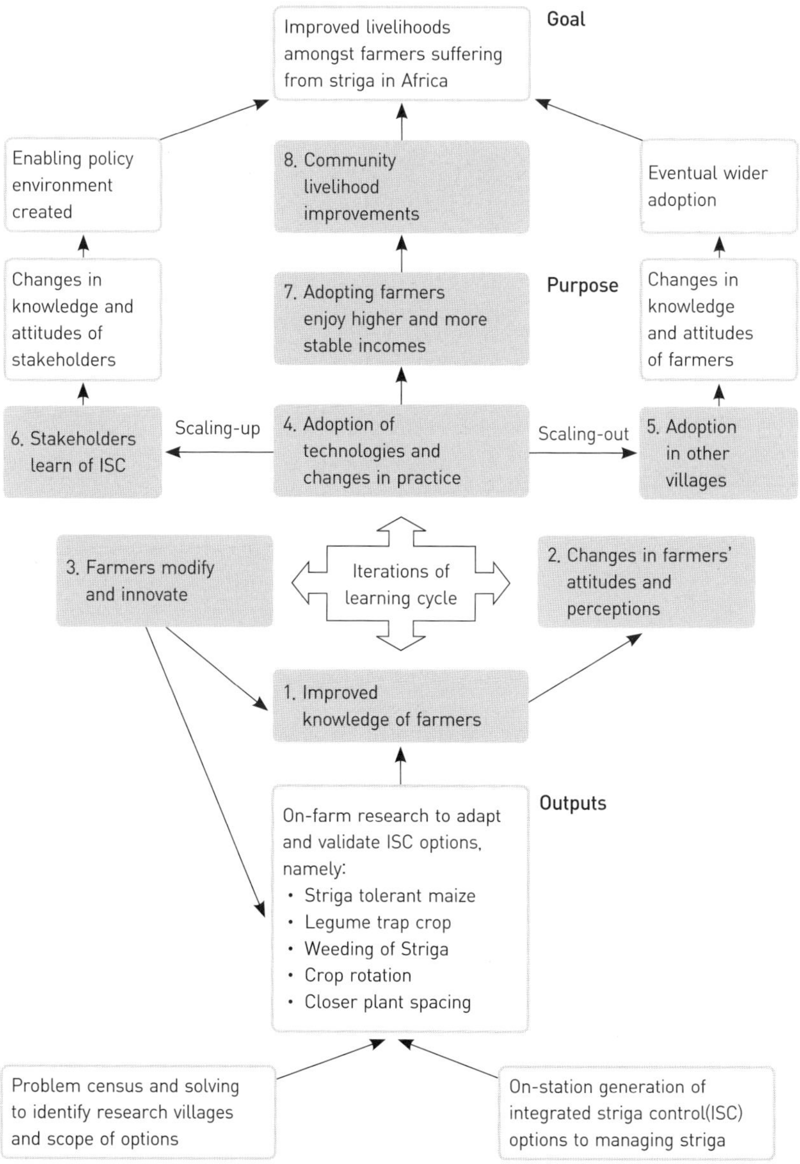

자료: Rogers(2008: 41)에서 재인용

공기업 1군에 속하는 공공기관들이 추진하는 거의 모든 주요사업들은 복합적이고 복잡한 성격을 띠고 있다. 유형별로 몇 가지 예를 들자면 공항공사의 경우 14개 공항을 관리하고 있으므로 복수의 공간과 조직이라는 문제를 다루고 있고, LH는 사업승인과 착공, 준공이 동시에 인과적으로 이루어지는 사업을 추진하고 있으며, 한전은 유가 인하에 따른 수익증가분을 요금인하에 활용할 수도 있고 신재생 에너지 사업에 투자할 수도 있는 대안적 인과흐름을 갖고 있다. 석유공사가 추진했던 해외 자원개발 사업은 초기 설정의 잘못에 의해 비선형적인 순환루프가 형성되었고, 수자원공사가 추진했던 태국 치수사업은 정권변화라는 예측 못한 창발적 상황에 직면한 바 있다. 따라서 기존의 단순논리모델에 기초한 사업평가를 벗어나 복합적이고 복잡한 상황변화를 포괄할 수 있는 사업평가 체계가 요구된다.

3. 바람직한 성과지표의 요소

지표(indicator)란 '성과를 측정하거나 정책적 개입과 관련된 변화를 반영하거나 행위자들의 성과를 평가하는 데 도움을 주는 간단하고 신뢰할 만한 수단으로서의 양적 또는 질적 요인이나 변수'를 의미한다(OECD, 2010: 25). 한편 성과지표(performance indicator)란 개발정책(development intervention)의 변화를 정당화하거나 계획된 의도대로 달성된 결과를 보여주는 변수로 정의된다(OECD, 2010: 29). Talbot(2010)에 의하면 성과지표가 성과평가에 널리 쓰이는 이유는 앞서 살펴본 기술적 문제(technical problem)에 기인한다. 절대적인 성과(absolute performance)를 직접 측정(direct measure)할 수 없기 때문에 표본과 선별을 통한 대리변수(proxy)로 성과를 표시(indicate)하는 데 그치는 것이다. 성과지표를 사용할 경우 복잡한 현실을 간단히 표현할 수 있고 시계열적 변화를 해석하기 쉬워 비교에 용이하다는 장점이 있지만 잘못된 해석에 따라 단순한 결론 도출과 조작이 가능해지고 주어진 목표에 도달하면 더 이상의 성과창출을 위해 노력하지 않는 한계효과(threshold effects)가 발생한다는 단점도 있다. Wilson and Buller(2001)은 정책의 평가에 있어서 성과지표 적용의 문제점을 첫째, 설명하기 어려운 사회경제적 정책목표 대신 손쉽게 계량화할 수 있는 정책목표가 더 과장되는 강화(reinforce), 둘째, 성과지표 뒤에 숨겨진 사회문화적 수요나 기대와 같은 문제를 개선하기보다는 수치로 나타나는 성과만을 제고하도록 하는 압력(pressure), 그리고 마지막으로 변화 양상만을 보여줄 수 있을 뿐 인과관계를 설명하지 못하는 문제(reveal but not explain)로 나누어 설명한 바 있다.

바람직한 성과지표의 요소에 대해서는 영국 재무성 외(HM Treasury et al., 2001)가 제시하는 기준을 통해 살펴볼 수 있다. 성과지표는 해당 조직이 달성하고자 하는 목표와 관련성(relevance)을 맺고 있어야 하고 바람직하지 않거나 낭비적인 행위를 촉발하는 왜곡된 유인(perverse incentives)을 제공하면 안 된다고 한다. 또한 해당조직이 영향력을 미칠 수 있어야 하고 성과의 책임이 누구에게 귀속되는지를 보여줄 수 있도록 명확한 정의(well-defined)와 영향파악 가능성(attributable)이 필요하다. 사업 진행 상황을 파악하는 데 도움이 되도록 측정의 적시성(timeliness)이 확보되어야 하고 원하는 정보를 정확히 제공하면서 성과의 변화를 민감히 파악할 수 있는 신뢰성(reliable)도 요구된다. 아울러 현재의 성과를 과거의 성과나 다른 사업 성과와 비교할 수 있는 비교 가능성(comparable)과 적절한 과정을 거쳐 성과지표가 측정되었는지를 확인할 수 있는 검증 가능성(verifiable)을 확보해야 한다고 한다. 하지만 평가의 초점, 지표의 사용목적, 또는 특정한 정책적 맥락 등에 따라 지표들의 계층적 중요도가 달라지기 때문에 적절한 성과지표의 선정이 용이하지 않은 것이 사실이다. Wilson and Buller(2001)에 의하면 성과지표 간에는 분류체계(typological hierarchy), 공간(spatial hierarchy), 그리고 개념(conceptual hierarchy) 차원의 위계적 계층이 존재한다고 한다. 분류체계 차원의 위계에 해당하는 예는 OECD(1998)에 의해 제시된 PSR 모형이 대표적인데 환경에 영향을 미치는 인간행동이라는 압력(pressure)이 외부에 변화를 미쳐 특정 상태(state)를 형성하게 되고 그에 따라 정책적 대응(response)이 나타난다는 것이다. 환경정책의 경우 압력에 관한 지표는 살충제 사용이나 물과 토지의 이용변화 등으로 구성될 수 있고 상태지표는 토질, 수질, 온실가스, 생물다양성 등으로 이루어질 수 있으며 대응의 경우 재원관리, 도농이주 등으로 판단될 수 있다고 하는데 어떤 측면에 더 중점을 두는가에 따라 성과평가의 결과가 달라질 수 있다고 한다. 공간적 위계는 지역, 국가, 세계 등으로 나뉘는데 다른 위계적 차원별로 서로 다른 성과지표가 사용되어야 한다고 한다. 개념적 위계는 산출, 결과, 행위자, 절차라는 4가지 요소별로 구성되는데 각 단계별 성공요인을 판단할 수 있는 지표가 달라지기 때문에 복잡성(complexity)이 가중된다고 한다.

한편, 미국의 OMB(2003)는 성과지표의 설정이 어려운 경우와 사례별 대처방안에 대해 다음과 같이 제시하고 있다. 첫째, 사업의 결과를 측정하는 일이 어려운 경우에는 사업에 대한 근본적인 질문을 던짐으로써 사업의 효과를 측정할 수 있는 방법을 발견할 수 있다고 하는데 왜 그 사업에 예산을 배정하는 일이 중요한가, 그 사업이 성공적이었다면 무슨 문제를 해결할 수 있었는가, 왜 그 사업을 운영하는 것이 필요한가 등이 그러한 질문에 해당한다. 둘째 사업이 원하는 결과에 영향을 미치는 많은 요인들 가운데 하나에 불과한 경우 여러 사업을 하나로 묶고 전체 사업군에 대한 광범위한 지표와 개별 사업에 대한 세부지표를 함께 개발해야 한다고 한다. 셋째, 사업 성과가 여러 해가 지난 후에 나타나는 경우에는 장기적인 목표를 달성하기 위해 필요한 산출 중심의 단기 및 중기 이정표를 설정하고 그 측정방법을 구상해야 한다고 한다. 넷째, 사업목적이 다양하고 자금이 여러 활동에 투입되는 경우에는 이해 관계자간 합의를 통해 핵심적인 전략목표를 도출하고 성과에 대한 연대책임에 따라 각 주체가 담당할 역할에 따른 평가기준을 마련해야 한다고 한다. 다섯째, 행정적 또는 절차적 성격의 사업인 경우에는 행정활동을 별개의 활동이 아닌 전체 사업의 일부로 보아 투입비용으로 반영하거나 공통지표를 개발할 것을 권고하고 있다.

Ⅲ. 주요사업 평가의 평가성 검토

1. 관점 차원: PDCA 절차 관점에서 다차원적 성과관점으로

앞서 지적한 것처럼 기존의 주요사업 성과평가는 논리모델에 기초한 계획-집행-확인-환류 사이클 위주의 PDCA 관점이다. 이에 따라 주요사업별 추진계획은 구체적으로 적정하게 수립되었는가, 주요사업별 추진계획은 적절하게 집행되었는가, 주요사업별 비계량적 성과는 적정한 수준인가, 주요사업별 환류활동은 적절하게 수행되었는가, 주요사업별 계량지표의 구성 및 목표수준은 적정한가 여부가 주요사업을 평가하는 기준이 된다. 그러나 이러한 절차적 관점을 따를 경우 기관별 차별성을 확인하기 어렵고 기관이 거둔 성과가 실제 무엇인지 판단하기 어려운 문제가 발생한다.

모든 주요사업들이 나름대로의 적정한 체계에 따라 수립되고 집행된 후 환류 받는 절차를 거치기 때문이다. 현장실사가 사업현장을 확인하는 기회를 제공하지 못하는 관계로 거의 전적으로 서면평가에 의존해야 하는 상황에서 평가결과는 결국 기관이 '얼마나 보고서를 보기 좋게 잘 썼는가'에 좌우될 수밖에 없다. 따라서 이러한 절차적 평가관점은 다양한 성과를 평가하는 내용적 관점으로 변경될 필요가 있다. 이런 점에서 EC(1997)와 JICA(2004)가 제시하는 평가기준인 적절성, 효율성, 효과성, 효용성, 지속가능성은 보편적인 사항을 담고 있지만 그 내용을 재음미할 만하다. 특히 기존의 주요사업 평가가 대부분 효과성을 주요 대상으로 한다는 점에서 포괄적인 접근방법으로의 변화가 요구된다.

먼저 적절성(relevance)이다. 적절성은 사업의 목표(objectives)가 사업의 수요와 필요성에 비추어 과연 바람직하고 올바르게 설정되어 있으며, 정부정책의 우선순위와 잘 부합하고 있는가의 문제이다. 이는 사업 자체

[그림 5-9] 사업성과의 평가기준

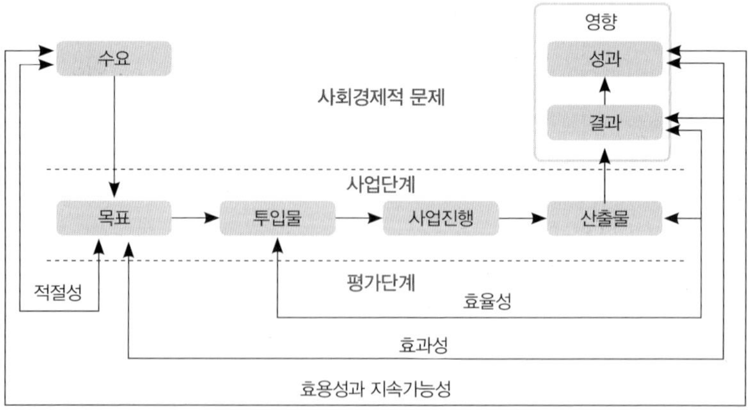

자료: EC(1997: 25)

의 존폐 여부에 관심을 갖는 기준으로써 방만경영 근절과 공기업 효율화가 상황에서 매우 중요한 평가의 기준이 될 수 있다. 사실 공기업이 수행하는 모든 사업은 나름대로의 중요성을 갖고 있고 나름대로의 편익을 국민에게 제공한다. 그러나 적절성에 대한 평가결과에 따라 당해 사업을 계속 추진할 것인가, 또는 대폭 수정할 것인가, 아니면 단순 종결 처리해야 할 것인가에 대한 정책판단이 가능하게 되며, 이를 위해 평가자는 사회의 전반적인 변화가 사업추진의 필요성을 변화시켰는지 또는 장래에 변화시킬 가능성은 없는지에 대해 질문할 필요가 있다. 예를 들어 석유공사나 가스공사가 추진했던 해외투자 사업의 경우 사업규모를 줄이는 출구전략을 합리적으로 수립하는 것도 적절성 관점에서는 나름대로의 성과를 거둔 것으로 평가할 수 있다고 보아야 한다. JICA(2004)는 적절성에 관한 평가기준으로 다음과 같은 관점이 필요하다고 한다.

- 필요성: 사업이 대상지역 · 집단 · 사회의 수요를 충족하고 있는가?
- 우선순위: 사업이 (지역)정책의 기조와 일치하는가?
- 수단적 적절성: 사업전략이 필요한 분야에 효과를 나타낼 수 있는가?
  대상집단의 선정은 적절한가?
  사업의 비용과 편익이 고르게 분배될 수 있는가?

두 번째 논점은 효율성(efficiency)이다. 효율성은 효과성과 함께 가장 많이 사용되는 평가 기준으로서 일정한 일을 하는 데에 얼마의 비용이 투입되었는가를 나타내는 지표로서 산출/투입의 비율로 나타난다. 이 기준은 목표를 달성하는 데 있어서 가장 경제적인 수단이 무엇인가에 초점을 두고 있으며, 투입(inputs)이 얼마나 경제적으로 산출이나 결과 등으로 전환되었는가에 관한 문제이다. 이를 파악하기 위해서는 단위투입에 대한 산출이 얼마나 큰지 또는 단위산출에 필요한 투입이 얼마나 작은지를 검토하게 되며, 다양한 대안을 상정하여 그 결과를 비교할 수 있는 적절한 비교대상이 필요할 수 있다. 효율성 평가는 단순한 비용-효과의 비율뿐 아니라 사업이 제대로 집행되었는지에 대한 부분도 포함한다. JICA(2004)는 다음과 같은 관점을 효율성 평가에 필요한 기준으로 제시하고 있다.

- 투입비용이 성취된 산출의 수준에 비추어 정당화될 수 있는가? 더 낮은 수준의 비용으로 같은 수준의 산출을 낼 수 있는 대안은 없는가? 같은 비용으로 더 높은 수준의 산출을 낼 수는 없는가?
- 투입비용이 사업목표의 달성수준에 비추어 정당화될 수 있는가? 더 낮은 수준의 비용으로 같은 수준의 사업목표를 달성할 수 있는 대안은 없는가? 같은 비용으로 더 높은 수준의 사업목표 달성을 할 수는 없는가?
- 사업집행 과정의 효율성을 저해하거나 촉진시킨 요소는 무엇이었는가? 투입이 적절한 시간계획에 따라 집행되었는가? 투입의 규모와 질은 적절했는가? 투입에서 산출에 이르는 과정에 영향을 미치는 중요한 가정은 없었는가? 전제조건이 미친 영향은 없었는가? 효과성에 영향을 미치는 저해/촉진요인은 무엇이었는가?

세 번째 논점은 효과성(effectiveness)으로 사업의 영향(impacts)이 사업의 특정목표와 일반목표를 달성하는 데 얼마나 기여했는가의 문제이다. 효과성은 실제로 달성된 산출/목표에서 설정된 산출의 비율로 나타난다. 이 기준에 의하면 비용은 얼마가 들더라도 산출만 많으면 바람직한 정책으로 평가될 수 있다. 사업의 효율성이 높았다고 할지라도 효과성이 낮을 수 있으며, 효과성이 높았더라도 효율성이 낮을 수 있으므로 효과성과 효율성은 유사하면서도 상이한 개념이다. 사업의 효과성이 낮은 것은 사업목표를 제대로 설정하지 못했거나 사업목표 달성에 필요한 인과성 있는 사업수단을 선택하지 못한 점에 기인하기 쉽다. 또한 효과성을 판단함에 있어서 긍정적 효과뿐 아니라 부정적 효과도 파악하는 것이 바람직하다.

네 번째는 효용성(utility)이다. 효용성은 사업의 영향(impacts)이 대상집단(target population)의 수요(needs)나 선호, 가치를 얼마나 충족시켰는가의 문제로서, 사업이 대상집단의 수요를 만족시키고 그들에게 유익한 사회적 변화를 초래했을 때 효용성이 있다고 할 수 있다. 이 기준에 의하면 어떤 정책이 정책고객인 국민의 필요나 소망을 충족시킬 수 있다면 바람직한 정책인 것으로 평가된다. 효용성은 사업의 영향(impacts)이 대상집단(target population)의 수요(needs)를 얼마나 충족시켰는가의 문제로서, 사업이 대상집단의 수요를 만족시키고 그들에게 유익한 사회적 변화를 초래했을 때 효용성이 있다고 할 수 있다. 문제는 상이한 이해관계를 가진 이해당사자가 많을 때 어떤 대상집단의 이해관계를 우선할 것인가, 또는 어떠한 방식으로 보편적인 수요를 도출할 것인가에 관한 어려움이 있다는 점이다.

다섯 번째는 지속가능성(sustainability)이다. 지속가능성은 사업종결 이후에도 사업으로 인한 긍정적인 변화가 얼마나 더 지속될 수 있는가에 관한 문제로서 효용성과 밀접한 관련이 있다. 현 시점에서 대상집단의 수요에 부응하는 유익한 변화를 초래하는 사업이라고 할지라도 미래시점에서 여전히 효과를 보일 수 없다면 지속가능성이 떨어진다고 할 수 있다. 한전의 경우 UAE 원전수출 건설 및 운영관리업무 수주라는 쾌거를 올린 바 있지만 2009년 이후 7년째 신규수주 실적이 없는 실정[8]이므로 일회성 수주를 통한 현금흐름 유입이라는 효과 외에 해외사업의 지속가능성이 존재하는지 여부를 종합적으로 검토할 필요가 있는 것이다. 지속가능성을 평가하기 위한 기준으로 JICA(2004)가 제시하는 관점은 다음과 같다.

8 조선일보(2016. 11. 7.), 1000조 원전시장 관련 기사, http://biz.chosun.com/site/data/html_dir/2016/11/07/2016110700035.html

- 사업목표에서 제시된 기대효과가 지원중단 이후에도 나타날 수 있는가?
- 그러한 효과가 지속되는 것을 저해하거나 촉진하는 요소는 무엇인가? 정치적 지지가 지속적인가? 활동을 수행해 나갈 조직역량이 있는가(인사, 예산, 의사결정 과정 등)? 적절한 법적 장치를 구비하고 있는가? 조직이 독립된 예산을 가지고 있거나 계속적인 예산지원을 받을 수 있는가? 필요한 기술과 장비가 유지보수되는가?
- 활동을 수행하는 데 장애가 되는 사회문화적·환경적 측면의 부정적인 영향이 있는가?

2. 수단 차원: 성과지표의 지표성(indicatability)

1) 성과지표의 가중치가 자원배분과 균형적인가?

계량지표의 가중치[9]는 주요사업별로 달리 분배되고 있는데 기관이 투입하는 예산 및 인력, 그리고 정책적 우선순위를 의미하는 중요도와 균형을 유지할 필요가 있다. 예산과 인력이 많다는 것은 기관의 미션과 관련된 본원적 업무라는 의미이고 우선순위가 높다는 것은 기관의 비전과 관련하여 상대적 가치가 높다는 것이기 때문이다. 그러나 기관의 입장에서는 본원적이고 상대적 가치가 높은 업무라고 해도 목표를 도전적으로 설정하거나 달성하기 어려운 경우 또는 성과를 내더라도 소위 말하는 생색을 내기 어려운 경우 가중치를 높게 설정하지 않을 유인이 발생한다. 결과적으로 득

9 비계량지표의 경우 주요사업별로 부여하던 방식에서 주요사업 전체를 하나로 묶어 평가하는 방식으로 변경된 후 일괄적으로 13점(공항공사는 15점)을 부여하고 있어 기관별로 총점 차이가 없고 세부적인 평가 시에도 주요사업별로 균등한 점수(2~4점)를 부여하고 있으므로 분석에서 제외한다.

점하기에 유리하거나 홍보하기 좋은 사업에 더 높은 가중치를 부여할 가능성이 커지는 것이다. 이를 확인해 보기 위해 아래 표에서 보듯이 기관들이 제출한 자료(공공기관 경영평가단, 2016) 중에서 성과지표의 가중치와 부문별 비중이 주요사업별로 1 : 1 매칭된 기관의 현황을 정리한 결과는 〈표 5 - 4〉와 같다.

이어 각 기관별로 계량 가중치와 부문별 비중 간의 상관관계를 분석해

〈표 5-4〉 기관별 주요사업별 가중치와 부문별 비중(%)

기 관	주요사업	계량 가중치 비중	예산 비중	인력 비중	중요도 비중
가스 공사	• 도입 및 판매 사업	44	85	3	25
	• 생산 및 공급 사업	44	12	91	54
	• 해외 사업	13	3	6	22
도로 공사	• 건설관리 사업	16	68	17	30
	• 교통관리 사업	44	11	19	40
	• 유지관리 사업	25	14	44	20
	• 영업관리 사업	16	8	20	10
수자원 공사	• 수자원 확보 사업	43	19	33	26
	• 수돗물 공급 사업	57	38	54	48
	• 신성장 사업	–	42	13	26
전력 공사	• 전력수급 사업	19	11	21	20
	• 송변전 사업	25	32	32	30
	• 배전 사업	41	36	38	35
	• 미래성장 사업	16	22	10	15
난방 공사	• 개발·건설 사업	28	8	17	30
	• 생산·운영 사업	47	83	58	40
	• 수송·분배 사업	25	9	25	30
철도 공사	• 여객철도 사업	41	65	49	40
	• 물류철도 사업	13	13	15	15
	• 안전관리 사업	34	22	34	30
	• 비운송 사업	13	0.3	1.5	15
LH 공사	• 주거복지 사업	31	21	31	35
	• 공공주택 사업	31	32	23	30
	• 경제기반조성 사업	16	11	11	15
	• 도시환경조성 사업	22	36	31	20

자료: 공공기관 경영평가단(2016b)

〈표 5-5〉 주요사업 가중치·부문·평점의 비중(%)

기 관	주요사업	계량 가중치 비중	예산 비중	인력 비중	중요도 비중	계량 평점 합 (비중/평균)
도로공사	• 건설관리 사업	16	68	17	30	91(17/91)
	• 교통관리 사업	44	11	19	40	272(50/91)
	• 유지관리 사업	25	14	44	20	100(18/100)
	• 영업관리 사업	16	8	20	10	84(15/84)
수자원공사	• 수자원 확보 사업	43	19	33	26	188(42/94)
	• 수돗물 공급 사업	57	38	54	48	260(58/87)
	• 신성장 사업	–	42	13	26	–
난방공사	• 개발·건설 사업	28	8	17	30	65(22/65)
	• 생산·운영 사업	47	83	58	40	130(44/65)
	• 수송·분배 사업	25	9	25	30	100(34/100)

본 결과 철도공사의 계량 가중치가 인력 및 중요도 비중과 유의미한 상관관계를 갖는 것을 제외하고 모든 기관들의 가중치가 부문별 비중과 통계적으로 유의미한 상관관계가 없는 것으로 나타났다.[10] 도로공사와 수자원공사의 경우 계량 가중치가 예산비중과 심지어 음의 상관관계(통계적 유의성은 없음)를 갖는 것으로 나타났다.

한편 음의 상관관계를 보였던 도로공사와 수자원공사, 그리고 추가적으로 지역난방공사의 계량평점을 부문별 비중과 비교분석한 결과는 〈표 5-5〉와 같다. 도로공사의 경우 예산비중이 가장 높은 사업의 계량가중치가 예산비중 및 중요도 비중이 가장 낮은 영업관리 사업과 동일한 수준으로 책정되어 있고, 중요도가 3위인 사업의 계량 평균평점이 1, 2위인 사업보다 더 높게 나타났다. 수자원공사도 중요도가 낮은 사업의 계량 평균평점이 더 높았으며, 예산비중이 가장 높은 신성장 사업은 평가대상 계량사업이 아예 없는 실정이다. 지역난방공사의 경우 중요도와 예산 및 인력비

10 다만, 전체 기관의 가중치와 부문별 비중 간 상관관계는 비계량과 계량 모두 통계적으로 유의미한 상관관계를 갖는 것으로 나타났는데 가중치와 비중이 다른 기관과 매칭될 수 있기 때문에 아무런 의미가 없다고 판단된다.

중이 낮은 사업의 평균평점이 중요도와 예산 및 인력비중이 가장 높은 사업의 평균평점보다 높게 나타나고 있다. 이러한 사례가 객관적 증빙이 되기는 어렵지만 중요도나 예산 및 인력비중이 높은 사업보다 득점을 하기 유리한 사업의 가중치를 높일 가능성이 있으므로, 주요사업 성과지표의 가중치를 부문별 비중과 반드시 일치시키지는 못하더라도 중요도가 큰 업무에 대해 성과를 인정받을 수 있도록 가중치와 적절한 균형을 맞출 필요가 있다.

2) 비계량 등급부여의 기준이 합리적이고 명확한가?

계량과 달리 비계량 부문은 앞서 살펴본 PDCA 관점에 따른 정성평가를 시행하여 A^+에서 E^0에 이르는 등급을 부여하도록 하고 있다. 평가편람에 따르면 전반적인 시스템 구축 및 운영실적 수준과 전반적인 경영실적의 전년 대비 개선도를 등급구간으로 구분한 후 〈표 5-6〉과 같이 양자를 교차하여 절대평가의 관점에서 평정등급을 정하는 것을 원칙으로 하고 있다.

이론적으로는 당해 연도 성과뿐 아니라 전년도 성과 대비 나아진 정도를 동시에 고려하는 것이 타당할 수 있으나, 금년도 성과가 우수한 기관은

〈표 5-6〉 등급평가 기준

		전반적인 시스템 구축 및 운영실적 수준			
		탁월	우수	보통	미흡
전반적인 경영식적의 전년 대비 개선도	탁월	A^+	A^0	B^+	B^0
	우수	A^0	B^+	B^0	C
	양호	B^+	B^0	C	D^+
	보통	B^0	C	D^+	D^0
	미흡	C	D^+	D^0	E^+
	부진	D^+	D^0	E^+	E^0

자료: 공공기관 경영평가단(2016a: 23)

전년도에 우수한 등급을 받았을 가능성이 크므로 전년과 대비해서도 우수하기는 매우 어렵고 금년도 성과가 우수하지 않은 기관이 전년 대비 우수할 가능성도 희박한 것이 현실이다. 평가위원 입장에서 기관에게 A 이상 점수나 D 이하 점수를 부여하는 것은 상당한 부담으로 작용하게 되므로 결과적으로 등급부여가 B와 C로 한정될 가능성이 커질 수밖에 없다. 실제 2015년 주요사업 경영평가 결과에 따르면 모든 기관의 주요사업별 평정은 B^0와 C에 한정되었고 일부 사업의 경우에만 B^+ 등급이 부여된 것으로 나타난바 있다.

더 큰 문제는 소위 세부평가 5번에 해당하는 '계량지표의 구성 및 목표수준 적절성' 지표의 평정기준이 모호하거나 전년도 결과에 고착되기 쉬운 반면 가중치 비중이 매우 높아서 다른 주요사업에 대한 평정을 압도하기 쉽다는 점이다. 계량지표 구성의 적절성 평정요소는 3가지, 즉 기관의 설립목적과 연계 정도, 목표수준의 적절성, 지표개선 노력의 적절성으로

[그림 5-10] 계량지표의 적절성 평가기준

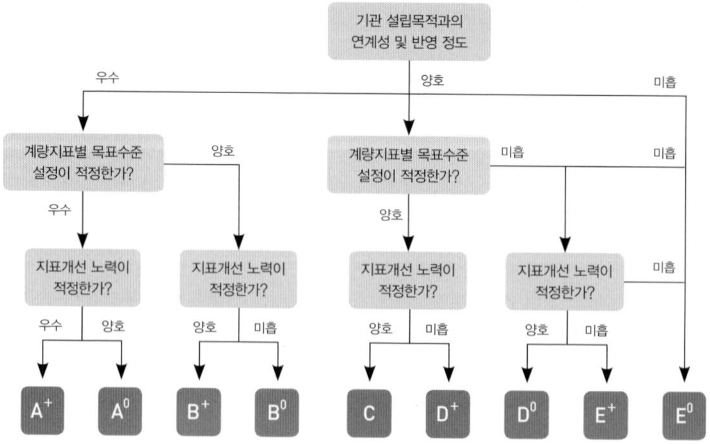

자료: 공공기관 경영평가단 내부자료

구성되는데 [그림 5-10]에서 보듯이 순차적인 흐름도에 따라 등급을 부여하는 방식을 채택하고 있다.

첫 번째 요소는 지표가 바뀌지 않는 이상 전년도와 동일할 수밖에 없고 두 번째 요소는 대부분의 목표가 표준편차 방식으로 부여되고 있어 사실상 기관이 통제하기 어렵다는 문제가 있다. 세 번째 요소도 3년 단위로 지표가 운영되는 상황에서 지표가 변경되지 않는 이상 개선노력을 확인하기 어렵고, 개선노력을 기울여 지표가 변경된 후 계량점수가 향상될 경우에는 이중으로 유리한 평정을 받을 가능성이 있다. 그럼에도 불구하고 다른 주요사업의 비계량 가중치가 대부분 2점[11]에 그치고 있는 것과 달리 세부평가 5번의 가중치가 5점에 이르는 것도 매우 불합리한 것으로 판단된다. 결과적으로 2015년 주요사업 비계량 최종평정 결과도 세부평가 5번의 등급이 결정적으로 좌우한 바 있다. 본 세평의 취지가 주요사업 계량지표와 비계량지표의 연계성, 그리고 계량지표에 평가결과가 지나치게 의존하게 되는 부분을 조정하기 위한 것임을 감안하더라도 자의적인 판단가능성, 점수부여의 차별성 부족, 가중치 불균형 등의 문제는 개선되어야 할 부분인 것으로 판단된다.[12]

3) 비계량과 계량평가의 역할분담이 적절한가?

주요사업 평정에 있어서 비계량과 계량의 가중치 합계는 13점과 37점(공항공사는 15점과 35점)으로 계량범주의 가중치가 비계량범주의 3배에 이르고 있다. 측정할 수 없으면 관리할 수 없다는 P. Drucker의 명제를 인

11 사업이 2개인 석유공사는 4점, 3개인 가스공사와 수자원공사, 지역난방공사는 2.667, 비계량 비중이 다른 기관과 달리 15점인 공항공사는 2.5인 것을 제외하면 모든 기관의 모든 주요사업별 가중치는 2점에 그치고 있다.

12 2016년 실적을 평가하는 2017년 경영평가에서는 제외되었는바 적절한 개선인 것으로 판단된다.

[그림 5-11] 공기업 1군 주요사업 비계량 및 계량, 총점 득점 추이(과거 5년간)

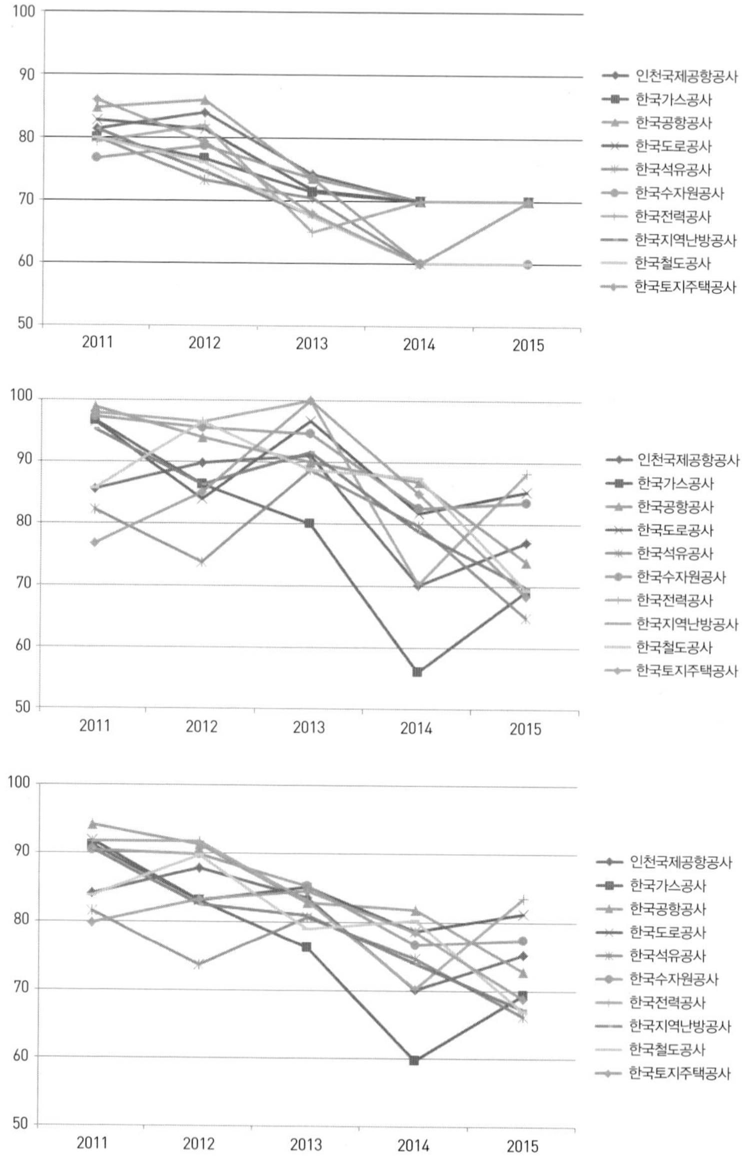

정한다면 합리적으로 선정된 계량지표의 달성도를 기준으로 한 계량평가의 비중이 높은 것은 평가의 객관성과 공정성, 정확성을 높이는 데 긍정적으로 작용할 수 있는 것이 사실이다. 그러나 앞서 살펴본 것처럼 계량지표는 지표의 산식 설계를 변경함으로써 기관에게 유리하게 작용할 수 있고 주요사업 당 1, 2개의 계량지표가 대표성을 충분히 갖고 있는지의 문제도 있다. 양적인 측면을 강조하는 관계로 질적인 노력을 평가하기 어렵고 기관이 통제하기 곤란한 외부환경 변화에 따라 달성도가 높아지거나 낮아질 가능성도 있다. 따라서 이러한 문제점들을 비계량 범주에 대한 평가를 통해 보완 내지 통제하는 것이 필요하지만 사실상 그런 역할분담이 제대로 이루어지지 않는 것으로 판단된다. [그림 5-11]은 지난 5년간 공기업 1군에 속하는 기관들의 주요사업 비계량 및 계량점수, 그리고 합계점수의 추세를 그래프로 나타낸 것이다. 총점 추이는 비계량점수 추이와는 패턴이 유사하지 않은 반면 계량점수의 추이와는 매우 유사함을 알 수 있다.

〈표 5-7〉 비계량 순위 추이

	2011년		2012년		2013년		2014년		2015년
한국토지주택공사	86	한국공항공사	86	인천국제공항공사	74.1	인천국제공항공사	70	인천국제공항공사	70
한국공항공사	84.7	인천국제공항공사	84	한국공항공사	73.6	한국가스공사	70	한국가스공사	70
한국도로공사	82.7	한국전력공사	82	한국수자원공사	73.6	한국공항공사	70	한국공항공사	70
인천국제공항공사	81.3	한국도로공사	81.3	한국도로공사	71.7	한국도로공사	70	한국도로공사	70
한국지역난방공사	81.3	한국토지주택공사	79.3	한국가스공사	71.4	한국전력공사	70	한국석유공사	70
한국가스공사	80	한국수자원공사	78.7	한국석유공사	70.5	한국석유공사	60	한국전력공사	70
한국석유공사	80	한국가스공사	76.7	한국토지주택공사	67.9	한국수자원공사	60	한국토지주택공사	70
한국철도공사	80	한국철도공사	76	한국지역난방공사	67.7	한국지역난방공사	60	한국수자원공사	60
한국전력공사	79.3	한국지역난방공사	74.7	한국철도공사	67.4	한국철도공사	60	한국지역난방공사	60
한국수자원공사	76.7	한국석유공사	73.3	한국전력공사	65	한국토지주택공사	60	한국철도공사	60

〈표 5-8〉 계량 순위 추이

	2011년		2012년		2013년		2014년		2015년
한국공항공사	98.8	한국전력공사	96.5	한국토지주택공사	100	한국철도공사	87.4	한국전력공사	88.3
한국전력공사	97.9	한국철도공사	96.5	한국전력공사	99.9	한국공항공사	86.9	한국도로공사	85.3
한국수자원공사	97.2	한국수자원공사	95.6	한국도로공사	96.7	한국토지주택공사	85	한국수자원공사	83.6
한국가스공사	96.7	한국공항공사	94	한국수자원공사	94.5	한국수자원공사	82.6	인천국제공항공사	77
한국도로공사	96.5	인천국제공항공사	89.8	한국지역난방공사	91.5	한국도로공사	81.8	한국공항공사	73.9
한국지역난방공사	95.2	한국지역난방공사	86.4	인천국제공항공사	91.1	한국석유공사	79.8	한국지역난방공사	69.8
한국철도공사	85.8	한국가스공사	86.3	한국공항공사	90	한국지역난방공사	78.8	한국철도공사	69.4
인천국제공항공사	85.6	한국토지주택공사	85.1	한국철도공사	88.8	한국전력공사	70.3	한국가스공사	69.1
한국석유공사	82.3	한국도로공사	84	한국석유공사	88.7	인천국제공항공사	70.1	한국토지주택공사	68.3
한국토지주택공사	76.7	한국석유공사	73.8	한국가스공사	80.1	한국가스공사	56.1	한국석유공사	64.9

〈표 5-9〉 총점 순위 추이

	2011년		2012년		2013년		2014년		2015년
한국공항공사	94.1	한국전력공사	91.7	한국수자원공사	85.3	한국공항공사	81.9	한국전력공사	83.5
한국도로공사	91.9	한국공항공사	91.3	한국도로공사	85.2	한국철도공사	80.3	한국도로공사	81.3
한국전력공사	91.7	한국수자원공사	89.9	한국토지주택공사	84.6	한국도로공사	78.7	한국수자원공사	77.4
한국가스공사	91.1	한국철도공사	89.7	인천국제공항공사	83.6	한국토지주택공사	78.5	인천국제공항공사	75.2
한국지역난방공사	90.6	인천국제공항공사	87.9	한국전력공사	83.1	한국수자원공사	76.7	한국공항공사	72.8
한국수자원공사	90.4	한국토지주택공사	83.2	한국공항공사	82.8	한국석유공사	74.7	한국가스공사	69.3
인천국제공항공사	84.2	한국가스공사	83.1	한국지역난방공사	81	한국지역난방공사	73.9	한국토지주택공사	68.8
한국철도공사	83.9	한국도로공사	83.1	한국석유공사	80.7	한국전력공사	70.2	한국지역난방공사	67.2
한국석유공사	81.5	한국지역난방공사	82.5	한국철도공사	78.9	인천국제공항공사	70.1	한국철도공사	67
한국토지주택공사	79.8	한국석유공사	73.7	한국가스공사	76.3	한국가스공사	59.7	한국석유공사	66.2

〈표 5-10〉 부문별 상위 3개 기관 선정 횟수 비교

기관	비계량	계량	총점
인천국제공항공사	4		
한국가스공사	2		
한국공항공사		2	3
한국도로공사	1	2	4
한국수자원공사	1	3	3
한국전력공사	1	4	3
한국철도공사		2	2
한국토지공사	1	2	2

〈표 5-7〉, 〈표 5-8〉, 〈표 5-9〉는 비계량과 계량, 그리고 총점별로 5년간의 순위 변동을 정리한 결과이다. 정확히 일치하지는 않지만 계량부문의 가중치가 큰 관계로 총점의 순위변동도 계량부문의 순위 변동과 더 유사한 추이를 보이고 있음을 알 수 있다. 특히 2015년의 경우 기관과 순위까지 완전히 일치하고 있으며 그 이전 연도는 3개 기관 중 2개 기관이 일치하고 있다.

그러한 유사성은 상위 3개 기관의 추이를 보면 좀 더 분명히 드러난다. 아래 표를 보면 총점 기준으로 상위 3개 기관에 포함된 횟수를 알 수 있는데 한국공항공사, 한국도로공사, 한국수자원공사, 한국전력공사 3~4회에 이르도록 상위순위를 분점하고 있고 계량 순위 추이와 거의 유사함을 알 수 있다.

반면 비계량의 경우 계량과 총점에서 상위에 있지 않았던 인천국제공항공사와 한국가스공사가 2~4회에 걸쳐 상위권을 차지하고 있는 것으로 나타난다. 총점 기준 상위권을 몇 개 기관이 돌아가면서 차지하고 있고 그 결과는 계량부문 순위와 비슷하다는 것은 계량점수 획득에 유리한 기관이 좋은 평가를 받기 쉽다는 것을 의미한다. 반면 비계량에서 좋은 점수를 받

은 기관이 총점에서 상위기관에 순위를 올리기는 어렵다는 것은 비계량 평가결과가 전체적인 순위 변동에 큰 기여를 하지 못한다는 것을 의미한다.

계량부문의 가중치가 비계량보다 높다는 타당성을 인정하더라도 이는 다음과 같은 점에서 문제소지가 있다. 우선 계량지표의 목표치가 많은 경우 편차부여 방식으로 되어 있어서 어떤 연도에 높은 득점을 한 경우 다음 연도에는 최고목표가 상향조정됨으로써 낮은 득점을 할 가능성이 생기고 반대로 낮은 득점을 한 경우 다음 연도 최고목표가 하향조정됨으로써 높은 득점을 할 가능성이 있다는 것이다. 즉 득점 추이가 기관의 노력과 무관하게 순환사이클에 빠질 수 있다는 것이다. 〈표 5-11〉은 계량부문 득점률 추이를 살펴본 것인데 가중치의 변화, 2 표준편차 부여방식 변화 등이 있긴 했지만 도로, 석유, 전력, 난방, 철도공사 등은 점수 추이가 순환하는 패턴을 보이고 있고 이중 도로와 전력공사는 상위 3개 기관에 가장 많이 포함된 기관에 해당한다.

〈표 5-11〉 계량부문 득점률 추이

기관	2011년			2012년			2013년			2014년			2015년		
	가중치	득점	득점률	가중치	득점	득점률	가중치	득점	득점률	가중치	득점	득점률	가중치	득점	득점률
인천국제공항공사	30	25.668	85.560	30	26.940	89.800	28	25.502	91.079	37	25.938	70.103	37	28.502	77.032
한국가스공사	30	29.007	96.690	30	25.903	86.343	28	22.431	80.111	37	20.771	56.138	37	25.554	69.065
한국공항공사	30	29.646	98.820	30	28.207	94.023	28	25.210	90.036	35	30.430	86.943	35	25.881	73.946
한국도로공사	30	28.950	96.500	30	25.194	83.980	27	26.121	96.744	37	30.254	81.768	37	31.550	85.270
한국석유공사	30	24.692	82.307	30	22.148	73.827	28	24.846	88.736	37	29.544	79.849	37	24.017	64.911
한국수자원공사	30	29.158	97.193	30	28.670	95.567	28	26.473	94.546	37	30.560	82.595	37	30.924	83.578
한국전력공사	30	29.361	97.870	30	28.959	96.530	26	25.973	99.896	37	26.016	70.314	37	32.672	88.303
한국난방공사	30	28.568	95.227	30	25.913	86.377	28	25.613	91.475	37	29.167	78.830	37	25.815	69.770
한국철도공사	30	25.750	85.833	30	28.943	96.477	27	23.974	88.793	37	32.334	87.389	37	25.691	69.435
한국토지주택공사	30	23.006	76.687	30	25.534	85.113	26	26.000	100.000	37	31.454	85.011	37	25.277	68.316

〈표 5-12〉 산식 변경 후 점수 변동 현황

		2014년 산식	2015년 산식	증감
인천국제 공항공사	공항운영 글로벌 경쟁지수	5.015	5.377	0.362 ⬆
	시설효용 글로벌 경쟁지수	4.942	5.447	0.506 ⬆
한국전력공사	글로벌 부하율 관리	4.968	6.390	1.422 ⬆
	글로벌 송배전 손실률 관리	1.560	3.968	2.408 ⬆
한국가스공사	LNG 도입단가 경쟁력 제고	5.621	6.576	0.955 ⬆

〈표 5-13〉 점수 변동 후 순위 변동 현황(2014년→2015년)

순위	계량	순위	비계량	순위	합계
한국철도공사	32.334	한국공항공사	10.500	한국공항공사	40.930
한국토지주택공사	31.454	인천국제공항공사	9.100	한국철도공사	40.134
한국수자원공사	30.560	한국가스공사	9.100	한국도로공사	39.354
한국공항공사	30.430	한국도로공사	9.100	한국토지주택공사	39.254
한국도로공사	30.254	한국전력공사	9.100	한국수자원공사	38.360
한국석유공사	29.544	한국석유공사	7.800	한국석유공사	37.344
한국지역난방공사	29.167	한국수자원공사	7.800	한국지역난방공사	36.967
한국전력공사	26.016	한국지역난방공사	7.800	한국전력공사	35.116
인천국제공항공사	25.938	한국철도공사	7.800	인천국제공항공사	35.038
한국가스공사	20.771	한국토지주택공사	7.800	한국가스공사	33.871

➡

순위	계량	순위	비계량	순위	합계
한국전력공사	32.672	한국공항공사	10.500	한국전력공사	42.472
한국도로공사	31.505	한국전력공사	9.800	한국도로공사	41.050
한국수자원공사	30.924	한국가스공사	9.601	한국수자원공사	39.924
인천국제공항공사	28.552	한국도로공사	9.500	인천국제공항공사	37.702
한국공항공사	25.881	인천국제공항공사	9.200	한국공항공사	36.381
한국지역난방공사	25.815	한국석유공사	9.100	한국가스공사	35.155
한국철도공사	25.691	한국수자원공사	9.000	한국지역난방공사	34.416
한국가스공사	25.554	한국토지주택공사	8.800	한국철도공사	34.091
한국토지주택공사	25.277	한국지역난방공사	8.601	한국토지주택공사	34.077
한국석유공사	24.017	한국철도공사	8.400	한국석유공사	33.171

또 다른 문제는 계량지표의 일부 산식을 변경함으로써 점수변동이 생길 경우 그 영향을 받기 쉬운 취약한 구조가 발생한다는 것이다. 〈표 5-12〉는 2015년 평가에서 산식을 일부 변경한 3개 기관의 사례인데 모두 점수가 상승하였고 〈표 5-13〉은 결과적으로 순위도 크게 변동하였음을 보여주고 있다. 3개 기관은 2014년 계량 및 총점이 최하위 기관이었으나 산식 변경 후 전력공사는 2015년에 1위로 급상승하였고 인천공사도 9위에서 4

위로 수직상승한 바 있다.

이렇듯 비계량부문의 평가결과가 계량부문 평가결과에 압도되기 쉽다는 점뿐 아니라 앞서 살펴본 것처럼 비계량 부문의 평가가 변별력을 갖기 어렵다는 점을 감안한다면 비계량부문은 굳이 평가해야 할 실익이 사라지게 된다. 이러한 문제점을 고려할 때 계량과 비계량의 가중치 간에 균형을 확보함으로써 평가결과가 계량점수 변동에 과도하게 영향을 받지 않도록 보완할 수 있는 방안이 요구된다.

4) 기타 고려해야 할 문제

같은 공기업 1군에 포함되어 있지만 서로 성격이 다른 기관들을 동일한 기준으로 평가하는 것도 일반화의 오류를 범할 가능성이 있다. 예를 들어 국제선 허브공항 1개만을 관리하는 인천국제공항공사와 14개의 국제/국내선 공항을 관리하는 한국공항공사와 같이 수익성 제고가 가능한 기관과 그렇지 않은 기관의 성과를 동일 잣대로 평가하는 것은 문제가 있다는 것이다.

아울러 성과지표의 목표설정에 있어서 한국토지주택공사의 임대주택 공급물량처럼 주무부처가 목표량을 사전에 정해주는 경우 표준편차 적용방식은 사실상 의미가 없고, 한국지역난방공사처럼 영업활동을 할 수 있는 공간적 범위가 정부에 의해 제한된 경우 도전적 목표설정 자체가 불가능하다는 것도 지적할 필요가 있다.

Ⅳ. 맺음말: 평가성 제고를 위한 제언

공공기관의 주요사업에 대한 경영평가는 공공기관이 거둔 성과를 주기적으로 확인함으로써 도덕적 해이를 방지하고 공공서비스 제공이 원활히 작동하도록 하는 데 큰 기여를 해 왔다는 평가를 받고 있다. 그럼에도 불구하고 앞서 살펴본 것처럼 기존 평가체계가 갖는 관점의 한계와 평가지표의 한계가 평가결과의 수용성을 저해하고 자칫 공기업들에게 성과급을 지급하는 근거로 활용되는 데 그치는 결과를 초래하기도 하였다. 주요사업 평가를 실제 진행함에 있어서 증거확보를 위한 절차적 합리성이 부족하다는 것도 개선이 필요한 부분이다.

Case 외(1988)는 성과평가를 수용할 수 있는 표준(기준)과 부합하는지를 결정하기 위하여 증거를 수집하여 어떤 프로그램의 전부 또는 일부의 가치에 대한 명확한 판단을 하는 것이라고 한다. 여기에는 두 가지 핵심적 개념요소가 포함되어 있다. 하나는 표준(standards) 혹은 기준으로 실제 목표에 견주어 측정할 수 있는 바람직한 조건 혹인 질적 상태를 지칭하며, 다른 한 요소는 표준 혹은 기준이 특정한 사업(프로그램)에 의해 충족되었는지를 판단하는 데 필요한 정보, 즉 증거(evidence)이다. 그러나 주요사업 평가 진행 절차에 따르면 이러한 증거를 확보할 수 있는 합리성을 상당부분 결여하고 있다는 문제가 있다.

그간의 경영평가단 진행 절차에 따르면 경영평가단이 구성된 후 기관의 주요사업에 대한 이해를 위해 전체 기관을 대상으로 사업설명회를 개최하고 있으나 기관당 시간제한이 30분가량만 할애되는 관계로 충분한 이해의 장이 되기 어려운 한계가 있다. 기관을 담당하는 주무부처의 담당자 의견을 듣는 기회도 있으나 대부분의 경우 기관의 입장을 옹호하는 수단으로 변질되어 평가에 필요한 착안사항을 확보하는 데 큰 도움을 주지 못하는 것으로 판단된다. 한편 총괄반에서는 평가위원들에게 전년도 감사원 지적사항, 국감 지적사항, 그리고 언론보도 자료를 배포하고 있는데 감사원과 국감 지적사항은 과거에 이미 개선과 완료조치가 끝난 경우가 대부분으로 새로운 정보를 제공하지 못하고 있고 환류절차를 통해 지적사항을 개선하였는지를 평가하는 수준에서만 활용되고 있다. 언론보도 자료의 경우 사실확인이 곤란한 경우도 많고 자칫 보도내용의 프레임(frame)에 갇혀 기관에 대한 호불호의 선입견을 형성하게 될 우려도 있다. 심지어 평가 진행 시점에서 언론에 불리한 보도가 난 경우 평가대상 기간의 사유가 아님에도 주관적 판단에 부정적으로 작용할 여지가 있다. 개별적인 서면평가 이후 현장실사 이전에 기관에 일종의 사전질문에 해당하는 체크리스트를 발송하고 있으나 48시간 전에 발송하는 관계로 현장실사 당일에야 자료가 준비되고 사실상 체크리스트에 대한 답변을 확인하지 못한 채 실사를 진행하는 결과가 초래된다. 현장실사도 주요사업이 이루어지는 현장이 아니라 기관의 본사가 소재한 지역에 내려가 회의장을 방문하는 데 그치고 있어 평가에 필요한 증거를 확인하는 데 전혀 도움을 못주는 실정이다.

이러한 문제점을 해소하고 평가에 필요한 증거를 확보할 수 있는 절차적 합리성을 확보하려면 다음과 같은 개선방안이 강구될 필요가 있다. 우선 현장실사는 이름 그대로 주요사업이 진행되는 현장을 확인할 수 있는 기회가 되어야 한다. 이를 위해서는 평가위원 전원을 대상으로 일종의 현장투어가 사전에 이루어져야 하며, 일정을 맞추기 어려운 경우 주말을 이용해서라도 진행하되 개별적인 접촉에 의한 것이 아니라 단체활동으로 진행되어야 할 것이다. 기존 평가가 사실상 100% 서면평가로 이루어진다는 점은 반드시 개선되어야 할 중요한 절차적 한계에 해당하기 때문이다. 대신 기존의 현장실사는 기관을 방문할 필요 없이 일정한 회의 장소에 기관의 답변자가 참석하여 질의응답을 실시하는 방식으로 전환할 필요가 있다. 일부 기관의 경우 배석자를 대거 참석시키는 일종의 '인해전술'을 구사하거나 과다한 의전을 실시하여 평가자의 심적 요인을 교란시키기도 하고 전체 기관이 업무가 마비되는 현상을 초래하기 때문이다. 아울러 체크리스트 발송은 실사 전 48시간이 아니라 현장 투어와 보고서 열람 이후 바로 진행하여 질의응답 이전에 각 평가가자 사전에 확인할 수 있도록 해야 할 필요가 있다. 기존 시스템은 기관의 역량이 체크리스트 답변에 집중되는 반면 평가자에게는 활용할 시간적 여유를 제공하지 못하기 때문이다. 총괄반에서 제공하는 자료도 언론보도나 국감자료에 그칠 것이 아니라 기관의 성과와 주요사업 추진현황을 파악할 수 있는 다양한 매체가 되어야 한다. 시장의 흐름이나 민간부문의 평가, 외국의 동향 등에 대한 자료도 필수적으로 제공하여 기관이 자랑하려는 주요사업 성과가 과연 진실인지, 또한 기관이 감추고 싶어 하는 허점은 무엇인지 확인하는 데 실질적인 도움을 제공할 수 있어야 한다. 중장기적인 성과가 요구되는 공기업 1군 기관의 특성을 감안할 때 연 단위 평가가 아닌 2년 내지 3년 단위로 평가를 시행하되 보다 철저하게 성과를 분석하는 것도 고려할 필요가 있다.

본 연구는 공기업 1군을 대상으로 한 주요사업 평가의 한계를 분석하고 새로운 관점에 기반한 개선방안을 제시하고자 하였다. 특히 선형적이고 안정된 사업환경을 가정하는 기존의 프로그램 논리모델 사고를 벗어나 복합적이고 복잡한 요인을 감안할 수 있는 변화이론적 관점으로의 변화가 중요함을 지적하고 성과지표의 개선방안과 집행과정의 절차적 합리성 제고방안을 제시하였다. 다만 기존 연구가 충분치 않고 객관적인 자료획득이 어려웠던 관계로 구체적인 이론적 고찰과 엄밀한 분석이 이루어지지 못한 한계가 있다. 앞으로 증거에 기반한 이론적 연구가 후속적으로 이어지기를 기대한다.

참고문헌

공공기관 경영평가단(2016a), 공공기관 경영평가단 평가위원 워크숍 자료.

__________________(2016b), 2017년도 경영평가편람 평가지표 개선의견(안).

국회예산정책처(2016), 재정사업평가와 사례.

김홍률(2005), 프로그램이론 기반의 평가지표 개발과 활용에 관한 연구, 감사원 연구논문집 2005, 99-135.

노화준(2015), 정책평가론, 서울: 법문사.

박수영(2009), 프로젝트 관리와 평가: 프로젝트 기획·모니터링 및 평가방법론, 성남: 한국국제협력단.

박수영·김수진(2015), 변화분석과 개발협력사업 성과관리 고찰, 한국국제협력단 국제개발협력 2005(2): 91-110.

Anderson, A.(2009), The Community Builder's Approach to Theory of Change: A Practical Guide to Theory Development, NY: The Aspen Institute.

Bozeman, B.(1987), All Organizations Are Public: Bridging Public and Private Organizational Theories, San Francisco: Jossey-Bass.

Case, R., Andrews, M. and Werner, W.(1988), How Can We Do It?: An Evaluation Training Package for Development Educators, Interaction.

Clark, H. and Anderson, A.(2004), Theories of change and Logic Models: Telling Them Apart, PPT presented at American Evaluation Association, Atlanta, Nov., 2004.

Eoyang, G., Yellowthunder, L. and Ward, V.(1998), A Complex Adaptive Systems Approach to Public Policy Decision Making, Paper presented to the Society for Chaos Theory in Psychology in the Life Sciences, Aug., 1998.

European Commission(1997), Evaluating EU Expenditure Programmes: A Guide.

Glouberman, S. and Zimmerman, B.(2002), Complicated and Complex Systems: What Would Successful Reform of Medicare Look Like? Discussion Paper 8, Commission on the Future of Health Care in Canada.

HM Treasury, Cabinet Office, National Audit Office, Audit Commissiion, Office for National Statistics(2001), Choosing the Right Fabric: A Framework for Performance Information.

Impact Business Review(2014), 변화를 꿈꾼다면 펜을 들어라: 변화이론 알아보기, http://ibr.kr/2976

Japan International Cooperation Agency(2004), JICA Guideline of Project Evaluation: Practical Methods for Project Evaluation, Planning and Coordination Department, Japan.

Office of Management and Budget(2003), Performance Measurement Challenges and Strategies.

Organization of Economic Cooperation and Development(1998), Towards Sustainable Development Environmental Indicators, Paris: OECD.

____(2010), Glossary of Key Terms in Evaluation and Results-based Management, Paris: OECD.

Perrin, B.(2003), Implementing the Vision: Addressing the Challenges of Result-based Management, OECD.

Pinnegar, S.(2006), Are Complex Programs the Best Response to Complex Policy Issues? City Future Research Centre Issues Paper, Kensington: UNSW.

Rittel, H. and Webber, M.(1973), Dilemmas in a General Theory of Planning, Policy Sciences 4: 155-169.

Rogers, P.(2008), Using Programme Theory to Evaluate Complicated and Complex Aspects of Interventions, Evaluation 14(1): 29-48.

________(2014), Theory of Change, Methodological Briefs Impact Evaluation No. 2, UNICEF.

Stein, D. and Valters, C.(2012), Understanding Theory of Change in International Development, JSRP, The Asia Foundation.

Stufflebeam, D. L.(2004), The 21st Century CIPP Model, In A. C. Alkin(ed.), Evaluation Roots, 245-266, CA: SAGE.

Talbot, C.(2010), Theories of Performance: Organizational and Service Improvement in the Public Domain, NY: Oxford Univ. Press.

Waterman, R. and Meier, K.(1998), Principal-Agent Models: An Expansion?, Journal of Public Administration Research and Theory, 8(2): 173-202.

Weiss, C. H.(1995), Nothing as Practical as Good Theory: Exploring Theory-based Evaluation for Comprehensive Community Initiatives for Children and Families, In J. Connell, A. Kubisch, L. Schorr and C. Weiss(eds.), New Approaches to Evaluating Community Initiatives: Concepts, Methods and Contexts, 65-92, NY: Aspen Institute.

Wilson, G. and Buller, H.(2001), The Use of Socio-economic and Environmental Indicators in Assessing the Effectiveness of EU Agri-environmental Policy, European Environment 11: 297-313.

W. K. Kellogg Foundation(2004), Using Logic Models to Bring Together Planning, Evaluation, and Action: Logic Model Development Guide, www.wkkf.org

제6장

공공기관 기관장 평가제도 및 지표의 현황과 쟁점

이수영

(서울대학교 행정대학원 교수)

I. 공공기관 기관장 평가의 개요

국민의 세금으로 운영되는 공공기관은 국민, 국민으로부터 소유권을 위임받은 정부, 경영 대리인이라는 다단계의 대리 관계로부터 발생 가능한 주인과 대리인 사이의 정보비대칭성 및 대리인의 도덕적 해이를 방지하고 해소하기 위한 다양한 장치들을 도입하여 운영하고 있다. 예를 들면, 기관 내부적으로는 이사회, 감사(위원회), 주주총회(상장 공기업의 경우), 노동조합 등과 같은 제도적 장치가, 그리고 외부적으로는 국회의 국정감사, 주무부처 및 공공기관 경영평가단의 경영평가, 감사원의 감사, 경영공시 등과 같은 제도적 장치가 마련되어 있다. 이 중 「공공기관의 운영에 관한 법률」(이하 공운법)에 의한 경영평가는 공공기관의 공익성과 효율성의 동시적 추구를 확보하기 위한 강력한 감시제도로 자리매김하고 있다. 본 연구는 이와 같은 공공기관 경영평가 중 기관에 대한 평가제도는 제외하고 기관장에 대한 평가제도의 현황과 향후 전망에 대해 살펴보고자 한다.

공공기관 경영평가제도는 공운법 제15조와 제48조에 따라 공기업과 준정부기관을 대상으로 기관의 경영 성과를 공정하고 객관적으로 평가하는 제도이며, 평가결과를 차기 경영계획에 반영하여 기관의 효율적 관리를 도모하고자 하는 과정을 말한다(성명재, 2009: 279). 공공기관 경영평가제도를 연혁적으로 살펴보면, 공공기관 중 정부투자기관에 대한 평가는 1984년부터 시행되었고, 정부산하기관에 대한 평가는 2005년부터 시행되었는데, 2007년에 공운법이 제정되면서부터 이 두 유형의 기관을 공공기관이라는 하나의 유형으로 통합하여 함께 평가하기 시작하면서 현재와 같은 공공기관 경영평가 시스템을 갖추게 되었다(조택, 2007). 반면, 공공기관 기관장에 대한 평가는 기관평가가 최초로 실시된 1984년부터 약 15

년 뒤인 1999년에 '정부투자기관 사장경영평가' 제도로 시작되었는데, 이 시기의 기관장 평가는 기관 평가에 포함되어 있는 구조를 취했다. 이후 2007년 공운법이 제정되면서 2008년부터 기관장 평가와 기관 평가가 독립되어 운영되는 시스템이 만들어졌고, 2011년에는 다시 두 평가가 통합되었으며, 2015년부터는 양자가 분리 독립되어야 한다는 평가가 이루어지고 있다.

공공기관 기관장 평가의 목적은 관련 이해관계자의 시각에서 다음과 같이 정리 가능하다.[1] 첫째, 국민의 시각에서는 공공기관 기관장 평가가 국민세금을 재원으로 하지만 비효율의 대명사였던 공공기관 운영의 책임성, 투명성, 공공성, 효율성 등을 확보할 수 있는 장치로 작동할 수 있다. 둘째, 정부의 입장에서는 기관장에 대한 객관적인 실적에 기반한 주기적인 평가를 통해 정부가 공공기관을 보다 효율적으로 관리할 수 있는 체계적인 정책수단과 최근 논란이 많은 낙하산 인사에 대한 일정 수준의 관리적 책임성을 동시에 확보할 수 있을 것이다. 마지막으로, 기관장의 시각에서는 자신의 업무추진실적에 대한 평가를 통해 본인의 경영성과에 대한 점검, 본인의 업무역량 제고를 위한 학습, 향후 업무수행 개선과 정책리더십 제고를 위한 제언 등을 확보할 수 있는 기회로 작용할 수 있다.

1 조택(2009)의 주장을 바탕으로 재구성

Ⅱ. 공공기관 기관장 평가제도의 분석

1. 평가제도의 변천

처음 기관장 평가가 시작된 시점으로부터 10년 뒤인 2009년에 '공공기관 기관장 경영성과협약 이행실적 평가제도'가 시행되었다. 해당 제도는 공공기관 경영평가와 동일하게 공운법 제15조와 제48조에 따라 운영된다. 기존의 평가제도가 평가대상기관의 분류 및 지표의 가중치 배분 등이 기

〈표 6-1〉 기관장 평가제도의 변천

시행연도	2007	2008	2009	2010	2011
관련법	「공공기관의 운영에 관한 법률」(2007. 4. 제정)				
기관장 평가제도 변화	-	• 공공기관 경영 평가 제도로 통합/일원화	• 기관장 평가제도(기관장 경영 계약이행실적 평가)의 분리 독립		• 기관 평가와 기관장 평가 재통합(일부통합)
평가대상 등 세부내역 변화	-	• 기관 평가 반영 50% • 기관장 성과급 지급률 연계	• 92명(기타 12명) (재임 6개월 이상) • 기관 평가 반영 50% • 등급제(4등급, 절대) • 기관장 평가와 기관 평가를 합산, 성과급 지급 • 해임건의 및 경고	• 96명 (기타 12명) • 등급제 (6등급)	• 96명 (기타 12명)

시행연도	2012	2013	2014	2015	2016
관련법	「공공기관의 운영에 관한 법률」(2007. 4. 제정)				
기관장 평가제도 변화	• 완전통합		• 2014년 기관장 평가 미실시	• 기관 평가와 기관장 평가(기관장 경영성과 협약이행 실적 평가) 재분리	
평가대상 등 세부내역 변화	• 70명 (기타 6명) • 기관 평가 반영 90% • 6등급 (상대평가요소)	• 96명 (기타 5명)	• 기관 평가에 따라 기관장 성과급 지급	• 21명(재임 1년 6개월 이상) • 3등급 절대 평가 • 인사 참고자료	• 49명(재임 1년 6개월 이상) • 3등급 절대 평가 • 인사 참고자료

자료: 한국조세연구원(2013), 기획재정부 공공기관 경영평가 편람('09~'16)을 토대로 재구성

관평가와 유사하게 이루어졌던 것과 달리, 2009년부터는 별도의 기관장 평가단이 구성되고, 독립적인 지표로 기관장을 평가하기 시작하였다(조택, 2009). 2011~2013년에는 다시 기관 평가와 기관장 평가가 통합 일원화되어 진행되었고, 2015년부터는 기관장 평가가 기관 평가에서 다시 분리 독립되어 추진되고 있다. 〈표 6-1〉은 2007년 공운법 제정 이후 우리나라 공공기관 기관장 평가제도의 변천 과정을 정리한 것이다.

2. 평가제도의 쟁점 사항

1) 기관 평가와 기관장 평가의 분리 혹은 통합 문제

기관장 평가는 2009년부터 3년 동안 기관 평가와 분리되어 실시되었는데, 이는 기관 경영평가의 일부였던 기관장에 대한 평가가 방법론적 타당성 혹은 내용의 타당성 측면에서 효과가 있는지에 대한 의문 때문이었다. 기존 기관장 평가는 기관 평가의 일부로 평가지표의 구성이나 분석 등이 충분하지 않아 평가내용이 기관 경영평가와 차별적이지 못하며 결과적으로 기관장에 대한 의미 있는 정책정보나 책임성 확보 차원에서 구속력을 가질 만큼 정교하지 못하였다. 또한, 방법론적 차원에서 기관 경영진 전체를 대상으로 하는 책임경영의 결과를 기관장 개인에게 적용함으로 상이한 분석단위 사이에 발생할 수 있는 방법론적 오류를 등한시하였다는 비판도 받았다. 그 결과 기관장 개인의 경영능력과 추진 노력 등을 차별적으로 평가해야 한다는 문제의식이 나타났고, 이에 대한 대안으로 기관장 평가의 분리가 이루어진 것이다.

하지만, 기관장 평가 분리 이후, 기관장과 기관 평가의 이원적 운영과 과다한 평가지표로 인한 평가부담 문제가 제기되면서 이원적 평가 운영에 따른 평가관리의 비효율성 이슈가 등장하게 되었다. 기관 입장에서는 기관장 평가와 기관 경영평가를 동시에 준비해야하는 어려움을 직면하게 된 것이다. 또한, 중복되는 세부평가지표들이 발견되어 지표의 대표성과 배타성을 재검토하는 과정에서 세부 평가지표 간 통폐합 필요성이 제기되었다. 그리고 기본적으로 양 평가 논리와 지표구조가 상이하여 평가결과가 다르게 나올 수 있으나, 기관 평가와 기관장 평가 결과가 크게 차이나는 경우 의문이 제기될 소지가 있었던 것이다. 이에 2010년 9월 공공기관장 및 기관 경영평가제도 개선 TF(평가제도 통합 TF)를 구성하고 운영하여 다시 기관장 평가를 기관 평가와 재통합하기로 결정하였다.

한편, 2015년부터는 다시 기관 평가와 기관장 평가를 재분리(단일 평가단장 소속의 기관장 평가팀)하였는데, 이전과 다른 점은 종전 1년 단위의 기관장 평가를 3년 임기 중 1회만 평가하는 기관장 경영성과협약 이행실적평가제도로 개편한 것이다. 기관 평가의 리더십 및 책임경영이 없어지고 기관장 평가에서만 이 지표들을 평가하도록 조정하는 식의 차별성을 확보하려 노력했지만, '재무예산관리 및 성과'와 '보수 및 복리후생 관리'는 기관 평가결과를 준용하고 있어 여전히 기관 평가와 중복되는 문제가 발생할 소지가 있다고 할 것이다.

이에 대한 개선방향과 관련하여 두 평가 제도를 통합하는 것이 바람직하다는 주장이 상대적으로 다수(예: 남형우, 2012; 박석희, 2009; 이오·유승현, 2010; 한국조세연구원, 2013b)인 것으로 판단된다. 이러한 주장의 근거로는 기관장 평가와 기관 평가 모두 해당 기관 임직원의 노력을 통한 성과를 측정하는 데 목적을 두고 도입된 제도라는 점, 하나의 기관을 대상으로 기관 및 기관장 평가라는 두 가지 평가를 동시에 실시하는 것은 중복 투입으로 인한 비효율이 발생할 수 있다는 점, 기관 평가와 기관장 평가 등급 간 연계성이 미흡해 평가 결과에 대한 신뢰도와 수용성이 저해될 가능성이 있다는 점 등이 제시될 수 있다.

2) 기관장 평가 주체 및 대상 문제

2007년 공운법 제정 이후, 관련 부처들이 매년 차례대로 공공기관 평가를 주관하는 방식으로 운영되었으나, 2010년 평가부터는 평가주관부처를 기획재정부로 일원화하게 되었다. 특히, 기관장 경영계획서 평가의 법적 근거는 「공운법」 제48조인데, 동 조항은 기획재정부장관이 평가하도록 규정하고 있으며 이를 위해 평가단을 구성·운영할 수 있도록 되어 있다. 다만, 민간기업의 경우 이사회가 CEO의 경영성과에 대한 평가를 하고 그에 맞는 보상을 한다는 점 그리고 공공기관장을 임명하는 주체가 기관에 따라 대통령 혹은 주무 부처 장관이라는 점 등을 고려한다면 기획재정부가 기관장 평가를 담당하는 것이 바람직한지 여부는 재고의 여지가 있다고 할 것이다. 물론 기관 평가와의 통합을 통한 효율적인 평가를 위해서는 기획재정부로 일원화하는 것이 긍정적인 부분이 분명히 있을 것이다. 또한, 기관장 평가단의 전문성 및 연속성 등에 대한 우려도 존재하는 것으로 나타났다. 평가위원과 기관 간의 유착 및 포획 문제를 방지하기 위해 T/F 형태의 평가단이 구성되는 관계로 평가위원의 다양성이 확보되는 장점이 있는 반면에, 연속적인 평가를 통한 지식 및 경험의 축적과 활용은 어렵다는 단점이 존재한다. 평가단 및 위원의 안정성을 확보하면서 평가 방법의 입체적·다면적 개선을 추진하도록 노력해야 할 것이다. 한편, 평가 대상 측면에서도 공기업과 준정부기관 거버넌스 구조의 최정점에 이사회가 존재한다는 점과 이사회가 기관장과 기관의 중요한 의사결정에 관해 공동으로 의결한다는 점을 고려할 때, 비록 기관장이 체결한 경영성과협약이 존재한다고 하더라도, 기관 운영의 성과를 기관장만의 책임으로 돌릴 수 있는가에 대해서도 다시 한 번 생각해 볼 여지가 있다고 할 것이다. 이와 더불어, 기관장 평가 시 사외이사나 주무 부처 관계자를 참석시키거나 이들에 대한 인터뷰도 고려해 본다면 평가 결과의 타당성을 확보하는 것에 도움이 될 수도 있을 것이다.

3) 기관장 평가 주기 문제

기존의 기관장 평가는 경영계약제하에서 기관장과 주무부처 장관이 임기 중 체결하는 경영계약 내용에 1년 단위의 경영계획서를 포함시켜 구체적인 현안과제이행 계획을 반영하였고, 임명된 지 6개월 미만이거나 공석 중인 기관장은 당해 연도 평가에서 제외하였다. 그런데, 2015년부터 기관 평가와 기관장 평가가 재분리 되면서 기존 1년 단위의 기관장 평가를 3년 임기 중 한 번만 평가하는 기관장 경영성과협약이행실적평가제도로 개편하였다. 그 이유로는 매년 평가하는 것은 평가기관뿐만 아니라 기관장 평가단에게도 평가부담을 가중할 수 있고, 기관장이 단기적인 시각에서 단기 실적 위주로 기관을 운영할 유인을 제공하기 때문이라는 것을 들 수 있다. 정리하면, 공공기관장은 임명 후 3개월 내에 기획재정부가 정한 '기관장 경영성과계획서 작성지침에 따라 주무부처 장관과 경영성과협약서를 3년 단위로 상호체결하여야 한다. 그리고 이 경영성과계약서에는 해당 기관장의 3년 단위 성과목표, 성과목표 달성을 위한 연간 실행계획, 성과목표 달성 여부 점검을 위한 성과지표 등이 포함되어야 하고, 아울러 부채관리 및 방만경영 예방을 위한 기관장의 실행계획도 포함되어야 한다. 다만, 임명된 지 1년 6개월 미만이거나 공석 중인 기관장은 평가에서 제외한다.

경영평가주기에 관해 한국조세연구원(2013a)의 설문조사에 의하면, 평가대상기관과 평가위원 간의 인식에 상대적으로 큰 차이가 존재함을 알 수 있다. 평가대상 공공기관 임직원 중 가장 많은 분들이 3년 주기의 평가가 가장 바람직하고 응답한 반면, 경영평가위원의 경우 가장 많은 분들이 1년 주기의 평가가 가장 바람직하다고 응답하였다. 기관장 평가는 기관 평가와는 상대적으로 다르다는 점, 기관장 평가는 기관장이 취임 후 능력을 발휘할 시간적 여유를 부여해야 한다는 점, 매년 이루어지는 평가로 인한 단기 목표에의 치중을 방지해야 한다는 점, 중장기 경영계획과의 연계성을 고려해야 한다는 점 등을 참작해보면 3년 임기에 한 번 평가를 받는 것이 적절할 것으로 판단된다. 다만, 이 경우 임명의 시기에 따라 3년 임기 동안 한 번도 평가를 받지 않고 퇴임하는 경우가 생기지 않도록 해야 할 것이다.

4) 기관장 평가 활용 문제

1999년 「정부투자관리기본법」 개정 이후 사장경영계약 이행실적 평가를 통해 처음 실시된 기관장 평가는 그 결과에 따라 성과급이 차등지급되는 것에만 제한적으로 활용되었다. 2009년에 기관장 평가가 독립되면서 기관장 평가결과에 대한 활용이 강화되었는데, 우선 기관장 평가결과가 '미흡'으로 판정될 경우 기관장을 해임 조치하는 등 기관장 인사와 연계하였고, 그 결과를 기관장뿐만 아니라 주무부처 장관 평가에 반영[2]하는 등 평가결과의 활용범위를 넓히도록 하였다. 이에 따라 실제로 2009년 기관장 평가 이후 평가결과에 따라 물러난 기관장도 존재하였다(조택, 2009). 그러나, 2015년 기관장 평가가 다시 분리되면서 현재 기관장 평가결과는 기관장의 성과급에만 영향을 주고 있으며, 기관장 평가결과는 해당 기관장의 연임 여부 등에 관한 인사 참고자료로만 활용되고 있다. 이렇듯 기관장 평가결과를 인사의 참고자료로만 활용하도록 하는 것은 기관장 평가의 관심도와 중요성을 약화시켜 그 위상을 저하시키는 요인으로 작용될 가능성이 있으므로 연임 혹은 해임 결정에 중요한 근거자료로 활용하거나 성과급 지급수준과 차등폭을 상향 조정하여 기관장 평가를 실질화하는 노력도 필요하다고 할 것이다.

2 물론 주무 감독부처 장관 평가에의 반영은 직접적으로 구속할 수 있는 사항은 아니었지만, 국무총리실과 그 평가 결과를 공유함으로써 인사정보로 활용할 수 있게 하였다(한국조세연구원, 2013b).

Ⅲ. 공공기관장 평가지표의 분석

1. 평가지표의 변천

2007년 공운법 제정 이후 기관 평가와 기관장 평가가 분리된 시기의 평가지표들을 살펴보면, 리더십, 기관 고유과제, 공공기관 선진화과제가 평가지표로 선정된 것을 알 수 있다. 특히, 공공기관 선진화과제는 이명박 정부가 공공기관의 민영화, 통폐합, 기능조정 등을 위해 진행한 변화 노력을 의미하는데, 이것들이 기관장 평가의 지표로 포함된 것이다. 2012년 기관 평가와 기관장 평가가 다시 통합된 후의 기관장 평가지표는 리더십/책임경영, 경영효율, 주요사업으로 구성되었다. 리더십·책임경영에는 리더십, 책임경영, 국민평가, 사회공헌 등이 포함되었고, 경영효율은 조직 및 인적자원관리, 보수 및 성과관리, 노사관리로 평가되었으며, 주요사업에는 주요사업과 지속발전사업이 포함되었다. 2015년부터 다시 분리된 기관장 평가의 평가지표는 크게 공통과제와 성과과제로 나누어진다. 공통과제에는 리더십(기관의 비전과 핵심가치 설정과 주요 현안과제 해결 및 미래과제에 대비하기 위한 기관장의 노력과 성과를 평가)과 책임경영(효율적인 이사회 운영체계를 구축하여 이사회 활성화에 기관장 노력과 성과를 평가)이 포함되고, 성과과제에는 재무예산관리 및 성과, 보수 및 복리후생관리, 중장기 전략과제가 포함된다. 단, 재무예산관리 및 성과지표와 보수 및 복리후생 관리지표는 기관 평가결과를 준용하도록 되어 있다.

〈표 6-2〉 기관장 평가지표의 변천

시행 연도	평가지표	비고
2000	• (공통부문) 종합경영 부문: 사장의 리더십과 노력, 목표지표의 질적 수준 • (개별부문) 수익성, 공익성, 고객만족 등 기관별 개별 지표로 구성	기관장 평가는 기관 경영평가의 일부
2001	• (공통부문) 종합경영, 기업성, 공익성, 경영혁신	
2002	• (공통부문) 종합경영, 경영목표, 경영혁신	
2005	• 종합경영, 경영목표, 경영혁신, 윤리경영실천 및 이사회운영의 활성화	
2006	• 종합경영, 주요사업, 경영관리 3개 부문으로 구성 (1) 종합경영: 비전달성을 위한 최고 경영진의 리더십과 성과, 윤리경영 실천 및 이사회 운영 활성화 노력과 성과, 경영혁신 노력과 성과, 고객만족도, 생산성 관련지표 (2) 주요사업: 개별 사업의 실적 평가 (3) 경영관리: 인사, 조직, 재무 등 일반적인 기관 관리 측면 평가	
2008	• 책임경영, 혁신경영, 윤리경영, 정부권장정책 이행실적, 조직경영성과	
2009	• 현안(고유)과제: 주요 현안과제와 성과목표 설정의 타당성, 성과지표와 성과목표치 설정의 적정성, 집행과정의 합리성, 집행관리의 효율성, 성과목표치 달성도 • 공통과제: 공공기관 선진화(민영화, 통폐합/기능조정), 경영효율화(정원감축, 보수조정, 노사관계 선진화, 출자회사 정리, 청년인턴 채용)	기관장 평가의 분리 독립
2010	• 리더십: 주요 현안과제 선정 및 경영계획수립의 합리성, 지속가능성 확보 및 커뮤니케이션 노력 • 현안(고유)과제: 성과지표 설정의 타당성, 성과목표치 설정의 적정성, 문제해결의 합리성, 사업집행의 합리성, 성과목표치 달성도 • 선진화: 경영효율화, 노사관계 선진화	
2011	• 리더십: 주요 현안과제 선정 및 경영계획수립의 합리성, 지속가능성 확보 및 커뮤니케이션 노력 • 기관 고유과제: 성과지표 설정의 타당성, 성과목표치 설정의 적정성, 문제해결의 합리성, 사업집행의 합리성, 성과목표치 달성도 • 공공기관 선진화: 보수/성과관리 체계 합리화, 인력/기능조정 및 기타 효율화, 노사관리 선진화, 단체협약 내용의 합리성 및 개선노력	
2012~2013	• 리더십·책임경영, 경영효율, 주요사업 (1) 리더십·책임경영: 리더십, 책임경영, 국민평가, 사회공헌 (2) 경영효율: 조직 및 인적자원관리, 보수 및 성과관리, 노사관리 (3) 주요사업: 주요사업, 지속발전사업	기관 평가와 기관장 평가의 재통합
2015~2016	• 공통과제: 리더십, 책임경영 (1) 리더십: 기관의 비전과 핵심가치 설정과 주요 현안과제 해결 및 미래과제에 대비하기 위한 기관장의 노력과 성과 평가 (2) 책임경영: 효율적인 이사회 운영체계를 구축하여 이사회 활성화하기 위한 기관장의 노력과 성과 평가 • 성과과제: 재무예산관리 및 성과, 보수 및 복리후생관리, 중장기 전략과제 (1) 재무예산관리 및 성과와 보수 및 복리후생 관리 (2) 중장기 전략과제: 기관장이 리더십을 발휘하여 임기 중 해결해야 할 기관의 중장기 전략과제에 대한 기관장의 노력과 성과 평가	• 기관장 평가 재분리 • 재무예산관리 및 성과'와 '보수 및 복리후생 관리'는 기관 평가결과 준용

2. 공공부문 리더십지표와의 비교

공공기관 기관장 평가에 가장 많이 등장하는 평가지표는 리더십과 관련되는 것으로 판단되는데, 리더십에 관한 이론에서는 기관장 평가 지표로써의 리더십에 대한 정보는 거의 제공해 주지 못하는 것으로 보인다. 이에 따라, 조직관리에 있어서의 행정원리론적 시각을 강조한 학자들 중 한 명인 Gulick의 주장을 이용하여 공공기관 기관장 평가의 지표를 한 번 살펴보기로 한다. Gulick(1937)은 조직의 최고위자(chief executive)가 조직 내에서 해야 하는 일들로 POSDCoRB라는 일곱 가지 기능을 제시하였다. Gulick의 행정관리론은 행정이 '공공 사무의 관리'라고 이해하였고, 이를 통해 조직의 전체적인 능률성을 확보하기 위한 '일반적인 관리의 원리'를 발견하고자 노력하였다. 본 연구는 해당 모형이 공공기관의 기관장에게도 해당된다고 보았고, 이러한 모든 기능을 기관장 평가지표가 포괄할 수 있어야 기관장의 전반적인 능력과 노력을 판단할 수 있다는 판단 하에, 최근 이루어지고 있는 공공기관 기관장 평가지표를 Gulik의 모형과 비교하고자 하였다.

양자의 비교에 앞서 Gulick(1937)의 POSDCoRB에 관해 먼저 설명하면 다음과 같다. 첫째, 계획(planning)은 조직의 최고위자가 조직이 수행해야 하는 업무에 대해 개요를 제시하고, 그 업무의 목표를 달성하기 위한 구체적인 방법을 제시할 수 있어야 한다는 것이다. 둘째, 조직화(organizing)는 업무를 분담함으로써, 공식적인 권위의 구조를 만드는 것에 관한 것이다. 셋째, 인사배치(staffing)는 조직 내의 인사관리의 제 기능을 포괄하는 부문으로서, 조직 구성원의 채용부터 훈련 등을 통해, 조직의 업무를 수행하기에 가장 적합한 상태로 조직 구성원을 관리하고 유지하는 기능을 말한다. 넷째, 지시(directing)는 최고위자의 명령에 관한 것이다. 최고위

〈표 6-3〉 Gulick의 POSDCoRB 모형

구분	내용
계획(Planning)	수행해야 하는 업무에 대한 개요를 제시하고, 그 업무에 대한 목표를 성취하기 위한 방법을 제시하는 것
조직화(Organizing)	업무 분담을 통해 공식적인 권위의 구조를 만드는 것
인사배치(Staffing)	조직 구성원을 채용시키고, 훈련시키고, 업무에 가장 적합한 상태로 유지하는 인사관리의 제 기능
지시(Directing)	의사결정을 하고, 그 결정을 특정하고 일반적인 방식으로 구체화하여 명령을 내리는 것
조정(Co-ordinating)	업무와 관련된 모든 것을 통합, 조정하는 것
보고(Reporting)	업무의 책임자가 업무의 진행상황에 대해 기록과 연구, 관찰 등을 통해 알리게 하는 것
예산(Budgeting)	재정 계획, 회계, 통제 등의 형태로 모든 재정에 관한 것

자는 업무수행을 위한 의사결정을 하고, 그 결정을 특정하고 일반적인 방식으로 구체화한 방식으로 조직 구성원에게 명령을 내릴 수 있어야 한다. 다섯째, 조정(co-ordinating)은 업무에 관련된 모든 것, 특히 공통의 목표 달성을 지향하는 사람들의 노력을 통합하고 조정하는 것을 의미한다. 여섯째, 보고(reporting)는 업무 책임자가 업무의 진행상황에 대해 알리게 하는 것인데, 그 과정에서 업무의 진행상황을 기록하고 연구하며, 관찰하여 알리도록 한다. 마지막은 예산(budgeting)이다. 재정 계획과 회계, 통제 등의 형태로 나타나는 재정에 관한 모든 것을 의미한다.

Gulick의 모형의 일곱 가지 활동을 토대로 공운법 제정 이후 이루어진 공공기관 기관장 평가의 지표를 분류하고자 하였다. 〈표 6-4〉는 2007년부터의 평가지표들을 일곱 가지 항목 중 해당하는 부분에 맞추어 정리한 결과이다. 이러한 구분에 따르면, 2012/2013년의 경우에는 대체로 조직의 최고책임자가 일반적으로 수행하는 업무의 전반을 다방면에 걸쳐 평가하고 있는 것으로 나타나지만, 2015/2016년부터는 그 항목이 상대적으로 축소된 형태로 평가가 이루어지는 것으로 보인다.

공공기관 기관장 평가에 관한 또 하나의 특징은 일반적인 최고위직으로서의 업무 외에도 윤리적인 영역까지 평가항목에 포함되고 있다는 것이다. 예를 들어 2007년 기관장 평가 지표에서 윤리경영 부문이 있고, 이뿐만 아니라 사회적 책임성 강화 노력과 성과에 대한 평가까지 이루어지고 있다. 이는 공공기관이 갖는 특수성으로 인한 것으로 판단된다. 공공기관은 업무 특성상 민간조직에 비해 공적인 영역을 다루는 경향이 있으며, 이를 통해 공익을 창출하며, 또한 조직 운영에 있어서도 모범고용주(model employer)로서의 기능을 수행하기 때문으로 보인다.

한편 공공기관 기관장에 대해서는 '무엇을 하고 있는지'에 대한 항목까지 평가하고 있는 것으로 나타난다. 2007년에는 '정부권장정책 이행실적' 지표가 있으며, 2010년에는 '고유과제', 그 이후에는 '주요사업'이나 '중장

〈표 6-4〉 공공기관 기관장 평가지표의 비교

연도	계획 (Planning)	조직화 (Organizing)	인사배치 (Staffing)	지시 (Directing)	조정 (Co-ordinating)	보고 (Reporting)	예산 (Budgeting)
2009	현안과제	공공기관 선진화(민영화, 통폐합/ 기능조정)	경영효율화				
2010	리더십(주요 현안과제 선정 및 경영계획 수립의 합리성)	공공기관 선진화(인력·기능 조정 및 기타 효율화)	경영효율화, 노사관계 선진화		리더십(커뮤니케이션 노력)		
2011	리더십(주요 현안과제 선정 및 경영계획 수립의 합리성)	공공기관 선진화(인력·기능 조정 및 기타 효율화)	공공기관 선진화(보수·성과관리 체계 합리화, 노사관리 선진화, 단체협약 내용의 합리성 및 개선 노력)		리더십(커뮤니케이션 노력)		
2012~2013	리더십, 지속발전사업(기관장의 노력)	경영효율 (조직관리)	경영효율 (인적자원관리)	지속발전사업 (추진 성과)	책임경영(자율·책임 경영시스템 구축 및 운영 노력과 성과)	책임경영(기관 운영의 투명성·윤리성 제고)	경영효율(재무예산 관리 및 성과)
2015~2016	리더십, 중장기 전략과제		보수 및 복리수행관리		책임경영		재무예산관리 및 성과

기전략과제' 등, 조직이 새롭게 중장기적으로 하고 있는 업무의 속성까지 평가하고 있다. 조직이 현재의 상태에 머무르는 것이 아니라, 앞으로 나아가야 할 방향성까지 평가한다는 것에서는 고무적인 지표라고 볼 수 있지만, 다른 한편으로는 다른 지표와의 독립적인 평가가 가능한가에 대한 논란의 여지가 있을 수 있다고 판단된다. 예를 들어 지속발전 사업이나 리더십 영역(기관의 비전과 핵심가치 설정, 주요 현안과제 해결 및 미래과제에 대비하기 위한 기관장의 노력과 성과)과 비슷한 차원의 질문으로서, 두 가지 항목은 연속성이 있거나 중첩되는 항목이 있을 것으로 우려가 된다. 또한 '주요사업'이나 '중장기전략과제' 등을 수행하기 위해 조직이나 인사배치 등의 업무가 필요하다고 할 때, 다른 일반적인 원리로서의 업무와도 완전히 독립적으로 평가하기 어려운 영역일 것으로 판단된다.

3. 민간조직 CEO 평가지표와의 비교

본 연구는 공공기관 기관장 평가에 관한 제언을 위해, 민간조직 CEO에 대한 평가지표에 관한 기업 자료 및 개인 연구자료를 참고하였으며, 대표적인 기업 및 개인의 여섯 가지 자료를 활용하였다. 여섯 가지 자료를 통해 공통적인 지표 10가지를 추출할 수 있었는데, 이는 ① 재정, ② 고객, ③ 인사, ④ 전략, ⑤ 제도, ⑥ 리더십, ⑦ 관계, ⑧ 법/규정, ⑨ 지식, ⑩ 기타 항목으로 이루어져있다. 각 영역을 간단히 정의하면 〈표 6-5〉와 같다.

〈표 6-5〉의 민간 CEO 평가지표의 내용을 최근의 우리 공공기관 기관장 평가지표와 비교하면 〈표 6-6〉에서 알 수 있듯이 몇 가지 차이를 발견할 수 있다. 먼저, 민간 CEO 평가의 경우 '고객'이나 '관계' 영역을 독립적인 지표로 구성하고 있다는 점이다. 이러한 지표는 기관장이 내부 관리뿐 아니라 외부와의 관계를 적절히 운영해 나가야 함을 강조하는 것인데,

〈표 6-5〉 민간기관 CEO 평가지표

지표	내용
재정	재정관리나 재정계획 및 성과, 자금조달, 재정 지속가능성 및 사업성과 등에 대해 평가. CEO가 이러한 항목에 대해 잘 이해하고 있고, 변화를 즉각적으로 인식하고 있는지 평가
고객	고객과의 관계, 고객과의 소통, 고객 및 시장을 중시하는 정도 등에 대해 평가
인사	인사관리에 대해 묻는 항목이며, 구체적으로 훈련, 동기부여, 채용 및 유지, 지원 등에 대해 평가
전략	전략과 미션, 계획, 목표 등을 CEO가 결정하고 있는지, 그 결정은 얼마나 적절한지, 그러한 계획에 대해 정확하게 전달하고 있는지 등에 대해 평가
제도/관리	규정이나 시스템, 절차, 조직, 프로그램 등을 조직의 목표 달성을 위한 형태로 효율적으로 운영하고 있는지에 대해 평가
리더십	전반적인 리더십에 대한 평가로, 분명하고 측정가능한 목표와 합리적인 마감기한을 제시하는지, 조직이 처한 위기 상황을 효율적으로 다루는지 등에 대해 평가
관계	기업의 고객이나 공급자, 이사회 및 다른 이해관계자들과의 관계를 얼마나 잘 유지하고 있는지, 즉 이들의 요구를 듣고 기업에 대한 반응을 정확히 이해하고 있는지에 대해 평가. 특히 이들과의 관계에서 기업을 대변하고 옹호하는 행동을 취하는지 또한 중요한 항목으로 여겨짐
법/규정	관련된 법과 규제를 따르고 해당 정보를 정리하는지에 대해 평가
지식	CEO가 조직과 관련된 데이터와 정보를 정확하고 신속하며 안전하게(기밀을 유지하며) 관리하고 있는지 평가
기타	상품 및 서비스의 품질, 위기관리, 사회에 대한 영향력 등을 평가

외부 환경 및 이해관계자에게 민감하게 대응해야 하는 공공기관장에게는 필요한 지표가 아닌가 생각해 본다. 그러나 공공기관 기관장 지표에서는 2007년 '책임경영' 지표에서 '고객만족경영 실천노력과 성과'를 평가하였던 점과 2011년과 2012년 평가지표 중 '리더십·책임경영' 지표에서 '국민평가' 혹은 '사회공헌' 등의 지표가 있었던 점에 반해, 2015년부터 현재까지 이루어지고 있는 지표에서는 이러한 지표가 사라진 것으로 확인된다.

두 번째 차이는 민간조직의 CEO는 '전략'과 '리더십'을 분리하여 평가한다는 것이다. 구체적으로 보면, '전략'은 조직이 나아가야 할 방향을 제시하는 것에 관한 것이고, '리더십'은 전략을 달성하기 위한 조직 구성원을 다루는 문제에 관한 것으로 볼 수 있을 것이다. 리더십 지표에서는 목표

〈표 6-6〉 민간조직 CEO 평가지표

연구자/기업	재정	고객	인사	전략	제도/관리	리더십	관계	법/규정	지식	기타
MARSH & McLENNAN Companies	○	○	○							○
Kaufman	○	○	○	○		○	○			
Simone Joyaux	○		○	○	○	○	○	○		
Saskatchewan School Boards Association		○	○	○		○	○		○	
MBNQA	○	○	○	○	○	○			○	○
EFQM		○	○	○	○	○				○
2012, 2013 기관장 평가[1]		○	○	○	○	○	○			○
2015, 2016 기관장 평가[2]	○			○	○	○	○			

주 1: 분류는 다음과 같이 이루어졌다: 리더십(리더십, 전략), 책임경영(관계-이사회와의 관계 측면), 국민평가(고객), 사회공헌(기타-사회에 대한 영향력), 조직 및 인적자원관리(인사), 보수 및 성과관리(제도/관리), 노사관리(인사), 주요사업(전략), 지속발전사업(전략).
2: 분류는 다음과 같이 이루어졌다: 리더십(리더십, 전략), 책임경영(관계), 재무예산관리 및 성과(재정), 보수 및 복리후생 관리(제도/관리), 중장기 전략과제(전략).

달성에 있어서 측정 가능한 목표를 제시하고, 마감기한을 제시하는 등 전략에 대한 구체적인 방향을 제시하는 것과 관련되어 있다. 반면에 우리나라 공공기관 기관장 평가 지표에서는 리더십 지표가 '전략'과 관련되어 있는 것으로 보이며, '미래과제에 대비하기 위한 기관장의 노력과 성과'라는 다소 추상적인 지표로 구성되어 있는 것으로 판단된다.

세 번째로는 '법', '규정' 등에 관한 내용을 들 수 있다. 해당 지표는 법과 규제를 준수하고 있는지, 필요한 정보를 수집하였는지에 관해 묻고 있다. 이러한 지표는 성과의 향상에 직접적인 영향을 미친다고 보기는 어렵지만, 조직을 운영하는 데에 있어서 필수적인 항목이라고 할 수 있다. 특히 민간조직보다 공공조직은 법과 규정의 제약을 많이 받으며, 규정을 준수하는 것이 더욱 중요하게 여겨짐에도 불구하고 이러한 평가지표는 제시되지 않은 것으로 보인다.

마지막은 인사관리에 관한 항목이다. '인사' 지표는 본 연구가 제안하는 민간기관의 여섯 개의 자료가 공통적으로 평가하는 항목으로서 그 중요성이 매우 높은 것으로 여겨지고 있다고 볼 수 있다. 인사관리에 관한 지표는 조직 구성원의 동기부여와 훈련 등에 대해 묻고 있고, 능력 있는 인재를 채용하는 것과 동시에 유지하는 것에 대해서도 평가하고 있다. 최근 공공기관의 이전 문제와 복리후생의 감축 등으로 인해 인재의 유지가 무엇보다도 중요하게 여겨지고 있는 시점임에도 불구하고, 이러한 부문에 대한 평가는 간과되어 온 것으로 보이며, 오히려 보수나 복리후생 관리에 대한 평가가 이루어지고 있다는 점에서 아쉬움이 있다고 판단된다.

4. 현행 평가지표[3]의 쟁점사항과 개선방안

1) 리더십 지표

리더십 지표는 기관의 비전과 핵심가치 설정과 주요 현안과제 해결 및 미래과제에 대비하기 위한 기관장의 노력과 성과를 평가하려는 것이 그 목표이다. 세부 평가 내용은 기관의 설립목적에 부합하는 비전과 핵심가치 설정을 위한 기관장의 노력과 성과는 적절한가와 기관의 주요 현안과제 해결 및 미래과제에 대비하기 위한 기관장의 노력은 적절한가라는 두 가지 질문으로 크게 구분된다. 먼저 현안과제 및 미래과제와 후술할 중장기 전략과제 간의 정의가 분명하게 구분되지 않는다는 문제가 있는데, 세 가지 과제의 정의를 보다 구체적으로 제시하여 피평가자가 그 용어들 간

3 2016년도 평가지표를 의미함.

의 의미를 혼돈하지 않도록 배려해야 할 것이다. 다음으로 이 지표의 세부 내용은 기관의 비전, 전략, 핵심가치 등을 설정하는 과정에서 기관장이 기관 구성원의 의견을 상향적(bottom-up) 방식으로 수렴할 것을 상대적으로 강조하는 것 같은 느낌을 주는데, 반대의 경우도 충분히 상정 가능하다고 보인다. 즉, 탁월한 비전을 가진 기관장이 주도적으로 전략을 제시하고 그 이후 구성원의 공유와 수용이 잘 이루어진다면 그것도 적절히 평가받을 수 있어야 할 것으로 생각한다.

또한, 리더십 지표는 기관장의 최고 핵심 역량이라 할 것이고, 기관장 평가에서 가장 중요한 평가지표라고 할 것인데, 다른 지표들과의 점수 배분에 있어 가중치가 없는 것으로 구성되어 있다. 기관장의 리더십이 기관 성패의 관건이라는 것에 동의한다면 리더십 지표에 상대적으로 조금 더 가중치를 부여하는 것도 고려할 필요가 있을 것이다. 한국조세연구원(2013a)의 조사에 따르면, 공공기관 임직원 843명에 대한 기관장 평가지표 중 가장 중심이 되어야 할 지표에 대한 설문조사에서 가장 많은 38%가 리더십 및 역량이 가장 중요하다고 응답하였다는 점은 리더십 지표에 가중치를 부여하는 것의 근거가 될 수 있을 것이다. 그리고 리더십과 책임경영은 3등급 평가로 이루어지는 반면, 중장기 전략과제는 9등급 평가로 이루어지고 있는데, 평가 등급을 일원화하는 것도 고려할 필요가 있을 것이다. 마지막으로, 기관장의 리더십을 살펴보기 위한 보다 다양한 세부 지표들(예: 성과관리, 조직문화, 인사관리 등)을 개발하려는 노력도 필요하고, 기관장 개인의 이미지에 의한 후광효과가 평가 결과의 타당성을 훼손시키지 않도록 주의해야 할 것이다(국회입법조사처, 2010).

2) 책임경영 지표

책임경영 지표는 효율적인 이사회 운영체계를 구축하여 이사회 활성화하기 위한 기관장의 노력과 성과를 평가하기 위한 지표이다. 세부평가 내용은 이사회의 효과적인 운영체계를 구축하여 이사회 활성화 및 이사회의 실질적인 역할 강화를 위한 기관장의 노력과 성과는 적절한가와 비상임이사의 전문성 등을 활용할 수 있도록 전략적 경영자문 및 지원역할을 확대·강화하기 위한 기관장의 노력과 성과는 적절한가라는 것으로 구성되어 있다. 책임경영 지표는 과연 이 지표가 원하는 것처럼 기관장이 이사회를 관리하고 운영하며 활용해 나갈 수 있도록 기관장에게 자율성이 충분히 부여되어 있는지에 대한 문제와 연결되어 있다고 보인다. 보다 구체적으로, 기관장이 이사회 구성원, 특히 비상임이사의 임명 과정에 얼마나 자신의 의견을 반영할 수 있는지 그리고 비상임이사는 진짜 해당 기관에 대한 전문성을 가진 전문가들로 구성되는지 등과 같은 이슈들이 이 지표의 달성 여부에 중요한 영향을 미치는 상황이다. 또한, 당연직 (외부) 이사들의 이사회 참석률 문제 그리고 대리 참석 문제 등도 기관장이 자신의 노력만으로는 좌우하기 어려워서 평가 결과에 중요한 차이를 가져오는 요인이 되기도 한다. 그리고 평가 지표 중 다수가 이사회 참석률, 수정의결비율, 발언비율 등 정형화된 지표로 구성되어 있어서 이런 정형화된 지표 달성에 집중함으로써 목표와 수단의 대치 현상이 발생할 가능성도 존재한다. 따라서, 기관장의 노력만으로는 좌우하기 어려운 부분이 존재하는 책임경영 지표의 가중치를 다른 지표에 비해 상대적으로 하향 조정하는 것도 고려할 필요가 있다고 본다. 또한, 윤리경영, 반부패 경영, 기업의 사회적 책임, 동반성장 등과 같은 지표를 책임경영 부분에 추가하는 것도 고려하여 지표를 보다 다양하게 구성하는 것도 생각해 볼 필요가 있다고 판단된다.

3) 중장기 전략과제 지표

중장기 전략과제 지표는 기관장이 리더십을 발휘하여 임기 중 해결해야 할 기관의 중장기 전략과제에 대한 기관장의 노력과 성과를 평가하기 위한 것이다. 세부 평가내용은 중장기 전략과제의 추진계획은 적절히 수립되었으며 이의 집행을 위한 기관장의 노력과 성과는 적절한가, 중장기 전략과제별 비계량적 성과는 적정한 수준인가, 그리고 중장기 전략과제별 환류활동을 위한 기관장의 노력과 성과는 적절한가로 구성되어 있다. 중장기 전략과제는 기관장이 취임할 때 주무 부처 장관과 체결하는 기관장 경영성과협약서에 포함되어 있는 내용으로, 기관장이 자신의 임기 3년 동안 추진하고 달성하기 위한 2가지 전략과제에 대한 연도별로 추진 전략과 달성하고자 하는 성과 목표를 의미한다. 앞서 리더십 지표에서 현안과제, 미래과제, 중장기 전략과제에 대한 명확한 개념 구분이 제시되어야 한다고 언급했는데, 이 문제는 중장기 전략과제 지표에도 적용된다. 또한, 리더십과 책임경영이 3등급으로 평가되는 것과는 달리 중장기 전략과제는 9등급으로 평가되고 있다는 것도 일관성을 가지도록 재고할 필요가 있을 것이다. 그리고 중장기 전략과제의 성과목표를 계량지표와 비계량지표를 혼용하여 구성하도록 되어 있어서 달성 여부 판단에 있어 객관적인 판단이 곤란한 경우도 존재하는데, 비계량 성과 달성 여부를 보다 정확하게 판단하기 위해 비계량 평가지표의 타당성 개선, 착안사항 체크리스트 개선, 평가위원 평가방식의 신뢰성 향상 기준 같은 것이 제시된다면 더 좋을 것으로 생각한다(한국조세연구원, 2013b). 마지막으로 기관장의 중장기 전략과제가 기관의 주요사업과 연관성을 강한 것으로 구성되도록 구조화한다면 기관장 평가결과와 기관 평가결과의 상관성을 확보하는 것에 조금 더 도움이 될 것으로 판단된다.

4) 고객지표 추가의 필요성

앞서 언급한 것처럼 민간기관 CEO 평가지표의 경우, 고객이나 관계 영역을 독립적 지표로 포함하고 있는 것으로 나타나는데, 이는 기관장이 기관 내부 관리뿐 아니라 기관 외부와의 관계도 적절하게 관리하고 운영해 나가야하며 외부 환경에 민감하게 대응해야 한다는 것을 의미한다고 할 것이다. 공공기관 기관장 평가의 경우, 과거에는 '고객만족경영 실천노력과 성과', '국민평가' 혹은 '사회공헌'을 평가지표로 포함시켰던 것과는 달리 현재에는 이러한 지표가 평가에서 제외되어 있는 상황이다. 즉, 2014년 기관 경영평가의 리더십 책임경영 범주에는 리더십, 책임경영 외에도 국민평가와 사회적 기여(사회공헌, 정부권장정책)가 평가지표로 들어있었으나, 2015년부터 리더십 책임경영지표가 기관장 평가로 이동하면서 이들 두 지표는 기관 평가의 경영관리범주에 속하게 되었다. 기관장 평가가 상대적으로 과거보다 전략, 이사회, 전략과제 등에 대한 관리적 요인 등에 초점을 더 맞추고 있다는 점에서 기관의 서비스나 사회공헌 등에 대한 국민 혹은 고객의 만족을 평가하고 기관 외부환경에 대응하는 노력을 평가할 수 있는 지표도 고려해 보는 것이 필요하다고 판단된다.

5) 지표체계의 표준화 문제

공공기관 경영평가에 대해 가장 많이 언급되는 문제점이 소위 '애플과 오렌지를 같이 비교한다.'는 지적이다. 즉, 성격, 사이즈, 역량, 특성 등이 모두 다른 기관들을 하나의 평가 잣대로 비교하는 것이 가능한가 하는 문제인데, 기관장 평가에도 당연히 적용되는 이슈라고 할 것이다. 〈표 6-2〉를 보면, 2000년도 기관장 평가의 지표체계는 공통부문과 개별부문으로 나누어 공통부문은 종합경영의 측면에서 사장의 리더십과 노력 그리고 목표지표의 질적 수준에 대해 평가하고, 개별부문은 수익성, 공익성, 고객만족 등 기관별 개별 지표로 구성하여 평가하도록 되어 있었다. 이 개별부문이 기관별로 특성에 맞는 다양한 차별적인 지표체계를 반영할 수 있도록 평가 설계가 이루어진 것이다. 그러나 개별 기관에 따른 차별적 평가지표 설정이 평가과정에서의 현실적인 복잡성과 평가관리 어려움 등으로 인해 바로 다음 해인 2001년부터는 공통적으로 변화시켜 운영해오고 있다. 그리고 2015년 기관장 평가부터는 부채과다 혹은 방만경영 기관의 경우 재무예산관리 및 성과와 보수 및 복리후생 관리 지표에의 가중치 부여에 있어 차별성을 부여하고 있다. 평가지표체계의 표준화는 평가결과의 비교가능성 확보와 경쟁 확대에 기여할 수 있으며 경영평가 운영의 투명성과 효율성 확보에도 기여할 수 있는 부분이 있으나, 경영평가의 적실성, 타당성, 공정성 확보에 있어서는 한계가 있을 수도 있으므로 기관 특성을 반영한 차별적인 지표도 다양하게 고려하려는 시도가 필요하다고 할 것이다(한국조세연구원, 2013b).

6) 평가지표의 안정성 문제

〈표 6-2〉에 의하면, 기관장 평가의 평가지표와 가중치가 1~2년 주기로 지속적으로 변화하고 있다는 것을 알 수 있다. 평가부문의 경우, 2001년부터 전 기관에 공통적으로 종합경영, 기업성, 공익성 및 경영혁신 등을 적용하면서 2010년 이후에는 리더십이 추가된 상태로 유지되어 오는데 반해 평가지표 및 가중치는 거의 매년 계속 변화하고 있는 것으로 판단된다. 이것은 평가자뿐만 아니라 평가대상기관에 피로감이나 거래비용을 유발할 뿐만 아니라 평가제도의 안정성과 신뢰성을 약화시킬 수도 있다는 문제를 가진다. 사회변화나 필요를 반영하여 지표 및 가중치 등이 변화하는 것은 기관장 평가의 대응성과 합리성을 높이기 위해 불가피하다고 할 것이지만, 의무적으로 매년 지표나 가중치를 변화시키는 것은 지양해야 평가제도의 신뢰성과 안정성을 구축하는 것이 가능해질 것으로 생각한다.

Ⅳ. 공공기관 기관장 평가에 대한 전망

이상에서 본 연구는 현행 공공기관 기관장 평가의 제도와 지표에 대한 쟁점과 개선방안을 살펴보았다. 국민의 세금으로 운영되는 공공기관의 기관장이 공공성과 효율성이라는 목표를 동시적으로 잘 추구하고 있는가에 대해 확인하기 위한 경영평가를 받는 것은 불가피한 일이라고 생각된다. 2007년 공운법 제정 이후 공공기관 기관장 평가는 기관 평가와 통합되어 혹은 기관 평가와 분리되어 지금까지 진행되어 왔다. 잘 알려져 있듯이 우리나라 공공기관 평가시스템은 정교하게 구성된 시스템으로 세계적으로 인정받고 있는 제도이다. 따라서 앞으로도 기관장 평가의 제도와 지표를 더 정치하게 개선해 나가려는 노력이 경주되어야 할 것으로 판단된다. 다만, 실제 기관장 평가를 수행하다보면 기관장들이 자신들이 평가받는 기관장 평가의 지표체계(특히 본인이 취임 시 체결한 경영성과협약)에 대해 충분히 숙지하고 있는지에 대한 의문이 생기는 것을 종종 경험하게 된다는 점을 지적하고자 한다. 평가 기간에 임박하여 기관장 평가에 대해 생각할 것이 아니라 평소에 평가체계에 대한 충분한 이해를 바탕으로 업무를 추진하는 것을 생활화하는 것이 기관장 본인의 실적을 제대로 평가받는 지름길이 될 것이라고 생각한다.

참고문헌

감사원(2011), 감사결과 처분요구서-공공기관 경영평가제도 운영실태.

공공기관 경영연구원(2015), 공공기관 경영실적 평가제도 개선방안 연구.

공공기관운영위원회(2008), 2007년도 공기업·준정부기관 경영실적 평가.

국회입법조사처(2010), 공공기관 경영실적 평가제도의 현황과 과제.

기획재정부(2015c), 공공기관 경영실적 평가제도 개선방안 연구.

기획재정부 공공기관 경영평가단(2012), 2011년도 공공기관장 경영계약 이행실적 평가보고서.

____________(2013), 2012년도 공공기관장 경영계약 이행실적 평가보고서.

____________(2015a), 2014년도 공공기관 기관장 경영성과협약 이행실적 평가보고서.

____________(2015b), 2015년도 공공기관 경영평가편람.

____________(2016), 2016년도 공공기관 경영평가편람.

남형우(2012), 준정부기관의 재무적 특성과 조직성과 간의 상관관계 연구,『국제회계연구』, 41.

문계완·최석봉·문재승(2009), 리더십 유형과 조직문화가 혁신행동에 미치는 영향,『산업경제연구』, 22(6): 3289-3320.

박석희(2009), 공공기관 경영평가제도의 최근 쟁점과 과제,『한국행정학회 동계학술대회 발표논문집』.

성명재(2009), 공공기관 선진화를 위한 정책과제, 한국조세연구원 공공기관정책연구센터.

윤대혁·정순태(2006), 변혁적 리더십이 조직시민행동과 조직구성원의 혁신적 행동에 미치는 영향에 관한 연구,『인적자원관리연구』, 13(3): 139-169.

이오·유승현(2010), 공공기관 경영평가제도의 문제점 및 개선방안 연구- '08년도 경영실적평가제도를 중심으로, 감사연구원.

정부투자기관운영위원회(2000), 1999년도 정부투자기관 사장경영평가편람(안).

조택(2007), 공공기관의 경영평가지표 개편안에 관한 연구, 『한국거버넌스학회보』, 14(3): 285-313.

____(2009), 공공기관 기관장 평가의 쟁점과 과제, 『한국행정학회 학술대회 발표논문집』, 1532-1546.

한국조세연구원(2013a), 공공기관 경영평가제도 분석과 새로운 모형 개발.

__________(2013b), 공공기관 경영평가제도의 변천과정연구(Ⅱ).

Bass, B. M. and Riggio, R. E.(2006), *Transformational leadership*, Psychology Press.

EFQM, Model criteria: what an organization does it and how it does it, Retrieved from http://www.efqm.org/efqm-model/model-criteria

Gulick, L.(1937), Notes on the Theory of Organization, *Classics of organization theory*, 3: 87-95.

Hertz, S. H.(2011), Criteria for performance excellence in Baldridge performance excellence program.

Hersey, P. and Blanchard, K. H.(1974), So you want to know your leadership style?, *Training & Development Journal*, 28(2): 22-37.

Kaufman, P. S.(2008), Evaluating the CEO: How I got the board to give me real feedback once I became CEO.

Kuzbik, D., CEO performance review practices in Saskatchewan School boards association s research report.

Lewin, K. and Lippitt, R.(1938), An experimental approach to the study of autocracy and democracy: A preliminary note, *Sociometry*, 1(3/4): 292-300.

MARSH & McLENNAN Companies(2013), Blueprint for a better CEO evaluation process: Unlocking real value in Executive rewards & Performance effectiveness perspective.

Robbins P. S. and Coutler M.(2012), *Management*, Pearson Education Limited.

Joyaux, P. S.(2008), Performance appraisal process for the CEO.

제7장

상임감사 평가제도와 성과지표에 대한 분석:

전문성을 중심으로

엄태호

(연세대학교 행정학과 교수)

I. 서론

기획재정부에서 주관하고 있는 '공기업·준정부기관 상임감사·감사위원 직무수행실적 평가(이하 상임감사평가)'가 실시된 직접적인 계기는 2007년에 발생한 공공기관 상임감사들의 외유성 해외연수에 대한 여론의 질책이라고 할 수 있다. 이후 기획재정부 주관으로 감사의 전문성 향상을 위한 다양한 방안이 논의되었으며, 그 결과로 도입된 것이 최고감사인 과정의 개설과 상임감사의 직무수행실적 평가이다. 상임감사에 대한 임면권 및 임명제청권을 가지고 있는 기획재정부가 정작 상임감사에 대한 평가를 간과하고 있었던 이유는 감사원에서 주관하고 있는 공공기관 감사부서에 대한 실적 평가가 이미 존재하고 있었다는 점과, 상임감사의 임명이 가지고 있는 복잡한 정치적 성격에 기인한 것으로 판단된다. 그러나 평가제도의 부재로 인해, 매우 높은 수준의 전문성을 요구하고 있는 상임감사직을 비전문가, 특히 정치인들이 선호하는 임명직으로 변질시켰고, 이러한 현상은 상임감사제도를 통해 구현하고자 하는 공공기관의 부실경영에 대한 통제를 어렵게 만드는 결과를 낳게 된다.

상임감사는 공공기관 관리 구조에서 매우 강력한 권한을 부여받고 있으나, 경영 결과에 대한 직접적인 책임이 없으므로 경영자에 대한 단순한 견제를 목적으로 행동하는 경우가 많다. 그러나 공공기관 운영에 내재되어 있는 효율성과 공공성의 상충구조를 고려할 때, 이와 같은 전통적인 감사관은 명확한 한계를 가지고 있다. 따라서, 기획재정부에서 실시하고 있는 상임감사평가는 내부통제구조 개선을 통한 예방적 감사를 강조하는 등, 제도 개선을 통한 지속가능한 감사 역량 향상을 강조하고 있다. 이 경우, 감사의 역할은 감사부서의 업무를 정책적으로 구조화한 후 체계적으로 지원하는 데 집중되나, 상임감사의 공헌을 감사부서의 실적과 구분하는 것이 사실상 불가능하므로, 평가에서는 이를 동시에 고려하게 된다. 이러한 현상은 기관장평가에서도 나타나는 것이기는 하나, 감사업무가 가지고 있는 구조화된 성격으로 인해 상임감사 개인에 대한 평가와 감사부서의 평가의 구분 여부에 대한 논란은 지속되고 있다.

감사원에서 실시하고 있는 감사부서 평가와의 차별성 역시 지속적인 논란의 대상이 되고 있다. 그러나 일부 평가항목의 중복에도 불구하고, 기획재정부에서 실시하고 있는 상임감사평가는 감사원 평가와 매우 다른 구조를 가지고 있으며, 그중 가장 중요한 차이점은 인터뷰를 통해 상임감사의 전문성을 직접적으로 평가할 수 있는 평가 방법을 사용하고 있다는 점이다. 여러 가지 논란에도 불구하고, 기획재정부에서 실시하고 있는 상임감사평가는 상임감사 개인의 전문성과 이를 통한 감사부서 성과에 대한 기여도를 평가한다는 점에서 매우 의미 있는 기여를 하고 있는 것으로 판단된다.

우리나라 공공분야 감사에 대한 연구는 다소 빈약한 수준이다. 공공분야 감사는 크게 외부감사와 내부감사로 이루어지며(감사원 공공감사운영단, 2016), 연구분야 또한 외부감사연구(Goolsarran, 2007; Stapenhurst and Titsworth, 2001; Lonsdale, 2008; Gomes, 2001)와 내부감사연구(Baltaci and Yilmaz, 2006; Diamond, 2002; Sterck and Bouckaert, 2006)로 나눌 수 있다. 외부감사연구는 주로 최고감사기관의 감사를 연구대상으로 이루어졌으며, 우리나라에서는 주로 감사원에서 시행하는 외부감사가 주요 연구대상이다(김찬수, 2010; 박희정, 2010·2013; 오성호 외, 2009; 이미영·이영범, 2009; 김난영, 2012). 내부감사연구의 경우, 중앙행정기관 및 지방자치단체(김성호 외, 2002; 안영훈, 2005; 최유성, 1998; 윤태범 외, 1995; 염차배, 2010; 이영균, 2007; 고헌환, 2015), 공공기관(윤태범, 2016; 라영재, 2015; 안병구·정승용, 2009; 유승현·안창보,

2011)을 대상으로 연구가 이루어졌다.[1]

공공기관의 내부감사 선행연구는 주로 제도전반에 걸친 효과성을 분석하거나 개선방향을 제시하고 있다(진상기·오철호, 2012; 이중호·이호영, 2006; 유승원, 2009). 선행연구에서 주요 개선방향으로 논의되는 내용은 감사인 및 감사기구의 독립성 보장, 전문성 제고 등이며(안병구·정승용, 2009; 유승원, 2009), 새로운 제도로서 감사직렬제(안영훈, 2009; 허명순·차경엽, 2010), 전자감사기법 등이 제시되고 있다.

공공기관 내부감사에 관련한 선행연구로서 거시적이고 규범적인 논의를 담고 있는 연구(안용식·최성은, 2010; 성용락, 2013) 이외에, 상임감사에 대한 직접적인 실증 연구는 라영재(2015), 류숙원·김나영(2013)의 연구로 한정된다. 라영재(2015)의 연구는 공공기관 상임감사의 경력을 조작적으로 정의하여 감사성과의 차이를 검증했다는 점에서 본 연구에 가장 직접적인 영향을 미친 선행연구라고 할 수 있다. 또한, 류숙원·김나영(2013)의 연구는, 공공기관 감사의 전문성에 대한 개념과 범위를 논한 후에 감사 이력과 감사실적을 비교 분석했다는 점에서 역시 본 연구에 의미있는 시사점과 방법론을 제시하고 있다.

이와 같이, 공공기관 상임감사에 대한 선행연구가 빈약한 이유는, 주로 감사연구가 민간부문의 외부감사에 집중되어 있고, 공공부문의 연구는 감사원에서 실시하는 전통적 행정분야 감사를 중점적으로 다루고 있기 때문이다. 이와 같은 현상은, 공공기관이 가지고 있는 특수한 성격에 부합하는 감사 모델 및 상임감사의 역할에 대한 개념이 정립되지 않았기 때문으로 사료된다. 본 연구에서는 공공기관 상임감사 평가제도 및 지표 구성에 대

1 내부감사(internal audit)는 국내 선행연구에서 자체감사와 내부감사란 용어로 혼용되어 사용되며, 관련법률 및 감사원에서는 자체감사란 용어를 사용한다(진상기·오철호, 2012). 그러나 내부감사와 자체감사는 감사 범위 측면에서 엄연히 다르며, 자체감사의 범위가 내부감사의 범위보다 넓다는 논의 역시 존재한다(허명순·박희정, 2009).

한 전반적인 소개에 이어, 상임감사의 전문성과 평가 결과의 상관관계를 분석하고자 한다. 본 연구는 비록 탐색적 수준에서 이루어진다는 점에서 한계를 가지고 있으나, 향후 심층적인 연구를 위한 기초연구로서 의미 있는 시사점을 제공할 수 있을 것으로 판단된다.

II. 공공기관 상임감사 평가제도 개요

공공감사의 체계는 감사원 감사와 자체감사로 나눌 수 있는데(감사원 공공감사운영단, 2016), 자체감사에 영향을 미치는 법률과 규정은 대표적으로 「공공기관의 운영에 관한 법률」(이하 공운법), 「공공감사에 관한 법률」(이하 공감법), 「상법」, 「공공감사기준」, 「공기업·준정부기관 감사기준」 등을 들 수 있다. 공공기관의 감사형태는 공공기관의 특성을 반영하여, 감사와 감사위원회로 구분된다(라영재, 2015). 모든 공공기관은 감사 또는 감사위원회 제도 중 하나를 운용하여야 하며, 두 제도를 모두 도입하거나 양자를 혼합한 형태를 이용할 수 없다(기획재정부, 2010; 송기국, 2012). 현재 시장형 공기업(공기업 1 유형) 및 자산규모 2조 원 이상의 준시장형 공기업(공기업 2 유형)의 경우 독임제 감사를 갈음하여 감사위원회 설치가 의무화되어있고(「공운법」 제20조 2항), 자산규모가 2조 원 미만인 준시장형 공기업과 준정부기관은 다른 법률의 규정에 따라 감사위원회를 설치할 수 있다(「공운법」 제20조 제3항).

감사는 상임감사 및 비상임감사로 구분된다. 비상임감사는 상임감사와 권한·의무·책임 등에 있어 실질적인 차이는 없으며, 근무 형태가 상임감

〈표 7-1〉 공공기관 감사와 감사위원회 제도 비교

기준	감사	감사위원회
지위	• 감사 단일지위	• 이사와 감사지위(이중지위)
임명절차	• 대통령(또는 기재부 장관) 임명	• 이사회에서 이사 중에 선임
감사권	• 공감법·공운법 및 감사기준에 의거하여 회계, 일반사무 감사	• 업무범위, 권한은 감사와 동일
의사결정권한	• 독임제	• 합의제
이사회 내 권한	• 이사와 분리 • 의견진술권한	• 이사회의 하위기구 • 이사회 의결권
업무수행	• 상임감사의 경우, 안정적 내부견제	• 전문성 보장

자료: 감사원 공공감사운영단(2016: 39), 라영재(2015: 29)를 수정 인용

사와 다른 것이라 할 수 있다(송기국, 2013). 감사위원회는 감사와 동일한 권리를 가지나, 독임제 감사와는 달리 이사회의 하위기구로서 이사회 의사결정에 직접 개입이 가능하고, 다수에 의한 합의제 결정을 할 수 있으며, 구성에 있어서 전문성이 확보되는 등의 장점이 존재한다. 하지만, 감사위원의 지위와 이사의 지위를 가지는 이중적 지위로 인하여 독립성에 있어서 문제가 있다는 지적이 존재한다(기획재정부, 2010).

공공기관 감사의 역할과 책임을 논의하기 위해서는, 우리나라에서 규정된 감사의 임면, 감사범위 및 기준을 검토할 필요가 있다. 감사의 임면은 기관의 규모 및 업무특성에 따라 차이가 존재한다. 공기업의 경우 임원추천위원회의 추천과 공공기관운영위원회의 심의·의결을 거쳐 기획재정부 장관의 제청으로 대통령이 임명한다. 다만, 기관의 규모가 대통령령이 정하는 기준 이하인 공기업의 감사는 임원추천위원회가 복수로 추천하여 운영위원회의 심의·의결을 거친 사람 중에서 기획재정부 장관이 임명한다(「공운법」 제25조 제4항). 준정부기관의 경우 역시 임원추천위원회가 복수로 추천하여 운영위원회의 심의·의결을 거친 사람 중에서 기획재정부 장관이 임명하며, 기관의 규모가 대통령령이 정하는 기준 이상이거나, 업

무내용이 특수할 경우 이전의 추천 및 심의·의결 과정을 거친 후 기획재정부 장관이 제청하여 대통령이 임명한다.

감사의 자격기준에 있어서 시장형 공기업 및 자산규모가 2조 원 이상인 준시장형 공기업은 감사위원회를 설치하는데, 감사위원회는 총 위원회 2/3 이상은 비상임이사로 구성하여야 하고 비상임이사가 아닌 감사위원은 소정의 자격을 갖추어야 한다(「공운법」 제20조 제2항 및 제3항, 「상법」 제415조 제2항, 「자본시장법」 제26조 제2항). 감사위원 중 1인은 회계 또는 재무전문가를 구성할 것을 규정하고 있다(「상법」 542조의 11 제2항). 또한 임원추천위원회 역시 감사후보자(임원후보자)를 추천할 때 감사로서의 업무 수행에 필요한 학식과 경험이 풍부하고, 능력을 갖춘 사람을 추천하도록 규정하고 있으나(「공운법」 제30조 제2항), 실제로는 포괄적인 자격요건을 적용하여, 정치적 엽관주의에 의한 선임과 과다한 관료 출신이 선임된다는 지적을 받고 있다(라영재, 2015; 류숙원·김난영, 2013).

공공기관 감사의 직무는 「공운법」 제32조 제5항에 의거하여 기획재정부 장관이 정하는 감사기준(「공기업·준정부기관 감사기준」)에 따라 공기업·준정부기관의 업무와 회계를 감사하고, 그 의견을 이사회에 제출하는 것이라 할 수 있다. 또한 감사의 책임에 있어서 「상법」 제414조(감사의 책임)와 제415조(준용규정)의 규정 중에서 회사에 대한 책임의 면제에 관한 사항은 공기업·준정부기관의 감사 및 감사위원회의 감사위원에 관하여 이를 준용하는 것으로 규정된다.

따라서 기획재정부의 행정규칙인 「공기업·준정부기관 감사기준」의 직무기준은 공공기관 감사의 역할을 논의할 근거가 된다. 그러나 「공기업·준정부기관 감사기준」은 부분적인 내용만을 담고 있을 뿐만 아니라, 선언적인 수준의 규정들이 많아 공공기관의 감사의 직무를 실질적으로 평가하는 기준이 되기에는 한계가 있다.

III. 공공기관 상임감사 평가제도 구조

2013년도부터 상임감사평가는 재직 기관 중 1회만 평가를 받는 것으로 변경되어, 2013년도에는 상임감사평가가 실시되지 않았다. 연차평가가 폐지됨으로 인해, 상임감사평가 결과와 감사부서 성과급의 연동제도도 폐지되었으며, 대신, 기관경영평가 결과에 감사부서 성과급이 연동되는 것으로 변경되었다.

2014년 지표체계 변화 중 주목할 만한 점은, '방만경영 예방과 적발 및 재발방지(이하 방만경영 예방)' 지표가 새롭게 추가되었으며, 중복 논란이 있었던 경영지침 준수 지표가 폐지된 것이다. 방만경영 예방 지표는 당

〈표 7-2〉 2011~2012년 / 2014~2015년 평가지표 비교

2011~2012년 평가지표		2014~2015년 평가지표	
평가지표	가중치	평가지표	가중치
감사의 전문성·윤리성·독립성 확보노력 및 성과	15	감사의 전문성 확보	10
내부통제기능 강화노력 및 성과	15	감사의 윤리성 및 독립성 확보	10
방만경영 예방활동과 재발방지를 위한 노력	10	내부통제 기능강화	15
경영지침 준수 등에 대한 감사활동과 사후관리의 적정성	10	방만경영 예방과 적발 및 재발방지	25
투명·윤리 경영을 위한 노력	15	내부감사 운영성과 및 사후관리의 적정성(외부평가: 감사원)	25
내부감사운영성과 및 사후관리의 적정성(외부평가: 감사원)	25	기관의 청렴도 (외부평가: 국민권익위원회)	5
기관경영평가 결과	10	기관경영평가 결과	10
종합	100	종합	100

주: a) 2011~2012년, 2014~2015년 상임감사 직무수행실적 평가보고서 참조
b) 외부평가 및 기관경영평가 결과 외의 평가지표는 9등급 지표

시 공공기관 경영 효율성에 대한 사회적인 불신을 막기 위해 도입된 지표라고 할 수 있으나, 개념이 지나치게 포괄적이고, 경영자와 감사의 역할 구분이 모호하며, 다른 지표, 특히 내부통제구조와 중복되는 부분이 많다는 문제를 가지고 있다.

〈표 7-3〉 감사원의 자체감사활동 심사 항목평가지표

심사분야 및 항목	세항목	심사지표(배점)
감사조직 및 인력 운영 분야		20
자체감사기구	독립성	전담감사기구 설치 여부(2)
	충분성	감사인력수(4)
감사기구의 장	독립성	개방형 임용정도(3)
	전문성	감사기구 장의 전문성 확보 노력도(3)
감사담당자	전문성	감사부서 평균 근무경력(2)
		감사교육훈련 이행실적(2)
		감사담당자의 전문성 확보 노력도(4)
감사활동 분야		40
예방감사활동	충분성	일상감사 이행노력도(8)
	적정성	범죄발생 건수 및 외부감사 지적 정도(4)
실지감사활동	충분성	연간 감사연인원 정도(4)
	적정성	감사절차 준수 등 실시의 적정성(7)
감사결과처리	적정성	감사결과 처리의 적정성(11)
감사자원 공유 및 활용	협력성	관계기관 협조 정도(3)
		감사정보시스템 활용도(3)
감사성과 분야		30
회계검사	재무조치성과	변상, 회수, 시정 등 실적(12)
직무감찰	신분조치성과	징계, 문책, 주의, 고발 등 실적(10)
기타분야	기타성과	행정상 조치 및 모범사례 발굴실적(8)
사후관리 분야		10
사후관리	충분성	자체감사 지적사항 집행도(4)
		외부감사 지적사항 집행도(4)
감사결과 공개	적정성	자체감사 결과 공개 정도(2)

자료: 라영재(2015), 『공공기관 감사제도와 운영현황 분석』의 표를 재구성

2014년 지표 체계에서는 감사의 전문성이 별도로 분리되었다. 이는 감사의 전문성에 대한 중요성을 인정하는 한편, 다른 개념적 정의를 가지고 있는 윤리성 및 독립성이 동일한 지표 내에서 평가되고 있는 문제점을 반영한 개선인 것으로 판단된다.

감사원 평가와 기획재정부 평가는 몇 가지 중요한 차이점을 가지고 있다. 우선, 평가 대상에 있어서, 감사원은 공공기관의 감사부서를 평가하고 있는 데 반해, 기획재정부는 감사 개인 및 감사부서를 동시에 평가하고 있다. 사실상, 상임감사 평가는 개인에 대한 평가여야 하나, 실질적으로 감사 개인의 노력 및 성과를 감사부서의 성과와 분리해서 평가하는 데 한계가 있으므로 이를 동시에 반영하여 평가하는 지표 체계를 가지고 있다.

또한 감사원 평가는 감사 실적에 대한 비중이 높은 반면, 기획재정부 평가는 실적을 반영하되 예방적 감사에 대한 비중이 높다. 따라서, 내부통제구조의 개선, 방만경영 예방 등에 있어서 제도적 개선 및 재발방지 노력에 집중하는 경향을 보이고 있다.

평가 방법에 있어서, 기획재정부 평가는 보고서와 인터뷰에 근거한 대면 평가 방식을 사용하고 있으므로, 감사 개인의 역량을 집중적으로 평가하는 구조를 가지고 있다. 따라서, 감사원 평가에 비해 감사 개인의 전문성과 노력이 평가 전반에 직·간접적으로 미치는 영향이 크다고 할 수 있다.

마지막으로, 기획재정부 평가 지표에 감사원 평가결과가 25% 반영이 되어, 실질적으로 감사원의 평가 결과가 전반적인 평가 결과에 중요한 영향을 미치는 구조로 되어 있다.

Ⅳ. 공공기관 유형별 상임감사 평가결과 분석

1. 분석 개요

본 분석에 사용된 자료는 2011~2012년, 2014~2015년의 상임감사 직무수행실적보고서 및 상임감사 직무수행실적평가보고서로써, 총 4개 연도의 시기를 대상으로 분석을 시행한다. 〈표 7-4〉는 분석기간 동안 상임감사 직무수행실적평가를 받은 공공기관을 유형별로 분류한 것이다. 공공기관 중 공기업은 직원 정원이 50인 이상, 자체수입액이 총수입액의 1/2 이상을 기준으로 구분하며, 그중 공기업 1 유형은 공기업 중 사회기반시설에 대한 계획과 건설, 관리 등을 주요업무로 하는 대규모 기관, 공기업 2 유형은 특정 분야의 산업에 대한 진흥을 주요업무로 하는 공기업을 의미한다. 준정부기관은 공공기관 중 시장형 공기업이 아닌 공공기관으로서 기금관

〈표 7-4〉 상임감사 직무수행평가를 받은 공공기관(단위: 개)

기관유형 \ 연도	2011	2012	2014	2015	총합계
공기업 1	10 (16.95)	10 (17.24)	4 (14.81)	8 (27.59)	32 (18.50)
공기업 2	15 (25.42)	15 (25.86)	8 (29.63)	7 (24.14)	45 (26.01)
준정부기관(위탁집행)	15 (25.42)	15 (25.86)	5 (18.52)	8 (27.59)	43 (24.86)
준정부기관(기금관리)	13 (20.34)	12 (20.69)	7 (25.93)	4 (13.79)	36 (20.81)
강소형	6 (12.86)	6 (10.34)	3 (11.11)	2 (6.90)	17 (9.83)
총합계	59 (100)	58 (100)	27 (100)	29 (100)	173 (100)

주: 괄호 안 총합계 대비 비율

리형(「국가재정법」에 따라 기금을 관리하거나 기금의 관리를 위탁받은 준정부기관), 위탁집행형(기금관리형 준정부기관이 아닌 준정부기관)으로 나뉘어진다. 마지막으로 강소형기관은 위탁집행형 준정부기관 중에서 정원이 500인 미만인 기관과 기금관리형 준정부기관으로 지정된 기관 중 자산규모가 1조 원 미만이고 정원이 500명 미만인 기관을 의미한다.

2011년부터 2015년까지 상임감사(위원)의 직무수행실적을 평가받은 기관은 총 173곳으로 공기업이 77곳, 준정부기관이 79곳, 강소형 기관이 17곳으로 나타나, 준정부기관이 가장 많은 상임감사(위원) 직무수행평가를 받은 것으로 나타났다. 2011년과 2012년에는 평가 대상 전 기관의 상임감사가 평가를 받았으나, 2013년부터는 상임감사 재임 기간 중 1회의 평가만을 받는 것으로 평가 방식이 변경되었다. 이로 인해, 2013년에는 상임감사 평가가 실시되지 않았으며, 2014년과 2015년의 경우 이전 연도에 비해 절반 정도의 기관이 상임감사의 직무수행실적을 평가받았다.

2. 분석 결과

〈표 7-5〉는 공공기관 유형별 상임감사 직무수행평가지표의 점수를 나타내고 있다. 2011년 및 2012년의 지표와 2014년 및 2015년의 지표 구성항목이 다르므로 양 시기를 구분하여 분석하였다.

2011~2012년의 직무수행평가 지표를 살펴보면 내부통제(6.1), 방만경영 예방(5.3), 지침준수(5.95), 투명·윤리경영(5.85), 경영평가(3.4) 지표에서 전반적인 지표에서 공기업 1 유형이 다른 기관들에 비하여 높은 평가를 받은 것으로 나타났다. 또한 2011~2012년의 기간에서도 유사한 결과가 나타났는데, 전문성(5.66), 윤리성·독립성(5.75), 내부통제(5.58), 방만경영 예방(5.5) 지표에서 다른 기관들에 비해 높은 평가를 받

〈표 7-5〉 공공기관 유형별 상임감사 직무수행평가 지표 및 결과[2]

2011~2012년

유형	감사위원회	N	전문성 윤리성 독립성	내부통제	방만경영예방	지침준수	투명·윤리경영	외부평가 지표		총평
								내부감사운영성과	경영평가	
공기업 1	O	20 (100.0)	5.5	6.1	5.3	5.95	5.85	.	3.4	4.1
공기업 2	O	13 (43.33)	4.84	4.92	4	4.76	5.38	.	3.69	3.15
	X	17 (56.67)	5.11	5	4.23	5.23	5.05	.	2.35	3.17
	합계	30 (100.0)	5	4.96	4.13	5.03	5.2	.	2.93	3.16
위탁집행	O	2 (6.66)	5.5	5.5	4.5	5.5	5	.	2.5	2.5
	X	28 (93.34)	5.53	5.5	4.35	5.32	5.03	.	3.03	3.39
	합계	30 (100.0)	5.53	5.5	4.36	5.33	5.03	.	3	3.33
기금관리	X	25 (100.0)	5.68	5.92	4.8	5.92	5.68	.	3.4	3.72
강소형	X	12 (100.0)	5.5	5.16	3.58	4.83	4.5	.	3.41	2.91
총합계	O	35 (29.91)	5.25	5.62	4.77	5.48	5.62	.	3.45	3.65
	X	82 (70.09)	5.48	5.47	4.35	5.41	5.15	.	3.06	3.37
	합계	117 (100.0)	5.41	5.52	4.47	5.43	5.29	.	3.17	3.46

2014~2015년

유형	감사위원회	N	전문성	윤리성 독립성	내부통제	방만경영예방	외부평가지표			총평
							내부감사운영성과	청렴도	경영평가	
공기업 1	O	12 (100.0)	5.66	5.75	5.58	5.5	19.01	4.03	3.41	2
공기업 2	O	10 (66.66)	5.7	4.9	5	5.4	19.03	4.15	3.4	1.9
	X	5 (33.34)	5	4.4	4.4	4.8	18.64	4.24	4	1.8
	합계	15 (100.0)	5.46	4.73	4.8	5.2	18.9	4.1	3.6	1.86
위탁집행	X	13 (100.0)	5.3	5.07	5.15	5.15	19.57	4.09	4	1.92
기금관리	X	11 (100.0)	5.63	5.09	5.36	4.72	19.48	4.15	4.27	2.09
강소형	X	5 (100.0)	4.8	4.8	4.8	4.6	17.15	4.05	4.2	1.8
총합계	O	22 (39.28)	5.68	5.36	5.31	5.45	19.02	4.08	3.4	1.95
	X	34 (60.72)	5.29	4.94	5.05	4.88	19.05	4.13	4.11	1.94
	합계	56 (100.0)	5.44	5.1	5.16	5.1	19.04	4.11	3.83	1.94

주: a) 괄호 안 유형별 합계 대비 비율
b) 2011~2012년의 내부감사 운영성과의 구체적 점수는 공개되지 않음

2 총평 지표의 경우, 2011~2012년은 6단계 지표이며(1~6), 2014~2015년은 3단계 지표(1~3)이다. 또한 내부감사 운영성과는 25점 만점 지표, 청렴도 및 기관경평은 5단계 지표(1~5)이며, 이외의 모든 지표는 9단계 지표(1~9)이다.

은 것으로 나타났다. 모든 지표를 가중치로 계산한 총평 지표에서도 마찬가지로, 공기업 1 유형이 2011~2012년에서는 가장 높은 평가를 받았고(4.1), 2014~2015년에는 기금관리 기관의 총평(2.09)보다는 낮지만 다른 기관들에 비하여 높은 평가(2.0)를 받은 것으로 나타났다. 반대로 다른 기관에 비하여 전반적으로 낮은 평가를 많이 받은 기관 유형은 강소형 기관이며, 2011~2012년에는 방만경영 예방(3.58), 지침준수(4.83), 투명·윤리경영(4.5) 지표에서 다른 기관에 비해 낮은 평가를 받았고 2014~2015년에는 경영평가와 윤리성·독립성 지표를 제외한 모든 지표에서 가장 낮은 평가를 받았다.

이와 같은 결과는, 경영평가 대상 기관을 구분하는 기준(자산, 인력규모 및 업종) 및 속성(기금형 등)이 상임감사 평가 결과에 체계적인 영향을 미칠 수도 있다는 개연성을 제시하고 있다. 예를 들어, 기금형 위탁집행 기관은 금융업에서 요구하는 예방적 차원의 내부통제구조를 상대적으로 잘 구비하고 있으므로 전반적인 지표 점수에 긍정적인 영향을 줄 가능성이 크다. 상임감사 평가 지표의 구조가 상임감사 개인의 노력 및 감사부서의 노력이 혼합되어 있으므로 이러한 점수 분포의 경향은 자연스러운 현상으로 볼 수 있다.

감사위원회의 유무에 따른 평가결과는 연도별로 극명한 차이를 보이고 있다.[3] 2011~2012년 공기업 2 유형에서 감사위원회를 설치하지 않은 기관이 감사위원회를 설치한 기관보다 투명·윤리경영 지표를 제외한 다른 지표들에서 모두 높은 평가를 받은 반면, 2014~2015년에는 상반된 결과

3 「공공기관의 운영에 관한 법률」(이하 공운법) 제20조(위원회)에서는 시장형 공기업(공기업 1 유형)과 자산규모 2조 원 이상인 준시장형 공기업(공기업 2 유형)에서는 이사회에 감사위원회를 설치하는 것을 의무로 하고 있으며, 「상법」 제542조의 11항에서 자산규모 2조 원 이상의 상장회사에서는 감사위원회를 설치할 것을 의무로 하고 있다.

를 보인다. 이러한 결과를 일반화하기는 어렵지만, 우리나라 감사위원회의 특성으로 인해 예측가능한 긍정적 효과를 도출하기에는 어려움이 있다는 지적이 있었던 것이 사실이다. 즉, 우리나라의 감사위원회는 이사회의 하부기관이기 때문에 독립성이 부족하거나(기획재정부, 2010), 감사위원이 이사회의 일원으로 의사결정에 참여하기 때문에 감사업무와 이해상충이 일어나는 등(라영재, 2015)의 문제가 존재한다.

V. 상임감사 특성별 평가결과 분석

1. 분석 개요

상임감사의 전문성 분석을 위한 기초 자료인 상임감사(위원)의 출신 및 경력은, 상임감사 직무수행실적 평가 시에 각 기관이 평가단에 제출한 주요경력을 중심으로 하되, 언론사(중앙일보, 조선일보) 및 인터넷 포털사이트(다음, 네이버)에 등록된 경력을 참고하여 분류하였다. 대부분의 상임감사가 복수의 경력을 가지고 있으므로 대표 경력을 위주로 판단하였으며, 정치 경력의 경우, 다른 분류기준과 중복되는 경우를 최소화하기 위해, 협의와 광의로 나누어 분석을 시행하였다. 즉, 주요경력의 대부분이 정당의 당직자, 정당활동(정당의 지역 위원장 등) 등 명확하게 정치인으로 분류될 수 있는 상임감사의 경우 협의의 정치인으로 분류하였으며, 이전의 직장 및 단체(관료, 사기업, NGO)에서 활동을 하다 선출직 공무원(의원 및 자치단체장)으로 당선되거나 정당활동에 참여하는 경우는 광의의 정치인으로 분류하였다. 이외의 주요경력으로서 관료를 일반 중앙직·지방직 공무원과 감사원에 종사한 관료로 구분하였으며, 기업체의 고위 임원급(이사 등) 및 관리자(부장, 과장, 팀장 등)로 구분하였다. 또한 학계에 종사하는 교수경력을 지니고 있는 상임감사와 군 및 경찰출신의 상임감사, 언론계에서 활동한 상임감사, 마지막으로 기타(연예인, NGO 등)로써 상임감사의 주요경력을 분류하였다. 〈표 7-6〉은 각 연도별 공공기관 상임감사의 주요경력을 설명하고 있다.

〈표 7-6〉 연도별 상임감사의 주요경력(단위: 명)

	2011년		2012년		2014년		2015년		총합계	
	(1)	(2)	(1)	(2)	(1)	(2)	(1)	(2)	(1)	(2)
정치인	28 (47.46)	23 (38.98)	15 (26.32)	12 (21.05)	9 (33.33)	6 (22.22)	8 (27.59)	4 (13.79)	60 (35.09)	45 (26.32)
일반 관료	9 (15.25)	11 (18.64)	12 (21.05)	13 (22.81)	7 (25.93)	7 (25.93)	3 (10.34)	3 (10.34)	30 (17.54)	33 (19.30)
감사원 관료	4 (6.78)	4 (6.78)	9 (15.79)	9 (15.79)	3 (11.11)	3 (11.11)	1 (3.45)	2 (6.90)	17 (9.94)	18 (10.53)
학계	1 (1.69)	1 (1.69)	2 (3.51)	2 (3.51)	0 (0.00)	0 (0.00)	5 (17.24)	5 (17.24)	8 (4.68)	8 (4.68)
경영인	7 (11.86)	7 (11.86)	6 (10.53)	6 (10.53)	3 (11.11)	4 (14.81)	7 (24.14)	8 (27.59)	24 (14.04)	26 (15.20)
관리자	2 (3.39)	3 (5.08)	4 (7.02)	5 (8.77)	0 (0.00)	0 (0.00)	1 (3.45)	1 (3.45)	7 (4.09)	9 (5.26)
군인경찰	4 (6.78)	5 (8.47)	5 (8.77)	5 (8.77)	1 (3.70)	1 (3.70)	1 (3.45)	1 (3.45)	10 (5.85)	11 (6.43)
언론	2 (3.39)	2 (3.39)	2 (3.51)	2 (3.51)	0 (0.00)	0 (0.00)	0 (0.00)	0 (0.00)	4 (2.34)	4 (2.34)
기타	2 (3.39)	3 (5.08)	2 (3.51)	3 (5.26)	4 (14.81)	6 (22.22)	3 (10.34)	5 (17.24)	11 (6.43)	17 (9.94)
총합	59 (100.0)		57 (100.0)		27 (100.0)		29 (100.0)		172 (100.0)	

주: a) (1)은 광의의 정치인 기준, (2)는 협의의 정치인 기준
b) 괄호 안 연도별 총합 대비 비율

4개 연도 동안 직무수행실적을 평가받은 171명의 상임감사 중 주요경력을 광의의 정치인을 기준으로 살펴보면, 가장 많은 주요경력은 정치인으로 60명(35.09%)을 차지하였으며, 그다음으로는 일반 관료로써 30명(17.54%)을 기록하였다. 반대로 가장 적은 비중을 차지한 것은 언론(4명, 2.34%) 및 사기업의 관리자급(7명, 4.09%)으로 나타났다. 한편, 정치인을 협의의 기준에서 살펴보았을 때도 역시 정치인이 171명 중 45명(26.32%)로 가장 높은 비중을 차지하였으며, 일반 관료가 33명(19.3%)로 그 뒤를 이었다. 반대로 가장 적은 비중을 차지한 주요경력은, 언론(4명, 2.34%) 및 학계(8명, 4.68%)로 나타났다.

한편, 시기의 변화에 따른 상임감사들의 주요경력을 살펴보면 정치인의 경우 광의의 정치인을 기준으로 2011년 총 59명의 상임감사 중 28명(47.46%)을 차지하였으나, 2012년 57명의 상임감사 중 15명(26.32%)으로 감소하였다. 반대로 감사원 관료를 주요경력으로 보유하는 상임감사의 경우 2011년 4명(15.25%)이었으나, 2012년 12명(15.25%)으로 증가하였다. 학계에서 온 상임감사의 경우 2011년 59명 중 1명(1.69%)에 불과했으나, 2015년에는 29명 중 5명(17.24%)으로 늘어나는 현상을 보이고 있다.

다음으로 공공기관의 유형별 상임감사의 주요경력을 살펴보면 〈표 7-7〉과 같다.

4개 연도 동안 공기업(공기업 1, 공기업 2)의 상임감사는 76명이며, 준정부기관(위탁집행, 기금관리)은 79명, 강소형 기관은 17명으로 총 172명의 상임감사가 업무를 수행하였다. 광의의 정치인을 기준으로 하여 살펴보았을 때, 정치인이 모든 공공기관의 유형에서 가장 높은 비중을 차지한 것으로 나타났다. 특히 공기업 2 유형의 경우 4개 연도 동안 상임감사직을 수행한 45명 중 21명(46.67%)이 정치인이라 볼 수 있었으며, 협의의 기준에서 살펴보아도 16명(35.56%)을 차지하여 공공기관 유형 중 가장 많은

〈표 7-7〉 공공기관 유형별 상임감사의 주요경력(단위: 명)

	공기업 1		공기업 2		위탁집행		기금관리		강소형	
	(1)	(2)	(1)	(2)	(1)	(2)	(1)	(2)	(1)	(2)
정치인	9 (29.03)	6 (19.35)	21 (46.67)	16 (35.56)	14 (32.56)	11 (25.58)	14 (38.89)	11 (30.56)	2 (11.76)	1 (5.88)
일반 관료	5 (16.13)	6 (19.35)	6 (13.33)	6 (13.33)	12 (27.91)	12 (27.91)	3 (8.33)	4 (11.11)	5 (29.41)	6 (35.29)
감사원 관료	3 (9.68)	4 (12.90)	3 (6.67)	3 (6.67)	6 (13.95)	6 (13.95)	3 (8.33)	3 (8.33)	2 (11.76)	2 (11.76)
학계	1 (3.23)	1 (3.23)	2 (4.44)	2 (4.44)	5 (11.63)	5 (11.63)	0 (0.00)	0 (0.00)	0 (0.00)	0 (0.00)
경영인	3 (9.68)	4 (12.90)	9 (20.00)	9 (20.00)	2 (4.65)	2 (4.65)	6 (16.67)	7 (19.44)	3 (17.65)	3 (17.65)
관리자	1 (3.23)	1 (3.23)	1 (2.22)	3 (6.67)	0 (0.00)	0 (0.00)	4 (11.11)	4 (11.11)	1 (5.88)	1 (5.88)
군인경찰	7 (22.58)	7 (22.58)	0 (0.00)	0 (0.00)	1 (2.33)	2 (4.65)	3 (8.33)	3 (8.33)	0 (0.00)	0 (0.00)
언론	0 (0.00)	0 (0.00)	0 (0.00)	0 (0.00)	0 (0.00)	0 (0.00)	3 (8.33)	3 (8.33)	1 (5.88)	1 (5.88)
기타	2 (6.45)	2 (6.45)	3 (6.67)	6 (13.33)	3 (6.98)	5 (11.63)	0 (0.00)	1 (2.78)	3 (17.65)	3 (17.65)
총합	31 (100.0)		45 (100.0)		43 (100.0)		36 (100.0)		172 (100.0)	

주: a) (1)은 광의의 정치인 기준, (2)는 협의의 정치인 기준
b) 괄호 안 공공기관 유형별 총합 대비 비율

정치인이 상임감사직을 수행한 것으로 나타났다. 한편, 일반 관료와 감사원 관료 출신의 상임감사의 경우 위탁집행 준정부기관에서 가장 많이 업무를 수행한 것으로 나타났다. 구체적으로 위탁집행 준정부기관에서 일반 관료 출신의 경우 12명(28.91%), 감사원 관료 출신의 경우 6명(13.95%)이 상임감사직을 수행하였다. 또한 학계에 종사한 상임감사의 경우도 4년 동안 총 8명 중 5명이 위탁집행 준정부기관에서 업무를 수행하였다. 주요경력으로 사기업의 최고경영자를 가지고 있는 경우, 공기업 2 유형에서

총 24명 중 9명이 업무를 수행하였으며, 이는 공기업 2 유형에서 종사한 모든 상임감사 중 20%를 차지하는 것으로 나타났다. 한편 주요경력으로 사기업 관리자를 가지고 있는 상임감사들의 경우 7명 중 4명이 기금관리 준정부기관에서 종사하였는데, 사기업 관리자의 이전 직장은 대부분 금융권에서 종사한 것으로 나타났다. 군·경찰을 주요경력으로 가지고 있는 상임감사들의 경우 11명 중 7명이 공기업 1 유형에서 상임감사직을 수행하였으며 공기업 1 유형 중 인천국제공항공사에서 3명의 상임감사 직무수행실적 평가를 받은 것으로 나타났다. 마지막으로 언론의 주요경력을 가지고 있는 상임이사들의 경우 4명 중 3명이 기금관리 준정부기관에서 직위를 수행한 것으로 나타났다.

2. 분석 결과

1) 상임감사의 주요경력별 평가결과

상임감사의 주요경력을 바탕[4]으로 상임감사 직무수행실적 평가를 비교하여 분석한 결과는 〈표 7-8〉과 같다. 2011~2012년의 지표들을 살펴보면 전문성·윤리성·독립성 지표에서 학계 출신의 상임감사가 6.0을 받아 다른 주요경력의 상임감사들에 비해 평균적으로 높은 평가를 받았고, 사기업 관리자 출신의 경우 4.83점을 받아 평균적으로 낮은 평가를 받은 것으로 나타났다. 한편 내부통제 지표에서는 경영자 출신의 상임감사가 6.0을 받아 다른 유형에 비해 평균적으로 높은 평가를 받았는데, 경영인 중 재무·회계 전문 지식을 보유하거나 관련 산업 지식이 풍부한 경우가 많음으로 인해 나타난 현상으로 판단된다.

4 광의의 정치인을 기준으로 주요경력을 구분함.

〈표 7-8〉 상임감사 주요경력별 직무수행평가 주요지표 점수[5]

2011~2012년					
	N	전문성·윤리성·독립성	내부통제	방만경영 예방	총평
정치인	43	5.37	5.23	4.37	3.48
일반 관료	21	5.42	5.71	4.52	3.28
감사원 관료	13	5.46	5.3	4.15	3.38
학계	3	6.00	5.66	5.33	4.33
경영인	13	5.38	6.00	4.46	3.53
관리자	6	4.83	5.5	4.33	3.16
군인/경찰	9	5.44	5.88	5.22	3.66
언론	4	5.75	6.00	4.75	3.75
기타	4	5.75	5.25	4.00	3.00

2014~2015년							
	N	전문성	윤리성·독립성	내부통제	내부감사 운영성과	방만경영 예방	총평
정치인	17	4.64	4.58	4.82	18.63	4.41	1.82
일반 관료	10	5.5	5.3	5.50	19.18	5.50	2.00
감사원 관료	4	6	6	5.00	19.64	6.00	2.25
학계	5	6.4	5.4	5.40	20.11	5.40	2.00
경영인	10	6.2	5.7	5.80	19.38	5.80	2.00
관리자	1	4.00	4.00	4.00	17.24	4.00	2.00
군인/경찰	2	6	6.5	5.50	18.17	5.50	2.00
언론	0	.	.	.	.	.	.
기타	7	5.28	4.28	4.57	18.72	4.57	1.85

주: a) 총평 지표 3011~2012년 6단계 지표(1~6), 2014~2015년 3단계 지표(1~3)
b) 내부감사 운영지표 35점 만점, 그 외 9단계 지표(1~9)

정치인 출신의 상임감사의 경우 5.23으로 가장 낮은 평가를 받은 것으로 나타났다. 또한 전문성·윤리성·독립성 지표와 마찬가지로 학계의 상

5 2011~2012년의 총평 지표는 6단계 지표이며(1~6), 2014~2015년은 3단계 지표(1~3)이다. 또한 내부감사 운영성과는 25점 만점 지표, 청렴도 및 기관경평은 5단계 지표(1~5)이며, 이외의 모든 지표는 9단계 지표(1~9)이다.

임감사가 방만경영 예방 지표에서 5.33, 상임감사 직무수행실적 종합평가에서 4.33을 받아 총 3개의 지표에서 평균적으로 가장 우수한 평가를 받은 것으로 나타난다.

2014~2015년의 경우, 크게 두 가지 특징이 두드러지게 나타났다. 전문성 지표를 비롯한 여러 지표에서 정치인 출신의 상임감사는 전문성(4.64), 윤리성·독립성(4.58), 내부통제(4.82), 방만경영 예방(4.41), 총평(1.82) 지표에서 다른 경력의 상임감사들에 비해 현격히 낮은 점수를 받은 것으로 나타났다.[6] 두 번째는 감사원 관료 및 학계의 경우 모든 지표에서 다른 유형의 공공기관에 비해 평균적으로 높은 평가를 받은 것으로 나타났다. 특히 학계의 경우 전문성 지표(6.4) 및 내부감사 운영4성과 지표(20.11)로 상임감사들이 평균적으로 높은 평가를 받았으며, 감사원 관료 출신 상임감사의 경우, 윤리성·독립성(6.0), 방만경영 예방(6), 총평(2.25) 지표에서 다른 경력의 상임감사에 비해 평균적으로 높은 평가를 받은 것으로 나타났다. 군인 및 경찰의 경우 윤리성·독립성에서 6.5를 획득함으로써 평균적으로 가장 좋은 평가를 받았는데, 두 상임감사 모두 인천국제공항공사에서 재직한 특징이 있으며, 군 재직 당시 군수관리 측면의 업무를 수행한 것으로 나타나 상임감사의 전문성이 반영된 결과로 추정된다.

2011~2012년도보다 세분화된 지표인 2014~2015년의 상임감사 수행실적 평가지표를 바탕으로 분석한 결과에서도 정치인은 거의 모든 지표에서 다른 경력을 가진 상임감사에 비해 현격히 낮은 평가 결과를 받은 것으로 나타났다. 이와 같은 현상은 경력이 가지고 있는 속성, 즉, 전문성의 영향으로 판단되므로 다음 장에서는 전문성의 속성에 기반한 분석을 실시하고자 한다.

6 평균적으로 가장 낮은 평가를 받은 주요경력의 상임감사는 관리자로 나타났으나, 관측치가 1이므로 분성의 대표성을 띄기에는 부족하여 제외하였다.

2) 상임감사의 전문성 보유 여부에 따른 평가결과

공적 영역의 감사는 좁은 의미에서는 직무감찰 및 회계감찰을 의미하고, 전문능력 측면에서는 회계의 적정성, 법령·규정의 준수 여부를 판단하기 위한 법적인 해석능력이 감사인의 전문 능력이라고 할 수 있다(성용락, 2013). 본 연구에서는 상임감사의 전문성을 유형화하기 위하여 선행연구(성용락, 2013; 류숙원·김나영, 2013; 문상혁·이효익, 2006; Beasley et al., 1999; Klein, 2002; McMullen and Raghunandan, 1996; Xie et al., 2003) 및 법령(「공공기관의 운영에 관한 법률」 제25조)을 검토하여 공공기관 감사의 전문성을 크게 필수적 전문성과 보충적 전문성으로 구분하였다. 필수적 전문성은 법률 및 재무·회계 전문성을 포함하며, 감사업무에 대한 직접적인 전문성은 아니지만 상임감사직무를 수행하는 공공기관과 유사한 영역에서 종사하였을 경우 해당 산업영역에 대한 경험과 지식을 보유하기 때문에 보충적인 전문성으로 유형화하였다. 또한 상임감사 개인이 여러 가지 전문성을 동시에 보유할 수 있다는 점을 고려하여 분석을 진행하였다. 〈표 7-9〉는 상임감사의 주요경력을 광의의 정치인을 기준에서 분석한 상임감사의 주요경력별 전문성 보유 현황을 나타내고 있다.

4년 동안 총 172명의 상임감사 중 법률 전문성을 보유하고 있는 상임감사는 39명(22.67%), 재무·회계 분야의 전문성이 있는 상임감사는 50명(29.07%), 관련 산업의 전문성이 있는 상임감사는 61명(35.47%)이 기록되어 전체 상임감사들 중 관련 산업에서의 전문성을 가진 상임감사 비중이 가장 높은 것으로 나타났다.

광의의 정치인을 기준으로, 정치인을 주요경력으로 가진 경우 법률 및 재무·회계의 전문성을 보유한 사람이 60명의 정치인 중 각각 2명(3.33%), 3명(5.0%)으로 다른 주요경력의 상임감사들보다 적은 것으로 나타났다. 또한 주요경력이 언론일 경우 법률 및 재무·회계에 대한 지식

〈표 7-9〉 상임감사의 주요경력별 전문성 보유 현황(단위: 명)

	총인원	필수적 전문성		보충적 전문성
		법률	재무 · 회계	관련 산업
정치인	60	2 (3.33)	3 (5.00)	7 (11.67)
일반 관료	31	12 (38.71)	7 (22.58)	15 (48.39)
감사원 관료	17	17 (100.0)	17 (100.0)	7 (41.18)
학계	8	1 (12.50)	3 (37.50)	5 (62.50)
경영인	23	2 (8.70)	12 (52.17)	10 (43.48)
관리자	7	1 (14.29)	5 (71.43)	5 (71.43)
군인/경찰	11	3 (27.27)	2 (18.18)	4 (36.36)
언론	4	0 (0.00)	0 (0.00)	2 (50.00)
기타	11	1 (9.09)	1 (9.09)	6 (54.55)
합계	172	39 (22.67)	50 (29.07)	61 (35.47)

주: a) 괄호 안 총인원 대비 전문성 보유자 비율(복수 해당 가능)

을 가진 상임감사가 0명으로 나타났다. 한편, 관련 산업의 전문성의 경우 사기업의 관리자 직급 출신의 상임감사가 7명 중 5명(62.5%)이 가지고 있는 것으로 나타나 가장 높은 수치를 기록했으며, 군인·경찰의 경우 11명 중 4명이 관련 산업의 지식이 있는 것으로 나타났다. 군 출신임에도 관련 산업에 대한 지식이 있는 것으로 측정된 이유는 공군 출신의 상임감사들이 인천국제공항공사에 상임감사로 취임하면서 나타난 결과이다.

상임감사의 전문성을 유형화하여 살펴볼 경우의 결과는 〈표 7-10〉과 같다. 협의의 전문성 유형은 법적 또는 재무·회계적 전문성의 보유 유무에 따른 구분이며, 광의의 전문성 유형은 법적 또는 재무·회계적 또는 관

〈표 7-10〉 상임감사의 전문성 유형별 직무수행평가 주요지표 점수

2011~2012년						
전문성 보유 유무		N	전문성·윤리성·독립성	내부통제	방만경영 예방	총평
협의	○	39 (33.62)	5.38	5.58	4.33	3.35
	×	77 (66.37)	5.42	5.48	4.54	3.5
광의	○	56 (48.27)	5.33	5.57	4.32	3.33
	×	60 (51.72)	5.48	5.46	4.61	3.56

2014~2015년								
전문성 보유 유무		N	전문성	윤리성·독립성	내부통제	내부감사 운영성과	방만경영 예방	총평
협의	○	21 (37.5)	5.8	5.42	5.52	19.40	5.52	2.04
	×	35 (62.5)	5.22	4.91	4.94	18.82	4.85	1.88
광의	○	35 (62.5)	5.68	5.31	5.37	19.19	5.34	2.00
	×	21 (37.5)	5.04	4.76	4.80	18.79	4.71	1.85

주: a) 총평지표 2011~2012년 6단계 지표(1~6), 2014~2015년 3단계 지표(1~3)
b) 내부감사 운영성과 25점 만점, 그 외 9단계 지표(1~9)

련 산업의 전문성 유무를 의미한다. 즉, 협의의 전문성이 감사에 특화된 전문성 유형이라면, 광의의 전문성 유형은 전문성의 범위를 더 폭넓게 적용한 것이다. 전문성 보유 여부가 상임감사평가 결과에 미치는 영향은 두 시기에 극명하게 다른 모습으로 나타났다. 2011~2012년의 경우 협의의 전문성이 있는 경우 전문성·윤리성·독립성(5.38) 및 방만경영 예방 지표(4.33)에서 전문성이 없는 경우(각 5.42, 4.54)보다 더 낮은 평가를 받았고, 광의의 전문성 역시 내부통제지표를 제외하고는 모든 지표에서 전문성이 있는 상임감사보다는 낮은 상임감사가 더 높은 점수를 받은 것으로

나타났다.

이에 반해, 2014~2015년의 평가지표의 경우, 전문성 지표와 윤리성·독립성 지표가 구분되어 평가를 받았는데, 전문성 지표에서 협의 및 광의의 전문성 유형 모두 각 5.8과 5.68로 전문성이 없는 경우보다 약 0.6 이상 높은 평가를 받아 전문성이 있는 경우가 없는 경우보다 평균적으로 평가를 더 높게 받은 것으로 나타났다. 윤리성·독립성 지표 역시 협의 및 광의의 전문성 모두 전문성이 없는 경우보다 있는 경우가 평가지표에서 더 높은 결과를 나타내었다. 또한 추가적으로 협의의 전문성, 즉 법률 및 재무·회계와 같은 감사에 필수적인 전문성을 보유한 경우 광의의 전문성보다 전문성 지표에서 더 높은 평가를 받은 것으로 나타난 점은, 전문성 지표가 상임감사들의 전문성 보유 여부가 미치는 영향을 반영하고 있음을 시사한다. 더 구체적인 분석을 위하여 개개의 전문성으로 구분하여 분석을 시도하면 〈표 7-11〉과 같다.

2011~2012년 및 2014~2015년의 상임감사 직무수행실적 주요 평가지표의 점수와 전문성의 유무의 관계를 살펴보면, 2011~2012년의 상임감사 직무수행실적 평가의 경우 법률지식이 있을 경우, 전문성·윤리성·독립성 및 내부통제 지표에서 각각 5.45, 5.54를 기록하여 법률지식이 없는 상임감사보다 근소하게 높은 평가를 받았으나, 재무·회계의 지식이 있는 상임감사는 전문성·윤리성·독립성 및 내부통제 지표에서 각각 5.29, 5.47을 기록하여 오히려 낮은 평가를 받았다. 이러한 현상이 일어난 가장 기본적인 이유는, 2011~2012년의 경우 전문성·윤리성·독립성의 지표가 혼재되어 정확한 영향 요인을 구분하기 어렵기 때문인 것으로 사료된다. 실제로, 전문성 지표가 분리되어 설정된 2014~2015년의 경우, 재무·회계 전문성을 보유한 상임감사가 전문성 지표 및 윤리성·독립성 지표에서 현격히 높은 점수를 받았으며, 법률 전문성을 보유한 경우 그렇지 않은 경

〈표 7-11〉 상임감사의 전문성 유무와 직무수행평가 주요지표 점수

2011~2012년						
전문성 보유 유무		N	전문성·윤리성·독립성	내부통제	방만경영 예방	총평
법률	○	24 (20.69)	5.45	5.54	4.33	3.29
	×	92 (79.31)	5.4	5.51	4.51	3.5
재무·회계	○	34 (29.31)	5.29	5.47	4.14	3.26
	×	82 (70.69)	5.46	5.53	4.6	3.53
관련 산업	○	36 (31.03)	5.41	5.61	4.33	3.27
	×	80 (68.97)	5.41	5.47	4.53	3.53

2014~2015년								
전문성 보유 유무		N	전문성	윤리성·독립성	내부통제	내부감사 운영성과	방만경영 예방	총평
법률	○	15 (26.79)	5.73	5.33	5.33	19.41	5.46	2.06
	×	41 (73.21)	5.34	5.02	5.09	18.90	4.97	1.90
재무·회계	○	16 (28.57)	6.06	5.60	5.75	19.34	5.68	2.06
	×	40 (71.43)	5.2	4.87	4.93	18.91	4.87	1.90
관련 산업	○	25 (44.64)	5.8	5.36	5.52	19.08	5.32	2.00
	×	31 (55.36)	5.16	4.9	4.87	19.00	4.93	1.90

주: a) 총평지표 2011~2012년 6단계 지표(1~6), 2014~2015년 3단계 지표(1~3)
b) 내부감사 운영성과 25점 만점, 그 외 9단계 지표(1~9)
c) 괄호 안 기간별 상임감사 총인원 대비 비율

우보다 전문성 지표에서 0.39점이 높게 나타났다. 그러나 윤리성·독립성 지표에서도 0.31이 더 높은 평가 결과를 보여주고 있으므로, 지표의 분리로 인한 순수한 효과라고 보기에는 어려움이 있는 것으로 보인다.

2011~2012년 평가에서 법률 전문성과 재무·회계의 전문성이 없는 상

임감사들이 방만경영 예방 지표 점수에서, 전문성이 있는 상임감사들보다 높은 평가를 받은 것은, 2011년부터 2012년까지의 상임감사들의 경우 2014~2015년 사이의 상임감사들보다 상대적으로 준정부기관 및 강소형 기관 소속 비율이 높은 이유도 영향을 줄 수 있다고 판단된다. 이와 같은 해석은, 상임감사 평가가 가지는 Selection Bias가 있다는 점과 기관 유형이 미치는 영향이 미치는 영향을 크다는 점은 인정하는 것으로서 단순한 속성 구분에 의한 결과 해석은 탐색적 수준에 머물러야 함을 의미한다.

VI. 결론

본 연구는 감사가 보유하고 있는 전문성을 세분화하여 각 속성이 기획재정부의 감사평가 결과에 미치는 영향을 검증하였다. 비록 탐색적 수준의 분석이기는 하나, 2014~2015년도 평가결과를 기준으로 분석한 결과에서, 상임감사의 전문성 보유 유무가 상임감사 평가 결과에 차별적이고 체계적인 영향을 미치고 있다는 사실은 상임감사의 역할에 있어서 시사하는 바가 적지 않다. 민간기업의 경우, 조직적인 회계부정을 외부감사만으로는 통제할 수 없다는 인식의 전환으로 인해 내부통제구조와 내부감사제도의 중요성이 급격히 대두된 점을 고려하면, 공공기관의 상임감사의 역할의 중요성은 지속적으로 커질 것으로 예상된다. 이는, 효율성과 공공성을 동시에 추구해야 하는 공공기관의 경우, 감사의 역할에 대한 보다 심도 깊은 논의와 전문성을 보유한 감사를 임명하기 위한 제도적 기반이 더욱 필요한 이유이기도 하다.

참고문헌

감사원 공공감사운영단(2016), 『공공감사에 관한 법률의 이해』, ㈜휴먼컬처아리랑.

고헌환(2015), 제주특별자치도 감사위원회 독립성을 위한 모형정립과 법적고찰, 『숭실대학교 법학연구소』, 34.

공기업·준정부기관 경영평가단(2012), 『2011년도 상임감사·감사위원 직무수행실적 평가보고서』, 기획재정부.

________________________(2013), 『2012년도 상임감사·감사위원 직무수행실적 평가보고서』, 기획재정부.

________________________(2015), 『2014년도 상임감사·감사위원 직무수행실적 평가보고서』, 기획재정부.

________________________(2016), 『2015년도 상임감사·감사위원 직무수행실적 평가보고서』, 기획재정부.

기획재정부(2010), 『공기업·준정부기관 감사매뉴얼』.

김난영(2012), 감사원 감사 경향: 지방재정 투·융자사업 심사 제도 및 운영의 주요 문제점과 감사원 지적사항의 비교 분석, 『한국공공관리학보』, 26(2): 33-61.

김난영·조원혁(2012), 감사·인력의 전문성: 감사원 감사직 공무원에 대한 인식조사, 『한국인사행정학보』, 11(2).

김성호(2002), 『지방자치단체 감사실효성 확보방안』, 서울: 한국지방행정연구원.

김찬수(2010), 다수부처 연계사업에 대한 감사방법 연구: 일자리 정책을 중심으로, 『감사논집』, 15: 253-285.

네이버 인물검색(http://people.search.naver.com/)

라영재(2014), 공공기관 감사의 경력과 청렴도와의 관계, 『한국부패학회보』, 19: 19-39.

______(2015), 『공공기관 감사제도와 운영현황 분석』, 한국조세재정 연구원.

문상혁·이효익(2006), 기업지배구조의 특성과 유동발생의 예측오차, 『경영연구』, 21: 217-257.

류숙원·김나영(2013), 『공공기관 감사역량 및 자격에 관한 연구』, 감사연구원.

박희정(2010), 감사원과 내부감사기구 간의 관계에 관한 연구, 『국정관리연구』, 5(1): 1-29.
_____(2013), 공공감사학의 체계 정립을 위한 시론적 연구, 『한국행정학회』, 47(1): 351-376.
법제처 국가법령정보센터(Http://www.law.go.kr)
성용락(2013), 『공공감사 제도의 새로운 이해』, 서울: 석탑출판.
송기국(2012), 『공공기관 자체감사 이론과 실무』, 도서출판 구상.
안병구·정승용(2009), 공기업 자체감사의 실태조사와 정책적 함의, 『감사논집』, 14(5).
안영훈(2005), 지방자치단체 감사체계 개선방안, 『감사논집』, 10.
_____(2009), 글로벌 스탠더드에 기반한 중앙정부 자체감사의 과제, 공공감사체계 재정립을 위한 국정과제토론회 발표자료.
안용식·최성은(2010), 한국 지방공기업 임원의 사회적 배경에 관한 분석, 『한국지방공기업학회』, 6(2): 19-40.
염차배(2010), 우리나라 지방자치단체 감사체계 개편 대안 비교분석 -제도비교 및 계층분석을 중심으로-, 『한국정책학회보』, 19(4): 469-503.
오성호·조선일·김영우(2009), 감사원 전문성 제고를 위한 우수 감사인력 채용 및 역량개발방안, 감사원 용역보고서.
유승원(2009), 공기업의 지배구조와 경영성과: CEO와 내부감사인을 중심으로, 『한국개발연구』, 31(1): 75-103.
유승현·안창보(2011), 『자체감사기구 운영심사 개선방안』, 감사연구원.
윤태범(1995), 『지방화시대의 지방감사체계 개선방안 연구』, 경기개발연구원.
_____(2016), 공공기관 지배구조 쟁점과 개선방안, 서울행정학회 동계학술대회 발표논문집.
이미영·이영범(2009), 평가와 감사의 연계강화를 통한 정보화사업평가 개선방안에 관한 연구, 『한국정책분석평가학회』, 19(2): 143-176.
이영균(2007), 자체감사기구 독립성 제고방안에 관한 연구, 『현대사회와 행정』, 17(2): 109-138.
이중호·이호영(2006), 감사와 경영실적평가가 공기업의 이익조정에 미치는 영향, 『연세경영연구』, 43(1): 81-106.
조인스 인물정보(http://people.joins.com)

진상기·오철호(2012), 공공기관 자체감사 역량 진단 및 개선에 관한 연구: 상임감사 직무수행 실적 평가 대상 기관을 중심으로, 『한국정책분석평가학회』, 22(1): 91-125.

최유성(1998), 『지방자치단체에 대한 감사제도의 개선방안』, 서울: 한국행정연구원.

피플조선(http://db.chosun.com/people)

허명순·차경엽(2010), 『자체감사기구의 독립성·전문성 확보 방안』, 감사연구원.

허명순·박희정(2009), 공공감사체계에 대한 비교연구: 내부감사체계를 중심으로, 『정책분석평가학보』, 19(4): 357-380.

Baltaci, M. and Yilmaz, S.(2006), *Keeping an Eye on Sub-national Government: Internal Control and Audit at Local Levels*, Washington, D. C.: World Bank Institute.

Beasley, M., Carcello, J. and Hermanson, D.(1999), *Fraudulent Financial Reporting: 1987-1997*, Analysis of U. S. Public Companies, Committee of Sponsoring Organizations of the Treadway Commission.

Diamond, J.(2002), *The Role of Audit in Government Financial Management: An International Perspective*, International Monetary Fund Working Paper No. 02/94.

Goolsarran, S. A.(2007), The Evolving Role of Supreme Audit Institutions, *Journal of Government Financial Management*, Fall 2007.

Klein, A.(2002), Audit committee, Board of director characteristics, and earnings management, *Journal of Accounting and Economics*, 33: 375-400.

Lonsdale, J.(2008), Balancing Independence and Responsiveness: A Practitioner Perspective on the Relationships Shaping Performance Audit, *Evaluation*, 14(2): 227-248.

Marcelo, B. G.(2001), Performance audit argument: A public management policy analysis about supreme audit institutions role, *Revista Del Clad*, (7).

McMullen, D. and Raghunandan, K.(1996), Enhancing Audit Committee Effectiveness, *Journal of Accountancy*, 182: 79-81.

Stapenhurst, R. and Titsworth, J.(2001), *Features and Functions of Supreme Audit Institutions*, Washington, D. C.: World Bank PREM Note 59.

Sterck, M. and Bouckaert, G.(2006), International audit trends in the public sector: a comparison of internal audit functions in the governments of six OECD countries finds similarities in legal requirements, organizational structure, and future challenges, *Internal Auditor*, 63(4): 49-53.

Xie, B., Davidson Ⅲ, W. and DaDalt, P.(2003), Earnings Management and Corporate Governance: The Roles of the Board and the Audit Committee, *Journal of Corporate Finance*, 9: 295-316.

제8장

공공기관 노사관리의 성공요인과 성과지표에 대한 고찰

최대식

(선진노무법인 대표 / 건국대학교 경영대학원 초빙교수)

* 이 글은 한국사회법학회의 『사회법연구』 제30호(2016. 12.)에 게재된 내용을 토대로 공기업 노사관계에 대한 성과관리 현황 및 분석 내용을 추가·보완하였다.

I. 서론

공공기관[1]의 성과관리는 공공기관이 업무를 추진함에 있어서 그 임무, 중·장기 목표, 연도별 목표 및 성과지표를 수립하고, 그 집행과정 및 결과를 경제성·능률성·효과성 등의 관점에서 관리하는 일련의 활동으로 정의될 수 있다. 한편 공공기관은 공익성과 수익성을 동시에 추구하며, 민간기업과 달리 그 서비스의 수요자가 국민이고, 국가의 정책을 실현하기 위한 도구로 자주 활용된다는 특성을 갖기 때문에, 공공기관의 성과관리는 사업계획수립 및 집행과정에서는 일정한 자율성이 부여되고, 그 결과에 대해서는 엄격한 책임성이 확보되어야 하며, 궁극적으로는 업무의 성과 품질 및 국민의 만족도를 제고하는 데 기여할 수 있어야 한다. 이와 같은 맥락에서 공공기관 경영실적평가는 품질관점의 시스템적 접근을 통해 공공기관이 본연의 임무를 성실히 수행하고 성과를 지속적으로 창출해 가도록 하는 공공기관 성과평가제도라 할 수 있다. 공공기관 경영실적평가는 PDCA 관점으로 계획수립-실행-분석-피드백이라는 일련의 과정을 평가한다.

한편 공공기관이 경영목표를 달성하기 위하여 조직별·사업별로 목표를 설정하고 성과지표를 부여함으로써, 조직구성원들로 하여금 목표달성을 하도록 동기를 부여하는 제도로 활용하고 있는 것이 내부성과평가제도이다. 일반적으로 공공기관은 내부성과관리제도로 업무의 전 과정을 투입·활동·산출·결과 사이의 인과관계를 논리적으로 분석하는 Logic Model과, 조직이 추구하는 가치를 달성하기 위해 전략을 구체화하고 전

1 공공기관은 정부의 투자·출자 또는 정부 재정지원 등으로 설립·운영되는 기관으로서 공공기관의 운영에 관한 법률에서 정한 일정한 요건에 해당하여 기획재정부장관이 지정한 기관을 말하는데, 그 유형에 따라 공기업·준정부기관·기타공공기관으로 분류된다(「공공기관의 운영에 관한 법률」 제4조 및 제5조).

략 구성요소 사이의 인과관계를 체계화한 전략체계 및 재무관점·고객 관점·내부프로세스 관점·학습과 성장 관점에서 통합적 시각으로 성과를 관리하는 BSC 시스템[2]을 활용하고 있다.

공공기관은 이러한 성과관리 도구들을 활용하여 전략체계를 구축하는데, 전략체계는 세부적으로 전략목표·성과목표·성과지표 등으로 구성된다.[3] 전략을 구체화하고 체계화하는 작업은 조직이 추구하는 궁극적인 가치나 미래를 나타내는 비전 내지는 미션에서 이를 달성하기 위해 전략을 세운 다음, 그 전략을 달성하기 위해 어떠한 요소들이 중요한지를 도출하고, 이로부터 전략달성에 직접적인 영향을 미치고 목표달성 여부를 판단할 수 있는 중요한 성과지표들을 선정하는 방식으로 이루어진다. 전략을 구체화하고 체계화는 과정에서 핵심성공요인(critical success factors) 및 핵심성과지표(key performance indicators)를 정확히 도출하는 것이 가장 중요하다 할 것이다. 왜냐하면 이 과정은 제한된 자원으로 전략을 달성하기 위해 우선적

2 Kaplan and Norton은 공공기관 혹은 비영리 기관은 기관의 설립목적을 달성하는 것이 가치 창출의 궁극적 목적이므로 성과 혹은 공익 관점을 BSC에 포함할 수 있다고 하였다. 실무적으로도 공공기관의 목표가 민간기업과는 달리 공익성과 성과를 추구하는 것이므로 BSC 관점을 추가하거나 보완하는 형태로 적용되고 있다. 예를 들어 재무관점은 성과관점으로, 고객관점은 외부고객 관점과 내부고객 관점으로, 내부프로세스 관점은 프로세스 혁신 관점 내지는 활동관점으로, 학습과 성장관점은 미래관점 등으로 보완·발전되어 활용되고 있다. 또한 Kaplan and Norton은 전략맵과 BSC 성과측정표, 전략 수립·실행·모니터링 및 환류 전 과정에 이르기까지의 명확한 연계를 강조하고 있다(Kaplan, Robert S. and Norton, D. P.(1996), *The Balanced Scorecard*, Boston, MA: Harvard Business School Press; Kaplan, R. S. and Norton, D. P.(2003), *Strategy Maps*, Boston, MA: Harvard Business School Press).

3 전략목표(strategic goal)는 해당 업무의 목표, 가치 등의 달성을 위해 3년 내지 5년 정도 중·장기적으로 추진하는 중점정책 방향이라 할 수 있다. 성과목표(performance goal)는 전략목표의 하위개념으로 주요사업을 통해 달성하려는 복수의 구체적인 목표로 전략목표보다는 구체적으로 정의되며, 업무의 분석 또는 사업의 검토로부터 목표가 도출된다. 성과지표(performance indicator)는 성과목표의 달성 여부를 측정하기 위한 수단이라 할 수 있다.

으로 수행되어야 할 요소들이 무엇인지를 파악하고, 전략달성과 직접적으로 연계되어 있는 성과지표가 무엇인지를 찾아내는 것으로 가치사슬(value chain)의 인과관계를 구체화·체계화하는 핵심작업이기 때문이다.

노사관리는 이상에서 살펴본 공공기관 경영실적평가와 공공기관 내부성과평가에서 각각 하나의 지표로서 활용되고 있다. 공공기관의 노사관리는 공공기관 노사관계의 합리성 제고라는 측면에서 그 평가가 이루어지고 있는데, 일반적으로 '합리성'이란 주어진 조건과 제약 하에서 목표를 달성하는데 적합한 행동양식으로 정의되며(bounded rationality), 이는 효용의 극대화를 가져오는 가장 능률적인 행위를 중시하는 '내용적 합리성(substantive rationality)'과 주어진 목표를 달성하기 위한 최선의 대안을 찾는 합리적인 절차나 과정, 특히 적절한 절차의 준수 여부와 이해관계자의 충분한 참여 유무를 중시하는 '절차적 합리성(procedural rationality)'으로 구성된다. 따라서 경영실적평가에서 노사관리는 공공기관 노사관계가 기관의 목표를 달성하기 위해 효율적으로 운영되고 있는지와 주어진 목표를 달성하기 위해 노사가 합리적인 행위를 하는지를 살펴보는 것으로 이해될 수 있을 것이다.

그렇다면, 이를 살펴보고자 하는 노사관리지표는 공공기관 노사관리를 포괄적으로 측정할 수 있어야 하며, 지표의 대표성을 확보해야 하며, 각 기관의 전략을 실현하기에 적합한 지표로 설정되어야 할 것이다. 공공기관 노사관계가 공공기관의 성과관리에 미치는 영향을 고려할 때, 그 가치사슬의 인과관계를 규명하는 것은 매우 중요한 일이라 할 것이다. 그런데 이와 관련된 연구가 그리 많지 않은 것이 현실이다. 이에 본 연구는 기존 노사관계 연구에 대한 고찰을 통해 공공기관 노사관계를 구성하는 핵심요소가 무엇인지를 검토하고자 한다. 이를 토대로 경영실적평가와 공공기관 내부 노사관리지표의 현황을 살펴보고, 보다 포괄적이고 대표성 있는 노사관리 지표의 개발을 위한 제언을 하고자 한다.

Ⅱ. 공공기관 노사관계의 특징과 CSF/KPI

1. 공공기관 노사관계의 특징과 지향해야 할 가치

노사관계는 근로자와 사용자 사이의 수직적 차원의 개별 근로관계, 노동조합과 사용자 사이의 수평적 차원의 집단 노사관계, 그리고 고용 및 노사관계에 영향을 미치는 정부와의 상호관계를 포괄하는 개념이라 할 수 있다. 기업은 이윤을 추구하고, 근로자는 인간다운 삶을 추구하는 가치의 차이로 인해 노사관계는 협력과 대립이라는 속성을 동시에 갖고 있다. 이는 공공기관이나 민간기업 할 것 없이 노사당사자에게 공통적으로 나타나는 특징으로, 보다 나은 노사관계로의 발전을 위해서는 서로가 추구하는 이해관계 차이를 인정하고 그 차이를 어떻게 조화시킬 것인지에 대한 고민도 함께 이루어질 필요가 있다. 즉 노사당사자는 재화나 서비스를 효율적으로 생산하고자 하는 공동의 노력을 기울여야 할 뿐만 아니라 인간의 존엄성을 발현할 수 있도록 의사결정과정에서 조직구성원들의 참여가 보장되고, 업무수행과정에서 기준이나 절차가 준수되는 환경을 조성할 필요가 있다. 또한 단체교섭이나 노사협의회 등을 통해 공정한 분배에 대한 논의뿐만 아니라 노사 공동의 이익이 되는 공통의 관심사에 대해서도 논의가 이루어지는 교섭환경을 구축할 필요가 있다.

그런데 공공기관 노사관계는 민간기업의 노사관계에 비해 정부의 개입이 상대적으로 강한 특징을 지니고 있다. 이는 공공기관이 예산·인원 등에 있어 정부의 통제를 받고, 국가 정책의 실현을 위해 정책도구로 활용되는 특성을 반영한 것이라 할 수 있다. 이러한 이유에서 공공기관의 실질적인 사용자는 정부로 인식되는 반면, 공공기관의 사용자는 그 대리인에 불과한 것으로 인식된다. 대리인인 공공기관의 사용자 임기도 한시적이어서 경제적 이익보다는 정치적 이익의 관점에서 노사관계를 다루게 되고, 때때로 공공기관 노사관계가 법과 원칙 보다는 노사담합을 통해 서로의 안위만을 추구하는 경향을 보이기도 한다. 이러한 특성 때문에 공공기관 노사는 '우리가 주인이다.'라는 의식과 태도를 가지고 공공의 이익의 관점에서 노사관계를 형성하고 유지하기 위한 노력을 다해야 한다. 또한 공공기관 노사는 단체협상을 벌이는 데 있어서도 공공의 이익 관점에서 인사·경영권과 교섭권의 합리적인 균형을 추구해야 한다. 그동안 직·간접적인 개입을 통해 공공기관 노사의 인사·경영권과 교섭권의 균형을 위해 노력해 온 정부도, 공공기관 노사관계가 그 균형 상태를 유지할 수 있도록 선량한 관리자로서 그 역할을 다해야 할 것이며, 나아가 인사·경영권과 교섭권이 균형을 이룬 단계에서는 공공기관 사용자에게 일정한 자율권을 부여하는 단체협상 구조를 마련하는 등의 방안을 모색할 필요가 있다.

한편 공공기관 노사관계는 당사자인 노동조합이 노동 3권을 누리는 데 일정한 제약을 받는 특징이 있다. 대표적으로 필수공익사업을 수행하는 공공기관에서 그 업무가 정지되거나 폐지가 되면 국민의 생명·건강 또는 신체의 안전이나 국민의 일상생활을 현저히 위태롭게 하는 업무에 대해서는 쟁의행위가 제한된다. 또한 노동관계법 등에서 정하고 있는 공익사업을 수행하는 공공기관의 쟁의행위에 대해서는 고용노동부 장관이 긴급조정결정을 내려 그 쟁의행위를 중지시킬 수도 있다. 이러한 단체행동의 제약으로 인해 공공기관 노동조합은 파업 등 쟁의행위를 통한 실력행사보다는 정부·국회 등 이해관계자들을 상대로 한 정치적 활동에 더 집중하기도 한다. 단체행동이 제한되는 것은 공공성을 추구하는 공공기관의 설립목적으로부터 나오고, 그 파급효과가 국민에 미치는 영향이 매우 크다는 것에 기인한 것임을 이해할 필요가 있다. 공공기관의 노사는 노동관계법에서 정한 기준과 절차의 범위에서 합리적인 노사관계를 유지하기 위한 노력을 기울여야 할 것이다.

공공기관은 민간기업보다 상대적으로 정규직 근로자의 고용안정이 보장되고, 그 제공하는 재화나 서비스는 시장의 원리가 제한적으로 작동되는 특성을 가지고 있다. 이로 인해 공공기관 노사관계에 영향을 미치는 고용관계나 인적자원 관리가 경직되고 전통적인 방식으로 행해지기도 하는데, 이는 공공기관 노사관계가 노동시장의 환경변화에 적절하게 대응하지 못하고 정규직 근로자를 중심으로 이루어지는 결과를 초래한다. 물론 정부가 고용의 유연성을 확보하고, 비정규직 근로자 등 사회적 약자를 보호하기 위한 노력을 하고 있기는 하나, 공공기관에서 정규직 근로자의 구조조정, 기간제 근로자 내지는 단시간 근로자의 활용, 근로시간의 탄력적 운용 등 고용의 수량적 유연성(numerical flexibility) 정책이 뿌리내리지 못하고 있는 것이 현실이다. 이를 해결하기 위해서는 공공기관의 고용 및 인적자원 관리가 장기적이고 전략적인 유연화 관점에서 전개될 필요가 있음을 시사한다. 공공기관 노사는 업무 내용이나 유연성 차원에서 비정규직을 제한적으로 활용하고, 정규직 근로자의 다기능 숙련화, 직무순환 내지는 고성과 작업조직 구축 등 조직의 유연화를 통해 기능적 유연성(functional flexibility)을 높일 수 있는 방안을 모색하는 데 많은 노력을 기울일 필요가 있다.[4] 즉 공공기관 노사는 노동시장의 유연성을 제고하면서 기간제 근로자나 단시간 근로자 등 비정규직의 근로조건 개선 등에도 적극적인 관심과 실천을 통해 바람직한 근로규범과 고용질서를 형성하는 데 앞장 설 필요가 있다. 아울러 정부는 비정규직 문제를 해결하기 위해 국가의 사회보험 보장 강화, 동일가치노동 동일임금 원칙 준수, 차별처우 개선 노

4 김동배 외(2004), 고용유연화와 인적자원관리 과제, 한국노동연구원, 214~215면.

력, 그리고 생산성 향상을 위한 인적자원투자 등의 정책을 보다 강력하게 펼칠 필요가 있다.

한편 우리 사회에서 차지하는 공공기관의 역할이나 책임이 지속적으로 커지고 있는 상황을 고려할 때 공공기관 노사관계는 국가 전체의 노사관계 흐름을 이끌어 가고 있다고 해도 과언이 아닐 것이다. 이에 정부도 임금피크제나 성과주의 임금체계 개선, 사회 양극화 해소 등을 우선적으로 공공기관에 시행하고 이를 민간기업에 확산해 나가는 정책을 펼치고 있다. 그러나 이러한 정부정책은 공공기관 구성원들이 누리고 있는 기득이익을 일정부분 양보하는 것을 전제로 하는 것들로써 경영평가 등 정부의 개입에 의해 수동적으로 실현되고 있는 것이 현실이라 할 것이다. 공공기관은 사회정의를 실현하는 데 민간기업보다 높은 수준의 사회적 책임 이행 의무가 있다 할 것이며, 이러한 사회적 책임은 공공기관의 노동조합에게도 일정부분 적용된다 할 것이다. 왜냐하면 사회 전체의 고용의 질(decent work) 향상을 통해 사회·경제적 정의를 실현하는 것이 노동조합의 존재 목적과 연결되기 때문이다. 따라서 공공기관 노사는 사회적 책임의식을 공유하고, 노사 공동체의 지속가능한 발전을 위해 그 책임을 적극적으로 실천에 옮기는 노력이 중요하다. 협력업체 근로자의 고용·임금 등 근로조건에서 부당한 차별이 발생하지 않도록 모니터링하고, 협력업체 근로자의 능력개발을 위해 노력하며, 사내외 하도급 근로자의 근로조건 개선과 고용안정성 향상을 위한 노력을 기울일 필요가 있다.

지금까지 공공기관 노사관계의 특징을 살펴보았다. 그렇다면 공공기관 노사가 추구해야 할 가치는 무엇인가? 이는 공공기관 노사관계를 이루는 구성요인에 의미를 부여하고, 공공기관 노사가 지향해야 할 방향을 제시한다. 우선 공공기관 노사당사자가 추구해야 할 가치는 효율성(efficiency)과 형평성(equity)이라 할 수 있다. 효율성은 재화와 서비스를 효과적으로 생산하려는 사용자가 추구하는 가치로, 형평성[5]은 인간의 존엄과 자유를 발현할 수 있도록 근로자가 추구하는 가치로 인식된다. 공공기관 노사관계는 사용자의 경영효율성에 대한 요구와 근로자의 인간적 존엄과 발언권에 대한 요구를 양립시킬 수 있어야 할 것이다.[6] 왜냐하면 이러한 요소들이 합리적인 균형을 이루지 못한 공공기관 노사관계는 조직성과와 개인성과를 상호 제약하여 높은 성과를 내기 힘들기 때문이다. 경영에서의 효율성을 제고하기 위해서는 공공기관 노사가 협력적인 노사관계를 구축하고 공동의 목표 달성을 위해 최선을 다해야 한다. 형평성 관점에서 공공기관이 바람직한 노사관계를 구축하기 위해서는 인사·노사정책 등이 구성원의 동의에 의해 이루어져야 하며, 임금·승진·평가 제반 제도의 운영은 사용자의 주관에 의해 결정되는 것이 아니라 객관적으로 정해진 기준과 절차에 의해 행해져야 하고, 근로자 참여 및 협력에 관한 법률 등에서 정하고 있는 내용을 기반으로 기관 특성에 맞는 근로자 참여 및 의사결정 시스템을 구축·운영할 필요가 있다. 또한 공공기관 노사당사자의 사회적 책임에 대한 가치가 강조될 필요가 있다. 왜냐하면 공공의 이익과 사회적 가치를 추구하라는 공공기관 존재 목적에 노사당사자가 그 역할과 책임을 다 할 것을 요구받고 있기 때문이다. 공공기관의 사회적 책임은 그 활동으로 인해 발생하는 사회적·경제적인 문제를 해결함으로써 이해관계자와 사회일반의 요구나 기대를 충족시켜야 하는 행동의 규범적 체계라 할 수 있다. 공공기관의 노사당사자는 지속가능한 발전에 기여하고 이해관계자

5 형평성은 인간다운 삶을 영위할 수 있는 조건을 유지하면서 결과에 초점을 맞춘 분배의 정의와 관련이 있는 반면, 발언권(voice)은 의사결정과정에 참여하는 것을 통해 공정성을 느끼는 절차적 정의와 관련이 있다고 할 수 있다. 본고에서는 형평성에 발언권을 포함하는 광의의 개념으로 사용한다.

6 Budd, J. W.(2004), Employment with a human face: Balancing efficiency, equity, and voice, Ithaca and London: Cornell University Press.

를 배려하며, 관련법규나 국제행동규범을 준수하고 조직 속에서 투명하고 윤리적인 실천 행위가 이루어지도록 최선의 노력을 다해야 한다.

요컨대 공공기관이 추구해야 할 노사관계는 효율적인 경영을 위해 노사 파트너십을 제고하고, 공공서비스의 질을 높이는 방향으로 노사당사자가 공동의 노력과 그 책임을 다함으로써, 지속가능하고(sustainable) 사회통합과 발전에 기여할 수 있는 가치를 창출하는(value creating) 노사관계라 할 것이다.

2. 공공기관 노사관리의 핵심성공요인(CSF)

지금까지 공공기관 노사관계의 특징과 공공기관 노사당사자가 추구해야 할 가치를 살펴보았다. 이 절에서는 기존 노사관계 연구에 대한 고찰을 통해 공공기관 노사관계를 구성하는 핵심성공요인을 검토하고자 한다.

우선 노사파트너십[7] 내지는 고성과 작업조직[8]에서 나타나는 특성을 통

7 Dunlop의 노사관계시스템(Industrial Relations System)이론, Kochan, Katz and Mackersie의 전략적 선택모형(Three-tier Strategic Choices Model) 등은 노사관계에 미치는 영향요소들을 투입·과정·산출이라는 Logic Model 관점에서 노사관계의 구성요소와 그 요인들을 시스템적으로 분석할 수 있는 틀을 제공했으며, 노사파트너십·고성과 작업조직 시스템 등 기업단위(micro level) 노사관계를 설명하는 이론적·실무적 중요한 기반이 되었다(Dunlop, J. T.(1993), *Industrial Relations Systems*, 2nd ed., Boston, MA:Harvard Business School Press; Kochan, Thomas A., Harry C. Katz, and McKersie, Robert B.(1994), *The Transformation of American Industrial Relations*, Ithaca, NY: ILR Press).

8 고성과 작업조직(high performance work organization)은 경영 통제(control)와 조직구성원의 조직에의 순응(compliance)에 근거하여 조직효율성을 획득하려하는 전통적인 조직과는 달리 조직구성원의 자발적인 조직몰입과 의사결정과 조직효율성 증대에의 적극적인 참가를 유도함으로써 조직의 성과를 향상시키려 하는 생산조직이라 할 수 있다. 김영조는 고성과 작업조직을 실행하는 과정에서 발생할 수 있는 고용안정성을 둘러싼 제반 문제점들을 해결하기 위한 요소로 협력적 노사파트너십의 중요성을 강조하였고, 이지만은 고성과 작업조직의 핵심요인으로 대안적 작업방식, 고몰입 인적자원관리기법과 아울러 노사파트너십을 제시하였다. 김동원은 노사협력과 신뢰, 열린 경영, 교육 훈련, 동기

해 효율적 측면의 노사관계 구성요소들을 알아본다. 노사파트너십(labor management partnership)은 근로자와 사용자가 상호 신뢰와 존중을 바탕으로 공동 목적을 창출하고 달성하기 위해 협력적인 노사관계를 구축하고 유지하는 것을 의미한다. 이러한 관계를 구축하기 위해서는 노사 간에 서로를 존중하는 가운데 상대를 경영의 동반자로 인식하고, 공동의 목표를 달성하기 위해 상호 간에 최선의 노력을 다하는 것이 필요하다.[9] 노사파트너십에 대한 연구는 시스템적 관점을 기반으로 어떠한 요인들이 노사관계와 조직성과에 영향을 미치는지를 중심으로 이루어졌는데, 최고경영진의 인식과 태도, 노동조합 및 근로자의 인식 및 태도, 열린 경영 내지는 정보공유 수준, 원활한 의사소통, 의사결정과정에서의 참여[10] 및 노사 상호와 신뢰와 협력, 노동조합 및 근로자의 관심과 참여, 고용유연화 및 고용안전성 보장, 공정한 보상제도 운영, 교육훈련에의 투자 등이 노사관계나 조직

유발 등이 고성과 작업조직에서 나타나는 공통적인 요인이라 하며, 노사협력과 신뢰 요인이 이러한 요인들의 근간이라고 밝혔다(김영조(2001), 고용조정의 공정성 및 고용조정의 강도가 잔류 구성원들의 태도에 미치는 영향에 관한 연구, 『인사조직연구』, 제9호(2), 12-14면; 이지만(2004), 고성과 작업장의 효과적 구축방안, 노동부 학술연구용역보고서; 김동원 외(2008), 『한국우량기업의 노사관계 DNA』, 박영사, 19-20면).

9 영국의 IPA(Involvement and Participation Association)는 노사파트너십 구축을 위해 조직 번영을 위한 공동노력, 참여와 확대를 위한 신뢰감 조성, 노사 쌍방의 법적인 지위 인정 등 3가지 원칙이 지켜져야 한다고 보았다(IPA(1992), Towards Industrial Partnership).

10 기업수준에서의 근로자 참여란 근로자 또는 노동조합이 기업경영과 관련하여 제기되는 제반 의사결정에 참가하여 영향력을 행사하는 것을 말한다. KKM의 전략적 선택모형에 따른 근로자 참여 수준을 분류하면, 전략적 수준의 참여는 기관의 장기정책 혹은 의사결정과정에 근로자 혹은 근로자대표가 참여하는 형태이며, 기능적 수준의 참여는 단체협상이나, 각종 위원회를 통해 참여하는 형태이고, 작업장 수준의 참여는 작업장에서 발생하는 일상적인 활동, 근무환경에 영향을 미치는 의사결정에 참여하는 형태를 의미한다. 근로자 참여를 확대하기 위해서는 참여적인 작업시스템을 구축·운영하고, 근로자 역량을 체계적이고 지속적으로 개발할 필요가 있으며, 조직 내 인사노무부서의 위상 및 전문역량을 강화하기 위한 노력이 필요하다(허찬영·최대식(2003), 노사협력프로그램 재정지원사업 개선방안 및 효과측정 TOOL 개발에 관한 연구, 한국노동교육원).

성과에 긍정적인 영향을 미치고 있음을 알 수 있다.[11] 또한 노사협력은 반응적 문제해결(reactive problem solving), 예측적 문제해결(anticipatory problem solving), 공동 미래창출(joint future creation) 단계로 구분할 수 있고, 노사협력의 수준이 높아질수록 보다 장기적이고 전략적인 결정을 공동으로 수행하는 특징을 갖는다.[12] 즉 공공기관의 효율성을 제고하기 위해서는 노사파트너십 향상이 필요한데, 이는 노사 당사자의 신뢰와 협력의 의식과 태도가 필요하며, 다양한 수준에서 정보가 충분히 공유되고, 노사 간 원활한 의사소통과 의사결정과정에서 근로자의 참여가 이루어지며, 근로자의 능력을 지속적으로 개발하기 위한 노력을 할 때, 생산적인 노사관계가 되고 이러한 노사관계가 조직성과에 긍정적인 영향을 미친다.

한편 노사관계의 제도적 변화를 당사자의 이념·가치·전략 등 주관적 요인들을 강조하는 행위 중심으로 분석하는 연구는 교섭이론으로 표현되

11 Kochan, T. A. and Dyer, L. A.(1976), Model of Organizational Change in the Context of Union-Management Relations, *The Journal of Applied Behavioral Science*, XII(Spring); Cooke, W. N.(1985), Toward a General Theory of Industrial Relations, *Advances in Industrial and Labor Relations*, 2: 233-252, Greenwich, CT: JAJ Press; Eaton, A. E. and Voos, P. B.(1992), Unionism and Contemporary Innovations in Work Organization, Compensation and Employee Participation, *Unions and Economic Competitiveness*, Washington, D. C.: Economic Policy Institute; Kochan, T. A. and Osterman, P.(1994), *The Mutual Gains Enterprise: forging a winning partnership among labor, management, and government*, Boston, MA: Harvard Business School Press; Coupar, W. and Stevens, B.(1998), Towards a new model of industrial partnership, *Human Resource Management: The New Agenda*, 145-159, London: Financial Times and Prentice Hall.

12 반응적 문제해결단계는 기존 시스템의 운영에 문제가 발생하거나 새로운 시스템 등의 실행과정에서 문제가 발생할 때 노사가 공동으로 문제의 원인을 찾고 해결하는 단계를 의미하고, 예측적 문제해결 단계는 새로운 시스템의 계획 혹은 기존 시스템의 재설계 단계부터 노사 공동으로 참여하여 노력을 하는 단계를 의미한다. 공동미래창출 단계는 노사협력의 가장 높은 단계로서, 이상적인 미래를 창출하기 위해 노사가 공동으로 전략을 수립하고, 목표를 이루기 위한 공동 노력 활동이 포함된다(김동원 외(2012), 『한국과 OECD 국가의 노사관계 비교평가』, 박영사, 71면).

는데, 이는 노사관계의 핵심 프로세스인 단체교섭을 분석·진단하고, 노사관계에 영향을 주는 협상 태도나 행위를 분석을 하는 데 도움을 준다. 노사당사자의 단체교섭 유형은 분배교섭(distributive bargaining)과 통합교섭(integrative bargaining)으로 나눌 수 있다.[13] 분배교섭은 노사당사자의 이해관계의 충돌로 인해 제로섬 게임이 되는 갈등적 상황으로, 통합교섭은 노사가 이슈들 간의 교환을 통해 서로 이익이 될 수 있는 상황으로 설명되며, 협력적 노사관계를 유지·발전시키기 위해서는 통합교섭이 중요하다 하겠다. 분배교섭을 소모적·대립적 교섭으로, 통합교섭을 생산적 교섭으로 해석할 수 있는데, 생산적 교섭이 노사파트너십 형성에 있어 중요한 요소라 할 수 있다.[14] 왜냐하면 생산적 교섭은 노사 간 단체교섭이 신속하고도 평화적으로 타결되는 것을 의미한다 할 것으로 한정된 희소가치를 노사 간에 어떻게 분배할 것이냐 하는 분배적 측면만을 협상하는 것이 아니라 노사 공동이 이익창출 방안에 대한 협상도 함께 행하는 교섭이라 할 수 있기 때문이다. 또한 공공기관 노동조합의 투쟁적 노동운동으로 인해 근로규범과 고용질서를 왜곡시키는 구조적 취약성과 정규직 중심의 근로조건을 보호하는 공공기관 노사관계의 구조적인 문제를 해결하기 위해서도 생산적 노사관계의 구축이 필요하다.[15] 이처럼 통합적 단체교섭 방식 내지는 생산적 교섭은 노사관계에 긍정적인 영향을 미치는 중요한 구성요인이라 할 것이다.

---

13 Walton, R. E. and McKersie, R. B.(1965), *A Behavioral Theory of Labor Negotiations*, NY: McGraw-Hill.

14 허찬영·최대식(2003), 노사파트너십 종합매뉴얼 개발, 노동부 학술연구용역보고서; Deery, S. and Iverson, R.(2005), Labor-Management Cooperation: Antecedents and Impact on Organizational Performance, *Industrial and Labor Relations Review*, 58(4), pp. 588-609.

15 박광표(2015), 한국노동정책의 성격변화 연구, 강원대 박사학위논문, 265-267면.

한편 공공기관 노사관계에 대해 정부의 과도한 통제보다는 공공기관 사용자에게 자율성을 부여할 수 있는 단체협상 구조를 만드는 데 공공기관 노사 당사자 및 정부의 실천적 논의가 필요하다 할 것이다. 공공기관의 특성상 교섭권과 경영권의 합리적인 균형이 필요한데 이를 위해서는 원칙적으로 노동기본권을 인정하되 효율성 제고에 장애가 되는 인사·경영권 제약 조항들은 개선되어야 한다. 아울러 정부는 경영권과 인사권에 대한 유형별 개선방향과 가이드라인의 제시를 통해 공공기관 노사가 자율적으로 개선해 나가는 정책이 필요하다. 또한 이를 공정하게 평가하고 인센티브를 부여하는 정책, 우수사례를 발굴하여 홍보하는 정책 및 노사관계 전문가의 자문서비스를 제공하는 정책 등을 펼칠 필요가 있다.[16]

최근 노사관계를 사회적 책임(social responsibility)이라는 관점에서 접근하고자 하는 움직임이 있다. 사회적 책임이라는 개념은 Bowen(1953)의 Social Responsibility of the Businessman에서 정립되기 시작하여 Mcgqure 및 Sethi 등의 연구를 통해 기업의 사회적 책임의 범위가 확대되어 왔다. 사회적 책임은 조직 구성원들이 투명하고 윤리적인 행동을 기반으로 조직의 지속가능한 발전에 기여하고 이해관계자를 배려하며 관련법규나 국제행동규범을 준수할 것을 요청한다. 사회적 책임은 경제적 책임, 법적 책임, 윤리적 책임, 자선적 책임으로 분류될 수 있다.[17] 경제적 책임은 제품과 서비스를 생산할 책임을, 법적 책임은 합법적으로 경제 활동을 수행해야 할 책임을, 윤리적 책임은 사회의 기대에 부응하는 윤리 행동을 수행해야 할 책임을, 자선적 책임은 경영활동과는 직접적인 관련이 없는

16 이성희(2010), 공공부문 단체교섭제도에서 경영권과 교섭권의 합리적 조정방안 연구, 한국노동연구원, 118-123면.

17 Caroll, A. B.(1991), The Pyramid of Corporate Social Responsibility: Toward the moral management of organizational stakeholders, *Business Horizons*, pp. 39-48.

문화활동·기부·지원봉사에 참여하는 책임 등을 의미한다.

사회적 책임과 관련된 기준은 GRI(Global Reporting Initiative)의 가이드라인과 ISO(International Organization for Standardization)의 표준안이 대표적이라 할 수 있다. UN의 GRI는 1997년 창설된 국제기구로 표준화된 지속가능성 보고서 기반을 마련하려는 목적으로 가이드라인을 제시하고 있다. 2011년 개정된 G4 가이드라인[18]에서 노동관행 및 고용의 질(labor practices and decent work) 분야는 고용, 노사관계, 산업안전보건, 교육훈련, 다양성 및 기회의 형평, 양성평등, 재화나 서비스 공급업체의 근로기준 준수, 고충처리 등 8개 범주로 구성된다. ISO는 2010년 11월 사회적 책임에 대한 표준(ISO 26000)[19]을 마련하여 사회적 책임에 대한 국제적인 가이드라인을 제시하고 모든 조직이 이러한 기준을 준수하도록 권고하였다. ISO 26000의 노사관계 분야는 인권과 노동관행 이슈에서 확인된다. 인권과 관련해서는 차별 금지 및 노동기본권에 대한 ILO(International Labor Organization) 기준 준수, 노동관행에서는 고용안정성과 고용관계, 근로조건과 사회적 보호, 사회적 대화, 산업안전 및 보건, 인적자원 개발과 훈련을 핵심내용으로 한다.[20]

GRI의 G4 가이드라인이나 ISO 26000에서 공통으로 확인되는 내용은

18 GRI(2013), Reporting Principles and Standard Disclosures, *G4 Sustainability Reporting Guidelines*, pp. 64-69.

19 ISO 26000은 국제표준화기구에서 제정한 사회적 책임(SR)에 대한 국제적인 가이드라인으로 조직의 지배구조, 인권, 노동, 소비자, 환경, 공정관행, 지역사회공헌 등 7개 분야의 사회적 책임 관련 사항 및 책임성, 투명성, 윤리적 행동, 이해관계자 이익 존중, 법규 존중, 국제행위 규범 존중, 인권 존중 등 기관이 준수해야 할 7가지 원칙을 제시하고 있다(ISO, *Guidance on Social Responsibility*(ISO 26000), Geneva: ISO, 2010).

20 노한균(2011), 『ISO 26000을 통해 사회책임 살펴보기: 새로운 국제표준의 이해와 실천』, 박영사; 정택진 외(2013), 『ISO 26000 사회적 책임: 글로벌 스탠더드로 실행하라』, 한울, 106-112면.

ILO의 노동기본권 보장이나 차별금지, 고용의 양과 질의 확보, 산업안전과 보건에 대한 중요성 인식과 실천, 공급업체·하청업체 등 공급사슬에 대한 책임의 강조 등으로 기업이 인간다운 삶 영위에 대한 사회적 책임을 다할 것을 요청하고 있다.

한편 GRI G4나 ISO 26000은 노동조합 조직 자체의 사회적 책임 강조와 변화를 요구하는 촉진제 역할도 할 수 있다. 왜냐하면 인간의 존엄성을 추구하고, 사회·경제적 정의를 실현하는 것이 노동조합의 사회적 책임이라 할 수 있기 때문이다. 노동조합의 경제적 책임은 고용안정과 근로조건의 개선, 분배정의 실현에 대한 책임을, 법적 책임은 노동관계법 및 노사관계의 합리성과 합법성에 대한 책임을, 윤리적 책임에는 생산 활동에 적극 참여, 조직 내부의 윤리적 활동을 위한 감시와 견제의 책임, 자선적 책임으로는 지역사회의 협력적 동반자 역할, 사회적 약자에 대한 배려 책임 등을 고려할 수 있다.[21] 노동조합의 활동범위에 따라 1차 이해관계자는 조합원 및 조직구성원으로 노조 활동 결과가 직접적으로 영향을 미쳐 노동조합 존립과 운영에 영향을 주는 활동영역을, 2차 이해관계자는 조직에 영향을 미치는 비정규직·협력업체 근로자, 3차 이해관계자는 구성원들의 삶의 터전인 지역사회로, 4차 이해관계자는 글로벌 커뮤니티로 분류될 수 있다.[22]

이와 같이 GRI G4나 ISO 26000은 노사당사자들에게 지속가능성을 목표로 사회적 대화와 타협을 이루도록 해야 하고, 사회적 책임이라는 패러다임에서 이해관계가 조정되어야 하며 노사 스스로 당사자 책임이 있음을

21 임만수(2012), 기업과 노조의 사회적 책임 활동이 협력적 노사관계를 매개로 직무만족에 미치는 영향, 동아대 박사학위논문, 25-42면.

22 김영기(2011), 노동조합의 사회책임(USR)과 조직성과, 서울과학종합대학원 박사학위논문, 35-37면.

명확히 하고 있다. 이에 공공기관의 노사는 공동의 사회적 책임의식을 보다 높은 수준에서 공유하고, 내부적으로 투명성·효율성·형평성을 확보하도록 하여 경영관리의 효율화를 위해 노력해야 한다. 또한 공공기관 노사는 공공서비스의 질을 높임으로써 국민과 고객의 만족 수준을 높이도록 노력해야 하며, 일자리창출·동반성장·사회공헌 등에 대한 적극적인 관심과 참여를 통해 사회적 책임을 다해야 한다. 협력업체 근로자들의 차별처우 개선 및 능력개발을 위한 노력, 하도급·용역 등 간접고용 근로자들의 근로조건 개선과 고용안정성 향상을 위한 노력, 정규직과 비정규직의 근로조건 격차 해소 및 비정규직의 고용안정성 강화 등을 위한 공공기관 노사 당사자의 적극적인 노력과 실천이 요구된다. 사회의 고용안정성이나 유연성 문제에 대해 사회적 합의를 이끌어 내고, 노동뿐만 아니라 복지·교육 등에서 사회적 불균형이나 양극화를 해소하기 위한 균형자로서의 정부 역할 또한 중요하다 할 것이다.

3. 공공기관 노사관리의 핵심성과지표(KPI)

지금까지 공공기관 노사관계를 구성하는 핵심요인들을 살펴보았다. 이를 토대로 여기에서는 선행 노사관계 진단 또는 평가 모형을 통해 공공기관 노사관리에 중요한 성과지표들을 살펴보고자 한다. 국내의 노사관계 진단 혹은 평가에 대한 논의는 노사파트너십 또는 고성과 작업 조직 이론을 기반으로 진행되어 왔다(김동배 외, 2002; 허찬영·최대식, 2003; 이지만, 2004; 김동원 외, 2008; 이병훈 외, 2008; 이영면, 2009 등). 여러 연구 중에서 효율성과 형평성을 고려한 노사관계 평가 모형을 통해 공공기관에서 활용될 수 있는 측정지표를 살펴본다.

우선 이영면은 노사관계를 신뢰, 협력, 참여, 성과의 차원에서 분석하였다.[23] 노사 신뢰와 노사협력의 영역을 구분하여 측정지표를 구성하고, 노사관계의 절차적 공정성 수준을 지표로 활용하였다는 것이 특징이라 할 것으로 이러한 접근법은 공공기관 실무자가 내부성과지표를 고민하는 데 참고가 될 수 있다.[24] 또한 그는 노사관계 수준에 맞는 노사파트너십 프로그램을 운영해야 한다고 강조하며 활용 가능한 프로그램을 제시하고 있다.

이병훈 외의 연구[25]는 고성과 작업장 이론을 배경으로 효율성과 형평성을 반영하여 노사관계를 분석하였다. 그는 시장·제도·사회문화 등의 외부환경, 노사의 구조, 노사의 이념과 가치, 노사의 전략적 선택을 투입요인으로, 노사협력, 동기부여, 참여기회, 인력개발을 과정요인으로, 노사관계 성과와 조직성과를 산출요인으로 분류하여 측정지표를 제시하였다. 이 연구에서 형평성을 반영한 지표들을 살펴보면 과정 요인 중 동기부여와 참여기회라 할 수 있다. 동기부여는 근로자의 다양한 욕구와 기대의 충족, 배분 및 절차의 공정성 지각 등의 과정을 통해 조직에 대한 신뢰와 몰

23 이영면(2009), 노사파트너십 프로그램 지원 사업 평가 및 제도개선 방안연구, 한국노동교육원, 190-191면.

24 노사간 신뢰는 조직의 목표나 정보를 어느 정도 공유하고 있는지와 노사당사자의 행동이나 태도에 대한 지표로, 노사간 협력은 노사협력수준과 문제해결을 위해 기꺼이 양보하려는 자세에 대한 지표로 이루어진다. 신뢰차원의 측정지표로는 노사공동 목표에 대한 인지도, 노사파트너로서의 상호인정 수준, 경영진과 노조(근로자대표)와의 정보공유 수준, 노동조합의 경영진에 대한 합리적 태도, 단체교섭 내지는 노사협의시 의사결정에 이르기 위한 당사자의 노력 등이, 협력차원에는 노동조합의 경영진 이해수준, 노동조합과 경영진의 협력수준, 노동조합의 양보하려는 자세 등이 활용될 수 있다. 한편 참여는 문제해결 절차와 방법, 의사소통 채널확보와 수준의 측정이 중요하다고 보았다. 참여 요인에서는 노동조합과 경영진이 문제해결을 위해 공동으로 노력하는 수준, 환경변화에 대한 노동조합의 의견 반영 수준, 고충처리제도 이용 수준 및 해결 건수, 평균 고충처리 시간 고충해결에 대한 만족도, 노사간 의사소통 채널 수 및 효과, 상향의 의사소통 채널 수 및 효과, 노사협의회 개최 건수 및 의결건수, 노사협의회 운영 만족도, 최고경영진, 노조대표자, 근로자대표 등의 노사협의회 참석율 등이 측정지표로 이용될 수 있다.

25 이병훈 외(2008), 참여와 혁신을 위한 노사관계 진단 매뉴얼, 한국노동연구원.

입을 촉진함으로써 조직성과에 영향을 미치는 요인이라 할 것이다. 고용안정성 문제에 대해 근로자 의견 수렴 여부, 비정규직의 정규직 전환 비중이나 목표 달성 수준, 무기계약직 및 비정규직의 차별개선노력, 관리직 승진자 중 여성비율, 정규직 근로자 1인당 임금 수준 대비 비정규직 근로자 1인당 임금 수준, 보상·승진·평가에서의 분배·기회·절차의 만족도 수준 등이 이에 대한 성과지표로 활용될 수 있다. 참여기회와 관련된 지표로는 제안제도 운영 수준 및 효과성, 직무순환제도에 대한 만족도, 노사협의회 운영 수준 및 만족도, 연간 노사협의회 개최 횟수, 노사공동위원회 개수 및 운영횟수, 근로자 참여제도에 대한 만족도 및 효과성, 1인당 제안건수나 제안건수 대비 채택건수 비율 등이 활용될 수 있다.

이와 같이 공공기관 노사가 노사관계를 효율성과 형평성의 균형적인 시각으로 노사파트너십을 향상시킬 때, 효율적인 경영관리가 이루어지고 구성원의 인간다운 삶을 영위토록 하여 궁극적으로 조직의 경영성과를 높일 수 있을 것이다. 그러나 노사파트너십은 공공기관 노사당사자의 각자의 이익 실현에 초점을 맞추는 한계를 지니고 있다. 공공기관은 공공서비스 질도 향상시켜야 할 본원적 책무를 가지고 있다 할 것으로, 공공기관 노사는 사회 전체의 일과 삶의 질 향상 등 공공의 이익을 위해 최선의 노력을 다해야 할 책임도 있다 할 것이다.

GRI G4 가이드라인이나 ISO 26000은 공공기관 노사관계의 사회적 책임 구성요소와 측정지표를 살피는 데 공공기관 실무자에게 유용한 정보를 제공한다. GRI G4 가이드라인의 노동관행 및 고용의 질(Labor practices and Decent work) 범주는 고용지표와 노사관계 지표, 교육훈련지표, 다양성과 기회 형평지표, 양성평등 지표, 재화나 서비스 공급업체의 근로기준 준수 지표로 구성되어 있다.[26] ISO 26000은 7개 핵심주제를 37개 관심사항으

26 고용지표는 순고용창출과 이직률, 복리후생제도에서의 정규직과 비정규직의 차이, 경

로 분류하고 관심사항에 대한 요구 및 기대내용을 체크리스트로 제시하여 그 수준을 5점 척도로 평가하고 있다. 노사관계 지표는 차별금지, 노동기본권, 고용안정성과 고용관계, 근로조건과 사회적 보호, 사회적 대화, 산업안전과 보건, 인적자원개발 등의 세부내용으로 구성되어 있다.[27] 두 기준은 조직 내 비정규직의 차별처우 개선노력, 협력업체 등 이해관계자의

조사휴가 등의 활용수준을 측정지표로 활용하고 있다. 노사관계 지표는 노동조합 및 근로자 대표의 의사결정과정 참여나 절차, 구조조정 등 중요한 변동사항에 대한 최소 통보기간 등을, 산업안전과 보건 지표는 전체 근로자 중 산업안전보건위원회가 관할하는 근로자 비율, 산업재해발생건수, 중대재해 발생건수, 결근자수로 확인하고 있다. 교육훈련지표는 고용형태별 1인당 연간 평균 교육시간, 근로자들의 고용안정성 제고 및 경력개발과 관련된 프로그램 운영 횟수나 비율을, 다양성과 기회 형평지표는 성·연령·소수자·다양성 등에 기반한 거버넌스 조직 구축 및 운영수준을 측정하며, 양성평등 지표는 임금(기본급)의 성별에 따른 차등 수준, 여성관리자 비율 등을 활용하고 있다. 재화나 서비스 공급업체의 근로기준 준수 지표는 공급업체 중 근로기준을 준수하는 비율을, 고충처리 지표는 연간 고충제기 건수 대비 해결 건수, 해결된 고충처리의 재발건수 등으로 측정한다.

27 차별금지는 여성·장애인·아동·이민자·조직 내 지위나 고용형태와 관계없이 권리가 존중되고 있는 수준, 노동기본권에 대해서는 단결권 및 단체교섭권의 보장수준, 강제노동이나 아동노동의 금지 여부 등을, 고용안정성과 고용관계는 고용에서의 사용자 책임을 회피하지 않으려는 수준, 과도한 비정규직 활용을 피하고 고용안정성을 제고하고자 하는 노력, 고용조정 필요시 근로자에게 충분한 정보를 제공하고 협의하려는 노력, 자의적이고 차별적인 해고 금지 노력, 공급업체 또는 협력업체와 상생의 고용관행을 유지하려는 노력 등을 활용하고 있다. 근로조건과 사회적 보호의 측정지표로는 임금·근로시간·휴가 등 근로조건의 노동관계법 내지 국제노동기준의 준수 수준, 일과 가정의 균형, 생활 임금 보장 정도, 동일가치노동 동일임금 준수 등을, 사회적 대화는 단결권과 단체교섭권의 보장 수준, 근로자 차별 내지는 해고 여부, 배치전환 혹은 외주화 등으로 고용안정을 해치고자 하는 사용자의 행위 여부, 조직의 경영 상태에 대한 적절한 정보 제공 수준, 사회적 대화에 참여하려는 의지나 노력 등이 있다. 산업안전과 보건과 관련된 세부지표로는 안전하고 건강한 작업환경을 유지하기 위한 노력, 안전 및 보건 위험을 분석하고 통제하기 위한 노력, 안전보건관리체계 구축 및 운영 수준, 산업안전 및 보건 관리에서의 근로자 참여 수준, 산업안전보건 교육 이행 수준·근로자 스트레스 관리 노력 등을, 인적자원개발과 훈련의 세부지표는 차별 없는 동등한 교육기회 부여, 육아시설이나 모성보호휴가 등 일과 가정의 양립을 위한 노력과 실행 수준, 차별개선이나 사회적 보호 관련 프로그램 운영 여부 등이 있다.

고용안정성과 근로자의 삶 향상을 위한 공공기관의 적극적인 노력, 안전하고 건강한 근로환경 제공에 대한 책임성 강화 등 노사당사자의 노동과 고용과 관련된 삶의 질 향상에 대한 사회적 책임을 강조하고 있는 특징이 있다. 공공기관과 관련된 협력업체 중 노동관계법에서 정한 근로기준을 준수하는 업체 비율, 성·연령·소수자·다양성 등에 기반한 거버넌스 조직 구축 및 운영수준, 차별개선이나 사회적 보호 관련 프로그램 운영횟수 및 만족도, 공공기관 협력업체 등을 포함한 산업재해로 인한 근로손실일수나 안전보건위원회 운영횟수, 간접고용 근로자 비율, 간접고용에서 직접고용으로 전환된 근로자 수 등은 공공기관의 내부 측정지표로 활용될 수 있다.[28]

Ⅲ. 공공기관 노사관리 지표의 현황과 과제

지금까지 공공기관 노사는 노사파트너십을 통해 경영효율성을 제고하며 동시에 인간의 존엄성과 공공서비스 질을 향상시키기 위한 사회적 책임 노력을 다해야 한다는 관점에서 공공기관 노사관계를 구성하는 핵심성

28 국내의 방하남 외는 ILO의 PSS(People's Security Surveys), GRI의 G3 가이드라인, ISO26000지표 등을 토대로 기업수준에서 고용의 질 영역을 고용여건, 고용안정, 임금 및 복리후생, 훈련 및 교육, 건강 및 안전, 고용평등기회, 공정한 갈등해결 시스템, 인권 등 8개 범주로 제시하였다. 고용안정 범주에서 비정규직 근로자 비율뿐만 아니라 간접고용 근로자 비율도 지표, 산업안전과 건강은 노사공동위원회 운영 여부 및 성과, 공정한 갈등해결시스템에서 단체협약의 실효성, 노사합동위원회의 운영 및 성과, 인권 범주에서 인권 관련 교육자수 및 만족도 등을 측정지표로 구성한 특징이 있다(방하남 외(2007), 고용의 질: 거시·기업·개인 수준에서의 지표개발 및 평가, 한국노동연구원, 104-105면).

공요소와 유용하게 활용될 수 있는 성과지표를 살펴보았다. 이를 토대로 여기에서는 공공기관 경영평가의 노사관리 지표와 공공기관 내부평가의 노사관리 지표의 현황을 살펴보고 향후 발전적인 논의를 위한 제언을 하고자 한다.

1. 경영실적평가제도의 노사관리 지표

〈표 8-1〉과 〈표 8-2〉는 2008년부터 2016년까지 공공기관 경영평가 편람의 세부평가와 비계량평가매뉴얼의 평가 착안사항을 통해 노사관리 지표의 변화를 살펴본 것이다. 이 기간 노사관리 지표의 변화는 크게 2008년에서 2010년 시기와 2011년에서 2016년 시기로 나누어 살펴볼 수 있다.

〈표 8-1〉에서 2008~2010년 노사관리 지표는 노사관계 선진화 노력 및 성과를 주된 평가내용으로 하였다. 세부평가내용은 노사관계 선진화를 위한 전략 수립 여부, 노사협력수준 제고 노력, 단체협약의 합리성 수준 등으로 이루어졌다.

2008년은 노사파트너십 내지는 고성과작업조직이론에 기반한 노사관계 구축이 강조되었다. 즉 노사협의회·노사간담회·경영설명회 등 노사 간 소통 채널을 통해 노사의 신뢰를 구축하고, 다양한 노사협력프로그램의 운영을 통해 노사협력을 증진하여 궁극적으로 선진노사문화 형성에 이바지한다는 관점에서 평가가 이루어졌다. 또한 노조가입 범위의 적절성 여부, 노조에 대한 과도한 지원 여부, 전임자 수의 적정성 여부, 단체협약과 경영권의 균형 여부, 단체교섭의 절차의 효과성 등을 평가하여 불합리한 노동관행을 개선하고 생산적인 교섭문화 형성에 평가의 주안점을 두었다. 그러나 2009년 이명박 정부의 노사관계 선진화 정책으로 인해 기존의 노사관리 지표의 변화가 이루어졌다. 즉 노사화합선언·노사공동선언 여부 등

〈표 8-1〉 경영실적평가 노사관리 지표 변화(2008~2010년)

<table>
<tr><th>연도</th><th>2008년</th><th>2009~2010년</th></tr>
<tr><td>평가지표</td><td colspan="2">노사관계 합리성</td></tr>
<tr><td>지표정의</td><td colspan="2">기관의 노사관계 선진화를 위한 노력에 관하여 평가</td></tr>
<tr><td rowspan="2">세부평가
1</td><td colspan="2">노사관계 선진화를 위한 전략 등이 개발되고 있는가?</td></tr>
<tr><td colspan="2">〈착안사항〉
• 노사관계 선진화를 위한 전략수립
• 선진 노사문화 창출 노력</td></tr>
<tr><td rowspan="2">세부평가
2</td><td colspan="2">노사관계를 합리적으로 관리하기 위해
노사 간 원활한 커뮤니케이션 통로 등을 구축하고 있는가?</td></tr>
<tr><td colspan="2">〈착안사항〉
• 노사협의회와 정보의 공유
• 정기적인 대화의 효과성
• 고충처리 및 노사만족도</td></tr>
<tr><td rowspan="2">세부평가
3</td><td colspan="2">노조운영제도개선, 경영관련 의사결정, 문제해결,
직원 교육훈련 등에 관한 노사공동 프로그램을 운영하고 있는가?</td></tr>
<tr><td colspan="2">〈착안사항〉
• 노사협력 및 노사관계 개선을 위한 공동기구의 효과성 평가
• 기타 노사협력 프로그램의 효과성 평가
• 노조가입의 범위 확인
• 노사관계 교육의 적절성 평가
• 노무담당 부서의 조직 확인
• 노조에 대한 지원 실태
• 전임노조원 수의 적정성</td></tr>
<tr><td rowspan="2">세부평가
4</td><td colspan="2">단체협약의 체결내용은 합리적이며, 적절한 절차와 시기에 이루어졌는가?</td></tr>
<tr><td colspan="2">〈착안사항〉
• 노사협의와 인사관리
• 단체협약과 경영권
• 임금 및 단체교섭의 효과성</td></tr>
<tr><td rowspan="2">세부평가
5</td><td colspan="2">노사관계 선진화 노력이 기관 목표 달성과 어떻게 연계되어 있는가?</td></tr>
<tr><td>〈착안사항〉
• 노사 간 신뢰구축을 통한 새로운 기관 문화의 구축노력
• 노사화합선언, 노사공동선언 등의 효과성 평가</td><td>〈착안사항〉
• 합리적이고 적법한 노사관계 구축 및 노사협력의 실현을 위한 계획 및 활동이 기관의 목표와 체계적으로 연계되어 있는지 평가</td></tr>
</table>

자료: 2008-2010 공공기관 경영평가편람 및 비계량평가매뉴얼 재구성

이 평가내용에서 제외되고 합리적이고 적법한 노사관계 구축 노력 및 성과가 새로운 평가내용으로 추가되었다. 이는 공공기관 노사관리의 평가에 있어 노사 자율의 노사파트너십 제고에 중점을 두었던 평가기준이 정부 통제에 의한 노조운영 및 인사·경영권 등 노동관계법이나 지침에서 정하고 있는 기준 준수 여부를 보다 강조하는 방향으로 선회하였음을 의미한다.

노사관계 구성요인들을 효율성, 형평성 및 사회적 책임의 균형이라는 가치 측면에서 볼 때, 이 시기는 노사의 신뢰와 협력, 경영정보의 공유, 의사소통, 교육훈련 등 노사파트너십 제고를 위한 핵심요인들을 평가요소로 담고 있으며, 생산적 교섭문화 구축이나 교섭권과 경영권의 균형과 관련된 요인들도 확인된다. 또한 노사공동위원회, 노사협의회, 인사위원회 등의 의사결정과정에서 구성원의 참여 보장과 관련된 형평성 측면도 관찰된다. 그러나 이 시기 노사관계 지표는 노사협력을 통한 조직 내의 경영효율성 평가가 주로 이루어졌다고 할 수 있으며, 공공의 이익보다는 조직구성원의 이익을 우선시 하는 공공기관 노사 담합 등에 대해 정부의 직접적인 통제가 강화되기 시작한 시기라 할 수 있다.

한편, 2011년 이후 현재까지의 노사관리 지표는 노사파트너십 제고보다는 단체협약·인사규정·보수규정 등 공공기관의 제반 경영관리 내용을 살펴, 조직의 불합리한 요소나 방만경영 요소를 개선하기 위한 노력에 초점이 맞추어졌다. 단체협약 분석표[29]나 방만경영 체크리스트[30] 등을 통해

29 단체협약 분석표는 단체협약서나 노사합의서, 취업규칙 등에서 불합리한 노사관행을 체크하기 위한 것으로 조합원의 가입범위, 근무시간 중 노조활동, 노조전임자 운영의 적정성, 노조간부에 대한 인사 공정성, 노조 운영 및 시설 관련 편의제공 수준, 인사권 및 경영권 확보에 관한 내용, 근로조건 및 쟁의행위 보호 수준의 적정성 등으로 구성되어 있다.

30 방만경영 관련 체크리스트는 퇴직금, 교육비, 보육비, 의료비, 기념품비, 휴가 및 휴직제도, 유가족 특별채용, 경영권 및 인사권 등 방만요소 중 대표적인 8대 항목에 대한 55개 체크리스트로 구성되어 있다.

〈표 8-2〉 경영실적평가 노사관리 지표 변화(2011~2016년)

<table>
<tr><th>연도</th><th>2011~2013년</th><th>2014~2016년</th></tr>
<tr><td>평가지표</td><td colspan="2">노사관리</td></tr>
<tr><td>지표정의</td><td colspan="2">노사관계 합리성 제고를 위한 노력과 성과를 평가</td></tr>
<tr><td rowspan="2">세부평가
1</td><td colspan="2">노사관계 선진화를 위한 전략 등이 합리적으로 개발되어 실천되고 있는가?</td></tr>
<tr><td>〈착안사항〉
• 노사관계 선진화 전략의 개발
• 노사관계 선진화 전략의 실천</td><td>〈착안사항〉
• 노사관계 선진화 전략의 개발
• 노사관계 전략의 이행 노력/성과</td></tr>
<tr><td rowspan="2">세부평가
2</td><td colspan="2">합리적 노사관계가 구축되어 노사협력이 실현되고 구체적인 성과를 내고 있는가?</td></tr>
<tr><td>〈착안사항〉
• 합리적이고 적법한 노사관계 구축
• 노사협력</td><td>〈착안사항〉
• 합리적인 노사관계 구축 및 운영
• 노사협력</td></tr>
<tr><td rowspan="2">세부평가
3</td><td colspan="2">노사 간의 공감대 형성을 위한 의사소통과 노사관계 관리 역량 강화를 위한 노력과 성과는 적절한가?</td></tr>
<tr><td colspan="2">〈착안사항〉
• 노사 간 공감대 형성을 위한 의사소통
• 양방향적 커뮤니케이션 정도
• 노사관계 관리역량 강화</td></tr>
<tr><td rowspan="2">세부평가
4-1</td><td>[노조가 있는 경우] 단체협약 내용이 합리적이고, 이를 개선하기 위한 노력과 성과는 적절한가?</td><td>경영·인사권의 침해를 조장하는 단체협약의 개선을 위한 기관의 노력과 성과는 적절한가?</td></tr>
<tr><td>〈착안사항〉
• 임금 및 단체교섭의 적절성
• 단체협약의 효과성</td><td rowspan="3">〈착안사항〉
• 관계법령의 취지와 목표에 부합하게 단체협약의 의제를 설정했는지, 그 결과 경제적 이해관계의 조정 및 근로조건의 개선 등에 관한 내용을 중심으로 단체협약, 취업규칙, 인사, 징계 등 관련 규정이 잘 정비되었는지를 평가
• 경영 및 인사권관련 조항이 기존 단체협약 등에 포함되어 있는 경우 이의 개선 및 조정을 위한 노력이 체계적으로 진행되었는지를 평가한다. 부적절한 조항의 개선 및 합법적 의제설정을 위한 노사위원회 또는 회의체 구성여부 및 논의의 활성화 정도를 평가한다. 아울러 회의를 통해 논의된 내용의 기술과 기록 등에서 불합리성 개선의 과정을 확인
• 경영 및 인사 관련 조항의 개선을 위한 노력의 결과로 불합리한 내용이 개선된 사례 등을 성과로 평가</td></tr>
<tr><td rowspan="2">세부평가
4-2</td><td>[노조가 없는 경우] 노사협의회를 실질적이고 효과적으로 운영하기 위한 노력과 성과는 적절한가?</td></tr>
<tr><td>〈착안사항〉
• 노사협의회의 법에 의한 설치 및 운영
• 노사협의회의 내실 있는 운영
• 노사협의회의 성과</td></tr>
<tr><td rowspan="2">세부평가
5</td><td>–</td><td>[노조가 있는 경우] 단체협약 내용이 합리적이고, 이를 개선하기 위한 노력과 성과는 적절한가?
[노조가 없는 경우] 노사협의회를 실질적이고 효과적으로 운영하기 위한 노력과 성과는 적절한가?</td></tr>
<tr><td>–</td><td>〈착안사항〉
• 임금 및 단체교섭의 효과성
• 단체협약의 적절성
• 노사협의회의 법에 의한 설치 및 운영
• 노사협의회의 내실 있는 운영
• 노사협의회의 성과</td></tr>
</table>

자료: 2011-2016 공공기관 경영평가편람 및 비계량평가매뉴얼 재구성

일률적이고 구체적인 기준으로 평가가 진행되는 시기로 공공기관 노사관계에 대한 정부의 통제가 보다 강화되었다.

이 시기는 다시 2011년에서 2013년까지, 2014년 이후 현재까지로 구분하여 살펴볼 수 있다.

2011~2013년의 노사관리 지표가 갖는 특징은 우선, 세부평가내용 사이의 계획, 실행, 성과로 구성되는 것이 아니라 일부 세부평가지표는 PDCA 관점으로 전환되고 일부는 실행과 성과 중심으로 평가가 이루어졌다는 것이다. 즉 2011년 이전의 세부평가지표는 세부평가내용 순서대로 계획, 실행, 성과의 형태로 구성된 반면, 2011년 이후 노사관계 선진화 전략과 실천 등은 계획, 실행, 성과를 측정하는 구조로 전환되었고, 성과요인이었던 합리적이고 적법한 노사관계 구축 관련 내용이 구성요인으로 변경되어 과정과 결과를 동시에 고려할 수 있도록 하였다. 둘째, 노사협력 세부지표에 대한 평가기준도 이전에 비해 보다 포괄적으로 변화되었다. 이전의 노사협력 세부지표는 노사공동위원회, 노사협력프로그램 등을 예시하여 공공기관은 예시된 평가내용에만 노력을 집중하는 경향을 보였으나, 2011년부터는 노사공동의 노력과 성과를 평가하고, 노사갈등 예방을 위한 기관의 노력을 평가하는 것으로 변경됨으로써 공공기관 특성에 맞는 노사협력이 이루어질 수 있도록 하였다.[31] 의사소통과 관련된 세부평가기준도 변화가 있었는데, 2010년까지는 노사협의회, 간담회 등 공식적이고 대표적인 의사소통 채널의 효과성을 중심으로 평가가 이루어진 반면, 2011년 이후에는 노사 간 공감대 형성을 위한 노동조합과 조합원들에 대한 커뮤니케이션 채널 그리고 커뮤니케이션 대상, 내용의 다양성과 빈도 등으로 변경되어 노사 간 의사소통 시스템 전반을 포괄적으로 측정하게

31 노사갈등예방에 대한 평가내용이 신설되었으나, 이를 무엇으로 평가할 것인지를 구체적으로 제시하지 않아 평가위원이나 공공기관에 혼란을 초래하였다.

되었다. 셋째, 노조가 있는 조직과 그렇지 않은 조직의 평가지표를 달리 하였다는 것으로, 노조가 있는 공공기관은 단체협약의 합리성을, 노조가 없는 공공기관은 노사협의회 운영 성과를 평가하는 것으로 바뀌었다. 이는 노동조합이 없는 조직은 노사 대표자 사이의 중요한 의사결정이 노사협의회를 중심으로 이루어지는 현실을 감안하고 근로자 참여 및 협력증진에 관한 법률에서 정하고 있는 노사협의회 운영사항을 어느 정도 이행하고 있는지를 살펴보기 위한 것으로 생각된다. 그러나 노사협의회의 운영에 대한 노력과 성과는 노조 유무와는 관계없이 중요한 구성요인으로 다루질 필요가 있다. 왜냐하면 노사협의회는 노사 및 공공의 이익을 위해 논의를 할 수 있는 공식적인 근로자 참여 조직으로서 법률에서 그 참여기준이나 절차 등을 명확히 제시하고 있기 때문이다.

2014년 이후 현재까지의 평가지표는 박근혜 정부의 공공기관 정상화 정책과 관련이 있다. 공공기관 정상화 정책을 반영하여 경영·인사권의 침해를 조장하는 단체협약의 개선을 위한 기관의 노력과 성과가 2014년 노사관리 지표에 독립된 세부평가내용으로 추가되었다. 이는 경영평가에서 지속적으로 개선되어야 할 사항으로 지적되었음에도, 그리고 국회나 감사원 등 외부기관에서도 개선을 권고하였음에도 불구하고 개선되지 못한 현실을 반영한 것으로 해석된다. 노사관리 지표에서 또 다른 변화는 모든 세부평가내용에 대한 평가착안사항이 동일하여 평가에 있어 혼란이 있었는데, 세부평가내용에 맞게 평가착안사항이 구체화되었다는 것이다.[32] 예를 들어 노사관계 관리 역량에 대한 평가의 착안사항을 보면 2011년 이전까지는 노사관계 교육훈련 계획 및 실적을 확인하는 것에 그쳤는데, 2011년 이

32 경영·인사권의 침해를 조장하는 단체협약의 개선을 위한 기관의 노력과 성과는 적절한가 등의 평가착안사항은 이전 내용을 담고 있어 무엇을 평가해야 하는 지에 대한 구체성이 결여되어 있는 경우도 있다.

후에는 노사관계 담당자 등에 대한 노사관계 교육프로그램 구축·운영으로 확대되었고, 다시 2014년 이후에는 노사관계 관리 역량 강화 프로그램이 기관 전체의 HRD 체계와의 연계 수준 및 교육의 효과성까지 평가하는 것으로 보다 구체적이고 체계적으로 변화되었다.

노사관계 구성요인들을 효율성, 형평성 및 사회적 책임의 균형이라는 가치 측면에서 보면, 이 시기는 경영정보의 공유와 같은 핵심성공요인을 평가요소에서 제외하는 등 노사협력보다는 법과 원칙의 준수, 인사·경영권 확립, 방만경영 해소 등 정부 통제에 의한 효율성 제고가 강조된 시기라 할 수 있다. 또한 이전시기와 마찬가지로 노사의 사회적 책임에 대한 평가가 소홀히 다루어졌다.

지금까지 경영평가 노사관리 지표에 대한 변화와 그 의미를 살펴보았다. 2008년 이후 현재까지의 노사관리 지표는 법과 원칙의 준수, 인사·경영권 내지는 방만경영 등 불합리한 노동관행의 시정을 위해 정부의 통제기조가 지속적으로 강화되었음을 알 수 있다. 이로 말미암아 공공기관의 단체교섭은 생산적·통합적 교섭이 아닌 노동조합에게 일방적인 양보를 요구하는 교섭형태가 일상화되었다. 이러한 평가기조는 교섭권과 경영권의 균형을 일정하게 확보하고 공공기관 경영에 있어 불합리한 요소를 상당한 수준으로 개선했다는 점에서는 긍정적이라 할 수 있다. 그러나 교섭권과 경영권이 상당한 균형이 확보된 시점에서는 기관의 자율권을 부여하여 노사관계를 활성화시킬 필요가 있다. 이를 위해서는 무엇보다도 경영정보에 대한 공유 수준을 높일 필요가 있다. 물론 공공기관 노사가 과거로 회귀하지 않도록 하는 노력도 게을리하지 않아야 한다. 또한 노사 상생 및 사회적 책임을 통한 공공서비스의 질을 제고하고자 하는 부분을 경영평가에 적극 반영할 필요가 있다. 공공기관의 노사 상생을 위해서는 노사파트너십 및 조직구성원의 공정성을 제고하기 위해 경영정보의 공유 수준과

의사결정 과정에서 근로자 참여를 보다 강화해야 한다.

경영정보 공유란 기업의 재무 및 각종 경영관련 정보를 근로자 또는 노동조합이나 노사협의회 등과 공유하는 것을 의미하는 것으로 조직의 경영활동과 관련되어서 발생되는 정보를 근로자들에게 공개하여 조직의 경영상태에 대해 궁금한 점이 없도록 하는 것이다.[33] 경영정보의 공유는 근로자들에게 성과개선의 필요성과 이유를 이해시키고 의사결정 참여가 조직성과에 어떻게 기여하는지, 자신의 업무의 의미를 이해시켜 성과개선의 방법을 찾도록 유도한다. 이런 점에서 경영정보 공유는 성과배분제, 생산적 교섭, 의사결정 참여 프로그램의 진정한 운영을 위해 필요한 기본 토대라 할 수 있다.[34] 이러한 이유에서 관련 법률[35]에서도 노사협의회 임무로 협의사항, 의결사항 및 보고사항을 명시하여 노사가 경영정보를 공유하도록 명문화하고 있다. 경영정보의 공유수준은 노사 간 단체교섭을 원활히 진행하기 위한 정보 공유 수준, 노사협의회·노사공동위원회 등 근로자 대의기구의 참여를 원활히 수행하기 위한 정보 공유 수준, 업무수행과 관련하여 근로자에게 제공되는 정보 공유 수준을 높여야 한다. 공공기관 노사의 경영정보 공유는 필수적이라 할 것으로 법률에서 정한 사항에 대해서는 노동조합, 노사협의회 및 근로자 대표 등과 원활한 정보 공유가 이루어져야 한다.

노사협의회는 인사·노무관리 제도의 개선이나 노사공동위원회 설치 등

33 이를 열린경영 또는 투명경영 등으로 부르기도 한다.

34 허찬영·최대식(2003), 노사파트너십 종합매뉴얼 개발, 노동부 학술연구용역보고서.

35 「근로자 참여 및 협력증진에 관한 법률」 제20조에서 노사협의사항으로 생산성 향상과 성과배분, 근로자의 채용 배치 및 교육훈련, 인사·노무관리 제도 개선, 근로자 복지증진, 일과 가정생활의 양립 지원 등을 명시하고 있으며, 제21조는 근로자의 교육훈련 및 능력개발 기본 계획의 수립, 복지시설의 설치와 관리, 사내근로복지기금의 설치, 고충처리위원회에서 의결되지 아니한 사항, 노사공동위원회의 설치는 노사협의회 의결사항으로, 제22조에서는 경영계획 전반 및 실적에 관한 사항, 분기별 생산계획과 실적에 관한 사항, 기업의 경제적·재정적 사항은 분기별로 노사협의회에 보고하도록 하고 있다.

을 통한 조직성과를 향상시킬 수 있는 공식적인 근로자 참여조직이라 할 것이므로 이를 노사관리지표에서 반영하여 형평성을 제고할 필요가 있다. 근로자 참여 수준에서는 전략적 수준에서 제도변화 내지는 환경변화에 대한 유연한 대응 수준 및 혁신에 관한 참여 수준을, 단체교섭 및 인적자원관리 수준에서는 생산적 교섭 수준과 고용관계나 인적자원관리에서의 혁신에 대한 참여수준을, 작업장 수준에서는 업무수행에 있어 참여와 자율성 수준을 높여야 한다.

공공의 이익과 사회적 가치의 추구라는 공공기관 노사의 사회적 책임을 지속가능한 발전에 기여하는지, 이해관계자를 배려하는지, 관련법규나 국제행동규범을 준수하는지, 조직 내에서 투명하고 윤리적인 실천 행위가 이루어지는지 등을 확인하고 이를 촉진하는 방향으로 공공기관 경영평가에 반영할 필요가 있다. 공공기관 노사는 비정규직을 활용한 인적자원의 수량적 유연화를 추구하되, 업무 내용이나 유연성 차원에서 제한적으로 비정규직을 활용하는 것이 바람직하며, 비정규직을 활용한다 하더라도 정규직의 기능적 유연성을 지속적으로 높이기 위한 노력이 필요하다. 또한 협력업체 노사와의 협의체 운영을 통해 노동시장에서 불리한 위치에 있는 근로자들이나 기업들을 위해 기술을 지원하고, 공동의 동반성장 기준을 마련하며, 동일가치노동 동일임금 원칙의 준수 및 지속적인 차별처우 개선 노력 등 공공기관 노사의 사회적 책임에 대한 실천 노력이 요청된다. 정부는 공공기관 노사의 사회적 책임성을 강조하고 동반성장 및 상생협력 컨소시엄 등과 같은 정책을 적극적으로 강구할 필요가 있다.

요컨대 공공기관 노사관계가 발전하기 위해서는 노사 사이의 신뢰와 협력, 경영정보 공유, 원활한 의사소통, 교육훈련에의 투자, 공정한 보상이나 처우 등 노사파트너십을 제고하기 위한 노사당사자의 노력이 필요하다. 공공기관 노사가 생산적 교섭문화를 구축하기 위한 노력 및 교섭권과 인사·경영권의 합리적인 균형을 이루기 위한 노력도 요청된다. 또한 의사결정 과정에 구성원의 참여를 보장하여 공정성을 확보하고자 하는 노력도 중요하며, 나아가 공공기관 노사는 사회적 책임의 당사자로서 이해관계자 및 산업평화에 대한 노력에도 최선의 노력을 기울일 필요가 있다. 이러한 핵심성공요인들이 노사관리 지표에 반영되어 공공기관 노사관계가 지속가능하고 사회통합과 발전에 기여할 수 있도록 해야 할 것이다.

2. 내부성과평가제도의 노사관리 지표

여기에서는 2015년 및 2016년 경영실적보고서에 기술된 노사관리 지표체계를 통해 공기업 노사관계 전략의 체계성, 핵심성공요인 및 핵심성과지표 운영 현황을 살펴본다. 효율성, 형평성 및 사회적 책임의 균형이라는 관점에서 공공기관 내부 노사관계의 핵심성공요인 및 핵심성과지표의 적절성과 아울러 전략과 성과목표, 성과목표와 성과지표 사이의 연계성 등을 살펴보고 향후 발전적 논의를 위한 토대를 제공하고자 한다. 〈표 8-3〉과 〈표 8-4〉는 공기업의 노사관리지표에 대한 관리체계로서 각 기관의 노사관리 전략맵(strategic map)이다.

노사관리 전략체계에서 전략목표(strategic goal)는 해당 공공기관 노사관리 부서에서 중장기적으로 달성하기 위한 정책의 방향을 의미하는 것으로 공기업 노사관리 정책 방향은 대체로 가치창조, 합리적, 동반자적 내지는 생산적 노사관계를 지향하고 있음을 볼 수 있다. 노사관리 전략은 전략목표를 보다 구체화한 것으로 노사관계 선진화 전략 개발과 실천, 법과 원칙의 노사관계 정착, 노사파트너십 강화, 노사 간 소통 활성화, 교섭문화 및 단체협약의 합리성 추구, 보수 및 복리후생 관련 정부정책의 이행, 노사 동반성장 노사문화 구축 등이 제시되었다.

〈표 8-3〉 기관별 노사관리 지표관리체계(공기업 1)

기관	지표목표	전략	실행과제	성과지표
인천국제공항공사	국민 친화적 노사관계 구축	노사관계 선진화	• 선진화 전략 재정립 • 선진화 전략 실천 및 전파	• 노사분규발생
		합리적 노사관계	• 합리적 노사관계 재정립 • 노사협력을 통한 경영성과 창출	• 총 인건비 인상율 • 노동생산성
		노사소통활성화	• 노사소통채널 강화 • 전사소통채널 다원화 • 노사협의회 활성화 • 노사관계 관리역량 강화	• 노무복지만족도 • GWP지수
		합리적 노사협약	• 교섭추진전략 수립 • 경영인사권침해 관련 조항 발굴 개선 • 합리적 수준 단협 체결	• 단체협약 개정 • 방만기관 지정해제
한국가스공사	국민 중심의 신뢰받는 에너지 공기업 위상 재정립	노사관계 선진화 전략의 개발 및 실행	• 노사관계 설문 조사 및 인터뷰 • 노사관계 선진화 전략 수립 및 실행	• 노사관계 수준 진단 • 선진화 전략수립 (중장기 및 단기)
		공정과 책임의 신 노사문화 정립	• 방만경영 개선 노사 합의 • 노사 공동 직원 복지사업 실시 • 노사 합동 CSR활동	• Time Off 운영 • 노사분규 일수 • 노사 합동 CSR활동(마일리지)
		노사소통 및 노무관리 역량 강화	• 노사 간 공감대 구축 및 소통 노력 • 노사관계 관리 역량강화 교육	• 노사관계 만족도 • 노사 커뮤니케이션 지수 • 노무관리 교육 이수자
		단체협약의 합리적 체결 및 운영	• 단체협약 보충협약 체결 • 2014년 임금협약 체결 • 선진 인사노무관리 체계 도입	• 단체협약 개선 • 임금협약 체결
한국공항공사	창조적 노사관계로 경영목표 달성 견인	복리후생 선진화	• 방만요소 지속적 개선 • 좋은 일터 만들기 추진 • 근로취약계층 처우 개선	• GWP 만족도 • 복지후생 만족도
		소통 신뢰의 노사문화 조성	• 양방향 소통채널 확대 • 사회적 책임 선도적 이행 • 조직화합 공동연구 추진	• 노사소통 만족도 • 고충 처리율
		법과 원칙의 노사관계 정착	• 정부정책의 적극 수행 • 불합리한 노사관행 개선 • 노사관리 역량강화 개선	• 노사신뢰 수준도 • 무분규·무쟁의 지속
		정부정책의 선도적 이행	• 정부지침 준수 인건비 인상 • 합리적 임금체계 정립 • 성과주의 보수체계 정착	• 1인당 노동생산성 • 총 인건비 인상률
한국도로공사	소통과 상생으로 미래가치 창조형 노사관계 구현	노사관계 선진화 전략 개발 및 실천	• 선진화 전략 재설계 • 성과분석 및 실행력 제고	• 노사 신뢰도 • 노사관계 선진화 이행
		상생과 책임기반 성과창출 추구	• 합리적인 노사관계 구축 및 운영 • 노사 공동목표 실천 • 갈등예방 노사협력	• 공동프로그램 만족도 • 사회적 책임 이행도 • 노사협력수준 향상
		소통을 통한 노사 공동 발전	• 노사 간 다양한 소통채널 운영 • 노사관계 관리역량 강화	• 대화창구 만족도 • 소통 및 관리역량 제고
		합리적 노사관계 구현	• 단체협약 불합리 조항 개선 • 합리적인 임금 및 단체협약 체결	• 타임오프 운영 • 임금인상률 • 단체협약 합리화

한국석유공사	소통과 협력 기반의 합리적인 노사문화 창조	전략적 노사관리	• 노사관리 전략의 체계화 • 전략의 이행점검 및 피드백 강화	• 노동쟁의율 • 전략의 실효성
		협력적 노사관계	• 노사협력 프로그램 활성화 • 갈등과 분쟁이 선제적 예방	• 노사협력지수 • 노사공동 경영성과 창출도
		공감적 의사소통	• 소통과 공감의 기업문화 구현 • 노무관리 역량 강화	• 노사소통지수 • 의사소통 및 노무역량 제고 수준
		합리적 단체협약	• 합리적인 단체협약 체결 • 합리적인 임금협약 체결	• 임금인상률 • 단체협약의 합리성
한국수자원공사	미래지향 및 공정가치 실현의 노사관계 구축	노사 전략 개발·실천	• 노사관계 개선 및 경영목표 달성전략 수립 • 정부정책 이행을 위한 전략 보완 • 노사 선진화 전략 이행	노사관계 만족도
		합리적·적법한 노사관계 구축	• 법과 원칙의 합리적 노사문화 정착 • 약자계층 보호·배려·존중의 노사관계 확립 • 목표달성을 위한 협력 확대	사회공헌 활동지수
		노사 의사소통 및 역량 강화	• 전 직원 참여의 소통 활성화 • 다양한 노사공감 채널운영 등 경영참여 확대 • 노사 역량강화 프로그램 체계적 실행	방만경영 개선도
		경영·인사권 침해 방지	• 합리적 단협 개정을 위한 대외협력 확대 • 공사의 경영·인사권 확립 • 공기업 선도의 단협 개정을 위한 준비강화	인재육성지수
		단체협약의 합리적 개선	• 방만경영 해소를 위한 단협 개정 • 노사공감대 형성 강화 • 국민 눈높이의 보수·복지제도 개선	임금인상률
한국전력공사	상생과 책임의 가치창조형 노사관계 구축	노사관계 선진화 전략 개발	• 환경변화 대응 선진화 전략 Rolling • 전략과제 성과분석 및 실행력 제고	• 노동생산성 • 노사분규 • 노사관계 선진화
		협력적 노사관계 구축	• 경영성과 향상 및 방만경영 개선 • 노사 공동 좋은 일터 만들기 추진	• 방만경영 개선 • 직원만족도 • 협력수준 향상
		노사 간 소통 활성화	• 다양한 소통채널 활성화 추진 • 노사갈등 예방 및 조직문화 개선	• 경영현안설명회 • 노사 봉사활동 • 소통/관리역량
		합리적 단체협약 체결	• 단체협약 불합리 조항 개정 • 성과중심의 선진 보수체계 정착	• 타임오프 운영 • 임금인상률 • 단체협약 합리화
한국지역난방공사	중장기 관점의 경영시스템 구축	적합한 노사관계 정착	• 법과 원칙에 기반한 단체교섭 • 생산·효율적 노사문화 실현 • 합리적이고 적법한 노사관계 구축 • 공감대 형성 및 갈등 예방	• 노사협력 및 양보지수 • 노사분규 발생건수 • 노사관계 선진화 추진
		노사협력 활성화	• 이해관계자 분석 및 수준진단 • 노사협력 공동목표 달성 • 체계적인 소통채널 운영 • 경영개선 및 원가절감	• 노사관계 수준진단 • 발전적 노사협력체계 구축

한국철도공사	노사상생을 위한 평화적·합리적 노사관계 구축	노사관계 선진화 전략 추진	• 노사관계 단기전략 재정립 • 노사관계 중장기 마스터플랜 수립 • 전략과제 이행으로 노사관계 정상화	노사상생지수
		합리적 노사관계 및 노사협력 실현	• 합리적 노사관계 모델 확립 • 갈등관리 및 상생을 위한 노사협력 • 공동 목표 달성을 위한 협업 활동 추진	노사공동프로그램
		공감소통 활성화 및 역량 강화	• 방만경영 개선 전사적 의사소통 • 신뢰회복을 위한 양방향 소통 • 맞춤형 노사관리 역량 강화	노무역량 심화교육
		경영인사권 강화 및 합리적 임단협 체결	• 합리적 단체협약 체결 추진 • 단체협약 개선안 마련 • 정부지침 준수 임단협 체결	방만경영 개선과제
한국토지주택공사	상생노사 문화구축으로 국민의 눈높이에 맞는 경영정상화 이행 선도	경영정상화 대책의 선도적 이행		• 방만경영 개선과제 이행건수 • 무분규 지속년도 • 타임오프 한도 및 임금인상률 준수 • 불합리 단체협약 조항 개정 건수
		노사상생의 파트너십 창출		
		소통과 공감의 노사문화 실현		• 노무 네트워크 구축 노력 • 노사공동 프로그램 활성화 노력 • 노노간 소통강화 지원 노력 • 효율적인 단체교섭 노력
		합리적인 노사관계 구현		

그러나 공공기관 노사관리 전략 대부분이 공공기관 경영평가에서 평가하고자 하는 요소로 이루어져 있음을 알 수 있다. 이는 경영평가 결과가 공공기관에 미치는 영향이 크므로 경영평가 평가요소를 공공기관 내부 성과관리에서 핵심내용으로 반영할 수밖에 없는 현실에서 비롯된 것이라 할 수 있다. 공공기관 노사관리 품질을 보다 향상시키기 위해서는 공공기관은 외부환경, 내부역량 및 기관 현재의 노사관계 수준 등을 진단하여 이로부터 기관이 실행가능하고 성과가 높은 노사관리 전략을 도출하려는 노력이 강화될 필요가 있다. 다른 한편으로 공공기관 경영평가의 평가요소가 기관 노사관리 전략수립 및 실천에 지대한 영향을 끼친다는 현실을 고려하여 공공기관이 추구해야 할 바람직한 노사관계의 핵심성공요소를 경영평가의 세부평가내용으로 반영하려는 정부의 노력이 요청된다.

〈표 8-3〉과 〈표 8-4〉의 지표관리 체계에서 실행과제는 전략을 달성하

기 위해 우선적으로 수행해야 할 중요한 요소를 보다 구체화한 것으로 해당 공공기관의 성과목표이자 핵심성공요인(critical success factor)이라 할 수 있다. 〈표 8-3〉 내지 〈표 8-4〉를 통해 노사관리 핵심성공요인을 살펴보면 선진화 전략 재설계 및 실행력 제고, 갈등관리 및 상생을 위한 노사협력, 성과주의 보수체계 정착, 현장중심 소통강화, 노사관리 역량 강화, 단체협약서 경영·인사권 침해조항 발굴 및 개선, 임금피크제·성과연봉제 등 정부정책 이행, 좋은 일터 만들기 추진, 노사공동 사회적 책임 실천 등이 있다. 전반적으로 전략과 연계된 핵심성공요인을 제시하고자 한 노력이 보인다. 그러나 〈표 8-3〉에서 의사소통 활성화라는 전략의 핵심성공요인으로 노사관계 관리 역량 강화 노력을 제시하는 것은 전략과의 연계성이 떨어진다 할 것이다. 전략을 달성하기 위해 우선적으로 수행되어야 할 요소들과의 인과관계를 확인하고 체계화하기 위한 공공기관의 보다 많은 노력이 필요하다 하겠다. 한편 〈표 8-3〉의 실행과제를 보면 노사파트너십 제고 및 의사소통 활성화 등을 통해 경영관리의 효율성 및 형평성을 추구하고자 한 기관들의 노력이 확인되며, 한국공항공사의 사회적 책임의 선도적 이행, 한국가스공사의 노사공동 CSR 활동 노력과 같이 사회적 책임을 핵심성공요인으로 활용하는 경우도 관찰된다. 그러나 효율성과 형평성 및 사회적 책임 사이의 조화를 통해 노사관계를 발전시키고자 하는 측면보다는 공공기관 경영평가 매뉴얼의 평가착안사항에서 제시되고 있는 부분을 중심으로 핵심성공요인을 도출한 것으로 생각된다. 이는 기관의 노사관리 전략을 경영평가의 세부평가내용으로 구성한 것이기에 당연한 결과라 할 수 있다. 경영평가의 목적이 공공기관 본연의 임무를 성실히 수행하고 성과를 지속적으로 창출하기 위한 것이므로 공공기관의 노사관리도 해당 공공기관의 경영품질을 제고하고 지속적인 성과를 낼 수 있도록 기관 특성에 맞는 노사관리 전략과 실행과제를 도출하여 실천하려는 부분이 강조되어야 할 것이다. 예를 들어 노사파트너십 강화를 기관의 노사관리 전략의 하나로 설정하였다면, 노사파트너십을 구성하고 있는 다양한 요인들을 살핀 후 해당 기관의 노사파트너십 제고를 위해 시급하고 중요한 것이 무엇인지를 찾아내는 노력이 필요하다. 공공기관의 노사관계 수준에 따라서는 노사 신뢰구축을 위한 경영정보 공유 수준 향상이 중요한 요인이 될 수 있고, 성과를 창출하기 위한 의사결정과정에서 노동조합이나 근로자의 적극적인 참여가 중요할 수 있다.

〈표 8-4〉 기관별 노사관리 지표관리체계(공기업 2)

기관	지표목표	전략	실행과제	성과지표
대한석탄공사	변화를 선도하는 경쟁력 높은 노사관계	노사관계 선진화 전략의 합리적 개발 및 실천	• 노사관계 선진화 중장기전략 재수립 • 노사관계 선진화 전략이행	• 전략 재수립 여부 • 노사관계 만족도 지수
		적법한 노사관계 구축 및 노사협력 실현	• 전사차원 합리적 노사관계 시스템 구축 • 노사공동의 사회적 책임 확대	• 전사 노사관계 지수 • 협력사와 관계 개선 • 사회공헌활동 프로그램
		의사소통 활성화 및 노사관계 역량 강화	• 전략적 소통구조 개선 • 노사관계 역량 강화	• 의사소통 지수 • 노사교육 참여자 수 • 노사담당자 교육시간
		단체협약 합리적 체결 및 개선	• 노사상생 임금집행 • 임금피크제 도입 • 단체협약 합리적 개선	• 임금인상 가이드라인 • 임금피크제 도입 • 합리적 단체협약
인천항만공사	노사협력을 통한 성과주의 조직문화 구현	참여형 노사전략 수립 및 실행력 강화	• 구성원 의견수렴 확대를 통한 노사 전략 개선 • 노사 전략과제 전파 노력 및 실행력 강화	• 전략달성도 • 노사관계 선진화한 전략체계 개선
		협력을 통한 노사공동의 성과 창출	• 노사공동 임금피크제 조기 도입 노력 • 임직원 성과연봉제 수용도 제고 • 일·가정 양립 확산을 통한 행복일터 구현	• 노동생산성 • 노사 공동목표 달성/ 협력 제고 노력
		신뢰와 소통의 노사관계 구현	• 갈등해결을 위한 고충처리 시스템 강화 • 양방향 소통채널을 통한 노사공감대 형성 • 노무관리 역량강화를 위한·전문교육 실시	• 노사신뢰지수 • 노사 신뢰제고를 위한 소통 채널 및 노무관리 역량강화
		법과 원칙의 노사관계 실현	• 임금·단체협약시 무분규 체결 • 적법하고 내실 있는 노사 협의회 운영	• 노사관계만족도 • 생산적 교섭을 통한 합리적 단체협약 체결

<table>
<tr><td rowspan="4">제주국제자유도시개발센터</td><td rowspan="4">노사파트너십을 통한 가치 창조적 노사문화 구축</td><td>정부정책의 선도적 이행</td><td>• 정부권고 제도시행
(임금피크제 도입, 하위직 성과연봉제 시행)
• 단체협약의 합리적 개선
• 노사전략 재정립</td><td>• 1인당 복리후생비 증감률
• 임금인상률
• 정부정책 이행정도
• 합리적 단체협약 체결
• 환경변화에 따른 노사 전략 롤링</td></tr>
<tr><td>노사관계 관리역량 강화</td><td>• 노사협력 강화
• 현장중심 노무교육 프로그램 운영
• 무분쟁 자율교섭</td><td>• 노사협력지수
• 노사신뢰지수
• 노사교육만족도
• JDC형 노무교육 운영 개발 노력
• 노사분규 방지 노력</td></tr>
<tr><td>양방향 소통 활성화</td><td>• 현장중심 소통 강화
• 노사협력 프로그램 운영</td><td>• 노사소통지수
• 현장소통 운영실적
• 노사공동 프로그램 활성화 노력</td></tr>
<tr><td>협력, 나눔, 배려 노사문화 확산</td><td>• 제주지역 노사문화 선도
• 노사 공동 사회적 책임 실천</td><td>• 조합원 1인당 봉사활동 시간
• 노사문화우수기업 인증</td></tr>
<tr><td rowspan="3">한국동서발전</td><td rowspan="3">신뢰와 협력을 통한 안정적·생산적 노사관계 창조</td><td>행복경영 노사문화 실천</td><td>• 생산적 노사문화 선도적 실천
• 노사 사회적 책임 실천모델 정립</td><td>• GWP지수
• 인사제도만족도
• 노사협력지수
• 사회공헌만족도</td></tr>
<tr><td>생산성 향상 노사파트너십 강화</td><td>• 생산성 향상 노사공동기구 운영
• 정부 고용노동정책 선도적 이행</td><td>• 임단협 개선 수준
• 총연봉 차등폭
• 정부정책 이행율
• 근로시간 단축 노력</td></tr>
<tr><td>노사 동반성장 공동체 구축</td><td>• 전략실행 노무관리 체계 고도화
• 계층별 역량개발 체계 고도화
• 노사합동 프로그램 창의적 실행</td><td>• 전략체계 고도화 노력도
• 고충처리 발생건수
• 복지만족도·교육만족도
• 유연근무제 만족도</td></tr>
<tr><td rowspan="4">한국마사회</td><td rowspan="4">대화, 신뢰, 상생으로 이어지는 미래지향적 노사관계 구축</td><td>합리적 교섭문화 구현</td><td>• 합리적 단체협약 체결
• 원칙과 효율성중시의 교섭문화 정착
• 법과 원칙에 입각한 노조법 적용</td><td>• 정부지침이행률
• 부당노동행위발생건수
• 단체교섭 효율성 향상 노력</td></tr>
<tr><td>상생의 노사파트너십 구축</td><td>• 성과창출형 노사 문화 정착
• 노사공동 프로그램 활성화
• 노사공동 사회 공헌활동 강화</td><td>• 노동생산성
• 사회공헌인지도
• 노사공동 성과 창출</td></tr>
<tr><td>상호신뢰의 조직문화 정착</td><td>• 소통의 조직문화 구축
• 비정규직 근로자의 조직몰입 추진
• 일·가정 양립 프로그램 구축</td><td>• 노사관계만족도
• 가족친화 P/G만족도
• 비정규직 처우 개선</td></tr>
<tr><td>전사적 노무역량 강화</td><td>• 체계적 노무역량 강화 교육 시행
• 현장완결형 노사관계 관리 역량 강화
• 대외 기관 연대 강화</td><td>• 교육만족도
• 노무역량 강화</td></tr>
</table>

<table>
<tr><td rowspan="6">한국수력원자력</td><td rowspan="6">존중과 화합을 통한 노사공동의 미래 창출</td><td>조직역량</td><td>• 노무조직 신설·보강
• 팀장 조직관리 역량 개발
• 팀장 조직관리 지침서 개발</td><td>• 노사관계지수
• 노동생산성지수
• 교육현업적용도</td></tr>
<tr><td>직원존중</td><td>• 전 직원 Time Rich 운동
• 간부 사기진작 추진
• 대안적 복지 강화</td><td>• 노조의경영진신뢰도
• 단체협약 선진화
• 임금피크제 도입</td></tr>
<tr><td>노사소통</td><td>• 한수원 페스티벌 정례화
• 노사합동 워크숍 개최
• 노사관계특별위원회 운영</td><td>• 소통·대화지수
• 노사 사회적 책임 실천
• 선진화전략 재수립</td></tr>
<tr><td>인적역량</td><td>• 노무사양성 등 노무교육 강화
• 노무전문가 인력풀 확대
• 노사리더십 회복정책 시행</td><td>• 노사관계지수
• 노동생산성지수
• 교육현업적용도</td></tr>
<tr><td>노사존중</td><td>• 노사 경영동반자관계 강화
• 인사제도·운영 투명성 강화
• 고충처리 통합시스템 구축</td><td>• 노조의경영진신뢰도
• 단체협약 선진화
• 임금피크제 도입</td></tr>
<tr><td>전략소통</td><td>• 부서/직군/세대 간 교류활성화
• 부서 단위 MV활성화
• 전사 소통예산 확보·배분</td><td>• 소통·대화지수
• 노사 사회적 책임 실천
• 선진화전략 재수립</td></tr>
<tr><td rowspan="4">해양환경관리공단</td><td rowspan="4">상생협력을 통한 창조적 노사관계 정립</td><td>배려의 노사관리</td><td>• 노사 신뢰문화 조성
• 일·가정 양립 문화 구축</td><td>• 노사관계 만족도
• 가족친화제도 실시</td></tr>
<tr><td>도약의 노사관리</td><td>• 경영현황 인식 공유
• 노사관리 역량 강화</td><td>• 유연근무제 활용 실적
• 노사관리 및 중장기 전략 재수립</td></tr>
<tr><td>소통의 노사관리</td><td>• 직원 중심 소통채널 실시
• 직원 단체 중심 소통채널 실시</td><td>• 노사교육 실시 인원
• 현안사항에 대한 노사협력체계 구축</td></tr>
<tr><td>화합의 노사관리</td><td>• 단체교섭 실시기반 구축
• 합리적 노동조합 활동문화 구축</td><td>• 임금인상률
• 적법한 단체협약 체결</td></tr>
</table>

〈표 8-3〉과 〈표 8-4〉에서 제시된 공기업의 성과지표는 당해 기관의 실행과제의 달성 여부를 측정하기 위한 핵심성과지표(key performance indicator)라 할 수 있다. 공공기관은 핵심성공요인을 달성하기 위한 대표적이고 적절한 성과지표를 도출하기 위해 많은 노력을 기울일 필요가 있다. 〈표 8-4〉에서 제주국제자유도시개발센터의 현장중심 소통강화라는 실행과제의 핵심성과지표로 현장소통 운영실적 및 노사소통지수를 활용한 것, 한국수력원자력의 노사경영동반자적 관계 강화의 핵심성과지표로 노조의 경영진 신뢰도를 활용하는 것 등은 이러한 성과지표가 핵심성공요인의 달성 여부를 확인할 수 있고 만족도를 통해 실행과제의 달성 수준을 측

정하기에 적절한 것으로 판단된다. 그러나 〈표 8-3〉에서 한국전력공사의 다양한 소통채널 활성화 추진을 측정하기 위한 성과지표로 경영현안설명회가 사용되었는데 이는 기관 노사당사자 내지는 구성원 사이의 많은 의사소통 채널의 일부에 불과한 것으로 다양한 소통 채널 활성화 추진이라는 실행과제를 측정하는 데, 대표성이 미흡한 성과지표로 판단된다. 〈표 8-4〉에서 해양환경관리공단의 경영현황 인식 공유라는 실행과제의 측정지표로 유연근무제 활용실적을 제시한 것 또한 상호간의 연계성이 부족한 성과지표라 할 것이다. 또한 공공기관은 경영정보를 공유하고 구성원의 참여기회 보장 등을 통해 형평성 제고 노력도 필요하다 할 것인데, 이를 측정하기 위한 지표로 노사협의회 개최건수나 노사대표자 참석비율, 노사협의회 운영만족도, 인사·노사제도 관련 노사공동위원회 운영수준 및 만족도, 1인당 제안건수나 제안건수 대비 채택건수 비율 등을 활용할 수 있겠다.

노사의 사회적 책임이라는 성공요소를 측정하기 위해 한국도로공사는 사회적 책임이행도를, 한국가스공사는 노사합동 CSR 마일리지를, 제주국제자유도시개발센터는 조합원 1인당 봉사활동시간을, 대한석탄공사는 사회공헌활동 프로그램 등을 성과지표로 활용하고 있음을 〈표 8-3〉과 〈표 8-4〉에서 확인할 수 있다. 그러나 노사의 사회적 책임이 주로 지역사회 봉사나 사회공헌 활동을 측정하는 내용으로 한정되어 있음이 기관의 경영실적보고서를 통해 확인된다. 공공기관 노사의 사회적 책임은 이러한 자선적 책임 이외에도 일자리창출·동반성장과 같은 사회적 책임, 예를 들어 비정규직의 고용안정성 제고를 위한 노력, 간접고용 근로자들의 차별처우 개선 및 능력개발을 위한 노력, 협력업체 등 이해관계자의 산업재해예방 등과 같은 사회적 책임도 중요한 요소임을 인지하고 공공기관 노사가 적극적으로 실천할 필요가 있다. 이에 대한 성과지표로 비정규직의 정규직 전환 비중이나 목표 달성 수준, 정규직 근로자 1인당 임금 수준 대비 비정규직 근로자 1인당 임금 수준, 비정규직이나 협력업체 근로자의 차별처우 개선 실적이나 교육훈련 참여 실적, 노동관계법 위반건수 등이 사용될 수 있을 것이다. 한편 1인당 노동생산성, 1인당 클레임 감소비율, 이직률, 월평균 결근율, 연간 품질/서비스 개선 건수, 연간 산재발생건수, 임금·단체교섭 횟수 내지는 소요기간, 노사합의사항 이행수준, 노사 간 의사소통 채널 건수 및 소통지수, 1인당 고충처리 제기건수 및 해결건수, 노사교육 횟수 및 만족도, 복리후생 만족도, GWP 지수, 산업안전 및 보건 등 근로환경에 대한 만족도 등도 공공기관 노사관리 내부 성과지표로 활용될 수 있다.

IV. 결론

본 연구는 공공기관이 추구해야 할 노사관리(노사관계의 합리성)의 방향과 그 핵심성공요인(CSF) 및 핵심성과지표(KPI)를 살펴보고, 공공기관 경영실적평가제도와 공공기관 내부성과평가제도의 노사관리 지표 현황 분석을 통해, 공공기관 노사관계의 전략적 성과관리를 제고하고자 하는 목적에서 이루어졌다. 본 연구를 통해 얻을 수 있는 시사점은 다음과 같이 요약될 수 있다.

우선 공공기관의 노사는 효율성, 형평성 및 사회적 책임의 균형이라는 가치를 기반으로 노사파트너십을 제고하고 공공서비스의 질을 향상시키도록 해야 한다. 공공기관 노사는 공동의 노력과 그 책임을 다함으로써,

지속가능하고 사회통합과 발전에 기여할 수 있는 가치를 창출하는 노사관계를 구축해야 할 것이다.

둘째, 공공기관 노사관계가 발전하기 위해서는 노사의 신뢰와 협력, 경영정보 공유, 원활한 의사소통, 교육훈련에의 투자, 공정한 보상이나 처우, 근로자 참여 기회 보장, 생산적 교섭문화 정착 등이 필요하며 이러한 요인들이 노사파트너십을 구성하는 핵심성공요인이라는 것이다.

셋째, 공공기관의 노사관리의 핵심성공요소의 하나로 노사 공동의 사회적 책임 노력이 강화될 필요가 있다. 공공기관의 노사는 사회적 책임의식을 보다 높은 수준에서 공유하고, 일자리창출, 동반성장, 사회공헌 등에 보다 적극적인 관심과 실천이 필요하다. 공공기관 노동조합은 사회 전체의 고용의 질(decent work) 향상을 위해 그리고 사회·경제적 정의 실현을 위해 그 사회적 책임을 인식하고 바람직한 근로규범과 고용질서를 형성하는 데 앞장 설 필요가 있다.

넷째, 경영실적평가제도의 노사관리 지표는 노사관계 합리성을 포괄적으로 측정할 수 있는 것으로써, 공공기관의 경영 효율성을 높이고 공공 서비스 개선에 이바지할 수 있는 지표로 개선되어야 한다. 경영정보 공유 수준, 근로자 참여, 노사 공동의 사회적 책임과 같은 핵심성공요인들이 공공기관 경영평가의 노사관리 지표에 반영될 필요가 있다. 특히 노사협의회 운영의 적절성과 효과성은 노조유무에 관계없이 필수적인 세부평가내용으로 반영될 필요가 있다. 노사협의회를 통해 노동조합이나 근로자 대표 등과 원활한 정보 공유가 이루어지고, 공식적인 근로자 참여조직으로서 조직성과를 향상시키는 데 그 역할을 해야 한다.

다섯째, 공공기관은 내부 노사관계의 보다 효과적인 성과관리를 위해 조직성과와 연계된 맞춤형 노사관리 전략의 개발이 필요하다. 아울러 주어진 자원으로 전략을 달성하기 위해 우선적으로 수행해야 할 대표적이고 적절한 성과요인과 성과지표를 도출하고 실행하는 데 보다 많은 노력이 요청된다. 공공기관 노사의 사회적 책임도 공공의 이익과 사회적 가치를 반영하는 보다 포괄적이고 체계적인 성과지표로 구성·관리되어야 한다. 한편 공공기관 내부 성과평가제도의 안정적인 정착을 위해서는 조직구성원들의 적극적인 참여와 내부평가제도의 객관성과 공정성을 제고하기 위한 기관의 노력이 필요하다.

마지막으로, 정부는 공공기관 노사당사자가 경영의 효율성을 추구하는 것과 더불어 일과 삶의 질 향상이라는 규범적 가치를 추구할 수 있도록 선량한 관리자로서 그 책임과 역할을 다해야 한다.

본 연구에서 제시된 공공기관 노사관계 핵심성공요인이나 성과지표들이 개별 공공기관 실무자에게 도움이 되었으면 하는 바람과 아울러 본 연구가 향후 공공기관 노사관계의 전략적 성과관리를 위한 논의의 시발점이 되었으면 한다.

참고문헌

김동배 외(2004), 고용유연화와 인적자원관리 과제, 한국노동연구원, 214-215면.

김동원 외(2008), 『한국우량기업의 노사관계 DNA』, 박영사, 19-20면.

김동원 외(2012), 『한국과 OECD 국가의 노사관계 비교평가』, 박영사, 71면.

김영기(2011), 노동조합의 사회책임(USR)과 조직성과, 서울과학종합대학원 박사학위 논문, 35-37면.

김영조(2001), 고용조정의 공정성 및 고용조정의 강도가 잔류 구성원들의 태도에 미치는 영향에 관한 연구, 『인사조직연구』, 제9호(2), 12-14면.

노한균(2011), 『ISO 26000을 통해 사회책임 살펴보기: 새로운 국제표준의 이해와 실천』, 박영사.

라영재·윤태범(2010), 공공기관 지속가능경영의 성과와 한계, 한국조세연구원.

박광표(2015), 한국노동정책의 성격변화 연구, 강원대 박사학위논문, 265-267면.

박순애·김준기 외(2014), 『공기업의 개혁』, 박영사.

방하남 외(2007), 고용의 질: 거시·기업·개인 수준에서의 지표개발 및 평가, 한국노동연구원, 104-105면.

이민호(2011), 공공기관 노사관계에 따른 인사관리 실태분석, 한국행정연구원 연구보고서.

이병훈 외(2008), 참여와 혁신을 위한 노사관계 진단 매뉴얼, 한국노동연구원.

이성희(2010), 공공부문 단체교섭제도에서 경영권과 교섭권의 합리적 조정방안 연구, 한국노동연구원, 118-123면.

이영면(2009), 노사파트너십 프로그램 지원 사업 평가 및 제도개선 방안연구, 한국노동교육원, 190-191면.

이지만(2004), 고성과 작업장의 효과적 구축방안, 노동부 학술연구용역보고서.

이환성 외(2013), 새 정부기조에 맞는 평가기준 개선 연구, 경제인문사회연구회, 45-50면.

임만수(2012), 기업과 노조의 사회적 책임 활동이 협력적 노사관계를 매개로 직무만족에 미치는 영향, 동아대 박사학위논문, 25-42면.

정택진 외(2013), 『ISO 26000 사회적 책임: 글로벌 스탠더드로 실행하라』, 한울, 106-112면.

최대식(2016), 공공기관 노사관계와 성과관리, 『사회법연구』, 제30호, 135-167면.

허찬영 · 최대식(2003), 노사협력프로그램 재정지원사업 개선방안 및 효과측정 TOOL 개발에 관한 연구, 한국노동교육원.

__________(2003), 노사파트너십 종합매뉴얼 개발, 노동부 학술연구용역보고서.

허찬영 · 최종인(2017), 공공기관 보수체계 개선방안, 한국조세재정연구원 연구보고서.

2008년－2016년 공공기관 경영평가 편람 및 비계량 평가매뉴얼.

2015년－2016년 공기업 경영실적보고서 및 공기업 내부평가편람.

Budd, J. W.(2004), *Employment with a human face: Balancing efficiency, equity, and voice,* Ithaca and London: Cornell University Press.

Caroll, A. B.(1991), The Pyramid of Corporate Social Responsibility: Toward the moral management of organizational stakeholders, *Business Horizons*, pp. 39-48.

Cooke, W. N.(1985), Toward a General Theory of Industrial Relations, *Advances in Industrial and Labor Relations*, Vol. 2, Greenwich, CT: JAJ Press, pp. 233-252.

Coupar, W. and Stevens, B.(1998), Towards a new model of industrial partnership, *Human Resource Management: The New Agenda*, London: Financial Times and Prentice Hall, pp. 145-159.

Deery, S. and Iverson, R.(2005), Labor-Management Cooperation: Antecedents and Impact on Organizational Performance, *Industrial and Labor Relations Review*, 58(4), pp. 588-600.

Dunlop, J. T.(1993), *Industrial Relations Systems*, 2nd ed., Boston, MA: Harvard Business School Press.

Eaton, A. E. and Voos, P. B.(1992), Unionism and Contemporary Innovations in Work Organization, Compensation, and Employee Participation, *Unions and Economic Competitiveness*, Washington, D. C.: Economic Policy Institute.

GRI(2013), Reporting Principles and Standard Disclosures, *G4 Sustainability Reporting Guidelines*, pp. 64-69.

ISO(2010), *Guidance on Social Responsibility(ISO 26000)*, Geneva: ISO.

IPA(1992), *Towards Industrial Partnership*.

Kaplan, R. S. and Norton, D. P.(1996), *The Balanced Scorecard*, Boston, MA: Harvard Business School Press.

______________________________(2003), *Strategy Maps*, Boston, MA: Harvard Business School Press.

Kochan, T. A., Katz, H. C. and McKersie, R. B.(1994), *The Transformation of American Industrial Relations*, Ithaca, NY: ILR Press.

Kochan, T. A. and Dyer, L.(1976), A Model of Organizational Change in the Context of Union-Management Relations, *The Journal of Applied Behavioral Science*, XII(Spring).

Kochan, T. A. and Osterman, P.(1994), *The Mutual Gains Enterprise: forging a winning partnership among labor, management, and government*, Boston, MA: Harvard Business School Press.

Walton, R. E. and McKersie, R. B.(1965), *A Behavioral Theory of Labor Negotiations*, NY: McGraw-Hill.

제3부

성과측정과 지표

제9장

경영평가에서 성과목표 설정과 공공기관의 인센티브

최연식

(경희대학교 회계세무학과 교수)

I. 서론

공공기관은 법률에 근거하여 설립된다. 그 설립 및 운영을 위한 재원은 세금이고, 법률에서 부여한 고유의 기능을 수행한다. 일반적으로 공공기관은 시장의 보완 및 정책적 목적달성, 공익의 실현이라는 공공성과 이러한 공공적 사명을 기업이라는 도구를 통한 효율적 실현이라는 기업성을 동시에 가지고 있다(한국공기업학회, 2003). 공공기관의 비효율적 경영은 국민경제에 부담이 될 수 있기 때문에 이에 대한 체계적·효율적인 관리가 필요하다. 이에 따라 정부는 공공기관의 관리도구로서 공공기관 경영실적 평가제도를 도입하여 왔다.

그러나 최근 공공기관의 방만경영에 대한 비판과 함께 공공기관 경영실적 평가제도에 대한 비판이 제기되고 있다.

> "당기순손실을 낸 공공기관장들이 억대의 성과급을 챙기고 직원들도 수백만 원씩을 받아가는 등, 정부의 공공기관 경영평가에 구멍이 뚫려 공기업의 도덕적 해이를 부추기고 있다는 지적이다. …"
>
> (아시아투데이, 2013. 10. 13.)

> "… 1983년 도입된 공공기관 경영평가제도의 근본적인 수술도 고민해 볼 필요가 있다. 시행 30년이 됐는데도 고질적 병폐가 반복된다면 제도에 문제가 있다는 방증 아니겠는가." (서울신문 사설, 2013. 11. 4.)

본 연구는 우리나라 공공기관 경영실적평가에서 나타나는 현상을 계량지표를 중심으로 분석한다. 이는 다음과 같이 세 가지 질문에 대한 해답을 찾아가는 과정이다.

- 목표설정 시 톱니원리(ratchet principle)는 어떻게 적용되고 있는가?

- 목표설정 시 톱니원리의 적용에서 발견된 공공기관의 인센티브는 무엇인가?
- 계량지표 평가와 관련하여 제기되는 여러 가지 주장은 타당한가?

이를 위해 해외 선행연구에 기초하여 목표설정(target-setting)에서 나타날 수 있는 대리문제(agency problem)를 이론적으로 개관한 후, 각 질문과 관련 있는 국내 실증연구를 소개한다. 또한 경영실적평가보고서에서 자료를 추출하여 간단한 기술통계를 이용한 분석 결과를 제시한다. 더불어 각각의 실증분석 결과에 내포된 시사점을 도출하고, 이를 바탕으로 계량지표 평가의 질적 개선을 위한 제언을 제시하고자 한다.

II. 계량지표 평가의 현황분석

1. 목표설정 시 톱니원리(ratchet principle)는 어떻게 적용되며, 어떠한 결과를 가져오는가?

1) 비대칭적 톱니원리(asymmetric ratcheting)에 따른 목표설정

(1) 이론적 배경

과거의 성과정보에 기초한 미래의 목표설정, 즉 톱니원리(ratchet principle)는 수많은 조직에서 발견되는 매우 일반적인 목표설정방법이다. 대리인은 자신의 능력에 대한 사적 정보를 갖고 있으나 주인은 대리인의 진정한 능력(true capability)과 행동(efforts)을 제대로 관찰할 수 없기 때문에 목표설징 시 주인과 대리인 사이에는 정보비대칭(information asymmetry)이 존재한다. 톱니원리는 당기성과를 대리인의 능력이 최소한으로 발현된 것으로 간주하기 때문에(Berliner, 1976; Weitzman, 1980), 주인은 대리인의 당기성과에 적절한 조정(adjustment)을 가하여 차기목표를 합리적으로 설정함으로써 대리문제를 감소시킬 수 있다(Chow et al., 1991).

많은 실증연구에서 t기에 목표를 달성한 경우와 그렇지 못한 경우가 $t+1$기의 목표설정에 미치는 영향이 차별적인 것으로 보고되었다. 즉, t기 성과가 목표를 초과한 경우 $t+1$기 목표가 증가하는 정도가 t기 성과가 목표에 미달하여 $t+1$기 목표가 감소하는 정도보다 큰 비대칭적 톱니현상(asymmetric ratcheting)이 발견되었다(Holthausen et al., 1995; Leone and Rock, 2002; Indjejikian and Nanda, 2002; Lee and Plummer, 2007). 비대칭적 톱니원리는 다음 식(1)로 설명된다.

$$T_{i,t+1}-T_{i,t}=\alpha+\lambda_{+}(A_{i,t}-T_{i,t})+\lambda_{-}D_{i,t}(A_{i,t}-T_{i,t})+\varepsilon_{i,t} \tag{1}$$

(여기서, i는 개별 평가지표, t는 연도를 각각 의미함. 또한 A와 T는 각각 실제성과 및 목표를 의미하고, D는 실제성과가 목표에 미달한 경우 1, 그렇지 않은 경우 0을 갖는 더미변수)

위의 식(1)에 따르면, $t+1$기 목표는 t기 성과가 목표를 달성하였는지 여부($D_{i,t}$), 그리고 달성(미달)하였다면 얼마나 목표를 초과(미달)하였는지(target variance, $A_{i,t}-T_{i,t}$)에 따라 t기 목표에서 일정 부분을 증가(감소)시킴으로써 결정(target change, $T_{i,t+1}-T_{i,t}$)되는 것을 알 수 있다. 여기서 λ_{+}는 t기에 목표를 달성한 경우 t기 목표초과분이 $t+1$기 목표에 반영되는 정도를, $\lambda_{+}+\lambda_{-}$는 t기에 목표를 달성하지 못한 경우 t기 목표미달분이 $t+1$기 목표에 반영되는 정도를 각각 나타낸다. 한편 α는 실제 성과와는 독립적으로 목표가 증가 또는 감소하는 정도를 의미한다.

이러한 비대칭적 톱니원리는 당기성과를 영구적인 부분(permanent attribute)과 일시적인 부분(transitory attribute)으로 구분함으로써 주인이 성과개선(performance innovation)에 내재된 다양한 의미를 추출하여 이를 차별적으로 활용하는 데 도움을 줄 수 있다. 즉 비대칭적 톱니원리는 미래의 목표설정 시 영구적인 목표초과(positive target variance)는 더 많이 반영하고(즉, $\lambda_+ > 0$), 일시적인 목표미달(negative target variance)은 적게 반영하는 것이다(즉, $\lambda_- < 0$). 이와 관련하여 Leone and Rock(2002)은 비대칭적 톱니원리가 대리인에게 영구적 성과개선을 가져오는 혁신활동을 추구할 인센티브를 제공한다는 것을 이론적으로 증명하였다.

(2) 실증분석 결과[1]

안태식 등(2011)은 1998년부터 2008년까지의 기간 공공기관 경영실적 평가보고서에서 자료를 입수하여 비대칭적 톱니원리가 적용되고 있는지 실증적으로 분석하였다. 동 연구는 2008년 말 현재 「공공기관의운영에관한법률」에서 규정하고 있는 11개 공기업(유형Ⅰ) 및 3개 준정부기관(산업진흥Ⅰ) 등 총 14개 공공기관을 대상으로 하는데, 이들은 1983년 제정되어 2007년에 폐지된 「정부투자관리기본법」에 따른 정부투자기관에 해당한다.

실증분석모형은 선행연구에 근거하여 다음과 같이 설정하였다.

$$ch\_TARGET_{i,j,t+1} = \alpha_0 \cdot (1/T_{i,j,t}) + \beta_1 \cdot PERFORM_{i,j,t} + \beta_2 \cdot MISS_{i,j,t} + \beta_3 \cdot MISS_{i,j,t} \times PERFORM_{i,j,t} + \Sigma\beta \cdot CONTROLS + \varepsilon_{i,j,t} \quad (2)$$

(여기서, i는 개별 공공기관, j는 개별 평가지표, t는 연도를 각각 의미함)

1 본 절은 안태식 등(2011)의 연구결과를 발췌하여 기술하였다.

식(2)에서 $ch\_TARGET_{i,j,t+1}$ 및 $PERFORM_{i,j,t}$은 각각 t기 목표 대비 $t+1$기 목표의 변동분($T_{t+1}-T_t$) 및 t기 성과가 $t+1$기 목표를 초과한 정도($A_t - T_t$)를 나타내는데, 개별 평가지표의 단위를 통일시키고 이분산성을 완화하기 위하여 t기 목표(T_t)로 나눈 값을 사용하였다. $MISS_{i,j,t}$는 t기에 성과가 목표에 미달한 경우($A_t < T_t$)에는 1, 그렇지 않으면 0의 값을 갖는 더미변수이다. 여기서 β_1은 t기에 목표를 달성한 경우의 목표조정계수를, $\beta_1+\beta_3$는 t기 성과가 목표에 미달한 경우의 목표조정계수를 각각 가

〈표 9-1〉 비대칭적 톱니원리 분석

$$ch\_TARGET_{i,j,t+1} = \alpha_0 \cdot (1/T_{i,j,t}) + \beta_1 \cdot PERFORM_{i,j,t} + \beta_2 \cdot MISS_{i,j,t} + \beta_3 \cdot MISS_{i,j,t} * PERFORM_{i,j,t} + CONTROLS + \varepsilon_{i,j,t}$$

Independent Variables	Expected Sign	(1)	(2)	(3)	(4)	(5)
Intercept		−0.0003 *** (−2.56)	−0.0004 *** (−2.67)	−0.0004 *** (−2.77)	−0.0004 *** (−2.70)	−0.0004 *** (−2.87)
PERFORM	+	0.1542 *** (3.36)	0.2301 *** (4.66)	0.2309 *** (4.70)	0.2337 *** (4.73)	0.2312 *** (4.72)
MISS	−	−0.0646 ** (−2.07)	−0.0576 * (−1.85)	−0.0569 * (−1.82)	−0.0547 * (−1.75)	−0.0548 * (−1.74)
*MISS*PERFORM*	−	−0.1312 (−0.43)	−0.2635 (−0.85)	−0.2736 (−0.89)	−0.2725 (−0.88)	−0.2639 (−0.85)
평가방법 통제			yes	yes	yes	yes
평가지표 통제			yes	yes	yes	yes
재무특성 통제				yes		yes
거시경제 통제					yes	yes
연도더미		yes	yes	yes	yes	yes
기관더미		yes	yes	yes	yes	yes
N		1,440	1,440	1,440	1,440	1,440
Adjusted R^2		0.0958	0.1266	0.1314	0.1308	0.1366
F-statistic		5.57 ***	6.18 ***	5.66 ***	5.96 ***	5.52 ***

1. The table presents OLS coefficient estimates and (in parentheses) t-statistics based on White (1980) standard errors.
2. All variables are winsorized at 1% and 99%.
3. *, **, *** Significant at 10%, 5%, and 1% two-tailed level, respectively

자료: Ahn et al.(2011), 〈Table 6〉, p. 208

리키며, β_3는 목표달성 시에 비해 목표에 성과가 미달했을 때의 차별계수(differential coefficient)를 의미한다. β_1이 유의한 양(+)의 값을 갖고 β_3이 유의하지 않은 경우에는 대칭적 톱니현상(symmetric ratcheting)이 존재하는 것이고, β_1이 유의한 양(+)의 값을 갖지만 β_3은 유의한 음(−)의 값을 갖는 경우에는 비대칭적(하방경직적) 톱니현상이 존재하는 것이다.[2]

실증분석 결과는 〈표 9-1〉과 같다. 모든 모형에서 *PERFORM*의 회귀계수는 1% 수준에서 통계적으로 유의한 양(+)의 회귀계수를 갖는다. 이것은 $t+1$기의 목표를 설정함에 있어서 t기의 성과가 유의하게 반영되는 것으로, 목표설정 시 톱니원리가 적용되는 것을 의미한다.[3] 그러나 *MISS*PERFORM*의 회귀계수는 모든 모형에서 음(−)의 값을 가지기는 하나 통계적으로 유의하지는 않다. 이것은 피평가자의 목표설정 과정에 비대칭적 톱니원칙이 적용되지 않는 것을 의미한다.

(3) 시사점

「편람」에서 다양한 평가방법을 정의하고 있으나, 공통적으로 계량지표의 당해 연도 목표치는 전년도 실적을 기준으로 설정하도록 함으로써 톱니원리의 적용을 명시적으로 규정하고 있다. 이러한 점에서 톱니현상은 사전적으로 예측이 가능하다.

그러나 「편람」에서 전년도 실적이 목표를 초과한 경우와 미달한 경우를 구분하지 않고, 단지 평가방법별로 전년도 실적에 기계적인 조정을 가하여 당해 연도 목표를 설정하도록 규정하고 있다. 이로 인해 비대칭적 톱

2 식(2)의 *CONTROL*은 목표설정에 영향을 줄 수 있는 기타 요인을 의미하는데, 본 연구에서는 평가방법, 평가지표의 속성, 기관의 재무적 특성 및 거시경제 환경요인 등을 통제변수로 선정하였다.

3 모형(5)에서 *PERFORM*의 회귀계수는 0.2312로 나타났는데, 이것은 t기 성과가 목표를 초과할 경우 초과한 정도의 약 23.12%가 $t+1$기 목표에 반영되는 것으로 해석할 수 있다.

니원리가 적용되지 않으며, 평가방법별로 다양한 목표설정 패턴이 나타난 것으로 보인다.

이론적으로 조직의 장기적 성과향상을 위해서 목표설정 시 비대칭적 톱니원리가 적용되어야 한다. 따라서 공공기관 경영실적평가에서 전년도 실적이 목표를 초과한 경우와 미달한 경우를 구분하여 당해 연도 목표설정에 차별적으로 반영하도록 계량지표의 평가방법을 개선할 필요가 있다.

2) 톱니원리의 강도(ratcheting intensity)와 목표달성도

(1) 이론적 배경

Milgrom and Roberts(1992)는 인센티브 시스템에서 톱니원리가 적용될 경우 t기에 특별히 우수한 성과를 달성했을 때 $t+1$기의 목표가 상향 조정되어 결과적으로 $t+1$기에 보너스를 얻기 어려워지기 때문에 대리인은 t기의 우수한 성과를 불리하게 하려는 경향이 있다고 주장하였다. 이러한 주장은 목표를 상향조정함에 따라 동일한 노력 수준에도 목표달성 가능성이 감소한다는 전제를 바탕으로 한다.

비대칭적 톱니원리를 모형화한 앞의 식(1)을 그래프로 표현하면 [그림 9-1]과 같다. 여기서 2가지 가정이 필요하다. 첫째, 목표초과(미달)(target variance, $A_t - T_t$)과 독립적인 요인은 목표변화(target change, $T_{t+1} - T_t$)에 영향을 미치지 않는 것으로 가정한다(즉 $\alpha=0$). 이 경우, X축과 Y축은 각각 목표초과(미달)와 목표변화를 의미하며, 영점(0)은 t기에 성과가 목표를 정확히 일치하지만, $t+1$기 목표는 t기 목표와 동일한 수준을 타나낸다. 둘째, 성과(A)는 명백히(no uncertainty) 대리인의 노력에 의해서만 변동한다. 예를 들어 기울기가 $0.5(\overline{ROR})$인 경우, $t+1$기 목표는 t기 목표에 t기 목표달성수준의 50%를 가산(차감)하여 높게(낮게) 설정된다.

우선 대리인이 t기에 목표를 초과달성한 경우 톱니원리의 기울기가 증가(감소)하는 경우를 살펴보자. 기울기가 $\lambda'=0.3(\overline{OR'})$으로 감소할 경우, $t+1$기 목표는 t기 목표달성수준의 30%만을 반영하여 증가할 것이다. 반대로 기울기가 $\lambda''=0.7(\overline{OR''})$로 상승할 경우, $t+1$기 목표는 t기 목표초과의 70%를 반영하여 증가할 것이다. 즉, 기울기가 상승할수록($\overline{OR'} \rightarrow \overline{OR} \rightarrow \overline{OR''}$) 동일한 t기 목표초과(α)에도 불구하고 $t+1$기에 상대적으로 도전적인 목표가 설정된다($0.3\alpha<0.5\alpha<0.7\alpha$). 즉, 다른 모든 조건이 동일하다면, 기울기가 상승할수록 보다 도전적인 목표가 설정되어 목표를 달성할 가능성은 낮아지게 된다. 이는 $t+1$기 목표설정 시 t기 성과정보를 더 많이 반영할수록(톱니원리의 강도가 셀수록) $t+1$기 목표달성도가 낮아지는 것을 의미한다.

이제는 대리인이 t기에 목표에 미달한 경우 톱니원리의 기울기가 증가

[그림 9-1] 톱니원리의 기울기

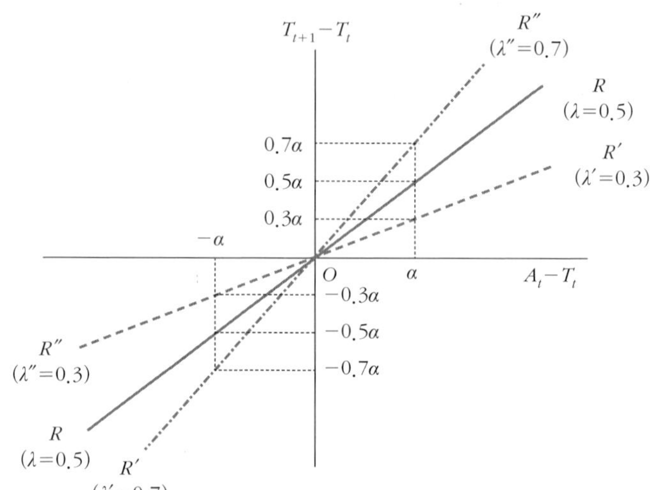

자료: Choi and Hwang(2012), 〈Figure 1〉, p. 209

(감소)하는 경우를 살펴보자. 최초 기울기는 $\lambda=0.5(\overline{RO})$이다. 기울기가 $\lambda'=0.7(\overline{R'O})$으로 가팔라질 경우, $t+1$기 목표는 t기 목표미달의 70%만큼 감소할 것이다. 반대로 기울기가 $\lambda''=0.3(\overline{R''O})$로 완만해질 경우, $t+1$기 목표는 t기 목표미달의 30%를 반영하여 감소할 것이다. 즉, 기울기가 완만해질수록($\overline{R'O} \rightarrow \overline{RO} \rightarrow \overline{R''O}$) 동일한 t기 목표미달($-\alpha$)에도 불구하고 $t+1$기에 상대적으로 도전적인 목표가 설정된다($-0.7\alpha<-0.5\alpha<-0.3\alpha$). 즉, 다른 모든 조건이 동일하다면, 기울기가 완만해질수록 보다 도전적인 목표가 설정되어 목표를 달성할 가능성은 낮아지게 된다. 이는 $t+1$기 목표설정 시 t기 성과정보를 적게 반영할수록(톱니원리의 강도가 약할수록) $t+1$기 목표달성도가 낮아지는 것을 의미한다.

(2) **실증분석 결과**[4]

최연식·황인이(2012)는 톱니원리의 강도가 목표달성도에 미치는 영향을 확인하기 위해서 1998년부터 2008년까지의 기간에 걸쳐 14개 공공기관의 경영실적평가보고서를 실증적으로 분석하였다. 실증분석모형은 다음과 같이 설정하였다.

$$BEAT_{i,j,t}=\alpha_0+\beta_1\cdot SLOPE_{i,j,t}+\beta_2\cdot Prior\_MISS*SLOPE_{i,j,t} \\ +\beta_3\cdot Prior\_MISS_{i,j,t}+\sum\beta\cdot CONTROLS+\varepsilon_{i,j,t} \qquad (3)$$

(여기서, i는 개별 공공기관, j는 개별 평가지표, t는 연도를 각각 의미함)

식(3)에서 종속변수인 $BEAT$는 t기에 목표를 달성한 경우 1, 그렇지 않은 경우 0의 값을 갖는 더미변수이다. 톱니원리의 강도를 의미하는 $SLOPE$는 t기의 목표변화를 $t-1$기 목표달성정도로 나눈 값이다$[=(T_{i,j,t}-T_{i,j,t-1})\div(A_{i,j,t-1}-T_{i,j,t-1})]$. $Prior_MISS$는 $t-1$기에 목표를 달성한 경

4 본 절은 최연식·황인이(2012)의 내용을 발췌하여 기술하였다.

〈표 9-2〉 톱니원리 기울기와 목표달성도

$$BEAT_{i,j,t} = \alpha_0 + \beta_1 \cdot SLOPE_{i,j,t} + \beta_2 \cdot Prior\_MISS*SLOPE_{i,j,t} + \beta_3 \cdot Prior\_MISS_{i,j,t} + \sum \beta \cdot CONTROLS + \varepsilon_{i,j,t} \quad (3)$$

Variable	Predicted Sign	Estimated coefficients	
		Model 1	Model 2
Intercept	?	1.4141	1.3537
		(0.91)	(0.87)
Slope Variables			
SLOPE	–		−0.7026***
			(−3.34)
*Prior_MISS*SLOPE*	+		1.0998***
			(3.44)
Performance Measure–level Control Variables		yes	yes
arget–Setting Method–level Control Variables		yes	yes
Firm–level Control Variables		yes	yes
Macro Economy–level Control Variables		yes	yes
Year_Dummy		yes	yes
SOE_Dummy		yes	yes
N		1,130	1,130
Pseudo R^2		0.2476	0.2596
Likelihood ratio, χ^2		247.80***	251.98***

1. The total sample consists of 1,430 observations between 1999 and 2008 for 14 SOEs.
2. All variables are winsorized at 1% and 99%.
3. The table presents logit coefficient estimates and Wald $\chi 2$ values in parentheses.
4. *,**,*** Statistically significant at the 10%, 5%, and 1% two-tailed level, respectively.

자료: Choi and Hwang(2012), 〈Table 6〉, p. 227

우 1, 그렇지 않은 경우 0의 값을 갖는 더미변수이다. *Prior_MISS*SLOPE*은 비대칭적 톱니원리를 반영하기 위해 포함하였다.[5] $t-1$기에 목표를 달성한 경우 톱니원리의 강도가 클수록 t기에 도전적인 목표가 설정되어 목표달성 가능성이 감소하므로 *SLOPE*의 회귀계수 β_1은 음(−)이 예상된다.

5 식(3)의 *CONTROL*은 목표달성 여부에 영향을 줄 수 있는 기타 요인을 의미하는데, 본 연구에서는 성과의 시계열 상관관계, 평가방법, 평가지표의 속성, 기관의 재무적 특성 및 거시경제 환경요인 등을 통제변수로 선정하였다.

반면, $t-1$기에 목표에 미달한 경우 톱니원리의 강도가 강할수록 t기에 보다 쉬운 목표가 설정되어 목표달성 가능성이 증가하므로 *Prior_MISS*SLOPE*의 회귀계수 β_2 및 $(\beta_1+\beta_2)$는 양(+)이 예상된다.

실증분석 결과는 〈표 9-2〉와 같다. Model 1은 관심변수를 제외한 통제변수만을 이용한 분석이고 Model 2는 Model 1에 관심변수를 추가한 분석이다. 모든 Model에서 통제변수의 결과는 매우 유사하였다. Model 2에서 예상대로 β_1은 음(−)이고, β_2 및 $(\beta_1+\beta_2)$는 양(+)이 나타났다. 이는 $t-1$기에 목표를 달성한(미달한) 경우 톱니원리의 강도가 커질수록 t기 목표달성도는 감소(증가)하는 것을 의미한다.

(3) 시사점

최근 경영실적평가에서는 도전적 목표설정이라는 취지에서 목표부여(편차)가 원칙적으로 적용되고 있다. 목표 수준을 기계적으로 산출하는 기타 평가방법에 비해 과거 성과의 변동성을 반영하여 현실적으로 달성가능한 수준에서의 도전적 목표를 설정한다는 관점에서 일면 타당성이 있어 보인다. 그러나 '편차×배수'가 실질적으로 톱니원리의 강도를 강화하는지, 아니면 약화하는지는 명확하지 않다. 만일 공공기관이 편차를 적정한 수준으로 관리할 수 있다면 목표부여(편차)에서 톱니원리의 강도가 가장 약하게 나타날 수도 있다. 이 경우 도전적 목표가 아닌 가장 손쉬운 목표가 설정되어 목표달성도가 제일 높을 가능성을 배제할 수 없다.

3) 톱니원리의 강도와 목표달성도의 시계열 상관(serial correlation)

(1) 이론적 배경

목표설정 시 과거 성과정보를 어느 수준으로 반영하여야 하는가에 대해서 다양한 견해가 있다. Milgrom and Roberts(1992)는 다기간 대리인모델을 이용해 합리적인 주인이라면 대리인의 과거 성과정보를 이용하여 대리인의 목표수준을 재설정함으로써 주인 자신이 사후적으로 이득을 얻을 수 있음을 보였다. 그러나 Laffont and Tirole(1993)은 2기간 대리인모델을 이용해 대리인의 과거 성과정보에 대한 고려 없이 목표를 설정하는 경우에 기업가치가 높아진다고 주장했다. 보다 근본적으로 Weitzman(1980)은 대리인이 당기에 성과목표를 달성했는지 여부에 따라 차기 목표설정 시 과거성과를 차별적으로 반영해야 한다고 주장했다. 결국 대리인의 목표설정 시 과거성과를 완전히 혹은 부분적으로 반영할지는 평가의 목적이나 상황 등에 따라 달라질 수 있다.

이와 관련하여 Merchant(1989) 및 Merchant and Manzoni(1989)는 미국의 상장기업을 대상으로 설문조사를 실시하여 경기가 호황일 때 기업은 80~90% 확률로 달성할 수 있는 목표를 설정한다고 보고하였다. 이처럼 경영자가 목표를 달성하지 못할 확률이 매우 낮은 것은 t기의 좋은 성과에 담겨있는 대리인의 능력, 대외환경 변수 등의 정보가 $t+1$기 목표에 충분히 반영되지 못하는 것을 의미한다(Indjejikian et al., 2014). 이와 관련하여 Indjejikian and Nanda(2002)는 목표설정 시 과거실적 정보를 완전히 반영하지 못하기 때문에 경영자가 기대보다 많은 성과급을 받을 확률이 시계열적으로 독립적이지 않다고 주장하였다. 다시 말해 목표설정 시 과거성과 정보가 충분히 반영되지 않을 경우 목표달성도는 양(+)의 시계열 상관관계를 가질 것으로 예상할 수 있다.

(2) 실증분석 결과[6]

안태식 등(2011)은 공공기관 경영실적평가에서 계량지표의 목표달성도가 시계열 상관관계를 보이는지 여부를 조사하였다. 이를 위해 1998년부

6 본 절은 안태식 등(2011)의 내용을 발췌하여 기술하였다.

터 2008년까지의 기간에 걸쳐 14개 공공기관의 경영실적평가보고서에서 목표치와 실적치 정보를 입수하여 실증분석을 실시하였다. 즉, Indjejikian and Nanda(2002)의 방법론을 준용하여 다음 식(4)와 같이 $t+1$기에 목표를 달성할 확률이 t기 실적에 따라 달라지는지 여부를 조건부확률로 비교하였다.

$$p = Pr(A_{i,j,t+1} \geq T_{i,j,t+1} \mid A_{i,j,t} \geq T_{i,j,t})$$
$$q = Pr(A_{i,j,t+1} \geq T_{i,j,t+1} \mid A_{i,j,t} < T_{i,j,t}) \quad (4)$$

(여기서, i는 개별 공공기관, j는 개별 평가지표, t는 연도이며, T 및 A는 각각 목표치 및 실적치)

식(4)에서 p는 t기에 목표를 달성한 상황에서 $t+1$년도에 다시 목표를 달성할 조건부확률을, q는 t기에 목표에 미달하는 성과를 얻은 상황에서 $t+1$년도에 목표를 달성할 조건부확률이다. $p=q$인 경우, $t+1$기에 목표를 달성할 확률은 t기의 목표달성 여부와 관계없이 독립적이다. 반면 $p \neq q$인 경우, $t+1$기에 목표를 달성할 확률은 t기 목표달성 여부에 좌우되므로 독립적이지 않다. 따라서 $p \neq q$이면 목표설정 시 t기 성과를 완전히 반영하지 못하므로 $t+1$기 목표는 t기 성과에 영향을 받는 것을 의미한다.

실증분석 결과는 〈표 9-3〉과 같다. 패널 A는 전체 표본을 대상으로 분석한 결과이다. t기에 목표를 초과달성하고 $t+1$기에도 목표를 초과달성할 확률은 91.24%인 반면, t기에 목표를 달성하지 못하였지만 $t+1$기에 목표를 초과달성할 확률은 49.75%에 불과하다. 이 두 가지 확률의 차이를 비모수검증방식으로 확인한 결과, z-statistics는 11.43으로 1% 수준에서 통계적으로 유의한 것으로 나타났다. 패널 B부터 패널 E는 동일한 분석을 평가방법별로 실시한 결과이다. 베타분포를 제외하고는 모든 평가방법에서의 결과가 패널 A와 유사하였다.

〈표 9-3〉 연속기간 실적 및 목표의 빈도 분포

	$A_{i,j,t+1}<T_{i,j,t+1}$			$A_{i,j,t+1}\geq T_{i,j,t+1}$			
패널 A. 전체표본(N=1,440)							
	N	Frequency	%	N	Frequency	%	z-statistic
$A_{i,j,t}<T_{i,j,t}$	130	% of Total	9.04	129	% of Total	8.96	11.43***
		% of Row	50.25		% of Row	**49.75**	
$A_{i,j,t}\geq T_{i,j,t}$	103	% of Total	7.18	1,078	% of Total	74.82	
		% of Row	8.76		% of Row	**91.24**	
패널 B. 추세치(N=547)							
	N	Frequency	%	N	Frequency	%	z-statistic
$A_{i,j,t}<T_{i,j,t}$	31	% of Total	5.61	36	% of Total	6.50	5.79***
		% of Row	46.30		% of Row	**53.70**	
$A_{i,j,t}\geq T_{i,j,t}$	31	% of Total	5.61	449	% of Total	82.29	
		% of Row	6.38		% of Row	**93.62**	
패널 C. 베타분포(N=95)							
	N	Frequency	%	N	Frequency	%	z-statistic
$A_{i,j,t}<T_{i,j,t}$	4	% of Total	3.85	9	% of Total	8.97	1.42
		% of Row	30.00		% of Row	**70.00**	
$A_{i,j,t}\geq T_{i,j,t}$	7	% of Total	7.69	75	% of Total	79.49	
		% of Row	8.82		% of Row	**91.18**	
패널 D. 목표부여(N=305)							
	N	Frequency	%	N	Frequency	%	z-statistic
$A_{i,j,t}<T_{i,j,t}$	62	% of Total	20.31	61	% of Total	19.92	4.49***
		% of Row	50.49		% of Row	**49.51**	
$A_{i,j,t}\geq T_{i,j,t}$	43	% of Total	14.06	139	% of Total	45.70	
		% of Row	23.53		% of Row	**76.47**	
패널 E. 목표대실적(N=493)							
	N	Frequency	%	N	Frequency	%	z-statistic
$A_{i,j,t}<T_{i,j,t}$	31	% of Total	6.32	20	% of Total	4.02	6.90***
		% of Row	61.11		% of Row	**38.89**	
$A_{i,j,t}\geq T_{i,j,t}$	20	% of Total	4.02	422	% of Total	85.63	
		% of Row	4.49		% of Row	**95.51**	

1. To test whether $Pr(A_{i,j,t+1}\geq T_{i,j,t+1} \mid A_{i,j,t}\geq T_{i,j,t})=Pr(A_{i,j,t+1}\geq T_{i,j,t+1} \mid A_{i,j,t}<T_{i,j,t})$, we test for difference in proportions(indicated in bold).
2. The sample is 1,128 GOEs' performance measure observations. A_t is the GOE's actual performance of performance measures for fiscal year-t. T_t is the GOE's target performance of performance measures for fiscal year-t. The rows in the table correspond to outcomes for which the GOE's actual performance was less than $(A_t<T_t)$, or greater than or equal to $(A_t\geq T_t)$ its target performance in the current year t. The columns correspond to the same outcomes for the next year, t+1. N is the number of observations in each cell. For %, the upper number in each cell is percentage of total observations that are classified in that cell and the lower number of in each cell is the conditional percentage-the percentage of row observations corresponding to that cell.
3. *, **, *** Significant at 10%, 5%, and 1% two-tailed level, respectively.

자료: Ahn et al.(2011), 〈Table 5〉, p. 206

이를 종합하면, t기에 목표를 달성한 경우 $t+1$기에도 목표를 달성할 확률이 매우 높아 목표달성도는 양(+)의 시계열 상관관계를 보인다고 추론할 수 있다. 또한 양(+)의 시계열 상관관계는 목표대실적(95.5%)>추세치(93.12%)>(베타분포)>목표부여(76.47%) 순서인 것으로 나타났다.

(3) **시사점**

공공기관 경영실적평가에서 계량지표의 목표달성도는 양(+)의 시계열 상관관계를 나타내는 것을 확인할 수 있었다. 그 원인은 계량지표의 평가에서 t기 실적치에 담긴 다양한 정보가 $t+1$기 목표에 충분히 반영되지 못하기 때문으로 보인다. 즉 계량지표 평가방법이 지나치게 정형화되어 있어 공공기관의 실적 개선 능력을 제대로 평가하지 못한 채 매년 목표치가 관리가능한, 혹은 달성하기 쉬운 수준으로 설정되고 있을 가능성이 있다. 경영실적평가가 연 단위 실적 평가로서 기능을 제고하기 위해 목표달성도의 시계열 상관관계를 감소시킬 필요가 있다면, 단순히 전년도 실적에 기초한 기계적 목표설정이 아니라 공공기관의 성과함수 및 노력수준, 대외환경변수의 영향 등 질적 요소를 충분히 반영하여야 할 것이다.

2. 목표설정 시 톱니원리(ratchet principle) 적용에서 발견된 공공기관의 인센티브는 무엇인가?

1) 공공기관의 성과조정(performance management) 인센티브

(1) **이론적 배경**

성과목표를 충족하거나 또는 초과달성하려는 인센티브(meet or beat standard performance)를 지닌 경영자가 목표에 어떤 방식으로 반응하는지에 대한 연구는 회계학 분야에서 매우 활발히 진행되었다. Murphy(2001)

에 따르면 미국의 177개 상장기업들을 설문조사하여 이들이 갖춘 전형적인 성과보상관계(Pay-Performance relation)를 [그림 9-2]에 제시하였다. 성과보상관계는 본질적으로 증가함수이기 때문에 경영자는 더 좋은 성과를 내어 성과급을 더 많이 얻으려는 인센티브를 갖는다. 그러나 성과가 아무리 좋더라도 경영자가 가져갈 수 있는 성과급에는 한도(bonus cap)가 있는 경우가 대부분이기 때문에 경영자가 성과향상을 위해 노력을 유도할 수 있는 성과수준은 최소성과(performance threshold)와 최고성과(performance maximum) 사이의 구간(incentive zone)이 된다. 즉, 경영자는 최고성과를 달성하여 자신이 얻을 수 있는 최대의 성과급을 받으려고 할 것이다.

한편, 대리이론에서 대리인의 진정한 능력(true capability)과 행동(ef-

[그림 9-2] 전형적 성과보상관계

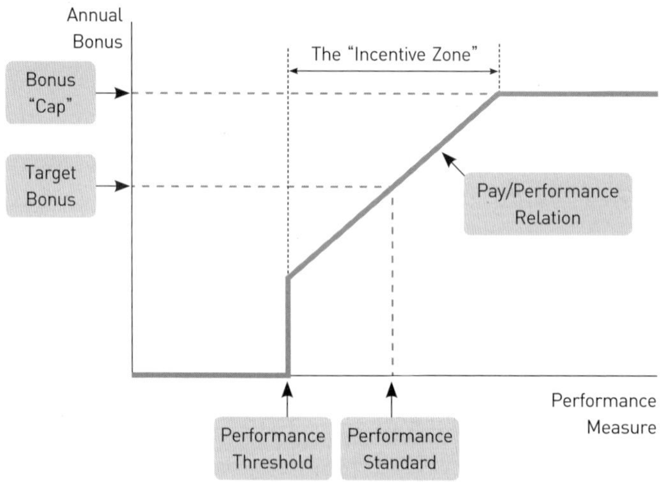

자료: Murphy(2011), 〈Figure 1〉, p. 251

forts)에 대한 정보열위에 있는 주인은 대리인이 달성할 수 있는 최고성과가 아닌 그보다 낮은 수준에서 목표(performance standards)를 설정할 가능성이 크며, 이 경우 설정된 목표는 대리인이 관리가능한 수준이다. 그 결과 성과가 목표보다 조금 부족할 것으로 예상이 된다면, 대리인은 성과를 조금 상향조정하여 최대의 성과급을 얻을 수 있다. 이와 관련하여 많은 실증연구에서 적자보고 회피, 전기이익 초과달성, 재무분석가 및 경영자 예측이익 초과달성 등의 현상이 보고되고 있다(Carslaw, 1988; Thomas, 1989; Hayn, 1995; Burgstahler and Dichev, 1997; Kasznik, 1999; Degeorge et al., 1999; Mastumoto, 2002; Abarbanell and Lehavy, 2003; Jacob and Jorgensen, 2007).

(2) 실증분석 결과[7]

우리나라 공공기관 경영실적평가에서 계량지표는 목표가 구체적인 수치로 주어지며, 실적과 목표를 비교하여 평가를 한다. 실적이 목표를 얼마나 충족하는지에 따라 평점을 산출한 후, 평점에 가중치를 곱하여 최종 득점을 부여한다. 즉 실적이 목표를 정확히 충족하면 최대 가중치만큼 득점을 할 수 있으나, 실적이 목표에 미달하면 가중치의 일부분만이 최종 득점이 된다. 실적이 목표를 크게 초과하더라도 가중치를 초과하여 득점을 추가로 부여하지는 않는다. 이런 의미에서 경영실적평가에서 계량지표의 목표는 Murphy(2001)가 제시한 전형적인 성과보상관계([그림 9-2])에서의 목표(performance standards)와 같은 기능을 한다고 볼 수 있다. 따라서 공공기관은 목표보다 약간 작은 실적이 예상되는 경우 실적 상향조정을 통해 해당 지표에서 최대로 얻을 수 있는 점수를 얻으려는 인센티브를 가질 것으로 예상된다.

7 본 절은 최연식 등(2012)의 내용을 발췌하여 기술하였다.

이를 확인하기 위하여 최연식 등(2012)은 1998년부터 2008년까지 기간에 대해 14개 공공기관의 경영실적평가보고서에서 목표와 실적 자료를 입수하여 Burgstahler and Dichev(1997)가 제시한 방법론에 따라 실증분석을 실시하였다. 목표이익보다 약간 작은 이익이 예상되어 이익을 상향조정한 경우 목표이익을 중심으로 이익분포의 연속성이 깨지게 되는데, 목표이익보다 약간 큰 구간에서 정점(highest pick)을 갖는 단절적(discontinuity) 이익분포가 발견된다면 경영자가 이익조정을 한 것으로 의심할 수 있다(Burgstahler and Dichev, 1997). 이와 마찬가지로 계량지표의 실적분포가 목표를 중심으로 단절성을 보인다면 공공기관이 해당 지표의 실적을 상향조정했을 가능성을 의미한다.

분석대상인 1,413개 계량지표의 실적분포를 그래프로 나타내면 다음

[그림 9-3] 계량지표의 실적분포

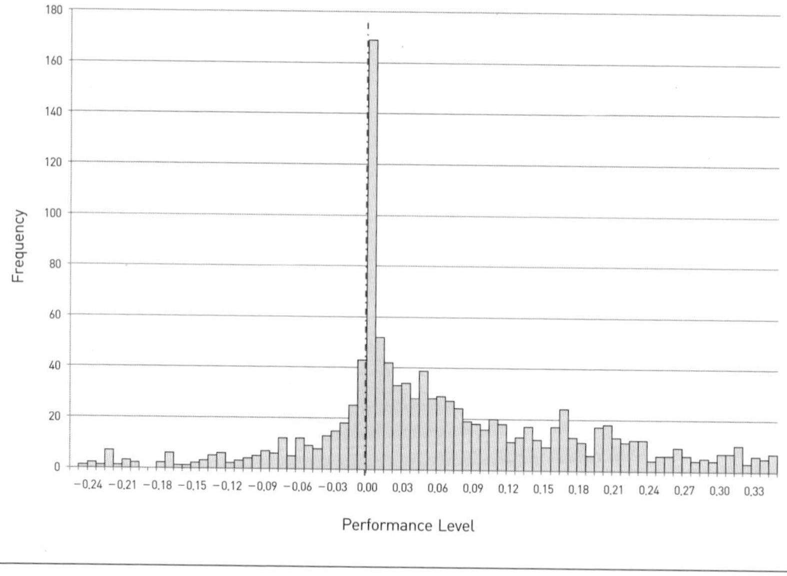

자료: Choi et al.(2012), 〈Figure 2〉, p. 346

〈표 9-4〉 실적빈도의 표준차이

Interval	Actual frequency	Estimated frequency	Ratio	Standardized difference	Interval	Actual frequency	Estimated frequency	Ratio	Standardized difference
-0.005~0	34	82.5	0.41	-5.81***	0~0.005	147	33.0	4.45	9.39***
-0.01~0	52	104.5	0.50	-5.40***	0~0.01	179	61.0	2.93	8.69***
-0.02~0	82	141.0	0.58	-5.10***	0~0.02	249	86.5	2.88	10.42***
-0.03~0	101	169.0	0.60	-5.41***	0~0.03	296	115.0	2.57	10.78***
-0.04~0	115	194.5	0.59	-5.99***	0~0.04	340	136.0	2.50	11.53***
-0.05~0	127	218.5	0.58	-6.62***	0~0.05	384	143.5	2.68	13.10***
-0.06~0	143	234.5	0.61	-6.36***	0~0.06	425	157.0	2.71	14.16***
-0.07~0	152	255.0	0.60	-6.99***	0~0.07	463	160.0	2.89	15.69***
-0.08~0	164	269.0	0.61	-6.95***	0~0.08	497	164.0	3.03	16.97***
-0.09~0	173	282.0	0.61	-7.09***	0~0.09	524	180.5	2.90	17.24***
-0.10~0	180	289.0	0.62	-7.00***	0~0.10	544	187.0	2.91	17.78***
~0	253				0~	1,160			

1. The total sample consists of 1,413 observations between 1999 and 2007 for 14 Korean SOEs.
2. Actual frequency is the number of observations in a given performance interval(X_i).
3. Estimated frequency is the average observation of actual frequency in the each side of the given performance interval[$(X_{i-1}+X_{i-1})\div 2$].
4. Ratio is calculated by dividing actual frequency by estimated frequency.
5. Standardized difference is "(Actual frequency - Estimated frequency) ÷ standard deviation of [$N\cdot P_i\cdot(1-P_i)+(1/4)\cdot N\cdot(P_{i-1}+P_{i+1})\cdot(1-P_{i-1}-P_{i+1})$]."
   Here, N is the number of total sample and P_i is the probability that a performance goes into a given performance interval.
6. *, **, *** Statistically significant at the 10%, 5%, and 1% two-tailed level, respectively.

자료: Choi et al.(2012), 〈Table 6〉, p. 348

[그림 9-3] 및 〈표 9-4〉와 같다.[8] [그림 9-3]을 보면, 실적분포가 목표(0)보다 약간 높은 구간(interval)에서 정점을 이루는 종 모양(a single-peaked, bell shaped distribution)을 띄고 있다. 특히 목표(0)보다 약간 작은 구간과 약간 큰 구간을 비교하면 목표(0) 전후로 연속적이지 않고 단절적인 것을 알 수 있다. 또한 〈표 9-4〉에는 이러한 실적분포의 단절성

8 분석대상 계량지표는 기관의 특성에 따라 분석단위가 kg, t, km, %, 백만 원 등으로 매우 상이하다. 이를 고려하여 실증분석은 달성도[(실적-목표)÷목표]로 전환하여 분석단위를 일치시켰다.

[그림 9-4] 경영관리 및 주요사업 계량지표의 실적분포

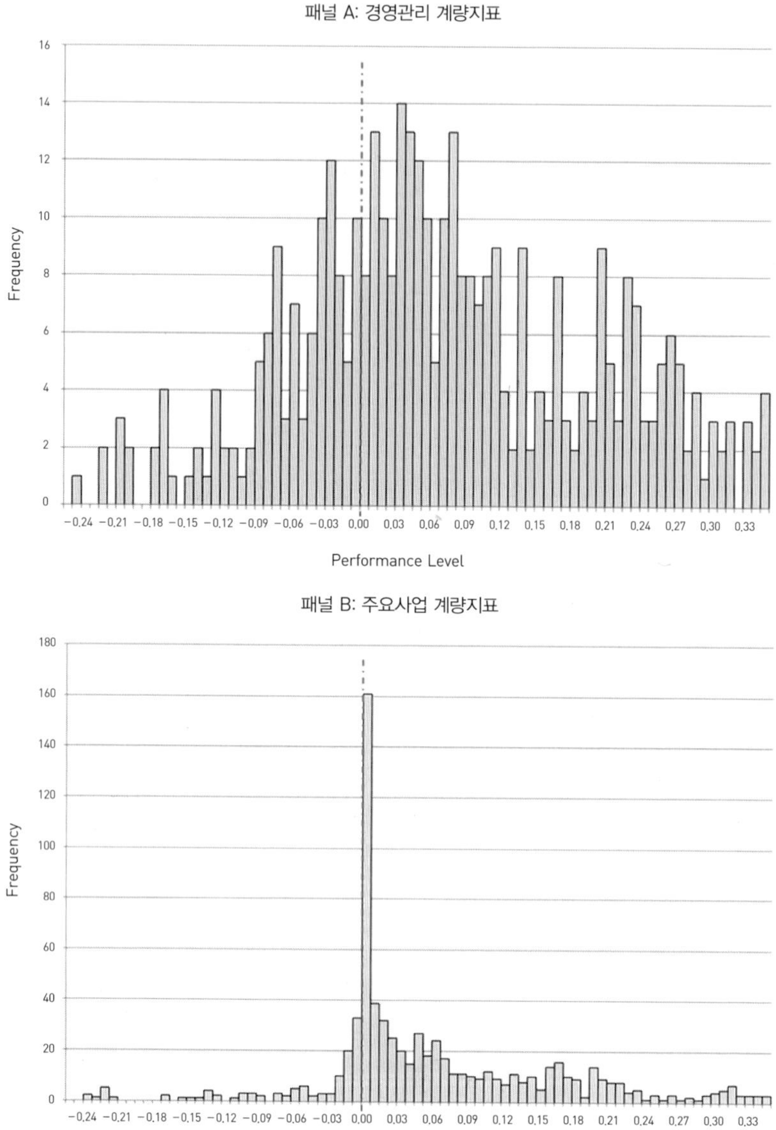

자료: Choi et al.(2012), 〈Figure 3〉, p. 349

은 거의 모든 구간에서 통계적으로 유의한 것으로 보고되었다.

한편 전체 표본(1,413개)을 경영관리에 속한 계량지표(516개)와 주요사업에 속한 계량지표(897개)로 구분하여 실적분포를 비교하였다. [그림 9-4]에서 알 수 있듯이, 경영관리의 계량지표에서는 실적분포가 특별한 패턴 없이 정규분포와 유사한 모습을 보이고 있는 반면, 주요사업의 계량지표에서는 실적분포가 목표(0)보다 약간 높은 구간에서 정점을 이루는 종 모양(a single-peaked, bell shaped distribution)을 보이는 것으로 나타났다. 이러한 실적분포의 차이는 통계적으로 유의한 것으로 확인되었다.

(3) 시사점

단절성을 갖는 계량지표의 실적분포를 통해 공공기관이 목표보다 약간 부족한 실적이 예상되는 경우 실적을 상향조정하여 만점을 득점하고 있을 가능성을 확인하였다. 특히 공공기관이 평가자보다 더 많은 지식과 정보를 갖고 있는 주요사업에서 실적의 상향조정 가능성이 더 높은 것으로 보인다.

공공기관이 경영실적평가를 잘 받기 위해 주요사업의 실적을 유리하게 관리할 것이라는 문제제기는 오래전부터 있어 왔다. 공공기관이 최선의 노력을 투입했을 때 기대되는 최고성과(performance maximum) 수준으로 목표가 설정되지 못하는 상황에서 계량지표의 평가가 단순히 목표와 실적을 기계적으로 비교하는 것은 진실한 성과와는 다른 결과를 가져올 위험이 있다. 따라서 계량지표 실적의 이면에 숨겨진 질적 요인에 대한 추가적인 고려가 필요하다.

공공기관 자체가 그 산업을 구성하는 독점성을 지니고 있는 만큼 해당 산업의 최고전문가는 어쩔 수 없이 공공기관일 수밖에 없다. 이런 의미에서 평가위원이 아무리 전문성을 갖춘다 하여도 성과조정이 이루어진 주요사업의 실적을 제대로 평가하는 데 한계가 있을 수 있다. 따라서 평가위원의 전문성 제고 노력과 함께 공공기관과 평가위원 사이의 정보비대칭을 해소하려는 노력이 필요하다. 장기간의 시계열 실적 정보를 활용할 수 있는 계량지표를 선정하여 목표 수준의 합리성을 제고하거나 한 번 선정된 계량지표를 장기간 사용하여 실적 수준에 대한 충분한 정보량을 확보하는 것은 그 예가 될 수 있다. 이런 의미에서 최근 3년 단위의 주요사업 계량지표의 교체나 5개년 이내 실적정보만 사용하는 목표부여(편차)의 원칙적 적용에 대한 효과성을 재검토할 필요가 있다.

2) 공공기관의 노력감소(effort reduction) 인센티브

(1) 이론적 배경

장기적 관점에서 기업가치 극대화를 바라는 주인은 다차원적 업무를 수행하는 대리인이 모든 업무에 적절한 수준의 노력을 기울이길 기대한다(Fehr and Schmidt, 2004). 이러한 주인의 기대와는 달리 대리인은 자신의 효용 극대화를 위해 자원과 노력을 여러 업무 사이에 전략적으로 배분하려는 경향이 있다(Datar et al., 2001; Holmstrom and Milgrom, 1991; Feltham et al., 2006). 이는 업무의 특성에 따라 성과함수(Performance Function)나 성과보상관계(Pay-Performance relation)가 차별적일 수 있기 때문이다.

대리인의 노력감소 인센티브는 목표설정 과정에서 흔히 나타나는 대리문제의 하나이다. 특히 목표설정 시 톱니원리가 적용되는 경우 t기의 우수한 성과는 $t+1$기의 도전적인 목표의 근거가 되기 때문에 t기의 보상과 $t+1$기의 보상 사이에는 기간 간 상쇄관계(inter-period trade-off)가 존재하게 된다. 즉 다기간 성과보상계약을 체결한 대리인은 전체 기간의 보상을 최대화하기 위해 기간 사이의 전략적인 노력배분을 할 유인을 갖는다. 특히 Murphy(2001)가 제시한 전형적인 성과보상관계가 주어진 경우 t기 성과가 목표를 충분히 초과할 것으로 예상이 되는 경우 대리인은 노력을 다소 감소시키더라도 최대의 성과급을 얻을 수 있다. 따라서 $t+1$기 목표가 과도하게 도전적으로 설정되지 않도록 t기 성과를 적절한 수준으로 낮추려는 톱니효과(ratchet effect)가 나타난다(Weitzman, 1980; Chow et al., 1991).

(2) 실증분석 결과[9]

최연식 등(2015)은 공공기관 경영실적평가에서 노력감소 인센티브에 따른 톱니효과가 나타나는지를 실증적으로 분석하였다. 표본은 14개 공공기관에 대한 1991년부터 2008년까지 계량지표의 평가결과로부터 구성하였다. 톱니효과가 존재한다면 실제성과는 기대성과보다 작을 것이다. 따라서 개념적으로 톱니효과를 식(5)와 같이 측정할 수 있다.

$$RATCHET_{i,j,t} = exPERF_{i,j,t} - PERF_{i,j,t} \qquad (5)$$

(여기서, i는 개별 공공기관, j는 개별 평가지표, t는 연도)

여기서 $exPERF$와 $PERF$는 각각 기대성과와 실제성과를 의미하는데, 이들의 차이인 $RATCHET$은 대리인의 노력 감소 인센티브의 결과, 즉 톱니효과의 크기를 직접적으로 측정한 값이 된다.[10] 경영실적평가에 톱니효과가 존재한다면, $RATCHET$은 통계적으로 유의한 양(+)의 값을 가질 것이다.

실증분석 결과는 다음 〈표 9-5〉에 제시하였다. $RATCHET$은 목표부여와 목표대실적에서 통계적으로 유의한 양(+)의 값을 보이고 있는데, 이

9 본 절은 최연식 등(2015)의 내용을 발췌하여 기술하였다.

10 실제 실증분석을 위해서 2SLS(two-stage least squares)를 적용하여 $exPERF$를 추정하였다. 구체적인 추정과정은 최연식 등(2015)을 참고하길 권한다.

〈표 9-5〉 톱니효과 추정치의 분포

목표설정방법	관측수	평균	표준편차	하위10%	1분위수	중위수	3분위수	상위10%
추세치	426	−0.0940*** (t-값[(a)]=−7.86)	0.2467	−0.4304	−0.2389	−0.0609	0.0696	0.1928
베타분포	63	0.0198 (t-값[(a)]=0.82)	0.2001	−0.1441	−0.0272	0.0356	0.0789	0.2407
목표부여	222	0.0232** (t-값[(a)]=2.13)	0.2566	−0.2564	−0.0954	0.1475	0.3876	0.6287
목표대실적	302	0.0049** (t-값[(a)]=1.97)	0.1609	−0.1532	−0.0664	0.0087	0.0693	0.1635

1. 귀무가설 H_0 : Ratchet Effect=0을 검증함.
2. 분석대상 표본은 1991년부터 2008년까지 1,249개 기관-연도-지표 중 실적치가 목표치보다 크거나 같은 1,013개 기관-연도-지표임.
3. *p<.1, **p<.05, ***p<.01

자료: Choi et al.(2015), 〈Table 4〉, p. 236

〈표 9-6〉 지표속성과 톱니효과

변수	예상부호	(1)	(2)	(3)
Intercept	?	−0.1193 (−1.63)	−0.1096 (−1.35)	−1.8689 (−1.56)
CHARACTER	+	0.0353* (1.82)	0.0354* (1.82)	0.0373* (1.92)
기관장 특성 통제	±		yes	yes
재무특성 통제	?			yes
평가방법 통제	?	yes	yes	yes
Year Dummy		yes	yes	yes
Firm Dummy		yes	yes	yes
N		1,013	1,013	1,013
Adj-R^2		0.0600	0.0642	0.0699
F-Value		2.19**	2.24**	2.21**

1. *p<.1, **p<.05, ***p<.01
2. 분석대상 표본은 1991년부터 2008년까지 1,249개 기관-연도-지표 중 실제성과가 성과목표보다 크거나 같은 1,013개 기관-연도-지표임.
3. 모든 변수는 상하 1% 수준에서 winsorizing함.
4. 표의 숫자는 OLS에 따른 회귀계수와 White(1980)의 방법으로 표준오차를 조정한 t값임.

자료: Choi et al.(2015), 〈Table 6〉, p. 239

는 실제성과가 기대성과보다 작은 것으로 톱니효과가 존재함을 의미한다. 그러나 추세치와 베타분포에서는 톱니효과가 나타나지 않았다. 특히 추세치에서는 기대와 달리 *RATCHET*이 음(−)의 값을 보이고 있는데, 이는 실제성과가 기대성과보다 큰 것을 의미한다.

한편 평가지표의 속성에 따라 톱니효과가 달라지는지를 확인한 결과는 다음 〈표 9-6〉에 제시하였다. 관심변수인 *CHARACTER*는 주요사업 계량지표이면 1, 경영관리 계량지표이면 0의 값을 갖는 더미변수이다. 분석 결과, 모든 모형에서 *CHARACTER*는 10% 수준에서 통계적으로 유의한 양(+)의 회귀계수를 갖는다. 이것은 경영관리보다는 주요사업에서 톱니효과가 큰 것을 의미한다.

(3) 시사점

경영실적평가에서 실제성과가 기대성과에 미달하는 현상(톱니효과)이 발견되는데, 그 크기는 평가방법 및 지표특성에 따라 다른 것을 알 수 있다. 우선 평가방법별로 톱니효과의 크기를 살펴보면, 목표부여>목표대실적>(베타분포)>추세치 순서였다. 3년 또는 5년 이하의 과거 실적치를 사용하여 평가하는 목표부여 및 목표대실적에서 실제성과가 기대성과에 미치지 못하지만, 10년 이상의 실적치를 활용하는 추세치에서는 실제성과가 기대성과를 초과하는 현상이 발견되었다. 이러한 결과는 계량지표 평가에 있어서 최근 연도의 실적치에 과도하게 의존하기보다 장기간에 걸친 많은 실적치를 충분히 관찰하여 적절한 수준으로 목표를 설정할 경우보다 개선된 실적을 유도할 수 있다는 것을 의미한다.

한편 톱니효과는 경영관리보다 주요사업에서 더 큰 것으로 나타났다. 공공기관과 평가위원 사이의 정보비대칭성은 주요사업에서 상대적으로 더 크기 때문에 평가단은 목표설정 시 과거 실적치에 보다 의존하는 방법

(예, 목표부여 등)을 사용하게 된다. 이는 주요사업에서 톱니원리의 적용강도가 높아지는 것으로 공공기관은 당해 연도 실적을 보다 적극적으로 관리할 유인을 갖게 되고 그 결과 톱니효과가 크게 나타난 것으로 해석할 수 있다. 이러한 결과는 평가단이 주요사업에 대한 정보열위를 극복하고, 목표설정 시 과거 실적치 이외 다양한 요소를 종합적으로 고려할 필요성을 시사한다.

3. 계량지표 평가와 관련하여 제기되는 여러 가지 주장은 타당한가?

1) 빈번한 지표변경과 득점률

(1) 배경

평가단은 매년 7~8월 해당연도 「편람」을 개정하여 「편람(수정)」을 확정하고 10~11월에는 다음연도 「편람」을 제정하고 있다. 「편람」 개선작업에서 공공기관은 특정 지표가 추가적인 성과향상이 불가능할 정도로 한계에 이르렀다는 사유로 지표 변경을 요청하는 경우가 빈번하다. 특히 주요사업 계량지표에서 이러한 주장이 강하게 제기되는데, 본질적으로 정보열위에 있는 평가단은 다양한 예측자료를 첨부한 공공기관의 주장을 합리적으로 반박하기 어려운 것이 현실이다. 더욱이 내부적으로는 평가결과에 대한 공공기관의 수용도를 제고하고, 대외적으로는 지속적인 지표개선 노력을 홍보할 필요가 있기 때문에 평가단은 지표변경에 대한 공공기관의 요구를 외면하기 어렵다. 그 결과 공공기관의 안정적인 속성과는 달리 계량지표의 유지기간이 길지 못한 것이 현실이다.

〈표 9-7〉은 평가범주 및 평가방법별 계량지표의 연령(유지기간)을 나타낸다. 패널 A에서 경영실적평가에 사용된 모든 계량지표의 평균 연령

〈표 9-7〉 계량지표 연령

패널 A. 평가범주별 계량지표의 연령분포

구분	관측수	평균	표준편차	최소	1사분위	중위수	3사분위	최대
경영관리	2,308	4.67	3.85	1.00	2.00	4.00	6.00	25.00
주요사업	2,269	3.74	3.67	1.00	1.00	2.00	5.00	24.00
계	4,577	4.21	3.79					

패널 B. 평가방법별 계량지표의 연령분포

구분	관측수	평균	표준편차	최소	1사분위	중위수	3사분위	최대
추세치	566	4.21	2.98	1.00	2.00	4.00	6.00	19.00
베타분포	158	2.41	1.57	1.00	1.00	2.00	3.00	8.00
목표대실적	649	3.13	2.55	1.00	1.00	2.00	4.00	16.00
목표부여	1,239	2.69	2.22	1.00	1.00	2.00	3.00	12.00
목표부여(편차)	1,815	2.82	1.93	1.00	1.00	2.00	4.00	9.00
중장기목표부여	57	1.23	0.53	1.00	1.00	1.00	1.00	3.00
글로벌실적비교	93	1.53	0.60	1.00	1.00	1.00	2.00	3.00

1. 분석대상 표본은 1991년부터 2015년까지 공기업1 및 공기업2에 속한 30개 공공기관의 경영관리 및 주요사업 계량평가에 사용된 4,577개 기관-연도-지표임.
2. 중장기목표부여 및 글로벌실적비교는 최근에 도입된 평가방법이기 때문에 최대연령이 3년으로 나타남.

은 4.21년이고, 경영관리 및 주요사업 계량지표의 연령은 각각 4.67년 및 3.74년인 것을 확인할 수 있다. 평가범주와 관계없이 20년 이상 사용된 지표도 있으나, 각 범주의 3사분위수가 6년 및 5년인 점을 고려할 때 대부분의 계량지표가 장기적으로 사용되지 않는 것으로 보인다.

패널 B에서는 계량지표의 연령을 평가방법별로 보여주고 있다.[11] 연령이 가장 긴 평가방법은 추세치로 평균 4.21년 사용되었고, 그 다음으로 목표대실적(3.13년), 목표부여(편차)(2.82년), 목표부여(2.69년), 베타분

11 동 분석은 특정 평가방법이 적용된 기간만을 연령으로 산정하였다. 따라서 산식 및 산출시 고려사항이 동일하더라도 평가방법이 변경된 경우에는 새로운 지표로 보아 연령을 다시 산정하였다.

포(2.41년) 순이었다. 중장기목표부여 및 글로벌실적비교는 최근에 도입되었기 때문에 연령이 상대적으로 낮았다. 또한 대부분의 계량지표가 3년이 채 못 되어 다른 평가방법으로 평가받고 있는 것을 알 수 있다.

(2) **실증분석 결과**

공공기관은 특정 지표가 추가적인 성과향상이 불가능한 한계지표라는 이유로 신규 제정된 지 불과 2~3년 만에 지표변경을 요구하는 경우가 많다. 이러한 주장이 사실이라면 지표연령이 3년을 기점으로 득점률이 크게 하락하여 지속적으로 저조한 수준에 머무를 것으로 예상할 수 있다. 이를 확인하기 위해 지표연령에 따른 득점률의 변화를 추적하여 [그림 9-5]에 제시하였다.

[그림 9-5]에 따르면 거의 대부분의 지표연령에서 득점률은 경영관리 계량지표가 주요사업 계량지표보다 높은 것을 알 수 있다. 경영관리 및 주요사업 모두에서 지표연령이 10년에 이를 때까지는 득점률이 연도별 등락

[그림 9-5] 지표연령과 득점률

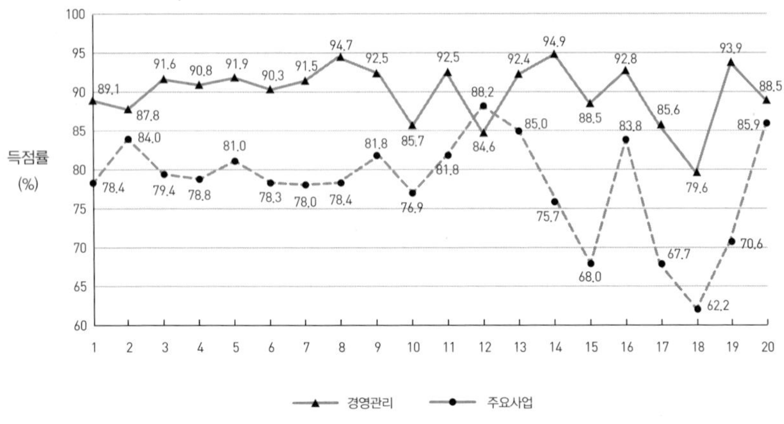

은 있으나 상당히 안정적인 모습을 보이고 있고, 지표연령이 12년을 넘어서면서 연도별 변동성이 확대되나 지속적으로 저조한 수준을 유지하지는 않는 것으로 나타났다. 따라서 2~3년 만에 지표가 한계에 다다랐다는 기관의 주장은 보다 면밀히 검토할 필요가 있어 보인다.

한편 공공기관이 빈번한 지표변경을 요구하는 이유 중에는 최근 계량지표 평가에 원칙적으로 적용되는 목표부여(편차)가 공공기관에 근본적으로 불리한 평가방법이라는 것이다. 즉, 목표부여(편차)는 과도하게 도전적 목표를 설정하여 신규지표를 조기에 한계지표화하고, 기저효과로 인해 공공기관의 노력과 관계없이 다음 연도 평가에서 유불리를 초래하는 등의 내재적 문제점이 있다는 지적이다. 이를 확인하기 위해 평가방법별로 적용기간에 따른 득점률 변화를 추적하여 [그림 9-6]에 제시하였다.

[그림 9-6]의 패널 A는 경영관리 계량지표의 득점률 추이를 보여주고 있다. 추세치의 경우 3년이 정점을 이루는 역유자형(invert-U shape)을 보였고, 목표대실적은 처음부터 91.4%의 고득점으로 시작하여 3년 이후부터는 계속해서 만점을 얻은 것으로 나타났다. 목표부여는 1년차 80%에서 시작하여 5년차 91.2%에 이를 때까지 지속적으로 개선되는 추세를 보이고 있다. 목표부여(편차)는 특별한 추세 없이 소폭의 등락을 반복하였으나, 3년 이후 급격히 하락하거나 1~2년에 비해 특별히 저조한 수준을 보이지는 않았다.

[그림 9-6]의 패널 B는 주요사업 계량지표의 득점률 추이를 보여주고 있다. 전반적으로 경영관리 계량지표 득점률과 유사한 모습을 보이고 있으나, 목표부여(편차) 득점률이 가장 낮은 수준이었던 경영관리와는 달리 추세치의 득점이 가장 낮은 수준인 차이가 있다. 또한 글로벌실적비교의 득점률이 첫해부터 95.6%로 높고 계속 상승추세인 것은 목표대실적과 유사하였다. 이와 달리 중장기목표부여 득점률은 1차 연도 92.9%, 2차 연도

[그림 9-6] 평가방법의 적용기간과 득점률

패널 A. 경영관리 계량지표 득점률

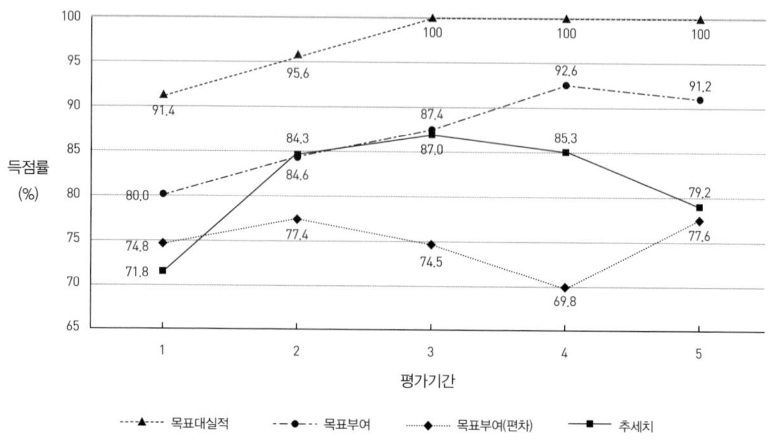

패널 B. 주요사업 계량지표 득점률

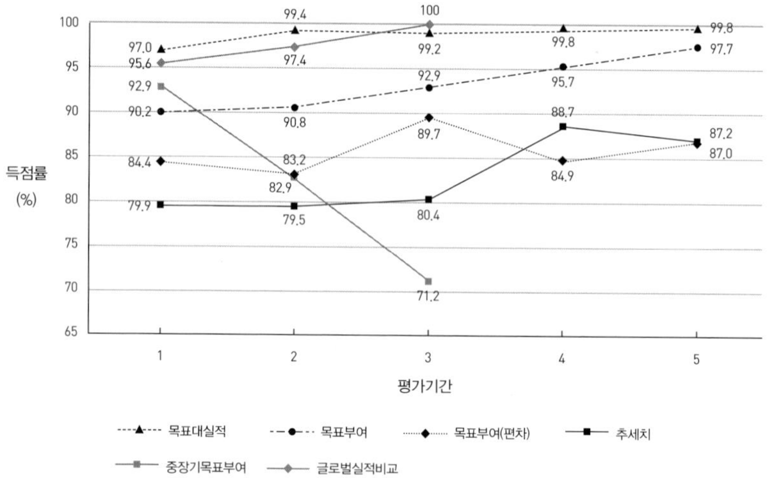

82.9%, 3차 연도 71.2%로 급격히 하락한 것으로 나타났다. 목표부여(편차)는 적용기간이 길어질수록 득점률이 소폭 등락하는 모습을 보이고 있어 기저효과의 가능성을 시사하고 있으나 그 정도가 매우 크다고 할 수준은 아닌 것으로 보인다. 또한 목표부여(편차)가 추세치를 제외하고는 상대적으로 낮은 득점률을 보이고 있으나 83~89% 사이에 있으므로 한계에 도달했다고 단정하기는 어려운 것으로 보인다.

(3) 시사점

공공기관은 성과개선에의 한계성, 평가방법의 내재적 불합리성 등을 이유로 매년 계량지표의 변경이나 수정을 반복적으로 요구하고 있다. 공공기관의 주장이 타당한 예외적인 상황이 존재할 수 있으나, 공공기관 전체적인 관점에서 실제 평가 결과를 개관한 결과 이러한 주장은 합리적이지 않을 가능성이 있다. 따라서 「편람」 제·개정 시 평가단이 기관의 주장을 보다 면밀히 검토해야 할 필요가 있다.

또한 공공기관의 경영환경은 매우 안정적이고, 개별 주요사업도 정부의 정책적 요구를 제외하고는 설립목적에 맞게 장기적으로 일관된 특징이 있다. 이를 고려하면 처음부터 합리적으로 설정된 평가지표는 빈번한 변경이나 수정의 필요성이 크지 않을 것이다. 매년 2회에 걸쳐 상당수의 지표개선 등에 관한 의견을 기관으로부터 수렴하고 많은 인력과 시간을 투입하여 이를 검토하는 현행 「편람」 제·개정 방식은 소모적이고 비효율적인 것으로 보인다. 또한 「편람」 등에서 3년간 지표유지 원칙을 제시함으로써 3년 이후에는 득점에 유리한 방향으로 지표변경이 얼마든지 가능하다는 잘못된 신호를 공공기관에 전달하고 있는 건 아닌지 되돌아 볼 필요가 있다.

2) 평가방법과 도전적 목표

(1) 배경

최근 경영실적평가에서 도전적 목표를 설정한다는 취지에 따라 목표부여(편차)의 적용을 원칙으로 하고 있다. 이로 인해 「편람」에서 정한 다양한 평가방법이 활용되지 못하고 있는 실정이다. 「편람」에서는 이용가능한 과거 성과정보의 양과 질에 따라 평가방법을 달리 적용하도록 하고 있으므로 목표부여(편차) 원칙적 적용으로 인해 「편람」의 내적 일관성이 훼손될 우려가 있다. 이에 따라 평가방법별 목표변화(target change) 및 득점률을 비교함으로써 도전적 목표설정을 위해 목표부여(편차)를 적용한다는 주장이 타당한지 검토하고자 한다.

(2) 실증분석 결과

〈표 9-8〉은 평가방법별 목표변화율의 평균을 비교한 것이다. 우선 전체 계량지표에서 목표치는 매년 평균적으로 7.72%씩 상향 조정된 것으로 나타났다. 특히 목표대실적(15.97%)＞목표부여(9.72%)＞목표부여(편차)(6.92%) 순서로 목표가 매년 증가한 반면, 나머지 평가방법에서 목표변화는 실질적으로 미미한 것을 확인 할 수 있다. 이러한 현상은 경영관리와 주요사업을 분리한 경우에도 동일하게 나타났다. 즉, 목표부여(편차)가 가장 도전적인 목표를 설정하는 방법이라는 예상과는 달리 목표대실적 및 목표부여를 적용할 때 더 어려운 목표가 설정될 것으로 보인다. 목표변화율은 대부분의 평가방법에서 주요사업이 경영관리보다 2배 이상 큰 것을 알 수 있다.

〈표 9-9〉는 평가방법별 득점률을 보여주고 있다. 주요 평가방법 중에서 목표대실적으로 평가된 계량지표는 평균 99.38%의 득점률을 얻어 가장 높게 평가되었고, 그 다음으로 목표부여(87.82%)＞베타분포(84.27%)

〈표 9-8〉 평가방법별 목표변화(Target Change)

평가방법	전체		경영관리(①)		주요사업(②)		평균 차이(②-①)	
	표본수	평균값	표본수	평균값	표본수	평균값	t-값	z-값
추세치	440	0.0151 (0.72)	257	−0.0132 (−0.57)	185	0.0435 (1.11)	1.24	1.91*
베타분포	115	−0.0079 (−0.16)	13	−0.3065 (−1.21)	102	0.0301 (0.68)	2.21**	2.63***
목표대실적	428	0.1597*** (5.30)	21	−0.0932 (−0.87)	406	0.1752*** (5.65)	2.41**	2.15**
목표부여	810	0.0972*** (5.13)	587	0.0778*** (3.67)	223	0.1483*** (3.69)	1.66*	3.47***
목표부여 (편차)	1,353	0.0692*** (4.74)	845	0.0432*** (2.65)	508	0.1125*** (4.05)	2.30**	5.05***
중장기 목표부여	7	−0.0920 (−0.58)	–	–	7	−0.0920 (−0.58)	–	–
글로벌 실적비교	61	0.0376 (0.64)	3	−0.0916 (−0.53)	58	0.0443 (0.72)	0.74	0.43
전체	3,215	0.0772*** (8.14)	1,726	0.0421*** (3.64)	1,489	0.1171*** (7.59)	7.59***	6.60***

1. 분석대상은 1991년부터 2015년까지 경영관리 및 주요사업 계량평가에 사용된 3,215개 기관-연도-지표임.
2. 제시된 값은 목표변화율의 평균임. H_0 : 목표변화율$(=(T_t-T_{t-1})\div T_{t-1})=0$을 검증하였음. 괄호 안은 t-값임.
3. 경영관리 및 주요사업의 목표변화율의 평균값 차이를 검증하기 위해 t-test 및 Wilcoxon-Mann-Whitney test를 실시함. 괄호 안은 각각의 검정통계량 t-값 및 z-값임.
4. *, **, ***는 각각 10%, 5%, and 1% 수준에서 통계적으로 유의함.

>추세치(81.72%)>목표부여(편차)(78.74%) 순이었다. 이러한 순서는 평가지표를 평가범주로 구분하였을 경우에도 전반적으로 일치하였으며, 평가방법에 관계없이 주요사업의 득점률이 경영관리보다 통계적으로 유의하게 큰 것으로 나타났다. 주요 평가방법 중에서 목표부여(편차)의 득점률이 가장 낮은 수준이었는데, 이는 앞서 목표부여(편차)의 목표변화율이 낮아 상대적으로 유리한 목표가 설정될 것으로 예상한 것과는 다른 결과이다. 즉 단순히 목표변화율이 높다고 득점률이 낮을 것으로 예상하기

〈표 9-9〉 평가방법별 득점률(평점)

평가방법	전체		경영관리(①)		주요사업(②)		평균 차이(②-①)	
	표본수	평균값	표본수	평균값	표본수	평균값	t-값	z-값
추세치	440	81.72	257	79.58	185	84.69	2.37**	2.51**
베타분포	115	84.27	13	71.64	102	85.88	2.14**	1.92*
목표대실적	428	99.38	21	96.89	406	99.51	3.98***	4.34***
목표부여	810	87.82	587	71.64	223	90.72	2.28**	2.76***
목표부여(편차)	1,353	78.74	845	77.50	508	84.96	7.61***	5.86***
중장기목표부여	7	79.77	-	-	7	79.77	-	-
글로벌실적비교	61	96.14	3	100	58	95.95	0.51	0.84
전체	3,215	84.71	1,726	79.96	1,489	90.22	12.77***	12.92***

1. 분석대상은 1991년부터 2015년까지 경영관리 및 주요사업 계량평가에 사용된 3,214개 기관-연도-지표임.
2. 제시된 값은 득점률(평점)의 평균임.
3. 경영관리 및 주요사업의 득점률(평점)의 평균값 차이를 검증하기 위해 t-test 및 Wilcoxon-Mann-Whitney test를 실시함. 괄호 안은 각각의 검정통계량 *t*-값 및 *z*-값임.
4. *, **, ***는 각각 10%, 5%, and 1% 수준에서 통계적으로 유의함.

는 어려움이 있으며, 목표변화율 이외에 득점률에 영향을 미치는 다른 요인이 있을 것으로 추측된다.

마지막으로 한국전력공사의 실제 실적치 자료를 이용하여 평가방법별 득점률을 시뮬레이션한 결과를 〈표 9-10〉에 제시하였다. 한국전력공사의 경영관리 2개 지표(노동생산성, 계량관리업무비)와 주요사업 2개 지표(규정전압관리, 부하율관리)의 실적치를 경영실적평가보고서에서 추출하여 다양한 평가방법으로 평가할 경우 예상되는 득점률을 산출하였다.[12]

경영관리 계량지표 중 노동생산성은 어떠한 평가방법을 적용하더라도

12 2006년부터 2014년까지의 실적치를 이용하여 기준치 및 목표치를 산출한 후, 2015년 실적치를 대입하여 각 평가방법별로 2015년 득점률을 재계산하였다. 다만, 「편람」에서 규정한 극단치 처리 미적용, 표준편차의 산정기준(모집단, 표본집단), 반올림 차이조정 등으로 인해 실제 평가결과와 다를 수 있다.

〈표 9-10〉 득점률 시뮬레이션

	경영관리		주요사업	
	노동생산성	계량관리업무비	규정전압관리	부하율관리
추세치	n/a	n/a	85.756	56.832
베타분포	100	85.451	100	100
목표대실적1	100	100	100	100
목표대실적2	100	96.215	100	98.295
목표부여	100	84.444	60.008	61.496
목표부여(편차)	100	80.184	100	70.965

1. 2006년부터 2015년까지 한국전력공사의 경영실적보고서에서 이용가능한 실적치를 활용함.
2. 목표대실적1의 목표는 목표부여에 따른 최고목표를, 목표대실적2의 목표는 목표부여(편차)의 최고목표를 각각 적용함.

득점률 100%를 달성한 것으로 나타났다. 계량관리업무비는 목표대실적(1과 2)을 적용했을 때 득점률이 가장 높고 베타분포>목표부여>목표부여(편차)의 순서였다. 주요사업 중 규정전압관리는 목표부여에서 득점률이 가장 저조하였으나, 베타분포, 목표대실적 및 목표부여(편차) 모두에서 득점률 100%를 달성하였다. 부하율관리는 베타분포 및 목표대실적 1에서 만점을, 목표대실적 2에서 98.295%로 매우 높은 득점률을 기록하지만, 나머지 평가방법에서는 추세치<목표부여<목표부여(편차) 순서로 득점률을 기록하는 것으로 나타났다. 이러한 결과를 종합하면, 목표부여(편차)가 항상 불리한 평가결과를 가져오는 것은 아니며 과거 실적치의 분포특성에 따라 평가방법별 득점률이 크게 달라질 수 있다는 점을 확인할 수 있다.

(3) 시사점

목표부여(편차)가 가장 도전적으로 목표를 설정할 것이라는 일반적인 예상과는 달리 목표부여(편차)의 목표변화율은 다른 주요 평가방법에 비해 낮았다. 그러나 낮은 목표변화율이 곧바로 득점률 향상을 유도하지는 않는 것으로 보인다. 득점률은 평가방법에 따른 차별적인 목표변화율 이외에 여러 가지 요인에 영향을 받는 것으로 풀이된다. 예를 들어, 그동안 평가단에서 지속적으로 실시한 지표산식의 질적 개선이 하나의 요인이 될 수 있다. 과거 계량지표가 투입지표(input measure) 혹은 결과지표(output measure)의 성격이 강했다면, 2010년 이후로는 성과지표(outcome measure)로의 대대적인 변화가 있었다. 지표산식의 질적 개선은 목표부여(편차)의 원칙적 적용과 맞물려 다른 평가방법에 비해 상대적으로 낮은 득점률을 유도했을 개연성이 있다. 따라서 단지 목표부여(편차)가 목표를 과도하게 높은 수준으로 설정하기 때문에 추가적인 득점률 향상이 어렵다는 주장은 주의하여 검토할 필요가 있다.

Ⅲ. 요약 및 제언

본 연구에서는 공공기관 경영실적평가의 계량지표 평가에서 나타나는 다양한 현상을 분석하였다. 서론에서 제기한 3가지 질문에 대한 해답으로서 실증분석 결과를 제시하면 다음과 같다.

(질문1) 목표설정 시 톱니원리는 어떻게 적용되고 있는가?

「편람」에서 정의한 대부분의 평가방법에서 톱니원리에 의한 목표설정이 이루어지고 있는 것으로 나타났다. 다만, 장기적 성과향상을 위해 요구되는 비대칭적 톱니원리는 발견되지 않았다. t기에 목표를 달성한 경우(미달한 경우) 톱니원리의 강도가 강할수록 다음 연도의 목표달성도가 감소(증가)하는 것으로 나타났다. 목표달성도는 시계열적으로 양(+)의 상관관계를 갖는 것으로 나타났다.

(질문2) 목표설정 시 톱니원리의 적용에서 발견된 공공기관의 인센티브는 무엇인가?

계량지표의 실적분포는 목표보다 약간 높은 구간에서 정점을 이루며 종모양을 보이는데, 목표를 중심으로 단절성이 발견되었다. 특히 경영관리보다는 주요사업에서 단절적 실적분포가 뚜렷하게 나타났다. 이러한 실적분포는 실적이 목표에 약간 미달할 것으로 예상되는 경우 실적을 상향조정한 결과일 가능성을 의미한다. 한편 목표를 초과달성한 경우 실제실적은 기대실적보다 작은 것으로 나타났다. 특히 톱니원리의 강도가 큰 평가방법에서 그 차이가 크게 나타났는데, 이는 톱니원리가 적용되는 상황에서 $t+1$기의 목표가 과도하게 높아지는 것을 방지하고자 t기의 실적을 하향조정한 결과일 가능성을 의미한다.

(질문3) 계량지표 평가와 관련하여 제기되는 여러 가지 주장은 타당한가?

계량지표는 평균적으로 4.21년 사용되는데, 경영관리보다 주요사업에서 지표 변경이 더 빨리 이루어지는 것으로 나타났다. 득점률은 주요사업이 경영관리보다 체계적으로 높았으나, 경영관리 및 주요사업 모두에서 지표연령이 10년에 이를 때까지는 득점률이 연도별로 안정적인 모습이었다. 한편 대다수 평가방법이 평균 3년 사용 후 다른 평가방법으로 변경되는 것으로 나타났으며, 평가방법의 적용기간에 따른 득점률 추이는 평가방법별로 다양하였다. 그러나 일부에서 제기하는 기저효과나 도입 후 2~3년 만에 더 이상 득점률 향상이 불가능하다는 등의 구조적인 문제를 의

심하기는 어려운 것으로 보인다. 목표변화율은 목표대실적>목표부여>목표부여(편차) 순서로 나타났는데, 이는 목표부여(편차)가 가장 도전적인 목표를 설정할 것이라는 예상과는 다른 결과이다. 한편 득점률은 목표대실적>목표부여>베타분포>추세치>목표부여(편차) 순서로 나타났다. 이러한 결과는 단순히 목표변화율이 높다고 득점률이 낮은 것은 아니며, 목표변화율 이외에 다른 요인이 득점률에 영향을 미칠 수 있음을 의미한다. 마지막으로 사례 공공기관의 실제 실적치를 이용하여 평가방법별 예상 득점률을 시뮬레이션한 결과, 예상 득점률의 유, 불리가 평가방법별로 다른 것으로 나타났다. 이는 목표부여(편차)가 도전적 목표를 설정하여 가장 불리할 것이라는 주장과는 달리 과거 실적치의 분포 특성에 따라 평가방법별 득점률이 달라질 수 있다는 점을 의미한다.

본 연구의 실증분석 결과는 다양한 관점에서 시사점을 제공한다. 이러한 시사점을 기초로 향후 계량지표 평가를 위한 제언을 다음과 같이 제시하고자 한다.

첫째, 계량지표 평가에 실적치의 질적 수준에 대한 정성적 판단이 포함되어야 하며, 질적 수준은 목표설정 단계뿐만 아니라 최종 득점률 확정 단계 모두에서 고려될 필요가 있다. 현재의 계량지표 평가방법은 단순히 과거 실적치에 기계적인 조정을 가하여 목표를 설정하도록 되어 있다. 그러나 기관의 경영환경 및 지표의 특성에 따라 동일한 평가방법이라도 목표의 도전성이나 목표달성가능성 등이 다를 수 있다. 따라서 목표설정 단계(즉, 「편람」 제·개정)에서 담당 평가위원이 비대칭적 톱니원리를 적용할지, 목표증가율은 어떤 수준으로 결정할지 등을 검토하여 기계적으로 산출된 목표를 가(감) 조정하는 절차를 고려할 수 있다. 최종 득점률 확정 단계에서는 담당 평가위원이 개별 평가방법을 기계적으로 적용하여 산출한 득점률이 기관의 역량과 노력에 비추어 적정한지를 검토하여 일정 부분 가(감)점하여 최종 득점률을 확정하도록 추가적인 절차를 고려할 수 있다.

둘째, 합리적으로 선정된 계량지표 및 평가방법이라면 가급적 장기간 사용할 필요가 있다. 일반적으로 공공기관은 경영환경이 매우 안정적이고, 주요사업은 설립목적에 맞게 일관된 특징이 있다. 그럼에도 공공기관은 성과개선에의 한계성, 평가방법의 불합리성 등을 내세워 2~3년을 주기로 계량지표를 수정하거나 평가방법을 변경하려고 하는데, 평가지표나 평가방법에 심각한 취약점이 있기보다는 단지 유리한 평가를 얻기 위해서일 가능성이 크다. 매년 2회에 걸쳐 상당수의 지표개선 등에 관한 의견을 공공기관으로부터 수렴하고 많은 인력과 시간을 투입하여 검토하는 현재의 「편람」 제·개정 절차는 기재부, 평가단, 공공기관 모두에게 소모적이고 비효율적일 수 있다. 따라서 평가지표 및 평가방법을 장기간 사용함으로써 「편람」 제·개정 절차를 간소화하고, 평가제도를 안정적으로 운용하려는 노력이 필요해 보인다.

셋째, 기관 및 지표의 특성에 따라 「편람」에서 정한 다양한 평가방법을 활용할 필요가 있다. 「편람」에서는 이용가능한 실적치의 양과 신뢰성 수준 등 개별 평가방법이 적용되는 조건과 함께 목표부여(편차)의 원칙적 적용을 규정함으로써 내적 일관성이 다소 훼손되어 있는 것으로 보인다. 평가대상 실적치가 5년 이상 축적되고 신뢰할 만한 경우에 목표부여(편차)를 사용해야 함에도 5개년 실적치가 없는 경우 3개년 또는 4개년 편차의 적용을 허용한 것은 앞뒤가 맞지 않는 모습이다. 또한 목표부여(편차)를 원칙적으로 적용하려는 취지가 도전적 목표설정에 있는 것으로 보이나, 다른 평가방법에 비해 목표부여(편차)의 목표증가율이 가장 높지는 않아 당초의 취지를 달성하고 있는지 검토가 필요하다. 공공기관이 편차가 작아지도록 매년 실적치를 관리함으로써 달성하기 쉬운 목표가 설정되도록 유도할 가능성도 배제하기 어렵다.

참고문헌

기획재정부, 공공기관 경영실적 평가편람(1985~2015년).

________, 공공기관 경영실적 평가보고서(1985~2015년).

안태식·최연식·권대현(2011), 성과평가시스템에서의 목표설정, 『회계학연구』, 36(1): 183-223.

최연식·황인이(2012), 성과평가시 목표설정에서의 톱니원리 적용과 목표달성도에 관한 연구: 객관지표를 이용한 실증분석, 『회계학연구』, 37(2): 205-235.

최연식·황인이·송승아(2012), 피평가자의 인센티브가 성과분포에 미치는 영향에 관한 연구, 『회계학연구』, 37(4): 327-361.

최연식·황인이·윤주철(2015), 공공기관 경영실적 평가제도에서 목표설정의 불확실성이 공공기관의 노력감소 인센티브에 미치는 영향, 『한국행정학보』, 49(3): 219-246.

한국공기업학회(2003), 우리나라 공기업간리제도의 평가, 정부투자기관 경영평가제도 20년사.

Abarbanell, J. and Lehavy, R.(2003), Can stock recommendations predict earnings management and analysts earnings forecast errors?, *Journal of Accounting Research* 41(1): 1-31.

Ahn, T. S., Choi, Y. S. and Kwon, D. H.(2011), An examination of target-setting: How a rater revises a ratee s target, *Korean Accounting Review* 36(1): 183-223.

Berliner, J. S.(1976), *The innovation decision in soviet industry*, Cambridge, MA: MIT press.

Burgstahler, D. and Dichev, I.(1997), Earnings management to avoid earnings decreases and losses, *Journal of Accounting and Economics* 24(1): 99-126.

Carslaw, C.(1988), Anomalies in income numbers: Evidence from goal oriented behavior, The Accounting Review(April): 321-327.

Choi, Y. S. and Hwang, I.(2012), Ratchet principle and target achievability: An empirical analysis of objective performance measures, *Korean Accounting Review*

37(2): 205-235.

Choi, Y. S., Hwang, I. and Yoon, J. C.(2015), The effect of target-setting uncertainty in performance evaluation of Korean SOEs on effort reduction incentive, *Korean Public Affairs Review* 49(3): 219-246.

Choi, Y. S., Hwang, I. and Song, S. A.(2012), Ratee incentive and performance distribution, *Korean Accounting Review* 37(4): 327-361.

Chow, C. W.(1983), Providing incentives to limit budgetary slack, *Cost and Management* 57(September): 37-41.

Chow, C. W., Cooper, J. C. and Haddad, K.(1991), The effects of pay schemes and ratchet on budgetary slack and performance: A multi-period experiment, *Accounting Organizations and Society* 16(1): 47-60.

Degeorge, F., Patel, J. and Zeckhauser, R.(1999), Earnings management to exceed thresholds, *Journal of Business* 72: 1-32.

Datar, S., Kulp, S. C. and Lambert, R. A.(2001), Balancing performance measures, *Journal of Accounting Research* 39(1): 75-92.

Fehr, E. and Schmidt, K. M.(2004), Fairness and incentives in a multi-task principal-agent model, *Scandinavian Journal of Economics* 106(3): 453-474.

Feltham, G., Indjejikian, R. and Nanda, D.(2006), Dynamic incentives and dual-purposes accounting, *Journal of Accounting and Economics* 42: 417-437.

Hay, C.(1995), The information content of losses, *Journal of Accounting and Economics* 20: 125-153.

Holmstrom, B. and Milgrom, P.(1991), Multitask principal-agent analyses: Incentive contracts, asset ownership, and job design, *Journal of Law, Economics, and Organization* 7: 24-52.

Holthausen, R., Larker, D. and Sloan, R.(1995), Annual bonus schemes and the manipulation of earnings, *Journal of Accounting and Economics* 19(1): 29-74.

Indjejikian, R. M. Matejka, Merchant, K. and Van der Stede, W.(2014), Earnings targets and annual bonus incentives, *The Accounting Review* 89(4): 1227-1258.

Indjejikian R. J. and Nanda, D.(2002), Executive target bonuses and what they imply about performance standards, *The Accounting Review* 77(4): 793-819.

Jacob, J. and Jorgensen, B.(2007), Earnings management and accounting income aggregation, *Journal of Accounting and Economics* 43: 369-390.

Kasznik, R. (1999), On the association between voluntary disclosure and earnings management, *Journal of Accounting Research* (Spring) 37: 57-82.

Laffont, J. J. and Martimort, D. (2002), The theory of incentives: The principal agency model, Princeton, NJ: Princeton University Press.

Lee, T. M. and Plummer, E. (2007), Budget adjustments in response to spending variances: Evidence of ratcheting of local government expenditures, *Journal of Management Accounting Research* 19: 137-167.

Leone A. J. and Rock, S. (2002), Empirical tests of budget ratcheting and its effect on managers discretionary accrual choices, *Journal of Accounting and Economics* 33: 43-67.

Matsumoto, D. (2002), Management s incentives to avoid negative earnings surprises, *The Accounting Review* 77(3): 483-514.

Merchant, K. A. (1985), Budgeting and the propensity to create budgetary slack, *Accounting, Organizations and Society* 2: 201-210.

Merchant, K. A. and Manzoni, J. F. (1989), The achievability of budget targets in profit centers: A field study, *The Accounting Review* 64(3): 539-558.

Milgrom, P. and Roberts, J. (1992), *Economics, organizations, and management*, Englwood Cliffs, NJ: Prentice Hall.

Murphy, K. J. (2001), Performance standards in incentive contracts, *Journal of Accounting and Economics* 30(December): 245-278.

Rockness, H. O. (1977), Expectancy theory in a budgetary setting: An experimental examination, *The Accounting Review* (October): 893-903.

Stedry, A. C. (1960), *Budget and control and cost behavior*, Englewood Cliffs, NJ: Prentice-Hall.

Stedry, A. C. and Kay, E. (1966), The effect of goal difficulty on performance: A field experiment, *Behavioral Science* (November): 459-470.

Thomas, J. (1989), Unusual patterns in reported earnings, *The Accounting Review* 64(4): 773-787.

Weitzman, M. (1980), The ratchet principle and performance incentives, *Bell Journal of Economics* 11(Spring): 302-308.

제10장

공공기관 업무효율 계량평가의 문제점과 개선방안:

공기업을 중심으로

김봉환

(서울대학교 행정대학원 교수)

I. 서론

공공기관은 사회의 다양한 부문에서 공공성을 추구하기 위한 활동을 추구한다. 하지만 공공기관이 가지고 있는 주인-대리인 문제는 공공기관의 주인이 특정되지 않은 국민 일반이고 기관의 감시에 free-rider의 문제가 더 심각하게 발생할 수 있다는 점에서 민간기업보다 더 심각해질 수 있는 여지가 있다. 이러한 문제를 해소하기 위해 대부분의 나라에서 시장의 감시가 이루어지지 않는 공기업이나 공공기관에 대해 외부평가를 통해 주인-대리인 문제를 최소화하려고 노력하고 있다.

우리나라도 30년 이상 공공기관에 대한 경영평가를 실시하고 있는데, 평가 방법이 더 발전해 온 것은 물론이고, 평가 대상 기관과 평가 대상 사업의 범위도 계속 확대되고 있다. 이러한 경영평가가 관리업무비의 비율을 낮추고 임금인상을 억제하여 기관의 비용 절감을 유도하는 순기능도 있었지만, 기관의 재무구조는 오히려 악화되고, 회계적 이익조작 인센티브를 증가시키거나 전략적 행동을 유도하여 기관의 노력을 감소시키는 부작용도 발생시키는 것으로 알려져 있다(박석희, 2006; 정주희 외, 2013; 최연식 외, 2015).

본 연구는 이러한 공과(功過)를 가진 공공기관 경영평가의 일부인 경영관리 부문, 그중에서도 업무효율 평가 방법과 관련하여 현행 평가의 문제점을 살펴보고 그 발전방향을 제시하는 데 목적이 있다. 업무효율 경영평가는 공공기관의 종합적인 업무효율성을 제고하기 위한 목적으로 평가에 포함되고 있고, 경영평가의 모든 지표 중에서 기관의 종류와 상관없이 가장 공통적으로 적용되고 있다. 또한 그 평가의 비중에 있어서도 전체 계량평가의 13.3%(2016년 공기업 기준)를 차지하여 그 중요성 또한 높다고 하겠다. 이렇게 거의 모든 기관에 공통적으로 비중 있게 평가되는 업무효율 지표에 대해 그 문제점과 발전방향을 살펴보는 것은 향후 경영평가의 발전을 위해 의미가 있다고 하겠다. 특히 공공기관 경영평가 전반에 대한 연구에 비해 구체적인 지표나 평가의 일부 부분에 대한 연구가 부족한 현실에서 본 연구는 더 의미가 있다고 하겠다. 본 연구는 전체 공공기관을 대상으로 하지만 특히 공기업에 집중하여 논의를 진행한다.

아래에서는 먼저 업무효율 경영평가의 개요와 기관별 업무효율 지표의 다양성을 논의한 후 업무효율 지표가 전체 평가에서 그리고 계량평가 전체에서 차지하는 비중의 추이를 살펴본다. 다음으로 현행 업무효율 지표의 문제점을 구체적으로 제시하고, 이를 극복하기 위한 개편방향을 제시한다.

II. 업무효율 계량평가 개관

1. 업무효율 평가 개요

공기업과 준정부기관의 경영실적을 평가하기 위해 매년 실시되는 공공기관 경영평가는 공공기관의 경영실적을 체계적이고 종합적으로 평가하기 위해 경영관리와 주요사업의 2개 범주로 구성된다. 이 중 경영관리는 경영전략 및 사회공헌, 업무효율, 조직, 인적 자원 및 성과관리, 재무예산 관리 및 성과, 보수 및 복리후생관리를 주요 평가내용으로 한다(2016년도 경영평가 편람). 경영관리의 구체적인 지표와 가중치는 공공기관의 유형별로 차이가 있으나 업무효율 평가는 모든 공공기관 유형(공기업, 준정부기관, 강소형기관)에 포함되어 있다. 또한 업무효율은 공공기관의 유형을 막론하고 계량으로 평가되고 있다.

경영평가 편람에 따르면 업무효율 지표는 종합적인 업무효율성 향상 실적을 평가하기 위한 목적으로 노동생산성, 자본생산성 등의 지표 중에서 각 기관의 업무특성을 고려하여 설정하도록 되어 있고, 편람에서 예시로 제시된 지표 이외에도 각 기관의 편람에서 세부평가 지표를 정할 수 있도록 하여 업무효율 평가에 있어 기관의 특수성을 반영할 수 있는 가능성을 열어 놓고 있다. 평가편람에서 업무효율의 평가 지표 예시로 제시하고 있는 지표는 아래의 네 가지이다.

- 노동생산성 = 부가가치/평균인원
- 사업수행 효율성 = 순사업비/평균인원
- 자본생산성 = 부가가치/총자산
- 부가가치율 = 부가가치/매출액

위의 지표 계산에 있어 부가가치는 평가편람에 의거 손익계산서상의 법인세비용차감전순이익에 인건비, 순금융비용, 임차료, 세금과 공과 그리고 감가상각비를 더하여 계산한다.

2. 공공기관별 업무효율 평가지표

앞에서 언급된 바와 같이 경영평가 편람에서는 각 기관의 특수성에 의거 다양한 업무효율 지표의 가능성을 열어 놓고 있으나 실제 경영평가에서는 기관 간 통일성을 도모하고 기관 간 비교가능성을 높이기 위해 거의 모든 기관이 유사한 지표를 사용하고 있다. 예를 들어 2016년 평가에서 공기업에 속하는 30개의 기관 중 한국철도공사를 제외한 29개 기관은 동일하게 노동생산성과 자본생산성을 각각 4점의 가중치로 업무효율을 평가하고 있어, 지표의 종류뿐만 아니라 가중치도 동일하다. 한국철도공사의 경우에는 노동생산성과 자본생산성 외에 매출액 대비 인건비 비율(인건비/매출액)을 업무효율 지표로 평가하고 있어, 노동생산성, 자본생산성, 매출액대비 인건비 비율을 각각 3, 3, 2점의 가중치로 평가하고 있다.

따라서 현재 이루어지는 업무효율 평가의 암묵적인 가정은 설립목적과 성격이 상이한 기관이라도 동일한 지표, 즉 노동생산성과 자본생산성으로 경영의 효율성을 평가할 수 있다는 것이고, 또한 기관 간 상호비교가능성이 기관별 특수성보다는 평가의 목적상 더 중요하다는 것이라고 추측할 수 있다.

3. 업무효율 평가 가중치의 공공기관 유형별 변화 추이

업무효율 평가가 전체 경영평가에서 차지하는 비중의 추이를 2011년 이후로 살펴보면 연도별로 전체 경영평가에서는 4~10% 내외, 계량평가 전체에서는 6.15%에서 13.3% 내에서 결정되었다. 기금관리형 준정부기관을 제외하고는 2013년에 대체로 전 유형의 공공기관에서 가장 낮은 가중치 비중을 가졌다. 공공기관의 유형별로 살펴보면 비중에 차이가 있어, 2016년 기준으로 공기업 유형에서 업무효율 지표가 가장 높은 비중을 차지하여 전체 평가 대비 8%, 계량평가 대비 13.3%의 비중을 차지하고 다음으로 강소형 기관이 전체 평가 대비 7.69%, 계량평가 대비 11.11%의 비중을 차지하고 있다. 준정부기관 중 위탁집행형의 경우는 전체 평가 대비 6%, 계량 평가 대비 10%의 비중을 차지하고 준정부기관 중 기금관리형은 전체 평가 대비 4%, 계량평가 대비 6.67%를 차지하여 가장 낮은 비중을 차지하고 있다.

[그림 10-1] 공공기관 유형별 평가총점(계량, 비계량) 대비 업무효율 지표 비중 추이

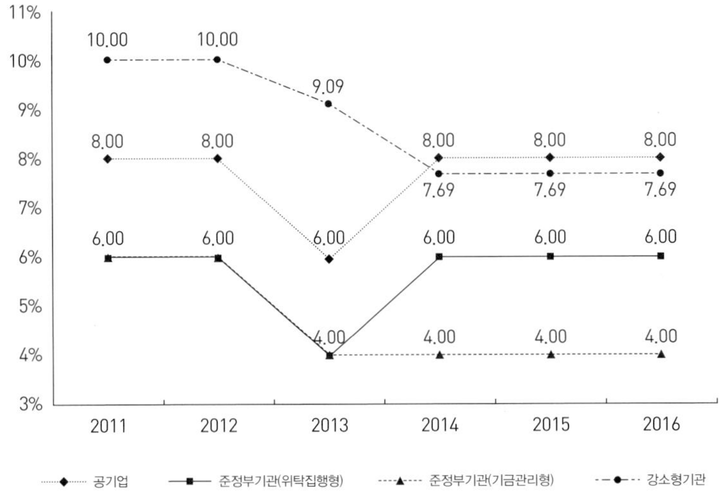

[그림 10-2] 공공기관 유형별 계량총점 대비 업무효율 지표 비중 추이

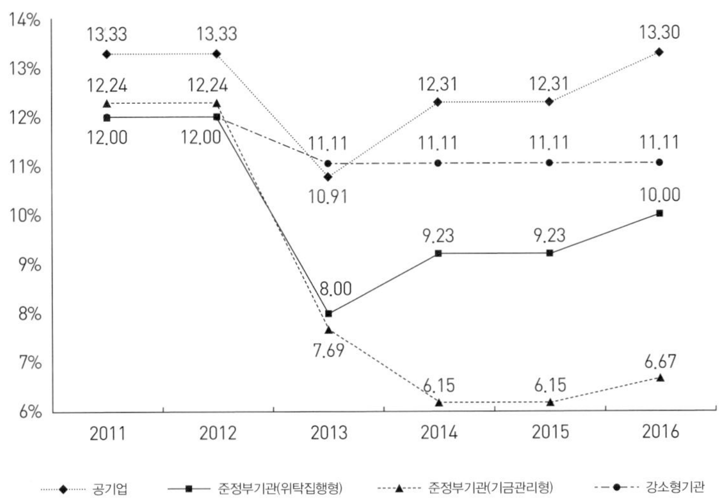

이를 통해 살펴보면 유형별로 차이는 있으나 기간에 상관없이 대체로 업무효율지표는 꾸준히 경영평가 전체에서 6% 내외, 계량평가에서 10~13% 수준의 가중치를 가지고 평가되고 있다. 특히 공기업에 있어서 업무효율 지표가 전체 평가나 계량평가에서 차지하는 비중이 가장 높다.

III. 현행 업무효율 계량평가의 문제점

1. 기관의 특수성 배제

현행 업무효율 계량평가는 앞에서 살펴본 바와 같이 서로 성격이 상이한 기관을 동일한 산식을 가진 지표로 평가가 가능하다는 전제로 이루어지고 있다. 특히, 공기업의 경우 적어도 지난 3년간 업무효율 평가지표의 선택이나 가중치의 변화가 없이 전 공기업에 대해 공통적으로 사용하고 있다. 하지만 이런 기관 공통의 지표를 전 기관에 대해 기관의 내부변화와 상관없이 지속적으로 동일하게 사용하는 현재의 평가방법은 기관의 특성에 맞는 업무효율 측정을 어렵게 할 가능성이 있다.

공기업을 중심으로 살펴보면 공기업 유형에 속하는 모든 기관들에는 자본생산성과 노동생산성이 기관의 업무효율 평가에 공통적으로 적용되고 있다. 노동생산성의 경우 단위 인원 당 부가가치로 대변되는 생산성을, 자본생산성은 단위 투하된 자산 단위당 부가가치로 대변되는 생산성을 얼마나 달성했는지를 측정하는 것이다. 이것은 생산의 3요소가 토지, 노동, 자본이라는 경제학의 오래된 전통에 기인하는 듯하다. 하지만 개별 생산요

〈표 10-1〉 2013년 기관별 자산과 평균인원 비교표

번호	공기업	평균인원(단위: 명)	총자산(단위: 백만 원)
1	인천국제공항공사	990	7,797,849
2	한국가스공사	3,215	38,007,896
3	한국공항공사	1,710	3,689,678
4	한국도로공사	5,518	42,677,584
5	한국석유공사	1,296	2,880,054
6	한국수자원공사	3,916	5,558,652
7	한국전력공사	129	98,862,658
8	한국지역난방공사	1,382	3,955,631
9	한국철도공사	28,577	17,914,826
10	한국토지주택공사	6,856	105,104,659
11	대한석탄공사	1,703	661,751
12	부산항만공사	180	4,569,745
13	여수광양항만공사	91	2,096,777
14	울산항만공사	105	567,823
15	인천항만공사	199	2,175,218
16	제주국제자유도시개발센터	276	717,067
17	주택도시보증공사	392	5,699,333
18	한국감정원	769	76,043
19	한국관광공사	916	912,188
20	한국광물자원공사	536	2,021,347
21	한국남동발전㈜	1,644	5,800,946
22	한국남부발전㈜	1,692	5,574,022
23	한국동서발전㈜	1,758	5,374,867
24	한국마사회	3,562	2,490,147
25	한국방송광고진흥공사	303	786,847
26	한국서부발전㈜	1,504	5,348,973
27	한국수력원자력㈜	7,643	19,212,755
28	한국조폐공사	1,490	355,387
29	한국중부발전㈜	1,831	4,993,560
30	해양환경관리공단	540	175,532

소의 중요성은 기관별로 차이가 있다. 즉, 자산 규모가 크고 중요한 기업의 경우에는 자산이 더 중요한 생산요소로 자본생산성이 생산성 측정에 더 적합한 지표이고, 노동의 비중이 큰 기업의 경우 노동생산성이 생산성을 더 효과적으로 측정한다고 볼 수 있다. 이렇게 기관의 성격에 따라 어떤 지표를 사용할 것인지, 또 어떤 지표에 더 많은 가중치를 줄 것인지에 대한 고려 없이 모든 기관에 일률적으로 동일한 지표를 동일한 가중치로 적용하는 것은 기관의 특성을 감안하지 않는 것으로 업무성과 측정의 효율성이 통일성 혹은 비교가능성에 의해 침해된다고 보인다.

예를 들어 부산 항만공사의 경우 2015년도에 자산은 4조 5천억 원이 넘지만 평균인원은 204명에 불과하고, 2014년도에 비해 2015년도 평균인원이 1명 증가하여 자본생산성 외에 추가로 노동생산성을 측정하는 것이 기관의 업무효율성 평가에 더 많은 정보를 제공하고 있다고 보기 힘들다. Parmenter(2012)가 지적한 것처럼 성과 측정치가 많을수록 성과 측정을 더 잘 할 것이란 믿음은 잘못된 것이고 오히려 그 반대인 경우가 많다.

〈표 10-1〉에서 보는 것처럼 평균인원과 총자산의 비중이 기관마다 상이하지만 현재의 평가방식은 이러한 기관의 특성을 고려하지 않고 일률적으로 업무효율을 평가하고 있다고 하겠다.

2. 평가 지표의 효율성과 형평성

평가 지표의 효율성은 여러 가지 측면에서 정의할 수 있겠으나 평가대상이 되는 성과를 최소한의 지표로 평가하는 것이라고 한다면 현재의 업무효율 지표는 전체 경영 평가의 효율성 측면에서도 문제가 있다.

현행 평가에서는 기관에 불문하고 자본생산성을 업무효율 지표로 사용하고 있다. 자본생산성은 부가가치를 총자산으로 나누어 계산하는데 앞에서 살펴본 바와 같이 부가가치는 세전이익에 몇 가지 항목을 더하여 계산한다. 논의의 단순화를 위해 자본생산성을 이익/자산으로 계산한다면 자본생산성은 두 개의 지표, 즉 영업이익률(이익/매출)과 총자산회전율(매출/총자산)의 두 부분으로 나누어 볼 수 있다.

$$\frac{\text{이익}}{\text{자산}}(\text{자본생산성}) = \frac{\text{이익}}{\text{매출}}(\text{영업이익률}) \times \frac{\text{매출}}{\text{자산}}(\text{총자산회전율})$$

그런데, 영업이익률과 총자산회전율은 대부분의 공기업에서 1점에서 3점의 가중치를 가지고 재무예산성과에서 평가되고 있다. 특히, 한국방송광고진흥공사의 경우는 자산회전율과 영업이익률 모두 재무예산성과에서 평가되고 있다(총 가중치 6점). 따라서 중복되는 지표를 업무효율과 재무예산성과라는 다른 이름으로 측정하고 있어, 평가의 효율성이 저하되고 있다고 보인다.

또한, 부채감축달성도를 재무예산관리에서 평가 받고 있는 기관의 경우(2015년도 기준 30개 공기업 중 18개 기관), 자산의 매각을 통한 부채의 감축은 자산의 감소를 가져와 부채감축과 자본생산성 두 지표 모두에 긍정적인 효과를 미쳐, 부채감축달성도를 평가 받지 않는 다른 기관과의 형평성에 문제가 있다. 따라서 이러한 측면에서 평가의 가중치나 지표의 선택을 재고할 필요가 있다고 하겠다.

3. 기관의 자율성 부재

현행 업무효율 평가는 기관의 특수성은 무시하고, 평가단에서 제시한 동일한 지표를 다양한 공공기관에 대해 공통적으로 사용하고 있어, 기관의 자율성이 전혀 반영되지 않고 있다. 이러한 기관의 자율성의 부재는 두

가지 측면에서 문제가 될 수 있다.

첫째는 기관의 특성에 맞는 업무효율 지표가 활용되지 못한다는 것이다. 앞에서 살펴본 바와 같이 현행 방식은 자본이나 노동의 상대적 중요성에 따른 적절한 지표나 가중치의 사용이나 기관의 업무 성격에 맞는 구체적인 업무효율성 지표를 사용함으로써 가져올 수 있는 효율성 달성을 이루지 못할 가능성이 높다. 평가를 담당하는 정부 혹은 평가단과 기관 간의 기관 고유의 업무효율에 대한 정보의 비대칭이 존재하는 현실에서 기관의 효율성을 제고할 수 있는 적절한 지표에 대해 가장 많은 정보를 가지고 있는 기관의 정보가 기관 고유의 평가 지표에 반영되지 못하고 있다.

둘째는 기관의 운영과 관련한 공공기관장의 자율성이 저해된다는 점이다. 인건비와 관련하여 기관은 총인건비(총인건비 인상율)와 인원(노동생산성)에 대해 모두 통제를 받음으로써 기관장이 인건비와 관련한 자율성이 거의 없는 셈이다. 총인건비에 대해 통제한다면 그 인건비 내에서 인원을 증가시켜 많은 인원을 투입하거나, 인원을 감소시켜 더 능력 있는 직원을 높은 보수로 고용할 것인지에 대한 결정은 기관장의 자율성에 맡겨두는 것이 기관의 형편에 맞는 효율성을 담보할 수 있는 방안이 될 수 있다.

4. 과도한 이익의 비중

현재 업무효율 평가에 사용되는 자본생산성과 노동생산성은 부가가치를 자산 혹은 평균인원으로 나누어 계산한다. 여기서 부가가치는 인건비나, 금융비용, 임차비용, 감가상각비 전의 세전이익으로 계산된다. 즉, 조정이 되기는 하지만 기본적으로 이익이 기관의 생산성 제고 목표로서 설정되어 있다.

또한 업무효율 평가에 더하여 대부분의 공기업에서 영업이익율, 총자산회전율, 자기자본이익율 등 이익을 사용한 지표가 재무예산성과로서 많게는 가중치 6점까지 추가적으로 평가를 받고 있다. 즉, 이익이 많게는 전체 계량평가의 23% 수준에서 성과측정치로 사용되고 있다. 공공성을 가진 공공기관의 성과나 생산성을 무엇으로 측정할지에 대해서는 논란이 있을 수 있으나, 현재 평가에서는 이익이 지나치게 높은 비중으로 활용되고 있는 점은 다시 검토될 필요가 있다.[1] 이익이 공공기관을 설립할 때 사전적(ex-ante)으로 주요 이유가 아니라면 이익이 사후적(ex-post)으로 공공기관의 성과를 평가하는 데 주요인이 되어서는 안 될 것이다(Likierman, 1983; Robson, 1960; Sen, 1975).

5. 회계조작의 위험성 증가와 산식의 복잡성 증가

이익이 계량평가에서 차지하는 과도한 비중은 기관의 이익조작 유인을 증가시킨다. 경영평가 이후에 회계조작이 증가하고 있다는 것은 여러 연구를 통해 이미 입증되고 있다. 정주희 등(2013)은 2007년부터 2010년까지 공기업을 대상으로 실증 분석한 결과 경영평가에서 이익관련지표의 가중치가 증가할수록 발생액을 통한 이익조정이 증가한다는 것을 발견하였다. 이익조정의 구체적인 활동과 관련하여서는 비정상 제조원가, 비정상 재량적 비용 등 다양한 부문에서 발생하고 있었다. 하지만 현재의 평가는 이러한 회계조작의 인센티브를 감소시키고 회계정보의 질을 높이기 위한

1 하지만 Ravi(1987)가 지적한 바와 같이 현실에서는 사회적 효용함수(social welfare function)를 추정하는 것은 단순한 가정을 한다 하더라도 힘든 임무이기에 많은 국가에서 익숙하고 정의하기 쉬운 이익과 같은 논란의 여지가 적은 지표를 공공기관의 평가에서 사용하는 것은 사실이다.

방안은 마련하지 않고 있다.

이러한 이익조작에 더하여 평가 결과를 향상시키기 위한 기관의 다양한 형태의 변칙적인 비용 분류 방법도 이루어지고 있다. 이를 보완하기 위해 계량지표에 사용되는 변수를 계산하기 위한 산식은 매년 복잡해지고 있다. 일례로, 경영편람에서 계량관리업무비를 설명하는 행(行)의 수(數)는 2011년에 11행에서 2016년에 31행으로 증가하여 기관의 편법을 막기 위한 산식은 빠른 속도로 증가하고 복잡해지고 있다. 이는 평가방법의 정치화(精緻化)를 의미하기도 하고, 평가의 적정성을 회피하기 위한 기관의 행동을 제약하기 위한 불가피한 조치이기도 하지만 한편으로는 평가방법의 지나친 복잡성으로 평가비용(평가단의 평가 방법의 학습비용 및 확인비용과 기관의 평가비용)을 높이고, 기관과 정부 간의 숨바꼭질 같은 평가방법의 수정과 피평가기관의 평가회피적인 새로운 비용배분방법이라는 악순환을 가져오고 있다.

이러한 산식의 복잡성에 더하여 평가에서의 예외 사항인 수익창출자산의 판단과 통제불능성은 산식의 계산을 더욱 복잡하게 하고 있다. 실제로 각 기관은 매년 편람작성과정에서 수익창출자산과 통제불능성이 기관의 이익을 대변하도록 산출시 고려사항에 포함시키려는 노력을 하고 있고, 이러한 노력이 기관에 따라 일관되지 않게 반영되고 있는 것도 사실이다. 또한, 평가과정에서도 이러한 예외사항의 기관별 적용에 대한 판단은 평가단의 비용을 증가시키고, 피평가기관의 평가결과 순응에도 많은 걸림돌이 되고 있다.

〈표 10-2〉는 2016년 경영평가 편람 상 공기업 1의 기관별 업무효율 지표 산출시 고려사항을 나타내고 있다(공기업 2의 산출시 고려사항은 별첨). 표에서 보는 것처럼 예를 들어 자본생산성 계산 시 제외되는 자산이 기관별로 일관되지 않고, 정부의 정책변화에 따라 평가에서 제외되는 매

〈표 10-2〉 2016년 공기업 1의 기관별 업무효율 지표 산출시 고려사항

<table>
<tr><th>기관명</th><th>업무효율</th><th>고려사항</th></tr>
<tr><td rowspan="2">인천국제 공항공사</td><td>노동생산성</td><td>• 부가가치 산출시 항공안전기술센터 설립에 따른 비용은 제외 가능함.
• 평가인원 산출시 건설인력을 제외한 경상인력을 기준으로 산정함.</td></tr>
<tr><td>자본생산성</td><td>• 부가가치 산출시 항공안전기술센터 설립에 따른 비용은 제외 가능함.</td></tr>
<tr><td>한국가스 공사</td><td>자본생산성</td><td>• 부가가치 산출시 취득 연도로부터 3년이 경과하지 않은 M&A 관련 자산에 대한 부가가치는 제외함.
• 총자산 산출시 유·가스전 개발을 위한 탐사광구와 취득 연도로부터 3년이 경과하지 않은 M&A 관련 자산은 제외함.
• 유가스전 개발을 위한 개발·생산광구는 당해 연도 생산량비례법 등으로 상각되는 자산만큼 총자산에 산입함.
• 총자산 산출시 재고자산(안전재고 상당금액), 건설 중인 자산은 제외함.</td></tr>
<tr><td rowspan="2">한국공항 공사</td><td>노동생산성</td><td>• 평균인원 산출시 울진비행훈련원 운영으로 인해 소요되는 인력 제외함.</td></tr>
<tr><td>자본생산성</td><td>• 총자산 산출시 건설 중인 자산 및 울진비행훈련원과 직접 관련된 추가적인 자산증가액은 제외하며, 김포공항 대중골프장 부지 조성과 관련한 정부의 토지 현물출자분은 향후 관련수익 발생시로 이연하여 평가가능함.</td></tr>
<tr><td rowspan="2">한국도로 공사</td><td>노동생산성</td><td>• 부가가치 산출시 부가가치의 계산에 있어서 매출액은 손익계산서상의 매출액에서 법률 및 정부정책에 의해 면제되는 통행료와 ABS*통행료는 가산하고 지도지원사업수익과 도로유지관리수익은 차감한 것으로 하고, 매출원가는 손익계산서상의 매출원가에서 지도지원사업비와 무료도로의 관리유지비를 제외한 것으로 함.
* Asset Backed Securities(유·무형의 유동화 자산을 기초로 하여 발행되는 증권)</td></tr>
<tr><td>자본생산성</td><td>• 부가가치 산출시 고려사항은 노동생산성 지표와 동일함.
• 총자산(건설 중인 자산은 제외) 산출시 매출액이 실현되지 아니한 무료구간에 대한 도로계정은 차감하고, ABS발행으로 차감된 도로자산의 취득가액은 가산함. 단, 평가상 유료도로관리권(최초 발생분부터)의 상각방법은 정액법으로 함.</td></tr>
<tr><td>한국석유 공사</td><td>자본생산성</td><td>• 부가가치 산출시 비축유 관련 수익은 부가가치에서 제외함. 취득 연도로부터 3년이 경과하지 않은 M&A 관련 자산에 대한 부가가치는 제외함.
• 총자산 산출시 유전개발을 위한 탐사광구와 취득 연도로부터 3년이 경과하지 않은 M&A 관련 자산, 비축유 및 건설 중인 자산은 제외함. 유전개발을 위한 개발·생산광구의 유·무형자산은 생산연도의 생산량비례법에 따라 상각한 유·무형자산만큼 산입하며, 투자자산은 상각비상당액(투자자산×자회사의 상각비/자회사의 상각대상자산 총액)만큼 총자산에 산입함.</td></tr>
</table>

<table>
<tr><td rowspan="2">한국수자원
공사</td><td>노동생산성</td><td>• 노동생산성은 「공공기관 투자 확대 방안」(2008년 12월) 및 녹색뉴딜사업에 따른 투자 확대와 운영관리사업(경인아라뱃길 및 4대강 살리기 사업 등)은 제외하고 산출할 수 있음.
• 노동생산성은 단지사업과 발전사업을 제외하고 평가함(단, 발전사업 중 조력발전사업은 평가 포함).</td></tr>
<tr><td>자본생산성</td><td>• 총자산 산출시
- 건설 중인 자산 제외.
- 정상가동률에 도달하지 않은 신규시설(1995년 이후)은 당해 연도 실적 가동률만큼 자본에 산입함.
- 정상가동률: 수자원시설(댐 및 수도 시설)의 목표 연도(기본설계보고서 또는 실시설계보고서상 목표 연도)가 도래되는 시점의 계획 가동률로써 75%로 함.
• 자본생산성은 「공공기관 투자 확대 방안」(2008년 12월) 및 녹색뉴딜사업에 따른 투자 확대와 운영관리사업(경인아라뱃길 및 4대강 살리기 사업 등)은 제외하고 산출할 수 있음.
• 자본생산성은 단지사업과 발전사업을 제외하고 평가함(단, 발전사업 중 조력발전사업은 평가 포함).</td></tr>
<tr><td rowspan="2">한국지역
난방공사</td><td>노동생산성</td><td>• 부가가치 산출시 연료비연동제 및 정산제에 따른 영향은 발생주의에 따라 수익금액을 보정함</td></tr>
<tr><td>자본생산성</td><td>• 부가가치 산출시 연료비연동제 및 정산제에 따른 영향은 발생주의에 따라 수익금액을 보정함.
• 총자산 산출시 건설 중인 자산은 제외함.</td></tr>
<tr><td rowspan="2">한국철도
공사</td><td>노동생산성</td><td>• 부가가치 산출시 용산역세권 토지매각에 따른 처분이익은 제외함.
• (주)SR 개통에 따른 매출액 손실분은 수서발 KTX 개통 이후 (주)SR 실적을 감안하여 평가할 수 있음.</td></tr>
<tr><td>자본생산성</td><td>• 부가가치 산출시 용산역세권 토지매각에 따른 처분이익은 제외함.
• (주)SR 개통에 따른 매출액 손실분은 수서발 KTX 개통 이후 (주)SR 실적을 감안하여 평가할 수 있음.</td></tr>
<tr><td rowspan="2">한국토지
주택공사</td><td>노동생산성</td><td>• 부가가치 산출시
- 임대보증금 기초잔액과 기말잔액의 평균에 전월세환산율을 곱하여 산정한 임대료환산액을 부가가치에 가산함.
- 전월세환산율은 주택법 제86조에 따라 한국감정원이 부동산통계정보시스템을 통해 매월 발표하는 전국 아파트 전월세전환율의 평균을 말하며, 기준치, 실적치, 편차 산정시 당해 연도 전월세전환율을 동일하게 적용함.</td></tr>
<tr><td>자본생산성</td><td>• 부가가치는 노동생산성 지표상의 부가가치를 사용함.</td></tr>
</table>

출이나 이익 역시 기관에 따라 상이하다. 한국가스공사와 같이 자산 일반(재고 자산)이 제외되는 경우도 있고, 한국공항공사의 김포공항 골프장 관련 자산처럼 구체적 자산이 제외되는 경우도 있다. 또한 건설 중인 자산이 기관에 따라 명시되어 있기도 하고 그렇지 않은 경우도 있다. 외환 관련 손익의 경우에도 기관에 따라 명시적으로 제외되기도 한다.

이러한 이유로 모든 공공기관이 공통적으로 정부의 정책에 따라 이익이나 매출에 변화가 생길 수밖에 없는 상황임에도 이를 편람에 산출시 고려사항에 포함한 기관과 기중에 발생하거나 혹은 기관의 협상력 부재로 편람에 반영하지 못한 기관과의 평가의 일관성이 저해되고 있는 것도 사실이다. 또한 정부에서 정책사업을 진행하면서 기관에 구두로 혹은 문서로 평가에서 불이익이 없도록 하겠다고 약속을 했으나 실제 평가단에서 편람에 반영되지 않았다는 이유로 혹은 감독부서와 기획재정부 간의 의견 불일치로 피평가기관이 평가에 불이익을 얻게 되어 공공사업을 운영할 의무가 있는 공공기관이 이를 거부하게 되는 현상까지 발생하고 있다.

6. 지속적인 경영효율화를 도모하기 위한 시스템에 대한 평가의 부재

현재의 업무효율 계량평가 지표는 직접적인 행동(action)을 통제하기보다는 행동의 결과로 나타나는 결과에 대한 지표이다. 이런 면에서 Key Performance Indicators(KPI)라기보다는 Key Result Indicators(KRI)라고 보는 것이 타당하다(Parmenter, 2012). 직원 개인의 구체적인 행동이 수많은 단계를 거쳐 최종적으로 나타나는 결과(이를 테면 이익)로 업무효율을 측정하다 보니, 기관에 있는 직원 한 사람 한 사람이 매일매일의 업무에서 어떠한 행동을 해야 하는가 하는 것과는 현재의 경영평가가 명시적으로 연결되지 않는다. 즉, 경영평가에 사용되는 업무효율지표가 각 개별 직원에게 매일매일 행동을 제대로 관리 혹은 통제하도록 하는 기능을 하지 못하고 있다. 현실적으로 전 기관을 상대로 실시하는 경영평가에서 기관에 속해 있는 모든 직원들의 매일매일의 행동을 모두 KPI로 평가하는 것은 힘든 것이 사실이지만, 직원 개개인의 매일의 행동을 기관의 설립목표와 연계시켜 업무효율을 제고할 수 있는 시스템을 기관이 갖추도록 하는 것이 경영평가의 궁극적인 목표가 되어야 할 것이다.

따라서 기관의 설립목표, 이를 달성하기 위한 전략 수립 그리고 이를 연계하는 업무효율 등 기관의 성과제고를 위한 시스템에 대한 평가가 이루어져야 하나 현재 평가 방식에서는 이를 평가하는 부분은 부족하다. 공기업 1의 경우 기관의 경영혁신이 경영전략 및 사회공헌이라는 평가지표의 하위지표로 3점의 배점을 가지고 비계량적으로 평가된다. 편람에 따르면 기관의 경영혁신은 아래의 세 가지 내용의 세부평가로 이루어진다. 첫째, 미래, 환경변화 분석, 예측을 통해 대응 방향을 수립하고, 기관의 기능조정(쇠퇴하는 기능 및 사업 정비), 기관의 미래 전략(신성장동력 및 신규 사업 발굴) 과제 및 목표가 기관 본업 및 특성에 맞추어 적합하게 설정되었는가? 둘째, 기관의 경영효율화, 업무프로세스 혁신(절차간소화 등) 등을 통해 경영환경변화에 따른 대응 능력을 제고하기 위한 노력과 성과가 적절한가? 셋째, 대국민 서비스 개선 등 기관 본연의 업무성과 향상, 국민부담완화 등을 위한 노력과 성과는 적절한가? 이 세 가지 세부평가 가운데 매일매일의 업무와 관련하여 제대로 성과 측정과 개선이 이루어지고 있는가에 대한 평가는 둘째와 셋째 정도로 전체 100점 만점 중 2점에 그치고 있다. 이렇게 볼 때 일상에서 이루어지는 업무 프로세스를 얼마나 기관이 효율적으로 잘 관리하고 있는가 하는 시스템에 대한 평가는 미미한 것이 현실이다.

7. 재무정보의 질(質)과 투명성 제고에 대한 평가

공정하고 효율적인 평가의 전제조건은 질이 높은 재무정보의 확보이다. 질이 높고 기관의 상태를 정확하게 대변하는 재무정보는 내부통제 시스템과 재무정보의 투명한 공개를 통해 가능하다.

질이 높은 재무정보의 산출을 위한 가장 효과적인 방법의 하나는 내부통제의 강화이다. 내부통제 시스템과 관련해서 현재도 상임감사와 감사위원에 대한 평가가 이루어지고 있다. 「공공기관의 운영에 관한 법률」 제36조에 따라 감사 직무수행의 적정성 및 책임성을 제고하기 위해 직무수행 노력과 성과를 평가하는 상임감사·감사위원 직무수행실적 평가를 실시한다. 평가 편람에 따르면 동 제도의 평가 대상은 평가대상 연도에 재직한 공기업·준정부기관의 상임감사 또는 상임감사위원이며, 재임 중 1회 평가를 원칙으로 하고, 기관 경영실적 평가결과와 감사원 평가결과 및 국민권익위원회의 청렴도 측정결과를 반영하여 평가할 수 있다.

하지만 현재의 상임감사 및 감사위원에 대한 평가는 재임 중 1회 평가에 그치고 있고 평가의 범주에 기관의 경영평가 결과가 반영되도록 되어 있어, 공정한 재무정보와 내부통제 시스템을 감시하여야 할 감사가 피감사자의 경영평가 결과와 이익이 일치하도록 되어있다. 감사의 궁극적인 목적은 공공기관의 성과 제고라기보다는 기관의 투명성과 책임성을 제고하는 것이라고 보아야 할 것이다.

조직의 효율성을 제고할 수 있는 또 다른 방법은 자세하고 투명한 재무정보의 공개이다. 현재도 정보공개에 대한 평가가 이루어지고 있으나 가중치 1점으로 비중도 낮고, 재무정보에 대한 체계적인 공개에 대한 평가는 이루어지지 않고 있다. OECD는 공기업의 성과감시, 평가 및 보고에 있어서 가장 중요한 원칙으로 책임성과 투명성을 들고 있다(OECD,

2016). 투명한 성과의 측정과 공개가 공공기관의 성과 향상을 위한 가장 중요한 원칙임에도 그 중요성이 현행 경영평가에 제대로 반영되지 못하고 있다.

IV. 업무효율 계량평가의 개편방향

1. 업무효율의 지속적 개선을 위한 시스템의 평가 강화

현재의 평가는 공공기관의 업무나 경영의 효율성을 지속적으로 제고하기 위해 시스템을 마련하고 그 시스템을 정착시키기 위한 노력의 정도를 평가하기보다는 그 결과치인 재무적 결과에 집중하고 있다. 하지만, 앞에서 살펴본 바와 같이 구체적인 행동을 포괄하는 총괄 결과를 지표로 사용하는 현행의 방식은 기관과 정부 간의 비용숨기기와 회계조작을 유도하고 있고, 이를 평가자가 모든 부분에서 세세하게 통제, 확인, 평가하는 것은 비효율적이고 비용이 과도하게 드는 점이 있다. 이때의 비용은 평가비용뿐만 아니라, 기관이 이러한 비용 숨기기와 실제 업무효율성과 직접적 관련이 없는 비용의 재분류를 위한 기능에 자원을 배분함으로써 발생하는 기회비용을 포함한다.

이를 보완하기 위해 공공기관의 주인-대리인의 문제를 최소화할 수 있는 거버넌스 체제를 얼마나 갖추고 있는지를 평가하는 항목을 추가하여, 기관이 지속적으로 경영효율화를 가져올 수 있는 거버넌스 체제를 갖추도록 유도하는 것이 필요하다. OECD(2013)는 공기업의 관리와 성과관리에서 이사회가 핵심적인 역할을 담당한다고 하면서 이사회가 전통적인 순응적 역할에서 벗어나 기관의 전략 수립과 기업의 성과에 집중하도록 권고하고 있다. 이를 위해 이사 임명절차를 투명화하고 이사회의 목표와 우선순위에 대해 자율성과 독립성을 강화하는 것이 필요하다고 한다. 특히 이사회가 기관의 목표달성을 위한 전략 수립, 경영진 감독, 그리고 경영진에 대한 보상체계 결정에 구체적이고 적정한 역할을 할 것을 권고한다. 이렇게 볼 때 각 기관에서 지속적으로 경영효율을 제고하는 시스템을 갖추도록 하기 위해서는 이사회를 포함한 전체 거버넌스 체제에 대한 지속적인 평가가 이루어져야 한다.

2. 지표의 구체화 및 산식의 단순화

현재의 지표는 기관의 목적에 부합하는 구체적인 효율성 목표에 대한 고려 없이 이익과 같은 포괄적이고 일반적인 지표를 통해 성과를 측정하고 있다. 하지만 구체적인 성과목표 없이 포괄적인 성과지표를 통해 성과를 관리하는 것은 의도하지 않은 결과를 초래할 수 있다. 성과평가에 있어 구체화되지 않은 포괄적인 지표가 의도하지 않은 행동을 유발할 수 있는 가능성은 Parmenter(2012)가 제시한 다음의 사례에서 잘 나타난다.

영국의 한 병원에서 응급실에서 환자가 응급실에 도착한 후 의사를 볼 때까지의 시간을 줄이기 위해 환자가 병원에 등록한 후 의사를 볼 때까지의 시간을 측정하여 이를 성과에 반영하였다. 응급실의 직원들이 이 성과목표를 달성하기 위해 병원 등록절차를 분석한 결과, 운동 중에 발생한 사고 등 경미한 증상으로 응급실에 스스로 방문한 환자를 등록 못하게 지연시키는 것은 불가능한 반면, 응급차로 이송되어 오는 중환자의 경우 응급차에서 응급팀(앰뷸런스 내의 응급조치팀)이 환자를 간호하고 있어 병원 등록을 뒤로 늦출 수 있다는 것을 발견하였다. 이러한 분석결과에 따라 응급실 직원들은 주어진 성과목표, 즉 병원 등록 후 의사가 진료할 때까지의 대기시간을 줄이기 위해 응급차로 이송되어오는 환자들은 의사가 준비될 때까지 병원에 등록하지 말고 응급차 안에 탄 채로 병원 앞의 주차장에서 대기하도록 하였다. 이러한 조치의 결과로 병원의 주차장은 응급차로 가득 차게 되었고, 여유 있는 응급차의 부족으로 새로운 응급환자가 발생하여도 병원으로 데려오지 못하게 되는 문제가 발생하게 된 것이다. 더욱 심각한 문제는 새로운 성과측정 이전에 병원에서 우선해서 처리하던 응급차로 이송되어온 중환자가 우선순위에서 밀려나게 된 것이다. 만약, 병원에서 성과측정을 더 세분화하여 응급실에 오는 모든 환자가 아닌 중환자의 대기시간을 줄이는 것에 더 집중을 하였다면 응급실에서 마땅히 집중하여야 할 심각한 상태에 있는 응급환자의 처리가 더 빠른 속도로 진행될 수 있었을 것이다.

이처럼 평가대상의 모든 행동을 통제할 것이라는 막연한 기대를 가지고 광범위하고 포괄적인 지표를 목표로 세우고 관리하게 되면 이 목표를 달성하기 위한 구체적인 항목(행동)들의 조작을 통해 그 목표를 달성하려는 인센티브가 높아지게 된다. 또한, 성과측정의 구체성이 떨어지고 광범위할수록 그 목표를 달성하기 위해 조작할 항목들이 더 늘어나게 된다. 노동생산성이나 자본생산성 등 포괄적이고 범용적인 지표보다는 개별 공공기관에서 개선하고자 하는 구체적인 업무효율성을 설정하고 이를 위한 구체적이고 단순한 지표로 평가하는 것이 평가의 부작용을 최소화할 수 있다. 산식도 정부가 관리가 필요하다고 판단되는 구체적인 항목을 활용한 단순한 수식으로 바꿀 필요가 있다. 이렇게 구체화된 성과지표를 도입하게 되면 포괄적인 지표에 포함된 세부 항목들의 조작을 방지하기 위한 복잡한 산식도 줄어들어 평가비용도 감소될 것이다.

3. 공공성의 강조와 기관의 목적달성에 집중

현행 평가방식은 기관의 이익이 평가에서 차지하는 비중이 지나치게 크고 기관고유의 목적달성보다는 계량관리비 등을 통해 기관의 비용절감에 초점을 맞추고 있다. 실제로 현재 평가 방식이 기관의 성장성보다는 비용증가에 기여했다는 실증적 연구는 주목할 필요가 있다(김지영, 2015). 따라서 현재의 평가 방식은 기관이 가지고 있는 공공성의 달성이나 기관의 설립목적을 달성하기 위해 기관을 유도하는 측면에서는 미흡하다고 보인다. 예를 들어 가스공사나 석유공사의 경우 기관의 본래 목적을 달성하기 위한 자원의 안정적 확보와 안전한 공급에 집중하도록 하는 것이 비용의 절감을 유도하기 위해 내부자원을 사용하게 하는 것보다는 효과적이다.

앞선 영국 응급실 예에서처럼 성과측정은 기관에게 중요한 사안에 대해 실시하되 이를 위해서는 기관의 주요 성공요인(key success factor)을 이해하는 것이 필요하다. 공공기관의 설립목적을 어떻게 정의하고, 그 설립목적을 달성하기 위한 구체적인 주요 성공요인을 결정한 후 이를 효율적으로 달성하기 위한 요소를 측정하는 것이 중요하다. 이를 통해 공공기관 비용절감에 평가의 목적을 맞추기보다는 효율적인 기관의 목적달성에 평가를 집중하여야 한다.

한 패스트푸드 음식점에서 버려지는 닭을 최소화하는 것으로 목표를 정했더니 직원들이 주문을 받고 나서 요리를 하기 시작해 고객의 대기시간이 길어지고, 따라서 많은 손님이 떠나갔다고 한다(Parmenter, 2012). 비용의 절감보다는 기관의 궁극적인 목표 달성에 더 집중하는 것이 기관 전체의 효율성을 증가시킨다. 미시적인 비용절감을 통해 절약된 비용은 기관의 목적에 벗어난 투자에 따른 예산의 낭비에 비한다면 소소한 부분에 불과할 것이다. 여론에 휩쓸리는 미시적인 비용절감은 최소한의 수준으로 한정시키고, 보다 근본적인 기관의 목적에 부합하는 세부화된 성과지표에 집중하는 것이 공공기관의 목적을 달성하는 데 도움이 된다. 이를테면 한전의 경우, 전력의 저렴하고 안정적인 공급이 제대로 이루어지고 있지 않는 상황에서 직원복리후생비의 소소한 절감은 의미가 퇴색한다. 직원에게 충분한 복리후생을 주더라도 기관 본래의 목적을 제대로 달성하도록 유도하는 평가가 더 효율적인 평가이다.

따라서 비용절감 평가의 비중을 축소하고 기관의 목표달성 평가 비중을 강화해야 한다. 이를 위해, 주요사업의 평가 가중치를 증가하는 방안을 고려할 필요가 있다. 주요사업의 평가 비중의 확대는 공공기관 간의 평가의 비교가능성을 떨어뜨리는 측면은 있으나, 기관의 특수성을 감안한 효율성 제고에는 오히려 도움이 될 것이다.

4. 기관(장)의 자율성 확대와 성과금 지급과 경영평가와의 연계 약화

기관의 다양한 업무 효율성에 대해 평가단이 효과적으로 관리하고 평가할 수 있는 부분이 한정된 현실에서 거버넌스 체제가 제대로 갖춰진 기관장이 책임을 지고 경영효율을 유도하도록 하는 것이 현재와 같은 일률적인 정부주도 평가의 대안이 될 수 있다. 이를 위해 업무효율 지표를 포함한 경영평가를 최소화하고 나머지 부분은 기관장을 포함한 기관의 경영진에게 책임을 부여하는 것도 방법이다. OECD(2016)도 공공기관이 스스로 목표를 달성하도록 운영에 있어 자율성을 최대한 부여하고 경영진에의 간섭을 최소화하라고 권고하고 있다.

또한, 공공기관 평가는 기관장과 임원의 성과급 지급에 한정시키고, 기관에 속한 직원들의 성과급 지급은 경영평가와 연계시키지 않는 방법도 고려해 볼 필요가 있다. 이렇게 되면 실제로 기관을 운영하는 직원들이 경영평가를 위해 비용이나 회계조작의 인센티브도 줄어들 것이다.

김지영(2015)은 공기업을 대상으로 경영평가의 축소를 통한 자율성 확대와 경영평가 결과와 성과급과의 연계의 정도가 기관의 수익성과 성장성에 영향을 미치는지를 실증적으로 분석하였다. 분석 결과 경영평가단의 규모가 증가할수록 기관의 수익성과 성장성이 오히려 감소하는 것으로 나타났다. 김지영은 이를 공기업이 받는 규제가 강할수록 기업 운영의 제약이 줄어들고, 시장에서 수익을 창출하고 새로운 사업을 개척할 자율적인 의사결정을 할 수가 없어 수익성과 성장성에 부정적인 영향을 미치는 것으로 해석하였다. 더불어 기관 간 성과급의 격차는 기업의 수익성이나 성장성에 아무런 통계적 유의성이 없는 것으로 분석하였다. 윤성만(2013)은 2006년부터 2010년까지 공기업, 준정부기관, 기타공공기관 등 전체 공공기관을 망라한 287개 기관을 대상으로 실증 분석한 결과, 경영평가 성과급의 크기가 증가할수록 이익조정이 증가한다는 것을 발견하였다. 이러한 연구결과에 비추어 볼 때 경영평가에서 가장 효과적인 채찍으로 생각하는 성과급과 경영평가 간의 연계가 실제 경영성과에는 긍정적인 영향을 미치지 못하고 오히려 회계조작 등 기관정보의 왜곡을 일으키는 부정적인 효과만 가지고 온다면 공공기관 평가와 성과급의 연계를 완화시키는 것을 고려할 필요가 있다.

Parmenter(2012)는 성과급을 KPI와 연결하는 순간 KPI는 성과급을 많이 받기 위한 Key Political Indicators가 된다고 한다. 현재의 경영평가는 경영평가의 결과가 공공기관 임·직원의 성과급에 절대적인 영향을 미치게 되어 있다. 이러한 평가방식은 기관 전체 직원의 성과 목표달성을 위한 노력을 최대한 확보한다는 장점이 있는 반면에 조직의 목표가 경영평가 결과로 대체되거나 조직의 자원이 평가에 지나치게 집중되고, 우수한 평가 결과를 확보하기 위한 평가지표에 대한 조작이나 게임의 인센티브를 높이고 있다. 경영평가가 성과급과 연결되는 정도가 강하고, 성과급의 비중이 커질수록 직원들이 가지는 조작의 유인은 더 커지게 된다. 따라서 현재의 평가의 결과를 기관장의 연임을 위한 자료나 기관장 혹은 임원의 성과급 결정 활용 정도로 제한하거나, 경영평가의 결과가 영향을 미치는 성과급의 정도를 제한하는 방안도 검토할 필요가 있다.

5. 장기적인 평가

현재는 매년 경영평가가 이루어지고 있어, 기관이 새로운 형태의 사업의 구상이나 조직의 변화를 통한 효율성 제고를 꾀하기가 어렵다. 새로운 변화를 추구하면 기관 재무지표의 변동성이 높아지게 되는데, 현재의 대부분의 평가방식이 목표부여(편차)인 상황에서 변동성의 증가는 저조한 경영평가로 연결될 가능성이 높다. 또한 새로운 변화 추구가 실패하거나 새로운 변화의 결과가 실현되는 데 시간이 걸릴 경우 이를 만회하거나 결과가 실현될 때까지 기다려주지 않고, 즉각적인 평가가 이루어지고 경영평가에서 제재를 받게 되어 혁신이나 위험을 택하기가 힘들다.

이렇게 혁신이나 변화를 저지하고 위험을 추구하지 않는 안정적인 기관운영을 유도하는 평가는 기관의 장기적인 성장과 발전을 해칠 가능성이 높다. Drucker(1990)가 지적한 것처럼 위험 추구를 회피하거나 익숙한 분야를 떠나 미지의 세계로 나아가지 않는 조직은 21세기에는 살아남을 수 없다. Drucker는 실패에 대한 두려움을 가지고는 뛰어난 성과를 이룰 수 없다고 하였다. 평가주기를 늘리게 되면 기관이 변화를 추구하거나 실수를 할 수 있는 여지를 가지게 되어 현상유지를 통한 미세한 성과향상을 넘어서는 기관의 장기적인 성장을 가져올 수 있을 것이다.

또한 기관 내에서 우수한 자원이 매년 이루어지는 평가에 대비하기 위한 조직에 전담되어 우수한 자원이나 조직 전체의 피로도가 높아지고, 장기적인 조직의 변화를 꾀하기가 힘들고 단기적인 성과 추구에 그치고 있다. 연도별 평가보다는 3~5년에 한 번씩 심층적인 평가를 통해 기관을 장기적으로 효율적인 조직으로 유도하는 방안을 강구하는 것도 방법이다. 매년 평가가 이루어져야 한다면 매년 모든 지표를 평가하기보다는 각 지표를 나누어 주기적으로 돌아가며 평가하는 방법도 고려해 볼 수 있다.

장기적인 평가는 회계의 특성상 발생액을 조작하더라도 시간이 지나면 역전되고 발생액 조작의 효과가 줄어들어 발생액을 조작할 유인을 줄이는 효과도 기대해 볼 수 있다. 또한, 시장상황이나 우연에 의한 오류항이 평가항목에 미치는 영향을 최소화하여 기관의 노력의 정도를 좀 더 정확하게 측정할 수 있다는 장점도 있다.

6. 정보의 질(質)과 투명성 제고를 위한 평가 강화

앞에서 논의한 바와 같이 공정하고 효율적인 경영평가의 전제조건은 질이 높은 재무정보의 확보이다. 이를 위해서는 내부통제기관인 감사나 감사위원회의 역할을 제고할 필요가 있다. 조세연구원(2015)에 따르면 특히 기타공공기관의 경우 감사의 독립성과 전문성이 부족하고, 일부 기관에서는 내부 출신 직원이 감사로 선임되어 감사의 독립성이 침해되는 경우가 많다고 한다. 또한 동 연구에서 감사가 주무부처 출신이 아니고 전문성이 있을 때 기관의 청렴도가 높다는 것을 발견하였다. 따라서 재무정보의 질을 제고하고 경영의 투명성을 제고하기 위해서는 감사나 감사위원회의 독립성과 전문성에 대한 평가를 강화할 필요가 있다.

또한 상임감사나 감사위원회의 평가 시 기관의 경영평가 결과를 평가범주에서 제외하고 감사나 감사위원회의 내부통제 역할과 독립성 여부에 집중할 필요가 있다. 미국의 경우 감사위원회의 가장 중요한 역할이 재무보고서 생산과정에 대한 내부통제의 효과성과 재무제표의 신뢰성 검증인데 반하여 우리나라는 아직까지 감사나 감사위원회가 직원비리의 적발에 중점을 두고 있다. 질이 높은 재무정보의 제공과 이를 통한 기관의 업무효율 제고를 위해서는 감사나 감사위원회의 재무제표에 대한 검증과정에 대한 평가 역시 엄중하게 이루어져야 한다. 더불어 비상임감사위원의 선임절차 등에 대한 평가도 이루어져 감사위원회의 독립성과 전문성을 제고하도록 유도하여야 할 것이다.

V. 결론

본 연구에서는 정부가 매년 실시하는 공공기관 경영평가 중 업무효율 지표와 관련하여 현행 지표의 문제점과 발전방향을 제시하였다.

현재의 업무효율 지표는 기관 간 비교가능성을 높이기 위해 공통의 지표를 기관에 상관없이 적용하고 있다. 특히 공기업의 경우에는 노동생산성과 자본생산성을 예외 없이 일률적으로 적용하고 있다. 하지만 이러한 공통된 지표는 기관 고유의 주요 생산요소를 무시하여 기관별로 중요하고 고유한 업무효율 개선을 도모하는 데는 부족함이 있고 기관의 자율성도 침해하고 있다. 또, 현행 지표는 재무예산성과 지표와 중복되는 부분이 있어 지표의 효율성에도 개선의 여지가 있고, 이익이 과도하게 성과 목표로 활용되어 회계조작의 위험과 이를 방지하기 위한 산식의 복잡성 증가로 평가비용을 높이고 형평성에도 개선의 여지가 있다. 더불어 지속적인 업무효율을 담보하는 시스템에 대한 평가나 재무정보의 질과 투명성을 제고하는 역할이 부족하다는 문제점을 제시하였다.

이를 보완하기 위해 본 연구자는 업무효율의 지속적 개선을 위한 시스템 평가를 강화하고 평가 지표를 구체화하고 단순화하여 의도치 않은 기관의 행동을 방지하고 기관의 공공성을 강조하기 위해 경영관리 지표의 가중치를 축소하는 것도 고려할 필요가 있다고 제안하였다. 또한 기관의 자율성을 확대하고 성과급과 성과제고의 상관관계가 확실하지 않은 상황에서 경영평가와 성과급의 연계를 축소하고, 평가의 빈도를 줄여 장기적이고 심층적인 평가도 검토할 필요가 있다고 하였다. 마지막으로 재무정보의 질과 기관의 투명성을 제고하기 위한 시스템의 마련, 특히 감사와 감사위원회의 평가에 대한 개선방향을 제시하였다.

참고문헌

기획재정부, 『공공기관 경영실적 평가편람』(2007~2016년).

________, 『공공기관 경영실적 평가보고서』(2007~2016년).

김지영(2015), 경영평가단 규모와 성과급 격차가 공기업 재무성과에 미친 영향에 관한 실증분석, 『재정학연구』.

라영재(2015), 『공공기관 감사제도와 운영현황 분석』, 한국조세재정연구원.

박석희(2006), 공공부문의 성과관리와 조지역량: 차단된 시계열설계를 통한 13개 공기업의 실증분석, 『한국행정학보』.

윤성만(2013), 공공기관의 경영성과보상유인과 세금유인이 적자회피적 이익조정에 미치는 영향, 『회계저널』.

정주희·유정민·윤대희(2013), 공기업 성과측정지표의 특성과 이익조정에 관한 연구, 『관리회계연구』, 13(1): 1-38.

최연식·황인이·송승아(2015), 공공기관 경영실적 평가제도에서 목표설정의 불확실성이 공공기관의 노력감소 인센티브에 미치는 영향, 『한국행정학보』.

Drucker, P. F.(1990), *Managing the Non-Profit Organization*, HarperCollins Publishers.

OECD(2013), Boards of Directors of State-Owned Enterprises: An Overview of National Practices.

OECD, Korea Institute of Public Finance, 2016, State-Owned Enterprises in Asia: National Practices for Performance Evaluation and Management.

Likierman, A.(1983), The Use of Profitability in Assessing the Performance of Public Enterprises, In V. V. Ramanadham, *Public Enterprise and the Developing Countries*, Croom Helm, London, pp. 71-86.

Parmenter, D.(2012), *Key Performance Indicators for Government and Non Profit Agencies: Implementing Winning KPIs*, John Wiley & Sons.

Ramamurti, R.(1987), *Performance Evaluation of State-Owned Enterprises in Theo-*

ry and Practice, Management Science.

Robson, W.(1960), *Nationalized Industry and Public Ownership*, George Allen & Unwin, London.

Sen, A.(1975), Profit Maximization and the Public Sector, *John Matthai Memorial Lecture*, Kerala University, India, mimeo.

별첨

2016년 공기업 2 기관별 업무효율 산출시 고려사항

기관명	업무효율	고려사항
대한석탄 공사	노동생산성	• 부가가치 산출시 재고탄 판매 영향은 제외함. • 기준치 산출시 전년도 부가가치, 전년도 평균인원은 석탄산업합리화정책의 생산감축에 따른 부가가치 영향 금액(법인세비용차감전순이익, 인건비), 생산인원 영향을 차감하여 적용함.
	자본생산성	• 부가가치 산출시 재고탄 판매 영향은 제외함. • 기준치 산출시 전년도 부가가치, 전년도 평균인원은 석탄산업합리화정책의 생산감축에 따른 부가가치 영향 금액(법인세비용차감전순이익, 인건비), 생산인원 영향을 차감하여 적용함.
부산항만 공사	노동생산성	• 부가가치 산출시 정부지침에 따라 감면되는 임대료는 전년도 임대료 대비 당해 연도 실제 감면액에 한하여 부가가치(매출액)에 가산하여 평가할 수 있음.
	자본생산성	• 부가가치 산출시 정부지침에 따라 감면되는 임대료는 전년도 임대료 대비 당해 연도 실제 감면액에 한하여 부가가치(매출액)에 가산하여 평가할 수 있음. • 총자산 산출시 건설 중인 자산은 제외함.
여수광양 항만공사	노동생산성	• 국가로부터 수령한 정부출연금 수익은 부가가치 산출시 제외함.
	자본생산성	• 국가로부터 수령한 정부출연금 수익은 부가가치 산출시 제외함. • 총자산 산출시 건설 중인 자산은 제외함.
울산항만 공사	노동생산성	• 평균인원 산출시 계약직 · 청원경찰은 포함하되, 실버사원은 제외함.
	자본생산성	• 총자산 산출시 무상대부자산은 포함하되, 공사의 수익창출과 무관한 남방파제와 건설 중인 자산은 제외함.
인천항만 공사	자본생산성	• 총자산 산출시 건설 중인 자산은 제외함.
제주국제 자유도시 개발센터	자본생산성	• 자산 산출시 토지의 분양(매각) 선수금은 제외함.

<table>
<tr><td rowspan="2">주택도시
보증공사</td><td>노동생산성</td><td>• 부가가치 산출시
– 영업활동으로 인한 수익과 직접적인 관계가 없는 충당금(대손충당금, 보증금비용, 책임준비금, 구상손익)은 경상이익에서 제외함.
– 보증료 변경(신규발급에 한함), 주택 후분양, 환매조건부 미분양주택 매입 또는 환매, 채권충당순서 변경 등 통제불가능한 경영 외적인 요인에 의하여 발생하는 효과는 부가가치 실적에서 가감조정.
– 주택도시기금법 제10조 제2항에 의한 사업과 관련된 직접적인 효과는 2015년과 2016년의 평가 시 제외함.
• 평균인원 산출시
– 환매조건부 미분양주택 매입사업 등 통제불가능한 경영 외적인 요인에 의하여 증감되는 인원은 평균인원 산정시 가감조정.
– 주택도시기금법 제10조 제2항에 의한 사업과 관련된 직접적인 효과는 2015년과 2016년의 평가 시 제외함.</td></tr>
<tr><td>자본생산성</td><td>• 부가가치 산출시
– 영업활동으로 인한 수익과 직접적인 관계가 없는 충당금(대손충당금, 보증금비용, 책임준비금, 구상손익)은 경상이익에서 제외함.
– 보증료 변경(신규발급에 한함), 주택 후분양, 환매조건부 미분양주택 매입 또는 환매, 채권충당순서 변경 등 통제불가능한 경영 외적인 요인에 의하여 발생하는 효과는 부가가치 실적에서 가감조정.
– 주택도시기금법 제10조 제2항에 의한 사업과 관련된 직접적인 효과는 2015년과 2016년의 평가 시 제외함.
• 총자산 산출시
– 환매조건부 미분양주택 매입사업 등 통제불가능한 경영 외적인 요인에 의하여 발생하는 효과는 총자산 실적에서 가감조정.
– 주택도시기금법 제10조 제2항에 의한 사업과 관련된 직접적인 효과는 2015년과 2016년의 평가 시 제외함.</td></tr>
<tr><td rowspan="2">한국감정원</td><td>노동생산성</td><td>• 부가가치 산출시 수탁보상자금과 관련된 손익은 제외함.
• 부가가치 산출시 감정평가시장 선진화방안(2011년 4월)의 영향을 반영할 수 있음.</td></tr>
<tr><td>자본생산성</td><td>• 부가가치 산출시 수탁보상자금과 관련된 손익은 제외함.
• 부가가치 산출시 감정평가시장 선진화방안(2011년 4월)의 영향을 반영할 수 있음.
• 총자산 산출시 보상수탁사업관련 수탁보상자금은 제외함.</td></tr>
<tr><td rowspan="2">한국관광
공사</td><td>노동생산성</td><td>• 부가가치에는 관광진흥기금을 가산하되, 별도편성기금을 제외한 정기편성기금만 가산함.</td></tr>
<tr><td>자본생산성</td><td>• 부가가치에는 관광진흥기금을 가산하되, 별도편성기금을 제외한 정기편성기금만 가산함.
• 총자산 산출시 건설 중인 자산은 제외함.</td></tr>
</table>

한국광물 자원공사	자본생산성	• '총자산'은 재무상태표상의 자산총계에서 「탐사, 개발단계(시험생산포함) 및 취득 연도로부터 3년이 경과하지 않은 M&A 관련 자산」과 「비축광물 재고자산」을 제외함. 단, 암바토비 니켈광산 및 볼레오 동광산 생산사업 관련 자산은 아래와 같이 별도 산정함. – 기말 기준 공사 투자자산 중 상각비 상당 누계액(투자자산×투자회사의 상각비 누계액/투자회사의 상각대상자산 총액) • '총자산'은 제외하는 「탐사, 개발단계(시험생산포함) 및 취득 연도로부터 3년이 경과하지 않은 M&A 관련 자산」과 「비축광물 재고자산」에서 발생한 손익은 부가가치 산정 시 제외함.
한국남동 발전(주)	노동생산성	• 평균인원 산출시 건설인력을 제외한 경상인력을 기준으로 산정함. • 비교기간 동안에 동질성 유지가 어려운 양수발전은 제외함. • 산업통상자원부에서 정한 '전력수급대책기간' 중 고열량탄 사용에 따른 부가가치 증감분은 당해 연도 부가가치 산정 시 조정할 수 있음(2014년도 경영실적 평가까지만 적용).
	자본생산성	• 총자산 산출시 현재 부가가치 창출에 기여하지 못하는 자산(건설 중인 자산, 해외투자지분, 국내투자지분, 전력수급계획에 의거 이전설치되는 자산)은 제외함. • 총자산 산출시 신규 준공 발전소(전력수급계획에 의거 이전 설치된 자산 포함)는 일할 계산하여 총자산에 포함. • 비교기간 동안에 동질성 유지가 어려운 양수발전은 제외함. • 산업통상자원부에서 정한 '전력수급대책기간' 중 고열량탄 사용에 따른 부가가치 증감분은 당해 연도 부가가치 산정 시 조정할 수 있음(2014년도 경영실적 평가까지만 적용).
한국남부 발전(주)	노동생산성	• 평균인원 산출시 건설인력을 제외한 경상인력을 기준으로 산정함. • 비교기간 동안에 동질성 유지가 어려운 양수발전은 제외함. • 산업통상자원부에서 정한 '전력수급대책기간' 중 고열량탄 사용에 따른 부가가치 증감분은 당해 연도 부가가치 산정 시 조정할 수 있음(2014년도 경영실적 평가까지만 적용).
	자본생산성	• 총자산 산출시 현재 부가가치 창출에 기여하지 못하는 자산(건설 중인 자산, 해외투자지분, 국내투자지분, 전력수급계획에 의거 이전 설치되는 자산)은 제외함. • 총자산 산출시 신규 준공 발전소(전력수급계획에 의거 이전 설치된 자산 포함)는 일할 계산하여 총자산에 포함. • 비교기간 동안에 동질성 유지가 어려운 양수발전은 제외함. • 산업통상자원부에서 정한 '전력수급대책기간' 중 고열량탄 사용에 따른 부가가치 증감분은 당해 연도 부가가치 산정 시 조정할 수 있음(2014년도 경영실적 평가까지만 적용).

한국동서 발전(주)	노동생산성	• 평균인원 산출시 건설인력을 제외한 경상인력을 기준으로 산정함. • 비교기간 동안에 동질성 유지가 어려운 양수발전은 제외함. • 산업통상자원부에서 정한 '전력수급대책기간' 중 고열량탄 사용에 따른 부가가치 증감분은 당해 연도 부가가치 산정 시 조정할 수 있음(2014년도 경영실적 평가까지만 적용).
	자본생산성	• 총자산 산출시 현재 부가가치 창출에 기여하지 못하는 자산(건설 중인 자산, 해외투자지분, 국내투자지분, 전력수급계획에 의거 이전 설치되는 자산)은 제외함. • 총자산 산출시 신규 준공 발전소(전력수급계획에 의거 이전 설치된 자산 포함)는 일할 계산하여 총자산에 포함. • 비교기간 동안에 동질성 유지가 어려운 양수발전은 제외함. • 산업통상자원부에서 정한 '전력수급대책기간' 중 고열량탄 사용에 따른 부가가치 증감분은 당해 연도 부가가치 산정 시 조정할 수 있음(2014년도 경영실적 평가까지만 적용).
한국마사회	노동생산성	• 부가가치 산출시 사행산업통합감독위원회의 "사행산업건전발전 종합계획"에 의한 매출총량 규제 등으로 인한 매출액 변동분을 반영함. • 평균인원 산출시 개별소비세법 개정에 따른 장외발매소(경마 미시행일 경마공원 포함) 입장권 징수를 위한 추가인력에 대해서는 2011년도와 2012년도 평가에서 기준치 평균인원 산정 시 제외함.
	자본생산성	• 부가가치 산출시 사행산업통합감독위원회의 "사행산업건전발전 종합계획"에 의한 매출총량 규제 등으로 인한 매출액 변동분을 반영함.
한국서부 발전(주)	노동생산성	• 평균인원 산출시 건설인력을 제외한 경상인력을 기준으로 산정함. • 비교기간 동안에 동질성 유지가 어려운 양수발전은 제외함. • 산업통상자원부에서 정한 '전력수급대책기간' 중 고열량탄 사용에 따른 부가가치 증감분은 당해 연도 부가가치 산정시 조정할 수 있음(2014년도 경영실적 평가까지만 적용).
	자본생산성	• 총자산 산출시 현재 부가가치 창출에 기여하지 못하는 자산(건설 중인 자산, 해외투자지분, 국내투자지분, 전력수급계획에 의거 이전 설치되는 자산)은 제외함. • 총자산 산출시 신규 준공 발전소(전력수급계획에 의거 이전 설치된 자산 포함)는 일할 계산하여 총자산에 포함. • 비교기간 동안에 동질성 유지가 어려운 양수발전은 제외함. • 산업통상자원부에서 정한 '전력수급대책기간' 중 고열량탄 사용에 따른 부가가치 증감분은 당해 연도 부가가치 산정 시 조정할 수 있음(2014년도 경영실적 평가까지만 적용).

한국수력 원자력(주)	노동생산성	• 평균인원 산출시 건설인력을 제외한 경상인력을 기준으로 산정함. • 비교기간 동안에 동질성 유지가 어려운 양수발전, 정부의 R&D 통합정책에 따른 인력 및 비용 증가분은 평가에서 제외함. • 부가가치 산정 시 산업통상자원부 「방사성폐기물 관리비용 및 사용후핵연료관리부담금 등의 산정기준에 관한 규정」 개정에 따른 원전사후처리비용 조정액 발생분에서 당해 연도 및 과거 5개년 실적에 해당하는 조정액을 제외한 부분은 평가에서 제외함(2011년 평가 시부터 적용).
	자본생산성	• 비교기간 동질성 유지가 어려운 신규 자산변동분 및 비용증가분(자산평가차액, 양수발전, 정부의 R&D 통합 정책에 따른 자산 및 비용 등) 제외함. • 현재 부가가치 창출에 기여하지 못하는 자산(저장중원전연료, 건설중자산, 복구추정자산, 해외투자지분)은 제외함. • 부가가치 산정 시 산업통상자원부 「방사성폐기물 관리비용 및 사용후핵연료관리부담금 등의 산정기준에 관한 규정」 개정에 따른 원전사후처리비용 조정액 발생분에서 당해 연도 및 과거 5개년 실적에 해당하는 조정액을 제외한 부분은 평가에서 제외함(2011년 평가 시부터 적용).
한국중부 발전(주)	노동생산성	• 평균인원 산출시 건설인력을 제외한 경상인력을 기준으로 산정. • 비교기간 동안에 동질성 유지가 어려운 양수발전은 제외함. • 산업통상자원부에서 정한 '전력수급대책기간' 중 고열량탄 사용에 따른 부가가치 증감분은 당해 연도 부가가치 산정 시 조정할 수 있음(2014년도 경영실적 평가까지만 적용).
	자본생산성	• 총자산 산출시 현재 부가가치 창출에 기여하지 못하는 자산(건설 중인 자산, 해외투자지분, 국내투자지분, 전력수급계획에 의거 이전 설치되는 자산)은 제외함. • 총자산 산출시 신규 준공 발전소(전력수급계획에 의거 이전 설치된 자산 포함)는 일할 계산하여 총자산에 포함. • 비교기간 동안에 동질성 유지가 어려운 양수발전은 제외함. • 산업통상자원부에서 정한 '전력수급대책기간' 중 고열량탄 사용에 따른 부가가치 증감분은 당해 연도 부가가치 산정 시 조정할 수 있음(2014년도 경영실적 평가까지만 적용).
해양환경 관리공단	노동생산성	• 부가가치 및 평균인원 산출시 해양오염 방제작업에 따른 수입 및 비용에 따른 영향, 방제분담금 미신고분의 일시 수납에 따른 수입, 1회성 사업(침몰선잔존유 회수작업 등 연속적이지 않으며 사업기간이 구체적으로 명시된 사업 및 본사 이전(2015년)에 따른 자산처분손익(부동산)은 제외함.
	자본생산성	• 부가가치 및 평균인원 산출시 해양오염 방제작업에 따른 수입 및 비용에 따른 영향, 방제분담금 미신고분의 일시 수납에 따른 수입, 1회성 사업(침몰선잔존유 회수작업 등 연속적이지 않으며 사업기간이 구체적으로 명시된 사업 및 본사 이전(2015년)에 따른 자산처분손익(부동산)은 제외함.

제11장

공공기관 경영평가 계량지표 목표부여(편차) 평가방식의 이론적 기반 탐색

권일웅

(서울대학교 행정대학원 교수)

I. 개요

2016년 공공기관 경영평가는 공공기관을 크게 공기업, 위탁집행형, 기금관리형, 강소형의 4개 그룹으로 나누고 있으며, 평가분야는 크게 경영관리와 주요사업으로 나누고 있다. 평가방식은 다시 비계량평가와 계량평가로 나뉜다. 공기업, 위탁집행형, 기금관리형의 경우 비계량평가에 35의 가중치를 부여하고 계량평가에는 65의 가중치를 부여하여 계량평가에 높은 가중치를 두고 있다. 이와 같이 계량평가는 상대적으로 높은 가중치를 부여받고 있으며, 기관별 편차도 상대적으로 크기 때문에 계량평가 결과에 따라 기관의 전반적 등급이 결정되는 경향을 보이고 있다.

계량평가 방식은 목표부여(편차), 목표부여, 글로벌 실적비교, 중장기 목표부여, 목표 대 실적, 추세치 등의 평가방식이 존재한다. 이 중에서 목표부여(편차) 평가방식이 가장 널리 쓰이고 있다. 목표부여(편차) 평가방식은 기본적으로 주어진 계량지표 성과의 과거 5개년 표준편차를 구한 뒤, 전년도 성과보다 1배 혹은 2배의 표준편차만큼 성과가 더 좋아지면 만점을 부여하는 방식을 따르고 있다.

하지만 이러한 목표부여(편차) 평가방식의 이론적 근거가 무엇인지, 그리고 이러한 평가방식이 의도하는 목적이 무엇인지는 명확히 논의되지 않았다. 만약 평가지표가 왜곡되면 기관의 행동에 왜곡을 가져올 수 있다. 특히, 계량성과 지표의 설계를 기관이 먼저 제시하고 평가단이 심의하는 현재 절차에서는, 기관은 평가를 잘 받기 위한 지표를 우선적으로 제시하려 할 것이기 때문에 계량성과 지표의 설계에 왜곡이 발생할 수 있다. 따라서 현재 계량평가의 주요한 평가방식인 목표부여(편차) 평가방식의 이론적 근거를 명확히 검토하고, 잠재적 개선방향을 체계적으로 논의하는 것이 필요하다.

이러한 연구문제를 접근하는 데 있어, 본 연구는 목표부여(편차) 평가방식의 문제점을 우선적으로 지적하는 연구방향보다는, 목표부여(편차) 평가방식이 어떠한 상황에서 정당화될 수 있는지를 우선적으로 분석하는 연구방향을 설정하고자 한다. 목표부여(편차) 평가방식이 오랫동안 커다란 문제없이 사용되어 왔다는 것은 이 평가방식의 수용도가 상대적으로 높고 경험적으로 오류가 크지 않다는 것을 반증하고 있기 때문이다. 다만, 현재 목표부여(편차) 평가방식이 정당화될 수 있는 상황이 현실적 환경과 괴리가 크다면, 적절한 개선방향을 논의할 수 있을 것이다.

목표부여(편차) 평가방식의 정당성을 모색하기 위해, 먼저 이러한 평가방식이 어떠한 목적을 달성할 수 있는지 살펴볼 필요가 있다. 평가의 주요 목적에는 사후적으로 기관의 노력 정도를 평가하는 목적과 사전적으로 기관의 노력에 대한 인센티브를 제공하는 목적 등을 고려할 수 있다. 따라서 본 연구에서는 목표부여(편차) 평가방식을 사후적 평가의 관점과 사전적 인센티브의 관점으로 나누어 각각 분석해 보고자 한다.

II. 목표부여(편차) 평가방식

목표부여(편차) 평가방식은 〈부록〉에서 자세히 설명한 바와 같이 기본적으로 성과지표의 과거 5개년 자료로 표준편차를 구한 뒤 전년도 성과 대비 2배 혹은 1배 표준편차보다 더 많이 해당 연도 성과가 좋아지면 만점을 받는 구조를 가지고 있다.

2016년도 평가편람을 바탕으로 주요사업 상향지표(즉, 성과지표가 높을수록 좋은 지표)를 중심으로 보다 구체적으로 살펴보면 다음과 같다. 먼저 평가의 기준치는 전년도 성과와 과거 3개년도 성과 중 더 큰 성과를 기준치로 설정한다. 다만 대부분의 경우 성과가 매년 좋아지는 경향을 보이기 때문에 거의 대부분 기준치는 전년도 성과가 된다. 극단치가 없다는 가정 하에서 해당 계량성과 지표에 대한 점수는 다음과 같이 결정된다.[1]

$$\text{점수} = 20 + 80 \times \frac{\text{실적} - \text{최저목표}}{\text{최고목표} - \text{최저목표}}$$

최저목표는 기준치에서 과거 5개년 성과의 표준편차의 2배를 뺀 것이다. 또한 최고목표는 주요사업에 대해서는 기준치에서 과거 5개년 성과의 표준편차의 2배를 더한 것이다.[2] 기준치가 전년도 성과가 된다는 가정 하에 이를 다시 수식으로 다시 표현하면 다음과 같다.

$$\text{점수} = 20 + 80 \times \frac{y_t - (y_{t-1} - 2\sigma)}{(y_{t-1} + 2\sigma) - (y_{t-1} - 2\sigma)}$$

여기서 y_t는 평가년도 계량지표 성과/실적을 나타내며, y_{t-1}는 전년도 성과를 나타낸다. 또한 σ는 통상적으로 과거 5개년 계량지표의 표준편차를 나타낸다. 이러한 점수평가방식은 다음과 같이 재정리할 수 있다.

1 극단치 여부는 극단치 제외 후 4개년 편차가 극단치 제외 전 5개년 편차의 50% 이하인 경우를 판단기준으로 하여 과거년도의 처리방법, 발생원인 등을 병행 검토하여 결정한다. 극단치가 존재하는 경우에는 극단치를 제외하고 기준치와 표준편차를 계산할 수 있다 (2016 공공기관 경영평가 편람, p. 32).

2 주요사업이 아닌 경우에는 최고목표는 기준치와 표준편차를 합한 것으로 결정된다.

$$\text{평점}=20+80\times\frac{y_t-(y_{t-1}-2\sigma)}{(y_{t-1}+2\sigma)-(y_{t-1}-2\sigma)} \qquad (\text{식 } 1)$$

$$=20+80\times\frac{y_t-y_{t-1}+2\sigma}{4\sigma}$$

$$=20+80\times\left(\frac{y_t-y_{t-1}}{4\sigma}+\frac{1}{2}\right)$$

$$=60+40\times\left(\frac{y_t-y_{t-1}}{2\sigma}\right)$$

다만 평점은 100점이 만점이며 따라서 위 수식에 따른 점수가 100점을 넘어도 100점으로만 인정된다. 즉, 앞에서 설명한 바와 같이 $\frac{y_t-y_{t-1}}{2\sigma}>1$ 혹은 $\frac{y_t-y_{t-1}}{\sigma}>2$이면 100점 만점을 받는 구조로 되어있다.

III. 사후적 평가로서의 이론적 기반

1. 단기적 성과

앞에서 요약한 목표부여(편차) 평가방식의 사후적 평가로서의 이론적 기반을 탐색하기 위해서는 먼저 기관의 성과가 어떤 방식으로 결정되는지에 대한 가정이 필요하다. 먼저 가장 직관적으로 간단한 성과결정방식으로 다음과 같은 방식을 고려해 볼 수 있다.

$$y_t=k+a_t+e_t \qquad (\text{식 } 2)$$

여기서 y_t는 평가년도 계량지표 성과를 나타내며, k는 상수이고, a_t는 평가년도 기관의 노력을, e_t는 평가년도 성과에 영향을 미친 외부요인이다.

e_t는 기관이 통제할 수 없는 외부요인의 영향이므로 이를 확률변수로 해석할 수 있다.

또한 기관의 노력(a_t)이 미래의 성과(y_{t+1})에는 영향을 미치지 않기 때문에 이는 단기적 업무에 대한 성과라고 해석할 수 있다.

특히 e_t는 기대치가 0이고 분산이 σ^2인 정규분포를 따른다고 가정하고자 한다. 그렇다면 y_t 역시 기대치가 $k+a_t$이고 분산이 σ^2인 정규분포를 따르게 된다. 그리고 목표부여(편차) 평가방식의 한 구성요소인 y_t-y_{t-1}은 e_t와 e_{t-1}이 서로 독립이라는 가정 하에 다음과 같은 정규분포를 따르게 된다.

$$y_t-y_{t-1} \sim N(a_t-a_{t-1}, 2\sigma^2)$$

이때 사후적 평가의 목적이 기관의 노력이 전년도에 비하여 더 증가하였는지를 검증하기 위함이라고 가정해 보자. 그렇다면, 그러한 평가 혹은 검증의 귀무가설은 다음과 같이 된다.

$$H_0: a_t-a_{t-1}=0$$

이러한 귀무가설 하에서 $\frac{y_t-y_{t-1}}{\sigma\sqrt{2}}$은 표준정규 분포를 따르게 된다.

$$\frac{y_t-y_{t-1}}{\sigma\sqrt{2}} \sim N(0,1)$$

이때, σ를 사전적으로 알지 못한다면 표본의 표준편차로 근사하여야 한다. 즉, $s^2=\frac{1}{n-1}\sum(y_i-\bar{y})^2$을 σ^2에 대한 추정치로 사용할 수 있다.[3] 그러

3 부록에서 설명한 바와 같이 2016년 공공기관 경영평가 편람에서는 표준분산을 계산할 때 $(n-1)$로 나누지 않고 n으로 나누어 계산하고 있다. 이러한 차이에 대한 이론적 논란은 있으나 실질적으로 평점에 큰 차이를 발생시키지 않기 때문에 본 연구에서는 이러한 차이점을 무시하기로 한다.

면 잘 알려진 바와 같이 $\frac{y_t - y_{t-1}}{s\sqrt{2}}$은 자유도 $n-1$을 가진 t 분포를 따르게 된다.

목표부여(편차) 평가방식은 과거 5개년 성과의 표준편차를 사용하기 때문에 자유도는 4(=5−1)가 된다. 이것은 다음과 같이 알려져 있다.

$$P_r\left(\frac{y_t - y_{t-1}}{s\sqrt{2}} > 1.53\right) = P_r\left(\frac{y_t - y_{t-1}}{2s} > 1.08\right) = 0.1$$

따라서 만약 우리가 기관의 노력이 전년도에 비하여 더 증가하였는지를 10%의 유의확률로 검증하고자 한다면 대략 $\frac{y_t - y_{t-1}}{2s} > 1$이 판단기준이 된다. 이는 앞에서 요약한 주요사업의 목표부여(편차) 평가방식과 동일함을 알 수 있다.

즉, 주요사업에서 목표부여(편차) 평가방식은 기관의 노력이 전년도에 비하여 증가하였는지를 10%의 유의확률로 검증하는 사후적 평가절차라고 해석할 수 있다. 다시 말하면, 기관의 노력이 전년도에 비하여 증가하였는지를 10%의 유의확률로 검증하는 평가를 하고자 한다면 현재 목표부여(편차) 평가방식이 이론적으로 정당화될 수 있다.

그러나 이러한 평가방식이 적절한지는 확실치 않다. 예를 들어 전년도에 최선의 노력을 다해 성과를 달성한 경우, 올해에는 작년의 최선의 노력보다 더 많이 노력해야 만점을 부여하겠다는 비현실적인 평가방식이라는 비판을 제기할 수 있다.

특히, 기관이 매년 동일한 최선의 노력을 투입한다면 해당 성과지표는 매년 큰 변화가 없어야 한다. 하지만 계량지표 중 2010년 이후 2배 이상 증가한 지표를 쉽게 찾을 수 있다. 따라서 (식 2)에서 제시한 단기적 성과결정 방식이 적절하지 않다는 이론적 비판을 제기할 수도 있다.

만약 (식 2)와 같은 단기적 성과결정 방식이 적절하지만, 해당 성과지표가 매년 크게 증가하는 것이 평가에서 의도한 것이라면 현재의 평가방식은 단기성과에 대하여 매년 투입되는 인력과 예산을 증대시키는 것을 목적으로 하고 이를 사후적으로 평가하는 방식이라고 해석해 볼 수 있다.

2. 장기적 성과

만약 특정 성과지표가 매년 꾸준히 증가하고 있다면, 다른 한 가지 설명으로 당해 연도의 성과가 전년도 성과를 기반으로 기관의 노력이 추가되어 결정되는 방식을 고려해 볼 수 있다. 다시 말하면, 올해의 노력이 올해의 성과를 증대시킬 뿐만 아니라 미래의 성과도 증대시키는 경우에는 기관이 매년 동일한 노력을 투입하여도 성과는 매년 증대될 수 있다.

이러한 장기적 성과의 결정방식은 다음과 같은 수식으로 나타낼 수 있다.

$$y_t = y_{t-1} + a_t + e_t \qquad (식\ 3)$$

역시 e_t는 기관이 통제할 수 없는 외부요인의 영향이며, 기대치가 0이고 분산이 σ^2인 정규분포를 따른다고 가정하자. 그리고 평가의 목적이 기관이 올해에도 열심히 노력하였는지 사후적으로 검증하는 것이라고 가정하자. 즉, 검증의 귀무가설은 다음과 같이 된다.

$$H_0 : a_t = 0$$

그럼 귀무가설 하에서 $\frac{y_t - y_{t-1}}{\sigma}$은 다음과 같이 표준정규분포를 따르게 된다.

$$\frac{y_t - y_{t-1}}{\sigma} \sim N(0,1)$$

이때, σ를 사전적으로 알지 못한다면 표본의 표준편차로 근사하여야 한다.

즉, 귀무가설 하에서 $s^2=\frac{1}{n-1}\sum(y_t-y_{t-1})^2$을 σ^2에 대한 추정치로 사용할 수 있다. 그러면 잘 알려진 바와 같이 $\frac{y_t-y_{t-1}}{s}$은 자유도 $n-1$을 가진 t 분포를 따르게 된다.

목표부여(편차) 평가방식은 과거 5개년 성과의 표준편차를 사용하기 때문에 자유도는 4(=5−1)가 된다. 이것은 다음과 같이 알려져 있다.

$$P_r\left(\frac{y_t-y_{t-1}}{s}>2.123\right)=P_r\left(\frac{y_t-y_{t-1}}{2s}>1.061\right)=0.05$$

따라서 만약 장기적 성과에 대하여 우리가 기관이 올해에도 열심히 노력하였는지 5% 유의확률로 검증하고자 한다면 대략 $\frac{y_t-y_{t-1}}{2s}>1$이 판단 기준이 된다. 이는 앞에서 요약한 주요사업의 목표부여(편차) 평가방식과 동일함을 알 수 있다. 다만 한 가지 차이점은 표준편차를 계산할 때 y_t의 표준편차를 구하는 것이 아니라 y_t-y_{t-1}의 표준편차를 구해야 한다는 점에서 현재 주요사업의 목표부여(편차) 평가방식과 차이가 있다.

3. 소결

따라서 2016년 공공기관 경영평가 편람의 계량지표 평가방식은 사후적으로 기관의 노력에 대한 통계검증이라는 이론적 기반으로 정당화될 수 있는 부분이 존재한다고 볼 수 있다. 특히, 단기적 성과의 경우 현재 주요사업의 목표부여(편차) 평가방식은 기관의 노력이 전년도에 비하여 증가하였는가를 통계적으로 검증하는 과정으로 설명될 수 있다.

하지만 단기적 성과의 경우 기술이나 투입자원의 급격한 변화가 있지 않으면 기관의 성과가 매년 일정하게 유지되어야 한다. 따라서 과거 꾸준히 성과가 증가된 지표에 대해서는 이러한 이론적 기반이 그대로 적용되지 않는다고 볼 수 있다.

반면, 장기적 성과에 대해서는 현재 주요사업의 목표부여(편차) 평가방식은 해당 연도 기관의 노력이 0보다 크다는 것을 통계적으로 검증하는 과정으로 설명될 수 있다. 또한 성과가 매년 꾸준히 증가하는 패턴도 설명이 가능하다.

다만 이러한 경우에는 표본 표준편차를 계산할 때 성과의 표준편차가 아니라 전년 대비 성과 증대분의 표준편차를 구하여야 한다는 면에서 현재의 목표부여(편차) 평가방식과 차이가 있다.

이러한 이론적 논의에 바탕하여 사후적 평가로서의 계량지표 평가방식에 대한 개선점은 다음과 같이 고려하여 볼 수 있다.

첫째, 평가지표가 단기적 성과에 대한 지표인지 장기적 성과에 대한 지표인지 구분하여야 한다. 이때, 기관의 해당 연도 노력이 해당 연도 성과에만 영향을 미치고 미래 성과에는 직접적으로 영향을 미치지 않는 성과이면 단기적 성과라고 볼 수 있다. 이 경우 기술이나 투입된 자원에 큰 변화가 없다면 지표가 뚜렷이 증가하거나 감소하는 추세가 없어야 한다.

둘째, 단기적 성과인 경우 해당 사업에 대하여 투입되는 예산과 인력을 매년 증대시키는 것이 목적인지 판단하여야 한다. 그렇다면 현재의 목표부여(편차) 평가방식이 적절하다고 볼 수 있다. 하지만 기관이 이미 최선을 다하고 있으며, 추가적인 예산과 인력의 투입 없이 계속해서 동일하게 최선을 다하는 것을 목적으로 한다면 기준치가 전년도 성과가 아니라 해당 연도를 포함한 표본평균이 되어야 한다. 이는 '기준치를 전년도 성과와 과거 3개년 평균 중 최댓값으로 한다.'는 평가편람 기준과 일부 일치한다고도 볼 수 있기 때문에 현재의 목표부여(편차) 평가방식이 비교적 적절하다고 볼 수 있다.

셋째, 매년 꾸준히 증가 추세를 보이는 장기적 성과인 경우 해당 사업의 목표가 매년 비슷한 투자를 하는 것을 목표로 한다면 현재 목표부여(편차) 평가방식이 적절할 수 있다. 다만 표준편차의 계산이 성과지표의 과거 표준편차가 아니라 전년 대비 증대분의 표준편차로 계산되는 것이 이론적으로 적절할 수 있다. 하지만 장기적 성과에 대하여 해당 사업에 대해 전년도보다 더 많은 자원과 노력을 투입하는 것을 목표로 한다면 현재의 목표부여(편차) 평가방식이 이론적으로 적절하지 않을 수 있다.

IV. 사전적 인센티브 시스템으로서의 이론적 기반

앞 절에서는 현재의 목표부여(편차) 평가방식을 기관의 노력에 대한 사후적 평가라는 시각에서 보았을 때 이론적 기반에 대하여 살펴보았다. 본 절에서는 현재 목표부여(편차) 평가방식을 기관의 노력에 대한 사전적 인센티브 시스템으로 보았을 때 이론적 기반을 탐색해 보고자 한다.

노력에 대한 사전적 인센티브 시스템의 이론적 기반은 크게 주인-대리인 이론에서 찾을 수 있다. 특히 대리인의 노력을 주인이 관찰할 수 없는 정보의 비대칭성 문제를 관측 가능한 성과에 기반을 둔 보상체계를 통해 해결하고자 하는 것은 경제학에서 hidden action 혹은 도덕적 해이(moral hazard) 문제로서 이론화되어 왔다.

사후적 평가에 대한 논의와 마찬가지로 사전적 인센티브에 대한 논의도 단기적 성과와 장기적 성과로 나누어 설명할 수 있다.

1. 단기적 성과

본 연구에서는 기관의 노력이 현재의 성과에만 영향을 미치고 미래의 성과에는 영향을 미치지 않는 성과를 단기적 성과라고 정의하였다. 특히, 단기적 성과에 대해서는 성과결정 과정을 (식 2)에서와 같이 모형화하였다.

주인-대리인 이론에서는 (식 2)에서 대리인의 노력(a_t)을 주인이 관찰할 수 없는 경우, 아무런 성과급이 없으면 대리인은 어떤 노력도 하지 않는 도덕적 해이의 문제가 발생한다고 보았다. 따라서 관측 가능한 성과(y_t)에 대리인에 대한 보상을 연동시키는 성과보상 계약을 사용하여 대리인에게 노력에 대한 사전적 인센티브를 부여하는 해결책을 제시하고 있다.

특히 대리인이 성과급 계약을 자발적으로 수용하여야 한다는 참여조건(participation constraint)과 대리인은 성과급 하에서 본인이 자발적으로 노력을 선택한다는 인센티브 조건(incentive constraint) 하에서 최적 성과급(optimal performance pay)을 도출할 수 있다.[4]

현재의 목표부여(편차) 평가방식은 (식 1)로 요약되며, 따라서 다음과 같은 성과급 모형이라고 해석해 볼 수 있다.

$$\begin{aligned} \text{점수} &= 60 + 40 \times \left(\frac{y_t - y_{t-1}}{2\sigma} \right) \\ &= c + b \times (y_t - y_{t-1}) \end{aligned} \qquad \text{(식 4)}$$

즉, 성과를 전년도 대비 증가분 $(y_t - y_{t-1})$으로 측정하고 점수는 이 증가분에 비례해서 올라가는 방식이다. 또한 비례해서 올라가는 정도, 즉 기

4 보다 엄밀한 내용은 Bolton and Dewatripont(2005)를 참조하기 바란다.

울기는 y_t의 표준편차에 반비례하는 방식을 취하고 있다.

따라서 본 연구에서는 이러한 평가방식이 주인-대리인 이론에서 도출할 수 있는 최적 성과급과 일치할 수 있는지 확인해 보고자 한다.

이를 위해 먼저 대리인의 기대효용함수($E[U]$)를 다음과 같이 정의하고자 한다.[5]

$$E[U]=E(w)-\frac{r}{2}Var(w)-\frac{1}{2}a^2 \qquad \text{(식 5)}$$

여기서 $E(w)$는 임금 w에 대한 기대치이며, $Var(w)$는 임금 w에 대한 분산이다. 또한 r은 절대적 위험기피도(absolute risk aversion)를 나타내며, $\frac{1}{2}a^2$은 대리인의 노력 a에 대한 비용이라고 해석할 수 있다. 임금의 분산이 증가할수록 기대효용이 감소하는 형태이기 때문에 대리인은 위험기피적이라고 볼 수 있다.

또한 (식 4)에 기반하여 임금함수는 다음과 같이 결정된다고 가정하고자 한다.[6]

$$w=c+b(y_t-y_{t-1})$$

대리인이 a_t를 결정하는 t 시점에서 y_{t-1}은 이미 결정되어 있으므로 확률변수는 아니다. 따라서 편의상 $y_{t-1}=k+a_{t-1}$이라고 가정하자. 그러면 (식 2)와 (식 5)에 따라 대리인의 기대효용함수는 다음과 같이 결정된다.

---

5 (식 5)와 같은 기대효용함수에 대한 엄밀한 이론적 기반은 Holmstrom and Milgrom (1987)을 참조하기 바란다.

6 Holmstrom and Milgrom(1987)은 대리인의 기대효용함수가 (식 5)와 같은 형식을 취할 때 최적임금계약이 성과에 비례하는 선형(linear)함수의 형태가 될 수 있음을 증명하였다.

$$E[U]=c+b(a_t-a_{t-1})-\frac{r}{2}b^2\sigma^2-\frac{1}{2}a_t^2 \qquad \text{(식 6)}$$

그렇다면 대리인이 이와 같은 성과급 계약관계에 자발적으로 참여하는 조건은 다음과 같다.

$$E[U]\geq \bar{U} \qquad \text{(식 7)}$$

여기서 $\bar{U}$는 대리인이 최소한 받아야 하는 기대효용수준을 나타낸다. 즉, 대리인은 계약을 통해 얻을 수 있는 기대효용이 최소 기대효용수준($\bar{U}$)보다 더 높을 때 계약에 참여하려 할 것이다.

또한 대리인의 노력은 주인이 직접 관찰할 수 없기 때문에 대리인 자신의 기대효용을 극대화하는 노력을 선택하게 될 것이다. 즉, 노력 수준은 다음 조건이 만족해야 한다.

$$a_t=\text{arg}max E[U] \qquad \text{(식 8)}$$

즉, 성과계약을 통해 기대할 수 있는 대리인의 노력수준은 대리인 스스로의 기대효용을 극대화하는 노력수준일 것이다.

이 성과지표(y_t)에 대해 주인이 부여하는 가치(혹은 가중치)가 p라고 하자. 또한 주인은 기대성과가치를 극대화하되 대리인에 대한 임금은 최소화한다고 가정하자. 그렇다면 위 주인-대리인 모형은 다음과 같이 요약할 수 있다.

$$max\ E[py_t]-E[w_t]$$

subject to (식 7) and (식 8)

즉, 주인(principal)은 참여조건과 인센티브 조건이 만족되는 조건 하에서 기대이윤을 극대화하여야 한다.

먼저 (식 6)을 (식 8)에 대입하여 대리인의 효용극대화 문제에 대한 1계조건(first order condition)을 구하면 다음과 같다.

$$b-a_t=0 \tag{식 9}$$

즉, (식 6)과 같은 성과계약 하에서 대리인은 노력 수준을 $a_t=b$로 선택하는 것이 본인의 기대효용을 최대화하는 것이 된다. 따라서 주인은 비록 대리인의 노력을 직접 관찰할 수 없지만 b의 선택을 통해서 대리인의 노력 수준을 예측할 수 있게 된다.

또한 편의상 주인이 모든 협상력을 가지고 있다고 가정하자.[7] 그러면 주인은 대리인에 대하여 필요 이상으로 임금을 지불할 이유가 없어진다. 즉, 참여조건 (식 7)은 등호로 만족되어야 한다. 따라서 (식 6)을 (식 7)에 대입하면, 다음 식을 도출할 수 있다. 두 번째 등식은 (식 9)에 의한 것이다.[8]

$$\begin{aligned} c &= -b(a_t-a_{t-1})+\frac{r}{2}b^2\sigma^2+\frac{1}{2}a_t^2+\bar{U} \qquad (\text{식 } 10) \\ &= -b(b-b)+\frac{r}{2}b^2\sigma^2+\frac{1}{2}b^2+\bar{U} \end{aligned}$$

따라서 참여조건 (식 10)과 인센티브 조건 (식 9)를 주인의 기대이윤함수에 대입하게 되면, 주인의 최적화 문제는 다음과 같이 정리된다.

$$max\ p(k+a_t)-c-b(a_t-a_{t-1})=p(k+b)-\frac{r}{2}b^2\sigma^2-\frac{1}{2}b^2-\bar{U}$$

7 대리인이 모든 협상력을 가지고 있거나, 주인과 반반 나누어 가지는 경우에도 최적 b에는 변화가 없음을 보일 수 있다.

8 암묵적으로 $t-1$기에도 동일한 계약으로 노력이 결정되었다고 가정하고자 한다. 즉, stationary equilibrium에 초점을 맞추고자 한다.

b에 대한 최적화 1계 조건에 따르면 최적 기울기(b^*)는 다음과 같다.

$$b^* = \frac{p}{1 + r\sigma^2} \tag{식 11}$$

(식 4)에 따르면 현재 목표부여(편차) 평가방식에서는 $b = \dfrac{20}{\sigma}$이다. 따라서 (식 11)에서 도출된 최적 기울기(즉, 평점 대 성과 민감도)와 일부 차이가 존재한다. 하지만 성과지표의 표준편차가 크면 성과 증대분을 점수에 반영하는 정도(즉, 기울기)가 낮아진다는 공통점을 가지고 있다. 특히 앞에서 도출한 최적 성과계약은 대리인의 효용함수 등 몇 가지 특수한 가정을 하고 있기 때문에 (식 11)을 일반적인 최적계약조건이라고 볼 수는 없다. 따라서 성과지표의 표준오차를 반영하는 방향성에서 최적 계약조건과 목표부여(편차) 평가방식이 동일하다는 면에서 이론적 의의를 찾아야 할 것이다.

즉, 현재 목표부여(편차) 평가방식은 단기적 성과에 대한 공공기관의 노력에 대한 사전적 인센티브 시스템으로서 이론적 근거를 찾을 수 있다고 주장할 수 있다. 그러나 이러한 이론적 근거 하에서는 대리인이 매년 동일한 노력을 투입하기 때문에 성과가 매년 꾸준히 증가하거나 감소하는 패턴이 없어야 한다. 하지만 앞에서 지적하였듯이 실제 기관의 계량평가 지표들의 대다수가 매년 증가하는 경향을 가지고 있기 때문에 이론적 예측과 일치하지 않는다.

또한 (식 11)에서 표준편차가 분모에 존재하는 이유는 대리인이 위험기피적이기 때문이다. 즉, 불확실성이 큰 성과지표를 사용할 경우에는 대리인의 임금도 불확실해진다. 따라서 대리인이 위험기피적이라면 b를 줄여서 대리인에게 임금 위험을 줄여주고 대신 고정급 c를 줄이는 것이 주인 입장에서도 최적이 된다.

하지만 실제로 규모가 비교적 큰 공공기관들을 위험기피적이라고 판단할 수 있는지에 대해서는 논란의 여지가 있다. 앞의 이론적 논의에서는 대리인의 참여조건이 등식으로 만족된다고 가정하였다. 하지만 공공기관의 사업에 대한 참여는 법률과 정부에 의해 강제된 측면이 있는 만큼, 과연 참여조건이 존재하는지 그리고 존재한다면 참여조건이 과연 등식으로 만족되어야 하는지에 대한 논란의 여지도 존재한다. 특히 공공기관이 위험기피적이지 않다면(즉, $r=0$), 그리고 (식 11)에 따르면 b는 표준편차에 의존하지 않는 것이 최적이 된다. 이 경우에는 목표부여(편차) 평가방식은 앞에서 논의한 주인-대리인 이론에 기반한 최적 인센티브 시스템으로 정당화되기 어려울 수 있다.

2. 장기적 성과

기관이 매년 동일한 노력을 투입하여도 성과가 매년 증가하는 패턴을 보인다면, 그러한 성과는 장기적 성과이기 때문일 수 있다. 즉, 성과가 (식 3)과 같이 결정되면 대리인이 매년 동일한 노력을 해도 성과 자체는 매년 계속 증가할 수 있게 된다. 따라서 이러한 지표를 설명하기 위해서는 장기적 성과에 대한 주인-대리인 이론 모형을 살펴볼 필요가 있다.

(식 3)을 다시 정리하면 다음과 같다.

$$d_t = y_t - y_{t-1} = a_t + e_t$$

단기적 성과와 마찬가지로 대리인의 기대효용 함수가 (식 6)과 같다고 가정하자. 또한 임금 함수가 $w_t = c + bd_t$라고 하고, 주인은 $E[pd_t] - E[w_t]$를 극대화한다고 가정하자.[9]

9 엄밀히 말하면 주인은 장기적 성과에 대해서는 해당 연도의 성과뿐만 아니라 예측가능한

그러면 분석내용은 앞의 단기적 성과와 차이가 없어진다. 즉, 최적 임금함수의 기울기는 다음과 같이 결정된다.

$$b^{*}=\frac{p}{1+r\sigma^{2}}$$

다만 σ^2은 y_t의 표준편차가 아니라 $y_t - y_{t-1}$의 표준편차로 측정되는 것이 더욱 적절하다는 측면에서 차이가 난다. 이는 사후적 평가로서의 이론적 기반을 분석할 때의 결과와도 유사하다.

따라서 장기적 성과에 대해서는 전년 대비 성과의 증가분을 표준편차로 나누어 점수에 반영하는 것이 사전적 인센티브 시스템으로도 정당화될 수 있는 여지가 있다. 특히 장기적 성과에 대해서는 대리인이 매년 동일한 노력을 기울여도 성과 자체는 매년 증가하는 현상을 설명할 수 있다.

하지만 단기적 성과에서도 지적하였듯이, 표준편차를 반영하는 이유는 대리인이 위험기피적이라고 가정했기 때문이다. 만약 공공기관이 굳이 위험기피적이지 않다면, 또는 대리인의 참여조건이 의미가 없다면 앞에서 논의한 주인-대리인 모형은 왜 계량평가에서 표준편차를 반영하여야 하는지 설명하지 못하게 된다.

3. 난이도와 표준편차

실제로 계량평가에서 표준편차를 논의할 때 공공기관의 위험기피도를 논의하는 경우는 매우 드물다. 오히려 표준편차를 반영하는 이유에 대해

모든 연도의 성과를 고려하여 최적화 문제를 해결해야 한다. 그러한 경우에 대한 이론적 모형은 Kwon(2006)을 참조하기 바란다. 하지만 현실적으로 공공기관 평가는 미래 성과에 대한 명시적 고려 없이 해당 연도의 성과만을 고려하여 실시되고 있다.

서는 '표준편차가 작은 지표는 그만큼 성과를 높이기가 어렵다.'라는 암묵적 가정이 있는 것으로 보인다. 반대로, 표준편차가 큰 지표의 경우에는 노력을 통해서 쉽게 성과를 높일 수 있다는 가정이 있는 것으로 보인다. 즉, 현재 목표부여(편차) 평가방식에서 표준편차는 위험이나 불확실성에 대한 지표라기보다는 업무의 난이도에 대한 지표로 활용되고 있다고 보여진다.

만약 실제로 표준편차가 업무의 난이도를 나타낸다면, 그러한 성과지표에 대한 성과결정 방식은 다음과 같은 수식으로 나타낼 수 있다.

$$y_t = y_{t-1} + \sigma(a_t + e_t)$$

여기서 e_t는 기대치가 0이고 분산은 1인 표준정규분포를 따른다. 이 경우 $y_t - y_{t-1}$의 표준편차는 σ가 된다. 동시에 σ가 커지면 동일한 노력(a_t)의 증가가 보다 더 큰 성과의 증대를 가져오게 된다. 즉, σ는 성과지표의 불확실성을 나타냄과 동시에 지표의 난이도가 낮다는 것을 나타내는 지수라고 해석해 볼 수 있다.

또한 이제 대리인이 위험중립적이라고 가정하자. 이 경우 절대적 위험기피도는 0이므로, (식 5)에서 대리인의 기대효용함수는 다음과 같다.

$$E[U] = E(w) - \frac{1}{2}a^2$$

따라서 임금함수가 $w_t = c + b(y_t - y_{t-1})$로 이루어진다면, 대리인의 기대효용은 다음과 같이 결정된다.

$$E[U] = c + b(\sigma a_t) - \frac{1}{2}a_t^2 \qquad \text{(식 12)}$$

주인은 대리인의 노력 a_t를 직접 관찰할 수 없기 때문에 대리인은 본인의 기대 효용을 극대화하는 노력을 선택할 것이다. 따라서 (식 12)에 대한 대리인의 기대효용 극대화 1계조건이 만족되어야 한다.

$$b\sigma - a_t = 0 \qquad \text{(식 13)}$$

또한 주인이 협상력을 모두 가지고 있는 경우, 참여조건에 따르면 대리인의 기대효용은 최소효용수준과 일치하여야 한다. 즉, (식 13)을 (식 12)에 대입하여 계산하면, 참여조건은 다음과 같은 식이 된다.

$$c + b(\sigma b\sigma) - \frac{1}{2}(b\sigma)^2 = \bar{U} \qquad \text{(식 14)}$$

만약 주인의 목적함수가 $E[pd_t] - E[w_t]$를 극대화하는 것이라면, 주인의 목적함수는 다음과 같다.

$$E[pd_t] - E[w_t] = p(\sigma a_t) - c - b(\sigma a_t) = p(b\sigma)^2 + \frac{1}{2}(b\sigma)^2 - \bar{U} - b(b\sigma^2)$$

이 경우 b에 대한 주인의 기대이윤 최적화 1계 조건에 따르면 다음과 같이 된다.

$$b^* = p$$

하지만 이 경우 b에 표준편차가 반영되지 않게 된다. 따라서 위 모형에서는 표준편차가 업무의 난이도를 반영한다는 것을 명시적으로 고려하였지만 실제 최적 성과급에서는 표준편차를 반영하지 않는 것이 최적이라는 모순된 결과를 얻게 된다.

4. 획일주의

경제학에서 주인-대리인 이론은 주인이 기대이윤을 극대화하려 한다는 가정을 당연히 받아들여 왔다. 즉, 주인은 기대성과를 극대화함과 동시에 임금비용은 최소화하려 한다고 가정해 왔다. 하지만 공공기관에 대해서는 정부의 목적함수가 반드시 기대이윤일 필요는 없다. 특히 공공기관에 대한 임금비용을 최소화하는 것이 정부의 목적이 아닐 수도 있다.

만약 현재 목표부여(편차) 평가방식이 정부의 어떤 목적에 대한 최적화된 해법이라면, 현재의 목표부여(편차) 평가방식을 통해 정부의 암묵적 목적함수가 무엇인지 역으로 유추할 수 있다.

즉, 현재 (식 1)로부터 목표부여(편차) 평가방식은 $b=\dfrac{20}{\sigma}$을 부여하고 있다. 이를 인센티브 조건인 (식 13)에 대입하여 보면, 다음과 같은 식을 얻게 된다.

$$b\sigma - a_t = \left(\frac{20}{\sigma}\right)\sigma - a_t = 0 \Rightarrow a_t = 20$$

즉, 표준편차가 업무의 난이도를 함께 결정하는 경우, 현재 목표부여(편차) 평가방식은 난이도에 상관없이 대리인이 항상 일정량의 노력을 투입하는 것을 유도하고 있다. 즉, 현재의 목표부여(편차) 평가방식이 정부의 목적에 대한 최적의 해법이라면, 정부의 목적은 난이도에 상관없이 모든 공공기관이 동일한 노력을 투입하는 것이라고 유추해 볼 수 있다.

즉, 정부가 최소 비용으로 최대 성과를 거두는 효율성을 추구하기보다는 모든 공공기관이 동일한 노력을 투입하도록 하는 공평성 혹은 획일성을 추구한다고 가정할 때, 현재의 목표부여(편차) 평가방식이 사전적 인센티브 시스템으로 가장 잘 설명되는 것으로 보인다.

V. 결론

본 연구에서는 2016년 공공기관 경영평가 중 계량평가에서 가장 많이 사용되고 있는 목표부여(편차) 평가방식의 이론적 근거에 대하여 탐색하여 보았다.

사후적 평가의 관점에서 볼 때 목표부여(편차) 평가방식은 단기적 성과에 대하여 기관이 전년도에 비하여 더 많은 노력을 기울였는가를 통계적으로 검증하는 이론과 가장 일치하였다. 하지만 과연 기관이 매년 더 많은 노력을 기울이는 것이 가능하지 않다면 이러한 검증은 의미가 크지 않을 수 있다. 장기적 성과에 대해서는 기관이 올해에도 노력을 기울였는가에 대한 통계적 검증과 일부 일치하였다. 다만 이 경우 표준편차를 성과의 표준편차가 아니라 성과증가분의 표준편차로 계산하는 것이 더욱 적절할 수도 있다.

사전적 인센티브의 관점에서 볼 때 목표부여(편차) 평가방식은 기관이 위험기피적이고 참여조건이 등식으로 만족된다는 가정 하에서 최적 성과계약 시스템과 방향성에서 일치함을 발견하였다. 하지만 기관이 위험중립적이고 참여조건이 의미가 없는 상황에서는 최적 성과계약 시스템과 일치하지 않았다. 다만 표준편차가 업무의 난이도를 반영하고, 정부가 모든 기관에 획일적으로 동일한 노력을 요구하는 상황에서는 현재의 목표부여(편차) 평가방식이 사전적 인센티브의 관점에서 설명될 수 있었다.

실제로 다양한 공공기관들의 계량지표를 살펴보면 매년 거의 증가하지 않는 지표들이 있는가 하면 매년 큰 폭으로 증가하는 지표들도 있다. 또한 기관이 법률과 정책에 의해 수행해야만 하는 사업들도 있지만 자발적으로 발굴한 사업들도 있다. 그리고 사업의 난이도도 지표별로 큰 차이가 있어 보인다. 이러한 다양성에도 불구하고 획일적으로 목표부여(편차) 평가방식을 사용하는 것은 사후적 평가의 관점에서나 사전적 평가의 관점에서 최적이 아님을 알 수 있다. 또한 사후적 평가나 사전적 인센티브에서 평가의 의도가 무엇인지에 따라서도 평가방식이 바뀌어야 함을 알 수 있었다. 따라서 기관에 대하여 주어진 사업에 대해 매년 같은 노력을 꾸준히 기울이기를 의도하는지, 매년 더 많은 자원과 인원을 투입하기를 의도하는지, 공공기관에 대한 임금 혹은 예산을 최소화하면서 성과를 최대화하는 것을 의도하는지 등을 평가자가 스스로 인지 및 동의하고 평가방식을 선택하는 것이 우선될 필요가 있어 보인다.

참고문헌

Bolton, P. and Dewatripont, M.(2005), *Contract Theory*, MIT Press.

Holmstrom, B. and Milgrom, P.(1987), Aggregation and linearity in the provision of intertemporal incentives, *Econometrica: Journal of the Econometric Society*, pp. 303-328.

Kwon, Illoong(2006), Incentives, wages, and promotions: theory and evidence, *RAND Journal of Economics*, pp. 100-120.

부록

2016년 공공기관 경영실적 평가기준－목표부여(편차) 평가방식[10]

- 목표부여 지표의 평가방법은 기준치(통상 전년도 실적치)에 일정 수준을 고려한 최고목표와 최저목표에 따라 득점구간을 설정하여 측정한다.
- 목표부여 방법의 기본득점은 20점(100점 만점)으로 하여 다음과 같이 평점을 계산한다. 평점의 상한과 하한은 각각 100점과 20점으로 하여 이를 초과하거나 미달하지 않도록 한다.

$$20\text{점} + 80\text{점} \times \frac{\text{실적} - \text{최저목표}}{\text{최고목표} - \text{최저목표}}$$

- 기준치는 편람에서 별도로 정하지 않는 한 상향지표는 직전 연도 실적치와 직전 3개년 평균 실적치 중 최댓값으로 하고 하향지표는 최솟값으로 한다. 단 동일한 회계기준에 의한 3개년 실적치가 없는 경우 2개년 실적치에 의한다.
- 목표부여(편차) 방법에서는 상향목표의 경우 최고목표는 기준치+1×표준편차(과거 5개년), 최저목표는 기준치−2×표준편차(과거 5개년)로 계산하고, 하향목표의 경우 최고목표는 기준치−1×표준편차(과거 5개년), 최저목표는 기준치+2×표준편차(과거 5개년)로 계산한다. 다만 주요사업의 경우 상향목표의 최고목표는 기준치+2×표준편차(과거 5개년)로 적용하고, 하향목표의 최고목표는 기준치−2×표준편차(과거

10 2016년 공공기관 경영평가 편람, pp. 31-32.

5개년)로 적용한다. 단, 동일한 회계기준에 의한 5개년 실적치가 없는 경우 동일한 회계기준에 의한 3개년 또는 4개년 편차를 적용한다.

- 최고목표와 최저목표는 개별 지표의 특성을 반영하기 위해 그 값을 편람에서 별도로 정할 수 있다.
- 기관의 조직 및 사업구조 변화 등으로 인한 자료의 불연속으로 과거 5개년 자료를 사용할 수 없는 경우 기간을 단축하여 3개년 또는 4개년 편차를 이용할 수 있다. 사업 구조 변화 등으로 평가 연도에 자료의 불연속이 발생하여 목표부여(편차) 방법을 적용하는 것이 적절치 않다고 판단되는 경우에는 일반적인 목표부여 방법을 적용할 수 있다.
- 목표부여(편차) 방법의 평가 시 이용되는 표준편차는 다음과 같이 산정한다.

$$\text{표준편차 } S = \sqrt{\sum_{i=1}^{N} \frac{(Y_i - \overline{Y})^2}{n}}$$

Y_i: I 연도의 Y값
$\overline{Y}$: Y의 평균값
n: 표본기간

제12장

자료포락분석(DEA)을 이용한 공기업의 효율성 개선 실증 분석

고길곤

(서울대학교 행정대학원 교수)

I. 서론

공기업은 경제발전 촉진, 부족한 민간자본 문제 해결, 독점사업에 대한 시장실패 해결, 증대하는 공공서비스 수요 충족, 국내외의 정치적 요인에 대한 고려 등 다양한 경제, 사회, 정치적 배경 아래에서 설립되고 발전되어 왔다(김준기, 2014:27-37; 유훈 외, 2011; Hood, 1994; Friedmann, 1954). 이러한 배경 아래에서 공기업은 '기업'으로서 효율성을 추구할 뿐 아니라 '공공'기관으로 공공성을 조화롭게 추구하도록 요구받고 있으며, 공공기관 경영평가 제도는 공기업의 경영효율성과 공공성 확보를 그 중요한 존립 근거로 제시하고 있다. 하지만, 공공성과 효율성은 "본질적으로 경합적인 개념(essentially contested concept)"이다(Gallie, 1955). 공공기관 경영평가에서 다양한 평가지표는 공공성과 효율성을 반영하고자 하지만 실제 정의되고 측정되는 것과 이론에서 제기되는 것 사이에는 큰 간격이 존재한다. 이러한 한계로 인해, 1984년 이후 30여 년 이상 공기업 경영평가가 진행됐지만, 공기업이 얼마나 공공성이나 효율성을 달성하는데 이바지해왔는지를 실증적으로 분석하는 연구는 찾아보기 어렵다. 이러한 상황에도 불구하고, 공기업의 공공성과 효율성에 대한 논쟁은 여전히 진행 중이다. 뿐만 아니라, 매년 수천 페이지에 달하는 경영평가보고서가 쏟아지고 있음에도 불구하고, 과연 우리나라 공기업은 효율성이 얼마나 개선 혹은 악화하고 있는가라는 기본적인 질문에 관한 실증 연구가 제대로 이루어지지 못하고 있는 것은 매우 심각한 연구상의 공백이라고 할 것이다.

효율성 측정을 위해 널리 사용되는 방법은 자료포락분석(data envelopment analysis, DEA)과 생산함수 접근법이라고 할 수 있는 확률변경모형

(stochastic frontier analysis, SFA)이다(고길곤, 2017). 공기업의 경우 생산함수에 사용되는 투입과 산출변수 자체가 다양하다. DEA는 투입 대비 산출 비율이라는 효율성의 정의에 충실하면서도 다수의 투입 및 산출 요소를 종합적으로 평가할 수 있다는 장점이 있어 널리 사용되어 왔다(유금록, 2005; 이정동 외, 2012). 다만, 투입과 산출변수의 선택, DEA의 규모에 대한 수익 가정이나 투입 및 산출변수의 변화 방향 가정, 음수의 투입 및 산출변수의 값의 처리방법 등에 따른 DEA 분석결과의 민감도 문제로 인해 공기업의 효율성 평가에 DEA 방법론이 과연 타당한지에 대한 본질적인 문제가 지속적으로 제기되고 있다. 본 장에서는 DEA 방법론의 신뢰성을 시계열 상의 다양한 관점에서 분석해보고자 한다.

이를 바탕으로 '기업'으로서의 공기업 효율성이 시계열적으로 어떻게 변화했는지를 실증적으로 살펴보고자 한다. 정권이 바뀔 때마다 혹은 특정 사건이 발생할 때마다 공기업의 비효율성에 대한 비판이 제기되고, 그 대안으로 민영화와 정부의 적극적 공기업 통제가 제시되는 현상은 반복되고 있지만, 평균적으로 공기업 효율성이 악화하고 있는지 아니면 공기업 간 효율성 변화의 추세가 어떻게 나타나고 있는지는 여전히 모호한 상태이다. 따라서 공기업 정책 수립에 효율성 변화의 추세를 살펴보는 것은 매우 중요하다고 할 수 있다.

Ⅱ. 선행연구 검토

1. 공기업의 효율성과 측정에 대한 논의

본 연구에서 살펴볼 공기업 효율성 시계열 변화 의미는 다양한 관점에서 논의할 수 있다(김준기, 2014; 주경태·윤성식, 2006; 김현숙, 2007).

본 연구의 대상이 되는 공기업은 공공기관 중 『공공기관의 운영에 관한 법률』에 의해 정의된 공공기관을 의미한다. 동법에서 공공기관은 정부가 출연한 기관(법률 4조 1항 1호), 정부가 100분의 50 이상의 지분을 가지고 있거나 100분의 30 이상의 지분을 가지고 사실상 지배력을 확보한 기관(법률 4조 1항 3호), 위 둘 중 어느 하나에 해당하는 기관이 정부와 합하여 100분의 50 이상의 지분을 가지고 있거나 100분의 30 이상의 지분을 가진 경우(법률 4조 1항 4, 5호), 그리고 위 사항에 해당하는 기관이 설립하는 경우(법률 4조 1항 6호) 등으로 분류하고 있다. 즉, 정부 위탁 사업수식 비율을 가지고 공공기관을 지정하는 법률 4조 1항 2호에 해당하는 기관을 제외하면 한국의 공공기관 및 공기업 분류는 사실상 설립 근거법령과 정부 지분율을 실질적 기준으로 삼고 있음을 알 수 있다.[1] 이 공공기관 중에서 자체수입액이 총수입액의 2분의 1 이상인 기관을 공기업으로 지정하고 있다. 본 논문에서는 위 법률적 정의에 근거해서 공기업의 범위를 설정

1 예를 들면, 한국전력공사법의 경우는 자본금 출자액의 51%를 정부가 할 것을 규정하고 있고 정부가 18.2%, 한국산업은행이 32.9%, 국민연금공단이 7%를 보유해 실제로는 공공부문이 58%의 지분을 보유하는 것으로 이는 공공기관 운영에 관한 법률 4조의 4에 해당함을 알 수 있다. 한국가스공사 역시 정부의 지분율은 2015년 현재 26%이며 공기업인 한국전력과 공법인인 지방자치단체를 모두 포함한 공공부문의 지분율은 53%이다. 반면 한국공항공사와 같은 경우는 설립법령에서 별도의 출자액 규정을 하지 않고 있으며, 정부가 단일로 100% 지분을 소유하고 있다.

하였다.

지분, 즉 소유 지배구조(ownership)를 기준으로 공기업을 정의한다는 것 자체가 공기업의 기업성을 부분적으로 인정한다는 점이며, 기업성을 바탕으로 한 효율성 분석이 가능하다(Boardman and Vining, 2001; Hansman, 2009). 공기업의 효율성을 연구할 때 효율성은 성과(performance)라는 말과 거의 동치로 사용된다(Majumdar, 1998; Bai, Li and Wang, 1997). 특히 1980년대 이후 민간기업의 소유 지배구조를 설명하기 위해 발전된 주인-대리인 이론을 공공부문이 받아들인 결과, 신공공관리 관점에서 공공부문의 효율성이 핵심적인 연구주제가 되었다(Pollit and Boukaert, 2011). 그러나 현행 공공기관 평가에서 의미하는 성과는 단순히 공공기관의 재무적 효율성이나 경제적 효율성에 한정되지 않고, 경영관리나 주요사업 관리에 있어서 "조직 전체의 종합적인 활동의 질"에 가깝기 때문에 성과와 효율성은 구분할 필요가 있다. 본 논문에서는 재무상태를 중심으로 한 공기업의 기술적 효율성(technical efficiency) 혹은 경제적 효율성을 측정하고자 한다.

효율성 자체의 개념 역시 다양하게 제시가 될 수 있다. 가장 단순하게는 투입 대비 산출 비율 개념, 경제학적으로는 현재 기술상태에서 최대로 도달할 수 있는 생산적 또는 기술적 효율성(technical efficiency)을 사용할 수 있다. 이는 가장 효율적 상태에 대해 현재의 상태가 얼마나 효율적인지를 평가하는 상대적 효율성 개념이며, 생산가능집합을 이용하여 생산가능 경계 혹은 효율 경계를 추정한 후 현재의 투입 혹은 산출수준이 얼마나 과다 투입되거나 과소 산출되는지를 측정하는 방식으로 파레토-쿱만 효율성(Pareto-Koopmans efficiency)이라고도 한다(김동건, 2011; Farell, 1957).

이상적인 효율성 측정은 현재 기술수준에서 가장 효율적인 상태와 현실 상태를 비교할 때 시사점이 크다. 일반적으로는 민간기업의 효율성을 이상적인 상태로 가정하여 이를 공기업의 효율성과 비교하는 것이 초기 공기업 효율성 논의의 주류였다. 즉 공기업의 효율성은 민간기업의 소유 지배구조의 효율성, 이 가정을 모사하기 위한 공기업 소유지배 정책의 변동을 설명해주고 측정하는 핵심 개념이었다(Savas, 1982; Vining and Boardman, 1992; Majumdar, 1998; Zheng, Liu and Bigsten, 2003). 이러한 경향은 비교적 최근에도 이어지고 있으며, 다만 공기업의 급격한 소유 지배구조 변화, 즉 민영화와 같은 거시적 정책이 대체로 지양됨에 따라 이사회 구조에 따른 효율성 차이, 정책 변동으로 인한 차이와 같은 국내 미시적 분석, 그리고 국제적 비교 분석과 같은 거시적 연구를 위해 공기업 효율성 개념이 사용되고 있다(Bozec and Dia, 2005; Alfonso et al., 2010). 하지만 민간기업과 공기업을 비교하기보다는 유사성이 높은 공기업 집단을 대상으로 효율성 변화를 측정함으로써 공기업이 다른 공기업에 비해 효율성에 얼마나 차이가 나는지를 살펴보는 연구가 더욱 필요하다.

한편, 공기업의 효율성 측정에 있어 단지 단일 시점에서 상태를 측정하는 것보다 여러 해에 걸쳐 측정된 결과를 비교하는 것도 특정 정책의 성과, 또는 중장기적 관점에서 효율성 개선을 확인하기 위한 의미가 있다.[2] 정책 환경에 비하면, 공기업의 경우 생산기술이 급격하게 변하지 않으며, 시장에서 공급하는 서비스와 상품 역시 큰 변화는 없다. 하지만 정부의 정책 변화 등에 따라 효율성이 영향을 받을 가능성이 크다. 따라서 정부 정책이 변화하는 주기를 고려하여 5년 또는 10년 단위의 중장기적 관점에서 효율성 추세를 살펴볼 필요성이 있다.

2 패널자료 분석을 통해서 기업 간 이질성의 문제나 시간불변(time invariant) 요소의 영향은 통제가능할 수 있다는 장점도 있다.

2. 공기업 효율성 측정의 선행연구

공기업의 효율성 측정 방식은 단순히 재무 비율에 기반을 둔 지표를 통해 분석하는 것에서부터 공공기관 경영평가처럼 다양한 정보를 이용해 종합적으로 측정하는 방식에 이르기까지 다양하다. 본 연구에서는 공기업의 효율성을 정의함에 있어 경영평가와 같은 종합적 측정방식보다는, 이론적 관점의 파레토-쿱만 효율성 개념을 따르고자 한다. 이는 기본적으로 투입대비 산출을 복수의 대안에 대해 비교하는 관점이다. 본격적으로 다수의 투입과 다수의 산출이 있는 문제를 다루게 된 것은 Charnes, Cooper and Rhodes(1978)에 의해 제시된 규모에 대한 불변수확 가정에 기반한 DEA 모형이 등장한 시점부터이다. 이 모형은 프로그램의 효과를 측정하는 데 있어서 기존의 단일한 투입 혹은 산출을 종속변수로 사용하는 접근 방식에서 벗어나 투입 요소들과 산출 요소들을 선형 결합의 형태로 각각 나타내고 제약조건 아래에서 투입 대비 산출을 극대화하는 선형계획법에 기초한다. 이 접근 방법은 이후 시장가치 측정이 어려운 공공부문의 각종 프로그램과 활동에 대한 효율성을 측정할 때 널리 사용되기 시작하였다(Charnes, Cooper and Rhodes, 1981; Smith and Mayston, 1986; Ruggiero, 1994; Afonso et al., 2010).

국내에서 특히 공기업을 대상으로 효율성을 측정한 연구는 대체로 국가 소유의 공기업보다는 지방자치단체 수준의 공기업 및 공공기관을 대상으로 측정이 이루어져 왔다. 이들 연구는 방법론으로 자료포락분석을 주로 사용했다는 점이 특기할 만한 사항이다. 분석 대상으로는 지방공기업(문광민, 2011), 각 지자체 소유 도시개발공사(김홍주·이희연, 2005; 유금록, 2009), 각 지자체 소유 지하철공사(유경상·김승준, 2012), 지방 상하수도(유지연, 2014; 김상문, 2011; 유금록, 2016) 등이 있다. 분석에 다양한 자료포락분석의 기법이 적용되었는데, 문광민(2011)의 연구는 잔여기준 동태적 자료포락모형을, 유금록(2009)은 비방사적 자료포락분석 모형을, 유금록(2012)은 방향거리함수 모형 등을 각각 사용하고 있었다. 특히 유금록(2005, 2016)은 비음자료를 다루지 못하는 자료포락분석 모형의 한계를 극복하고자 비음자료를 직접 다루는 모형을 사용했다는 점에서 주목할 만하다.

시계열 자료를 분석에 사용한 연구도 다수 존재한다. 패널데이터를 통해 지방공기업들의 효율성을 비교한 연구로는 이승용(2010), 문광민(2011), 김상문(2011), 유금록(2015) 등이 있다. 먼저 문광민(2011)의 연구는 패널데이터 상에서 투하자본의 경우는 단기적으로는 준고정적 성격을 가진 변수이기 때문에 동태적 모형에서는 이를 반영해야 한다고 하여 잔여기준 동태적 모형을 적용했다. 즉 단기적으로는 변화시키기 어렵지만, 시점 간을 매개하는 변수의 성격을 가지므로 이를 모형에 반영, 해석해야 한다는 것이다. 그 결과 동태적 모형보다 정태적 모형은 비효율성을 과다 측정하는 경향이 있음을 보였다. 이 모형을 활용한 연구는 다양한 장점이 있지만, 비음 자료에 대한 해석이 쉽지 않은 단점을 가지고 있다.

이승용(2010)의 연구는 시계열 변화에 따른 공기업 효율성 변화를 추적하였다. 1990~2007년의 주요 정부투자기관 12개에 대해 규모수익 불변을 가정하는 CCR모형을 활용, 투입 변수로는 인건비와 자본을, 산출변수로 매출액과 영업이익을 선정해 분석했다. 이 연구는 실증적으로 한국의 공공부문의 효율성 추이를 분석했다는 장점이 있으며 이를 직접적으로 정부경영평가 점수와 비교하였다는 점에서 시사점을 제공한다. 그러나 변수선정에 있어 투입, 산출변수의 합보다 의사결정단위의 수가 3배 이상이 되어야 한다는 Banker, Charnes and Cooper(1984)의 연구결과를 수용한 결과 12개의 의사결정단위에 대해 투입과 산출변수의 수가 제약된 경향이 있으며, 패널데이터를 활용했음에도 맘퀴스트 효율성 분석, 윈도우 분석,

메타변경 효율성 분석 등의 기법이 활용되지 않은 점, 그리고 비음 조건에 대한 논의가 없었다는 점은 연구의 한계로 지적될 수 있다.

김상문(2011)의 연구는 시점 간 상수도 사업의 효율성 분석을 위해, 맘퀴스트 생산성 지수를 적용한 Fare et al.(1994)의 모형을 사용했다. 맘퀴스트 분석은 *t*와 *t*+1기, 즉 2 시점의 데이터 분석을 통해 기술 효율성의 변화를 측정하는 방식으로, 2 시점 데이터에 대해서는 매우 유효한 방식이며, 이 방법론 적용을 통해 규모 및 효율성 제고보다는 투입 대비 산출 등의 최적화를 통한 기술 효율성 변화가 총생산 제고에 영향을 주었다는 결론을 내렸다. 다만 문광민(2011)의 연구와 마찬가지로 비음 자료에 대한 고려가 없었고 2 시점을 벗어나는 자료를 활용하지 못한 방법론상의 한계점 등이 있다.

지방하수도공기업의 시점 간 효율성 변화를 측정한 유금록(2015)은 규모에 따라 집단을 나눈 후 집단효율성을 메타변경효율성(metafrontier efficiency)을 통해 분석했다. 특히 이 과정에서 비방사적 비소망산출물 모형을 활용, 기술격차와 효율성을 연계했다는 데 의의가 있다.

국내외의 공기업 효율성 측정에서 특히 주목할 것은 투입 및 산출변수 선정에 대한 쟁점이다. 앞에서 검토한 국내 연구 이외에도 해외 연구도 다양한 투입과 산출 요소를 효율성 측정에 사용하고 있다. 주로 제조업 방식의 공기업 효율성을 분석한 Zalm and Taskin(1997)은 해당 산업 종사자, 원자재, 사용 연료와 전기의 현재가치, 마력 단위로 계산된 총 설비용량을 투입변수로, 그리고 산출은 총 매출의 현재가치를 이용했다. 총 설비용량은 투하자본의 대리변수 성격인데, 산업 분야마다 자본의 특성이 다를 수 있으므로 대리변수를 사용했다.

물론, 공공부문 중 특정부문, 예를 들어 전력, 공항 등을 분석할 경우는 산업 특성에 맞는 변수를 활용할 수 있을 것이다. 가령 공항 같은 경우는 종속변수로 환승객, 공항이용객 수 등을 산출변수로 일반적으로 사용하고 있으며, 전력은 각 플랜트 당 전력생산량을 산출변수로 활용할 수 있다(Gillen and Lall, 1997; Foreman-Peck and Waterson, 1985). 이는 최대한 유사한 의사결정단위들을 대상으로 한 생산경계(production frontier)를 획정할 때 유용한 방법이다. 공기업의 효율성 측정에서 자료포락분석을 이용하지는 않았지만, 민영화로 인한 생산성 변화를 분석한 Vining and Boardman(1992)은 기술적 생산성의 종속변수로 1인당 총매출, 1인 자산당 매출을, 수익성 변수로 총자산수익률, 매출액 순이익률, 순이익 등을 제시했다. 그러나 이와 같은 회귀분석 접근은 설명변수로 투입변수가 아닌 매출액, 자산, 시장점유율 등의 변수를 동시에 제시해 자료포락분석의 변수 선정과는 차이가 있다. 전반적으로 DEA를 사용한다면, 투입변수로는 노동력과 자본을, 산출로는 주로 매출액 관련 변수를 잡는 것으로 보인다. 그러나 자산이 총 설비용량과 같은 산업 특정변수와 등가는 아니며 총자산 또는 자본이 화폐단위로 측정된 자료가 있다면 이를 이용할 수 있다.

3. 선행연구의 시사점과 연구문제

선행연구의 검토 결과를 살펴보면 다음과 같은 몇 가지 연구 쟁점을 확인할 수 있다. 첫째, 공기업 효율성 측정의 필요성이다. 공기업은 공공성을 우선시해야 하므로 효율성을 측정하고 강조하는 것은 바람직하지 않다는 부정적 입장도 존재한다. 또한 효율성 측정 자체가 불완전한 방법이기 때문에 필요하지 않다는 주장도 존재한다. 그러나 민영화나 공기업 성과관리에서는 "공기업의 효율성이 낮다"는 주장이 지속적으로 제기되고 있다. 공기업의 효율성이 제대로 측정되지 않은 상황에서 공기업의 효율성이 낮다고 결론을 내리는 것은 바람직하지 않다. 기초적인 효율성 측정이 이루어지지 않은 상황에서 공기업의 효율성에 대한 적절한 판단은 매우 주관적으로 판단될 수밖에 없고 공기업 관리가 제대로 이루어지기 힘들다. 따라서 효율성 측정은 공기업 연구에서 여전히 현실적·이론적으로 중요한 문제이다.

둘째, 효율성 측정 방법론으로서 DEA가 널리 활용되고 있지만, 투입 및 산출변수 선정에 대한 기준들이 명확하지 않다는 점이다. 일반적으로 재무지표들이 효율성 평가에 사용되고 있지만, 재무지표 항목을 어떻게 선정했는지에 대한 절차나 근거에 대한 충분한 논의가 제시되고 있지 않다. 그 결과 선행연구에서 제시된 지표들을 단순히 나열하는 데 그치는 경우가 흔히 발견된다.

특히 이질적인 독점기업을 다수 포함하는 우리나라 공기업 효율성 분석의 경우 산업 특정 산출변수를 활용하는 것은 한계가 있다. 많은 연구가 화폐단위로 표준화된 재무제표를 가지고 산출과 투입변수를 선정하는 것은 이와 같은 이유 때문이다. 그러나 여전히, 화폐가치로 측정된 재무제표상에서 투입 및 산출변수를 선정한다고 해도 어떠한 변수를 선정할 것인지에 대한 일반적 기준은 없는 상황이다.

공기업의 효율성을 DEA를 이용하여 측정하기 위해서는 여러 가지 방법론상의 쟁점을 검토해야 한다. 효율성 개념 자체가 다양하게 이해되고 있을 뿐 아니라 DEA 결과의 타당성과 신뢰성을 확보하기 위하여 이 방법론을 적용할 때 발생되는 다양한 쟁점들을 분석 과정에 충분히 반영해야 한다. 여러 실증주의 모형들처럼 DEA 역시 효율성 결과가 변수 선택, 자료, 모형 설정 등에 따라 달라질 가능성이 매우 크며 이를 종합적으로 검토하지 않은 채 DEA를 적용하게 되면 효율성 분석결과의 타당성을 심각하게 의심받게 된다. 이는 궁극적으로 효율성 분석결과를 활용하는 공기업이나, 정부, 혹은 연구자 집단의 수용 가능성을 낮추게 되어, DEA가 단순히 계량적 인공물(quantitative artifact)로 받아들여지게 되는 상황을 초래한다.

따라서 본 연구는 공기업 효율성 수준의 시점 간 변화 측정을 핵심 연구문제로 제시하고, 기존의 DEA 연구에서 나타나고 있는 방법론상의 쟁점을 검토 반영하여 강건성을 가질 수 있는 모형 및 결과를 제시하고자 한다.

III. 방법론과 데이터

1. 변수와 모형 선정

본 연구는 방법론적 기준으로 자료포락분석을 이용한다. 공기업의 효율성 분석에는 자료포락분석 외에도 회귀분석 및 이를 응용한 확률변경분석 등도 사용된다. 그러나 투입과 산출을 정의하는 데는 자료포락분석이 별도의 생산함수 가정이 없어 더 직관적이며, 방사형 또는 비방사형 모형에 따라 여유분을 제시하고 해석할 수 있는 장점이 있다. 이 방법론은 과거 진행된 정책 또는 민영화 등 별도의 구분 변수를 가지지 않고도 결과를 가지고 해석할 수 있는 장점이 있으며, 앞서 시점 간 변화를 비교하는 데에도 유용한 방법임을 살펴본 바 있다. 보다 체계적인 절차를 통해 분석을 실시하기 위해 연구 흐름도(flow chart)를 제시하면 [그림 12-1]과 같다.

먼저 변수 선정과정이다. 일반적으로 경영효율화 관점에서의 평가지표는 조직 및 인사관리의 합리화, 재무 및 예산관리의 합리화, 보수관리, 노사관계, 성과관리, 공공기관 선진화 및 경영효율화, 생산 및 품질관리, 경영정보관리, 연구개발, 출자회사 관리 등과 같은 지표들이 제시된다(장지

[그림 12-1] 연구 흐름도

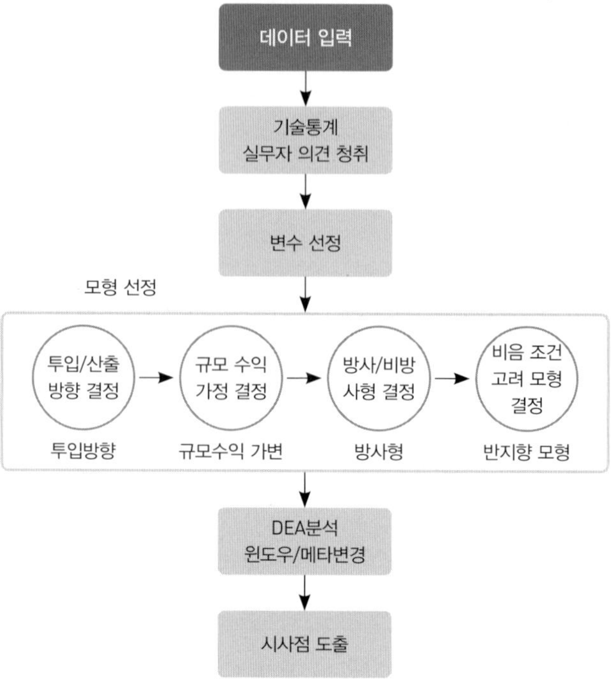

인 외, 2013). 그중 생산성 또는 생산성의 지표는 주로 재무제표 관점에서 연구되었다. 재무제표를 분석대상으로 어떠한 변수를 사용할 것인지에 대한 추가 검토를 위해 고길곤(2016)의 연구와 같은 접근을 취했다. 즉 실무자의 의견을 청취해 이를 모형에 반영하고자 했다. 먼저, 본 연구에서는 178개의 중앙공공기관과 지방공기업, 그리고 기타 공공서비스 조직에 "투입 대비 산출 비율을 계산하여 경제적 효율성을 비교할 때 중요하다고 생각하는 투입요소 3가지를 선택해주시기 바랍니다."라는 설문을 제시하였다.[3] 이를 통해 주요 투입요소로 평균인원, 자산, 자본, 판매관리비, 주요

3 이 자료는 서울대학교 행정대학원 조직진단센터의 서베이를 통해 확보하였다.

산출요소는 영업이익, 매출액, 당기순이익, 부채, 부가가치가 제시되고 있는 것을 발견했다. 또한, 유사하게 30개의 공기업 경영평가 담당자들에게 동일한 질문을 제시하였고 중요 투입 및 산출변수를 유사하게 얻을 수 있었다. 이를 바탕으로 평균인원, 자산, 자본, 영업비용(매출원가+판관비)을 투입요소로 영업이익, 매출액, 당기순이익을 산출요소로 한 효율성 모형을 최종 선택하였다.

유금록(2016), 문광민(2011)의 연구에서는 투입 요소를 재량적 투입과 비재량적 투입으로 나누기도 한다. 예를 들어 정원은 공기업이 선택할 수 있기보다는 정부에 의해 규정되어 있기 때문에 변동이 크지 않을 수 있다. 하지만 평균인원을 사용하면 공기업의 재량을 반영할 수 있기 때문에 본 연구는 재량적 투입과 비재량적 투입을 구분하지 않았다.[4]

산출변수인 매출액, 영업이익, 당기순이익 중 매출액은 기업의 고유 핵심 기능인 영업활동 성과를 나타낸다. 영업이익은 매출액에서 매출원가와 판관비를 제외한 값이며, 당기순이익은 추가로 영업 외 비용과 특별손익, 세금을 제외한 값이다. 대개의 연구는 특히 당기순이익을 영업이익으로 나눈 영업이익순이익률 등의 지표를 활용하는데, 본 연구는 비율 변수를 투입 또는 산출물로 활용하는 것을 피하려고 원자료를 그대로 투입했다. 이는, 산출을 비율 변수로 놓을 때 볼록성 가정(convexity assumption)을 위반할 가능성이 있기 때문이다(Emrouznejad and Amin, 2007).

또 다른 쟁점은 투입 또는 산출방향 선택, 규모에 대한 수익 가정, 비음자료에 대한 처리, 그리고 시점 간 변화에 대한 요약과 분석이다. 먼저 모형은 투입방향, 규모수익은 가변으로 구성하도록 한다. 공공기관들의 특

4 정원의 경우는 정부에 의해 외부요인으로 결정되는 것이므로 비재량적 투입이라고 볼 수 있지만, 평균인력은 각 기업의 투입으로 볼 수 있다. 자본 역시 시점간 변화를 하고 재량적으로 변화시킬 수 있다는 점도 고려하였다.

성상 산출을 가변하기보다는 투입을 가변하는 것이 더 용이하며 이는 실무자 의견청취 과정에서 드러난 바 있다. 따라서 투입방향 모형을 구성하였다. 실제 투입방향과 산출방향 모형의 결과를 비교한 결과도 산출방향의 경우는 기업 간 효율성 점수 차이가 크게 나타나지 않는 한계가 있었다. 한편, 규모수익을 가변으로 선정한 이유는 각 공기업들의 규모가 상이해서, 규모수익을 고정되었다고 가정할 경우 상대적으로 규모가 큰 기업들의 효율성이 낮게 나타날 가능성이 있기 때문이다.

다음으로 일부 투입변수는 음의 값을 갖기 때문에 이 문제를 해결할 필요가 있다. 음의 변수를 고려한 모형은 Portela et al.(2004)이 개발한 방향거리 함수 모형(RDS), Sharp et al.(2006)이 개발한 변형 SBM(MSBM), Emrouznejad et al.(2009)가 개발한 반지향 비방사(SORM: semi-oriented radial measure) 등이 대표적이다. RDS 모형은 비음 자료를 해당 변수의 최댓값과 최솟값의 차이, 즉 거리 개념이고, MSBM도 마찬가지로 거리 개념을 모형에 투입하며, SORM 모형은 음의 값을 가지는 변수를 2개로 나누어 처리하는 특징이 있다. 각각의 방법론은 장단점이 있는데, RDM 모형은 자료포락분석의 기초 방법론과 큰 차이가 없는 값을 얻을 수 있는 장점이 있으나 단위불변성을 위반하는 문제가 있으며, MSBM도 마찬가지이다. SORM 모형은 방사형 모형을 더 일반화하여 음의 값이 나오는 경우 더 낮은 효율성 점수가 나오게 해주는 장점이 있으나 모형의 변수가 많아지는 문제점이 있다.

본 연구는 SORM 모형을 채택하도록 한다. SORM의 문제는 비음 변수가 1개 있을 때마다 모형에 투입되는 변수가 1개씩 늘어나는 것이다. 그러나, 후술하겠지만, 본 연구는 총 4개 투입변수, 3개 투입변수를 이용하고 음의 값을 포함하는 변수는 3개로 총 투입변수는 10개이다. 그리고 시점간 변화를 분석하기 때문에 분석대상 DMU는 1회 분석 시마다 25×4 또는 25×7이 되므로 분석 변수의 문제는 적다고 할 수 있다. 그리고 SORM이 RDM이나 MSBM에 비해 자료포락분석 모형 결괏값과 차이가 나는 값이 나오는 것으로 보고되기도 하나, 본 연구에서 규모 수익가변을 가정한 SORM 모형을 음의 변수를 양의 변수로 변환한 BCC 모형과 비교 결과 두 모형의 산출 효율성 점수 간의 상관계수는 0.95인 것으로 나타나, 비음 변수를 고려하더라도 효율성 점수 손실은 낮은 것으로 나타났다.

SORM 모형은 k DMU에 대해 양의 값과 음의 값을 혼합해서 가지는 투입과 산출물을 일부 조정하여 효율성 계산에 투입한다. m개의 투입변수 X 중 순수하게 양의 값만을 가지는 산출물의 개수와 열을 p, 양의 값과 음의 값을 혼합해 가지는 산출을 l, r개의 산출물 변수 Y 중 순수하게 양의 값만을 가지는 산출물의 개수와 열을 w, 양의 값과 음의 값을 혼합해 가지는 산출을 e라고 하자. 순수하게 양의 값으로 구성된 변수는 별도의 조정을 거칠 필요가 없지만, l과 w에 대해서는 다음과 같은 조정을 한다.

$$X_{lj}^{1}=\begin{cases}X_{lj} & \text{if } X_{lj}\geq 0\\ 0 & \text{if } X_{lj}<0\end{cases},\quad X_{lj}^{2}=\begin{cases}0 & \text{if } X_{lj}\geq 0\\ -X_{lj} & \text{if } X_{lj}<0\end{cases}$$

$$Y_{ej}^{1}=\begin{cases}Y_{ej} & \text{if } Y_{ej}\geq 0\\ 0 & \text{if } Y_{ej}<0\end{cases},\quad Y_{ej}^{2}=\begin{cases}0 & \text{if } Y_{ej}\geq 0\\ -Y_{lj} & \text{if } Y_{ej}<0\end{cases}$$

조정된 변수들은 다음과 같이 투입방향 SORM-CRS 모형으로 계산된다.

$$\begin{aligned}&Min\ h\\ s.t.\quad &\sum_{j=1}^{n}x_{ij}\lambda_j s_i^{-}=h\times x_{ik}\quad (\text{단, } i=1,\cdots,m)\\ &\sum_{j=1}^{n}x_{ij}^{1}\lambda_j+s_{l1}^{-}=h\times x_{lk}^{1},\ \sum_{j=1}^{n}x_{lj}^{2}\lambda_j-s_{l2}^{-}=h\times x_{lk}^{2}\\ &\sum_{j=1}^{n}y_{rj}\lambda_j-s_r^{+}=y_{rk}\quad (\text{단, } r=1,\cdots,s)\end{aligned}$$

$$\sum_{j=1}^{n} y_{ej}^{1}\lambda_j - s_{r1}^{+} = y_{ek}^{1},\ \sum_{j=1}^{n} y_{ej}^{2}\lambda_j + s_{r2}^{+} = y_{ek}^{2}$$

$$s_i^{-} \geq 0,\ s_r^{+} \geq 0,\ \lambda_j \geq 0,\ t \geq 0$$

$$\sum_{j=1}^{n} \lambda_j = 1$$

여기서 h는 공기업 k의 방사효율성(radial efficiency)을 의미한다. x는 공기업의 투입물로 2개 변수화가 되며, x^1은 x의 양의 부분, x^2는 x의 음의 부분만을 변수화한 것이며, y, y^1, y^2도 마찬가지이다. 만약 x, y가 모두 양의 값이라면 이 모형은 방사형 CCR 투입방향 모형과 일치한다. 하첨자 i, r은 해당 변수가 모두 양의 값을 가지는 변수를 의미하며, l, j의 하첨자를 가진 변수는 양의 값과 음의 값이 혼합된 변수이며 2개로 변수화된 변수를 의미한다. s는 각 변수의 여유분을 의미한다. 즉 S_{l1}, S_{l2}는 각각 양수 투입물 값과 음수 투입물의 값으로 변환된 투입변수의 여유분을, S_{r1}, S_{r2}는 각각 양수 산출물의 값과 음수 산출물의 값으로 변환된 산출변수의 여유분을 의미한다. λ는 일종의 잠재가격으로, 비효율적 기업의 투입요소 및 산출물에 대한 효율적인 참조대상 기업의 가중치를 의미한다. $\sum_{j=1}^{n}\lambda_j = 1$은 규모수익 가변 가정으로 해당 가정을 생략하면 규모수익 불변 SORM 모형이 된다.[5]

2. 시점 간 효율성 추이 분석: 윈도우 분석과 메타 변경 분석

윈도우 분석(window analysis)은 동태적(dynamic) 상황에서 사용되는 기법의 하나다. Klopp(1985)이 개발한 이 방법은 다시점 데이터가 있는 경우 시계열 종속적인(time-dependent) 효율성 점수 측정이 목표다(Coo-

5 DEA 방법론에 대한 자세한 설명은 고길곤(2017)을 참고하기 바란다.

per et al., 2007).

윈도우 분석 기법의 기본 아이디어는, 여러 시점에 걸쳐 측정된 동일 의사결정단위(DMU)의 투입, 산출변수를 각각 독립된 것으로 간주하는 것이다. 이 경우, n개 DMU와 k시점에 대해, p의 시점을 하나 더 가정한다. p는 k보다 클 수 없으며, 이를 창(window)이라고 정의한다. 즉 전체 관측 시점보다 작은 창을 여러 번 반복하여 동일 DMU의 효율성 점수를 측정하고, 산술 또는 기하평균을 통해 각 관측시점 별 효율성 점수를 산출한다. 그리고 이 점수의 추이를 분석함으로써 개별 DMU의 효율성 점수 변화를 측정하는 기법이다. 이때 계산되는 횟수는 다음 〈표 12-1〉과 같다.

유금록(2015)의 연구와 같이 메타 변경 효율성을 측정하는 것은, 전체 DMU를 단일 창에 넣고 측정하는 것과 같은 결과를 낳는다. 반면 윈도우 분석은, 창의 수를 변경하여, 각각의 창에서 생산변경을 측정한다. 이때의 DMU들은 같은 DMU라 하더라도 소속되는 창에 따라 다른 것으로 여겨지며, 이 DMU 수는 단일 메타 변경 분석에 사용된 DMU 수보다 ΔDMU 만큼 많게 된다.

패널데이터를 바탕으로 시계열 상의 효율성 변화를 추적하는 경우 윈도우 분석과 메타 변경 분석 중 어느 것이 기술적으로 우월한지에 대한 판단 기준은 명확히 제시되지 않고 있다. 다만 윈도우 분석은 일종의 이동평균

〈표 12-1〉 윈도우 분석에서 분석 대상의 산식

구분	식
창의 수	$w=k-p+1$
각 창에서 DMU의 수	$np/2$
다르게 처리되는 DMU의 총수	npw
ΔDMU	$n(p-1)(k-p)$

(moving average) 개념에 기반을 둔 분석기법이므로 최초 관측 연도나 마지막 관측 연도의 경우는 1기의 윈도우에서만 효율성이 계산되는 문제가 있다(Cooper et al., 2007). 이처럼 1기에만 분석이 이루어지는 것은 특히 일정 연도 데이터가 누락된 불균형 패널데이터의 경우 문제가 된다. 따라서, 여러 시점의 DMU들의 효율성 점수가 비교적 안정적으로 움직일 경우는 굳이 이동평균 기법을 활용한 윈도우 분석을 통하지 않고도 메타 변경 분석을 통해 효율성 변화 추이를 계산할 수 있다.

메타 변경 분석을 이용한 본 연구의 또 다른 장점은 불균형 패널인 경우에도 적용할 수 있다는 점이다. 일부 공기업은 자료를 구할 수 없어서 분석 기간이 짧은 문제가 발생하였다. 윈도우 분석을 이용하면 분석 기간이 짧은 경우 분석결과의 안정성에 문제가 발생할 수 있기 때문이다.

3. 데이터

본 연구는 각 공기업에게 최대한 가능한 시점의 데이터를 요청하여 자료를 수집했다. 이에 따라 총 29개 공기업, 1999년부터 2015년까지 17년간 총 302개 관측치의 데이터를 취합했다. 불균형 패널데이터이기 때문에 이를 바로 윈도우 분석에 투입하기에는 무리가 있으므로, 최종적으로 윈도우 크기는 3개 연도, 분석 시점은 2007년부터 2015년까지 총 8년간의 분석을 진행하도록 한다. 분석에는 27개 기업, 2007년부터 2015년까지 최대 225개의 관측치가 사용되었다.

수집 데이터는 여러 쟁점이 있을 수 있으므로 자세한 가이드라인을 제시해 공기업 경영평가 담당자들을 통해 취합했다. 먼저, 회계 기준의 경우 2011년 도입된 K-IFRS를 적용하므로, 이에 대해 최대한 일관성 있는 자료를 확보할 수 있게끔 하였다. 또한 자회사를 포함시키지 않기 위해 연결재무제표가 아닌 개별재무제표를 요구하였다. 그리고 인력의 경우 세부 작성 기준으로 경영평가 지침상의 평균인원 자료를 요청하였다. 평균인원은 실질적으로 생산활동에 종사하는 사람으로 정규직, 비정규직을 포함하는 개념이다. 다음으로 실질가격과 명목가격의 차이가 있으므로, 일단 명목가격 자료를 제출하도록 한 다음 GDP 디플레이터를 적용하였다.

연도별로 일부 공기업의 자료는 누락되어 분석에서 제외된 경우도 존재하였다. 분석의 편의상 표본의 크기를 연도별로 일치시키는 것을 고려할 수 있지만, 특정 연도에 누락된 기업이 메타 효율 변경선에 영향을 주지 않는 이상 효율성 측정에는 영향이 없기 때문에 활용가능한 정보를 최대한 이용하기 위해 분석에 모두 포함시켰다.

Ⅳ. 분석결과

1. 기술통계

분석에 사용된 변수의 연도별 기술통계는 〈표 12 - 2〉에 제시되어 있다. 투입변수를 살펴보면, 평균인원의 경우 최소는 2012년의 3530.72(명), 최대는 2008년의 4164.93(명)이다. 자본의 경우는 2010년이 7517.37(십억 원)로 가장 많았고, 2007년이 6268.22(십억 원)로 가장 적었다. 총 자산과 영업비용은 2014년까지 꾸준히 증가하는 추세를 보이다가 2015년에는 소폭 감소했다.

산출변수를 살펴보면, 매출액 평균은 2014년이 최대인 6428.7(십억 원)로 가장 높고 2007년이 3653.17(십억 원)로 가장 낮았다. 매출액은

〈표 12-2〉 분석에 사용된 투입 및 산출변수의 연도별 기술통계(단위: 명, 십억 원)

구분		투입변수				산출변수			
연도	관측 수	변수	평균	표준편차	최솟값	변수	평균	표준편차	최솟값
2007	19	평균인원	4079.65	8003.60	125.80	매출액	3653.1	7799.94	68.47
		자본	6268.22	11639.4	−575.20	순이익	138.45	326.84	−705.35
		총자산	9785.56	18088.0	245.94	영업이익	171.58	390.22	−102.15
		영업비용	3513.87	7681.24	62.63				
2008	21	평균인원	4164.93	7631.05	127.30	매출액	4184.7	8447.60	83.40
		자본	6844.38	10799.9	−613.47	순이익	−28.44	958.14	−3908.61
		총자산	16553.8	33074.7	321.80	영업이익	−24.38	737.95	−3153.71
		영업비용	4315.83	9328.61	48.71				
2009	21	평균인원	4024.29	7351.42	139.70	매출액	4078.4	8362.17	75.29
		자본	6842.70	10574.1	−587.32	순이익	143.91	390.99	−707.76
		총자산	16786.3	32310.6	386.36	영업이익	104.00	277.92	−755.40
		영업비용	3929.45	8428.00	50.22				
2010	21	평균인원	3911.31	7118.40	152.60	매출액	4880.7	9676.83	73.98
		자본	7517.37	11882.7	−708.11	순이익	115.59	504.81	−1579.00
		총자산	18854.8	36713.1	372.93	영업이익	51.99	385.13	−1478.23
		영업비용	4771.18	9881.26	43.12				
2011	27	평균인원	3533.09	6171.36	152.20	매출액	5301.8	9442.53	74.22
		자본	7117.70	10378.8	−744.18	순이익	148.46	785.48	−3243.79
		총자산	17873.4	34361.5	107.86	영업이익	16.28	722.94	−3459.30
		영업비용	5141.71	9857.01	58.04				
2012	27	평균인원	3530.72	6083.78	151.80	매출액	6020.2	10943.42	83.93
		자본	7037.49	10055.1	−776.34	순이익	177.42	683.49	−2623.46
		총자산	18540.9	35762.5	238.96	영업이익	−63.84	875.73	−3143.45
		영업비용	5845.94	11210.7	50.58				
2013	27	평균인원	3555.26	6033.37	170.70	매출액	6211.8	11740.98	88.30
		자본	7141.89	10226.2	−796.69	순이익	245.80	332.85	−36.53
		총자산	19252.9	36538.5	291.42	영업이익	−52.08	871.50	−4315.27
		영업비용	5967.70	11583.8	57.64				
2014	27	평균인원	3622.48	6071.87	171.80	매출액	6428.7	12270.35	97.99
		자본	7340.23	10708.5	−801.58	순이익	402.16	576.60	−82.59
		총자산	19529.8	36269.0	213.08	영업이익	106.21	647.94	−2593.48
		영업비용	6022.49	11929.3	65.55				
2015	25	평균인원	3727.62	6275.07	174.50	매출액	6163.3	11929.84	111.76
		자본	6842.82	11623.1	−807.90	순이익	570.14	1124.56	−1552.18
		총자산	18583.9	36323.7	219.24	영업이익	204.26	2516.49	−5453.05
		영업비용	5594.91	11093.8	76.47				

꾸준히 증가하는 추세를 보이는데 이는 총자산, 영업비용과 유사한 추세이다. 순이익은 2008년, 2012년, 2013년 음의 평균값을 보여주기도 하는데 특히 산출변수 측면에서 음의 값이 많이 나타날 수 있으며 이를 고려한 모형이 필요함을 보여준다. 순이익은 2008년이 −28.44(십억 원)로 가장 낮았고, 2015년이 570.14(십억 원)로 가장 높았다. 영업이익은 2012년이 −63.84(십억 원)로 가장 낮았고 2015년에 204.26(십억 원)로 가장 높았다.

2. 메타 변경 모형과 윈도우 모형의 비교 분석

다음은 각 연도별 전체 27개 공기업의 상대적 효율성 측정 결과이다. 먼저 메타 변경 분석의 측정결과를 살펴보면 〈표 12-3〉, [그림 12-2]와 같으며, 2015년, 2011년 순으로 높았고 2008년, 2009년은 상대적으로 낮았다. 2015년이 높은 이유는 위 기술통계에서 살펴보듯 투입인원이나 자산 규모에 비해 산출변수인 순이익과 영업이익이 높게 나온 것의 결과로

〈표 12-3〉 메타 변경 분석: 연도별 효율성 추이

연도	관측치 수	평균	표준편차	최솟값	최댓값
2007	19	0.85	0.16	0.45	1
2008	21	0.83	0.15	0.48	1
2009	21	0.84	0.15	0.50	1
2010	21	0.86	0.14	0.56	1
2011	27	0.87	0.12	0.62	1
2012	27	0.86	0.16	0.37	1
2013	27	0.85	0.15	0.41	1
2014	27	0.87	0.16	0.42	1
2015	25	0.90	0.13	0.54	1

[그림 12-2] 메타 변경 분석: 기업별, 연도별 변화 추이

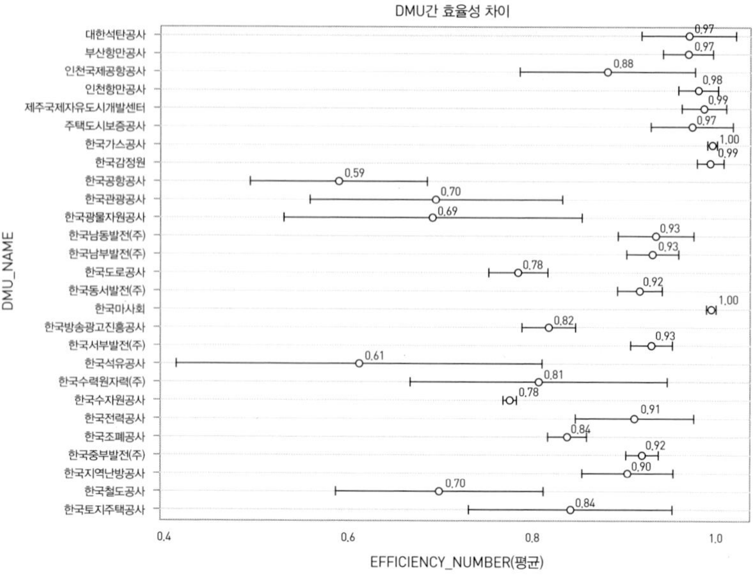

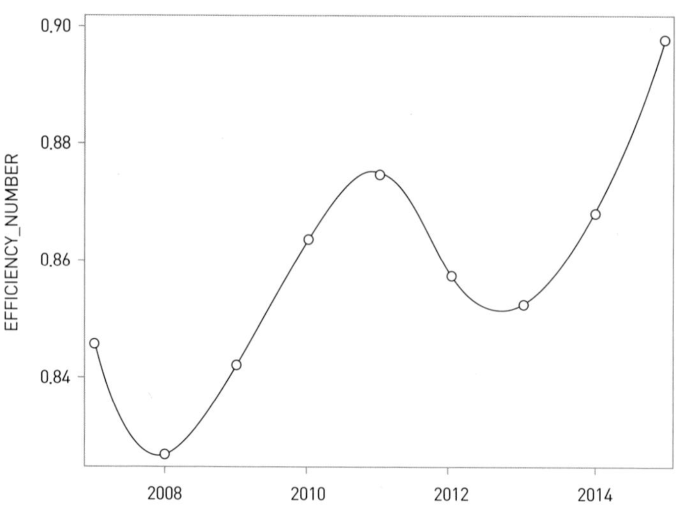

풀이할 수 있다. 본 연구에는 GDP 디플레이터를 사용한 물가반영지수를 사용했으며, 이와 같은 영업이익, 순이익 증가는 바람직한 것으로 풀이할 수 있다. 마찬가지로 2008, 2012, 2013년의 상대적으로 낮은 효율성 점수는 이 시기에 음의 값으로 나타난 평균 영업이익에 의한 것으로 해석할 수 있다.

한편 메타 변경 분석 이외에도 윈도우 분석을 수행하였는데 윈도우 분석은 몇 가지 단점을 가진 것으로 분석된다. 먼저 몇 개 시점을 통합해 이동평균을 내는 윈도우 분석의 특성상 최초 시점과 마지막 시점의 값이 다른 시점의 효율성 점수와 다르므로 해석이 쉽지 않은데 이는 방법론에서도 논의한 바 있다. 다음은, 효율성 점수가 전반적으로 높게 나온다는 점이다. 평균이 0.9 이상이라는 것은 그만큼 효율성 점수가 1에 가깝게 나온다는 이야기로, 효율성이 1로 계산된 DMU가 전체 177개 관측치 중 47개로 26%에 달했다. 즉 SORM VRS 모형으로 구성하여 3기로 1개 윈도우를 구성하면, 메타 변경 분석에서는 비효율적으로 나오는 기업이 효율적으로 판정받는 경우가 그만큼 많았다. 메타 변경 분석은 총 224개 DMU 중 48개로 21%였다.

따라서 이하에서는 메타 변경 분석 결과를 중심으로 공기업 효율성 추이의 해석을 진행한다. 이는 〈표 12-4〉에 제시되어 있다. 메타 변경 분석 결과 모든 시기에 걸쳐 1의 효율성을 보이는 기업은 없었다. 전반적인 평균을 보았을 때 제주국제자유도시개발센터, 한국가스공사, 한국감정원, 한국마사회, 대한석탄공사 등이 비교적 효율적인 것으로 나타났다. 투입과 산출에서 음의 값을 가지는 대한석탄공사가 효율적으로 나오는 것에 대해서는 다른 해석의 여지가 있다. 일단 대한석탄공사의 경우 다른 공사에 비해서는 투입값이나 산출값이 비교적 작은 특징이 있다. 자료포락분석은 투입과 산출의 비율로 효율성을 산출하는 것이며, 단순히 투입이나

〈표 12-4〉 메타 변경 분석 기업별 결과

기업명	연도								
	2007	2008	2009	2010	2011	2012	2013	2014	2015
대한석탄공사	0.91	0.86	1	1	0.97	1	1	1	1
부산항만공사	0.95	0.98	0.94	1	1	0.97	0.93	0.95	1
인천국제공항공사	0.8	0.71	0.81	0.85	0.92	0.95	0.93	0.97	1
인천항만공사	1	1	0.98	0.99	1	0.99	0.95	0.95	0.95
제주국제자유도시개발센터	1	1	1	1	0.99	0.94	0.95	1	1
주택도시보증공사	.	1	1	1	0.9	0.99	0.9	1	1
한국가스공사	1	1	1	0.99	0.99	1	1	1	0.98
한국감정원	1	1	1	1	1	1	1	0.99	0.96
한국공항공사	0.45	0.48	0.5	0.56	0.62	0.66	0.63	0.7	0.71
한국관광공사	0.83	0.66	0.69	1	0.65	0.62	0.65	0.62	0.54
한국광물자원공사	1	0.74	0.8	0.71	0.68	0.56	0.56	0.44	0.73
한국남동발전(주)	.	.	.	.	0.93	0.92	0.88	0.94	1
한국남부발전(주)	.	.	.	.	0.94	0.96	0.94	0.91	0.89
한국도로공사	0.73	0.75	0.77	0.8	0.8	0.82	0.8	0.81	.
한국동서발전(주)	.	.	.	.	0.92	0.95	0.9	0.89	0.92
한국마사회	0.99	1	1	1	1	0.99	0.99	0.99	0.99
한국방송광고진흥공사	0.86	0.81	0.77	0.79	0.8	0.84	0.84	0.83	.
한국서부발전(주)	.	.	.	.	0.94	0.96	0.92	0.9	0.92
한국석유공사	0.61	0.75	0.72	0.64	1	0.37	0.41	0.42	0.58
한국수력원자력(주)	.	.	.	.	0.76	0.7	0.67	0.9	1
한국수자원공사	0.77	0.79	0.77	0.78	0.78	0.76	0.78	0.77	0.78
한국전력공사	0.91	0.82	0.9	0.87	0.85	0.89	0.97	1	1
한국조폐공사	0.85	0.83	0.81	0.85	0.82	0.8	0.85	0.85	0.87
한국중부발전(주)	.	.	.	.	0.93	0.94	0.92	0.91	0.9
한국지역난방공사	0.81	0.9	0.98	0.87	0.89	0.95	0.94	0.89	0.9
한국철도공사	0.62	0.6	0.58	0.62	0.64	0.72	0.8	0.87	0.85
한국토지주택공사	.	0.68	0.67	0.82	0.89	0.92	0.89	0.92	0.95

[그림 12-3] 효율성 변화 추이

상승

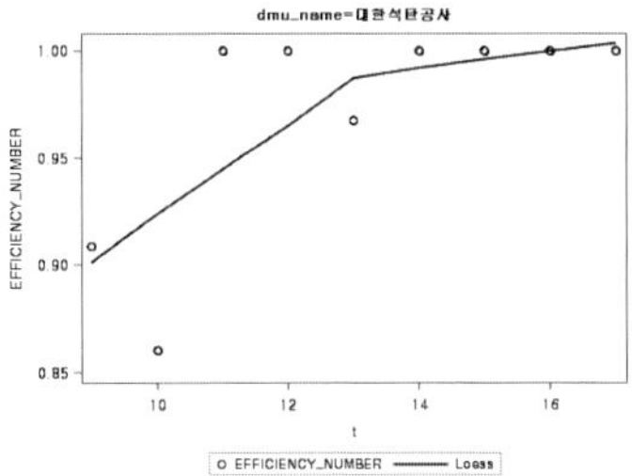

대한석탄공사

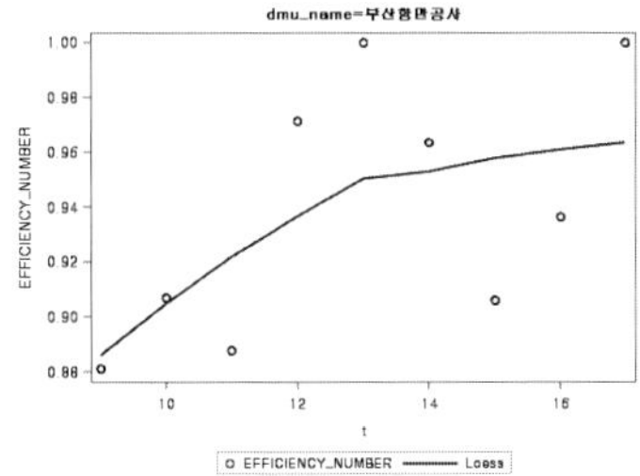

부산항만공사

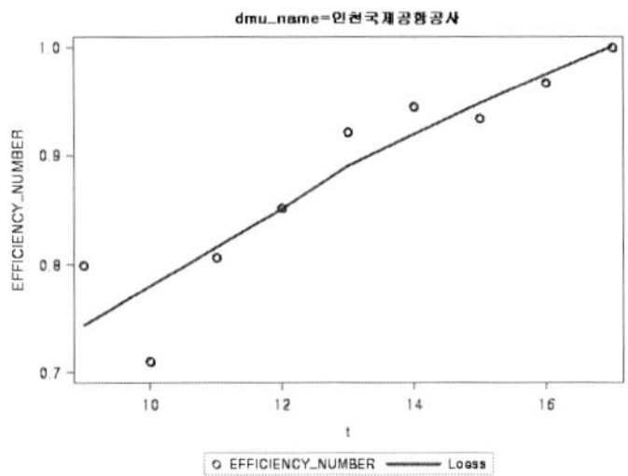

인천국제공항공사

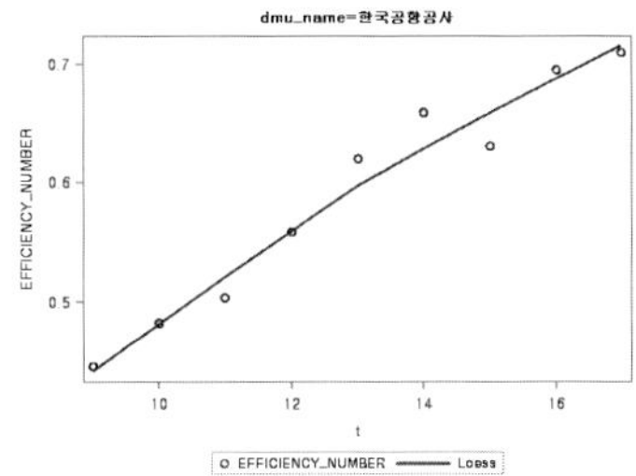

한국공항공사

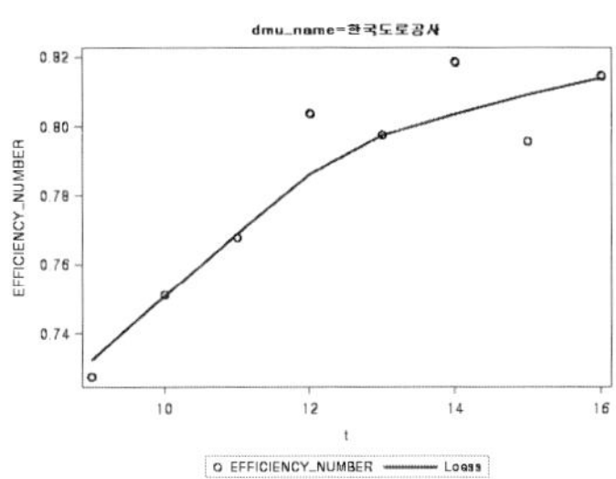

한국도로공사

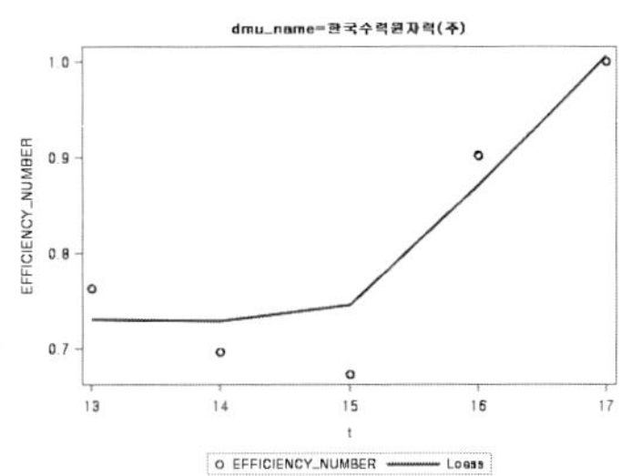

한국수력원자력(주)

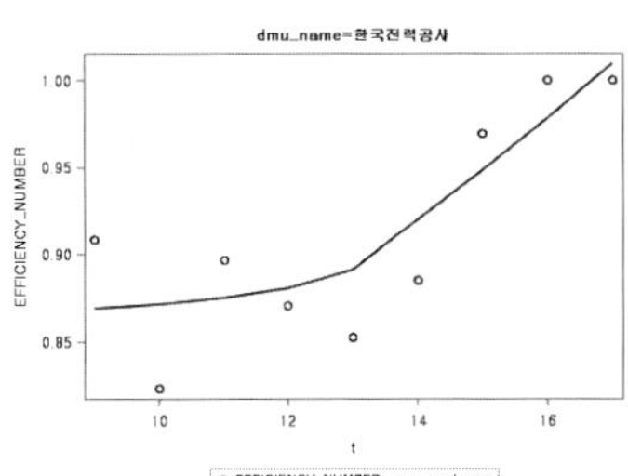

한국전력공사

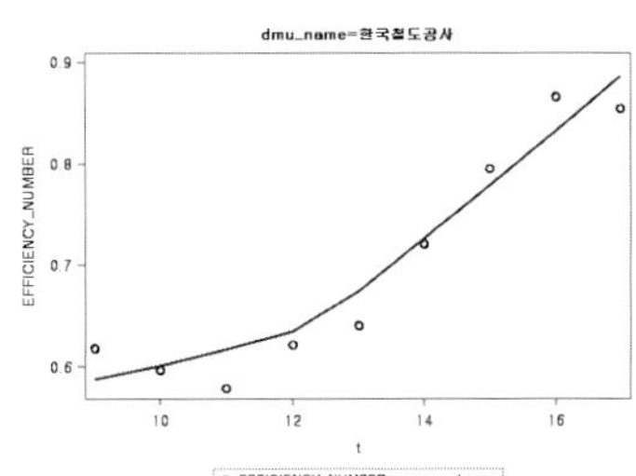

한국철도공사

상승

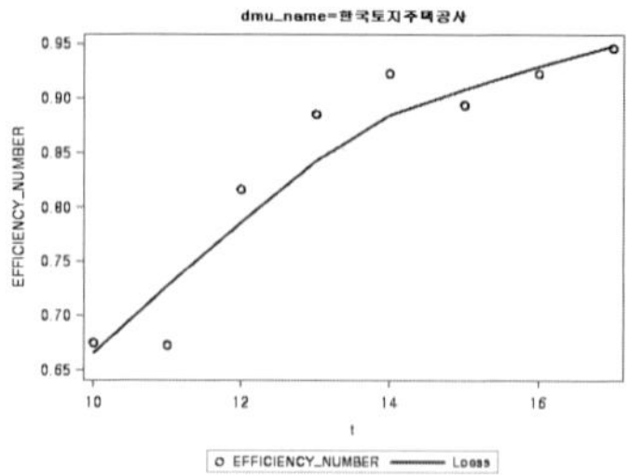

한국토지주택공사

U자형

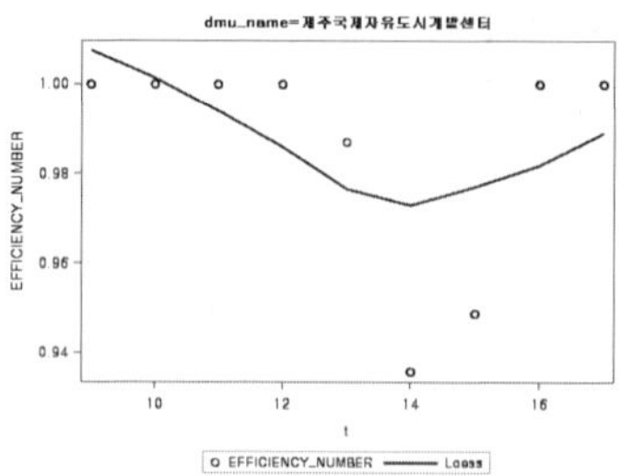

제주국제자유도시개발센터

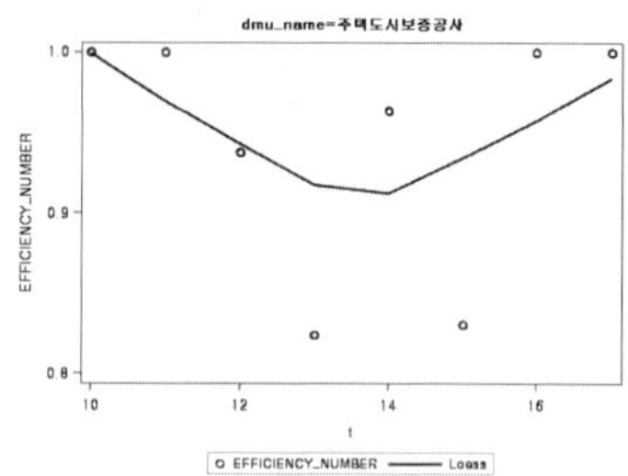

주택도시보증공사

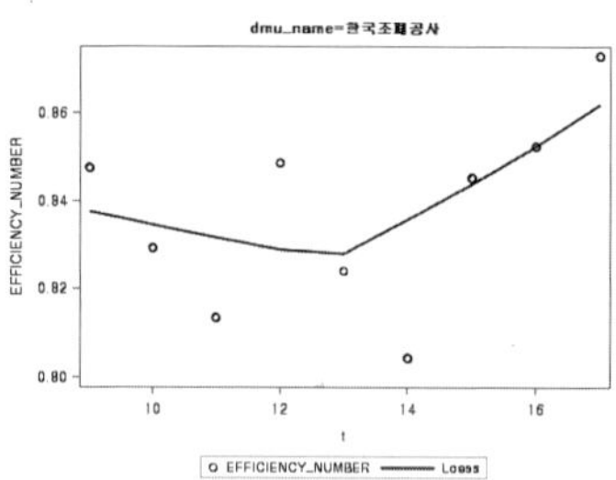

한국조폐공사

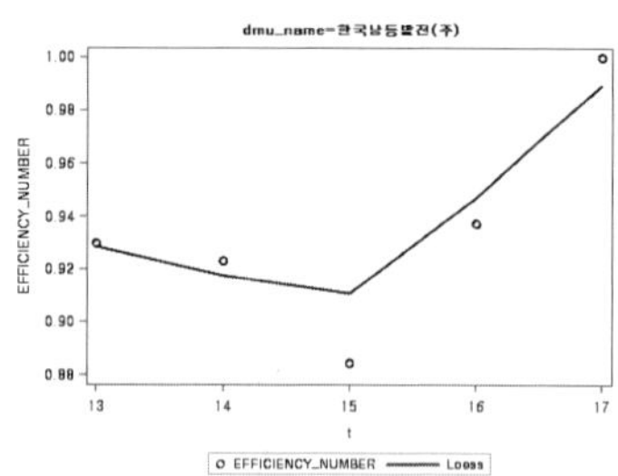

한국남동발전(주)

하락

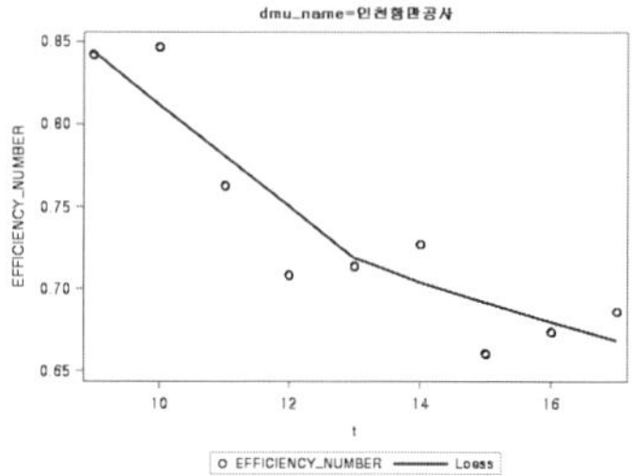

인천항만공사

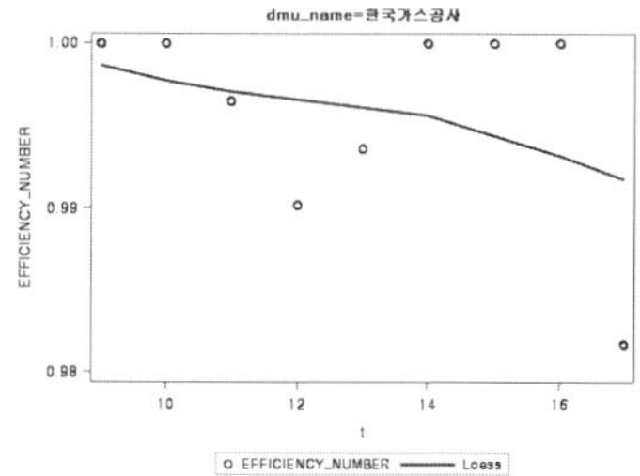

한국가스공사

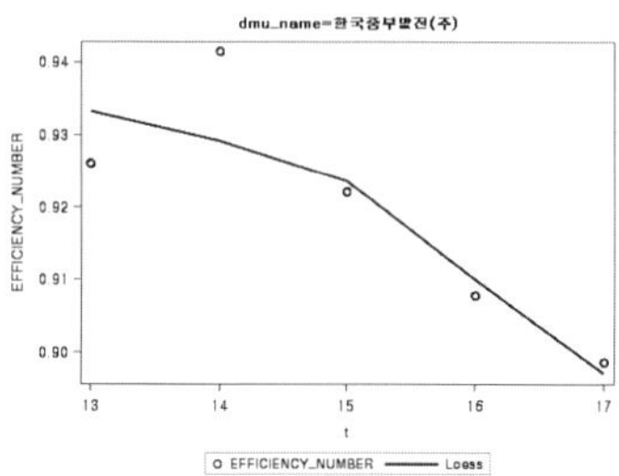

한국중부발전(주)

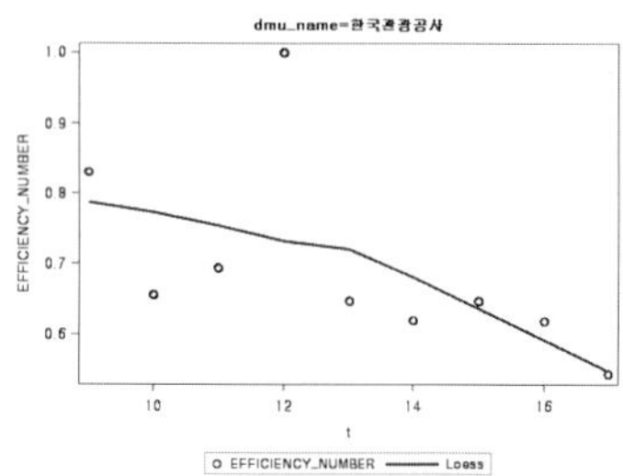

한국관광공사

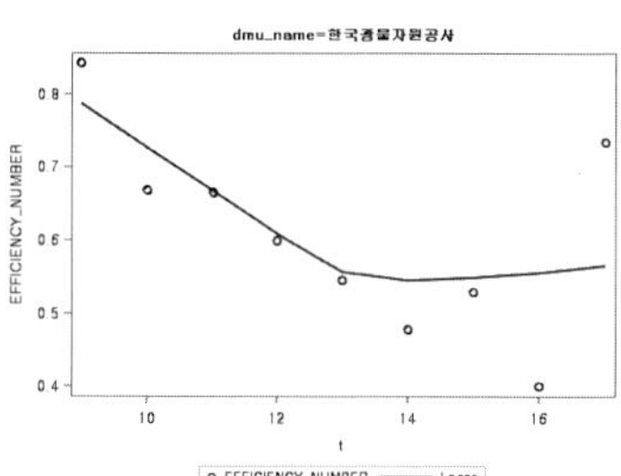

한국광물자원공사

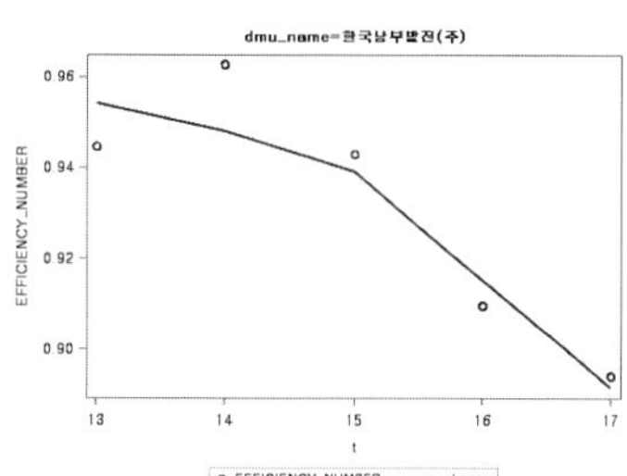

한국남부발전(주)

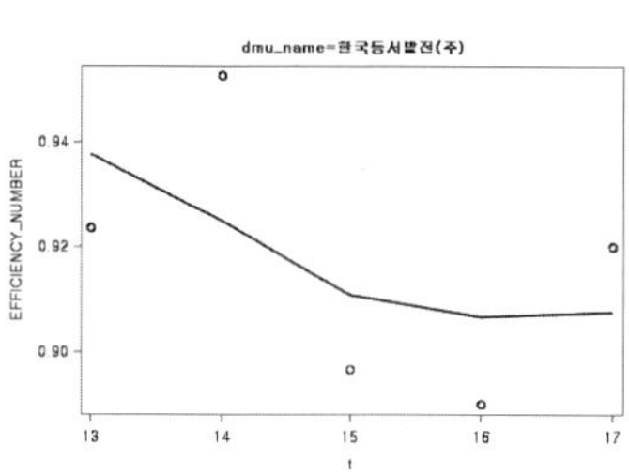

한국동서발전(주)

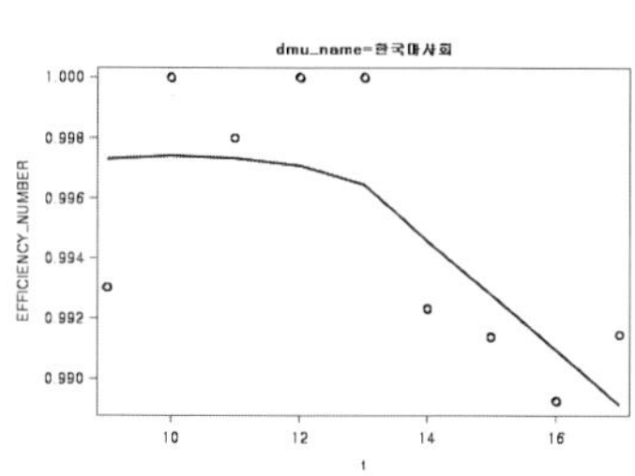

한국마사회

하락

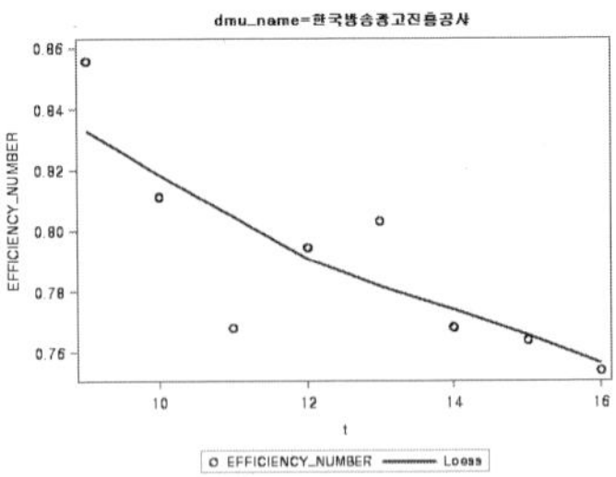

한국방송광고진흥공사

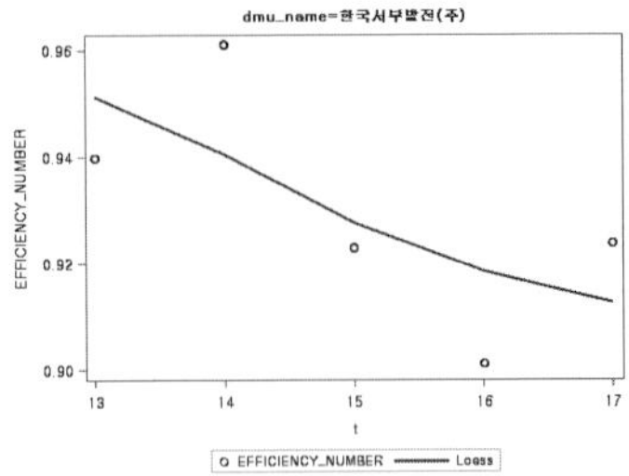

한국서부발전(주)

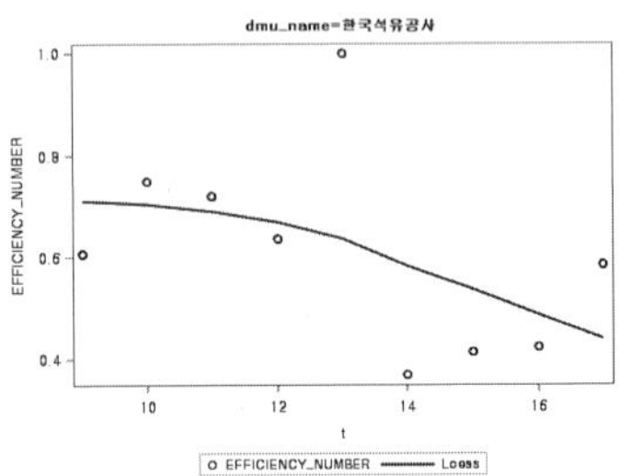

한국석유공사

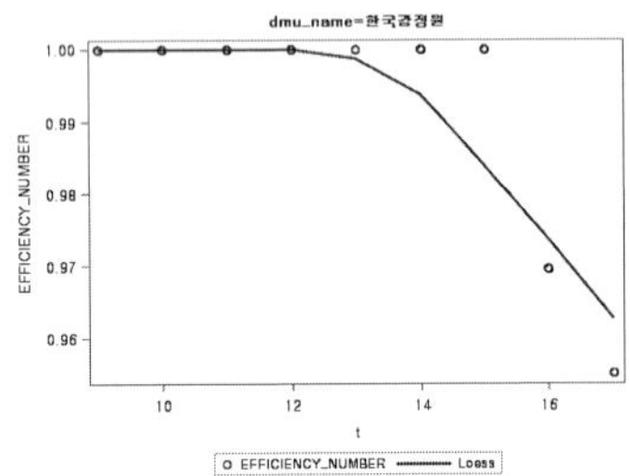

한국감정원

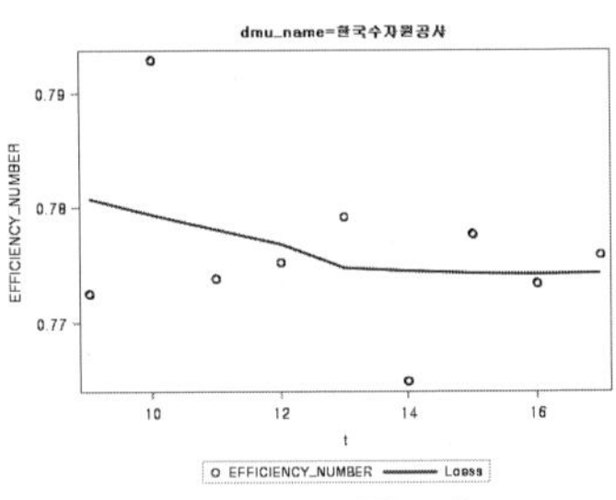

한국수자원공사

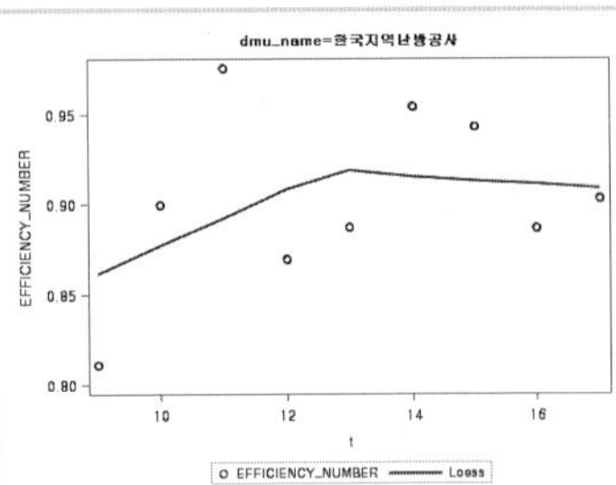

한국지역난방공사

*역U자형

산출이 음의 값을 가질 경우 효율성에 패널티를 주도록 설계되지는 않았다. 해석에서는 이 점을 감안해야 한다.

[그림 12-3]은 효율성 변화의 추세를 유형화한 결과를 제시한 것이다. 먼저 상승 추세에 있는 기업들은 대한석탄공사, 부산항만공사, 인천국제공항공사, 한국공항공사, 한국도로공사, 한국수력원자력(주), 한국전력공사, 한국철도공사, 한국토지주택공사 등 9개 기업이며, 회귀계수 역시 통계적으로 유의미했다. 가장 효율성 개선 정도가 큰 기업은 한국수력원자력(주)인 것으로 나타났고, 한국토지주택공사, 한국철도공사, 한국공항공사, 인천국제공항공사, 한국전력공사 등의 순이었다.

다음은 U자형의 추세를 보이는 기업이다. 제주국제자유도시개발센터, 주택도시보증공사, 한국조폐공사, 한국남동발전(주)은 어느 시점까지는 하락하다가 상승하는 추세를 보였다. 이들 기업들은 비교적 상승세에 있는 기업이라고 할 수 있으며, 효율성 추이의 기울기가 통계적으로 유의미하지는 않았다.

다음은 하락 추세, 또는 역 U자형의 기업들이다. 시각적으로 하락 추세 또는 역 U자형을 보이는 기업은 14개 기업인 것으로 나타났다. 이들 중 비교적 시계열 기울기가 통계적 의미가 있다고 판단되는 기업은 8개 기업으로 한국감정원, 한국마사회, 한국방송광고진흥공사, 한국중부발전(주), 인천항만공사, 한국남부발전(주), 한국관광공사, 한국광물자원공사 등이었다. 특이하게도 한국지역난방공사의 경우는 상승 이후 하락의 역 U자 형태를 보이고 있었다. 하락 추세가 나타난 기업은 한국광물자원공사, 한국관광공사, 인천항만공사, 한국중부발전(주) 등이었다. 하락 추세 즉 회귀계수 자체는 0.01~0.03으로 상승 추세 기업의 0.1~0.6에 비해서는 비교적 작은 값이었다.

V. 분석결과의 해석과 결론

2007~2015년 연간 27개 공기업들의 시계열 자료를 대상으로 자료포락 분석을 진행한 결과 효율성 개선 또는 감퇴의 정보를 발견할 수 있었다. 분석 대상 27개 기업 전체에 대해서는 평균으로는 〈표 12-3〉에서 나타나듯이 최근 개선의 추세가 있다고 할 수 있으나, 이 중 상승 추세인 기업은 9개, U자형 추세가 있는 기업이 4개, 하락 추세가 13개, 그리고 역 U자형인 기업이 1개로 나타났다. 즉 적잖은 공기업의 효율성이 하락하고 있다. 다만, 영업비용, 영업이익 등은 에너지 공기업의 경우 연료값 등과 같은 환경의 영향을 받기 때문에, 개선과 하락을 그 자체로 해석하는 것은 주의를 요한다.

방법론상으로는, 윈도우 분석과 메타 변경 분석을 패널데이터에 적용할 경우 윈도우 모형에서 나타나는 효율성 점수 과다 계산, 분석 시점의 문제 등으로 인해 메타 변경 분석이 좀 더 본 연구의 방향에 맞는 것으로 나타났다.

다음은 본 연구에서 산출한 효율성 점수를 경영평가 점수와 비교할 때의 시사점이다. 본 연구 결과 도출한 효율성 점수는 경영평가 점수 총점과 시계열적으로는 어느 정도 추세가 맞았다고 볼 여지가 있으나, 개별 기업을 대상으로 살펴볼 경우에는 상관관계가 나타난다고 볼 수 있다. 효율성 점수 0.7을 기준으로 0.7 미만의 경우에는 효율성 점수와 경영평가 점수 사이에 양의 상관이 있었으나 이 점수를 넘어서는 경우에는 음의 상관이 있는 것으로 나타났다. 또한, 효율성 점수를 토대로 기업을 3집단 즉 상승 추세, 하락 추세, U/역 U자형 기업으로 나누어 경영평가 점수와 비교했을 경우 상승 추세, 하락 추세의 기업에 대해 모두 효율성 점수와 경영평가

점수 사이에 음의 상관이 나타났다.

본 연구 결과는 서론에 제시한 연구문제, 즉 기업의 효율성 변화의 문제 제기, 자료포락분석의 포괄적인 방법론에 대한 문제에 대해 시사점을 제공한다. 2007년부터 2015년까지의 공기업들의 재무 데이터를 통한 효율성 점수 측정 및 추이를 분석했을 때, 기업 간에 공통적인 추세가 있었다고는 할 수 없었다. 그러나 지속적으로 효율성이 개선되는 기업, 지속적으로 효율성이 악화되는 기업에 대해서는 뚜렷한 추세가 발견된 만큼 이를 관리해야 할 필요성은 있을 것이다. 이와 같이 단순히 횡단면적 평가에 기초한 경영평가의 관리보다는, 과거의 데이터 등을 바탕으로 개선 추세의 기업과 악화 추세의 기업에 대한 차별화된 효율성 개선 정보를 제공할 수 있어야 할 것이다. 다만 현재의 경영평가 제도가 종단면적 고려를 충분히 반영하고 있는지, 향후 제도를 어떻게 개선해야 하는지에 대해서는 추가 연구가 필요하다.

다음은 자료포락분석 본연의 문제에 관한 것이다. 투입과 산출변수의 선택, DEA의 규모에 대한 수익 가정이나 투입 및 산출변수의 변화 방향 가정, 음수의 투입 및 산출변수의 값의 처리 방법 등에 대해, 본 연구는 투입과 산출변수 선택, 음수 값의 처리 등에 대해서 시사점을 낼 수 있는 연구를 진행했다. 또한, 규모수익 가정은 규모수익 가변(VRS), 투입방향 등의 가정을 통한 연구를 진행했다. 규모수익 가변을 가정한 것은, 분석 대상 공기업의 규모가 상이하기 때문이다. 대규모 인력이 투입되는 한국철도공사와 자본집약적인 한국토지공사를 규모수익 불변 가정 상에서 분석하는 것보다는, 규모수익 가변 가정하에서 분석하는 것이 더욱 바람직할 것이다. 실제 한국토지공사나 한국철도공사는 각각 인력, 자본에서 대량의 여유분이 발생했지만 효율성 점수에 미치는 영향은 크지 않았다.

물론 본 연구에도 한계는 있다. 본 연구가 확보한 시계열 데이터는 완벽하지가 않았고, 따라서 불균형 패널에서 윈도우 분석과 메타 변경 분석을 실시했다. 메타 변경 분석과 윈도우 분석의 경우 서로 상이한 분석결과가 나타났는데, 이에 대한 본격적인 해석 역시 제시하지 않았다. 3개년 단위로 효율경계가 설정되는 것과 2007~2015년 전체 9개년을 단일의 효율경계를 설정하는 것은 분명 차이가 있으며, 연도 간 효율 경계에 대한 논의로서 맘퀴스트 분석은 향후 진행해야 할 연구 과제가 될 것이다. 앞으로 데이터가 축적된다면 더 긴 시계열에서 분석이 가능할 것이다.

참고문헌

강제상·류상원(2007), 정부산하기관 특성에 따른 고객만족도 및 경영실적평가 결과 분석, 『한국행정연구』, 16(4): 3-30.

고길곤(2016), 『공기업 효율성 측정을 위한 분석모형 개발』, 국회예산정책처 정책연구 보고서.

기획재정부(2016), 『2016년도 공기업, 준정부기관 영영평가 편람』.

김동건(2011), 『비용편익분석』, 3판, 서울: 박영사.

김상문(2011), Malmquist 지수를 이용한 지방상수도 생산성 평가, 『저널 물 정책 경제』, 16: 127-136.

김준기(2014), 『공기업정책론』, 서울: 문우사.

김현숙(2007), 우리나라 공기업 민영화가 기업경영성과에 미친 영향에 관한 실증분석, 『재정논집』, 22(1): 35 60.

김홍주·이희연(2005), 자료포락분석을 활용한 지자체 도시개발공사의 효율성 분석, 『국토연구』, 47: 77-88.

문광민(2011), 지방공기업의 투하자본과 효율성: 잔여기준 동태적 자료포락분석 모형의 적용, 『정책분석평가학회보』, 21(2): 219-246.

박승록(2002), 공기업과 민간기업의 생산성 분석, 『규제연구』, 11(2): 9-67.

박용성·남형우(2011), 공공기관의 외형적 특성이 경영평가 결과에 미치는 영향 분석, 『정책분석평가학회보』, 21(1): 79-100.

유경상·김승준(2012), DEA 기법을 활용한 도시철도 운영효율성 분석에 관한 연구, 『서울도시연구』, 13(4): 237-246.

유금록(2005), 효율성 평가를 위한 자료포락분석에 있어서 투입산출요소의 음수자료 처리방법과 적용, 『정책분석평가학회보』, 15(4): 173-197.

_____(2008), 공공부문의 효율성과 영향요인 분석: 도시개발공사를 중심으로, 『한국행정학보』, 42(3): 79-109.

_____(2012), 지방하수도공기업의 생산성 및 기술진보 평가, 『한국행정학보』, 46(1): 157-180.

_____(2015), 지방공공기관의 운영효율성과 기술격차 평가: 전라북도 공공기관을 중심으로, 『지방행정연구』, 29(4): 265-294.

_____(2016), 반지향비방사지표모형을 이용한 공기업의 효율성 평가, 『한국정책학회보』, 25(1): 61-89.

유승원(2014), 공공기관 경영평가 영향요인 연구: 공기업 임원의 정치적 연결과 정치적 갈등을 중심으로, 『한국행정학보』, 48(1): 339-368.

유승현(2010), 공공기관 경영평가의 신뢰성 및 타당성 분석: 2008년도 평가결과를 중심으로, 『정책분석평가학회보』, 20(4): 171-202.

유지연(2014), 지방상수도공기업의 위탁운영이 비용효율성에 미치는 영향에 관한 연구, 『한국지방재정논집』, 19(2): 101-130.

유훈 · 이원희 · 배용수(2011), 『공기업론』, 서울: 법문사.

이승용(2010), DEA(Data Envelopment Analysis)를 이용한 공기업의 효율성 측정, 『한국공공관리학보』, 24(4): 51-71.

이정동 · 오동현(2012), 『효율성 분석이론』, 서울: 지필미디어.

장지인 · 곽채기 · 신완선 · 오철호(2013), 『공공기관 경영평가제도의 변천과정 연구(II)』, 한국조세연구원.

주경태 · 윤성식(2006), 공기업 민영화정책의 효과성에 관한 연구, 『행정논총』, 44(3): 67-92.

Afonso, A., Schuknecht, L. and Tanzi, V.(2010), Public Sector Efficiency: Evidence for New EU Member States and Emerging Markets, *Applied Economics*, 42(17): 2147-2164.

Anwandter L. and Teofilo, Jr. O.(2002), Can Public Sector Reforms Improve the Efficiency of Public Water Utilities?, *Environment and Development Economics*, 7: 687-700.

Bai, C., Li, David D. and Wang, Y.(1997), Enterprise Productivity and Efficiency: When is Up Really Down?, *Journal of Comparative Economics*, 24(3): 265-280.

Charnes, A., Cooper, W. W. and Rhodes, E.(1978), Measuring the Efficiency of Decision Making Units, *European Journal of Operational Research*, 2(6): 429-444.

_____________________________(1981), Evaluating Program and Managerial Efficiency: An Application of Data Envelopment Analysis to Program Follow Through, *Management Science*, 27(6): 668-697.

Cooper, W. W., Seiford, L. M. and Tone, K.(2007), *Data Envelopment Analysis: A Comprehensive Text With Models, Applications, References and DEA-Solver Software*, 2nd ed., New York: Springer.

Dunleavy, P. and Hood, C.(1994), From Old Public Administration to New Public Management, *Public Money & Management*, 14(3): 9-16.

Emrouznejad, A. and Amin, G. R.(2007), DEA Models for Ratio Data: Convexity Consideration, *Applied Mathematical Modelling*, 33(1): 486-498.

Emrouznejad, A., Anounze, A. L. and Thanassoulis, E.(2010), A Semi-Oriented Radial Measure for Measuring the Efficiency of Decision Making Units with Negative Data, Using DEA, *European Journal of Operational Research*, 200: 297-304.

Farell, M. J.(1957), The Measurement of Productive Efficiency, *Journal of the Royal Statistical Society*, 120(3): 253-290.

Foreman-Peck, J. and Waterson, M.(1985), The Comparative Efficiency of Public and Private Enterprise in Britain: Electricity Generation Between the World Wars, *The Economic Journal*, 95: 83-95.

Friedmann, W.(1954), *The Public Corporation: A Comparative Symposium*, Toronto: Carewell Co.

Gallie, W. G.(1955), *Essentially Contested Concepts*, Proceedings of the Aristotelian Society.

Gillen, D. and Lall, A.(1997), Developing Measures of Airport Productivity and Performance: an Application of Data Envelopment Analysis, *Transportation Research Part E: Logistics and Transportation Review*, 33(4): 261-273.

Hansmann, H.(2009), *The Ownership of Enterprise*, Cambridge: The Belknap Press of Harvard University Press.

Klopp, G.(1985), *The Analysis of the Efficiency of Production system with Multiple Inputs and Outputs*, Chicago: University of Illinois at Chicago.

Majumdar, S. K.(1998), Slack in the State-owned Enterprise: An Evaluation of the Impact of Soft-budget Constraints, *International Journal of Industrial Organization*, 16: 377-394.

Pollitt, C. and Boukaert, G.(2011), *Public Management Reform: A Comparative Analysis: New Public Management, Governance, and the Neo-Weberian State*, Oxford: Oxford University Press, USA.

Ruggiero, J.(1994), On the Measurement of Technical Efficiency in the Public Sector, *European Journal of Operational Research*, 90: 553-565.

Savas, E. S.(1982), *Privatizing the Public Sector: How to Shrink Government*, N. J.: Chatham House Publishers.

Sharp, J. A., Meng, W. and Liu, W.(2006), A Modified Slacks-Based Measure Model for Data Envelopment Analysis with Natural Negative Outputs and Inputs, *The Journal of the Operational Research Society*, 58: 1672-1677.

Silva Portela, M. C. A., Thanassoulis, E. and Simpson, G.(2004), Negative Data in DEA: A Directional Distance Approach Applied to Bank Branches, *The Journal of the Operational Research Society*, 55(10): 1111-1121.

Smith, P. and Mayston, D.(1986), Measuring Efficiency in the Public Sector, *International Journal of Management Science*, 15(3): 181-189.

Vining, A. R., Anthony, E., and Boardman, R.(1992), Ownership versus Competition: Efficiency in Public Enterprise, *Public Choice*, 73(2): 205-239.

____________________(1989), Ownership and Performance in Competitive Environments: A Comparison of the Performance of Private, Mixed, and State-owned Enterprises, *Journal of Law & Economics*, 32: 1-34.

Zalm, O. and Taskin, F.(1997), The Comparative Performance of the Public Enterprise Sector in Turkey: A Malmquist Productiveity Index Approach, *Journal of Comparative Economics*, 25(2): 129-157.

Zheng, J., Liu, X. and Bigsten, A.(2003), Efficiency, Technical Progress, and Best Practice in Chinese State Enterprises(1980-1994), *Journal of Comparative Economics*, 31(1): 134-152.

제13장

위탁집행기관의 협업 관련 성과지표와 평가

최태현

(서울대학교 행정대학원 교수)

I. 서론

우리나라 위탁집행기관(위탁집행형 준정부기관)은 산업, 보건, 안전, 환경 등 다양한 영역에서 다양한 공공정책을 실제로 집행하는 중요한 기능을 수행하고 있다. 이들은 사회 행위자들에 대한 규제, 지원, 서비스 제공 등 여러 형태로 국가와 시민사회를 연결하는 고리 역할을 해왔다. 정부는 위탁집행기관을 설치함으로써 정부의 공식적 규모를 확대하지 않는 채 보다 신축적이고 효율적인 정책 집행을 도모하면서 사회적 가치를 창출해 왔다.

점차 협업에 의한 행정의 중요성이 강조되는 이 시기에 이러한 위탁집행기관의 제도적 위상이 협업을 중심으로 재조명될 필요가 있다. 우리나라 공공기관들 가운데 위탁집행기관은 공적 협업의 중심에서 기능하는 기관이다. 이 유형에 해당하는 기관들은 성과를 위해 중앙정부 주무부처뿐 아니라 사업의 목표와 관련된 기타 중앙부처와 협업할 필요가 있으며, 집행을 위해서는 지방자치단체와 협업할 필요가 있고, 정부서비스를 전달하는 과정에서 민간 조직들과 협업할 필요가 있으며, 마지막으로 타 공공기관들과 협업할 필요가 있다. 매우 수직적으로 조직화된 우리나라의 공공부문에서 위탁집행기관들은 공적 협업의 관점에서 볼 때 매우 중요한 교차점에 자리하고 있는 것이다.

이 글에서는 이러한 위탁집행기관의 기능적 위상에 따른 협업 활동이 공공기관 경영평가에서 어떻게 반영되고 있는지를 살펴보고 협업의 성과를 평가하기 위한 지표 설계의 방향을 논의한다. 위탁집행기관은 공공기관 가운데서 공기업에 비해 연구가 부족하였다. 그러나 상대적으로 기업성이 강하고 준시장에서 활동하는 공기업에 비해 위탁집행기관은 공공성이 강하고 규제나 지원 등 직접적인 서비스 전달이 기관의 주된 목적이라는 점에서 협업의 연구대상으로 적합하다. 이 글에서는 우선 위탁집행기관들의 제도적 위상과 제도화 과정을 살펴보고, 위탁집행기관을 중심으로 한 협업의 필요성을 논의한다. 나아가 이러한 거시 기반 위에 현재 위탁집행기관들의 공공기관 경영평가지표들 가운데 주요사업 영역의 계량지표들을 중심으로 특징을 분석한다. 이를 위해 지표들을 그 지표들이 반영하고 있는 활동의 성격에 따라 적절히 유형화하고, 각 유형별 성과들을 분석하고 그 함의를 살펴본다. 이를 바탕으로 협업을 통한 사회적 가치 창출을 위해 바람직한 지표 설계를 위한 실천적 논점들을 논의한다.

이어지는 장에서는 우선 공공기관을 포함하여 우리나라에서 국가와 시민사회의 중간영역에 존재하는 중간조직들에 대해 이론적으로 검토하고, 협업에 대해서도 이론적으로 검토한다. 다음 장에서는 위탁집행기관들을 대상으로 공공기관 경영평가에서 이들 기관들이 제시한 계량지표들을 협업에 초점을 두고 분석한다. 마지막으로 분석 결과를 바탕으로 바람직한 지표 설계를 위한 논점들을 제시한다.

Ⅱ. 우리나라 공공부문의 정책집행 협업 구조

1. 우리나라 공공부문의 조직화와 위탁집행기관

1) 위탁집행기관의 위상

우리나라 공공부문의 조직화 과정의 특징은 상대적으로 작은 중앙정부를 중심으로 다양한 형태의 준정부조직, 준비정부조직, 그리고 정부와 긴밀히 협력하는 민간조직들이 갖추어져 있다는 것이다(김준기, 2002; 정용덕 외, 2014). 학문적으로 통일된 용어는 없으나 흔히 '중간조직,' '정부산하단체,' '제3섹터,' '매개조직' 등으로 불리는 조직들이 정부의 정책을 실제로 집행하는 데 상당한 역할을 해왔다(김준기, 2002; 윤견수, 1997; 정용덕 외, 2014). 정무권·한상일(2005)은 이러한 정부 영역과 시민사회 영역의 중간에 존재하는 조직들을 공과 사의 연속선상에서 유형화하였다. 이에 따르면 공공부문은 정부부문과 공공기관으로 구성되는데, 정부부문은 정부부처와 책임운영기관으로 나뉜다. 공공기관은 정부출연기관-준정부기관(위탁집행기관 및 기금관리기관)-공기업(준시장형 공기업 및 시장형 공기업) 순으로 공공성과 기업성의 양 축 사이에 놓일 수 있다(정무권·한상일, 2005). 이러한 중간조직들은 국가와 시민사회의 중간 영역에서 국가의 의지를 시민사회에 투영하고 시민사회의 순응과 자원을 이끌어내는 역할을 해왔다. 1980년대 이후 서구의 작은정부론에도 불구하고 우리나라는 결코 거대한 정부를 가져본 적이 없다는 관점은 이러한 중간조직들을 계산에 넣지 않을 때 성립한다. 만일 이러한 중간조직들을 계산에 넣을 경우 우리나라의 정부는 훨씬 큰 규모를 가지는 것으로 파악될 것이다.[1]

중간조직들의 유형은 매우 다양하지만, 이 글의 목적상 이들을 모두 다룰 필요는 없다. 이 글은 다양한 중간조직들 가운데 현행법상 18개의 위탁집행형 준정부기관만을 대상으로 한다. 우선 이들은 정무권·한상일(2005)의 유형화에서 공공성이 상대적으로 높은 중간조직에 해당한다. 이들은 사실상 정부의 집행부서의 역할을 수행한다고 볼 수 있다. 다만 그 규모와 예산 운용에 있어서 정부와는 독립적으로 기능하는 것이 바람직하

1 최근 이 문제가 첨예하게 드러나는 사례가 바로 공공부문 부채를 어떻게 파악할 것인가이다.

〈표 13-1〉 위탁집행기관들의 조직목표

기관명	조직목표
교통안전공단	교통사고 예방을 위한 사업을 수행하여, 교통안전관리의 효율화를 도모하고, 국민의 생명·신체 및 재산의 보호에 기여
국민건강보험공단	국민의 질병·부상에 대한 예방·진단·치료·재활과 출산·사망 및 건강증진에 대하여 보험급여를 실시함으로써 국민보건 향상과 사회보장 증진에 기여함은 물론 일상생활을 혼자서 수행하기 어려운 노인에게 신체활동 또는 가사활동 지원 등의 요양급여를 실시함으로써 노후의 건강증진과 생활안정 도모
대한무역투자진흥공사	무역 진흥과 국내외 기업 간의 투자 및 산업 기술 협력의 지원, 해외 전문인력의 유치 지원, 정부 간 수출계약 등에 관한 업무를 함으로써 국민경제 발전에 이바지
한국농수산식품유통공사	농수산 식품의 가격안정 및 유통개선사업을 통해 수급을 안정시키고, 식품산업을 육성하여, 농/어업인의 소득 증진과 국민 경제의 균형 있는 발전에 이바지
한국환경공단	환경오염방지, 환경개선, 자원순환촉진 및 기후변화대응을 위한 온실가스 관련 사업을 효율적으로 추진함으로써 환경친화적 국가발전에 이바지

자료: 각 기관 웹사이트, 근거법, 공공기관 경영정보 공개시스템(alio.go.kr)의 내용을 토대로 저자가 재구성

다고 판단되어 준정부기관의 형태로 각종 특별법에 따라 설립된 것이다. '위탁집행형'이라는 말이 암시하는 바와 같이 이들 기관들은 정부의 여러 업무를 위탁받아 이를 집행하는 것이 주된 기능이다. 위탁을 받는 업무들은 크게 보아 규제, 지원, 직접적인 서비스 전달 등이다. 〈표 13-1〉은 몇몇 위탁집행기관들의 공식적 목표의 목록이다. 이들을 보면 목표의 범위가 특정되어 있을 뿐 정부의 일반적인 활동 목표들과 구분하기 어려운 방식과 언어로 정의되어 있다.

2) 위탁집행기관의 역사적 제도화

우리나라의 공공기관 제도화의 역사는 몇 단계로 나눌 수 있다. 우선 김판석 외(2008)는 우리나라의 공공기관 운영을 다섯 단계로 나눈다. 박순애(2014)는 기획재정부(2011)의 구분을 따라 네 단계로 나눈다. 이들

의 구분과 시기별 주요 특징은 [그림 13-1]에 정리되어 있다. 양자의 구분은 시기와 내용에 있어서 대동소이하다. 이 연구에서는 기획재정부(2011) 및 박순애(2014)의 구분을 주로 하여 공공기관의 제도화 단계를 네 단계로 구분하고 각 단계별 위탁집행기관의 제도화를 살펴본다.

우선 제1기는 공기업 설립 및 직접적인 정부통제기간(1962~1984년)이다. 이는 이른바 개발연대로 불리는 시기로서 제3공화국 이후 한국에서 본격적으로 국가부문의 제도화가 이루어진 시기이다. 이 시기는 주로 해외차관을 이용하여 사회간접자본, 포항제철과 같은 전략산업을 담당하는 공기업 외 23개 공기업을 신설하였던 시기이다(김판석 외, 2008: 411).

[그림 13-1] 우리나라 위탁집행기관들의 제도적 연원

법제	정부투자기관예산회계법 정부투자기관관리법(73)	정부투자기관관리기본법	정부투자기관관리기본법	정부산하기관관리기본법	공공기관의 운영에 관한 법률
연도	1962	1984	1999	2003	2007 현재
김판석 외(2008)	제1기	제2기	제3기	제4기	제5기
박순애(2014)	제1기	제2기	제3기		제4기
	대한무역투자진흥공사(62)				
	체신복지회(80)	우정사업진흥회(87)			우체국물류지원단(12)
	토지개량조합(62) 농업진흥공사(70)	농어촌진흥공사(70) 농지개량조합연합회(95)	농업기반공사(00)		한국농어촌공사(08)
	농어촌개발공사(67)				한국농수산식품유통공사(12)
	대한지적공사(77)				한국국토정보공사(15)
				한국철도시설공단(04)	
	교통안전진흥공단(81)	교통안전공단(95)			
		국립공원관리공단(87)			
	대한교통안전협회(54)		도로교통안전관리공단(99)		도로교통공단(08)
	한국직업훈련관리공단(82)	한국산업인력공단(98)			
		한국장애인고용촉진공단(90)			한국장애인고용공단(10)
	한국자원재생공사(80)	환경관리공단(87)		한국환경자원공사(04)	한국환경공단(10)
	의료보험관리공단(78)	국민의료보험관리공단(98)	국민건강보험공단(00)		
	전국의료보험협의회(77)	의료보험연합회(88)	건강보험심사평가원(00)		
	한국가스안전공사(74)				
	한국전기안전공사(74)				
	한국원호복지공단(81)	한국보훈복지공단(85)	한국보훈복지의료공단(00)		
		한국산업안전공단(87)			한국산업안전보건공단(09)

주: 괄호의 숫자는 연도. 동일 시기의 일부 기관명 변경은 생략. 보다 자세한 연혁은 해당 기관 웹사이트 참조

자료: 시기 구분은 김판석 외(2008) 및 박순애(2014)의 연구를 바탕으로 저자가 정리. 기관 연혁은 해당 기관 웹사이트, 관련법, 행정자치부 국가기록원의 정보를 바탕으로 저자가 정리

[그림 13-1]은 이 시기에 그 기초가 수립된 위탁집행기관들을 보여준다. 제1기 이전에 이미 기관의 단초가 마련되었던 도로교통공단까지 포함하면 대부분의 위탁집행기관이 이 시기에 집중적으로 설립되었다.[2] 물론 엄밀히 말하면 [그림 13-1]의 각 기관의 통폐합과 명칭 변경이 시사하듯이 이 시기 후 여러 위탁집행기관들의 법적 위상은 변화를 겪어 왔다. 다만 중요한 것은 이 시기가 앞서 말했듯이 한국의 국가부문이 집중적으로 제도화된 시기였고, 그러한 시대상에 따라 위탁집행기관 역시 그 조직적 단초가 마련되던 시기라는 것이다.

제2기는 정부투자기관관리기본법에 의해 규율되던 시기(1984~1999년)이다. 이는 전두환, 노태우, 김영삼 정부 및 김대중 정부 초기를 아우르는 시기이다. 또한 공공기관 경영평가제도가 도입(1984)되어 운영되기 시작한 시기이다. 이와 동시에 인사와 예산 등에 대해 정부승인제를 폐지하고 공공기관의 자율성이 부여되기 시작하였다(김판석 외, 2008: 411). 또한 1997년 말 외환위기 이후 시작된 민영화와 재정적자 해소를 중심으로 한 공공부문 개혁의 단초가 마련되던 시기이다. 이 시기에 설립된 위탁집행기관은 국립공원관리공단, 한국산업안전보건공단, 한국장애인고용공단의 세 기관이다. 따라서 이 시기는 새로운 기관이 다수 설립되기보다는 제도적 정비가 이루어졌던 시기라고 할 수 있다.

제3기는 외환위기 이후 공공부문 4대 개혁의 일환으로서 공공기관 민영화 및 구조조정이 집중적으로 이루어졌던 시기이다(1999~2007년). 이 시기는 정부투자기관관리기본법에 더하여 정부산하기관관리기본법이 제정(2003)되었던 시기이다. 정부산하기관관리기본법이 제정되어 경영평가,

2 물론 농업, 지적, 철도, 우편 등의 기능 일부를 담당하는 일부 기관의 연원은 구한말까지 거슬러 올라갈 수도 있을 것이나 여기서는 1950년대 이후, 특히 기관이 자체 웹사이트를 통해 제시하는 주요 연혁을 기준으로 삼았다.

기관장 공모, 고객만족도조사 도입 등 산하기관 관리체계가 마련되었다(이상철·박병식, 2004; 김판석 외, 2008: 411에서 재인용). [그림 13-1]에서 보듯이 2004년 설립된 한국철도시설공단을 제외하고 이 시기에 조직이 신설된 위탁집행기관은 없다. 대신 이 시기는 대부분의 위탁집행기관들의 조직 위상에 많은 변화가 발생한 시기였다. 특히 2000년에 건강보험심사평가원과 국민건강보험공단이 현재의 형태로 정립되었다. 또한 현재의 한국농어촌공사는 2000년 기존의 농지개량조합, 농지개량조합연합회, 농어촌진흥공사의 세 기관이 통합하여 농업기반공사로 출범하여 오늘에 이르고 있다. 또한 한국보훈복지의료공단이 현재의 명칭으로 개편되었다. 즉 이 시기는 주로 기존하던 기관에 대한 개편이 이루어졌던 시기이다.

제4기는 2007년 이후 현재에 이르는 시기로서, 2007년 제정된 '공공기관 운영에 관한 법률'에 따라 소관부처별로 분산되었던 공공기관의 소유권이 기획재정부 및 공공기관운영위원회로 집중되고 공공기관의 범위와 유형 분류, 지배구조 개선 등 종합적인 관리감독체계가 마련되었던 시기이다(기획재정부, 2011; 박석희, 2012; 박순애, 2014). 위탁집행기관의 경우 큰 변화는 발견되지 않는다. 2010년에는 기존의 환경관리공단과 한국환경자원공사가 통합하여 오늘날의 한국환경공단이 설립되었다. 특이한 점은 이 시기에 상당수의 기관들이 기존의 기관명을 변경하였다는 점이다.

이와 같이 우리나라 공공기관의 제도적 변화 시기에 따라 위탁집행기관도 변화해왔다. 그 특징을 요약하면 1960~1980년대의 개발연대 시기에 이들 기관들이 집중적으로 설립되어 산업진흥, 안전, 보건, 환경, 복지 등 주요한 정책영역에서 정책의 집행을 담당하기 시작하였다. 일부 기관들은 1997년 외환위기 이후 공공부문 개혁 과정에서 분리·통폐합을 경험하였다. 그러나 이 시기 이후는 상대적으로 안정적인 운영과 일부 확장이 이루어진 시기이다.

2. 정책집행과 협업에 관한 이론적 배경

1) 위탁집행기관과 협업

1990년대 이후 본격화된 새로운 거버넌스에 대한 논의는 초기에는 정부가 직접 전달하던 재화와 서비스가 어떻게 다양한 방식으로 간접적으로 전달되기 시작하였는지에 초점을 두었다(Milward and Provan, 2000; Rhodes, 1994). 특히 1990년대에는 정부뿐 아니라 영리조직, 비영리조직 등 다양한 형태의 조직을 포함하는 네트워크를 활용한 정책 집행에 초점을 두었다. 이러한 정부 개혁이 추진된 이유는 정부라는 형태로 재화와 서비스를 직접 전달하는 방식이 가져온 비효율을 제거하겠다는 의도이다. 경직된 관료조직보다는 현장전문성에 있어서 더 나은 조직들로 구성된 네트워크를 통해 효율성을 높이고, 시장적 경쟁기제를 도입함으로써 효율성을 더욱 제고하고자 하는 의도였다(Peters, 1997).

2000년대 이후로는 이러한 시장중심 관점에 더하여 협력(collaboration)의 관점이 상대적으로 강조되었다. 즉 공공재와 서비스를 전달함에 있어서 효율성도 중요하지만 민주성도 중요하다는 인식이 증가함에 따라, 공공재와 서비스의 생산과 전달에서 이해당사자 간 협력을 강조하기 시작하였다(Denhardt and Denhardt, 2000). 참여적 거버넌스, 협력적 거버넌스, 협력적 공공관리, 신공공서비스 등의 개념들이 이러한 인식을 반영하면서(O'Leary and Bingham, 2009), 목표를 공유하지만 서로 다른 이익을 추구하는 이해당사자들이 한데 모여 의견을 교환하고, 상호 학습을 하는 가운데 공동의사결정과 집행을 행하는 과정을 중요시하게 되었다(Bell and Hindmoor, 2009; Chambers, 2003). 이러한 이해당사자들은 단순히 정부 및 공무원과 정책대상 국민뿐 아니라, 기업, 시민단체, 언론, 사안 관련 전문가집단 등 다양한 주체들을 포함하는 개념이다.

이 글에서 언급하는 협업의 개념은 이러한 맥락에서 이해될 수 있다. 즉 협업은 어떤 공통된 공적 목표를 성취하기 위해 정부를 포함하여 이해관계를 달리하는 행위자들이 상호 협력하는 활동을 지칭하기로 한다. 학문적 논의에서 협업의 중요한 이슈 중 하나는 비정부 행위자들에게 실질적인 의사결정 권한이 주어지느냐이다(Ansell and Gash, 2008; Choi, 2014). 그러나 위탁집행기관에 초점을 두는 이 글의 목적상 의사결정과 집행 단계 중 하나에만 관련되는 협력의 경우도 이를 협업의 형태로 포착하기로 한다. 협업의 개념을 의사결정보다 집행에 초점을 두고 찾게 되면 협업의 민주성보다는 기능성을 보다 강조하게 된다. 즉 학문적으로 협력적 거버넌스의 본질은 투표가 아니라 대화에 의한 민주적 의사결정에 있지만(Chambers, 2003), 우리가 이 글에서 초점을 두는 협업은 이미 결정된 정책을 현실화하고 집행하는 데 있어서 관련 당사자들 간의 협력에 의한 성과의 향상에 초점을 두므로 중요한 것은 이들의 의사가 반영되었는가 여부보다는 이들 간의 협업이 과연 성과의 향상을 가져올 수 있었는가에 있다.

이 글에서는 협업을 학문적 관심인 시민보다는 준정부기구인 위탁집행기관들을 중심으로 파악하고자 하는 바, 협업의 개념을 이들이 수행하는 다른 활동을 지칭하는 개념들과 구분하는 것이 의미가 있다. 우선 협업은 규제와는 구분될 필요가 있다. 예를 들어 다수의 위탁집행기관들이 수행하는 안전규제(산업안전, 가스·전기안전, 교통안전 등)의 경우, 규제기관의 규제행위에 대해 규제 대상들의 순응이 확보되어야 성과가 향상될 수 있다. 따라서 규제기관은 다양한 방식, 즉 법적 강제뿐 아니라 유인의 제공이나 교육/홍보 등의 방식을 통해 규제 대상들의 순응을 확보하고자 노력한다.[3] 이러한 과정에서 법적 강제나 유인 제공, 교육 등을 위해 다른

3 예를 들어 안전을 담당하는 교통안전공단, 도로교통공단, 한국가스안전공사, 한국전기안전공사, 한국산업안전보건공단 등은 주요사업으로서 교육 및 홍보사업을 수행하고 있다.

기관과 협업을 해야만 한다. 그러나 대부분 이러한 규제는 규제 대상이 반드시 규제기관의 목표에 동의할 필요는 없다는 점에서 목표의 공유가 핵심이 되는 협업과는 다르다.

협업은 또한 기관의 설립 목적에 따른 민간주체에 대한 일방적인 지원과 구별된다. 예를 들어 산업진흥과 관련된 기관들(대한무역투자진흥공사, 한국농수산식품유통공사 등)의 성과는 해당 기관들이 서비스를 통해 지원한 외부 행위자들(기업들 및 농어민들)의 성과에 종속된다. 이들 간에는 경제적 부가가치의 창출이라는 공유된 목표가 있기는 하지만 이는 기관이 제공하는 서비스를 향유하기로 하는 수혜자의 결단에 따른 1:1 협력관계일 뿐, 어떤 공적인 목표를 향해 복수의 행위주체들이 자원과 노력을 공유하는 협업과는 차이가 있다.

요컨대, 위탁집행기관의 정책집행 기능의 관점에서 협업은 기관 자체의 자원만으로는 달성하기 어려운 목표, 타 행위주체와의 해당 목표의 공유, 1:1 이상의 상호협력, 그리고 관련 주체 모두의 성과 향상 등을 특징으로 지정할 수 있다. [그림 13-2]는 이러한 위탁집행기관의 관념적 협업구조를 도식화한 것이다. 첫째, 하나의 기관은 주무부처 및 관련 부처와 정

[그림 13-2] 위탁집행기관의 협업구조

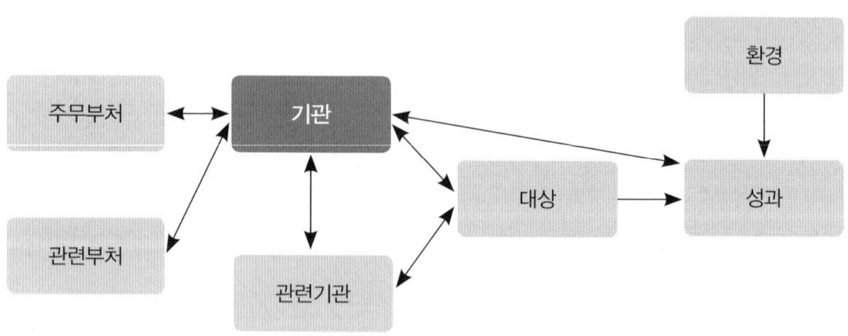

책 집행에 관한 협의를 하며 이 과정에서 정책정보를 통해 정책결정에 영향을 미칠 수도 있다. 협업의 두 번째 차원에서는 해당 기관이 관련 기관, 나아가 정책 대상 집단과 목표를 공유하면서 정책의 구체적인 내용을 집행한다. 기관의 성과는 부분적으로 기관의 직접적 활동에 의할 수도 있으나 주로 협업 파트너와의 공동 활동에 의한다. 그러나 성과는 또한 환경의 제약 조건 하에 놓여 있다.

2) 위탁집행기관 협업 관련 현행 제도

2016년 현재 위탁집행기관 및 공공기관 간 협업을 촉진하기 위한 제도로서 협업과제 평가제도가 마련되어 있다. 기획재정부 주관으로 2013년부터 공공기관 간 협업 과제를 발굴하여 성과를 평가하였다(기획재정부, 2016). 2015년에는 23개 과제가 선정되었고, 평가를 통해 6개의 우수 협업 과제가 선정되었다(기획재정부, 2016). 이러한 협업과제 평가는 공공기관 경영평가와는 별도로 진행되나 그 결과 선정된 우수과제 주관기관에게는 경영평가 1점, 협조기관에게는 기여도에 따라 최대 0.3점의 가점이 부여된다(기획재정부, 2016: 2). 〈표 13-2〉는 2015년 사업들 가운데 우수 협업과제로 선정된 과제들의 내용을 정리한 것이다. 위탁집행기관 가운데는 국민건강보험공단 및 대한무역투자진흥공사의 사업이 선정되었다(〈표 13-2〉의 음영 참조). 이 과제들의 내용을 보면 협업의 의미를 이 글에서 제시하는 것보다 좁게 이해하고 있음을 볼 수 있다. 특히 민간부문 행위자들이 적극 참여하는 데 초점이 있기보다는 공공기관들 간의 협력을 통해 대민서비스를 개선하는 데에 초점이 두어졌다. 또한 계량적 평가보다는 비계량적 평가에 초점을 두고 있다는 특징이 있다.

협업과제 평가와 별도로 공공기관 경영평가제도 하에서도 협업은 주요한 비계량적 평가요소에 해당한다. 특히 협업과제 평가가 공공기관 간 협

〈표 13-2〉 2015년 공공기관 우수 협업과제

사업명	관련기관	내용
고속도로 EX-허브 추진	한국도로공사	가천역/동천역 주변 고속도로에서 지하철, 시내버스 등 대중교통을 편리하게 환승
석탄재 재활용 기술개발 및 사업화	한국동서발전	석탄재를 재활용한 고품질 저가의 건축자재 생산 → 시공비용 절감(30%) 및 아파트 층간소음 해소(6db)
국민맞춤형 건강검진 정보 서비스	국민건강보험공단	종이서류인 건강검진서를 전산화 → 어린이집 등 필요 기관에서 확인, 학부모는 제출 불필요
물산업 중소기업 해외진출 Total care 서비스	한국수자원공사	기술개발에서 판로개척까지 해외 진출을 위한 One-stop 서비스를 제공
대중소 해외동반 진출 및 바이어 정보공유	대한무역투자진흥공사	불량 바이어에 노출된 중소기업에게 우량 바이어와 상담을 확대
인천공항 사회적 일자리 창출	인천국제공항공사	인천공항 내 기존 사업권을 침해하지 않는 54개 신규 일자리 창출

주: 음영은 위탁집행기관

자료: 기획재정부 보도자료(2016. 2. 23.), p. 1

업에 초점을 두는 데 반해, 일반적인 협업의 관념은 공공기관 간뿐 아니라 민간부문의 참여가 중요한 요소이다. 공공기관 경영평가제도가 협업을 평가하기에 적합한 제도인가에 대해서는 논란의 여지가 있다. 박광국(2013)은 공공기관 협업 추진 방안에 대한 연구에서 협업 평가에 대한 공공기관 관계자들의 인식에 드러난 몇 가지 우려를 발견하였다. 우선 공공기관 경영평가는 직전 해의 사업을 대상으로 이듬해 평가가 이루어지는데, 협업의 성과라는 것은 시차를 두고 발생한다는 점이다. 또한 평가를 위해 불필요한 형식적 협업이 이루어질 가능성도 배제할 수 없다. 보다 근본적으로는 협업이라는 활동의 성과를 계량적으로 측정하기 어려운 부분이 있다. 이러한 우려는 제도 설계에 있어서 고려될 필요가 있다. 이러한 점을 염두에 두고 제3장에서 한계와 개선 방안을 보다 자세히 논의한다.

3) 위탁집행기관의 성과를 위한 협업의 중요성

위탁집행기관의 협업이 중요한 이유는 다음과 같이 몇 가지로 정리할 수 있다. 첫째, 과거에 비해 복잡성이 증가해가는 정책환경이 협업의 중요성을 더하고 있다(Weber and Khademian, 2008). 위탁집행기관의 주된 설립 시기나 지난 역사가 조직 자체의 역량을 강화하고 법령이라는 공식적 권위에 의존하여 이를 바탕으로 성과를 향상시킬 수 있는 산업사회적 환경에 놓여있었다면, 지금의 탈산업사회적 환경에서는 조직의 역량만으로 성과를 향상시키는 것은 거의 불가능하거나 바람직하지 않다. 거의 불가능한 이유의 대표적인 예는 정보비용과 전문성의 부족이다. 복잡한 환경에서 적응하기 위한 조직은 안정적인 환경보다 더 많은 정보비용을 지불해야 하고 전문성을 확보해야 하는데 이를 하나의 조직에서 수행하는 것은 비용이 너무 크고 정보의 질에 대한 확신도 부족하다. 바람직하지 않은 이유는 조직의 역량만으로 성과를 향상시키는 것처럼 보이는 대표적인 사례인 집행 정도를 반영하는 지표를 통한 성과관리라는 왜곡이 발생하기 때문이다. 이러한 왜곡이 발생하면 조직은 우수한 성과를 내고 있는 것처럼 보일지 모르나, 이는 사회에 부가가치를 창출하는 성과를 정확히 반영하지 못하며, 나아가 더 나은 성과를 낼 수 있었던 가능성에 대한 인식을 방해한다.

둘째, 위탁집행기관은 실제 정책집행을 행하는 기관으로서 공공부문의 일선(street level)에서 다양한 이해관계집단과 접촉하고 있다. 그리고 바로 이 지점에서 전형적인 협업 사례들이 발생하고 있다. 즉 공공부문의 조직화에서 위탁집행기관이 놓여 있는 위치는 협업을 선택이 아니라 당위적인 것으로 만든다.

셋째, 위탁집행기관은 민간 행위자 간 자발적인 협업이 아직은 부족한 한국 시민사회에서 생산되어야 할 공공재를 생산하는 데 주체가 될 수 있다. 한국에서 협업의 한계 중 하나는 협업을 가능하게 하는 유인과 주체가 적다는 점이다(Choi, 2014). 공공서비스의 공급 계약은 흔히 협업보다는 배타적인 지대추구적 행위와 관련되어 왔다. 또한 협업을 주도하기 위한 민간주체의 역량 역시 아직은 부족한 단계이다. 이런 점에서 위탁집행기관은, 자신들의 조직 목표의 범위 내에 한정될지라도, 협업을 촉진하는 주체로서 기능할 수 있는 자원을 가지고 있다.

넷째, 위탁집행기관은 협업을 통해 민간 행위자의 역량을 제고하기 위한 조장자의 역할을 수행할 수 있다. 〈표 13-1〉과 [그림 13-2]에서 보듯이 위탁집행기관들은 주요한 정책 영역에서 민간 부문의 역량이 아직 부족한 시기에 공익의 창출이라는 역할을 부여받았다. 그러나 1990년대 이후 국가의 능력은 지속적으로 의심받고 있고(Kettl, 2000), 우리나라 역시 민주화와 경제성장 이후 민간 부문의 역량이 크게 신장되었다는 인식에 따라 공공기관 운영의 기조도 점차 공공기관(특히 공기업) 자체의 민영화나 업무의 민영화로 나아가고 있는 실정이다(김남철, 2015). 이러한 상황에서 민간 주체와의 협업은 위탁집행기관들이 그간 축적한 노하우를 민간에 이전할 수 있는 기회의 장을 제공할 수 있다.

다섯째, 위탁집행기관이 처한 조건이 협업을 요구한다. 사회문제의 분출과 다양한 이해관계의 부상으로 조직의 사업 수요는 증가하지만 이를 수행할 자원은 그에 비례하여 증가하기 어려운 상황이다. 중앙정부의 정책 기조는 1990년대 말 이래로 작은 정부를 표방해왔고, 지난 수십 년간의 추세와 달리 최근 정부는 적자재정 압력에 직면하고 있다. 게다가 박근혜 정부에서는 "비정상의 정상화"라는 공공기관 정책 기조 가운데 공공기관의 확대에 부정적이었다. 이러한 상황에서 수요 증가에 걸맞은 공적 자원이 공공기관에 투여되기는 어렵다. 애초에 공적 협업이 강조되었던 것은 정부의 재원 부족에 부분적으로 기인했던 것과 유사한 논리로 위탁집행기관 역시 자원의 부족을 극복하기 위해 협업이 필요한 상황이다.

III. 위탁집행기관 협업 관련 성과지표의 분석

이 장에서는 위탁집행기관들이 공공기관 경영평가를 위해 제시한 주요사업 부문의 계량성과지표들을 협업에 초점을 두고 분석하고, 그 한계와 개선 방안에 대해 논의한다. 앞선 II장에서 위탁집행기관에서 협업의 필요성에 대해 논의한 바를 배경으로 위탁집행기관의 활동이 과연 성과지표에 어떻게 반영되고 있는지에 대해 살펴보아야 한다. 또한 이 과정에서 현재 위탁집행기관의 성과지표들의 문제점도 발견할 수 있다. 이어지는 절에서는 우선 위탁집행기관의 주요사업 계량성과지표들을 유형화하고, 협업 관련 성과지표들의 현황과 특징을 분석한다. 다음 절에서는 이러한 분석을 바탕으로 현재 위탁집행기관 성과지표의 한계와 개선을 위한 방안을 논의한다.

1. 협업 관련 성과지표들의 현황과 특징

이 절에서는 위탁집행기관들이 성과를 계량화하여 공공기관 경영평가에서 평가받기 위해 제시한 계량성과지표들을 협업 개념의 관점에서 분석한다. 분석 대상은 18개 위탁집행기관들의 2015년 활동에 대한 평가 지표들로서 2016년 공공기관경영평가편람과 평가보고서에 따르면 모두 87개로 집계되었다.

1) 지표의 분류

이 87개의 평가 지표들을 몇몇 기준에 따라 분류하였다.[4] 이때 우선 두

4 이러한 분류에 있어서 주의할 것은 특정 지표의 명칭이 함축하는 내용과 해당 지표의 실제 산식이 반영하는 활동 간에 괴리가 있다는 점이다. 이러한 괴리는 많은 지표들에서 보

가지 기준을 적용하였다. 하나는 지표가 반영하는 활동의 성격이다. 다른 하나는 지표가 반영하는 활동의 성과가 측정되는 대상이다.

(1) 기관의 활동 성격에 따른 유형

지표가 반영하는 활동의 성격에 따라서는 여덟 가지 유형으로 나누었다. 첫째, 평가 지표들 가운데는 외부 기관과의 협업이 최소화된 채 해당 기관의 자체적인 자원을 활용하여 이루어진 활동을 중심으로 설계된 지표들이 있다. 이를 편의상 "학습지표"라 명명한다. 이러한 학습지표는 기관의 활동이 가져온 사회적 결과(outcome)를 반영하는 것이 아니라 생산성 향상 등 기관의 내부 활동의 개선 및 정책집행 시 오류의 개선 등을 반영하는 지표이다. 이는 본질적으로 집행이 얼마나 효율적으로 이루어졌는지에 주된 관심이 있다. 예를 들면 우체국물류지원단의 '운송품질향상,'[5] 한국국토정보공사의 '측량처리기간 단축'[6]과 같은 지표들은 그 점수가 기관 자체의 조직과 인력에 거의 전적으로 의존하면서 학습의 결과를 반영하는 지표들이다.

둘째, 이와 유사하게 기관 외부보다는 내부에 초점을 두는 유형의 지표로 단순히 활동의 규모를 측정하는 지표들이 있다. 편의상 이를 "전달지표"로 명명한다. 예를 들어 한국국토정보공사의 '국토디지털화 증가율'[7]과

편적으로 발견된다. 이 글에서는 지표의 명칭보다는 실제 지표를 정의하는 산식의 내용에 대한 판단을 바탕으로 분류하였다.

5 이 지표는 20만 근로시간당 근로복지공단 산재승인 건수, 10만 운행시간당 차량사고 보험처리건수(자과실), 그리고 대전교환센터 정시도착률에 가중치를 부여해 합산한다(공공기관경영평가단, 2016: 546).

6 이 지표는 "(측량처리일수/측량처리건수)/측량기준일"로 계산한다(공공기관경영평가단, 2016: 563).

7 이 지표는 "(당해 연도 디지털화 총 필지수 − 전년도 디지털화 총 필지수)/전년도 디지털화 총 필지수"로 계산한다(공공기관경영평가단, 2016: 563).

같은 지표는 전형적으로 기관의 산출물의 규모를 측정한다.

셋째, 이렇게 내부 활동에 초점을 두는 지표의 대척점에 있는 지표로서 지표의 산식항 모두가 기관의 특정 유형의 활동과 직접적인 관련이 없는 값으로 구성된 지표들이 있다. 이를 편의상 "종합활동지표"라고 명명한다. 이들은 강학상 이상적인 결과지표에 가까운 것들로서 주로 기관의 총체적인 활동으로부터 기대되는 사회의 바람직한 상태를 반영하는 수치들로 구성되었다. 예를 들어 한국농어촌공사의 '농업 생산성 제고,'[8] '농촌마을 소득 증대'[9]와 같은 지표들의 산식은 해당 기관의 투입요소가 전혀 반영되지 않은 채 기관의 활동이 성공적이라고 가정했을 때 창출되었을 사회적 편익을 반영하는 항들로 구성되어 있다.

나머지 지표들은 이 장의 관심 대상인 협업과 어느 정도 관련되어 있다. 즉 협업을 어떻게 보느냐에 따라 분류는 다소 달라질 수 있는 것들이다. 또한 분류는 활동의 본질에 더하여 지표를 실제로 어떤 산식으로 어떻게 정의하느냐에도 달려있다. 다만 이 글의 목적이 엄밀한 학문적 분류체계를 만드는 것이 아닌 만큼, 보다 실용적 관점에서 나머지 지표들을 분류하면 다음과 같다.

넷째, "공식협업지표"로 분류된 지표들은 공공기관 경영평가편람 상 '협업지표'라고 명기된 것들이 해당된다. 이들은 두 개 이상의 기관의 연결된 활동의 결과 기대되는 사회의 바람직한 상태를 반영한다. 다만 이러한 공식협업지표가 과연 복수의 기관들 간의 공유된 목표에 대한 성과를 넘어 실제 협업 활동을 반영하는가에 대해서는 논란의 여지가 있다.

8 이 지표는 "전국 평균 농가소득/전국 평균 영농시간"으로 계산한다(공공기관경영평가단, 2016: 579).

9 이 지표는 "전국 평균 농외소득/전국 평균 농가소득"으로 계산한다(공공기관경영평가단, 2016: 580).

다섯째, "협업반영지표"로 분류된 지표들은 강학상의 협업 개념이 적용될만한 지표들로서, 기관 자체의 자원(인력, 재정)만으로는 지표상 수치의 개선이 어렵고, 반드시 타 행위주체(국가기관이든 민간조직이든 개인이든)의 협력이 필요한 항들이 포함된 지표들이다. 예를 들면, 한국장애인고용공단의 '통합지원서비스 제공을 통한 사업체의 장애인 고용 창출'[10] 등은 해당 기관들과 타 기관들이 목표 달성을 위해 상호 조정을 이뤄내야만 성과가 향상되는 활동을 반영하고 있다. 이러한 지표들은 공공기관 경영평가편람 상 공공기관들 간의 협업만을 대상으로 하는 명시적인 공식협업지표보다 광범위한 실제적 협업을 반영한다.

여섯째, 협업반영지표와 유사한 지표들로서 "규제지표", "지원지표", "서비스지표"를 각각 정의할 수 있다. 이들 지표들은 학습지표나 전달지표처럼 순수히 기관의 활동에만 의존하지 않고 타 기관 혹은 서비스대상의 반응에 따라 점수가 변화하는 지표들이다. 이 지표들은 기관의 법적 근거에 따른 규제에 대한 순응을 통해 바람직한 상태에 도달한 정도를 측정한 경우(규제지표), 기관의 설립 목표로서 추진된 사업을 민간 주체가 수혜함으로써 부가가치를 창출하는 활동에 의해 바람직한 상태에 도달한 정도를 측정한 경우(지원지표), 그리고 기관이 제공하는 서비스를 자발적으로 향유한 주체의 규모를 측정한 경우(서비스지표)로 구성된다. 타 기관 혹은 서비스대상의 반응은 협업으로 이해할 수도 있으나, 이들을 협업반영지표와 구분하는 이유는 기관의 활동과 연결된 주체들이 반드시 기관활동의 목표를 공유하지는 않기 때문이다. 즉 기관 활동의 목표가 이들 주체들의 목표는 아니다. 예를 들어 규제지표의 개선은 규제 대상이 반드시 기관의 목표에 동화되어야 이루어지는 것은 아니다. 서비스지표 역시 일

10 이 지표는 "서비스 제공 후 장애인 고용창출사업장수 증가"로 측정한다(공공기관경영평가단, 2016: 612).

반 국민들은 기관의 서비스를 자신의 선호 혹은 법에 따라 향유할 뿐 해당 서비스가 지향하는 내부 목표가 무엇인지에 대해 관심을 가져야 할 필요는 없다. 지원지표의 경우는 다소 모호한 부분이 있다. 지원지표는 사실상 해당 위탁집행기관과 민간행위자들의 목표가 일치하는 경우들이 있다. 따라서 이들은 협업반영지표와 유사한 것으로 볼 수도 있다. 다만 지원지표로 구분하는 이유는 이들 지원이 특정한 목표를 달성하기 위해 자발적으로 이루어지는 수단적 성격이 아니라 지원 자체가 해당 기관의 법적 기능인 데 있다. 또한 지원지표는 주로 민간 주체와 해당 기관 간 1:1 관계에 입각한 활동이 주가 되며, 반드시 다양한 기관들이 동시에 협력하여야 목표가 달성되는 지표는 아니다.

(2) 활동의 성과가 측정되는 대상에 따른 유형

지표에 반영된 기관 활동의 성과는 서로 다른 대상에 초점을 둘 수 있다. 성과 측정에 관한 이론적 논의는 조직 활동의 성과를 주로 중간산출물(throughput)-산출물(output)-결과(outcome)로 구분하지만, 이러한 구분은 학문적으로 활동의 주체인 기관보다는 제3자의 관점에서 정의되었다는 특징이 있다. 반면 현재 공공기관 경영평가에 활용되는 지표들은 평가의 특성상 기관의 관점에서 정의된 경우가 많다. 따라서 어떤 경우는 시민의 관점에서는 중간산출물에 불과하나 기관의 관점에서는 산출물이나 결과라고 여겨질 수 있다. 또한 지표의 명칭 자체는 산출물 혹은 결과를 반영하나 실제 산식의 정의에서는 여러 가지 이유로 중간산출물 혹은 산출물의 형식으로 정의되기도 한다.

이 글에서는 위의 구분과 유사하나 좀 더 실무적인 측면에 초점을 두고, 지표들이 반영하는 성과가 주로 어떤 대상의 속성으로 측정되는가를 중심으로 지표들을 분류한다. 첫째, 일부 지표는 기관 활동의 성과가 국민이 아닌 해당 기관 혹은 타 공공기관, 혹은 서비스 전달계약자의 속성으로 측정된다. 즉 기관 활동을 통해 기관의 역량이 증진되었거나, 기관의 오류가 감소하였거나, 기관의 서비스 전달이 이루어졌음을 반영하는 지표들이다. 이를 편의상 "기관지표"로 명명한다. 앞서 학습지표와 전달지표의 예로 제시된 한국국토정보공사의 지표들이 이러한 유형의 예이다.

둘째, 일부 지표는 기관 활동의 성과가 국민들 중 기관 활동의 대상의 속성으로 측정된다. 이를 편의상 "고객지표"로 명명한다. 이러한 대상은 여러 안전 관련 위탁집행기관이 수행하는 안전 규제와 같은 규제활동의 대상일 수도 있고, 일부 산업 관련 공사들이 수행하는 수출과 같은 경제 지원의 대상일 수도 있다. 또한 의료 관련 공단들이 전달하는 의료서비스의 수혜자 역시 포함한다. 이 유형의 지표가 반영하는 성과는 고객의 반응, 행동 변화, 혹은 그로 인한 사업 목표와 관련된 가치의 증진이다.

셋째, 일부 지표는 기관 활동의 성과가 사회 전체에 귀속되는 방식으로 정의된다. 이를 편의상 "사회지표"라고 명명한다. 이는 주로 안전 관련 위탁집행기관들이 사회 전반의 안전의식 향상으로 인한 안전사고 감소 노력의 성과를 측정할 때 발견된다. 일부 규제활동 역시 이러한 방식으로 정의되기도 한다. 한국농어촌공사의 경우가 가장 특징적으로 기관의 활동을 농가 전체의 편익 향상의 관점에서 정의하는 지표들을 활용하고 있다.

이하에서는 우선 위의 두 기준에 따라 분류한 지표들의 총괄적인 성과에 대한 분석을 하고, 이어서 각 유형별 특징들을 분석한다.

2) 지표 유형별 성과

위에서 제시한 두 가지 기준에 따라 분류한 지표들의 2016년 공공기관 경영평가 결과 점수를 정리한 내용이 〈표 13-3〉에 요약되어 있다.

〈표 13-3〉 지표유형별 경영평가 결과(2015년 사업)

지표유형	지표수	가중치 합	가중치 평균	난이도 평균	원점수 평균	조정점수 평균
규제	17 (19.54)	130 (20.38)	7.65	0.9353	82.73	77.37
고객	17	130	7.65	0.9353	82.73	77.37
서비스	5 (5.75)	29 (4.55)	5.80	0.9400	84.62	79.01
고객	5	29	5.80	0.9400	84.62	79.01
전달	9 (10.34)	61 (9.56)	6.78	0.9222	90.05	83.13
기관	9	61	6.78	0.9222	90.05	83.13
종합활동	12 (13.79)	104 (16.30)	8.67	0.9500	80.86	76.83
고객	1	5	5.00	0.9000	74.36	66.92
사회	11	99	9.00	0.9545	81.45	77.73
지원	12 (13.79)	84 (13.17)	7.00	0.9250	90.75	83.97
고객	12	84	7.00	0.9250	90.75	83.97
학습	14 (16.09)	117 (18.34)	8.36	0.9500	87.35	82.87
기관	14	117	8.36	0.9500	87.35	82.87
협업반영	15 (17.24)	93 (14.58)	6.20	0.9200	87.28	79.98
기관	1	10	10.00	1.0000	100.00	100.00
고객	8	49	6.13	0.9250	83.97	76.99
사회	6	34	5.67	0.9000	89.58	80.62
공식협업	3 (3.45)	20 (3.13)	6.67	0.9000	87.51	78.76
고객	1	4	4.00	0.9000	100.00	90.00
사회	2	16	8.00	0.9000	81.26	73.13
합계/평균	87 (100)	638 (100)	7.33	0.9333	86.14	80.28

주: 괄호 안의 수치는 백분율

자료: 공공기관경영평가단(2016)을 토대로 구성

〈표 13-3〉에 나타난 지표들의 전반적인 특징을 요약하면 다음과 같다.[11]

첫째, 활동 성격을 기준으로 한 유형들과 활동 성과를 기준으로 한 유형들 사이에 상관성이 있다는 점이다. 예를 들어 협업유사지표들로서 규제, 서비스, 지원지표들은 오로지 고객지표만을 포함하였다. 또한 주로 기관의 자체적 활동 확장과 개선에 초점을 두는 학습지표 및 전달지표의 경우는 오로지 기관지표에 해당하였다. 협업과 관련성이 높은 협업반영지표 및 종합활동지표의 경우 고객지표와 사회지표가 대부분을 차지하였다.

둘째, 지표수로 볼 때, 규제지표가 17개, 협업반영지표가 15개, 기관의 활동 개선을 반영하는 학습지표가 14개로 가장 많았고, 지원지표와 종합활동지표가 12개로 나타났다. 이러한 양상은 지표의 비중을 나타내는 가중치로 볼 때는 다소 차이가 있었다. 종합활동지표의 평균가중치가 8.67로 가장 높았고 학습지표의 가중치가 8.36으로 뒤를 따랐다. 종합활동지표가 개수 기준 비중(13.79%)에 비해 가중치 기준 비중(16.30%)이 크다는 점은 긍정적으로 평가될 수 있다. 반면 학습지표는 기관의 활동이 실제로 국민의 편익을 향상시켰는지를 평가하는 것이 바람직하다는 오늘날의 인식에서 바람직한 지표는 아니나, 기관의 입장에서는 로직모형에 입각하여 이러한 "측정가능한" 기관 활동의 개선이 "측정하기 어려운" 국민 편익의 향상을 가져온다는 강한 개연성이 있다고 보고 이를 다수 활용하는 것으로 보인다. 협업반영지표는 개수의 비중(17.24%)에 비해 가중치 기준

11 이 절의 분석에 사용된 지표의 수가 각 유형별로 많지 않고, 관점에 따라 몇몇 지표를 달리 분류할 수도 있기 때문에 이 절의 분석은 민감도가 높다는 점을 염두에 두어야 한다. 예를 들어 협업반영지표로 분류된 한국산업인력공단의 "청년취업 지원성과"는 원점수가 55.59에 불과한데(원점수 전체 평균은 86.14), 이러한 예외적 지표를 예를 들어 활동의 성격과 더불어 산식 기준이 아닌 명칭 기준으로 지원지표로 분류한다면 다른 결과가 도출될 것이다.

비중(14.58%)은 보다 낮은 것으로 나타났다.

셋째, 원점수 평균을 기준으로 볼 때 가장 성과가 높았던 지표군은 지원지표(90.75)였다. 지원지표는 .9250의 상대적으로 낮은 평균 난이도를 기록하여 조정점수 평균(83.97)에서도 여전히 최고점을 기록하였으나 일부 지표군(특히 학습지표)과 그 격차가 줄어들었다. 협업반영지표군은 원점수 평균을 기준으로 볼 때 87.28점을 기록하여 학습지표(87.35), 전달지표(90.05), 공식협업지표(87.51) 등과 유사한 점수를 획득하였다. 그러나 협업반영지표군은 평균 난이도가 .9200에 불과하여 이론적 전제와는 달리 협업에 비해 훨씬 수월할 것으로 예상되는 단순 전달지표의 평균 난이도(.9222)와 유사하였다. 반면, 협업을 포함하여 기관의 전반적인 활동을 반영하는 종합활동지표의 경우 .9500의 높은 평균 난이도를 기록하였고, 이에 따라 가장 낮은 원점수 평균(80.86)에도 불구하고 타 유형의 지표군에 비해 조정점수 평균에서는 격차를 다소 줄였다.

넷째, 관점을 바꾸어 활동의 성과가 측정되는 대상을 기준으로 볼 경우 고객지표가 44개로 가장 많았고, 기관지표가 24개, 사회지표가 19개로 뒤를 따랐다. 그러나 평균 가중치로 보면 사회지표가 7.84, 기관지표가 7.83으로 유사한 가운데 고객지표의 평균가중치가 낮았다(6.84). 각 지표들이 획득한 점수는 난이도에 대한 이론적 예측과 유사하게 기관지표(83.69), 고객지표(79.34), 사회지표(78.16)의 순서로 나타났다. 즉 기관의 개선이나 서비스 전달 규모에 초점을 두는 지표들이 상대적으로 고득점할 확률이 높았던 것이다. 게다가 기관지표의 평균 난이도가 .9417로 가장 높았다는 점은 비록 난이도 결정에서 여러 기준을 적용한 결과라 해도 논의의 여지가 있다.

3) 지표 유형별 분석

(1) 공식협업지표

〈표 13-4〉는 공공기관 경영평가편람 상 공식협업지표로 정의된 것들을 요약한 표이다.

〈표 13-4〉 공공기관 경영평가편람 상 공식협업지표들

기관명	지표명	가중치	난이도
교통안전공단	자동차 1만 대당 사망자 수 감소 실적	10	양호
교통안전공단	열차 안전운행서비스 제공	4	양호
도로교통공단	자동차 1만 대당 사망자 수 감소 실적	6	양호

자료: 공공기관경영평가단(2016)을 토대로 구성

위탁집행기관이 관련된 공식협업지표는 2개에 불과하였다. 교통안전공단과 도로교통공단이 함께 적용한 '자동차 1만 대당 사망자 수 감소 실적'[12]이 하나이며, 교통안전공단과 한국철도공사가 함께 적용한 '열차 안전운행서비스 제공 실적'[13]이 다른 하나이다. 비록 공식협업지표를 함께 활용한다 해도 기관별로 해당 지표의 가중치는 달랐다. '자동차 1만 대당 사망자 수 감소 실적'의 경우 교통안전공단은 10점의 가중치를 배정한 데 반해 도로교통공단은 6점만을 배정했다. '열차 안전운행서비스 제공 실적'의 경우도 교통안전공단은 4점의 가중치를 배정한 데 반해 한국철도공사는 11점의 가중치를 배정하였다. 가중치는 해당 지표가 기관에 갖는 중요성을 반영한다는 점에서 동일한 공식협업지표라도 기관에 따라 가지는 비중이 다르다는 점을 알 수 있다. 이러한 차이가 기관 간 협업에 어떤 영향

12 이 지표는 "자동차 1만 대당 교통사고 사망자 수"로 측정한다(공공기관경영평가단, 2016: 502).

13 이 지표는 "고객피해건수/열차주행거리"로 측정한다(공공기관경영평가단, 2016: 504).

을 미칠지에 대한 고려가 필요한 부분이다.

교통안전공단 및 도로교통공단 간 공식협업지표의 한 가지 특징은 사회지표의 성격을 가진다는 점이다. 여기서 한 가지 의문은 이러한 사회지표가 협업을 조장하는 데 미치는 영향에 대한 것이다. 사회지표를 평가지표로 설정한 것은 바람직하나 각 기관의 노력으로 성취하기 쉽지 않은 이러한 지표를 공동관리하기 위하여 각 기관이 얼마만큼의 노력을 기울일 것인지에 대한 의문이 있다. 공식협업지표의 추가적인 개발을 조장하기 위해서는 현존하는 이러한 공식협업지표의 관리에 있어서 관련된 기관들 간의 협력이 실제로 어떻게 벌어지고 있는지에 대한 경험적 연구가 도움이 될 것이다.

〈표 13-3〉에서 보듯이 이들 공식협업지표들의 점수는 원점수 기준으로는 모든 유형들 중 세 번째에 해당하였으나 난이도를 가장 낮게 부여받은 결과 난이도 조정점수는 여섯 번째로 하락하였다. 사례가 적어 큰 의미는 없으나, 이는 협업의 어려움 때문보다는, 본질적으로 지표의 성격이 점수 획득이 상대적으로 어려운 고객 및 사회지표이기 때문일 것으로 볼 수 있다.

(2) 협업반영지표

협업반영지표는 지표 점수의 향상을 위해서는 해당 기관뿐 아니라 타기관의 목표 공유와 협력적 활동 역시 필요한 경우이면서 지표를 정의하는 요소들에 이러한 제약조건이 반영된 경우이다. 〈표 13-5〉는 이러한 협업반영지표를 요약한 표이다.

협업반영지표로 분류될만한 지표들은 15개가 발견되어 전체 87개의 17.24%, 가중치로는 14.58%를 차지하였다(〈표 13-3〉). 이들은 주로 건강보험심사평가원, 국립공원관리공단, 한국농수산식품유통공사, 그리고

〈표 13-5〉 협업반영지표들

기관명	지표명	가중치	난이도
건강보험심사평가원	건강보험 보장성 확대	5	양호
건강보험심사평가원	건강보험 정책개발 성과	3	양호
국립공원관리공단	생태계 건강성 지수 향상율	12	양호
국립공원관리공단	그린포인트 참여율	4	양호
국립공원관리공단	그린포인트 쓰레기 수거율	4	양호
국민건강보험공단	건강보험 부과재원 발굴 및 사회보험 통합징수 성과	10	우수
한국농수산식품유통공사	농수산물 직거래 활성화	5	양호
한국농수산식품유통공사	농산물 도매시장 운영 활성화	4	양호
한국보훈복지의료공단	보훈의료복지통합서비스 수혜인원 향상도	4	양호
한국산업인력공단	중소기업 직업능력개발훈련 참여율	7	우수
한국산업인력공단	청년취업 지원성과	7	우수
한국산업인력공단	외국인근로자 입국기간 개선 성과	6	양호
한국장애인고용공단	장애인고용률 제고 성과	7	양호
한국장애인고용공단	통합지원서비스 제공을 통한 사업체의 장애인 고용 창출	5	양호
한국환경공단	자원순환성과	10	양호

자료: 공공기관경영평가단(2016)을 토대로 구성

한국산업인력공단의 지표들이 해당하였다. 협업반영지표 가운데서도 국립공원관리공단의 '그린포인트 참여율'[14]과 '그린포인트 쓰레기 수거율'[15]처럼 단순히 이용객들의 자발적인 참여를 반영하는 지표들이 있는 반면, 건강보험심사평가원의 '건강보험 보장성 확대'[16]와 '건강보험 정책개발 성과'[17]와 같이 상당히 정치적인 공동의사결정을 요하는 지표들까지 그 폭이

14 이 지표는 "그린포인트 참여자수"로 측정한다(공공기관경영평가단, 2016: 511).

15 이 지표는 "그린포인트 쓰레기 수거량/총 쓰레기 처리량"으로 측정한다(공공기관경영평가단, 2016: 511).

16 이 지표는 "건강보험 보장성 확대 수혜 진료비"로 측정한다(공공기관경영평가단, 2016: 496).

17 이 지표는 "건강보험 급여기준 개선 건수"로 측정한다(공공기관경영평가단, 2016: 497).

다양하다. 또한 국민건강보험공단의 '건강보험 부과재원 발굴 및 사회보험 통합징수 성과'[18]와 같이 규제적 성격을 지니면서 관련 수사기관 혹은 지방자치단체와 협업을 요하는 지표들도 있으며, 한국농수산식품유통공사의 '농수산물 직거래 활성화'[19]와 같이 지원적 성격을 지니고 있는 지표들도 있다.

이 가운데 협업에 대해 고찰할 수 있는 지표로 한국산업인력공단의 '외국인근로자 입국기간 개선 성과'[20]를 살펴볼 가치가 있다. 외국인근로자의 입국기간은 '당해 연도 입국한 개별 근로자의 고용허가발급 이후부터 대한민국 입국일까지 소요된 일수의 합계'로 정의된다(공공기관경영평가단, 2016: 604). 그런데 이 지표의 성과를 향상시키는 데에 한국산업인력공단이 직접적으로 통제할 수 있는 기간은 얼마 되지 않는다. 나머지는 법무부, 고용노동부, 기업 등의 관할 범위에 속해 있다. 그러나 외국인근로자의 입국기간 단축은 해당 근로자 본인뿐 아니라 기업에게도 이익이 된다. 이런 점에서 위탁집행기관으로서 한국산업인력공단이 자신의 사업목표로 입국기간 단축을 설정하고 전체 과정을 관리하고자 관련 중앙부처와 협업해야 하는 본 지표는 의미 있는 사례이다. 다만 여기서도 실제로 해당 기관이 관련 중앙부처 및 타 기관들과 얼마나 실질적으로 협력을 주고받는지는 비계량적 판단을 요하는 문제이다. 이러한 문제는 한국산업인력공단이나 한국장애인고용공단과 같이 고객들의 취업을 위해 여러 기관 및 민간 기업들과 협업을 수행하거나, 건강보험심사평가원과 같이 건강보험 관

18 이 지표는 "(당해 연도 건강보험료 징수율×건강보험 부과재원 발굴금액)/당해 연도 건강보험료 부과액" 및 "국민연금, 고용, 산재보험 징수액/부과금액"의 가중치 합으로 계산한다(공공기관경영평가단, 2016: 520).

19 이 지표는 "사이버거래소 거래실적"으로 측정한다(공공기관경영평가단, 2016: 570).

20 이 지표는 "근로자 입국기간 총계/입국 외국인근로자수"로 측정한다(공공기관경영평가단, 2016: 604).

련 정책을 마련하는 과정에서 중앙부처 및 관련 기관/단체들과 협의를 해야 하는 경우에 공통적으로 적용된다.

이러한 협업반영지표들의 특징을 요약하자면 다음과 같다. 첫째, 이 지표들은 대개 복수의 중앙부처가 관련된다. 이 점이 의미하는 바는 한국 행정의 집행에서 위탁집행기관이 차지하는 위상이 중요하다는 것이다. 앞서 이론적으로 검토한 바와 같이 위탁집행기관들은 실제 복합적으로 작동하는 정책들의 중첩 부분에서 이루어져야 할 협업의 연결고리 역할을 하고 있다는 것이다. 둘째, 이 지표들은 성과에 미치는 영향요인이 다양하여 해당 기관이 그 성과를 완전히 통제하기 어려운 지표들이다([그림 13-2] 참조). 〈표 13-3〉에서 보는 바와 같이 이 지표들은 원점수 및 난이도를 고려한 조정점수에서 중간 정도의 점수를 획득했다. 셋째, 이들 지표들은 앞서 공식협업지표와 더불어 가장 낮은 난이도계수 평균(.9200)을 기록하여 난이도 결정시 다른 관점이 고려되었음을 알 수 있다.

(3) 협업과 유사한 활동 지표들

마지막으로 협업에 준하는 활동을 수행하지만 지표의 설계 방식이나 관련된 주체들의 목표에 있어서 협업반영지표와 성격이 다소 다른 지표들을 살펴본다. 이에는 규제지표, 서비스지표, 지원지표의 세 가지가 있다. 〈표 13-6〉은 이들 세 유형의 지표들을 요약한 표이다.

이들은 전체 34개로 87개 지표의 39.08%를 차지하였다. 가중치 기준으로는 전체의 38.09%의 비중을 차지하였다(〈표 13-3〉). 규제지표는 주로 안전을 담당하는 교통안전공단, 한국산업안전보건공단, 한국환경공단 등에서 발견되었다. 서비스지표는 주로 기관들이 마련한 프로그램에의 수혜자 규모에 의해 평가되는 지표들이다. 지원지표는 대한무역투자진흥공사, 한국농수산식품유통공사, 한국산업인력공단 등 경제적 부가가치 창

〈표 13-6〉 규제지표, 서비스지표, 지원지표

기관명	지표명	유형	가중치	난이도
건강보험심사평가원	진료행태 개선율	규제	12	양호
건강보험심사평가원	의료서비스의 질 향상률	규제	10	우수
교통안전공단	사업용자동차 교통안전도 제고실적	규제	10	우수
교통안전공단	사업용 운수종사자 자질 향상 실적	규제	6	양호
교통안전공단	자동차 안전도 향상실적	규제	5	양호
국립공원관리공단	탐방객 안전사고 감소율	규제	8	양호
도로교통공단	교통소양교육 재이수율	규제	4	양호
한국가스안전공사	부적합 시설 조기 개선율	규제	4	양호
한국산업안전보건공단	사고, 사망재해예방 집중관리사업장 재해 감소	규제	14	우수
한국산업안전보건공단	안전보건체제 구축지원사업장 재해 감소	규제	7	양호
한국전기안전공사	법정검사 전기설비 화재율 감소	규제	7	양호
한국전기안전공사	주거시설 전기화재 감소	규제	7	양호
한국전기안전공사	취약설비 전기화재 감소	규제	3	양호
한국전기안전공사	전기설비 사고발생 감소	규제	8	우수
한국환경공단	온실가스 감축 실천 프로그램 운영성과	규제	6	우수
한국환경공단	질소산화물 배출 저감성과	규제	6	양호
한국환경공단	수질오염 지감성과	규제	13	우수
국립공원관리공단	탐방프로그램 참여율	서비스	7	양호
국민건강보험공단	검진 수검률 제고 및 검진결과 유질환자 적기관리	서비스	9	우수
대한무역투자진흥공사	해외 유망 프로젝트 발굴, 참여 실적	서비스	2	양호
한국보훈복지의료공단	보훈의료서비스 진료실적 제고	서비스	8	우수
한국보훈복지의료공단	보훈요양원 브랜드프로그램 수혜인원 증가율	서비스	3	양호
대한무역투자진흥공사	내수기업의 수출기업육성 및 신 시장개척 지원실적	지원	7	우수
대한무역투자진흥공사	수출유망기업 맞춤형서비스 지원 성과	지원	7	우수
대한무역투자진흥공사	대한수입 성약 바이어 확대 실적	지원	7	양호
한국가스안전공사	기업지원성과	지원	6	양호
한국국토정보공사	민간업체 수행 사업금액	지원	5	양호
한국농수산식품유통공사	농수산식품 수출 글로벌 경쟁력	지원	10	양호
한국농수산식품유통공사	식품산업 육성기반 구축 성과	지원	8	양호
한국농어촌공사	쌀 전업농 생산량 제고	지원	9	양호
한국산업인력공단	수요자 중심 해외취업 지원성과	지원	4	양호
한국산업인력공단	숙련기술인 동일직종 계속종사 이탈 방지	지원	3	양호
한국장애인고용공단	생애주기별 구직등록 장애인 취업 성과	지원	6	우수
한국장애인고용공단	직업능력개발 훈련 수료생 국가기술자격 취득성과 및 취업 유지 성과	지원	12	양호

자료: 공공기관경영평가단(2016)을 토대로 구성

출과 관련된 기관들에서 주로 활용되었다. 지원지표는 본질적으로 규제지표 및 서비스지표와 같이 관련된 주체들의 활동에 의존해야 한다는 점에서 성과를 달성하기 어려울 것이라는 예상과는 달리 원점수와 조정점수 모두 가장 높은 점수를 기록하였다. 다만 평균점수를 웃도는 지표들은 대부분 대한무역투자진흥공사, 한국농수산식품유통공사, 한국가스안전공사 등 지난 5년간 경영평가에서 상위 등급을 획득해 온 공사들에 속해 있었다.

이들 지원지표들은 협업반영지표와 유사하지만 주목해야 할 차이가 있다. 협업반영지표들의 경우는 성과의 향상을 위해 협업을 해야만 하거나 협업을 하는 것이 바람직한 경우이다. 이때 협업은 자동적으로 성과와 연결되는 것이 아니라 협력 기관과 긴밀한 의사소통 및 조정, 반발의 무마 등이 필요하다. 이와 달리 지원지표의 경우는 본질적으로 고객 지원에 해당한다. 즉 협업의 동인 가운데 하나로서 갈등이나 관할권 분산 같은 문제가 지원지표의 경우는 해당되지 않는다. 더욱이 실제 지원지표의 관리에 있어서는 수혜조직을 선별적으로 관리할 수 있다는 우려가 있다. 이러한 선택편이가 성과에 미칠 영향을 고려할 때 지원지표의 점수는 고객 기관 중심으로 과대평가될 가능성이 있다.

2. 위탁집행기관 성과지표들의 한계와 개선방안

이 절에서는 협업에 초점을 두고 위탁집행기관들의 성과지표들의 한계와 이를 보완할 수 있는 방안에 대해 논의한다.

1) 협업을 명시적으로 반영하는 계량지표의 부족

이 장의 경험적 분석 결과는 실제 위탁집행기관이 수행하는 협업 활동에 비해 분석 대상 기관들의 계량지표 가운데 협업의 성과를 명시적으로 반영하는 지표가 부족하다는 것을 보여준다. II절에서 분석한 바와 같이 위탁집행기관들의 사업 목표는 대부분 협업을 필요로 하는 것들임에도 불구하고, 협업의 성과에 대한 가시화와 이에 따른 평가는 정성적 평가 부분에 비해 정량적 평가 부분에서는 과소한 것으로 나타났다.

특히 기관 내부 과정에 초점을 두는 학습 및 전달지표가 많은 비중을 차지하고 있는 점은 우리나라 위탁집행기관의 제도화 과정 및 국정 운영의 변화를 생각할 때 시사하는 바가 크다. 학습 및 전달지표들은 기관이 자신들의 자원과 인력의 투입을 증가시킴으로써 더 나은 점수를 획득할 수 있는 방식으로 정의되어 있는 경우가 많다. 분석대상 기관들이 학습 혹은 전달지표를 선호하는 이유는 정의하기 쉽고 자체적으로 지표의 통제가 가능하기 때문이라 볼 수 있다. 실제로 학습지표와 전달지표는 조정점수 평균에서 각각 82.87점과 83.13점을 기록하여 모든 유형들 가운데 지원지표(83.97)를 제외하고는 가장 높았다.

그러나 이러한 지표는 조직이 얼마나 성실히 수탁업무를 수행하였는가를 보여줄 수는 있으나 사회적 편익의 증가라는 의미에서 진정한 성과를 보여주는 것은 아니다. 나아가 이러한 지표는 본질적으로 산업사회를 배경으로 하는 고전적인 기계적 행정 모형에서 그 뿌리를 발견할 수 있다. 비교적 단순한 환경과 효율성의 가치를 중심으로 하는 고전적 조직관리에 입각한 관점이 평가지표에 반영되고 있는 것이다. 반면 최근 부각되는 협력적 관리 모형은 복잡한 환경과 조직의 적응 능력, 그리고 상위 시스템에의 공헌을 조직의 주요한 성과로 간주할 것을 요청한다. 위에서 살펴본 바와 같이 이러한 관점이 공식협업지표, 협업반영지표, 그리고 협업과제 평가 등에 반영되어 있으나 충분한 패러다임 전환이 이루어졌다는 경험적 증거는 부족하다.

여기서 두 가지 방안을 고려할 수 있다. 한 가지는 이러한 학습 및 전달지표(혹은 기관지표)를 가능한 배제하고 기관의 협업의 성과를 반영할 수 있는 협업반영지표, 혹은 활동의 본질적 성격에 따라 규제/서비스/지원지표로 대체하는 것이다. 이는 기관이 현재 학습 및 전달지표를 통해 평가받고자 하는 활동 및 성과 대신 협업이나 규제, 지원에 의한 활동 및 성과로 초점을 이전시키는 것을 의미한다. 다른 한 가지는 동일한 활동을 평가하되(법정사업과 같은 경우) 기존하는 집행지표의 정의를 수정하는 것이다. 즉 [그림 13-2]에서 기관-대상 간 경로계수가 다른 경로계수에 비해 압도적이지 않도록 기관 활동을 정의하는 것이다. 결국 이는 단순히 지표를 조정하는 문제를 넘어서 근본적으로 기관의 활동을 과거 개발연대의 일방적인 정책 집행이 아닌 관련 기관들 간의 협력관계의 관점에서 재서술할 것을 요구하는 것이다.

2) 민간의 역량을 확대하는 협업의 필요

협업은 단순히 해당 공공기관의 성과를 관리하기 위한 것만은 아니다. 오히려 공공기관의 공공성을 고려할 때, 협업은 기관의 협업파트너의 역량과 성과를 증진시킬 수 있는 계기가 되는 것이 바람직하다. 그런 의미에서 협업반영지표 혹은 지원지표에 반영된 기관의 활동이 과연 활동 대상 주체의 역량을 증진시키는 방향으로 작용했다고 볼 수 있는지를 계량적 혹은 비계량적으로 반영할 수 있는 방안을 마련할 필요가 있다. 예를 들어 한국장애인고용공단의 '장애인고용률 제고 성과'[21]의 경우, 장애인을 고용하고자 하는 기업에 대한 각종 지원과 더불어 해당 기업의 자체적인 장애인 근로자 관리역량을 강화시키고 이를 통해 부가가치를 창출할 수 있도

21 이 지표는 "고용의무사업체 장애인근로자수/고용의무사업체 상시근로자수"로 측정한다(공공기관경영평가단, 2016: 611).

록 협력한 정도 역시 성과의 일부로서 평가에 반영될 수 있어야 한다. 또한 대한무역투자진흥공사의 '대한수입 성약 바이어 확대 실적'[22]과 같은 지원지표 역시 단순히 역량이 부족한 중소기업을 위한 소규모의 수입 성약 실적의 이면에 해당 중소기업들의 독자적인 성약 역량 증가에 기관의 서비스가 어떤 도움을 주었는지에 대해서도 평가될 필요가 있다. 이렇게 지속가능성을 제고하는 노력을 성과로 반영할 수 있는 방안 역시 마련되어야 한다.

이러한 초점과 대조적으로 협업지표를 개발함에 있어서 주의해야 할 점을 지원지표의 몇몇 사례가 보여준다. 즉 협업을 통해 타 협업주체의 역량에 힘입어 해당 위탁집행기관의 성과지표가 향상될 수 있는 경우 이를 어떻게 평가하는 것이 바람직한가의 문제가 있다. 예를 들어 대한무역투자진흥공사의 지원지표들의 경우, 공사의 지원과 지원받은 기업의 수출증진 성과 사이에 얼마나 강한 인과관계가 존재하는지에 대해서는 프로그램 평가의 관점에서 계량적으로 측정하기 어려운 부분이 있다. 대한무역투자진흥공사의 '수출유망기업 맞춤형서비스 지원 성과'[23] 및 한국농수산식품유통공사의 '식품산업 육성기반 구축 성과'[24]와 같은 지표들의 경우, 해당 기관들의 지원 활동과 수혜 기업들의 성과 간에 의미 있는 인과관계를 인정하려면 기업이 단순히 지원 프로그램에 참여했었다는 사실 외에 프로그램과 기업의 성과 간 관계에 대한 보다 많은 증거가 필요하다. 더욱이 이러한 지원이 회원사를 중심으로 이루어지는 경우 애초에 지

22 이 지표는 "공사 서비스 지원을 통해 당해 연도 성약이 발생한 순 바이어 수(개사)"로 측정한다(공공기관경영평가단, 2016: 529).

23 이 지표는 "맞춤형 기간제 서비스 이용 중소중견기업 수출액/국가전체 중소중견기업 수출액"으로 측정한다(공공기관경영평가단, 2016: 529).

24 이 지표는 "전년도 컨설팅수진업체들의 당해 연도 매출액 증가율의 합/업체 수"로 측정한다(공공기관경영평가단, 2016: 572).

원대상이 선정되는 과정에서 선택편이의 효과를 통제하기 어렵다는 문제가 있다. 따라서 이러한 지원지표의 경우는 지표의 정의를 달리하거나[25] 정량보다는 정성적 판단에 따라 평가하는 것이 보다 바람직할 가능성을 면밀히 검토할 필요가 있다. 그리고 이러한 함의는 협업지표의 설계에도 동일하게 적용된다.

3) 공공기관 간 협업지표의 활성화

위탁집행기관의 협업이 반드시 주무부처, 지방자치단체, 시민사회 영역 행위자, 그리고 해당 기관 간에만 이루어지는 것은 아니다. 특히 예를 들어 수출과 관련된 사업을 담당하는 대한무역투자진흥공사와 한국농수산식품유통공사, 농수산 진흥과 관련된 사업을 담당하는 한국농수산식품유통공사와 한국농어촌공사, 국민건강보험 관련 사업을 담당하는 건강보험심사평가원과 국민건강보험공단 등 긴밀한 작업을 필요로 하는 기관들이 공식적인 협업지표를 활용하고 있지 않다. 그 이유에 대해서는 별개의 연구가 필요하겠지만, 경영평가에서는 이러한 현상이 바람직한 것으로 평가되지 않고 있다. 더욱이 일부 규제 업무의 경우 지표의 정의에 따라서는 한 기관의 성과의 하락(향상)이 오히려 다른 기관의 성과의 향상(하락)으로 이어지는 등 이해관계가 충돌하는 경우도 발생할 수 있다. 따라서 긴밀한 관련성을 지닌 사업들을 담당하는 기관들 간에 협업지표를 권장하거나 일부를 의무화하는 방안을 통해 해당 기관들의 성과를 극대화하면서 국민의 편익을 증진할 수 있는 지표의 개발이 요구된다.

다만 공공기관 간 협업의 증진이 언제나 바람직하다고만 할 수는 없는 맥락도 존재함을 주의해야 한다. 신공공관리론의 함의는 공공부문 내에서

25 그러나 지원지표의 성격을 유지하는 이상 선택편이의 효과는 여전히 통제하기 어렵다.

기관 간 경쟁이 있을 때 오히려 효율성이 향상될 수 있다는 것이다. 또한 공공기관 간 상호 견제 역시 단순한 효율성을 넘어 중요한 민주적 가치를 창출할 수 있다. 혹은 협업이 아니라 보다 근본적인 기능의 재조정을 통한 사업의 기관 간 재배치 등이 바람직한 방안인 경우도 있을 수 있다.[26] 즉 공공기관 간 협업은 협업이 이루어지는 맥락을 살펴야 하고, 경쟁이나 기능 재조정이 보다 나은 대안이 될 수 있는 가능성을 포괄적으로 고려할 필요가 있다.

4) 협업지표의 성격 문제

협업지표를 구성한다면 어떤 유형으로 구성할 것인가의 문제를 검토할 필요가 있다. 협업을 통해 성과를 창출하는 과정 자체는 외부의 관점에서는 블랙박스와 유사하다고 본다면 교통안전공단과 도로교통공단 간의 협업지표처럼 사회지표로 정의하는 것이 바람직하다고 볼 수도 있다. 그러나 이러한 사회지표는 관련된 기관 모두 직접적 통제가 불가능하기 때문에 실제 협업 과정에서 동기부여가 하락할 가능성이 있다. 성과평가의 목적상 기관 활동의 동기부여가 가능한 정도로 기관지표적인 요소를 가미하는 것도 검토될 필요가 있는 것이다. 이러할 경우 관련 기관들의 공통투입요소를 확인하여 이를 지표 산식에 반영하는 것이 하나의 방법이 될 수 있다.

보다 근본적으로는 협업의 성격상 계량지표보다 비계량적 평가에 의존하는 것이 보다 타당하다는 주장도 가능하다. 현재의 협업과제 평가나 공공기관 경영평가 제도 상에서는 실제로 협업의 성과는 주로 비계량적으로 평가되고 있는 실정이다. 현재의 비계량 경영평가는 로직모델에 따라 PDCA에 맞추어 이루어지고 있으나 일부 비계량점수를 '협업'이나 '정부

26 건강보험 진료비 심사업무를 건강보험심사평가원과 국민건강보험공단 사이에서 재조정하는 문제가 지속적으로 논의되는 것이 한 예이다.

3.0 구현' 같은 실질적인 활동 범주에 따른 성과별로 할당하는 방안도 구상할 수 있을 것이다.

5) 협업 성과의 측정 시점 문제

협업은 실제 협업을 준비하는 데에도 상당한 시간이 소요됨은 물론이고 협업의 성과가 나타나는 시간도 상당히 장기간에 걸칠 가능성이 높다. 왜냐하면 협업이 가장 바람직한 정책 집행의 대안이라는 것은 해당 문제가 기계적 집행을 하기에는 매우 복잡하고 장기적인 시계를 통한 대응이 필요한 문제라는 것을 의미하기 때문이다. 그렇지 않은 문제에 대해서도 협업을 규범적으로 요구하는 것은 적절하지 않다. 이런 측면에서 매년도의 사업의 성과를 측정하는 공공기관 경영평가제도에 협업의 계량적 성과를 반영하도록 하는 것이 적절한지에 대해서도 면밀한 검토가 필요하다는 점은 명백하다. 다만 협업 사업 외에 공공기관 경영평가를 통해 평가받고 있는 사업들이 반드시 일 년 주기로 성과가 드러나는 사업이라고 보기는 어렵다. 오히려 협업과 관련 없는 대부분의 사업들 역시 다년간의 시계를 두고 평가되는 것이 적절하다. 따라서 반드시 협업 사업의 경우만 다년간의 시계의 필요성을 이유로 계량적 평가에서 배제될 논리적 필연성은 약하다. 또한 대부분의 계량지표들이 이전 연도들의 성과에 비추어 당해 연도의 개선 정도를 측정한다는 점에서 협업지표의 경우도 매 연도의 개선 성과를 측정할 수 있을 것이다. 만일 협업의 성과가 장기적으로 나타난다면 현재와 같이 장기 추세를 반영하는 경영평가 지표설계의 특징은 오히려 바람직하다고 볼 수도 있다.

Ⅳ. 결론

이 글에서는 우리나라 공공부문의 제도화 맥락에서 위탁집행기관의 위상을 살펴보고, 협업을 중심으로 하여 위탁집행기관의 역할에 대해 검토하였다. 또한 정책집행 과정에서 협업의 주요한 행위자인 위탁집행기관의 기능적 역할이 현재 공공기관 경영평가제도에 의해 어떻게 평가되고 있는지를 위탁집행기관의 계량지표들에 대한 분석을 중심으로 살펴보았다. 이를 바탕으로 협업의 관점에서 위탁집행기관의 역할을 올바르게 평가할 수 있는 몇 가지 방안에 대한 논점들을 제시하였다.

오늘날 위탁집행기관들의 목표 달성을 위해서는 협업의 강화가 요청되고 있고, 이를 정당하게 평가받는 제도를 마련하는 것이 바람직하다. 협업의 강화는 환경 변화에 대한 적절한 대응의 차원, 그리고 민간 부문의 활성화라는 국가적 목표에 대한 순응의 차원에서 이해되었다. 나아가 조직적 연원이 개발연대의 일사불란한 정책집행에 두어져 있었던 위탁집행기관들의 이러한 적응 노력은 공공기관경영평가제도에서 정당하게 평가받아야 할 필요성이 있다. 다만 이 글에서 위탁집행기관들의 협업을 경영평가제도에 의해 인위적으로 증진해야 한다는 주장을 하는 것은 아니다. 그것은 주객이 전도되는 것으로, 경영평가제도를 그렇게 활용하는 것은 협업의 본질상 그 자발성을 고려할 때 그 목적을 달성하기 어려울 것이다. 반대로 협업은 위탁집행기관들이 처한 여건상 점차 강화되어갈 것으로 예상되는 만큼, 단순한 집행 활동보다 협업의 성과를 경영평가제도가 적절하게 반영하는 노력을 통해 활동과 평가 간 선순환이 이루어지도록 제도를 마련하는 것이 중요하다.

참고문헌

기획재정부(2011), 2008-2010 공기업 선진화 백서.

________(2016), 공공기관 경영평가편람.

________(2016), 공공기관 경영평가보고서.

________(2016), 공공기관 협업으로 국민생활이 이렇게 달라집니다: 2015년도 공공기관 우수 협업과제 선정, 2016년 2월 23일 보도자료.

김남철(2015), 공공기관의 기능재정립의 원칙 및 기준으로서의 공공기관 기능의 법적 한계에 관한 연구, 공법연구 44: 287-314.

김준기(2002), 협회 및 조합과 정부 간의 관계에 대한 연구: 산업자원부 산하 사업자 단체를 중심으로, 한국행정학회 학술대회 발표 논문집, 12월, 709-729.

김판석·홍길표·김완희(2008), 공공기관 거버넌스 및 운영제도 혁신의 성과와 향후 과제, 한국행정논집 20(2): 406-437.

박광국(2013), 공공기관 협업촉진을 위한 연구, 기획재정부 연구과제.

박석희(2012), 주요국들의 공공기관 관리기구 비교 및 시사점, 한국행정학회 학술대회 발표 논문집, 12월, 1632-1655.

박순애(2014), 공기업의 역사와 변천: 공공성을 중심으로, 박순애·김준기 편, 『공기업 개혁: 쟁점과 사례』, 3-27, 서울: 박영사.

이상철·박병식(2004), 정부산하기관 경영평가시스템의 효율적 구축방안, 한국사회와 행정연구 15(1): 27-49.

정무권·한상일(2005), 한국 준정부부문의 규모와 특징에 관한 연구: 정부산하단체를 중심으로, 한국행정학회 학술대회 발표논문집, 4월, 1-26.

정용덕 외(2014), 『현대국가의 행정학』, 제2판, 파주: 법문사.

Ansell, C. and Gash, A.(2008), Collaborative governance in theory and practice, *Journal of Public Administration Research and Theory* 18(4): 543-571.

Bell, S. and Hindmoor, A.(2009), *Rethinking governance: the centrality of the state in modern society*, Cambridge University Press.

Chambers, S.(2003), Deliberative democratic theory, *Annual Review of Political Science* 6(1): 307-326.

Choi, T.(2014), Revisiting the relevance of collaborative governance to Korean public administration, *The Korean Journal of Policy Studies* 29(2): 21-41.

Denhardt, R. B. and Denhardt, J. V.(2000), The new public service: Serving rather than steering, *Public Administration Review* 60(6): 549-559.

Kettl, D. F.(2000), The transformation of governance: Globalization, devolution, and the role of government, *Public Administration Review* 60(6): 488-497.

Milward, H. B. and Provan, K. G.(2000), Governing the hollow state, *Journal of Public Administration Research and Theory* 10(2): 359-380.

O'Leary, R. and Bingham L. B.(eds.)(2009), *The collaborative public manager: New ideas for the twenty-first century*, Georgetown University Press.

Peters, B. G.(1997), *The future of governing*, University Press of Kansas.

Rhodes, R. A. W.(1994), The hollowing out of the state: The changing nature of the public service in Britain, *The Political Quarterly* 65(2): 138-151.

Weber, E. P. and Khademian, A. M.(2008), Wicked problems, knowledge challenges, and collaborative capacity builders in network settings, *Public Administration Review* 68(2): 334-349.

제14장

공공요금 규제 하의 공기업 성과지표

홍순만

(연세대학교 행정학과 교수)

I. 서론

우리나라 공공기관에 대한 경영평가제도는『공공기관의 운영에 관한 법률』(이하 '공운법')이 시행된 2007년에 크게 변화하여, 공공기관의 운영을 효율화하고 투명성을 제고하기 위해 매년 시행되고 있다. 2016년 현재 공운법에 따라 공기업 및 준정부기관으로 지정된 약 119개 기관이 기획재정부의 주관 하에 공공기관 경영평가단의 평가를 받고 있다. 이러한 경영평가제도는 공공기관의 투명성, 효율성 및 주요사업의 성과를 개선하는 데 큰 기여를 해왔다는 평가를 받고 있다. 그러나 이러한 긍정적 기여에도 불구하고 한편으로는 경영평가제도가 피평가기관의 특성을 충분히 반영하여 설계되지 못한 점을 지적하는 목소리가 존재하는 것도 사실이다(오건호, 2010).

본 연구에서는 평가를 받는 공공기관의 다양한 특성 중에서도 공공요금 규제를 받고 있는 기관들의 특성을 살펴보고, 이러한 특성이 경영평가제도와 성과지표에 대해 갖는 의미를 생각해보고자 한다. 공운법 상의 공공기관 중에서 일부는 국민들에게 부과하는 공공요금이 총괄원가 수준으로 규제(rate-of-return regulation)되고 있다. 총괄원가란 공공기관이 지출한 회계상 비용에 적정투자보수라고 불리는 일종의 적정이윤을 더하여 계산된다. 정부는 한국전력공사, 한국수자원공사, 한국철도공사, 한국도로공사, 한국가스공사 등 대형 공기업들이 국민들에게 부과하는 서비스의 요금 수준을 이 총괄원가 수준으로 규제하고 있다. 공운법 상 공공기관들 중에서도 그 규모가 큰 대형 공기업들이 주로 공공요금 규제를 받고 있어, 이러한 정부의 요금규제가 기관의 의사결정에 어떠한 영향을 미치는지 이해하는 것은 중요하다.

공공요금이 총괄원가 수준으로 유지될 경우, 규제를 받는 공공기관은 고정설비에 필요 이상의 투자를 집행할 소지가 있다. 총괄원가를 구성하는 항목 중 적정이윤은 공공기관의 설비투자금액의 일정비율로 계산이 된다. 이는 설비투자금액이 클수록 공공기관이 높은 기회비용을 부담하는 것으로 간주하여 적정이윤도 높은 수준으로 보장해주는 것이다. 이러한 제도 하에서 공공요금의 규제를 받는 기관들은 고정설비에 투자를 할 경우 그 비용을 공공요금 인상으로 보전 받을 수 있기 때문에, 정부의 규제가 피규제기관의 투자의사결정을 왜곡할 수 있는 것이다. 따라서 공공요금 규제를 받는 공기업에 대한 경영평가제도를 설계하고 지표를 선정할 때에는 이러한 잠재적 왜곡현상을 고려할 필요가 있다.

본 연구에서는 먼저 우리나라 공공요금 규제 제도에 대해서 간략히 살펴보고, 이러한 규제가 공공기관의 투자의사결정을 왜곡할 수 있음을 이론적으로 보여주고자 한다. 이어서 수자원공사의 댐 용수 사업 사례를 통해 공공요금 규제가 경영실적에 미칠 수 있는 효과에 대해서 보다 심도 있게 살펴본다. 마지막으로 공공요금의 규제를 받는 기관들에 대한 경영평가지표가 갖추어야할 특성에 대해서 살펴보고 정책적 함의를 도출하기로 한다.

II. 공공요금 규제 제도의 이해

1. 공공요금 규제의 법체계

현재 중앙정부에서 관리하는 공공요금에 대한 규제는 『물가안정에 관한 법률』에 근거하여 이루어지고 있다. 동 법률 제4조 제5항에서는 공공요금의 산정원칙, 산정기간, 산정방법 등을 대통령령으로 정하도록 하고 있으

[그림 14-1] 중앙정부 공공요금 산정 관련 법체계

물가안정에 관한 법률 (제4조 제5항)

기획재정부장관과 협의 대상 공공요금은 산정원칙, 산정기간, 산정방법 등을 대통령령으로 정하도록 함

↓

물가안정에 관한 법률 시행령 (제6조 제1항~5항)

① 공공요금은 총괄원가 수준으로 결정
② 총괄원가는 적정원가와 적정투자 보수의 합으로 결정
③ 기간은 1회계연도로 하되, 안정성·물가변동 등을 반영하여 신축적 조정
④ 세부 산정기준은 기획재정부장관이 정함
⑤ 각 주무부장관은 개별 공공요금 산정 기준을 정함

↓

공공요금 산정기준 (재정부 훈령)

① 총괄원가=적정원가+적정투자보수
- 적정원가: 영업비용의 합계에서 영업외비용(단, 지급이자 제외)과 서비스제공과 관련하여 발생한 법인세를 더하고 영업외수익을 차감한 금액
- 적정투자보수: 공공서비스를 생산·공급하기 위하여 직접 공여하고 있는 진실하고 유효한 자산에 대한 적정보수

② 개별 공공요금 산정기준은 공공요금 산정규정이 정하는 바에 의해 각 소관부처장관이 작성

↓

전기요금 산정기준 | 천연가스 공급가격 산정기준 | 수돗물요금 산정기준 | 철도운임 산정기준 | 고속도로 통행요금 산정기준

자료: 기획재정부

며, 『물가안정에 관한 법률 시행령』 제6조에서는 공공요금은 총괄원가 수준으로 결정한다고 규정하고 있다. 동 시행령에서는 총괄원가를 적정원가와 적정투자보수의 합으로 결정한다고 하며, 세부 산정기준은 기획재정부 장관이 정하도록 위임하고 있다.

[그림 14-1]은 우리나라 중앙정부에서 관리하는 공공요금 규제의 법체계를 정리한 것이다. 그림에서 보듯이 물가안정에 관한 법률 및 동 법률 시행령의 위임을 받은 기획재정부 장관은 『공공요금 산정기준』을 재정부 훈령으로 발표하여 공공요금을 규제하고 있다. 공공요금 산정기준에 따르면, 공공사업의 소관부처는 개별 사업의 특성을 감안하여 구체적 사항을 개별 공공요금 산정규정(예를 들어, 전기요금 산정기준, 수돗물 요금 산정기준, 철도운임 산정기준 등)에 명시할 수는 있지만, 공공요금이 총괄원가를 보상하는 수준으로 결정되어야 한다는 원칙은 지킬 것을 규정하고 있다(공공요금 산정기준의 '공공요금 산정의 기본원칙' 참조).

2. 총괄원가의 산정

공공요금 산정기준은 총괄원가의 산정방식을 비교적 상세하게 규정하고 있다. 공공요금 산정기준에서 규정한 총괄원가의 구성내역을 간략히 요약하면 [그림 14-2]와 같다. 총괄원가는 기관이 실제 지출한 손익계산서상 비용인 적정원가에 기회비용 개념인 적정투자보수를 가산하여 산정한다. 적정투자보수는 다시 요금기저에 적정투자보수율을 곱하여 계산되는데, 각 항목의 산출방법은 공공사업별로 다소간 차이가 존재한다.

총괄원가 중 적정투자보수를 구성하는 요금기저와 적정투자보수율의 실무상 계산은 다소 복잡할 수 있으나, 그 개념은 비교적 단순하다. 요금기저는 공공기관이 규제사업을 영위하기 위하여 투자한 자산 금액이고, 적정투자보수율은 기관의 가중평균자본비용으로 정리할 수 있다.

[그림 14-2] 공공요금 산정기준에서 규정된 총괄원가

구분	내용
총괄원가	
=	
적정원가	• 영업비용+영업외비용−영업외수익+법인세비용 ☞ 단, 재무활동과 관련된 수익비용은 고려하지 않는다. (적정투자보수에서 고려하기 때문)
+	
적정 투자보수	• 요금기저×적정투자보수율 • 요금기저는 평균순가동설비자산액(감가상각누계액 등 차감), 평균무형자산액, 운전자금 및 일정 분의 건설 중인 자산의 합계 • 적정투자보수율은 기관의 가중평균 자본비용(WACC: Weight Average Cost of Capital)으로 정함

Ⅲ. 이론적 논의

1. Averch and Johnson 효과

공공요금이 총괄원가로 규제될 경우, 피규제기관의 선택이 왜곡될 수 있다는 주장은 일찍이 1960년대부터 있어왔다. 그중 대표적인 연구로 Averch and Johnson(1962)의 연구를 꼽을 수 있다. Averch and Johnson(1962)은 공공요금의 규제를 받는 기관이 노동(L)과 자본(K)의 두 가지 생산요소를 이용하여 Q 단위의 공공서비스를 생산하는 상황을 가정한다. 그리고 이 Q 단위의 서비스는 단위당 가격 P에 판매가 되는데, 이 P는 독점시장을 가정하여 Q의 함수로 가정하였다. 이때 기관은 다음과 같이 이윤 π를 극대화하고자 노동과 자본을 최적 수준으로 고용(또는

투자)하고자 한다(단, 아래 수식에서 w와 r은 각각 노동과 자본의 두 생산요소의 가격을 나타낸다).

$$\max_{L,K} \overbrace{\pi}^{\text{이윤}} = \overbrace{P(Q) \times Q(L,K)}^{\text{총수입}} - \overbrace{wL}^{\text{노동비용}} - \overbrace{rK}^{\text{자본비용}} \tag{1}$$

이 기관의 공공요금은 총괄원가 수준으로 규제되고 있다고 가정하여, 다음의 제약조건이 성립한다. 수식 (2)와 수식 (1)을 비교하면 Averch and Johnson(1962)의 자본비용에 대한 가정이 이윤을 계산할 때와 규제를 적용할 때 상이함을 알 수 있다. 수식 (1)에 나타난 이 기관의 이윤은 자본비용 r을 사용하여 계산하였는데, 총괄원가 규제는 이 자본비용 r보다 높은 s라는 비율을 통해 규제하고 있다. 즉 Averch and Johnson(1962)은 규제당국이 공공요금을 총괄원가 수준으로 규제함에 있어 자본에 대한 적정투자보수율을 실제 기관의 자본비용 r보다 높은 수준으로 허용해준다고 가정한다($s>r$을 가정).

$$P(Q) \times Q(L,K) = \overbrace{wL}^{\text{적정원가}} + \overbrace{sK}^{\text{적정투자보수}} \tag{2}$$

수식 (2)는 앞서 [그림 14-2]에서 설명한 우리나라 공공요금 산정에 사용되는 총괄원가와 비교하여 설명할 수 있다. 수식 (2)에서 노동과 관련된 비용, 즉 임금(wL)이 공공요금 산정기준 상 적정원가에 대응되는 개념이고, 자본과 관련된 비용(sK)은 앞서 언급한 적정투자보수에 해당하는 금액이다.[1]

1 참고로, Averch and Johnson(1962)은 분석의 편의를 위하여 감가상각비용을 고려하지 않았다(p. 1054).

Averch and Johnson(1962)은 수식 (2)의 제약조건 하에 수식 (1)의 경제적 이윤을 극대화하는 조건을 쿤터커 정리를 통하여 도출한다. 이해의 편의를 위하여, 공공사업을 영위하는 기관이 공공요금에 대한 규제를 받지 않을 경우(Case 1)와 받을 경우(Case 2) 각각에 대해서 기관의 이윤극대화를 노동 및 자본의 고용(또는 투자)량은 다음과 같이 결정된다.

〈표 14-1〉에서 *MP*는 한계생산(marginal product)의 약자로 생산요소인 자본(K) 또는 노동(L)을 한 단위 추가 투입할 때 증가하는 공공서비스의 산출량이다. 즉 공공요금에 대한 규제가 없을 경우(Case 1), 기관은 이

〈표 14-1〉 Averch and Johnson(1962)의 분석결과

	(Case 1) 공공요금에 대한 규제가 없을 경우	(Case 2) 공공요금이 총괄원가로 규제될 경우(단, $s>r$ 가정)
이윤극대화 조건	$\frac{MP_K}{MP_L}=\frac{r}{w}$	$\frac{MP_K}{MP_L}=\frac{r-\Delta(s-r)}{w}$ 단 $\Delta>0$

[그림 14-3] Averch and Johnson(1962)의 분석결과

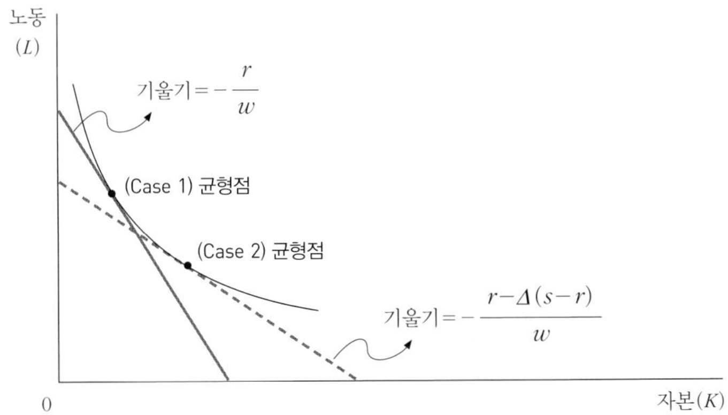

윤극대화를 위하여 각 생산요소가 창출하는 가치의 비율이 각 생산요소의 투입비용의 비율과 일치하는 선에서 노동과 자본을 투입할 것이라는 뜻이다. 반면에 Averch and Johnson(1962)에 따르면, 공공요금이 총괄원가로 규제될 경우(Case 2) 자본의 투입비용이 보다 저렴하게 되어 기업의 의사결정이 왜곡된다는 것이다. 〈표 14-1〉에 정리된 (Case 1)과 (Case 2)의 이윤극대화 조건을 이해의 편의를 위하여 그래프 상에 나타내면 [그림 14-3]과 같다.

Averch and Johnson(1962)의 결론을 요약하면 다음과 같다. Averch and Johnson(1962)은 먼저 규제당국이 자본에 대하여 실제 자본비용(r)보다 높은 수준의 적정투자보수율(s)을 보장해준다고 가정한다($s>r$의 가정). 이 가정 하에서 공공요금 규제를 받는 기관은 생산요소를 투입하여 경제적 이윤을 극대화하고자 하는 상황을 상정한다. 이 경우 기관은 규제가 없었을 때에 비해 마치 자본 투자에 대한 비용이 상대적으로 더 저렴해진 것처럼 느껴 자본에 대한 필요 이상의 투자를 하게 된다는 것이다.

2. Averch and Johnson 모형의 현실 적용가능성

Averch and Johnson(1962)은 정부가 공공요금을 총괄원가 수준으로 규제할 때, 규제를 받는 기관이 왜 고정설비에 과도한 투자를 할 수 있는지 설명해준다. 그러나 이 이론을 국내 공기업에 그대로 적용하기에는 무리가 있다. Averch and Johnson(1962)은 규제당국이 자본에 대하여 실제 자본비용(r)보다 높은 수준의 적정투자보수율(s)을 보장해준다고 가정하였는데, 우리나라의 공공요금 산정기준은 총괄원가 계산 시 사용되는 적정투자보수율을 기관의 실제 자본비용 수준으로 규정하고 있기 때문이다(즉, 공공요금 산정기준에 따르면 $s=r$이 된다). Averch and Johnson(1962)의 가정이 성립하지 않기 때문에 그 결과도 적용될 수 없는 것이다.

그러나 본 연구는 적정투자보수율이 기관의 실제 자본비용 수준으로 산정되는 현재 국내 규정 하에서도 자본에 대한 과대투자가 발생한다고 주장하는데 그 이유는 다음과 같다. 적정투자보수율은 타인자본(차입금 등)의 비용과 자기자본(정부지분 등)의 비용을 가중평균하여 결정한다. 이때 현실에서는 타인자본비용보다 자기자본비용이 현저하게 더 높은 것이 일반적이다(Myers, 1984). 즉 Myers(1984)의 자본조달 순위이론(pecking order theory)에 따르면 정보의 비대칭이 존재하는 상황에서, 자본이 필요한 기업은 가장 먼저 유휴자금을 이용하고, 그 다음 차입금 등 타인자본, 그리고 마지막으로 유상증자 등의 자기자본을 조달한다. 이를 바꾸어 말하면, 기업 입장에서 유휴자금이 가장 비용이 낮고, 타인자본이 그 다음이며, 마지막으로 자기자본이 가장 비용이 높다는 의미이다(Myers, 1984; Shyam-Sunder and Myers, 1999).

타인자본비용보다 자기자본비용이 현저하게 높다는 것은 마치 실제 자본비용(r)보다 높은 수준의 적정투자보수율(s)을 보장해준다는 Averch and Johnson(1962)의 가정이 성립하는 것과 같다. 즉 적정투자보수율은 타인자본비용과 자기자본비용의 가중평균으로 결정되는데, 기관이 실제로 의사결정시 고려하는 자본비용은 타인자본비용이기 때문이다. 이해를 돕기 위하여 먼저 적정투자보수율을 타인자본비용과 자기자본비용의 가중평균으로 표현하면 다음과 같다.

$$\text{WACC} = \alpha \times \overbrace{r_{debt}}^{\text{타인자본비용}} + (1-\alpha) \times \overbrace{r_{equity}}^{\text{자기자본비용}} \tag{3}$$

이 가중평균자본비용(WACC)이 Averch and Johnson(1962) 모형에서 등장하는 적정투자보수율(s)이다. 반면 모형의 자본비용(r)은 타인자본

[그림 14-4] 타인자본비용이 자기자본비용보다 낮을 경우

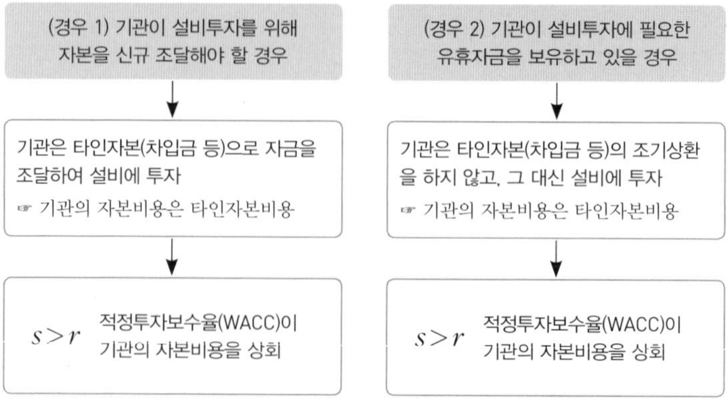

비용으로 보아야 하는데 그 이유를 설명하기 위하여 다음의 2가지 경우를 생각해 보자.

- 첫째, 기관이 설비 투자를 위하여 자금을 신규로 조달해야 하는 상황이라고 가정하자. 이때 기관은 자기자본에 비해 상대적으로 저렴한 타인자본을 통하여 자금을 조달할 것이고 기관의 자본비용(r)은 타인자본비용이 된다.
- 둘째, 기관이 설비 투자에 필요한 유휴자금을 보유하고 있다고 가정하고, 동시에 유휴자금을 통해 차입금을 조기상환할 수 있다고 가정한다. 이 경우에도 기관의 자본비용(r)은 타인자본비용이다. 유휴자금을 통하여 차입금(타인자본)을 조기상환할 수 있었음에도 불구하고, 그러하지 않고 설비 투자에 사용했기 때문에 자본의 기회비용은 타인자본비용이 되는 것이다.

지금까지의 논의를 요약한 결과는 [그림 14-4]와 같다. 두 가지 상황

의 경우에 모두 적정투자보수율(s)이 자본비용(r)보다 높아야 한다는 Averch and Johnson(1962) 모형의 가정이 성립함을 보여주고 있다. 이해의 편의를 위하여, 지금까지의 주장을 요약하면 다음과 같다. 공공요금이 총괄원가로 규제를 받는 기관이 타인자본을 통해 조달한 자금으로 어떠한 경제적 가치도 없는 설비에 투자하였다고 가정해보자. 이 투자 설비가 설령 아무런 경제적 가치를 창출할 수 없다고 하더라도 기관 입장에서는 이득이 된다. 부채의 원금은 설비가 감가상각되며 그 비용이 총괄원가 중 적정원가에 포함되고, 부채의 이자는 총괄원가의 적정투자보수에서 고려되어 모두 공공요금으로 회수될 것이다. 이때, 적정투자보수 계산 시 사용하는 적정투자보수율이 타인자본비용보다 더 크기 때문에 기관에게 이러한 의사결정은 이득이 된다. [그림 14-5]는 총괄원가에 따른 공공요금 규제가 피규제기관의 투자의사결정을 어떻게 바꿀 수 있는지에 대해 요약설명한 도표이다.

[그림 14-5] 공공요금 규제와 투자의사결정

공공요금 규제를 받지 않는 경우	투자설비가 창출할 미래 경제적 가치가 부채의 가치를 초과할 경우 투자(그렇지 않을 경우 부채 상환 불가)
공공요금 규제를 받는 경우	투자설비가 미래 경제적 가치를 창출하지 못하는 경우에도 설비에 투자하는 것이 유리 • 부채 원금은 감가상각비로 총괄원가 중 '적정원가'에 포함되어 공공요금으로 회수됨(원금 상환 가능) • 부채의 이자는 총괄원가 중 '적정투자보수'로 회수됨(이자비용보다 더 높은 수준으로 회수되어 이자 상환하고도 이득) • 투자 설비가 약간의 경제적 가치라도 창출한다면 위와 같은 과잉투자로 인한 이득이 더욱 클 수 있음

IV. 사례: 수자원공사 광역상수도 및 댐 용수 사업

지금껏 공공요금이 총괄원가로 규제될 경우, 피규제기관은 공공요금 계산에서 고려되는 설비에 과도한 투자를 할 인센티브를 갖게 된다는 것을 설명하였다. 이러한 주장은 학계에서 이론적으로 널리 받아들여지고 있지만, 실증적으로 규명하는 것은 많은 어려움이 있다. 우리나라의 공공기관을 예로 들어 설명하면, 총괄원가 규제가 적용되는 전력, 수도, 가스, 철도 등의 서비스는 독점시장이라는 특성이 있다. 실증분석을 위해서는 총괄원가 규제를 받는 기관과 받지 않는 비교가능한 기관이 있어야 하는데, 그러한 사례를 관찰하기가 용이하지 않다.

본 연구에서는 공공기관의 투자의사결정이 왜곡되었는지에 대해 반증가능한 실증분석을 수행하지는 못하였다. 그 대신, 본 연구는 총괄원가의 규제를 받는 공공기관들이 규제사업에서 상당한 수준의 이익이 발생하고 있음을 보여주고, 이 높은 이익률이 앞서 설명한 설비 과잉투자의 부작용일 수 있음을 설명하고자 한다. 구체적으로 본 연구는 수자원공사 광역상수도 및 댐 용수 사업을 살펴보았다.

1. 원가에도 못 미치는 요금 수준?

2016년 9월 19일, 국토교통부는 광역상수도와 댐 용수 요금을 9월 23일부터 4.8% 인상한다고 밝혔다. 요금 인상 배경에 대해서 정부는 단계적인 요금현실화가 필요하다고 설명하였다. 정부의 주장을 인용하면 다음과 같다.

"최근 10년간 물가는 27.5% 상승하였고, 각종 원자재 가격도 30.7% 오른 반면, 광역상수도와 댐 용수 요금은 지난 10년간 한차례 인상(2013년 1월, 4.9%)에 그쳐 생산원가의 84% 수준에 불과한 실정이다. 이번 인상으로 생산원가 대비 요금단가(요금현실화율)는 광역상수도의 경우 84.3%에서 88.3%로, 댐 용수는 82.7%에서 86.7%로 높아진다." (출처: 국토교통부 보도자료, 2016. 9. 19.)

즉 정부는 현재 광역상수도와 댐 용수 요금이 원가에도 크게 못 미치는 수준이라고 주장하고 있는 것이다. 수자원공사의 홈페이지에 공시된 수도요금 현실화율을 보면 2004년, 86.2%에서 2013년에는 77.8%로 꾸준히 하락하는 추세에 있다. 수도의 생산원가는 꾸준히 상승하고 있음에도 불구하고, 요금인상은 이루어지고 있지 않은 것이 원인으로 보인다.

수자원공사의 주장과 제시한 자료만 놓고 보면, 광역상수도와 댐 용수

[그림 14-6] 수도요금 현실화율

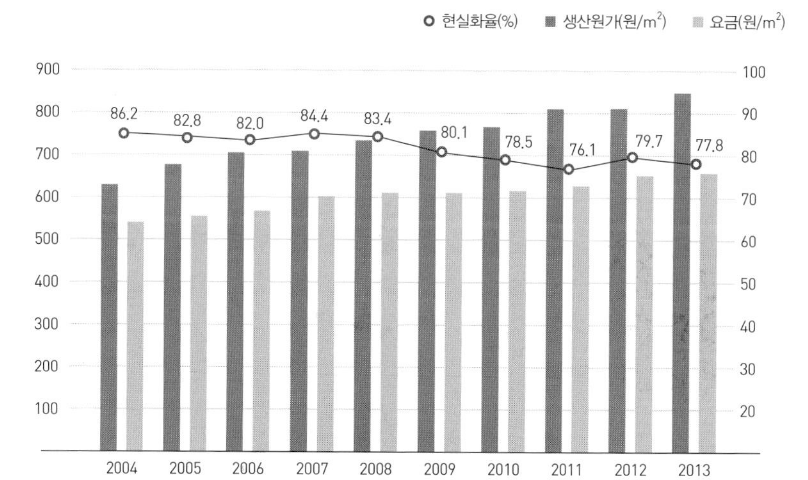

자료: 수자원공사 홈페이지(전국 평균 수도요금 기준),
https://www.kwater.or.kr/info/sub01/sub04/pipe15Page.do?s_mid=91

사업을 관리하는 수자원공사는 적자에 허덕이고 있을 것으로 예상된다. 정부의 주장을 확인하기 위하여 수자원공사의 2014년 주요사업별 구분회계 손익계산서를 요약하여 제시하면 〈표 14-2〉와 같다. 본 정보는 2014년의 손익으로써 요금인상이 이루어지기 전에 발생한 내역이다.

〈표 14-2〉에서 보듯이, 2014년에 수자원공사의 규제사업에서는 모두 이익이 발생하였다. 그중에서 광역상수도 사업에서는 약 225억 원, 댐 용수 사업에서는 약 780억 원의 당기순이익이 각각 발생하였다. 당기순이익 규모보다 수익률은 더 놀랍다. 특히 댐 용수 사업에서는 2014년에 무려 42%의 영업이익률을 달성하였다. 반면에 정부의 규제를 받지 않는 비규제사업의 실적은 매우 초라하다. 4대강 사업에서는 큰 손실이 발생하였고, 경인아라뱃길과 단지사업의 영업이익률도 규제사업과 비교했을 때 상대적으로 매우 낮은 수준이다. 또 하나 참고할 점은 2014년 기준 댐 용수 판매물량의 약 65%가 광역상수도 사업부문으로 판매된 내부거래라는 점이다. 수자원공사는 댐 용수 사업에서 42%의 높은 영업이익을 얻으며 광역상수도 사업부문에 서비스를 공급하고 있다. 따라서 〈표 14-2〉에서 광

〈표 14-2〉 수자원공사의 주요사업별 손익(구분회계)

구분	규제사업				비규제사업		
	상수도		댐		4대강 사업	경인 아라뱃길	단지 사업
	광역	지방위탁	댐 용수	관리대행			
수익(매출액)	1,130,748	177,306	264,029	247,665	25,914	320,403	763,387
매출원가	1,024,504	138,417	142,394	156,506	29,818	291,861	714,105
판관비	57,409	13,243	10,643	15,923	–	7,906	15,968
영업이익	48,835	25,646	110,992	75,236	(3,904)	20,636	33,314
당기순이익	22,528	19,109	78,001	55,504	(2,777)	15,682	26,035
영업이익률	4%	14%	42%	30%	−15%	6%	4%

자료: 한국수자원공사 홈페이지, 2014년 손익(단위: 백만 원)

역상수도 부문의 영업이익률은 4%에 불과하지만 내부거래를 고려한다면 그 이익률은 훨씬 높다고 보아야 한다.

결론적으로 요금이 원가에도 미치지 못하는 수준인 광역상수도와 댐 용수 요금을 현실화할 필요가 있다는 정부의 주장은 그 의미를 정확하게 파악할 필요가 있다. 요금이 원가에도 못 미치는 상황에서 사업에서 큰 이익이 발생하는 이유는 이 '원가'가 적정이윤(적정투자보수)을 포함한 총괄원가이기 때문이다. 즉 총괄원가에 따른 공공요금 규제제도는 공공기관이 고정자산에 대한 투자를 할 경우, 그 투자의 기회비용에 해당하는 수준의 적정이윤을 보장해주는 제도인 것이다.

수자원공사는 향후 수년 내 상당한 규모의 시설투자를 계획하고 있다. 2016년 국정감사에서 수자원공사는 "지금 물값 현실화율이 84% 수준인데, 이 상태는 재투자 재원이 너무 모자란다."며 "공사는 앞으로 노후관 교체, 관로 이중화 사업 등에 재투자 비용 3조 5천억 원을 예상하고 있다."고 밝혔다. 이러한 대규모의 시설투자 비용도 총괄원가규제 하에서는 모두 공공요금의 인상요인으로 작용할 것이다. 노후한 시설에 대한 재투자를 통해 공공서비스의 질을 개선하는 것은 필요하겠으나, 총괄원가 규제 하에서 공공기관의 투자의사결정이 왜곡되지 않도록 관리할 필요도 있겠다.

2. 광역상수도와 댐 용수 사업의 비교

〈표 14-2〉에서 요금이 총괄원가에 의해 규제되는 광역상수도와 댐 용수 사업을 비교해보면, 댐 용수 사업의 이익률이 큰 폭으로 더 높은 것을 알 수 있다. 이 두 사업의 이익률이 차이가 나는 원인을 분석하는 것은 본 연구의 범위를 벗어난다. 그러나 본 연구는 총괄원가에 따른 공공요금 규제 방식이 두 사업에서 발생하는 이익률 차이의 일부를 설명할 수 있다고

주장한다. 즉 〈표 14-2〉에서 보듯이 광역상수도 사업은 4%의 영업이익률을 달성한 반면, 댐 용수 사업은 42%의 이익률을 달성하였다. 그런데 전체 총괄원가에서 적정투자보수가 차지하는 비중을 보면 댐 용수 사업이 월등히 높은 것을 알 수 있다. [그림 14-7]은 광역상수도와 댐 용수 사업의 총괄원가 내역을 적정원가와 적정투자보수로 구분하여 나타낸 자료이다. 광역상수도 사업의 적정투자보수는 총괄원가의 약 13% 수준임에 반하여, 댐 용수 사업의 적정투자보수는 총괄원가의 약 34%에 달한다.

본 연구는 지금껏 수자원공사의 사례를 살펴봄으로써 공공요금을 규제받고 있는 광역상수도와 댐 용수 사업의 요금이 원가에 못 미침에도 불구하고, 기관은 두 사업에서 모두 상당한 이익을 얻고 있음을 확인하였다. 또한 댐 용수 사업의 이익률이 광역상수도 사업에 비하여 높은데, 그 원인 중 하나로 총괄원가에서 적정투자보수의 비율을 제시하였다. 즉 댐 용수 사업에서 적정투자보수의 비율이 월등히 높게 설정되어, 높은 이익률 달성이 보다 용이할 수 있다는 것이다.

[그림 14-7] 총괄원가의 구성내역

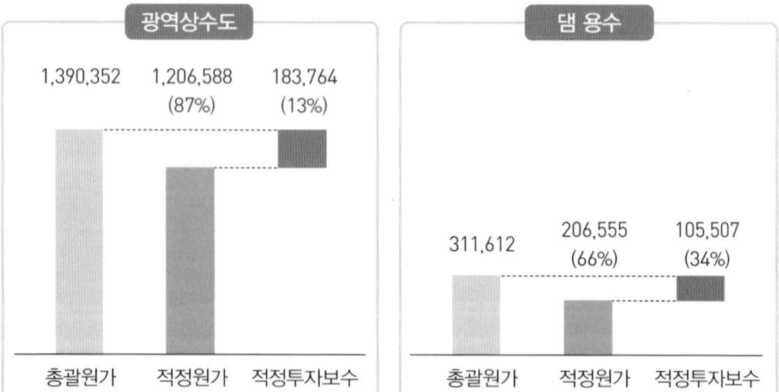

자료: 한국수자원공사 홈페이지, 2015년 기준(단위: 백만 원)

V. 총괄원가 규제와 공기업 성과지표

1. 성과지표의 요건

지금까지 총괄원가로 요금이 규제되는 상황 하에서는 기관이 설비에 필요 이상의 투자를 집행하여 성과를 부풀릴 수 있음을 보았다. 이러한 왜곡된 투자의사결정 가능성은 성과지표의 적절한 설계를 통하여 보완할 수 있다. 즉 성과지표는 피평가기관의 성과를 공정하게 평가하는 의미도 있지만, 기관의 의사결정을 올바른 방향으로 유도하는 의미도 있기 때문이다.

[그림 14-8] 총괄원가 규제 하에서 왜곡가능성이 있는 항목들

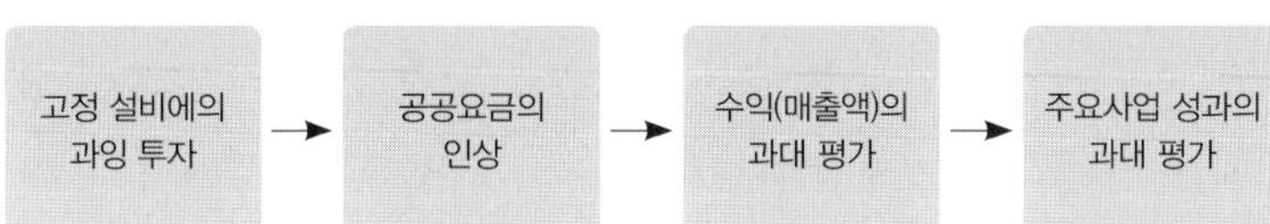

[그림 14-8]은 Averch and Johnson 효과가 발생할 경우, 왜곡 가능성이 높은 항목들을 정리한 것이다. 총괄원가 규제 하에서는 가장 먼저 고정설비투자금액이 다소 부풀려질 가능성이 있고, 이어서 공공요금 인상으로 인하여 수익(매출액)이 과대평가될 소지가 있다. 또한 총괄원가 규제 하의 적정투자보상율보다 차입이자율이 더 낮기 때문에 필요 이상으로 타인자본을 조달할 가능성이 있다. 이러한 상황 하에서는 다음의 4가지 사항을 고려한 성과지표의 설계가 필요하다.

- 효율성 관점의 평가: 첫째, 단순 효과에 대한 실적보다는 제한된 자원 대비 효과, 즉 효율성에 대한 평가가 필요하다. 여기서 제한된 자원이

라 함은 고정설비 투자금액을 의미한다.

- 비용절감에 대한 평가: 둘째, 수익 및 이익의 향상보다는 비용의 절감 측면에 대한 평가가 필요하다. [그림 14-8]에서 보듯이 공공요금 인상으로 인하여 수익(매출액)의 과대평가 가능성이 있으며 이 경우 기관의 수익 및 이익은 모두 기관의 성과를 올바르게 표현하지 못한다. 반면 비용 절감 노력에 대한 평가는 (감가상각비를 제외한다면) 상대적으로 왜곡 가능성이 적어 기관의 노력을 공정하게 평가할 수 있는 방식이다. 구체적으로 공공서비스의 산출 단위당 비용을 평가하는 방식을 고려해 볼 수 있다.
- 부채비율에 대한 평가: 셋째, 고정설비에 대한 과대투자는 타인자본의 조달을 통하여 이루어질 것이므로 자기자본 대비 타인자본의 비율을 평가할 필요가 있다.
- 낮은 요금 수준을 유도할 수 있는 평가: 넷째, 기관의 요금 수준을 소비자 물가인상률 등 외생변수와 비교하여 평가함으로써 낮은 요금 수준을 유도할 필요가 있다.

2. 수자원공사의 경영관리 및 주요사업 평가지표의 검토

총괄원가에 따라 요금이 규제되는 공공기관의 경우, 성과지표를 설계함에 있어 주의가 필요할 수 있음을 설명하였다. 그렇다면 과연 현재 기획재정부가 주관하는 경영평가의 지표들은 이러한 특성들을 만족하고 있는지를 검토해 보기로 한다. 〈표 14-3〉은 『2015년도 공공기관 경영평가 편람』에서 발췌한 수자원공사의 2015년도 경영평가 지표의 목록이다. 경영관리 및 주요사업 분야의 계량평가 지표들만을 요약하였다. 이 표의 가장 우측 열에는 수자원공사의 평가지표들이 앞서 설명한 '4가지 요건'을 충족하고 있는지 검토한 결과를 기재하였다.

검토 결과 2015년도 공공기관의 경영평가 지표들은 전반적으로 기관의 왜곡된 투자의사결정을 방지할 수 있는 요건들을 갖춘 것으로 확인되었다. 먼저 자본생산성 지표는 '효율성에 대한 평가'를 강화해야 한다는 요건에 부합한다. 즉 기관의 총자산 대비 부가가치를 평가하여, 충분한 부가가치를 창출하지 못하는 고정설비에 대한 투자는 평가에 불리하게 작용하게 되어있다. 또한 부채감축 달성도와 중장기 재무관리 계획 이행실적은 부채감축을 유도하여 타인자본 조달을 통한 고정설비에의 투자 유인을 감소시킨다. 마지막으로 계량관리 업무비는 '비용효율성에 대한 평가'에 부합하며, 매출액 대비 관리업무비로 평가가 이루어져 수익(매출액)이 부풀려질 경우 불이익을 받도록 설계되어 있다.

결론적으로 현재의 경영평가 지표들은 Averch and Johnson(1962)이 지적한 총괄원가 요금규제의 부작용을 완화할 수 있는 방향으로 설계된 것으로 판단된다. 앞서 언급한 4가지 요건 중에서 낮은 요금 수준을 유도하기 위한 취지의 계량 평가지표는 비록 없지만 그 대신 효율성/비용절감/부채감축에 대한 평가가 이루어지고 있으므로, 경영평가제도는 본 연구에서 제기한 공공요금규제의 부작용을 어느 정도 완화하는 효과가 있을 것으로 생각된다. 다만 경영관리 분야와 달리 주요사업 분야의 계량 평가지표들은 공공기관의 왜곡된 투자의사결정 가능성을 고려하지 않고 설계가 된 것으로 생각된다. 따라서 주요사업 부문의 경우 비계량 평가에서 공공기관이 불요불급한 설비투자를 집행하는 것은 아닌지 검토하고 평가결과에 반영할 필요가 있겠다.

〈표 14-3〉 수자원공사의 경영평가 지표의 특성 검토

구분	지표	산식	성과지표의 4가지 요건 달성 여부
경영관리			
• 업무효율	노동생산성	$\frac{\text{부가가치}}{\text{평균인원}}$	–
	자본생산성	$\frac{\text{부가가치}}{\text{총자산}}$	효율성에 대한 평가
• 재무예산관리 및 성과	감가상각비 차감 전 영업이익 대 매출액	$\frac{\text{감가상각비 차감 전 영업이익}}{\text{매출액}}$	–
	부채감축 달성도	$\frac{\text{부채감축실적}}{\text{부채감축계획}} \times 100$	부채비율에 대한 평가
	중장기 재무관리 계획 이행실적	$\frac{\text{부채}}{\text{자기자본}}$	부채비율에 대한 평가
• 계량관리 업무비	계량관리 업무비	$\frac{\text{관리업무비}}{\text{매출액}}$	비용효율성에 대한 평가
주요사업			
• 안전하고 풍부한 수자원 확보	댐 조류(藻類) 저감 노력	연평균 클로로필a(Chl-a) 농도×각 댐 저수용량 비중	–
	홍수피해 저감 노력	$\frac{\text{재해(침수)피해면적}}{\text{홍수기 강우량}}$	–
• 깨끗하고 안전한 수돗물 공급	수도단수사고 예방 노력	$\frac{\text{지자체 배수지 단수시간}}{\text{관로연장}(km)} + \frac{\sum(\text{단수인구} \times \text{단수시간})}{\text{급수인구}}$	–
	먹는 물 품질 안전 제고 노력	$\frac{\text{글로벌 수질기준 달성횟수}}{\text{먹는물 수질기준 검사횟수}}$	–
	상수도 공급 효율성	$\frac{\text{유수량}}{\text{용수생산량}}$	–

자료: 2015년도 공공기관 경영평가 편람

VI. 결론

본 연구는 요금 규제를 받는 공공기관의 특성을 살펴보고, 이러한 기관들을 평가할 때 사용되는 성과지표가 갖추어야 할 요건에 대해서 살펴보았다. 물가안정에 관한 법률 및 그 시행령에 따르면, 전력, 철도, 가스, 상수도 등 대형 공기업이 제공하는 서비스의 요금은 총괄원가 수준으로 규제되고 있다. 이 경우 규제를 받는 공공기관은 이윤 극대화를 위하여 설비에 필요 이상의 과도한 투자를 하고, 그 결과 공공요금이 인상될 소지가 있음을 설명하였다. 관련된 실제 사례로 수자원공사의 사업별 손익을 검토하였다. 요금 현실화율이 80%대에 머문다는 정부의 주장에도 불구하고 수자원공사는 규제사업에서 상당한 수준의 이윤을 얻고 있으며 이러한 경향은 총괄원가에서 설비투자 금액의 비율이 높은 사업일수록 뚜렷하였다. 그 다음, 요금 규제를 받는 공공기관의 성과지표가 갖추어야 할 요건들에 대해서 살펴보고, ① 효율성 관점의 평가, ② 비용절감에 대한 평가, ③ 부채비율에 대한 평가, ④ 낮은 요금 수준을 유도할 수 있는 평가라는 4가지 기준을 제시하였다. 마지막으로 2015년도 공공기관 경영평가 편람을 검토하여 수자원공사의 계량평가지표들을 검토한 결과, 전반적으로 이 4가지 기준에 부합하였다. 현재의 경영평가제도는 Averch and Johnson(1962)이 지적한 총괄원가 요금규제의 부작용을 완화하는 데 어느 정도 기여하고 있는 것으로 판단된다.

참고문헌

오건호(2010), 공공기관 대안평가틀 예비모델 개발, 올바른 공공부문 혁신을 위한 공공기관 대안평가 토론회.

Averch, H. and Johnson, L. L.(1962), Behavior of the firm under regulatory constraint, *The American Economic Review*, pp. 1052-1069.

Myers, S. C.(1984), The capital structure puzzle, *Journal of Finance* 39, pp. 575-592.

Shyam-Sunder, L. and Myers, S. C.(1999), Testing static tradeoff against pecking order models of capital structure, *Journal of Financial Economics* 51, pp. 219-244.

제15장

사회적 가치 제고를 위한 전력발전 공기업의 성과관리 개선방안

원구환

(한남대학교 행정학과 교수)

I. 서론

많은 학자들이 성과관리에 대하여 언급하고 있으나, 크게는 목표와 관련된 개념정의(Pollitt, 2001)나 단계별 과정에 대한 개념정의(Grindle, 1980: 11; Lasswell, 1975: 2; 이석환, 2008)가 대부분이다. 성과관리는 주로 조직의 미션 및 비전, 목표 달성에 주된 관심을 갖고 있다. 조직의 중장기적 목표 달성에 기여할 수 있는 전략적 우선순위를 도출하고, 이에 상응하는 개인 및 조직 내 부서의 성과목표와 성과지표를 구축하고, 효율적으로 수행하여 조직의 목표 달성 여부를 확인하고 환류하는 과정이라 할 수 있다.

성과관리와 관련하여 우선적으로 고려해야 할 사항은 조직의 미션 및 비전을 확인하고, 조직의 중장기적 전략을 도출하는 것이 필요하다. 조직의 존립이유가 무엇이며, 조직이 왜 설립되었는가를 각인하는 것이 우선적으로 필요하다. 그리고 어떤 노력을 통해 조직의 설립목적에 부응할 것인가를 결정하는 지속적인 학습과정이 필요하다. 특히 공공부문은 민간부문과 달리 공적 목적을 갖고 있는데, 공적 목적 수행을 위해서는 지속적으로 설립목적을 확인하는 발전적 노력이 필요하다. 설립목적이 왜곡되거나 조직구성원에 각인되지 못하여 그릇된 방향을 설정하게 되면 그 피해는 국민으로 귀착되기 때문이다. 따라서 공공부문이 미션 및 비전, 전략목표, 성과목표를 정교하게 구축하는 것은 국민의 신뢰를 확보하고, 조직 존립의 정당성을 담보할 수 있는 가장 기초적인 개념이다.

또한 공공부문의 성과관리를 위해서는 미션, 비전, 전략목표, 성과목표를 제대로 이행할 수 있는 성과지표를 구축하는 것이 매우 중요하다. 성과지표는 조직의 설립목적과 조직구성원의 목표 달성을 위한 제반 노력이 상호 연계될 수 있도록 유도하는 매개체라 할 수 있다. 좋은 전략목표와 성과목표가 설정되었다할지라도 이를 제대로 달성했는지에 대한 여부를 확인할 수 있는 도구가 필요하다. 따라서 성과목표 달성 여부를 측정하는 성과지표는 측정가능하고, 현실적합적이어야 하며, 개선이 가능한 지표이어야 한다.

현행 정부업무평가기본법 제2조 제6호는 "성과관리란 정부업무를 추진함에 있어서 기관의 임무, 중·장기 목표, 연도별 목표 및 성과지표를 수립하고, 그 집행과정 및 결과를 경제성·능률성·효과성 등의 관점에서 관리하는 일련의 활동을 말한다."라고 규정하고 있으며, 또한 제4조에서는 "성과관리는 정책 등의 계획수립과 집행과정에 대하여는 자율성을 부여하고 그 결과에 대하여는 책임이 확보될 수 있도록 실시하며, 성과관리는 정부업무의 성과·정책품질 및 국민의 만족도가 제고될 수 있도록 실시한다."라고 규정하고 있다.

이러한 인식하에 이하에서는 공공기관의 성과관리를 전력발전사를 중심으로 살펴보고자 한다. 전력발전사는 공기업 형태로 운영되고 있는데, 발전사별 성과관리에 대해서는 기획재정부의 공공기관 경영평가편람상의 성과지표를 바탕으로 분석하기로 한다.

II. 성과관리에 대한 이론적 논거

공공부문에 대한 성과관리를 추진함에 있어 우선적으로 고려해야 할 문제는 성과관리 체계를 어떻게 정립할 것인가의 문제이다. 일반적으로 민간기업의 경우는 수익이라는 결과를 중심으로 성과관리가 이루어진다고 할 수 있으나, 공공 부문의 경우는 다양한 대상과 주체가 존재하게 된다. 즉 공공 부문의 경우에는 다양한 이해관계와 상호 대립되는 영향주체들이 존재하게 되며, 이해집단들마다 성과에 대한 견해가 다를 수 있다. 따라서 다양한 이해관계가 관철될 수밖에 없는 공공 부문의 성과관리 체계를 어떻게 구축할 것인가의 문제는 성과관리체계의 성패와 직결된다고 볼 수 있다(Zarnmuto, 1988: 105). 성과관리제도는 단순히 기계적으로 업무에 대한 산출과 성과를 평가하는 데 그치는 것이 아니라 공공조직과 그 구성원들이 자신의 업무와 행위가 어떻게 공공부문의 성과로 연계되는지를 고민하고 토론하며 성찰하는 과정이다(한국전산원, 2001). 특히 성과관리체계는 행정 중심적 시각에서 어떤 목표를 얼마만큼 능률적으로 달성했는가 하는 객관적 측면 이외에 산출에 따른 이해집단의 주관적 반응을 측정하는 시민중심적 시각도 내포하고 있다는 점에서 광범위한 의미를 내포하고 있다(Brudney and England, 1982: 132; Freeman and Sherwood, 1970: 8).[1]

성과관리란 일반적으로 조직의 비전, 전략, 목표와 연관하여 개념 정의하는 경우가 많다. 즉 성과관리를 개인의 업무수행과 조직목표 달성에 초점을 맞추어 조직의 성공에 체계적으로 기여하는 시스템으로 이해되고 있으며(Rubienska and Bovaird, 1999; Pollitt, 2002; 이세구, 1999, 중앙인사위원회, 2004), 공공부문의 성과를 개선·제고·증진하도록 기획·점검·평정·환류하는 일체의 활동으로 이해되고 있다(이윤식 외, 2006: 20). 정부업무평가기본법 제2조는 투입, 과정, 산출, 결과 등과 같은 성과범위와 연계하여 개념정의하고 있다. 또한 신공공관리의 등장 이후 공공부문에 있어 성과관리의 개념은 기존의 관리체계가 투입 중심의 공급자

1 성과관리의 이론적 논거에 대해서는 원구환(2010: 23-48)에서 발췌하였다.

중심 구조에서 벗어나 산출 통제와 같은 결과 중심적 방향으로 전환하고 성과측정을 통해 의도한 목표 및 실질적 효과를 도출하는 데 관심을 갖고 있으며(Gumm, 1989: 15; Bouckaert, 1992: 30; Hood, 1991: 3-19), 관리과정 전반에 대한 자율성과 책임을 중시한다(McCoy, 1992: 422; Gawthrop, 1984: 47). 정부업무평가기본법 제4조는 성과관리 과정에 대한 자율책임성과 수요자 중심 구조의 전환을 강조하고 있다.

성과관리의 개념은 성과측정과 성과평가보다 광범위한 개념으로 이해되는데, 성과측정은 사전에 정해진 목표에 대한 진행과정을 평가하기 위해서 지표를 개발하고 지표에 근거하여 성과를 점검하는 과정을 의미한다. 반면에 성과평가는 장기 또는 단기적 목표를 성취해 나가는 과정에서 주기적인 평가를 실시하고 사업성과를 향상시키기 위해 관리자에게 그 결과를 보고하는 것과, 예산과 자원의 활용을 통하여 달성되는 사업의 품질과 결과에 초점을 두면서 실제로 성취한 것이 무엇인가에 대한 해답을 얻는 것을 의미한다. 따라서 성과관리는 성과측정뿐만 아니라 적절한 성과수준의 결정, 성과정보에 관한 보고, 바람직한 수준 대비 현재의 성과수준을 평가하기 위한 정보의 활용 등을 포함한 개념이다(박해육·주재복, 2009: 13에서 재인용).

이러한 성과관리의 범위 및 방향과 개념적 구분 요소를 정리하여 성과관리 모형을 제시한 학자는 Bouckaert and Halligan(2008)이다. 그는 성과관리의 개념적 요소를 성과의 요소에 따른 깊이(depth)와 범위(span)로 구분하여 정의하고 있다. 즉 성과의 깊이는 성과분석의 틀을 설정하고 자료를 수집·분석하는 측정(measuring),[2] 분석자료의 통합(incorporat-

2 성과측정은 성과를 개선할 중요한 메커니즘일 뿐 아니라 동시에 부정적 효과를 발생시키기도 하지만(Glaser, 1991), 성과관리 및 평가지표는 자체평가에 효과적인 영향을 미친다(박희봉·최상민, 2009).

ing), 통합된 자료의 결과개선으로의 활용(using) 등으로 이해되며, 성과의 범위는 성과관리체계를 투입, 과정, 산출, 결과로 이해하는 입장이다. 또한 그는 성과의 깊이와 범위적 요소에 따라 성과관리 모형을 네 가지로 구분하고 있는데, 성과측정에 초점을 맞추지만 분석자료의 통합이 미흡하고 활용과 연계되지 못하는 성과행정모형(performance administration), 개별 성과관리는 제대로 이루어지지만 전체 체계와 연계되지 못하는 성과의 관리모형(management of performance), 개별 성과관리가 전체 성과관리 시스템과 연계되어 있는 성과관리모형(performance management), 성과관리모형에 사회적 거버넌스의 개념을 접목한 성과거버넌스모형(performance governance) 등을 제시하고 있다.

Bouckaert and Halligan(2008)은 성과관리의 개념적 요소를 범위와 깊

[그림 15-1] 성과관리체계 이해를 위한 개념적 요소

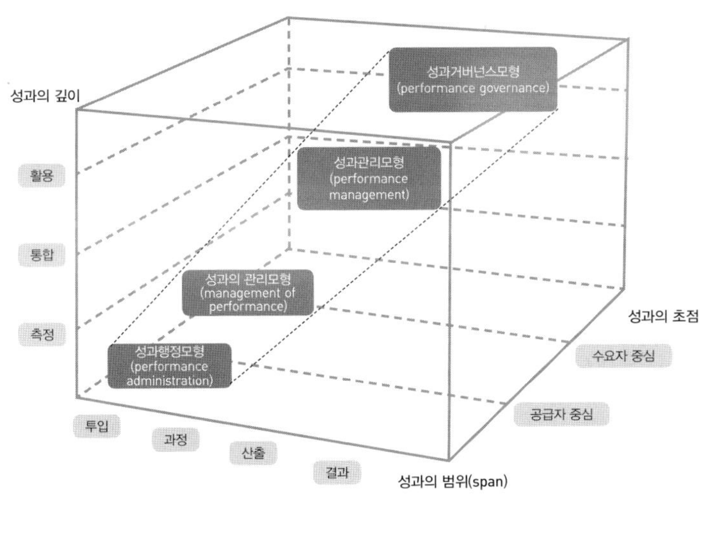

자료: Bouckaert and Halligan(2008)의 개념을 원용하여 필자가 재구성

이에 따라 구분하고 네 가지 성과관리모형을 제시하고 있는데, 이를 종합하면 [그림 15-1]과 같이 정리할 수 있다.

우선 성과범위와 관련하여 학자들의 견해를 종합하면 두 가지로 분류해 볼 수 있는데, 하나는 정책순환(policy cycle)에 의한 전통적·수평적 접근법과 수직적 접근법이다. 즉 전통적·수평적 접근법은 투입, 과정, 산출, 결과라는 정책순환을 성과를 측정하는 범위로 이해하는 입장이며, 수직적 접근법은 개인, 조직, 국가라는 단계별로 공공부문의 성과를 구분하는 접근법이다(이광희·임동진, 2009: 11; 윤수재·이광희·홍재환, 2008). 따라서 성과의 범위를 분석함에 있어 수평적 접근법에 따라 투입, 과정, 산출, 결과 등을 고려할 필요가 있는데, 이는 정부업무평가기본법 제2조에서도 채택하고 있다. 또한 수직적 접근법에 대해서는 미시(micro), 중범위(meso), 거시(macro)로 구분(Bouckaert and Halligan, 2008)하거나 개인, 조직, 국가 단계별로 접근(윤수재·이광희·홍재환, 2008)하는 것이 보편적이다. 따라서 본 연구에서는 성과의 범위를 수평적 접근법에 국한하기로 하며, 수직적 접근법의 개인, 조직 단계별 고려는 성과의 깊이와 연계하여 분석하기로 한다.

다음으로 성과의 깊이와 관련하여 Bouckaert and Halligan(2008)의 견해를 수용하여 측정, 통합, 활용에 초점을 맞추어 분석하기로 한다. 성과관리체계가 성과지표의 설정 및 자료수집 등 단순 측정에 국한되어 있는지, 측정된 성과지표를 통합하여 적절한 성과관리체계를 구축하고 있는지, 그리고 통합된 성과정보가 결과개선 및 책임성 확보에 활용되고 있는지를 분석하기로 한다.

마지막으로 성과관리체계가 공급자 중심 시각에서 벗어나 수요자 중심 시각에서 관리되고 있는가를 분석하기로 한다. 투입중심적·기관내적 관계모형에서 성과지향적·기관외적 패러다임으로 전환되어 사회적 가치공유체계를 구축하고 있는가를 분석하기로 한다. 특히 성과거버넌스 차원에서 행정기관적 성과관리체계를 극복하고 있는가를 분석한다. 즉 행정의 중요한 변화 중의 하나가 주체의 변화라는 점이다. 시민의 공공서비스의 질과 양에 대한 욕구가 점점 높아지면서 정부 중심의 성과 수행에는 한계가 있으며, 양질의 관리만 이루어질 수 있다면 주체를 불문하는 경향이 있다(Kolderie, 1983: 45). 따라서 성과관리를 위한 주체적 변화는 기존의 정부 중심적 시각에서 탈피하여 다양한 이해관계자들의 참여로 귀결되고 있다. 즉 복잡하고 다양한 현대사회의 창의성과 동태성을 확보하기 위해서는 다양한 주체들이 성과관리 과정에 참여할 수 있어야 한다(Stoker, 1998: 39). 시장에서의 자유로운 경쟁만큼이나 공공부문에서 개별 행위주체들 간의 협력적 또는 집합적 참여는 체제의 정당으로까지 이해되고 있다(Curtis, 1999: 157). 성과관리 추진주체와 관련된 논의는 일반적으로 성과관리가 정치지도자들에 의해 채택되고, 일부 정책엘리트 및 전담조직의 전문가들에 의해 유지 관리되는 것으로 이해되었으나, 오늘날에는 시민과 공무원이 핵심적인 추진주체로 부각되고 있다(강황선, 2004: 120-121). 특히 성과관리를 운영하는 데 있어 내재적으로 가장 중요한 요인은 공무원들의 동의와 협조라 할 수 있지만(Wye et al., 1999; Wang and Gianakis, 1999), 성과관리에 있어 시민참여는 정치인들과 정책엘리트들로 하여금 단기적 성과관리에서 벗어나 장기적 비전과 안목 하에서 지역사회의 목표를 구체화할 수 있는 동력이 될 수 있으며(Swindell and Kelly, 2000), 시민들로 하여금 시정에 대한 참여의식을 부여할 수 있다(Burke, 1968: 288-294).

III. 전력산업구조개편과 전력발전 공공기관의 현황 분석

1. 전력산업의 구조개편 현황

한국전력사업은 1898년 황제의 대리인에 의해 한성전기회사로 출발하였으며, 일제시대에는 일본의 통치하에 3개의 전력회사(조선전업, 경성전기, 남선전기)로 운영되었다. 즉 발전 및 송전사업은 조선전업이, 배전사업은 경성전기와 남선전기가 담당하였다. 1945년 8월 15일 일제로부터 해방된 이후 한국의 전력사업은 3대 회사에 의해 운영되었으며, 1961년 7월 3사를 통합하여 한국전력주식회사로 통합하였다. 이후 1981년 12월 민간주식을 정부가 매입하여 정부가 전액 출자한 국가공기업으로 전환하였다. 따라서 한국 전력사업의 개발, 발전, 송전, 배전 사업 등이 국가의 통제로 넘어갔다.[3]

그러나 국가 통제하에서의 한국전력은 규모의 경제를 초과한 거대 독점공기업으로서 더 이상 경영효율에 한계에 봉착하였다. 이에 따라 한국 정부는 1987년 규모의 비대화에 따른 조직의 경직성을 해소하고 경영효율성을 제고시키기 위하여 한국전력공사를 민영화 대상기관으로 선정하였고, 1989년 10월 정부 보유 주식의 21%를 민간에 매각하였으며 1994년 10월에 뉴욕증권거래소에 한전주식 3억 달러를 상장하였다. 아울러 1997년의 외환위기에 대응하고 한국전력공사의 효율성을 제고하기 위해 1998년부터 정부의 주식 일부를 매각하였으며, 2001년 4월 2일에는 발전사업을 6개 자회사로 분할하는 정책을 추진하였다.

3 전력산업구조개편에 대해서는 Won(2007)을 수정·발췌하였다.

2. 전력산업의 현황

전력산업은 전력수급기본계획을 바탕으로 추진되는데, 산업통상자원부장관은 전력수급 안정을 위하여 전력수급기본계획을 수립하여 공고하도록 규정하고 있으며, 전력수급기본계획은 2년 단위로 수립·시행하며, 중앙부처 협의, 국회 상임위원회 보고, 공청회를 거쳐 전력정책심의회에서 심의하도록 규정되어 있다(전기사업법 제25조 및 영 제15조).

7차 전력수급기본계획은 2015년부터 2029년까지 15년 장기계획으로 구축되어 있으며, 주요 내용은 전력수급의 기본방향, 전력수급의 장기전망, 발전설비 및 주요 송변전설비계획에 관한 사항, 전력수요의 관리에 관한 사항, 직전 기본계획의 평가에 관한 사항 등을 포함하고 있다.

전력시장 참여자 수는 2016년 말 기준으로 1,222개사이었으나, 2016년 2분기 기준으로 1,305개사가 참여하고 있다. 전력거래소 회원사 중 공공기관은 한국전력공사, 한국수력원자력(주), 한국남동발전(주), 한국중부발전(주), 한국서부발전(주), 한국남부발전(주), 한국동서발전(주) 등 7개 기관으로 나타나고 있다.

6개 공공기관의 발전사별 시장참여 설비용량을 살펴보면 2015년 기준으로 한국수력원자력이 27.4%로 가장 많은 비중을 차지하고 있으며, 동서발전 10.3%, 남동발전 10.1%, 서부발전 9.8%, 남부발전 9.3%, 중부발전 8.5%의 순으로 나타나고 있다(〈표 15-1〉 참조).

〈표 15-1〉 발전사별 시장참여 설비용량(Generating Facilities Capacity by Member)

구분 (점유율)	한수원 (KHNP)	남동 (KOSEP)	중부 (KOMIPO)	서부 (WP)	남부 (KOSPO)	동서 (EWP)	기타 (Others)	합계 (Total)	전년대비 증가율
2001년	15,250	5,565	6,393	6,846	6,055	7,500	–	47,609	–
	(32.0)	(11.7)	(13.4)	(14.4)	(12.7)	(15.8)	–		
2002년	16,250	5,565	6,993	7,346	6,195	7,500	–	49,849	4.7
	(32.6)	(11.2)	(14.0)	(14.7)	(12.4)	(15.1)	–		
2003년	17,250	6,365	6,953	7,346	7,395	7,500	4,080	56,924	14.1
	(30.3)	(11.2)	(12.2)	(12.9)	(13.0)	(13.2)	(7.2)		
2004년	18,250	7,165	6,953	7,280	7,551	7,500	4,210	56,889	3.6
	(31.0)	(12.2)	(11.8)	(12.4)	(12.8)	(12.7)	(7.1)		
2005년	18,250	7,194	7,497	7,280	7,551	8,500	5,259	58,910	4.5
	(29.7)	(11.7)	(12.2)	(11.8)	(12.3)	(13.8)	(8.5)		
2006년	18,250	7,198	8,500	8,380	7,751	9,001	6,255	65,336	6.2
	(27.9)	(11.0)	(13.0)	(12.8)	(11.9)	(13.8)	(9.6)		
2007년	18,251	8,071	8,500	8,884	7,766	9,501	7,466	68,441	4.8
	(26.7)	(11.8)	(12.4)	(13.0)	(11.3)	(13.9)	(10.9)		
2008년	18,256	8,941	9,505	8,885	8,267	9,501	7,850	71,207	4.0
	(25.6)	(12.6)	(13.4)	(12.5)	(11.6)	(13.3)	(11.0)		
2009년	18,256	8,943	9,399	9,603	8,779	9,509	8,798	73,288	2.9
	(24.9)	(12.2)	(12.8)	(13.1)	(12.0)	(13.0)	(12.0)		
2010년	23,159	8,353	8,397	8,404	9,238	8,809	10,999	77,360	5.6
	(29.9)	(10.8)	(10.9)	(10.9)	(11.9)	(11.4)	(14.2)		
2011년	24,019	8,374	7,949	8,404	9,239	8,816	12,025	78,826	1.9
	(30.5)	(10.6)	(10.1)	(10.7)	(11.7)	(11.2)	(15.2)		
2012년	26,032	8,177	8,506	8,409	9,240	8,823	13,337	82,524	4.7
	(31.5)	(9.9)	(10.3)	(10.2)	(11.2)	(10.7)	(16.2)		
2013년	26,036	8,205	8,933	8,997	9,617	9,348	15,939	87,075	5.5
	(29.9)	(9.4)	(10.3)	(10.3)	(11.1)	(10.7)	(18.3)		
2014년	26,036	9,954	8,434	9,305	9,217	9,139	21,592	93,678	7.6
	(27.8)	(10.6)	(9.0)	(9.9)	(9.8)	(9.8)	(23.1)		
2015년	27,039	9,976	8,444	9,701	9,217	10,159	24,275	98,812	5.5
	(27.4)	(10.1)	(8.5)	(9.8)	(9.3)	(10.3)	(24.6)		

자료: 전력거래소(2016. 6.). 「2015년도 전력시장통계」(단위: MW, %)

IV. 전력발전 공공기관의 성과관리 현황 및 개선방안

1. 성과관리 범위(span)상의 현황 및 개선방안

1) 투입중심에서 결과중심으로

성과관리는 공공부문의 비효율성을 제거할 수 있는 핵심적인 제도로 인식되고 있는데(Kettl and Kelman, 2007), 성과관리는 개인의 성과향상을 도모하기 위한 일련의 과정으로 협의적으로 이해하는 입장도 존재하지만, 거시적으로는 조직목표 달성을 위해 개인과 조직을 통합 관리하는 입장으로 대별된다(Behn, 2002; Pollitt, 2001). 따라서 성과관리는 조직의 미션 및 비전에 따른 전략목표를 설정하고, 이를 구현할 수 있는 성과목표와 성과지표를 구축·평가함으로써 도출된 성과를 조직의 미션 및 비전에 환류하는 지속적인 과정이라 할 수 있다.

성과관리 범위와 관련하여 중요한 것은 산출이 아닌 결과중심적 시각으로 전환되어야 한다는 점이다. 산출은 어떤 목표를 얼마만큼 능률적으로 달성했는가 하는 객관적 측면, 즉 효과성과 효율성에 초점을 두고 있는 반면에 결과는 산출에 따른 이해집단의 주관적 반응을 측정하는 것으로 평가기준은 주로 형평성, 대응성에 초점을 둔다(Brudney and England, 1982: 127). 예를 들어 원가절감을 통한 발전소 건설은 그 자체가 목적이 아니라 최종 결과에 도달하기 위한 중간 결과물에 불과하다. 비록 발전소가 단위원가보다 적은 비용을 들여 능률적으로 건설되었다 하더라도 발전소 건설을 통해 달성하고자 하는 궁극적 목적이 달성되었다고 평가하기에는 한계가 있다.

결과중심적 성과관리는 투입중심적·기관중심적 사고방식을 대외중심적·책임적 사업관리방식으로 전환하는 데 기여할 수 있으며, 스스로 목표의식을 갖고 적극적으로 사업을 추진하도록 유도할 수 있다. 특히 성과에 대한 책임을 중시하는 운영방식으로 인해 조직 내적으로는 불필요한 기능을 제거하고 핵심 역량 위주의 구조개편을 도모할 수 있으며, 조직 외적으로는 공적 가치에 대한 실질적 구현을 강화할 수 있는 이점이 있다.

2) 범위상의 성과관리체계

(1) 현황

전력발전 공공기관의 미션 및 주요전략을 살펴보면 대부분이 글로벌 리더로서의 역할과, 환경과 국민행복을 강조하고 있다. 특히 한국수력원자력(주)은 신뢰에 주된 강조점을 두고 있다. 또한 비전을 실현하기 위한 전략으로 대부분의 발전사들이 발전사업의 경쟁력 강화, 역량강화, 미래성장, 친환경경영을 제시하고 있으며, 한국수력원자력(주)은 안전 최우선

〈표 15-2〉 전력발전 공공기관의 비전 및 주요전략

기관	비전 및 주요전략
남동발전(주)	Clean & Smart Energy Leader(기술로 미래를 창조하는 친환경 에너지 리더) • 전략: 미래성장, 발전사업 내실화
남부발전(주)	Global Top 10 Power Company • 전략: 발전사업 경쟁력 제고, 미래성장동력, 핵심역량 강화, 지속가능경영
서부발전(주)	Beyond Energy, Create Happiness(국민행복을 창조하는 에너지 기업) • 전략: 공익가치 창출, 친환경경영, 내부역량 향상, 사업경쟁력 강화
중부발전(주)	Global Top Class Energy Company • 전략: 사업경쟁력 강화, 신성장동력, 전략적 핵심역량, 지속가능경영
동서발전(주)	Most Valuable Power Company(직원을 회사의 MVP로 존중하고, 모든 분야에서 최고의 가치를 창조하는 에너지 기업으로 성장) • 전략: 발전사업 경쟁력 강화, 미래성장사업, 핵심역량, 지속가능경영
수력원자력(주)	신뢰받는 글로벌 에너지 리더, 한수원 • 전략: 안전 최우선 경영, 경영혁신 내재화, 신뢰회복, 미래성장기반 강화

자료: 각 기관의 홈페이지에서 재구성

경영을 전략목표로 설정하고 있다.

그러나 발전사들의 주요사업 성과지표를 살펴보면 다음과 같은 몇 가지 문제점이 발견된다.

첫째, 발전 관련 공공기관의 주요사업에 대한 지표는 크게 계량지표와 비계량지표로 구성되는데, 비계량지표는 Plan-Do-Check-Act의 관점에서 평가되고 있다. 비계량 성과지표에 대해서는 투입중심에서 결과중심으로 이행하려는 경향이 강하지만, 비계량지표가 발전설비 운영과 발전연료 수급사업에 한정되어 있어 기관의 비전 및 전략목표와 긴밀하게 연계되어 있지 못하다.

둘째, 발전사의 발전설비 운영사업 계량지표의 경우 설비 점검 및 정비, 성능개선, 효율적 설비운영, 고장 및 재난 안전관리 등의 세부 분야가 있음에도 불구하고, 고장정지에 초점이 맞추어져 있어 결과중심적 지표로 구성되어 있지 못하다. 또한 발전연료 수급사입 계량지표의 경우도 유연탄·LNG 구매 이외에 연료 수송, 선적 및 하역관리, 연료재고 안정적 관리 등의 세부 활동영역이 있음에도 불구하고 유연탄 도입단가의 경쟁력만을 성과지표로 설정하고 있어 결과중심적 지표로 구성되어 있지 못하다. 물론 연료 수급의 원활화가 발전설비 효율적 운영이 필요한 것은 사실이지만, 각 발전사들이 비전에서 추구하고 있는 결과지표로서의 의미를 함축하고 있지 못하다.

셋째, 발전사 계량 성과지표의 경우 운영과 연료 구매에 초점을 맞추고 있어 발전소 건설(발전설비 적기 확충, 건설원가 절감, 안전사고 방지 등)과 신사업 개발(국내외 신사업, 신재생에너지, R&D 사업 등)이 포함되어 있지 못하다.

넷째, 수력원자력의 경우 원자력발전 및 설비안전 사업이 전력수급 기여도와 비계획손실률 경쟁력으로 측정되는데, 성과지표의 명칭과 세부 성과측정지표와 상이한 측면이 있다. 즉 성과지표명에는 안전이라는 용어가 붙어 있는데, 실제 성과측정지표는 비계획손실 저감 실적과 국가간 비교에 한정되어 있다. 특히 2개 지표 모두 고장정지와 직간접으로 연관되어 있으므로 고장정지에 대한 성과측정이 중복적으로 이루어지는 경향이 있다.

〈표 15-3〉 현행 발전사의 주요사업 성과지표

기관	주요사업 및 성과지표	산식
발전사	1. 발전설비 운영사업(34)	
	(1) 비계획손실 저감실적(13)	$\frac{\text{비계획손실량}}{\text{기준전력량}} \times 100$
	(2) 고장정지율 글로벌 경쟁력(9)	$\text{산식} = \frac{\text{정지시간}}{\text{역일시간}}$ $\text{산식} = \frac{\text{기관의 고장정지율}}{\text{NERC 고장정지율}}$
	(3) 발전설비 운영사업 (비계량)(12)	Plan-Do-Check-Act(비계량 9등급 평가)
	2. 발전연료 수급사업(16)	
	(1) 유연탄도입단가 경쟁력 강화(10)	(자체 개선도 향상)×0.8+(글로벌 경쟁력강화)×0.2
	(2) 발전연료 수급사업 (비계량)(6)	Plan-Do-Check-Act(비계량 9등급 평가)
수력원자력	1. 원자력발전 및 설비안전 사업(21)	
	(1) 원자력발전의 전력수급 기여도(7)	$\frac{\text{기준 발전량} - \text{계획 손실량} - \text{비계획 손실량}}{\text{기준 발전량}}$
	(2) 비계획손실률 선진7개국 경쟁력(7)	$\frac{\text{한수원 비계획 손실률}}{\text{세계 1위 비계획 손실률}}$
	(3) 원자력발전 및 설비안전 사업(비계량)(7)	Plan-Do-Check-Act(비계량 9등급 평가)
	2. 원자력 안전관리 사업(29)	
	(1) 가동원전 안전관리지수(9)	$\frac{\text{발전소 실적 위험도} - \text{발전소 기준 위험도}}{\text{발전소 기준 위험도}}$
	(2) 원자력시설 종합안전 성능지수(9)	$\frac{\text{가동 중 원전의 종합안전성능율의 합}/11}{\text{가동원전 수}}$
	(3) 원자력 안전관리 사업 (비계량)(11)	Plan-Do-Check-Act(비계량 9등급 평가)

주: ( )은 가중치이며, 주요사업 가중치의 합계는 50점이다.

자료: 기획재정부(2016), 「공공기관 경영평가편람」에서 재수정

다섯째, 각 발전사들의 비전과 전략을 구현하기 위해서는 성과목표와 성과지표가 체계적으로 연계될 필요가 있는데, 운영 및 연료수급 등에 한정되어 있어 미래성장과 글로벌 리더로 발돋움할 수 있는 성과목표와 성과지표가 부재하다고 볼 수 있다. 특히 모든 발전사들이 미래성장 관련 목표를 제시하고 있음에도 불구하고 미래성장과 연계된 성과목표와 성과지표가 부재한 상태이다.

여섯째, 발전사의 전력 기여도 측면은 국민의 일상생활에 있어 매우 중요하지만, 환경과 관련된 결과지표가 미미한 수준이다. 비전과 전략에 환경을 강조하고 있음에도 불구하고 친환경요소와 관련된 성과지표가 계량 가중치 2점으로 한정되어 있다.

(2) 개선방안

전력발전 공공기관의 범위상의 성과관리체계를 강화하기 위해서는 다음과 같은 사항을 고려할 필요가 있다.

첫째, 전력발전 공공기관의 주요사업 성과관리를 체계적으로 도모하기 위해서는 사업범주를 명확히 설정하고, 그에 따른 계량지표와 비계량지표를 구축할 필요가 있다. 기관이 추진하는 주요사업은 설립법, 조직기능,

〈표 15-4〉 주요사업 분류 방법

구분	내용
설립법	공공기관의 설립법에 명시된 고유사업과 관련된 구분
조직기능	기관의 구조 및 기능, 프로세스를 중심으로 사업을 분류하는 방법
전략	비전 및 전략목표에 상응하는 성과목표와 성과지표를 구축하는 방법
수익사업	기관이 수행하는 수익사업과 비수익사업으로 구분
시장/고객	시장에서의 고객 니즈에 부응하는 사업으로 세분화
기술	보편적 사업수행에 필요한 기술과 핵심기술로 구분하는 방법
전달체계	기관이 제공하는 서비스의 공급방식(자체, 위탁, 민관협력 등)에 따라 구분

전략, 수익사업, 시장/고객, 기술, 전달체계에 따라 다양하게 구분할 수 있는데, 설립법과 전략적 기준을 바탕으로 시장 및 고객의 니즈를 반영하는 사업별 성과목표를 상호 병행하여 설정하는 것이 바람직할 것으로 판단된다.

둘째, 연료수급, 발전설비 효율적 운영 등의 지표는 중요한 성과지표이지만, 이를 통해 달성하고자 하는 시민만족, 국민행복 등의 가치와 연계될 필요가 있다. 연료구매의 경제성을 확보하고, 발전설비의 고장방지, 설비보강 및 개선과 같은 효율적 운영을 도모한다는 점은 전력생산 공급적 측면에서 필요한 사항이지만, 이를 통해 도출하고자 하는 궁극적인 성과목표(예: 전력복지)와 연계될 필요가 있다.

셋째, 신사업에 대한 발굴 및 성과지표로의 확대가 필요하다. 발전 연료가 대부분 석탄화력과 원자력으로 구성되어 있는 상태에서 전력 발전과 관련된 시민들의 불안감이 증폭되고 있는 실정이다. 따라서 결과중심적 성과지표로의 전환과 시민중심적 사업 수행을 위해서는 신재생에너지 사업 등의 신사업 개발과 R&D에 대한 성과지표를 지속적으로 확대시킬 필요가 있다. 특히 지속가능한 경영을 도모하기 위해서는 환경과 연계된 성과지표를 고려할 필요가 있다.

넷째, 수력원자력의 경우는 원자력 발전 및 설비안전사업, 원자력 안전관리 사업으로 한정되어 있는데, 원자력 발전 및 설비안전사업의 경우는 안전보다는 발전 기여도 측면에 초점을 맞추고 있으므로 성과지표 명칭에서 안전을 빼고 원자력 안전관리 사업으로 통합할 필요가 있다. 특히 원자력의 경우는 안전에 대한 관심이 가장 중요하므로 지표체계를 안전, 효율, 미래성장으로 구분하는 방안을 검토할 필요가 있다. 안전과 관련하여 가동원전 안전관리지수, 원자력시설 종합안전 성능지수는 그대로 유지하되, 지진 및 재난에 대응할 수 있는 성과지표를 반영할 필요가 있다. 원전시설이 위치한 곳에서의 지진 발생으로 국민 불안감이 고조되고 있는 상황이므로 시민의 안정적 삶을 보장하기 위해서라도 지진 및 재난 대응력에 대한 성과지표를 포함할 필요가 있다. 또한 효율적 관점에서는 비계획손실 저감 노력을 지속적으로 추진하되, 발전설비 운영 효율화와 관련된 성과지표를 보강할 필요가 있다. 아울러 미래성장의 관점에서는 5개 발전사와 마찬가지로 신재생에너지와 환경, R&D 사업을 성과지표에 포함시켜 관리할 필요가 있다. 특히 RPS 이행과 관련된 성과지표를 강화하는 방안을 적극 도입할 필요가 있다.

다섯째, 석탄화력, 수력, 원자력 등 전력생산과 관련된 글로벌 관점을 강화할 필요가 있다. 특히 발전연료의 중장기적 수급가능성을 글로벌 관점에서 분석하여 발전설비에 대한 전략적 마인드를 구축할 필요가 있다. 현행 성과지표는 외국과의 발전용량 및 실태를 단순 비교하는 형태이므로 비교를 통한 결과적 의미를 찾기 어렵다. 글로벌 관점에서의 성과지표 구축은 단순 실태 비교가 아니라 미래 변화방향성을 제시하는 성과지표와 연계될 필요가 있다.

여섯째, 전력발전과 관련하여 환경적 요소를 반영할 필요가 있다. 현행 성과지표에는 발전과 연계된 성과지표가 미미한 상태이며 기관중심의 발전 용량 확보 및 공급에 초점을 맞추고 있다. 전력을 통한 시민복지를 구현하기 위해서는 발전으로 인한 환경피해적 요소를 사전에 예방하여 시민들의 안정적 삶이 전제가 될 수 있는 성과지표를 구축할 필요가 있다. 특히 미세먼지, 방사능 등과 같은 발전소 주변의 피해를 사전에 예방하기 위해서는 무엇보다 발전을 책임지는 기관이 주도적으로 나설 필요가 있다.

2. 성과관리 깊이(depth)상의 현황 및 개선방안

1) 측정 중심에서 활용 중심으로

성과를 측정하거나 평가하는 것은 성과관리를 구성하는 중요한 요소이지만, 성과측정을 통한 결과를 단순히 개인이나 부서의 포상을 지급하기 위한 수단으로 인식하는 것은 성과관리에 대한 이해가 깊지 못한 것이라 할 수 있다. 성과관리를 단순히 측정 수준에 국한하지 않고 측정된 성과정보를 조직 역량 향상에 활용하기 위해서는 성과정보의 다각적인 활용 능력이 배양되어야 한다(Martocchio, 2009; Selden, 2008).

성과관리의 깊이를 고도화하기 위해서는 성과목표에 부합되는 성과지표의 개념과 정의를 명확히 하고, 성과 측정방법을 수립한 후, 수집된 자료를 분석하여 측정하는 단계가 우선적으로 이루어져야 하며, 측정된 성과정보를 조직의 비전 및 전략목표와 통합하고, 조직의 지속가능한 성장 및 발전을 위해 성과정보를 활용하는 방안을 강구해야 한다(Van Dooren et al., 2010: 55).

측정된 성과정보는 조직의 전반적인 운영과정을 점검하고, 사후 인센티브 지급을 위한 기초자료가 될 뿐 아니라 조직의 비전 및 전략목표를 재점검하는 도구가 된다. 따라서 성과지표 설정단계에서부터 전략목표와 무관한 성과지표가 구축되거나, 그릇된 자료 수집으로 측정 자체에 오류가 있을 경우에는 성과측정의 역설이 발생할 수 있다(Adcroft and Willis, 2005; Bohte and Meier, 2000). 또한 측정된 성과지료는 성과관리의 전 과정에 활용되므로 측정된 자료의 신뢰성을 확보하는 것이 중요하다(Barrett and Greene, 2000).

성과정보의 활용은 성과관리의 궁극적 요소라 할 수 있는데, 조직의 내외적 책무성을 강화하는 매개체라 할 수 있다. 성과정보의 활용 유형은 경

〈표 15-5〉 성과왜곡의 유형

연구자	유형	내용
Smith (1995)	터널효과 (tunnel vision)	여러 가지 다른 성과지표 중 측정이 용이한 성과지표를 선정하려는 경향
	부분 최적화 (suboptimization)	기관 또는 사업 전체의 성과와는 관계없이 자기 자신 또는 자신이 속한 부서의 성과에만 집중하려는 경향
	근시안적 관리 (myopia)	장기적 목표달성과는 관계없이 단기적인 성과에만 집중
	성과지표 집착 (measure fixation)	바람직한 결과보다는 측정지표 자체에만 집중하려는 경향
	왜곡된 보고 (misrepresentation)	자신들의 성과를 좋게 보이기 위해 잘못 또는 왜곡하여 보고하려는 성향
	왜곡된 해석 (misinterpretation)	축적된 결과를 자신들에게 유리하게 해석하거나 잘못 해석하려는 성향
	경직화 (ossification)	성과지표가 지표로서 효용성이 떨어져도 지속적으로 유지하려는 성향
	전략적 행태 (gaming)	위에서 제시한 내용 이외에 자신들의 전략적 우위를 점하기 위한 의도적인 행태
Hood (2006, 2007)	톱니효과 (ratchet effect)	목표치 달성을 용이하게 하거나 다음 측정기간의 목표치 상한 설정에 대한 부담을 최소화하기 위해 목표치 낮게 설정
	문턱효과 (threshold effect)	설정된 목표치를 최대한 초과 달성하기보다는 최소한의 수준에서 달성하려는 성향
	산출왜곡 (output distortion)	중요하지만 측정되지 않은 업무를 소홀히 하고 측정되는 업무에만 집중하려는 성향

자료: 유승현·김주희(2016)에서 재인용

성적 활용(hard use)과 연성적 활용(soft use)으로 구분할 수 있는데, 경성적 활용은 조직 및 인사관리, 인센티브 등의 내부통제 수단으로 활용되는 것을 의미하며, 연성적 활용은 전략목표의 우선순위 설정 등의 수단으로 활용되는 것을 의미한다(Van Dooren et al., 2010).

2) 깊이상의 성과관리체계

(1) 현황

성과지표의 측정, 통합, 활용과 관련하여 발전사의 성과관리는 다음과 같은 한계를 지니고 있다.

첫째, 성과목표, 성과지표, 성과측정의 적합성 여부를 지속적으로 검토하는 노력이 외부 기관에 의해 주도되고 있기 때문에 기관 내부적 노력이 보다 강화될 필요가 있다.

둘째, 발전사들의 주요 비전 및 전략목표와 연계된 미래성장사업에 대한 성과지표가 부재하며, 이를 측정하는 방법상의 문제가 존재한다. 또한 비계획손실과 관련하여 예외적인 사항과 보편적인 사항 간의 명확한 구분이 이루어지고 있지 않으며, 성과측정 방법상의 문제(대기온도 보정, 비계획손실 음수처리 문제 등)가 존재하고 있다.

셋째, 발전사의 성과지표[4]는 크게 3가지로 구분되는데, 비계획손실 저감실적(가중치 12점), 고장정지율 글로벌 경쟁력(9점)에서 고장정지가 2개 지표에 모두 포함되어 있다. 따라서 고장정지가 발생하면 발전사의 성과지표가 2개 지표에 모두 영향을 주게 되어 성과점수가 하락하는 문제가 발생한다. 특히 2개 지표의 가중치가 지나치게 과다한 측면이 있어 발전사가 다른 지표에서 좋은 성과를 거두었다 할지라도, 고장정지가 발생하면 발전사의 전체 성과점수를 하락시키는 문제가 발생한다.

넷째, 수력원자력의 경우도 원자력에 초점을 맞춘 성과지표를 구축하고 있어 수력과 관련된 지표가 부재하다. 또한 글로벌 관점에서의 성과지표에 대한 성과측정 방법 및 데이터의 신뢰성에 문제가 존재한다. 즉 경영평

4 발전사의 성과지표는 크게 경영관리와 주요사업으로 구분되는데, 주요사업의 배점은 50점이다.

가 편람에서는 WANO 기준을 따르도록 되어 있으나, 국제기구인 IAEA 기준과 상이한 측면이 있으며, 비계획손실을 측정하는 방식이 상이하다. 아울러 글로벌 관점에서의 비교 기준이 모호한 경우도 있다. 현행 성과측정은 국가 간의 비교를 전제로 하고 있는데, 국가 간의 비교가 불가능한 경우가 존재한다. 예를 들어 독일 원전 운영사의 경우 스웨덴의 원전을 소유·운영하고 있는데, 스웨덴의 원전을 소유·운영의 관점에서 이해할 것인가, 아니면 원전이 위치한 지역별 국가의 관점에서 이해할 것인가에 따라 비교 기준이 달라진다.

다섯째, 성과측정에 대한 오류는 성과의 통합과 활용 가능성을 저해하고 있다. 성과측정 자체에 오류가 발생할 경우 다음 단계인 통합과 활용 가능성은 낮아지므로 성과측정의 정확성과 신뢰성을 확보하는 것이 중요하다.

(2) **개선방안**

전력발전 공공기관의 깊이(depth)상의 성과관리체계를 강화하기 위해서는 다음과 같은 사항을 고려할 필요가 있다.

첫째, 성과목표, 성과지표, 성과측정의 적합성 여부를 지속적으로 검토할 필요가 있다. 기관의 설립목적 및 전략목표와 연계된 성과지표가 구축되어 있는지를 우선적으로 살펴보고, 성과지표의 목표설정이 적정하게 이루어졌는지, 그리고 성과측정이 합리적으로 이루어지고 있는지를 지속적으로 점검해 나갈 필요가 있다.

2016년 경영평가 결과 이후 발전사의 성과지표 및 성과측정 방법의 수정이 있었는데, 그 내용을 정리하면 〈표 15-6〉과 같다. 발전설비 운영사업에서 일부 성과지표 측정방법상의 수정이 발생하였으며, 대기환경개선 노력도 지표를 신설하였다.

둘째, 발전사의 경우 대기환경개선 노력도 지표가 새롭게 추가되었는데

[그림 15-2] 성과목표, 성과지표, 성과측정의 적합성 여부 분석

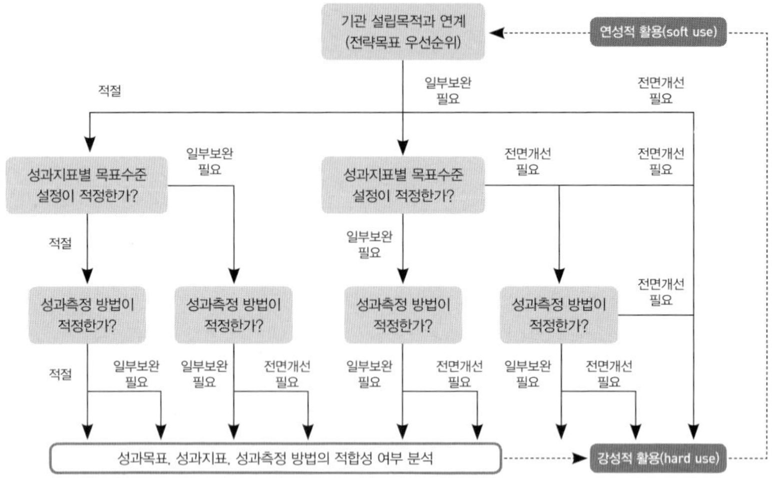

(2018년 경영평가 시부터 적용), 성과측정방법으로 목표부여 방식을 채택하고 있다. 즉 산업통상자원부의 환경개선 목표치 부여 방식에 의한 평가를 실시하는데, 산업통상자원부가 환경개선의 구체적인 목표치를 명확하게 제시하지 못하고, 달성가능한 수준에서 목표치를 제시한다면 환경개선 노력도를 측정하는 의미가 상실될 수 있다. 특히 환경개선 목표치를 환경부가 제시하는 것이 아니라 산업통상자원부가 제시하도록 되어 있어 시민보다는 기관 위주의 목표치가 설정될 개연성도 있다.

셋째, 비계획손실 저감실적, 고장정지율 글로벌 경재력 지표에서 고장정지와 관련된 지표를 하나로 분리하는 방안과 더불어 가중치를 현재 가중치보다 낮추는 방안을 검토할 필요가 있다.

셋째, 수력원자력(주)의 글로벌 지표를 측정할 때에는 국가 간의 비교기준이 동일하게 유지되어야 한다. 특히 원전을 국가별로 소유하고 있는

〈표 15-6〉 2017년도 발전사 성과지표 및 성과측정방법 수정 내용

기관	주요사업 및 성과지표	2016 편람 수정 내용
발전사	1. 발전설비 운영사업(32)	
	(1) 비계획손실 저감실적(12)	• R&D 관련 고장 및 출력감발 평가에서 제외 • 비계획손실률 음수처리: 연 단위 발전기별 • 복합설비 대기온도 보정 • 2개월 이상 미가동시 비계획손실량 평가반영
	(2) 고장정지율 글로벌 경쟁력(9)	• R&D 관련 고장 및 출력감발 평가에서 제외 • NERC 고장정지율 실적 적용기준
	(3) 설비운영사업(비계량)(11)	
	2. 발전연료 수급사업(14)	
	(1) 유연탄도입단가 경쟁력 강화(9)	한국무역통계진흥원 통관자료 이용
	(2) 연료수급사업(비계량)(5)	
	3. 대기환경개선 노력(4)	지표 신설
	(1) 대기환경개선 노력도(2)	산업통상자원부의 대기환경 개선 목표 부여에 의한 측정
	(2) 대기환경개선 노력(비계량)(2)	
수력원자력	1. 원자력발전 및 설비안전 사업(21)	
	(1) 원자력발전의 전력수급 기여도(7)	변동 없음
	(2) 비계획손실률 선진7개국 경쟁력(7)	원전별 국가분류 기준 통일
	(3) 비계량(7)	
	2. 원자력 안전관리 사업(29)	
	(1) 가동원전 안전관리지수(9)	변동 없음
	(2) 원자력시설 종합안전 성능지수(9)	변동 없음
	(3) 비계량(11)	

자료: 기획재정부(2017), 「공공기관 경영평가편람」에서 재수정

것이 기본적인 형태이지만, 특정 국가가 다른 국가의 원전을 소유한 경우도 있으므로 이에 대한 고려가 필요하다. 또한 수력원자력(주)의 경우 원자력에 초점을 맞춘 나머지 전력기여도가 상대적으로 낮은 수력 부문에 대한 고려가 성과측정이 미흡하므로 사업비중이 낮은 수력 부문은 수자원공사와 협력하여 운영하는 방안을 검토할 필요가 있다.

넷째, 성과측정, 통합, 활용이 유기적으로 연계되기 위해서는 성과측정 방법의 지속적 검토와 더불어 데이터의 신뢰성에 대한 지속적인 검토가 필요하다. 성과자료의 신뢰성과 측정 방법의 정확성은 통합과 활용을 위해 가장 기초적인 전제조건이라 할 수 있다. 또한 성과측정 자료를 바탕으로 조직인사관리 및 인센티브 등과 같은 경성적 활용 이외에 비전 및 전략목표와 연계하여 연성적으로 활용할 필요가 있다.

3. 성과관리 초점(focus)상의 현황 및 개선방안

1) 공급자 중심에서 수요자 중심으로

공공부문은 민간부문과는 달리 다양한 이해관계자가 존재하며, 다양한 이해관계자로 인해 요구되는 목표를 정의하기 쉽지 않고, 정의하더라도 상충되는 경우가 많다. 특히 이해관계자의 조정이 정치적 맥락에서 결정되는 경우도 많다. 이처럼 복잡한 이해관계로 인해 공공부문은 성과에 대한 초점을 기관중심적 사고에 맞추는 경향이 있으며, 수요자인 시민의 관점을 등한시하는 경우가 많다.

우리의 경우 전력산업구조개편에 따라 6개 발전회사로 분리되어 운영되고 있으나, 독점적 운영 형태를 크게 벗어나고 있지 못하다. 서비스 공급의 독점성은 수요의 가격탄력성을 어렵게 하며, 수요자의 선택권에 제약을 준다. 또한 서비스 공급을 위한 의사결정과정의 폐쇄적 성향으로 참여적 의사결정을 제약하게 된다. 즉 전력공급의 유일한 공급 주체로 인식될 뿐 수요자 입장에서의 의견수렴 및 결정과 환류시스템은 부재하기 마련이다. 그러나 수요자의 입장과 괴리된 기관중심적 서비스 제공은 기관존립 자체에 한계를 노정시킬 수 있다. 따라서 수요자 중심적 사고를 통해 기관의 비전 및 전략을 재수정하는 노력이 필요하다.

수요자 중심적 시각에서는 기관이 시민에게 얼마만큼의 가치가 있는가에 초점을 두어야 한다. 단순히 전력생산 및 공급이라는 문제보다는 기관의 가치창조에 초점을 두어야 하며, 성과측정에 있어서도 서비스의 질(service quality), 서비스 공급의 적시성 등을 고려해야 하고, 수요자들이 느끼는 가치에 대한 인지도를 항상 고려해야 한다.

정부의 역할은 여러 가지 방식으로 시민들의 가치를 점증적으로 증대시키는 데 있다. 즉 시민들이 가장 중요하게 여기는 가치는 무엇인가를 확인하고, 공공서비스를 통해 시민들이 중요하게 여기는 가치를 전달하고, 지역사회에의 자본적 투자를 용이하게 하는 것이다. 따라서 이 모형은 이용자 중심의 개념이다. 시민들은 정부가 제공하는 서비스가 효과적이라고 해서 단순히 가치를 수용하는 것이 아니다.

2) 초점상의 성과관리체계

(1) 현황

전력발전 공공기관의 성과관리를 수요자 중심 시각에서 살펴보면 다음과 같은 한계점을 지니고 있다.

첫째, 현행 전력발전 공공기관의 성과지표는 기관중심적 사고에서 도출되고 있다. 고장정지 등 비계획손실 저감 실적이 모든 발전사들에게 중요한 지표로 인식됨에 따라 비계획손실 저감 실적을 기관입장에서 관리하려는 경향이 있다. 성과지표의 고득점 관리를 위한 수단으로 전락되고 있을 뿐 수요자 입장에서의 고려가 점점 희박해지고 있다. 즉 장기적 목표달성보다는 단기적 성과에 집착하는 근시안적 관리(myopia), 바람직한 결과보다는 측정지표 자체에만 집중하려는 성과지표 집착현상(measure fixation)이 나타나고 있다.

둘째, 수요자 중심 관점에서 살펴보면 석탄화력 및 원자력 발전으로 인

〈표 15-7〉 국가별 신·재생에너지 인정 범위

구분	태양열	태양광	풍력	수력	지열			바이오매스	폐기물	매립지가스	해양에너지	수소	연료전지	석탄가스화	중질잔사유
					화산	심부	천부								
IEA	○	○	○	○	○	○		○	△		○				
EU	○	○	○	○	○	○	○	○	△	○	○				
미국	○	○	○	△			○	○	△	△	△				
일본	○	○	○	○	○	○	○	○	△	○	△				
한국	○	○	○	○		○	○	○	○	○	○	○	○	○	○

자료: 국회입법조사처(2016. 9.), 「신·재생에너지 보급·육성 현황과 개선방안」

한 환경문제를 고려해야 함에도 불구하고, 성과지표로 환경문제에 대한 지표가 구체적으로 설정되어 있지 못하다. 또한 최근에 원전 주변에서 발생하고 있는 지진 문제에 대해 대응할 수 있는 성과목표 및 성과지표 체계가 명확하게 설정되고 있지 못하다.

셋째, 수요자 관점에서 살펴보면 석탄화력이나 원자력보다는 친환경적인 신·재생에너지를 선호하는 경향이 강한데, 현행 성과지표에서는 미래성장사업으로서의 신·재생에너지 부문과 R&D에 대한 지표체계가 부재하다. 현행 지표체계에서는 석탄화력이 미래성장산업 부문에 포함되고 있어 신산업의 이미지에 부합하지 않는 측면이 있다. 특히 신·재생에너지 사업 범위가 다른 국가에 비해 폭넓게 인정되고 있다.

넷째, 성과지표 구축과 관련하여 기관에서는 다양한 분석과 벤치마킹을 실시하고 있으나, 정작 수요자의 참여장치가 미흡한 경우가 많다. 수요자의 참여는 의사결정비용 및 시간의 과다, 합일된 결정의 미비, 전문성 부족 등의 단점이 있으나, 수요자의 참여를 통한 의사결정은 성과지표가 지향하는 최종 목적에 부합될 수 있는 방안이다.

(2) 개선방안

전력발전 공공기관의 초점(focus)상의 성과관리체계를 강화하기 위해서는 다음과 같은 사항을 고려할 필요가 있다.

첫째, 전력발전 공공기관의 현행 성과지표 중 비계획손실과 관련하여 기관입장에서 고려하기보다는 수요자의 입장에서 비계획손실의 범위를 재정의할 필요가 있다고 판단된다. 특히 피크기간과 비피크기간으로 구분하여 비계획손실을 측정한다면 수요자의 입장에서 파악할 수 있을 것으로 판단된다. 또한 연료수급의 경제성 확보를 위해 다각적인 방안을 모색하고 있으나, 수요자의 입장에서 친환경적 연료 공급을 안정적으로 도모할 수 있는 방안을 고려할 필요가 있다.

둘째, 수요자 관점에서 석탄화력 및 원자력 발전소의 친환경적 요소를 고려할 필요가 있다. 시민들의 쾌적한 환경복지를 달성하기 위해서는 환경경영 지표를 설정하여 중장기적으로 관리할 필요가 있다. 일례로 남동

〈표 15-8〉 남동발전의 환경경영 지표

구분	단위	2014년 실적	2015년 실적	2016년 목표	2025년 목표
녹색제품 구매비율	%	92.7	90	85	87
CO_2 배출량	kg/kWh (만톤)	0.854 (5,650)	0.849 (5,910)	0.841 (5,870)	0.654 (4,560)
SOx 배출량	g/kWh (만톤)	0.291 (1.89)	0.28 (1.99)	0.274 (1.94)	0.252 (1.83)
NOx 배출량	g/kWh (만톤)	0.477 (3.11)	0.409 (2.9)	0.401 (2.84)	0.368 (2.67)
Dust 배출량	g/kWh (만톤)	0.013 (0.82)	0.015 (1.05)	0.0147 (1.04)	0.0135 (0.98)
석탄회 재활용률	%	77.1	81.9	83	90
탈황석고 재활용률	%	98.1	99.3	100	100
용수사용률	톤/GWh (만톤)	176 (909)	160.6 (1,137)	157.4 (1,116)	144.5 (1,047)

자료: 한국남동발전(주) 홈페이지(http://www.koenergy.kr)

발전(주)의 환경경영 지표를 살펴보면 녹색제품 구매비율, CO_2배출량, SOx 배출량, NOx 배출량, Dust 배출량, 석탄회 재활용률, 탈황석고 재활용률, 용수사용률 등을 제시하고 있다. 그러나 남동발전(주)에서 관리하고 있는 환경경영 지표는 자체적 기준에 따른 지표이므로 강제력 있는 공공기관 경영평가지표체계로 전환할 필요가 있으며, 도전적 목표를 설정할 수 있도록 유도할 필요가 있다.

셋째, 미래성장사업으로서의 신·재생에너지에 대한 고려가 필요하다. 현행 성과지표에서는 석탄화력을 미래성장사업의 일부으로 포함시키고 있는데, 석탄화력은 미래성장사업으로 보기 어려우므로 미래성장사업에서 제외할 필요가 있다. 특히 신·재생에너지법 제12조의5는 RPS 제도를 규정하고 있으며, 동법시행령 별표3은 의무공급량 비율을 규정하고 있다.

〈표 15-9〉 신·재생에너지 의무공급비율

연도	2015	2016	2017	2018	2019	2020	2012	2022	2023	2024~
비율(%)	3.0	3.5	4.0	4.5	5.0	6.0	7.0	8.0	9.0	10.0

자료: 신에너지 및 재생에너지 개발·이용·보급 촉진법 시행령 별표3

신에너지 및 재생에너지 개발·이용·보급촉진법은 '기존의 화석연료를 변환시켜 이용하거나 햇빛·물·지열·강수·생물유기체 등을 포함하는 재생 가능한 에너지를 변환시켜 이용하는 에너지로서 태양에너지, 바이오에너지, 풍력, 수력, 연료전지, 석탄 액화·가스화 에너지 및 중질잔사유 가스화 에너지, 해양에너지, 폐기물에너지, 지열, 수소에너지 등 11개 분야를 신·재생에너지로 정의하고 있다. 신·재생에너지는 막대한 초기투자비와 낮은 가격 경쟁력 등으로 경제성이 미흡함에도 불구하고, 화석에너지 고갈문제와 환경문제에 대한 핵심 해결방안이라는 점에서 그 중요성과 개발 필요성이 점차 증가하고 있다. 따라서 신·재생에너지에 대한 명확한 범위 설정과 더불어 중장기적으로 석탄화력을 줄이고, 신·재생에너지를 확대할 수 있는 종합계획을 수립하여 추진할 필요가 있다.[5]

넷째, 전력발전 공공기관의 성과관리체계를 수요자 중심으로 전환하기 위한 방법으로는 수요자의 참여를 제도적 장치로 보장하는 방안을 고려할 필요가 있다. 단순히 기관중심적 시각에서 수요자를 이해하기보다는 직접 수요자의 요구를 반영하는 방안을 고려할 필요가 있다.

V. 결론

성과관리는 조직의 미션 및 비전에 부응하는 전략목표를 체계적으로 달성하기 위한 중요한 제도적 장치로 이해되고 있다. 특히 민간부문과 달리 공공부문에서는 독점적 지위로 인해 성과관리에 대한 관심이 부재하였으나, 성과중심적 관리방식이 조직 내외적 책임성을 부여하고 내적 역량 강화에 기여하는 이점으로 인해 피할 수 없는 관리제도가 되어가고 있다. 따라서 독점적 지위를 향유하고 있는 전력발전 공공기관의 성과관리는 시민의 공공기관으로서의 위상 제고를 위해서라도 체계적으로 도입·관리될 필요가 있다.

성과관리의 고도화를 위해서는 성과 범위, 깊이, 초점 등 다양한 관점에서 성과관리를 통합하려는 노력이 강화되어야 한다. 즉 투입보다는 결

5 전력거래소의 통계에 의하면 신·재생에너지의 범위를 수력(수력, 소수력), 태양광, 풍력, 연료전지, 폐기물(부생가스, 폐가스, 폐기물), 해양에너지, 바이오(바이오가스, 매립가스, 바이오매스), IGCC, 기타(가스압 등)로 분류하고 있다.

과중심적으로 전환될 필요가 있으며, 단순한 성과측정보다는 분석된 자료의 통합과 통합된 자료의 결과 개선으로의 활용이 전제되어야 한다. 아울러 기관중심적 성과관리에서 수요자 중심적 방식으로 전환되어야 한다. 즉 개별 성과관리가 전체 성과관리시스템과 연계되는 성과관리모형에 사회적 거버넌스의 개념을 접목하여 성과거버넌스 모형체계로 전환될 필요가 있다.

참고문헌

감사원(2005), 『정책·사업의 평가를 위한 성과감사 운영 매뉴얼』.

강황선(2004), 조직성과측정체제의 재설계 방향: 조직학습이론의 관점에서, 『한국정책학회보』, 한국정책학회, 13(2): 117-142.

공병천(2004), 평가와 예산부문의 성과관리 연계, 『한국정책학회보』, 13(2): 67-89.

금재덕·이성도(2009), 성과관리체계의 부정적 효과에 관한 실증연구, 『한국사회와 행정연구』, 한국정책학회, 20(2): 347-377.

김병철(2006), 감사원 성과감사의 사례연구: 국가연구개발사업을 중심으로, 성균관대학교 대학원 박사학위논문.

노화준(2007), 공공가치 창조와 정책역량, 『예산춘추』, 국회예산정책처, 9(여름): 86-97.

문영세(2001), 정부업무평가기본법에 의한 메타평가, 『정책분석평가학회보』, 한국정책분석평가학회, 11(1): 151-181.

박해육·주재복(2009), 『지방자치단체의 성과관리 운영실태 및 효과성 분석』, 서울: 한국지방행정연구원.

박희봉·최상민(2009), 정부업무 자체평가의 효과 증진을 위한 영향요인: 중앙행정기관 공무원의 인식을 중심으로, 『정책분석평가학회보』, 19(4): 181-208.

산업자원부(1999), 『전력산업 구조개편 기본계획』.

_________(2002), 『제2차 국가에너지 기본계획(2002-2011)』.

송신근·백자국(2009), 성과관리시스템 공정성 지각이 조직성과로서의 BSC 4관점 성과에 미치는 영향, 『산업경제연구』, 22(5): 2313-2330.

신상훈(2009), 정부 성과관리와 감사원의 역할 :외국 감사원 성과보고서 검사사례를 중심으로, 『(계간)감사』, 101: 72-80.

원구환(2010), 지방자치단체 성과관리 추진체계의 효율화 방안, 『사회과학연구』, 충남대학교 사회과학연구소, 21(4): 23-48.

유승현·김주희(2016),『재정성과목표관리제도의 실효성 제고방안』, 감사원 감사연구원.

윤수재 · 이광희 · 홍재환(2008), 『성과관리제도에 대한 해외사례 비교 분석: 영국, 캐나다, 뉴질랜드』, 서울: 한국행정연구원.

윤수재 · 조태준(2010), 중앙정부 성과관리시스템이 개인의 조직몰입 및 직무만족에 미치는 영향요인 분석, 『정부학연구』, 16(2): 48-72.

이 효(2010), 자치단체 사업별 예산관리의 쟁점과 정책방향, 『e-KRILA FOCUS』, 서울: 한국지방행정연구원.

이광희 · 임동진(2009), 『성과관리계획상의 만족도지표 실태분석 및 개선방안 연구』, 서울: 한국행정연구원.

이석환(2008), 공공부문 BSC의 성공적 운영방안에 관한 연구: 조달청의 사례를 중심으로, 『한국행정학보』, 42(1): 253-272.

이석환 · 조주연(2008), 성과평가제도의 수용성에 영향을 미치는 요인에 대한 연구, 한국행정학회 하계학술대회 발표논문.

임동진(2009), 환류요인이 환류활동과 업무성과에 미치는 효과분석: 우리나라 중앙행정기관 성과관리제도에 있어서, 『한국행정연구』, 18(2): 225-251.

조창현(2002), 『전력산업 구조개편과 민영화』, 서울: 한국산업경제연구원.

Adcroft, A. and Willis, R.(2005), The (Un)intended Outcome of Public Sector Performance Measurement, *International Journal of Public Sector Management*, 18(5): 386-400.

Ammons, D. N., Coe, N., Kopezynski, M. and Lombardo, M.(1999), Mini-Symposium on Intergovernmental Comparative Performance Data, *Public Administration Review*, 59(2): 101-134.

Anderson, James E.(1984), *Public Policy-Making*, New York: Holt, Rinehart and Winston.

Barrett, K. and Greene, R.(2000), Truth in Measurement, *Governing*, 13: 86-88.

Begley, T. M. and Boyd, D. P.(1987), Psychological Characteristics Associated with Performance in Entrepreneurial Firms and Smaller Business, *Journal of Business Venturing*, 2: 79-93.

Behn, R. D.(2002), The Psychological Barriers to Performance Management, *Public Performance & Management Review*, 26(1): 5-25.

Bohte, J. and Meier, K. J.(2000), Goal Displacement: Assessing the Motivation for

Organizational Cheating, *Public Administration Review*, 60(2): 173-182.

Bouckaert, G. and Halligan, J.(2008), Performance and Performance Management, In Peters, B. Guy and Pierre, J.(eds.), *Handbook of Public Policy*, London: Sage, 443-459.

Bouckaert, G.(1992), Public Productivity in Retrospective, In Marc Holzer(ed.), *Public Productivity Handbook*, New York: Marcel Decker, Inc.

Brooke, R.(1989), *Managing the Enabling Authority*, Harlow, Essex: Longman Group.

Brudney, J. L. and England, R. E.(1982), Urban Policy Making and Subjective Service Evaluation: Are They Compatible?, *Public Administration Review*, 42(2): 125-143.

Burke, E. M.(1968), Citizen Participation Strategies, *Journal of the American Institute of Planner*, 34(4): 288-294.

Carter, N.(1991), Learning to Measure Performance: The Use of Indicators in Organizations, *Public Administration*, 69(1): 116-127.

Curtis, D.(1999), Institutional Options for Local Governance or Community Self-Management, *Local Governance*, 25(3): 153-166.

Easton, D.(1957), An Approach to the Analysis of Political Systems, *World Politics*, 9: 380-342.

Freeman, H. F. and Sherwood, C.(1970), *Social Research and Social Policy*, Englewood Cliffs, NJ: Prentice-Hall.

Gawthrop, L. C.(1984), *Public Sector Management: Systems and Ethics*, Bloomington: University of Indiana Press.

Gianakis, G. A.(2002), The Promise of Public Sector Performance Measurement: Anodyne or Placebo?, *Public Administration Quarterly*, 26: 35-64.

Glaser, M.(1991), Tailoring Performance Measurement to Fit the Organization: From Generic to Germane, *Public Productivity & Management Review*, 14(3): 303-319.

Grindle, M. S.(1980), Policy Content and Context in Implementation, In M. S. Grindle(ed.), *Politics and Policy Implementation in the Third World*, Princeton, NJ: Princeton University Press.

Gumm, L.(1989), A Public Management Approach to the NHS, *Health Services Management Research*, 2(1): 12-35.

Herron, I. and Robinson, R. B.(1993), A Structural Model of the Effects of Entrepreneurial Characteristics on Venture Performance, *Journal of Business Venturing*, 8: 281-294.

Hood, C. V.(1991), A Public Management for All Seasons, *Public Administration*, 69(1): 3-19.

__________(2006), Gaming in the Target World: The Targets Approach to Managing British Public Services, *Public Administration Review*, 66(4): 127-153.

__________(2007), Public Service Management by Numbers: Why Does It Vary? Where Has It Come From/ What Are the Gaps and the Puzzles?, *Public Money and Management*, 27(2): 53-78.

Kellough, J. E. and Selden, S. C.(2003), The Reinvention of Public Personnel Administration: An Analysis of the Diffusion of Personnel Management Reforms in the State, *Public Administration Review*, 63(2): 165-176.

Kettl, D. and Kelman, S.(2007), *Reflections on 21st Century Government Management*, Washington, DC: IBM Center for the Business of Government.

Kolderie, T.(1983), Rethinking Public Service Delivery, In Barbara H. Moore and ICMA staff(ed.), *The Entrepreneur in Local Government*, New York: The International City Management Association.

Kwon, Yong-Soo(2009), Public Employees Perceived Effectiveness of Performance Management System in Korean Government, 21(4): 1203-1221.

Lasswell, H. D.(1975), Research in Policy Analysis: The Intelligence and Appraisal Functions, In Fred Green and Nelson Polsby(ed.), *Handbook of Political Science*, Vol. 6, Reading, Mass.: Addison-Wesley Publishing Co.

Martocchio, J. J.(2009), *Strategic Compensation: Human Resource Management Approach*, Pentich hall.

McCoy, E.(1992), The Management of Public Provision, *Australian Journal of Public Administration*, 51(4): 420-439.

Musgrave, R. A.(1983), When is the Public Sector Too Large?, In Charles, L. T.(ed.), *Why Government Grow: Measuring Public Sector Size*, Beverly Hills, CA.: Sage

Publications.

Nakamura, R. R. and Smallwood, F.(1980), *The Policy Implementation*, New York: St. Martin's Press.

Nohria, N.(1992), Is a Network Perspective a useful Way of Studying Organizations?, In Nohria, Nitin and Robert G. E.(eds.), *Networks and Organizations: Structure, Form, and Action*, 1-22, Boston, MA: Harvard Business School Press.

Pollitt, C.(2001), Integrating Financial Management and Performance Managememt, OECD *Journal on Budgeting*, 1(2): 7-37.

Pollitt, C., Girre, X., Lonsdale, J., Mul, S., Summa, H., and Waerness, M.(1999), *Performance or Compliance? Performance Audit and Public Management in Five Countries*, New York: Oxford University Press.

Regina, E. L. and Andrea, H. M.(2004), *Risk Communication: A Handbook for Communicating Environmental, Safety, and Health Risks*, Battelle Press.

Rosenbloom, D. H.(1979), Constitutional Perspectives on Accountability and Evaluation; The Citizen Versus the Administrative State in Court, In Albert C. Hyde and Jay Sharfritz(ed.), *Program Evaluation in the Public Sector*, New York: Praeger.

Scott, J.(2000), *Social Network Analysis: A Handbook*, 2nd ed., Thousand Oaks, CA: Sage Publications Ltd.

Selden, S. C.(2008), *Human Capital: Tools and Strategies for the Public Sector*, CQ Press.

Sharkansky, I.(1975), *Public Administration: Policy Making in Government Agencies*, 3rd ed., Chicago: Rand McNally Publishing Co.

Sharp, E. B.(1980), Toward a New Understanding of Urban Services and Citizen Participation: The Coproduction Concept, *Midwest Review of Public Administration*, 14(2): 114-127.

Smith, G. E. and Huntsman, C. A.(1997), Reframing the Metaphor of the Citizen-Government Relationship: A Value-Centered Perspective, *Public Administration Review*, 57(4): 309-318.

Smith, T. B.(1973), The Policy Implementation Process, *Policy Sciences*, 4(2): 197-211.

Smith, P.(1995), On the Unintended Consequences of Publishing Performance Data in the Public Sector, International Journal of Public Administration, 18(2): 79-94.

Stewart, J. D.(1985), The Functioning and Management of Local Authorities, In M. Loughlin, Gelfand, M. D. and Young, K.(eds.), *Half a Century of Municipal Decline*, 1935-1985, London: Allen & Unwin.

Stoker, G.(1998), Public-Private Partnerships and Urban Governance, In Jon Pierre(ed.), *Partnerships in Urban Governance*, 34-51, London: Macmillan Press Ltd.

Stoner, J. A.(1978), *Management*, Englewood Cliffs, NJ: Prentice-Hall, Inc.

Swindell, D. and Kelly, J.(2000), Liking Citizen Satisfaction Data to Performance Measures, *Public Productivity and Management Review*, 24(1): 30-52.

Van Dooren, W., Bouckaert, G. and Halligan, J.(2010), *Performance Management in the Public Sector*, Oxon: Routledge.

Wang, X. and Gianakis, G. A.(1999), Public Official's Attitudes toward Subjective Performance Measures, *Public Productivity and Management Review*, 22(4): 537-553.

Wasserman, S. and Faust, K.(1994), *Social Network Analysis: Methods and Applications*, NewYork: Cambridge.

Won, Gu-Hwan(2007), Electric Power Industry Restructuring and ROE: The Case of Korea Electric Power Corporation, *Energy Policy*, 35(10): 5080-5090.

Wye, C. et al.(1997), Forum: Implementing the Result Act, *The Public Manager*, Fall: 3-46.

Zarnmuto, R. F.(1988), Organizational Adaption: Some Implication of Organizational Ecology for Strategic Choice, *Journal of Management Studies*, 25: 105-120.

찾아보기

ㅇ

ㅈ

ㅊ

ㅌ

ㅍ

ㅎ

기타

글쓴이 약력

박 순 애

(현) 서울대학교 행정대학원 교수
기획재정부 공공기관 경영평가단 단장
서울대학교 공공성과관리연구센터 소장
기획재정부 공공기관운영위원회 민간위원
고위공무원단 역량평가위원
정부업무평가 실무위원
미국 University of Michigan 행정학(Planning) 박사

고 길 곤

(현) 서울대학교 행정대학원 교수
기획재정부 공공기관 경영평가단 평가위원
Asian Journal of Political Science 편집장
싱가포르 National University of Singapore 교수
미국정책학회 최우수박사논문상 수상
미국 University of Pittsburgh 정책학(Public and International Affairs) 박사

권 일 웅

(현) 서울대학교 행정대학원 교수
기획재정부 공공기관 경영평가단 주요사업(기금) 팀장
미국 State University of New York at Albany 경제학과 조교수
미국 University of Michigan 경제학과 조교수
미국 Harvard University 경제학(Economics) 박사

김 봉 환

(현) 서울대학교 행정대학원 교수
기획재정부 공공기관 경영평가단 경영관리계량 간사
기획재정부 국가회계제도심의위원회 민간위원
미국 American University 경영학과 조교수
농림수산부 행정사무관
미국 Washington University in St. Louis 경영학(Business Management) 박사

손 지 은

(현) 지방공기업평가원 선임전문위원
기획재정부 공공기관 경영평가단 지원간사
서울대학교 행정대학원 정책학 박사

엄 태 호

(현) 연세대학교 행정학과 교수
한국정부회계학회 회장
기획재정부 공공기관 상임감사 평가위원
미국 Rutgers, The State University of New Jersey 교수
삼일·삼정회계법인 공인회계사
미국 Syracuse University 행정학(Public Administration) 박사

우 윤 석

(현) 숭실대학교 행정학부 교수
기획재정부 공공기관 경영평가단 주요사업(공기업1 및 2) 팀장
기획재정부, 국토교통부, 국방부, 원자력안전위원회 등 자체평가위원
대통령 직속 지역발전위원회 전문위원
한국정책학회 총무위원장
건설교통부 서기관
대통령 자문 국가균형발전위원회 과장
제36회 행정고등고시 합격
영국 Cardiff University 도시 및 지역학(City & Regional Planning) 박사

원 구 환

(현) 한남대학교 행정학과 교수
기획재정부 공공기관 경영평가단 주요사업비계량 간사
한국지방공기업학회 회장
한국국정관리학회 회장
연세대학교 행정학 박사

이 석 환

(현) 국민대학교 행정정책학부 교수
기획재정부 공공기관 경영평가단 주요사업(강소형) 팀장
행정자치부 정부 3.0 컨설팅단 위원
가톨릭대학교 행정학 전공 조교수
미국 University of Illinois 행정학과 조교수
미국 Rutgers, The State University of New Jersey 행정학(Public Administration) 박사

이 수 영

(현) 서울대학교 행정대학원 교수
기획재정부 공공기관 및 기관장 평가위원
서울행정학회 총무위원장
미국 University of Georgia 행정학(Public Administration) 박사

이 영 미

(현) 서울대학교 공공성과관리연구센터 선임연구원
미국 University of Southern California 행정학(Public Management) 박사

최 대 식

(현) 선진노무법인 대표
(현) 건국대학교 경영전문대학원 초빙교수
기획재정부, 산업통상자원부, 교육부 등 공공기관 경영평가위원
기획재정부 비정규직 대책 TF, 임금피크제, 통합공시 점검위원
미국 Rutgers, The State University of New Jersey HRLRM

최 연 식

(현) 경희대학교 경영대학 회계세무학과 교수
기획재정부 공공기관 경영평가단 주요사업계량 간사 및 경영관리계량(공기업) 팀장
한국조세재정연구원 국가회계재정통계센터 자문위원
한국공인회계사회 비상임 이사
서울대학교 대학원 경영학 박사

최 태 현

(현) 서울대학교 행정대학원 교수
기획재정부 공공기관 경영평가단 평가위원
대통령 직속 지역발전위원회 전문위원
미국 University of Hawaii at Manoa 교수
미국 University of Southern California 행정학(Public Management) 박사

홍 길 표

(현) 백석대학교 경상학부 교수
통일부 기타공공기관 경영평가단 단장
기획재정부 공공기관 경영평가단 평가위원
산업통상자원부 기타 공공기관 경영평가단 평가위원
서울대학교 대학원 경영학(인사조직) 박사

홍 순 만

(현) 연세대학교 행정학과 교수
기획재정부 공공기관 경영평가단 주요사업계량 간사
행정자치부 책임운영기관 종합평가위원
삼일회계법인 공인회계사
미국 Harvard University 정책학(Public Policy) 박사

공공부문의 성과측정과 관리

1판 펴냄 2019년 2월 25일
1판 2쇄 펴냄 2022년 12월 2일

글쓴이 박순애 외
펴낸이 김영훈
기획 영업 전영완
펴낸곳 도서출판 문우사 MoonWoo
주소 경기도 고양시 일산서구 킨텍스로 255, 일산디엠시티스카이뷰 오피스동 1304호
전화 031) 901-6542, 070) 4200-6542 팩스 031) 906-6542
홈페이지 www.munu.co.kr 대표메일 moonwoosa@hanmail.net
출판신고번호 제396-2013-000113호

ISBN 979-11-85994-60-4 93350

값 29,000원